Veröffentlichungen
der Vereinigung der Deutschen Staatsrechtslehrer
Band 79

ÖFFENTLICHES RECHT UND PRIVATRECHT

Alexander Somek, Julian Krüper

Kategoriale Unterscheidung von Öffentlichem Recht und Privatrecht?

Klaus-Dieter Drüen, Sabine Schlacke

Verschränkungen öffentlich-rechtlicher und privatrechtlicher Regime im Verwaltungsrecht

Stefan Muckel, Sophie Schönberger

Wandel des Verhältnisses von Staat und Gesellschaft – Folgen für Grundrechtstheorie und Grundrechtsdogmatik

Christoph Ohler, Jochen von Bernstorff

Die Rolle nicht-staatlicher Akteure bei der Entwicklung und Implementierung des Völker- und Europarechts

Berichte und Diskussionen
auf der Tagung der Vereinigung der Deutschen Staatsrechtslehrer
in Marburg vom 9. – 12. Oktober 2019

De Gruyter

Redaktion: Ute Sacksofsky (Frankfurt a.M.)

ISBN 978-3-11-067868-0
e-ISBN (PDF) 978-3-11-067895-6
e-ISBN (EPUB) 978-3-11-067899-4

Library of Congress Control Number: 2019955878

Bibliografische Information der Deutschen Nationalbibliothek
Die Deutsche Nationalbibliothek verzeichnet diese Publikation in der Deutschen
Nationalbibliografie; detaillierte bibliografische Daten sind im Internet über
http://dnb.dnb.de abrufbar.

© 2020 Walter de Gruyter GmbH, Berlin/Boston
Datenkonvertierung und Satz: Satzstudio Borngräber, Dessau-Roßlau
Druck und Bindung: CPI books GmbH, Leck

www.degruyter.com

Inhalt

Jahrestagung 2019 5

Öffentliches Recht und Privatrecht

Erster Beratungsgegenstand

Kategoriale Unterscheidung von Öffentlichem Recht und Privatrecht?

1.	Referat von Alexander Somek	7
	Leitsätze des 1. Referenten........................	39
2.	Referat von Julian Krüper............................	43
	Leitsätze des 2. Referenten........................	94
3.	Aussprache und Schlussworte	101

Zweiter Beratungsgegenstand

Verschränkungen öffentlich-rechtlicher und privatrechtlicher Regime im Verwaltungsrecht

1.	Referat von Klaus-Dieter Drüen......................	127
	Leitsätze des 1. Referenten........................	164
2.	Referat von Sabine Schlacke	169
	Leitsätze der 2. Referentin	212
3.	Aussprache und Schlussworte	217

Dritter Beratungsgegenstand

Wandel des Verhältnisses von Staat und Gesellschaft – Folgen für Grundrechtstheorie und Grundrechtsdogmatik

1.	Referat von Stefan Muckel..........................	245
	Leitsätze des 1. Referenten........................	287
2.	Referat von Sophie Schönberger	291
	Leitsätze der 2. Referentin	314
3.	Aussprache und Schlussworte	319

Vierter Beratungsgegenstand

Die Rolle nicht-staatlicher Akteure bei der Entwicklung und Implementierung des Völker- und Europarechts

1.	Referat von Christoph Ohler............................	347
	Leitsätze des 1. Referenten	376
2.	Referat von Jochen von Bernstorff.....................	381
	Leitsätze des 2. Referenten	401
3.	Aussprache und Schlussworte	405

Verzeichnis der Rednerinnen und Redner..................... 425

Verzeichnis der Mitglieder der Vereinigung
der Deutschen Staatsrechtslehrer e.V. 427

Satzung der Vereinigung 505

Jahrestagung 2019

67 Jahre nachdem die Vereinigung der Deutschen Staatsrechtslehrer zum ersten Mal in Marburg getagt hatte, fand in der Zeit vom 9. bis 11. Oktober 2019 die Jahrestagung der Vereinigung erneut in Marburg statt. In diesem Jahr der Verfassungsjubiläen – 170 Jahre Paulskirchenverfassung, 100 Jahre Weimarer Verfassung und 70 Jahre Grundgesetz – waren die Debatten einem klassischen Thema der Rechtswissenschaft gewidmet. Es ging um die gewandelte Wahrnehmung und Deutung der Unterscheidung von Öffentlichem Recht und Privatrecht in den sich verändernden Dimensionen des Verwaltungsrechts, des Verfassungsrechts und des überstaatlichen Rechts. Die Vorstandsmitglieder *Ute Sacksofsky* und *Christian Waldhoff* leiteten die Debatten, die im vorliegenden Band abgedruckt sind. An der Tagung, für deren reibungslose Organisation das kooptierte Vorstandsmitglied *Sebastian Müller-Franken* und sein Lehrstuhlteam Sorge trugen, nahmen 273 Mitglieder, 27 Gäste und 32 Begleitpersonen teil.

In der zuvor am Mittwochnachmittag abgehaltenen Mitgliederversammlung gedachten die Anwesenden der verstorbenen Mitglieder *Thomas Oppermann, Ernst-Wolfgang Böckenförde, Heinhard Steiger, Werner Krawietz* und *Bernhard Raschauer* sowie des bereits 2016 in Austin/Texas verstorbenen Mitglieds *Hans Wolfgang Baade*. Die Vereinigung wird ihnen ein ehrendes Andenken bewahren.

Noch vor der Mitgliederversammlung tagten am Mittwochvormittag im Hörsaalgebäude der Universität die Gesprächskreise. In dem von *Anna Leisner-Egensperger* geleiteten Gesprächskreis „Verwaltung" diskutierten die Teilnehmer Perspektiven für ein neues Musterpolizeigesetz; Grundlage waren Referate von *Markus Thiel, Markus Möstl* und *Bodo Pieroth* sowie ergänzende rechtsvergleichende Ausführungen zu Österreich und der Schweiz von *Stefan Storr* und *Rainer Schweizer*. Der Gesprächskreis „Europäisches Verfassungsrecht" erörterte unter der Leitung von *Matthias Ruffert* das Thema „Rechtsstaatlichkeit in den Mitgliedstaaten – Maßstab und Verfahren"; Vorträge von *Stanisław Biernat*, ehemaliger Vizepräsident des polnischen Verfassungsgerichts, *András Jakab* und *Bernd Martenczuk*, Juristischer Dienst der EU-Kommission, bildeten den Ausgangspunkt der Diskussion. „Gerechtigkeit als Methodenfrage" war Gegenstand der Debatten in dem von *Rolf Gröschner* geleiteten Gesprächskreis „Grundlagen des Öffentlichen Rechts"; erörtert wurden hier die Thesen des Hauptreferats von *Franz Reimer* sowie der Kommentare von *Carsten Bäcker* und *Michael Potacs*. Im Anschluss an die Gesprächskreise fand auf Initiative von *Ute Sacksofsky* und weiteren neun Kolleginnen, organisiert von *Monika Böhm*, erstmals ein „Ladies' Lunch" statt; dieses Format eines

Gedankenaustauschs unter den weiblichen Mitgliedern wurde von allen 35 Teilnehmerinnen sehr positiv aufgenommen.

Das Begleitprogramm und die Abendempfänge boten Gelegenheit, nähere Anschauung von der Geschichte der Stadt Marburg und ihrer im Jahr 1527 von *Landgraf Philipp dem Großmütigen* gegründeten Universität zu gewinnen. So fand das Vortreffen des Vorstands mit den zehn neu aufgenommenen Mitgliedern, darunter der französische Kollege *David Capitant*, Université Paris I (Panthéon-Sorbonne) und Präsident der Deutsch-französischen Hochschule, sowie den Mentoren und Mentorinnen der neuen Mitglieder im historischen Rathaussaal statt. Der Empfang der Präsidentin der Universität *Katharina Krause* und des Oberbürgermeisters der Stadt Marburg *Thomas Spies* am Donnerstagabend führte in die nahe der mittelalterlichen Elisabethkirche gelegene neue Universitätsbibliothek, die erst kürzlich eröffnet worden war und ein beeindruckendes Element der aktuellen baulichen Neugestaltung und Erweiterung der Universität Marburg darstellt. Einen architektonischen Kontrapunkt bildet die prächtige Aula der Alten Universität, die Ende des 19. Jahrhunderts in neugotischem Stil auf den Fundamenten eines mittelalterlichen Dominikanerklosters errichtet wurde. Hier empfing am Donnerstagabend für die hessische Landesregierung anstelle des Ministerpräsidenten *Volker Bouffier*, der kurzfristig absagen musste, der Hessische Minister des Innern und für Sport *Peter Beuth* die Mitglieder der Vereinigung und ihre Gäste.

Das festliche Abendessen zum Abschluss der Tagung fand am Freitag im gotischen Fürstensaal des über der Stadt gelegenen Landgrafenschlosses statt. Besondere Akzente setzten musikalische Darbietungen für Cello und Klavier eines Kollegen des Marburger Fachbereichs Rechtswissenschaften und seiner Frau, *Wolfgang* und *Bettina Voit*, sowie den Saal begeisternde ironische Betrachtungen von *Uwe Volkmann* zur Vereinigung der Deutschen Staatsrechtslehrer.

Zum Gelingen der Tagung haben viele Personen beigetragen. Besonderer Dank gebührt den Referentinnen und Referenten für überaus anregende Vorträge sowie den Marburger Kolleginnen und Kollegen, insbesondere *Sebastian Müller-Franken*, für die vorzügliche Gestaltung des Rahmens der Tagung und für ihre Gastfreundschaft. Nicht zuletzt sei *Ute Sacksofsky* und ihren Mitarbeiterinnen und ihrem Mitarbeiter für die Redaktion des vorliegenden Bandes herzlich gedankt.

Speyer, im November 2019 *Karl-Peter Sommermann*

Erster Beratungsgegenstand:

Kategoriale Unterscheidung von Öffentlichem Recht und Privatrecht?

1. Referat von *Alexander Somek*, Wien

Inhalt

		Seite
I.	Die Ordnung der Normen	7
	1. Der tote Drache	7
	2. Das Problem der Begriffsbestimmung	10
	3. Normativität und Reduktionismus	15
	4. Gemütlichkeit	17
	5. Auffangordnungen	19
II.	Die Ordnung des Handelns	22
	1. Pragmatismus	22
	2. Ausdifferenzierung und Befreiung	24
	3. Ein Vokabular und sein Kontext	26
	4. Gegenläufige Emanzipationspotentiale	28
	5. Öffentliche Autorität	31
	6. *Droit politique*	35
	7. Schluss	37

I. Die Ordnung der Normen

1. Der tote Drache

Wer unsere Fragestellung historisch betrachtet, muss den Eindruck gewinnen, dass die Arbeit bereits getan worden ist. Im Guten wie im Schlechten scheint das Thema erledigt zu sein. Zur kategorialen Unterscheidung von öffentlichem Recht und Privatrecht lässt sich wohl nichts mehr sagen; nicht nur deswegen, weil schon so viel Scharfsinniges gesagt worden ist, sondern weil die Unterscheidung zu Beginn des 20. Jahrhunderts zu Tode gekommen sein dürfte.¹ Als ob es noch eines Beweises bedürfte, werden bis heute Abhandlungen verfasst, die den längst erlegten Drachen noch einmal totschlagen.² Wenn man für Begriffe etwas empfinden könnte, wäre das mitleiderregend.

Es scheint, als lasse sich zur kategorialen Unterscheidung von öffentlichem Recht und Privatrecht wohl bloß noch ein Nachruf verfassen.³ Aber auch dafür gibt es schon längst glänzende Vorbilder. Die international wohl berühmteste posthume Würdigung findet sich in einem kurzen und präg-

---

¹ Es entspringt keinem Zufall, dass *Schmidt* seine Arbeit mit einer Rückschau auf die „Publifizierung" des Privatrechts beginnt. Siehe *Detlef Schmidt* Die Unterscheidung von privatem und öffentlichem Recht, 1985, 15–20. Für *loci classici* der „Dekonstruktion" siehe einerseits *Hans Kelsen* Allgemeine Staatslehre, 1. Aufl. 1925, 81–83; *ders.* Reine Rechtslehre. Einleitung in die rechtswissenschaftliche Problematik, 1. Aufl. 1934, 110–114, und andererseits *Morris R. Cohen* Property and Sovereignty, Cornell Law Review 13 (1927), 8; *ders.* The Basis of Contract, Harvard Law Review 46 (1933), 553; *Robert Hale* Coercion and Distribution in a Supposedly Non-Coercive State, Political Science Quarterly 38 (1923), 470. Für eine kurze Einführung in die rechtsrealistische Kritik siehe *Alon Harel* Public and Private Law, in: Tatjana Hörnle/Markus D. Dubber (Hrsg.) The Oxford Handbook of Criminal Law, 2014, 1040 (1047–1048). Bei *Kelsen* und den Rechtsrealisten wird nicht eigentlich der Unterschied überhaupt abgelehnt, sondern das vorgebliche Privatrecht auf öffentliches Recht reduziert. Zu *Kelsen* siehe *Dieter Wyduckel* Über die Unterscheidung von öffentlichem Recht und Privatrecht in der Reinen Rechtslehre, in: Werner Krawietz/Helmut Schelsky (Hrsg.) Rechtssystem und gesellschaftliche Basis bei Hans Kelsen (= Rechtstheorie Beiheft 5), 1984, 113. Siehe aber auch *Norbert Achterberg*, Allgemeines Verwaltungsrecht. Ein Lehrbuch, 2. Aufl. 1986, Rn. 13, der meint, *Kelsen* habe den Unterschied nicht aufgegeben, sondern ihn in demokratischen und autokratischeren Formen der Normenerzeugung gesehen. Das war aus *Kelsens* Sicht freilich unerheblich, weil er rein rechtsinhaltlicher Art ist. Aus jüngerer Zeit *Oliver Lepsius* Der Privatrechtsdiskurs der Moderne aus der Sicht des öffentlichen Rechts. Statement zu Marietta Auer, in: Michael Grünberger/Nils Jansen (Hrsg.) Privatrechtstheorie heute. Perspektiven deutscher Privatrechtstheorie, 2017, 82 (88), der resümierend feststellt, dass die „disziplinäre [...] Differenz" das „wissenschaftspolitische Ergebnis einer unglücklichen politischen Entwicklung bildet". Als „weitgehend" erledigt gilt die Unterscheidung *Klaus Günther* (Zivil-)Recht. Kann das Zivilrecht im Zuge der Globalisierung das öffentliche Recht ersetzen?, in: Christian Joerges/Gunther Teubner (Hrsg.) Rechtsverfassungsrecht: Recht-Fertigung zwischen Privatrechtsdogmatik und Gesellschaftstheorie, 2003, 295 (298).

² Siehe jüngst *András Jakab/Lando Kirchmair* Tradition und Analogie in der Unterscheidung zwischen öffentlichem Recht und Privatrecht am Beispiel der österreichischen Rechtsordnung – Wie Rechtsanwender mit positivierten rechtsdogmatischen Inkonsequenzen in zwei Schritten umgehen sollten, Der Staat (2019), im Erscheinen. Siehe auch *Gonçalo de Almeida Ribero* The Decline of Private Law: A Philosophical History of Liberal Legalism, 2019.

³ So wohl auch *Gunther Teubner* State Policies in Private Law? A Comment on Hanoch Dagan, in: Nils Jansen/Ralf Michaels (Hrsg.) Beyond the State: Rethinking Private Law, 2008, 411 (412 f.).

nanten Beitrag des amerikanischen Rechtstheoretikers *Duncan Kennedy*.[4] Seines Erachtens ist die Unterscheidung zusammengebrochen im Verein mit anderen Differenzierungen, die das klassisch liberale Rechtsdenken geprägt haben. Mit ihr lösten sich andere Gegensätze, wie jener von Staat und Gesellschaft oder von Gesetzgebung und Rechtsprechung, sukzessive auf. Sie begannen sich zu vermischen.[5]

Als leidtragend erscheint in diesem Kontext stets das Privatrecht. Es erweist sich als *ancilla iuris publici*.[6] Nicht zufällig hat *Marietta Auer* – mit beständiger Rücksicht auf *Kennedys* Werk[7] – in diesem Sinne die These von der zweiten privatrechtlichen Moderne entwickelt. In diese sei das Privatrecht eingetreten, indem es sich selbstreflexiv im Spiegel seiner

---

[4] Siehe *Duncan Kennedy* The Stages of the Decline of the Public/Private Distinction, University of Pennsylvania Law Review 130 (1982), 1349. An *Kennedys* Werk geschult berichtet auch *Auer* von den dialektischen Wendungen und Umwendungen der Unterscheidung. Siehe *Marietta Auer* Der privatrechtliche Diskurs der Moderne, 2014, 67–73.

[5] Zurecht gibt mir *Christoph Bezemek* zu bedenken, dass die Bestimmung des „öffentlichen Rechts" vom Erkenntnisinteresse abhängt. Dieses kann ganz unterschiedlich sein. Welche Auskunft gibt uns oder verlangt das positive Recht im Hinblick auf die Zuständigkeit von Gerichten? Wie lässt sich die Einteilung der Rechtswissenschaften in zwei Gruppen verstehen? Was ist die Rolle des Staats oder der politischen Sphäre im Verhältnis zur Gesellschaft? *Bezemeks* Beobachtung ist völlig zutreffend. Die Komplexität der Thematik ist dennoch dem Umstand geschuldet, dass die Gründe, die Unterscheidungen unter einem Gesichtspunkt zu treffen, unter Rekurs auf andere Gesichtspunkte untermauert werden. Die Relevanz von „Subjektion" für die Klärung von Zustellungsfragen hat schon mit dem Staat als Träger von Hoheitsgewalt im Verhältnis zur Gesellschaft zu tun.

[6] Ähnlich *Teubner* State Policies (Fn. 3), 413 f.

[7] Seine Kernideen über den "classical legal thought" des Liberalismus und dessen Desintegration im 20. Jahrhundert hat *Kennedy* schon in den siebziger Jahren entwickelt. Siehe *Duncan Kennedy* The Rise and Fall of Classical Legal Thought, 2006 (Originalausgabe 1975). Aus der Orientierung am Kennedyschen Vorbild erklärt sich unter anderem die geschichtswissenschaftliche Schwäche von *Auers* Werk, die einen "privatrechtlichen Diskurs" entwickelt, der deutsche und amerikanische Diskussionsstränge zu einer Collage verbindet, die jedenfalls kaum historischen Sinn macht. Dafür haben ihr nicht zuletzt *Kennedy* und *Horwitz* das Vorbild abgegeben. Siehe *Morton J. Horwitz* The History of the Public/Private Distinction, University of Pennsylvania Law Review 130 (1982), 1423. Für ähnliche Beobachtungen siehe *Eike Götz Hosemann* Privatrechtsidee und Common Law. Ein Kommentar zu Marietta Auer, Der Privatrechtliche Diskurs der Moderne, in: Michael Grünberger/Nils Jansen (Hrsg.) Privatrechtstheorie heute. Perspektiven deutscher Privatrechtstheorie, 2017, 62 (63 f., 78), der zurecht feststellt, dass zunächst die für das Deutschland des 19. Jahrhunderts typische Behauptung der Autonomie des Privatrechts auf das Common Law projiziert werde, um im Gegenzug die Destruktion des klassischen Privatrechtsdiskurses durch die Rechtsrealisten am Beispiel Deutschlands zu rekonstruieren. *Lepsius* Privatrechtsdiskurs (Fn. 1), 93 wirft in diesem Zusammenhang zurecht die Frage auf, wer hier mit wem diskutiert haben soll.

politischen Funktion in Frage stellte und unterminierte.[8] Den verbleibenden Apologeten eines autonomen Privatrechts gilt umgekehrt die Eindämmung des Unterschieds als eine Art intellektuelles Staatsunrecht oder als verkappter etatistischer Coup gegen die freie Verfügung des Menschen über sich selbst.[9]

2. Das Problem der Begriffsbestimmung

Allerdings bedarf es keiner großen „Delegitimationserzählung",[10] um sich die Fragilität der Unterscheidung vor Augen zu führen. Ein Blick auf die deutsche Dogmatik genügt. In deren Kontext wird darauf abgezielt, generelle Rechtsnormen tiefenscharf entweder als öffentliches Recht oder als Privatrecht zu klassifizieren, und zwar aufgrund eines inhaltlichen Kriteriums (öffentliches oder privates Interesse?), mit Blick auf die beteilig-

---

[8] Siehe *Auer* Privatrechtlicher Diskurs (Fn. 4), 6, 47, 53 (unter Berufung auf *Kennedy*), 82. *Lepsius* Privatrechtsdiskurs (Fn. 1), 92 f. moniert zu Recht, dass die betreffenden Diskurse sich zeitlich schwer eingrenzen lassen und ihre Konturen daher nicht wirklich deutlich seien. Für eine gute Zusammenfassung siehe allerdings *Michael Grünberger/Nils Jansen* Perspektiven deutscher Privatrechtstheorie, in: Michael Grünberger/Nils Jansen (Hrsg.) Privatrechtstheorie heute. Perspektiven deutscher Privatrechtstheorie, 2017, 1 (7 f.). Für eine gewisse Vorwegnahme der Auerschen Diagnose siehe *Gert Brüggemeier* Probleme einer Theorie des Wirtschaftsrechts, in: Heinz-Dieter Assmann/Gert Bruggemeier/Dieter Hart/Christian Joerges (Hrsg.) Wirtschaftsrecht als Kritik des Privatrechts: Beiträge zur Privat- und Wirtschaftsrechtstheorie, 1980, 9 (40–51).

[9] Siehe dazu aus der umfangreichen und immer umfangreicher werdenden Literatur vor allem *Ernest Weinrib* The Idea of Private Law, 2. Aufl. 2012; *ders.* Private Law and Public Right, University of Toronto Law Journal 61 (2011), 191; *Arthur Ripstein* Beyond the Harm Principle, Philosophy and Public Affairs 34 (2006), 215; *ders.* Force and Freedom. Kant's Legal and Political Philosophy, 2009; *Hanoch Dagan/Avihay Dorfman* Just Relationships, Columbia Law Review 116 (2016), 1395 (1409); *Avihay Dorfman* Private Property and the Standing to Say So, University of Toronto Law Journal 64 (2014), 402. Siehe dazu die kritische Diskussion bei *John Gardner* Private Authority in Ripstein's *Private Wrongs*, Jerusalem Review of Legal Studies 14 (2016), 52. Einführend *Benjamin C. Zipursky* Philosophy of Private Law, in: Jules L. Coleman/Kenneth Einar Himma/Scott J. Shapiro (Hrsg.) The Oxford Handbook of Jurisprudence and Philosophy of Law, 2004, 623; *Daniela Caruso* Private Law and State-Making in the Age of Globalization, New York University Journal of Law and Politics 39 (2006), 1 (16–23); *Stefan Arnold* Vertrag und Verteilung. Die Bedeutung der iustitia distributiva im Vertragsrecht, 2014, 5–15; *Matthias Wendland* Vertragsfreiheit und Vertragsgerechtigkeit. Subjektive und objektive Gestaltungskräfte im Privatrecht am Beispiel der Inhaltskontrolle Allgemeiner Geschäftsbedingungen im unternehmerischen Geschäftsverkehr, 2019, 105–162; *Bertram Lomfeld* Der Mythos vom unpolitischen Privatrecht, in: Michael Grünberger/Nils Jansen (Hrsg.) Privatrechtstheorie heute. Perspektiven deutscher Privatrechtstheorie, 2017, 151.

[10] Wie man in Abwandlung von *Jean-François Lyotard* Das postmoderne Wissen: Ein Bericht, 1986, 86–104, sagen könnte.

ten Subjekte (Träger von Hoheitsgewalt oder nicht?) und deren Relationen (Gleichordnung oder Unterordnung?).[11] Wenn man sich das „Sinnfeld",[12] in dem diese Bemühungen stehen, vergegenwärtigt, ersieht man sogleich, warum es um Versuche, eine allseits zufriedenstellende Lösung zu finden, nicht günstig bestellt sein kann.[13]

Im Allgemeinen wollen Begriffsklärungen Kriterien der Sprachverwendung explizieren.[14] Dabei wird so verfahren, dass eine hypothetisch rekonstruierte allgemeine Regel zur korrekten Verwendung eines Prädikats[15] in der Auseinandersetzung mit Beispielen und Gegenbeispielen aus der Sprachpraxis erprobt wird. In Frage steht, ob die Regel passt oder nicht. Die Klärung verfolgt ein moderates, und doch nicht leicht zu erreichendes Ziel. Es soll sich ein „Überlegungsgleichgewicht"[16] zwischen dem paradigmatisch relevanten Sprachgebrauch und dessen normativer Rekonstruktion in der Form einer Regel einstellen. Aufgrund eines solchen „Gleichgewichtes" sollen sich verbleibende – nicht paradigmatische – abweichende Ver-

---

[11] Siehe *Schmidt* Unterscheidung (Fn. 1), 161. Die Frage nach einem „kategorialen Unterschied" wird in der neueren Literatur ohnedies als wenig zielführend betrachtet, auch wenn sie zur Klärung von Zuständigkeitsfragen unumgänglich ist (siehe *Otto Bachof* Über öffentliches Recht, in: Otto Bachof/Ludwig Heigl/Konrad Redeker [Hrsg.] Verwaltungsrecht zwischen Freiheit, Teilhabe und Bindung: Festgabe aus Anlaß des 25-jährigen Bestehens des Bundesverwaltungsgerichts, 1987, 1 [2]). Nach *Bullinger* führe die Zweiteilung, wenn man sie bloß kategorial und begriffstechnisch auffasse, zu einer „sinnentleerten Versteinerung". Siehe *Martin Bullinger* Die funktionelle Unterscheidung von öffentlichem Recht als Beitrag zur Beweglichkeit von Verwaltung und Wirtschaft in Europa, in: Wolfgang Hoffmann-Riem/Eberhard Schmidt-Aßmann (Hrsg.) Öffentliches Recht und Privatrecht als wechselseitige Auffangordnungen, 1995, 239 (239, siehe auch 249).

[12] Siehe *Markus Gabriel* Warum es die Welt nicht gibt, 2013, 91: „Sinnfelder sind Bereiche, in denen etwas, bestimmte Gegenstände, auf eine bestimmte Art erscheinen". Siehe auch *ders.* Sinn und Existenz. Eine realistische Ontologie, 2016, 183–187.

[13] Damit soll nicht behauptet werden, dass alle gleich unplausibel sind. Modifikationen der Subjektstheorie (siehe *Otto Mayer* Lehrbuch des deutschen Verwaltungsrechts, Bd. I, 2. Aufl. 1914, 16) lassen sich weniger leicht erschüttern als andere Theorien, auch wenn sie mit der grundlegenden Zirkularität zu kämpfen haben, dass die Subjekte des öffentlichen Rechts, deren Partizipation über die Existenz von öffentlichem Recht den Ausschlag gibt, zunächst durch öffentliches Recht konstituiert werden müssen. Siehe dazu *Schmidt* Unterscheidung (Fn. 1), 112–114, 135–137 und (mit einem Ausweg über die bloß rechtliche Individuierung des hoheitlichen Rechtsträgers, von dem kein Kelsianer je überzeugt sein könnte) schon *Hans J. Wolff* Der Unterschied zwischen öffentlichem und privatem Recht, Archiv des öffentlichen Rechts 75 (1950/51), 205 (209 f.).

[14] Für eine klare Charakterisierung unseres Vorverständnisses der Unterscheidung der Rechtsgebiete, siehe *Schmidt* Unterscheidung (Fn. 1), 82 f.

[15] Über den Zusammenhang von Semantik und Normativität, siehe *Robert B. Brandom* Making it Explicit: Reasoning, Representing, and Discoursive Commitment, 1994, 31.

[16] Siehe dazu *John Rawls* Eine Theorie der Gerechtigkeit, 1975, 68 f.

wendungen korrigieren lassen.¹⁷ Wer zum Beispiel den Begriff des „Fahrzeuges" einmal so bestimmt hat, dass nur Dinge dazu gehören, mit denen man auch fahren kann, der wird einen ausrangierten Armeelastwagen, der im Rahmen eines Kriegsdenkmals ausgestellt wird, nicht dazu zählen.¹⁸

In unserem Zusammenhang tritt bei der Begriffsklärung eine doppelte Schwierigkeit auf. Erstens sind die vorhandenen semantischen Konventionen inkohärent und notorisch umstritten. Jeder allgemeine Klärungsversuch muss dazu herausfordern, durch Gegenbeispiele erschüttert zu werden.¹⁹ Das Bemühen um Kohärenz in der Begriffsbildung kollidiert unweigerlich mit trägen Konventionen, die sich als „passend" aufdrängen, weil man sich

---

¹⁷ Siehe dazu – in Anknüpfung an *John Rawls*, der wiederum meinte, dieses Verfahren in *Kants* Grundlegung der Metaphysik der Sitten entdeckt zu haben – *Scott J. Shapiro* Legality, 2011, 16–19. Siehe *John Rawls* Outline of a Decision Procedure for Ethics, in: ders. Collected Papers, 2001, 1.

¹⁸ Um das berühmteste Beispiel aus der Geschichte der Rechtstheorie zu bemühen; siehe *Lon Fuller* Positivism and Fidelity to Law—A Reply to Professor Hart, Harvard Law Review 71 (1958), 630 (663) in Replik auf *Herbert L.A. Hart* Positivism and the Separation of Law and Morals, Harvard Law Review 71 (1958), 593 (607). Siehe dazu *Pierre Schlag* No Vehicles in the Park, Seattle University Law Review 23 (1999), 381.

¹⁹ Das Privatrecht sei das Recht der nebengeordneten Parteien. Siehe *Georg Jellinek* Allgemeine Staatslehre, 3. Aufl. 1976, 384. Wie? Und wie hältst du es mit dem Verhältnis von Mutter und Kind? Gegen diesen Einwand übrigens *Bachof* Öffentliches Recht (Fn. 11), 7, weil im Privatrecht kein Träger der öffentlichen Gewalt beteiligt sei; ein Gegeneinwand, der nicht überzeugt, weil erst die Subjektion in diesem Kontext über das Vorhandensein der öffentlichen Gewalt den Ausschlag gibt. Siehe auch die klugen Beobachtungen bei *Lepsius* Privatrechtsdiskurs (Fn. 1), 87, 90, wonach das Familienrecht auch wegen seiner mangelnden „tieferen dogmatischen Durchdringung" nicht paradigmatisch als Privatrecht gelte, sondern diese Rolle vielmehr dem allgemeinen Teil, dem Schuldrecht und dem Sachenrecht zufalle. Zur Ausnahmestellung des Familienrechts in der europäischen Privatrechtswissenschaft siehe *Fernanda G. Nicola* Family Law Exceptionalism in Comparative Law, American Journal of Comparative Law 58 (2010), 777 (787). – Das öffentliche Recht sei strikt verbindlich und kenne kein *ius dispositivum*. Und wie steht es um Planungsentscheidungen, die Organe dazu ermächtigen, konfligierende Gesichtspunkte zu kombinieren und unterschiedlich zu gewichten? Ist das strikt? Das öffentliche Recht sei das Recht, das Rechtsverhältnisse regle, in denen eines der beteiligten Subjekte aufgrund eines weiteren Rechtsverhältnisses als Sachwalter des Gemeinwohls auftrete. Siehe *Achterberg* Verwaltungsrecht (Fn. 1), Rn. 27, in starker Nähe zu Bachof, der das Auftreten eines Trägers der Hoheitsgewalt „als solchen" unter Rekurs auf die Interessentheorie vermittelt. Siehe *Bachof* Öffentliches Recht (Fn. 11), 15. Kritisch *Jakab/Kirchmaier* Tradition (Fn. 2), 7 und schon *Schmidt* Unterscheidung (Fn. 1), 110. Und wie beurteilt man unter diesem Vorzeichen den Kontrahierungszwang? Dient die Wahrung nachbarschaftlicher Interessen im Baurecht dem Gemeinwohl?

an sie gewöhnt hat.[20] Zweitens wird die Isolation eines kohärenten Kerns noch dadurch erheblich erschwert, dass die kategorialen Unterscheidungen selbst voneinander unterschieden sind.[21] Die klassischen Abgrenzungen reden aneinander vorbei. Man blickt etwa auf die Subjekte, an die sich ein Rechtssatz richtet;[22] fragt, ob es sich um das „Sonderrecht" für Träger der Hoheitsgewalt handelt, und ob diese „als solche" angesprochen sind;[23] ob öffentliche oder private Interessen im Spiel sind;[24] ob in einem Verhältnis

---

[20] Auch den modifizierten Subjektstheorien, der sogenannten „Sonderrechtstheorie" und der „Zuordnungstheorie", bläst ein eisiger Wind entgegen. Siehe *Wolff* Unterschied (Fn. 13), 208–210, wonach es auf das Zurechnungs- oder Zuordnungssubjekt ankomme (210, Hervorhebungen getilgt): „Öffentliches Recht ist mithin der Inbegriff derjenigen Rechtssätze, welche nur solche Subjekte berechtigen oder verpflichten, die ausschließlich durch Rechtssätze und Staatsakte bestimmt sind, oder die aufgrund eines Tatbestandes berechtigen oder verpflichten, der nur einem solchen Subjekt zurechenbar ist." Siehe auch *Rolf Stober*, in: Hans Julius Wolff/Otto Bachof/Rolf Stober/Wienfried Kluth (Hrsg.) Verwaltungsrecht. Ein Studienbuch, Bd. I, 13. Aufl. 2017, § 22 Rn. 28, 208; *Oliver Lepsius* Öffentliches Recht, in: Werner Heun/Martin Honecker/Martin Morlok/Joachim Wieland (Hrsg.) Evangelisches Staatslexikon, 2006, 1648 (1648). In Modifikation der Subjektstheorie, die den privatrechtlich handelnden Staat nicht vom öffentlichen Recht ausnehmen kann, gehören nach der Sonderrechtstheorie zum öffentlichen Recht diejenigen Rechtssätze, die einen Hoheitsträger als ein Subjekt, das Hoheitsgewalt ausübt, ansprechen. Damit reduziert sich die Frage auf eine, die rein positivrechtlich zu beantworten ist. Ein von positivrechtlichen Kontingenzen unabhängiges Kriterium etabliert sie nicht. So *Auer* Privatrechtlicher Diskurs (Fn. 4), 64 f. Scharf gegen die Annahme von Jedermannrechten versus das Sonderrecht der Träger der Hoheitsgewalt *Stefan Haack* Theorie des öffentlichen Rechts II: Was bleibt von der Unterscheidung zwischen öffentlichem Recht und Privatrecht?, 2019, 7. Zu *Bachofs* „Zuordnungstheorie" (die *Wolffs* Theorie kritisiert, weil sie nicht entsprechend hervorhebt, dass der Träger von Hoheitsgewalt in dieser Eigenschaft berechtigt oder verpflichtet werden soll – also nicht wie bei den fiskalischen Sonderrechten) siehe neben *Bachof* Öffentliches Recht (Fn. 11), 11 auch *Stober*, in: ebd., Rn. 29 (208–209) und *Schmidt* Unterscheidung (Fn. 1), 111. Beide Theorien haben das Problem, die Natur des Rechts des zwischen privatrechtlicher und öffentlich-rechtlicher Handlungsform wählenden Staates nicht angeben zu können. Nicht, dass das ein großes Problem wäre ...

[21] *Michaels* und *Jansen* unterscheiden sieben unterschiedliche Formen des Unterscheidens. Siehe *Ralf Michaels/Nils Jansen* Private Law beyond the State: Europeanization, Globalization, Privatization, American Journal of Comparative Law 54 (2006), 843 (847–852).

[22] Siehe bis heute bloß *Florian Rödl* Gerechtigkeit unter freien Gleichen. Eine normative Rekonstruktion von Delikt, Eigentum und Vertrag, 2015, 17. Klug ist auch der Ansatz von *Schmidt* Unterscheidung (Fn. 1), 161–163, der die Subjektstheorie um eine an Prinzipien orientierte Betrachtungsweise ergänzt. Siehe ebd., 159, zur „Gerichtetheit" der Rechtssätze.

[23] Siehe *Bachof* Öffentliches Recht (Fn. 11), 9, nach dem die Frage, ob ein Hoheitsträger in dieser seiner Eigenschaft an dem Rechtsverhältnis beteiligt ist, die eigentliche Kernfrage der streitigen Zuordnungsfälle sei.

[24] In diesem Zusammenhang wird immer *Ulpian* Digesten 1.1.1.2 zitiert. Dazu *Michael Stolleis* Öffentliches Recht und Privatrecht im Prozess der Entstehung des modernen Staates, in: Wolfgang Hoffmann-Riem/Eberhard Schmidt-Aßmann (Hrsg.) Öffentliches Recht

das Recht einseitig von der einen Person für die andere gesetzt wird[25] oder aber ob die Normen soziale Bereiche mit unterschiedlicher Handlungsrationalität und Handlungsprinzipien betreffen.[26] Mitunter achtet man auf den Status der Autoren der Rechtssätze[27] und unterscheidet zwischen öffentlicher und privater Rechtsetzung.[28] Jedenfalls lässt sich in diesem doppelt inkohärenten Kontext jeder allgemeine Rekonstruktionsversuch auch unter dem Vorzeichen kritisieren, dass er einen unzureichenden Gesichtspunkt ins Spiel bringe.[29]

---

und Privatrecht als wechselseitige Auffangordnungen, 1995, 41 (42). Für eine klassische Stellungnahme siehe *Georg Jellinek* System der subjektiven öffentlichen Rechte, 2. Aufl. 1905, 53. Aber was ist schon ein privates Interesse, wenn Unternehmer ohnedies Wohltäter sind, die Arbeitsplätze schaffen? Auch die Abgrenzung unter dem Gesichtspunkt, ob das öffentliche oder das private Interesse überwiegen, ist nicht immer einfach. Siehe *Schmidt* Unterscheidung (Fn. 1), 91, 93, 98.

[25] Zu Subjektions- oder Subordinationstheorie siehe *Jellinek* Staatslehre (Fn. 19), 384.

[26] Siehe *Eberhard Schmidt-Aßmann* Öffentliches Recht und Privatrecht: Ihre Funktionen als wechselseitige Auffangordnungen. Einleitende Problemskizze, in: Wolfgang Hoffmann-Riem/Eberhard Schmidt-Aßmann (Hrsg.) Öffentliches Recht und Privatrecht als wechselseitige Auffangordnungen, 1995, 7 (12 f.).

[27] Ex jure privato jus privatum oritur. Aufgrund des bürgerlichen Rechts entsteht ein Vertrag. Das gilt nicht so für das öffentliche Recht, zumal das Verfassungsrecht zur Privatrechtsgesetzgebung herangezogen werden kann.

[28] Zum breiten Begriff der privaten Rechtsetzung, der auch Gewohnheitsrecht und Verkehrssitte einschließt, siehe *Gregor Bachmann* Private Ordnung: Grundlagen ziviler Regelsetzung, 2006; *ders.* Legitimation privaten Rechts, in: *Christian Bumke/Anne Röthel* (Hrsg.) Privates Recht, 2012, 207 (207). Enger wird er gefasst, wenn Phänomene wie Kollektivverträge oder Vereinsstatuten oder der Erlass von Regelungen durch Vereine ins Auge gefasst werden. Siehe etwa *Stefan Magen* Legitimation von privatem Recht?, in: ebd., 229 (230). Im common law Bereich gilt als „Privatrecht" oft das von privaten Personen erzeugte Recht („private ordering"). Siehe *David V. Snyder* Private Lawmaking, Ohio State Law Journal 64 (2003), 371; *Caruso* Globalization (Fn. 9), 1 (27). Vorsichtig ist *Zumbansen*, der bloß festhält, dass „transnationales Recht" von privaten Subjekten konstituiert werde. Siehe *Peer Zumbansen* Piercing the Legal Veil: Commercial Arbitration and Transnational Law, European Law Journal 8 (2002), 400 (404). *Gunther Teubner* 'Global Bukowina': Legal Pluralism in the World Society, in: ders. (Hrsg.) Global Law without a State, 1997, 3, dürfte die „autopoietische" Erzeugung solchen Rechts folgendermaßen sehen: Internationale Handelsverträge werden unter Rekurs auf Modellverträge geschlossen, die damit sozusagen rückwirkend als Erzeugungsnormen fungieren. Die Verträge werden an ein System der Schiedsgerichtsbarkeit angeschlossen, das über private Organisationen (etwa die Internationale Handelskammer) und durch die völkerrechtlich verankerte Durchsetzung von internationalen Schiedssprüchen in nationalen Rechtssystemen institutionalisiert ist. Die Verkoppelung mit der institutionalisierten Durchsetzung dürfte für die Autopoiesis entscheidend sein. Es handelt sich also nicht um einen bloßen *contrat sans loi*. Siehe zu diesem Kontrast *Ralf Michaels* The True Lex Mercatoria: Law Beyond the State, Indiana Journal of Global Legal Studies 14 (2007), 447 (449 f.); *Zumbansen*, ebd., 425.

[29] So ist die Subjektionstheorie im demokratischen Rechtsstaat zum Buhmann geworden. Man attestiert ihr eine Affinität zum Obrigkeitsstaat und hält sie für obsolet. Siehe

3. Normativität und Reduktionismus

Ohne Zweifel ist das relevante dogmatische Pro und Contra bemerkenswert subtil und insofern intellektuell kostbar. Die dem Sinnfeld inhärente Unsicherheit lässt sich aber nicht so ohne Weiteres eliminieren. Sie rührt daher, dass die Ausarbeitung von Kriterien an keinem anderen Maßstab gemessen wird als an der Erwartung, das in sich stimmige Ergebnis müsse einem unstimmigen Sprachgebrauch genügen.[30] Das ist paradox. Zur Schaffung von Klarheit bedürfte es eigentlich einer anderen Maxime als jener, dass das gesuchte Unterscheidungskriterium eine in der manifesten Unordnung latente Ordnung ans Licht ziehen müsse. Es ist diese Maxime, die den dogmatischen Theorien[31] ihre normative Kraft nimmt.

Der normative Anspruch ließe sich umgekehrt, wiederherstellen indem man die Maßstäblichkeit der Begriffsbildung unterstriche und diese mutig den verworrenen Konventionen entgegenstellte.[32] Aber auch eine solche mutige Theorie[33] des öffentlichen Rechts oder des Privatrechts wäre in einem dogmatischen Kontext wohl dazu verurteilt, hilflos ihrer Dekonstruktion zusehen zu müssen. Deswegen muss immer wieder die Verlockung entstehen, rabiat die Flucht nach vorne anzutreten. Warum nicht einen reduktionistischen Befreiungsschlag versuchen und eines der Rechtsgebiete als bloßen Schein entlarven? Kritisch durchhalten lassen sich vielleicht gerade die Extreme.

„Alles Recht ist öffentliches Recht".[34] „Gewiss, selbstvers-tändlich", würde Konsul Tienappel etwas verlegen erwidern,[35] und ihm würde wohl

---

etwa *Schmidt* Unterscheidung (Fn. 1), 96 (95 f. zur Kritik an der Zirkularität); *Jakab/Kirchmaier* Tradition (Fn. 2), 5. Für die Subjektionstheorie tritt ein, allerdings in Kombination mit der Sonderrechtstheorie, *Haack* Öffentliches Recht II (Fn. 20), 51, 56.

[30] Siehe dazu schon *Wolff* Unterschied (Fn. 13), 210–211.

[31] Zur Theoriebildung in der Dogmatik siehe *Ralf Dreier* Zur Theoriebildung in der Jurisprudenz, in: *ders.* Recht – Moral – Ideologie. Studien zur Rechtstheorie, 1981, 70, und aus jüngerer Zeit *Christian Bumke* Rechtsdogmatik. Eine Disziplin und ihre Arbeitsweise, 1. Aufl. 2017, 140–142.

[32] Das dürfte die Stoßrichtung der Arbeit von *Haack* Öffentliches Recht II (Fn. 20), 1 f. sein.

[33] Eine solche Theorie würde erklären, warum es das eine oder andere Rechtsgebiet geben soll.

[34] In der amerikanischen Literatur wird dieser Satz *Lenin* zugeschrieben und stolz hinzugesetzt, dass der amerikanische Rechtsrealismus ganz dessen Auffassung war. Siehe *John Henry Merryman* The Private Law-Public Law Distinction in European and American Law, Journal of Public Law 17 (1968), 3 (11–13).

[35] Siehe *Thomas Mann* Der Zauberberg, in: Große kommentierte Frankfurter Ausgabe, Bd. V.I, 2002, 646: „‚Gewiss, selbstvers-tändlich‘, sagte James Tienappel entgegenkommend und etwas eingeschüchtert."

sogleich zu verstehen gegeben werden, dass schon die kleinste Einheit des Privatrechtssystems, das subjektive Recht, eine Delegation der Befugnis zur Teilnahme an der staatlichen Rechtserzeugung an jedermann darstelle. Diese Einsicht stamme immerhin von *Hans Kelsen*. *Kelsen*! Das könne nicht falsch sein.[36] Nach *Robert Hale* ist die Abschlussfreiheit eine an Privatpersonen vom Staat verliehene Befugnis, andere zu Vertragsabschlüssen unter Bedingungen zu zwingen, die diese aufgrund ihrer wirtschaftlichen Notlage nicht ablehnen können.[37] Die Vertragsfreiheit entpuppt sich als vom Träger des Monopols zur legitimen Gewaltausübung autorisierte Zwangsbefugnis. Nach *Hale* besteht Kontinuität im Verhältnis von politischer und ökonomischer Macht.

Umgekehrt ließe sich – „gewiss, selbstvers-tändlich" – alles Recht als Privatrecht ausgeben, auch wenn in diesem Fall die Argumentation noch etwas gewagter ausfallen müsste. Man könnte sich etwa in die marxistische Rechtskritik begeben, um dort in Erfahrung zu bringen, dass subjektive Rechte unabhängig von ihrem sozialen Kontext stets den privaten Eigenwillen ermöglichen und insofern auch das öffentliche Recht an der privaten Rechtsform partizipiere.[38] Auch die Public Choice Theory gibt uns zu verstehen, dass alle öffentlichen Verhältnisse privater Natur seien,[39] weil in der bürgerlichen Gesellschaft der Mensch auch dann, wenn er Ämter ausübt, ein, um mit *Marx* zu sprechen, „[...] auf sich, auf sein Privatinteresse und seine Privatwillkür zurückgezogenes und vom Gemeinwesen abgesondertes Individuum ist."[40]

---

[36] Siehe *Kelsen* Staatslehre (Fn. 1), 84 f. Assistiert wird *Kelsen* von *Herbert Hart*, der ebenfalls die Disponibilität von Rechten hervorgehoben hat. Siehe *Herbert L.A. Hart* Legal Rights, in: *ders.* Essays on Bentham, Jurisprudence and Political Theory, 1982, 162 (183 f.). Siehe auch, wenngleich von der faktischen wirtschaftlichen Übermacht des Unternehmers auf sein *imperium* schließend, *Cohen* Property (Fn. 1), 12 f.

[37] Siehe *Robert L. Hale* Force and the State: A Comparison of 'Political' and 'Economic' Compulsion, Columbia Law Review 35 (1935), 149. Siehe *Barbara H. Fried* The Progressive Assault of Laissez Faire: Robert Hale and the First Law and Economics Movement, 1998, 54 f.

[38] Siehe aus jüngerer Zeit *Christoph Menke* Kritik der Rechte, 2015, 192 f. Siehe auch *Daniel Loick* Juridismus: Konturen einer kritischen Theorie des Rechts, 2017, 46 und natürlich *Eugen Paschukanis* Allgemeine Rechtslehre und Marxismus: Versuch einer Kritik der juristischen Grundbegriffe, 1929, 129 f. – Die politische Freiheit lässt sich gänzlich unverantwortlich ausüben: „Wir Österreicher wählen, wen wir wollen!"

[39] Siehe *Gary S. Becker* The Economic Approach to Human Behavior, 1976, 1–14; *Geoffrey Brennan/James Buchanan* The Reasons of Rules: Constitutional Political Economy, 2005, 23–30.

[40] *Karl Marx* Zur Judenfrage, in: Marx-Engels Studienausgabe, Bd. I, 1966, 31 (49).

4. Gemütlichkeit

Und doch verunmöglicht es das positive Recht, mit einem mächtigen Schnitt den gordischen Knoten zu lösen.[41] Ohne Rücksicht auf die historische Kontingenz der Unterscheidung[42] und unbeeindruckt von der nervösen Auseinandersetzung mit analytischen Aporien macht es den Rechtsweg davon abhängig, ob eine Rechtssache privatrechtlicher oder öffentlichrechtlicher Natur sei. Die Gesetzgebung bringt die Dogmatik somit in die Verlegenheit, das unmöglich Scheinende möglich machen zu müssen.

Das hat sein Gutes. Wegen der Koinzidenz von praktischer Unausweichlichkeit und theoretischer Unzulänglichkeit wird der Zugang zwangsläufig pragmatisch und toleranter im Verhältnis zu Ausnahmen. Wegen der prinzipiellen Gleichwertigkeit der zivil- und verwaltungsgerichtlichen Rechtswege ist der Angelegenheit ohnedies die praktische Schärfe genommen.[43] Man mag es daher mit *Franz Bydlinski*[44] halten und sich durch Grenzfälle nicht aus der Ruhe bringen lassen,[45] wo doch im Normalfall die Kombination von Subjekt- und Subjektionstheorie nützlich sei und sich bewährt

---

[41] Siehe zu diesem Dilemma schon *Martin Bullinger* Öffentliches Recht und Privatrecht in Geschichte und Gegenwart, in: Manfred Löwisch/Christian Schmidt-Leithoff/Burkhard Schmiedel (Hrsg.) Beiträge zum Handels- und Wirtschaftsrecht (FS Fritz Rittner), 1991, 69 (69). Für eine ausführliche Dokumentation der Rechtsquellen, denen die Unterscheidung zugrunde liegt, siehe *Stober*, in: Verwaltungsrecht I (Fn. 20), Rn. 7–12 (203–204).

[42] Sie ist unterdessen allgemein anerkannt, auch wenn über den Zeitpunkt ihres Auftretens unterschiedliche Einschätzungen vorliegen. Siehe generell *Martin Bullinger* Öffentliches Recht und Privatrecht: Studien über Sinn und Funktionen der Unterscheidung, 1968, 75. Siehe *Stolleis* Entstehung (Fn. 24), 50 (um 1600 erste Vorlesungen über öffentliches Recht an deutschen Universitäten). Zum *jus publicum* (dem „Verfassungsrecht") der Rechtspublizistik siehe bloß *ders.* Geschichte des öffentlichen Rechts in Deutschland, Bd. I: Reichspublizistik und Policeywissenschaft 1600–1800, 2. Aufl. 2002, 141–154. Nach *Schröder* tritt die Unterscheidung unbestritten um 1800 auf. Siehe *Jan Schröder* Die Einteilung des Rechts in öffentliches Recht und Privatrecht: Eine naturrechtliche Theoriebildung, in: Claes Peterson (Hrsg.) Juristische Theoriebildung und Rechtliche Einheit. Beiträge zu einem rechtshistorischen Seminar in Stockholm im September 1992, 1993, 179 (179). Siehe auch *Dieter Grimm* Recht und Staat der bürgerlichen Gesellschaft, 1987, 98; *ders.* Das öffentliche Recht vor der Frage seiner Identität, 2012, 2 f. Die Kontingenz geleugnet und die Apriorität der Rechtsbegriffe Privatrecht und öffentliches Recht behauptet hat *Gustav Radbruch* Rechtsphilosophie, 1973, 220, § 16.

[43] So *Bullinger* Geschichte und Gegenwart (Fn. 41), 78 f.

[44] Siehe *Franz Bydlinski* Kriterien und Sinn der Unterscheidung von Privatrecht und öffentlichem Recht, Archiv für die civilistische Praxis 194 (1994), 319.

[45] Siehe hingegen *Bachof* Öffentliches Recht (Fn. 11), 6, der dagegen Bedenken betreffend die Rechtssicherheit ins Spiel bringt. Der Preis für die unklaren Begriffe sei die Einzelfalljustiz.

habe.⁴⁶ Nicht ohne Grund wird man in diesem Zusammenhang komparative Maßstäbe („bewegliche Systeme") entwickeln, die auf das Überwiegen des einen oder anderen Elements achten⁴⁷ und eine Entscheidungshilfe in schwierigen Fällen bieten, ohne letzte Gewissheit vermitteln zu können.⁴⁸ Je mehr einseitige Rechtsetzung, desto eher öffentliches Recht, je mehr horizontale Koordination und individuelle Zustimmung, desto eher Privatrecht.⁴⁹

Ein verstohlener Blick auf eine andere soziale Sphäre mag zur Erhellung des Sachverhalts beitragen. Die Kunst verschwindet nach ihrem Ende nicht.⁵⁰ Sie verfügt bloß nicht mehr über die Autorität, ihren Rezipienten das Heilige oder die Lebensideale einer Gesellschaft erfahrbar zu machen. Vielmehr verwandelt sich das Dargestellte in ein Medium des Darstellens.⁵¹ Worum immer es auch gehen mag, es kommt darauf an, dass es gut gemacht ist. In analoger Weise steht die große Unterscheidung, sobald sie zusammenbricht, nicht mehr für einen Wesensgegensatz. Theoretische Entwürfe bieten Material, aus dem man schöpfen kann, um Ansichten zu produzieren, die gut aussehen. Tiefgründige Fragen, wie etwa jener nach der Stellung des Privatrechts im Kosmos, interessieren nicht mehr.⁵² *Kennedys* Beobachtung ist in diese Richtung gegangen.⁵³ Der Kollaps der Unterschei-

---

⁴⁶ Siehe *Bydlinski* Kriterien (Fn. 44), 333, 338, 340: „Das Privatrecht erweist sich – in einem wichtigen ersten Erkenntnisschritt – nunmehr deutlich als das Recht der relativ staatsunabhängigen Gesellschaft. Es bezieht sich auf die Verhältnisse und Aktivitäten einer menschlichen Großgruppe, die unter ihren gewöhnlichen Mitgliedern, ohne unmittelbare Beteiligung der Staatsorganisation und ihrer Repräsentanten, bestehen bzw. ablaufen." Siehe auch *Schmidt* Unterscheidung (Fn. 1), 166–174.

⁴⁷ Siehe *Bullinger* Geschichte und Gegenwart (Fn. 41), 79.

⁴⁸ Siehe etwa *Lepsius* Öffentliches Recht (Fn. 20), 1649, 1651, der die Auffassung entwickelt, dass umso eher öffentliches Recht vorliegt, wenn Rechtssätze zur einseitigen Verpflichtung ermächtigen, desto ausgeprägter ist diesfalls auch die Rechtsbindung. Je stärker hingegen die Rechtsnormen die verpflichteten Rechtssubjekte an der Rechtserzeugung beteiligen, desto geringer sei diese Bindung. Nach *Bullinger* Geschichte und Gegenwart (Fn. 41), 79 werde auch ganz pragmatisch darauf geachtet, welches Gericht die höhere Sachkunde habe.

⁴⁹ In diese Richtung vor dem Hintergrund der Legitimation von privater oder öffentlicher Rechtsetzung *Bachmann* Legitimation (Fn. 28), 221; *ders*. Private Ordnung (Fn. 28), 179.

⁵⁰ Siehe *Arthur C. Danto* The End of Art: A Philosophical Defence, History and Theory 37 (1998), 127–143.

⁵¹ Anders gesagt, es geht um das Erscheinen um des Erscheinens willen. Siehe *Martin Seel* Ästhetik des Erscheinens, 2000, 146.

⁵² Es kommt darauf an, ob man ein schulgemäßes Argument machen kann, nicht ob es überzeugt.

⁵³ *Kennedy* Decline (Fn. 4), 1352 fasst dies unter dem Begriff der „continuumization" zusammen: „Continuumization means that people see most entities (institutions, actors, actions) as 'not absolutely one thing or another', rather than reserving this status for a small

dung bringt sie nicht zum Verschwinden. Sie verwandelt sich in eine gutmütige Bewohnerin des dogmatischen Hauses, die keinen Streit vom Zaun bricht.[54] So wie für *Nietzsche* weichlich und komfortbesessen gewordene Menschen „letzte Menschen" sind, verwandeln sich die vormals tragenden Kategorien einer Disziplin in das Letzte, was noch einer tiefschürfenden Ergründung lohnte.[55] Intellektuell verausgabt remuneriert sich der juristische Sachverstand mit dem Rückzug in abgeklärte Heiterkeit.

5. Auffangordnungen

Doch damit ist die Sache nicht erledigt. Schon der liberale, dem Rechtsrealismus nahestehende amerikanische[56] Philosoph *Morris Cohen* schlug gelassen vor, die typisch horizontale Ordnung zwischen den Privatpersonen und die typisch öffentliche Anordnung des Verhaltens von oben unter

---

class of intermediate terms, or collapsing everything into one pole or another. With the exception of polar situations—passing laws or deciding lawsuits representing the 'public' extreme, choosing a toothpaste or making love representing the 'private' extreme—everything is 'somewhere in the middle'."

[54] Gegen die darin beschlossene gedankliche Trägheit siehe *Schmidt* Unterscheidung (Fn. 1), 104; siehe auch *Haack* Öffentliches Recht II (Fn. 20), 1.

[55] Siehe *Friedrich Nietzsche* Also sprach Zarathustra, Kritische Studienausgabe, Bd. IV, 1988, 19.

[56] Die Auskünfte betreffend die Unterscheidung von Privatrecht und öffentlichem Recht in den USA fallen unterschiedlich aus. Manche meinen, sie habe nie wirklich eine Rolle gespielt. Siehe *Grimm* Das öffentliche Recht (Fn. 42), 4 f. Andere sind der Auffassung, dass, wenn die Frage überhaupt aufgetaucht sei, sie im leninistischen Sinn zugunsten des öffentlichen Rechts entschieden worden sei. Siehe *Merryman* Distinction (Fn. 34), 11–13; *Eike Götz Hosemann* 'The New Private Law': Die neue amerikanische Privatrechtswissenschaft in historischer und vergleichender Perspektive, in: RabelsZ 78 (2014), 37 (39). *Roscoe Pound* hat die Unterscheidung überhaupt kontinentaleuropäischen Autoren zugerechnet. Siehe *Roscoe Pound* Public Law and Private Law, Cornell Law Quarterly 24 (1939), 469 (470–472). Siehe auch *Michaels/Jansen* Private Law (Fn. 21), 852: "[...] [Private law in the U.S. refers not to a separate body of *law* but rather to a private *sphere* that the state either wilfully grants or in which it must not interfere under some constitutional or natural-law principles." Unter dem Eindruck der Arbeiten von *Kennedy* und *Morton Horwitz* vermittelt *Auer* den Eindruck, als habe die Unterscheidung auf beiden Seiten des Atlantiks eine bedeutende Rolle gespielt. Siehe *Auer* Privatrechtlicher Diskurs (Fn. 4), 67. In Auseinandersetzung mit *Auer* hat *Hosemann* Privatrechtsidee (Fn. 7), 72–74 nun ein nuanciertes Bild entwickelt, das die Relevanz für die historisch orientierten amerikanischen Rechtswissenschaftler des 19. Jahrhunderts feststellt. Die analytische Jurisprudenz habe sie ganz nützlich gefunden, deren englischer Zweig habe sie indes abgelehnt. In der englischen Rechtstradition ist die Vorstellung, es gebe "Privatrecht", offensichtlich bis heute ein wenig befremdlich. Siehe *John Gardner* From Personal Life to Private Law, 2018, 14, der von einer "exotic category" mit einem "faintly Napoleonic flavour" spricht.

einem einheitlichen funktionalen Gesichtspunkt zu betrachten.[57] Er antizipierte damit die in der deutschen Rechtswissenschaft entwickelte Auffassung, wonach das öffentliche Recht und das Privatrecht als komplementäre „wechselseitige Auffangordnungen"[58] zu betrachten seien.[59]

Diese Auffassung hält an der Unterscheidung von öffentlichem Recht und Privatrecht grundsätzlich fest, ohne sie zu einer „Zweiteilung"[60] zu verschärfen. Die Rechtsgebiete stellen demnach unterschiedliche „Regelungsmuster" für Situationen bereit, in denen die Bürgerinnen und Bürger entweder anderen Privatrechtssubjekten oder dem organisierten Staat gegenübertreten.[61] Trotz des unterschiedlichen Horizonts und der unterschiedlichen privatrechtlichen und öffentlich-rechtlichen Instrumente bestünden Verflechtungen und wechselseitige Durchwirkungen,[62] deren Sinn sich bei einer funktionalen Betrachtung offenbare. Es gehe darum, Äquivalente, Ergänzungs- und Kompensationsbeziehungen zu bestimmen und herauszufinden, bis zu welchem Grad (oder auch nicht) das öffentliche Recht oder das Privatrecht Regelungsaufgaben erfüllen können. Unterschieden werden die gleichwohl miteinander verzahnten Rechtsgebiete zum

---

[57] *Cohen* Property (Fn. 1), 27: "Certain things have to be done in a community and the question whether they should be left to private enterprise dominated by the profit motive or the government dominated by political considerations, is not a question of man versus the state, but simply a question of which organization and motive can best do the work."

[58] Zuerst entwickelt von *Wolfgang Hoffmann-Riem* Reform des allgemeinen Verwaltungsrechts: Vorüberlegungen, DVBl 1994, 1381 (1386 f.). Funktionalen Ansätzen ist diese Orientierung an der sozialen Problemlösung durch Recht eigen. Siehe auch *Peer Zumbansen* Ordnungsmuster im modernen Wohlfahrtsstaat: Lernerfahrungen zwischen Staat, Gesellschaft und Vertrag, 2000. Siehe unlängst zum Regulierungsrecht als Anwendungsfall bei *Margrit Seckelmann* Kategoriale Unterscheidung von öffentlichem Recht und Privatrecht?, DVBl 2019, 1107 (1109).

[59] Zu unterscheiden ist davon die von *Bullinger* Studien (Fn. 42), 81 wenigstens ansatzweise ausgearbeitete Theorie eines „Gemeinrechts", das mehr auf die Gemeinsamkeit der von beiden Teilrechtsordnungen verwendeten Instrumente abstellt als auf den Zweck der Gemeinwohlrealisierung (etwa die Wahl zwischen „Entscheidung" oder „Vertrag" oder Formen der entgeltlichen Leistungsgewähr, siehe ebd., 82–85). Später wird auch *Bullinger* die funktionellen Unterschiede zwischen beiden (individuelle Flexibilität einerseits, Bewahrung und Sicherung andererseits) hervorheben und als „Gemeinrecht" Regelungen bezeichnen, die sowohl für den privatrechtlichen Verkehr als auch den hoheitlich handelnden Staat anwendbar sein sollten, wie das Recht der allgemeinen Geschäftsbedingungen oder das Wettbewerbsrecht. Siehe *ders.* Funktionelle Unterscheidung (Fn. 11), 249–251; *ders.* Geschichte und Gegenwart (Fn. 41), 87 f.

[60] *Bullinger* Funktionelle Unterscheidung (Fn. 11), 239.

[61] Siehe *Schmidt-Aßmann* Problemskizze (Fn. 26), 23.

[62] Siehe *Wolfgang Hoffmann-Riem* Öffentliches Recht und Privatrecht als wechselseitige Auffangordnungen – Systematisierung und Entwicklungsperspektiven, in: Wolfgang Hoffmann-Riem/Eberhard Schmidt-Aßmann (Hrsg.) Öffentliches Recht und Privatrecht als wechselseitige Auffangordnungen, 1995, 261 (277) (mit zahlreichen Beispielen, 273–280).

einen anhand der „unterschiedlichen Handlungsprinzipien", die „unbeschadet aller Annäherungen und Gemeinsamkeiten nicht beliebig austauschbar sind",[63] und zum anderen anhand der Regelungstechnik und des Status des verpflichteten Subjekts. In den Handlungsprinzipien bildet sich die Handlungsrationalität der Akteure ab. Solange die Verfolgung des privaten Nutzens dazu hinreiche, legitime Ziele wie die Steigerung der gesamtgesellschaftlichen Wohlfahrt zu verfolgen, könne auf das Privatrecht vertraut werden, wohingegen das öffentliche Recht einspringen müsse, wenn die „Steuerungsressource" Eigennutz zu schädlichen Konsequenzen führe.[64] Im Vergleich zum besonderen Verwaltungsrecht nehme das Privatrecht sich wie eine Rahmenordnung aus.[65] Es werde den Subjekten anheimgestellt, ihre Zwecke selbständig mit frei gewählten Mitteln zu verfolgen.[66] Sie würden mit vergleichsweise geringeren Begründungspflichten konfrontiert, auch wenn sich das angesichts von Innovationen wie dem Antidiskriminierungsrecht geändert haben mag.[67] Das öffentliche Recht erwarte hingegen Begründungen.[68] Das liege nicht zuletzt an einem Machtgefälle, das für öffentliche Beziehungen charakteristisch sei.[69] Die staatliche Gewalt sei ubiquitär und besitze einen durchgängigen „Machtüberhang", der durch das öffentliche Recht auszugleichen sei. Wegen des finalen Bezugs der übermächtigen öffentlichen Gewalt auf die Realisierung des Gemeinwohls sei sie auch umfassend rechtfertigungsbedürftig und bedürfe letztlich einer demokratischen Legitimation.

Im Zentrum dieses Ansatzes steht das gesamtgesellschaftliche „Problemlösen". Der Rechtsstaat bewähre sich daher in der Einheit[70] von öffent-

---

[63] *Schmidt-Aßmann* Problemskizze (Fn. 26), 23: „Muss oder soll die Steuerungskraft privatautonomer Zielsetzung und -verwirklichung aber abgebaut werden, um die Erreichung staatlich gesetzter Ziele nicht zu vereiteln und muss das Eigeninteresse deshalb durch gemeinwohlorientierte Instrumente ersetzt werden, dann beginnt das Regime des öffentlichen Rechts."

[64] Siehe *Hoffmann-Riem* Systematisierung (Fn. 62), 270.

[65] Das öffentliche Recht müsse hingegen immer auch „Programmsteuerung" sein. Siehe *Schmidt-Aßmann* Problemskizze (Fn. 26), 21.

[66] Siehe *Hoffmann-Riem* Systematisierung (Fn. 62), 268; *Schmidt-Aßmann* Problemskizze (Fn. 26), 16 f.

[67] Siehe dazu zusammenfassend *Matthias Jestaedt* Diskriminierungsschutz und Privatautonomie, VVdStRL 64 (2005), 298.

[68] Siehe *Hoffmann-Riem* Systematisierung (Fn. 62), 268; *Schmidt-Aßmann* Problemskizze (Fn. 26), 16.

[69] Siehe *Schmidt-Aßmann* Problemskizze (Fn. 26), 19 f.

[70] Auf einer höheren begrifflichen Abstraktionsebene begegnet uns dieser Ansatz vom Verhältnis von öffentlichem Recht und Privatrecht im Denken des viel zu früh verstorbenen britischen Rechtsphilosophen *John Gardner*. In kritischer Auseinandersetzung mit einer Spielart des neueren Privatrechtsseparatismus (*Dagan/Dorfman* Just Relationships (Fn. 9), 1395) führt er aus, dass alles Recht, auch das Privatrecht, uns dazu verhilft, das zu tun, was

lichem Recht und Privatrecht und nicht an deren Gegensatz.[71] Letztlich müsse aber das öffentliche Recht Farbe bekennen und den Vorrang der Verfassung[72] betonen. Ihr komme im Verhältnis zum Privatrecht eine „Schutz-, Richtlinien- und Impulsfunktion" zu.[73] Die eigentliche Zäsur verlaufe nicht zwischen öffentlichem Recht und Privatrecht, sondern zwischen Verfassungsrecht und einfachem Recht.[74]

II. Die Ordnung des Handelns

1. Pragmatismus

Die Analyse von Auffangordnungen verfährt pragmatisch.[75] Sie hat die Erwartung aufgegeben, man könne der Unterscheidung von öffentlichem Recht und Privatrecht einen einzigen tragenden Unterscheidungsgrund –

---

wir auch unabhängig vom Recht tun sollen. Siehe *John Gardner* Dagan and Dorfman on the Value of Private Law, Columbia Law Review 116 (2016), 179 (183). *Gardner* drückt dies auch so aus (ebd., 197): "What law exists to do is to help those who are subject to it improve the things that they do." *Gardner* hat eine ganz konkrete Vorstellung von den "public goals" (198) des Rechts (195): "[…] avoid wronging each other, to have healthy personal relationships, to avoid wasting their lives and destroying their self-respect, to cultivate their virtues, tastes, and skills, to overcome their limitations, and many other things besides." Siehe auch *ders.* Personal Life (Fn. 56), 13 unter Berufung auf *Tony Honoré* The Dependence of Morality on Law, Oxford Journal of Legal Studies 13 (1993), 1. Zur Erziehungsfunktion des Privatrechts (unter anderem auch am Beispiel des Antidiskriminierungsrechts) siehe *Stefan Arnold* Verhaltenssteuerung als rechtsethische Aufgabe auch des Privatrechts?, in: Peter Bydlinski (Hrsg.) Prävention und Strafsanktion im Privatrecht: Verhaltenssteuerung durch Rechtsnormen, 2016, 39 (49). Rechtsnormen erfüllen diese autoritative Funktion, indem sie in schwierig zu beurteilenden Situationen bestimmen, was zu tun ist (*Gardner* ebd., 184). Und *Gardner* insistiert darauf, dass es unerheblich sei, ob dies durch öffentliches oder Privatrecht geschehe. Wesentlich sei vielmehr zu bestimmen, was das Recht überhaupt zu tun habe (ebd., 201).

[71] Siehe *Schmidt-Aßmann* Problemskizze (Fn. 26), 13.
[72] Siehe dazu *Matthias Ruffert* Vorrang der Verfassung und Eigenständigkeit des Privatrechts: Eine verfassungsrechtliche Untersuchung zur Privatrechtswirkung des Grundgesetzes, 2001, 50 f. (zum „Erkenntnisvorrang" des Privatrechts, was die Strukturen der von der Verfassung zu wahrenden Privatrechtsordnung und den Modus der Gewährleistung betrifft). Siehe dazu auch *Bachmann* Legitimation (Fn. 28), 215. Siehe *Wolfram Müller-Freienfels* ‚Vorrang des Verfassungsrechts' und ‚Vorrang des Privatrechts', in: Manfred Löwisch/Christian Schmidt-Leithoff/Burkhard Schmiedel (Hrsg.) Beiträge zum Handels- und Wirtschaftsrecht (FS Fritz Rittner), 1991, 423 (452–456).
[73] Siehe *Schmidt-Aßmann* Problemskizze (Fn. 26), 13.
[74] Siehe *Schmidt-Aßmann* Problemskizze (Fn. 26), 14.
[75] In diese Richtung auch *Ewald Wiederin* Kommentar, in: *Grimm* Das öffentliche Recht vor der Frage seiner Identität, 2012, 91, der (92) zurecht darauf hinweist, dass die Unterscheidung mit dem Bedürfnis verknüpft ist, individuelle und kollektive Interessen zu unter-

eine Fundierung – verschaffen. Pragmatisch denkt, wer Pluralismus zulässt und ein Ensemble von Begriffen und Prinzipien als etwas betrachtet, mit dessen Hilfe man in Handlungskontexten verständigungsorientiert[76] Ziele verfolgen kann.[77] Mit dem Vokabular verknüpfen sich bestimmte Hoffnungen, etwas machen zu können.[78]

Der Ansatz streicht aber vielleicht nicht deutlich genug heraus, was bei aller Integration die Pointe des Festhaltens an der Differenzierung ist.[79] Idealtypische Unterschiede sind gewiss bedeutsam. Die individuelle Zustimmung oder die Gemeinwohlorientierung erhalten in den Rechtsgebieten gewiss ein jeweils unterschiedliches Gewicht. Aber darin erschöpft sich der pragmatische Sinn der Differenz nicht. Sie impliziert nämlich verschiedene Strategien, sich aus einer Abhängigkeit von anderen zu befreien oder soziale Lasten abzuwerfen bzw. zu bewältigen. Sie entstammen einem Ausdifferenzierungsprozess, in dem zwei gegenläufige Emanzipationspotenziale freigelegt worden sind.

Darauf will ich im Folgenden eingehen, wobei ich nicht beanspruche, eine letzte – ultimative – allgemeine Theorie über den Unterschied von öffentlichem Recht und Privatrecht vorzulegen. Es geht um etwas Bescheideneres. Ich will daran erinnern, dass unsere Unterscheidung nicht zufällig damit in Verbindung steht, wie sich Menschen durch die Betätigung ihrer

---

scheiden, zwischen öffentlichen und privaten Rollen zu differenzieren oder eine Rechtssache von Gerichten entscheiden zu lassen oder nicht.

[76] Also durch „kommunikatives Handeln". Siehe *Jürgen Habermas* Theorie des kommunikativen Handelns. Handlungsrationalität und gesellschaftliche Rationalisierung, Bd. I, 1. Aufl. 1981, 385 f.

[77] Siehe *Richard Rorty* Consequences of Pragmatism (Essays 1972–1980), 1982, xli. Begriffliche Klärungen stehen in einem praktischen Handlungskontext. Siehe *Charles S. Peirce* How to Make Our Ideas Clear, in: *ders.* Selected Writings, 1966, 113 (123). *Robert B. Brandom* Reason in Philosophy: Animating Ideas, 2009 erläutert wie folgt (180, Hervorhebungen getilgt): "Pragmatism, of the sort associated with Peirce or James, takes it that the concepts applied by knowers are a function of their significance for action." Zum Pragmatismus im Recht siehe die grundlegende Arbeit von *Joachim Lege* Pragmatismus und Jurisprudenz, 1999.

[78] *William James* Pragmatism and The Meaning of Truth, 1975, 52. Eine alternative Möglichkeit, sich die Funktion der Unterscheidung vor Augen zu führen, unser soziales Verstehen anzuleiten, bestünde darin, sie als „regulative Idee" im Sinne *Kants* zu verstehen. Sie dient als „Faustregel". Siehe *Immanuel Kant* Kritik der reinen Vernunft, in: Werkausgabe in zwölf Bänden, Bd. III und IV, hier: Bd. IV, 1968, 589 (B 706). Zur treffenden Charakterisierung der „regulativen Idee" als „Faustregel" siehe *Manfred Frank* Einführung in die frühromantische Ästhetik, 1989, 32.

[79] Für eine nachdrücklich positive Antwort auf die Frage nach dem Vorrang des öffentlichen Rechts siehe *Alain Supiot* The public-private relation in the context of today's refeudalization, International Journal of Constitutional Law 11 (2013), 129 (130).

privaten oder ihrer öffentlichen Autonomie von Unterordnung und Lasten befreien können, die von anderen für sie geschaffen worden sind.

2. *Ausdifferenzierung und Befreiung*

Sowohl *Bullinger*[80] als auch *Grimm*[81] haben herausgearbeitet, dass das prinzipielle Auseinandertreten von Privatrecht und öffentlichem Recht im 19. Jahrhundert voraussetzte, die Rechtsgebiete aus der Gemengelage zu lösen, in der sie sich in feudalen Beziehungen befunden hatten. Mit der ideellen Reinigung von ständischen Differenzierungen und Vorrechten[82] konnte das Privatrecht zum allgemeinen Recht der formal chancengleichen,[83] freien Marktwirtschaft – der bürgerlichen Verkehrsgesellschaft – avancieren.[84] Umgekehrt brachte der absolute monarchische Staat sich selbst in die Position, tradierte und paktierte Vor- und Sonderrechte dem imperativen Zugriff des öffentlichen Rechts zu unterstellen.[85]

---

[80] *Bullinger* Studien (Fn. 42), 52 spricht in diesem Zusammenhang von einer „rechtspolitischen Zufallsgemeinschaft" zwischen Absolutismus und Liberalismus. Siehe auch *Bullinger* Funktionelle Unterscheidung (Fn. 11), 241–243. Siehe auch *Bullinger* Geschichte und Gegenwart (Fn. 41), 72, 75.

[81] Siehe *Dieter Grimm* Verfassung und Privatrecht im 19. Jahrhundert: Die Formationsphase, 2017, 14–15.

[82] Laut *Bullinger* Geschichte und Gegenwart (Fn. 41), 71 galten auch Vorrechte wie Apothekenprivilegien bis zum 19. Jahrhundert als Rechte Privater, die vor Gericht gegen den Monarchen geltend gemacht werden konnten.

[83] Siehe *Rawls* Gerechtigkeit (Fn. 16), 86 f.

[84] Als ein Teilnehmer am allgemeinen Rechtsverkehr galt dann auch der Staat. Daher konnte der „Fiskus" privatrechtlich agieren. Siehe *Bullinger* Geschichte und Gegenwart (Fn. 41), 75. Mit dem privatrechtlich agierenden Staat war die Tür offen für das Aufweichen des kategorialen Gegensatzes, was nicht zuletzt in der Entwicklung des verwaltungsrechtlichen Vertrags, der Wahlmöglichkeit zwischen der öffentlichen und der privaten Rechtsform (solange kein öffentliches Recht entgegensteht), des Verwaltungsprivatrechts mit stärkerer Grundrechtsbindung für den öffentliche Dienstleistungen erbringenden Staat (nicht aber den bloß wirtschaftliche Interessen verfolgenden) und umgekehrt der Verflechtung privater Rechtsbeziehungen mit zahllosen Schranken im öffentlichen Interesse oder unter grundrechtlichen Gesichtspunkten resultierte. Für eine glänzende Skizze dieser Entwicklung, siehe *Bullinger* Geschichte und Gegenwart (Fn. 41), 76–78, 80–85; siehe auch den Überblick bei *Jens-Peter Schneider* The Public-Private Law Divide in Germany, in: Matthias Ruffert (Hrsg.) The Public-Private Law Divide: Potential for Transformation?, 2009, 85 (93–98).

[85] Zu den „gerichtsfreien öffentlichen Rechten" siehe *Bullinger* Funktionelle Unterscheidung (Fn. 11), 244. Wohlerworbene Rechte wurden üblicherweise nicht entschädigungslos widerrufen. Siehe ebd., 242; *Bullinger* Studien (Fn. 42), 52. Die verfassungsrechtliche Festlegung von Kompetenzen war nachgerade ein Weg, die Hindernisse zu beseitigen,

Alte Privilegien wurden wehrlos gemacht, indem die legislative oder administrative Ausübung der absoluten Staatsgewalt der gerichtlichen Kontrolle entzogen wurde.[86]

Die wechselseitige Ausdifferenzierung von öffentlichem Recht und Privatrecht etablierte Autonomie und Interdependenz.[87] Der monarchische Absolutismus und der auf Erwerbs- und Gewerbefreiheit abstellende Liberalismus dürften die Ersten gewesen sein, die in der Kombination von starkem Staat und gesunder Wirtschaft[88] ein gesellschaftliches Erfolgsrezept erblickt haben.[89] Der globale Ordoliberalismus nimmt sich im Vergleich dazu wie der letzte Ausläufer einer zunächst im Vormärz erprobten Strategie aus.[90] Zum Inventar dieses Arrangements gehören die Trennung der privaten von der politischen Freiheit[91] und später die Konzeption von subjektiven öffentlichen Rechten, zunächst mit Emphase auf den *status negativus*.[92] Von elementarer Bedeutung sind freilich die Institutionalisierung von

---

die sich aus wohlerworbenen Rechten ergaben. Siehe *Grimm* Verfassung und Privatrecht (Fn. 81), 15. Siehe auch *Haack* Öffentliches Recht II (Fn. 20), 19–25.

[86] Im Streitfall konnten die Bürgerinnen und Bürger, wenn überhaupt, nur verwaltungsinterne Kontrollausschüsse anrufen. So *Bullinger* Geschichte und Gegenwart (Fn. 41), 72. Siehe dazu auch *Wiederin* (Fn. 75), 96.

[87] Siehe *Grimm* Verfassung und Privatrecht (Fn. 81), 28–30 (zu größerer Autonomie und größerer Interdependenz).

[88] Die Anspielung ist natürlich gerichtet auf *Carl Schmitt* Starker Staat und gesunde Wirtschaft (1932), in: Günter Maschke (Hrsg.) Staat, Grossraum, Nomos. Arbeiten aus den Jahren 1916–1969, 1995, 71.

[89] Siehe *Bullinger* Geschichte und Gegenwart (Fn. 41), 72–73. Für Österreich siehe *Christoph Bezemek* Die Erwerbsfreiheit im StGG – Schutzgegenstand und Stellung, Juristische Blätter 136 (2014), 477. *Bullinger* Funktionelle Unterscheidung (Fn. 11), 241, 248 hebt hervor, dass der ursprüngliche Sinn der Zweiteilung darin lag, Beweglichkeit und Entwicklungskraft in beiden Sphären zu schaffen. Vor allem im wirtschaftlichen Bereich sollte sich Risikoübernahme bei Unsicherheit bezahlt machen können. Es ist offensichtlich, dass *Bullinger* ebd., 250, 254 die jüngere Rechtsentwicklung bedauert. Sie hat seines Erachtens zu einem größeren Ausschluss von Fremdrisiko und zu einer stärkeren sozialen Bindung des Privatrechts geführt. Dies resultiere bloß in sinkendem Wohlstand statt in sozialer Sicherheit. Zwischen Privatrecht und öffentlichem Recht bestehe keine gesunde Komplementarität mehr.

[90] Siehe dazu nun die fulminante Rekonstruktion der Geschichte bei *Quinn Slobodian* Globalists: The End of Empire and the Birth of Neoliberalism, 2018.

[91] Es entbehrt nicht der Ironie, dass *Napoleon* dieses Modell als erster realisiert hatte. Siehe *Grimm* Verfassung und Privatrecht (Fn. 81), 9–10, 16.

[92] Zur Privatrechtsakzessorität der Grundrechte im frühen Liberalismus siehe *Grimm* Recht und Staat (Fn. 42), 195.

Herrschaft[93] und die damit verbundene Monopolisierung legitimer Gewaltausübung beim Staat.[94]

3. Ein Vokabular und sein Kontext

Die damit einhergehende Abhebung der politischen von der gesellschaftlichen Sphäre ist manifest in der Entwicklung einer öffentlich-rechtlichen Begrifflichkeit.[95] Sie ist dem Privatrecht formal nachgebildet. Es geht um Ansprüche, Rechtsmacht oder Pflichten. Inhaltlich stellt sie auf etwas anderes ab als auf die Freiheit eines Privatrechtssubjekts.[96] Ihren Fokus findet sie in der Rechtfertigung der Ausübung von öffentlicher Autorität – von politischer Herrschaft[97] – auf der Grundlage des Rechts. Das *imperium* übernimmt den Platz des *dominiums*. Insofern hat unser britischer Kollege *Martin Loughlin* recht, wenn er das öffentliche Recht als etwas versteht, das auf der autonomen politischen Sphäre[98] beruht[99] und dieser Form verleiht. Begriffe wie Souveränität, Kompetenz, Delegation,[100] Repräsentation, Schranke oder Amtsgewalt gestatten es, diese Sphäre von Verhältnissen zu differenzieren, in denen, wie in einer Lehenshierarchie, die soziale Macht durch das wirtschaftliche Vermögen und durch persönliche Loyalität („Vernetzung") vermittelt ist.[101] Die Ausübung des Imperiums ist grundsätzlich unabhängig vom Eigentum.[102] Die Existenz einer Kompetenz ist keine

---

[93] „Herrschaft" wird hier verstanden als eine Begrenzung von Macht durch Macht, die Legitimität erheischt. Siehe unten Fn. 98. Zum alten Herrschaftsbegriff, der die unwiderstehliche Gewalt hervorhob, siehe *Jellinek* Staatslehre (Fn. 19), 429: „Herrschen heißt unbedingt befehlen und Erfüllungszwang üben können. Jeder Macht kann sich der Unterworfene entziehen, nur der Herrschermacht nicht."

[94] Siehe dazu bloß *Grimm* Identität (Fn. 42), 62–63.

[95] Siehe dazu *Bullinger* Studien (Fn. 42), 61, mit zutreffender Warnung vor der Falle der Begriffsjurisprudenz.

[96] Siehe *Grimm* Verfassung und Privatrecht (Fn. 81), 20; *Bullinger* Studien (Fn. 42), 62–65.

[97] Siehe *Grimm* Identität (Fn. 42), 64.

[98] Im Deutschen ist man geneigt, die *political sphere* als Sphäre der „Herrschaft" zu bezeichnen. Bei *Grimm* Identität (Fn. 42), 63 f. geschieht dies, um die Funktion der politischen Macht hervorzuheben, mannigfaltige Formen der sozialen Macht (pädagogische, kommunikative, religiöse etc.) im Zaum zu halten. Dies könne auch durch privates Recht geschehen, bloß die Ausübung von Herrschaft selbst sei der Gegenstand des öffentlichen Rechts.

[99] Siehe *Martin Loughlin* The Idea of Public Law, 2003, 52, 72.

[100] Siehe *Martin Loughlin* The Nature of Public Law, in: Cormac Mac Amhlaigh/Claudio Michelon/Neil Walker (Hrsg.) After Public Law, 2013, 11 (11).

[101] Dies wird von *Supiot* The public-private relation (Fn. 79), 130, 134 zurecht betont.

[102] Mit „grundsätzlich" ist etwas durchaus Konkrafaktisch-Normatives gemeint. Siehe *Joseph Vogl* Der Souveränitätseffekt, 2015.

Frage der Attraktivität der Dienstleistung und eine Delegation von Befugnissen nicht abhängig von Gegengeschäften. Die Überwindung des Feudal- und Patrimonialstaats und deren schrittweise Ersetzung durch die rationale Staatsanstalt war, wie man mit Blick auf *Max Weber* sagen kann, ein Rationalisierungsprozess.[103] Durch ihn wird die herrschaftliche Ausübung politischer Macht gezielt auf die planvolle Verfolgung von Gemeinwohlinteressen[104] eingestellt und vom Ansatz her von der Verwaltung eines Vermögens und der Patronanz über Scharen von abhängigen Hintersassen gelöst. Im demokratischen Verfassungsstaat werden die politische Macht und der Dienst an ihr zur Sache von gewählten politischen Führerinnen und Führern einerseits[105] und den ihnen nachgeordneten „unpersönlichen" Amtsträgerinnen und Amtsträgern andererseits.[106]

Auf der Grundlage der wechselseitigen Ausdifferenzierung lässt sich die politische Macht von der sozialen Macht, die aus privaten Rechtspositionen hervorgeht, unterscheiden. Diese soziale Macht ist eine Folge der Verfügungsmacht über Ressourcen, vorzugsweise des Eigentums. Wer wirtschaftliche Güter kontrolliert, darf sich der Gunst und Zuwendung derer erfreuen, die von ihm abhängig sind. Fair erworben wird diese Macht, von Erbschaft einmal abgesehen, aufgrund von Talent, Fleiß und Glück.[107] Die Konkurrenz ist das Mittel, sie zu begrenzen. Wer über diese Macht verfügt, kommandiert Unternehmen, ist gern gesehen, erwirbt öffentliches Ansehen, unterstützt die schönen Künste und übt mit seiner Urteilskraft sanften Einfluss auf die politischen Entscheidungsträger aus.

Die Macht, die durch politische Herrschaft vermittelt wird, entspringt hingegen im Idealfall kommunikativen Prozessen oder einer geschickt gelenkten Massenloyalität.[108] Sie äußert sich unter anderem auch in imperativer Form und rekurriert, wenn es sein muss, auf physische Gewalt.

---

[103] Siehe *Max Weber* Wirtschaft und Gesellschaft. Grundriss einer verstehenden Soziologie, Bd. II, 5. Aufl. 1976, 582, 821–828.

[104] Siehe *Bullinger* Geschichte und Gegenwart (Fn. 41), 73.

[105] In Demokratien ist die politische Macht das Resultat von Wahlen. Sie lässt sich nicht langfristig veranlagen. Siehe *Hannah Arendt* The Human Condition, 1. Aufl. 1958, 200, 244. Die Loyalität der Gefolgschaft ist, weil sie nicht mit wirtschaftlicher Abhängigkeit verbunden sein muss, immer prekär und muss ununterbrochen regeneriert werden. In demokratischen Gesellschaften beruht sie im Idealfall auf dem verdienstvollen Agieren im öffentlichen Raum (siehe ebd., 57 f., 205 f.).

[106] Siehe auch dazu *Loughlin* Idea (Fn. 99), 79 f.

[107] Siehe *Immanuel Kant* Über den Gemeinspruch: Das mag in der Theorie richtig sein, taugt aber nicht für die Praxis, in: Werkausgabe in zwölf Bänden, Bd. XI, 1968, 149.

[108] Siehe zu ersterem *Jürgen Habermas* Faktizität und Geltung: Beiträge zur Diskurstheorie des Rechts und des demokratischen Rechtsstaats, 1. Aufl. 1991, 210 und zu letzterem *ders.* Theorie des kommunikativen Handelns. Zur Kritik der funktionalistischen Vernunft, Bd. II, 1. Aufl. 1981, 509 f.

4. Gegenläufige Emanzipationspotentiale

Den ausdifferenzierten Ordnungen des normorientierten Handelns sind zwei gegenläufige Verständnisse von Emanzipation inhärent. Im Verhältnis zu überkommenen sozialen Hierarchien und Abhängigkeiten verspricht das allgemeine Privatrecht die „Entmachtung durch Wettbewerb".[109] Den Tüchtigen gehört die Welt.[110] Dieser Gedanke begegnet uns im Kontext von Globalisierung und Europäisierung auch im Verhältnis zu den Trägern der öffentlichen Gewalt. *Friedrich August von Hayek* verdanken wir die bemerkenswerte Idee, dass eine internationale Föderation von Staaten indirekt die Umverteilung beseitigen werde.[111] Wegen des fehlenden nationalen Bandes würde das eine Land nicht für die Schulden eines anderen aufkommen und kein Land würde wegen des zu befürchtenden wirtschaftlichen Standortnachteils generöse Sozialprogramme unterhalten. Für bestehende Sicherungen entfesselt der regulatorische Wettbewerb seine zerstörerische Kraft, über die schon *Hegel* generell feststellte: „Kein positives Werk noch Tat kann also die allgemeine Freiheit hervorbringen; es bleibt ihr nur das negative Tun; sie ist nur die Furie des Verschwindens".[112]

Private Rechtsverhältnisse wären unmöglich, wenn man den beteiligten Parteien zumutete, alle Konsequenzen verantwortlich zu berücksichtigen, die indirekt für andere auftreten könnten.[113] Von Relevanz können für

---

[109] Siehe *Franz Böhm* Das Problem der privaten Macht, in: *ders.* Entmachtung durch Wettbewerb, 2007, 14–59.

[110] Zum Unternehmer als Modell für die marktimmanente Emanzipation von den Schranken des Marktes siehe *Alexander Somek* The Individualisation of Liberty: Europe's Move from Emancipation to Empowerment, Transnational Legal Theory 4 (2013), 258.

[111] Siehe *Friedrich August von Hayek* The Economic Conditions of Interstate Federalism (1939), in: *ders.* Individualism and Economic Order, 1942, 255. Siehe dazu nunmehr *Slobodian* Globalists (Fn. 90), 102–104.

[112] *Georg W.F. Hegel* Phänomenologie des Geistes, 2. Aufl. 1921, 382.

[113] Privatrechtstheoretiker, welche die Rolle des Privatrechts auf die ausgleichende Gerechtigkeit beschränken und dessen Verantwortung für Verteilungsgerechtigkeit zurückweisen, könnten dem zustimmen. Siehe *Weinrib* Idea (Fn. 9), 72 f., der darauf hinweist, dass die Prinzipien der Verteilungsgerechtigkeit die normativen Gesichtspunkte zum Ausdruck bringen, die die Einheit einer Gruppe ausmachen (etwa die Schätzung von Leistung und Verdienst oder des sozialen Rangs). Deren Mitglieder werden vermittels des Verteilungskriteriums miteinander in Beziehung gesetzt (der einen gebühre mehr, dem anderen weniger; daraus ergebe sich die Beziehung zwischen der einen zum anderen aus der Beziehung, in der beide zum Kriterium stehen). Im Vergleich dazu werde die Beziehung im Kontext der ausgleichenden Gerechtigkeit durch die Korrelation von Tun und Erleiden gestiftet. Die eine gewinne, was der andere verliere (mit wenig überzeugenden Begründungen, worin der Gewinn bei einer Schädigung bestehe; siehe ebd., 117). Jedenfalls ist *Weinrib* der Auffassung, dass die ausgleichende Gerechtigkeit durch eine Kombination mit der Verteilungsgerechtigkeit in Stücke gerissen werde (ebd., 75). – Dem auf Ausgleich bedachten Privatrecht lässt sich ein Modell der politischen Ordnung zuordnen, das *Michael Oakeshott* als

sie bloß die Interventionen jener sein, welche die Kraft aufbringen, sich durch Wettbewerb – und sei es bloß durch „exit" (etwa durch Konsumverweigerung) – Gehör zu verschaffen.[114] Das Privatrecht hat einen verkürzten sozialen Horizont. Ohne diesen wäre es nicht möglich. Im Verhältnis zu den Konsequenzen, welche die dezentrale soziale Zusammenarbeit für die Individuen hat, denen nichts anderes übrig bleibt, als sich an sie klug anzupassen, eröffnet das öffentliche Recht eine alternative Perspektive der Befreiung.[115] Es schafft die Voraussetzung, unter der sich die gleichsam naturwüchsigen Konsequenzen privaten Verhaltens gemeinsam bewältigen und die Art der Bewältigung rechtfertigen lassen. Die Welt, in der wir leben, hat niemand geplant. Aber sie ist kein Schicksal.[116]

Dem Recht fällt in diesem Zusammenhang eine doppelte Rolle zu. Erstens lässt sich mit ihm öffentliche Autorität etablieren. Zweitens dient das öffentliche Recht dazu, die Bedingungen für die gewaltsame Durchsetzung dieser Autorität zu bestimmen.[117] Sie legitim auszuüben schließt die Achtung des Rechts im Verhältnis zu den Betroffenen ein.[118] Wo immer Machthaber, Gewaltverhältnisse und Probleme als öffentlich relevant identifiziert werden, müssen sie dieser Autorität anverwandelt oder zumindest durch diese kontrolliert werden, um legitim sein zu können.[119]

„civil condition" bezeichnet und der „enterprise association" des Wohlfahrtsstaats gegenübergestellt. Siehe *ders.* On Human Conduct, 1975, 115–118. Diese „civil condition" deckt sich mit dem, was im deutschsprachigen Raum unter „Privatrechtsgesellschaft" verstanden wird. Siehe *Franz Bydlinski* Privatrecht und umfassende Gewaltenteilung, in: Hermann Baltl (Hrsg.) FS Wilburg zum 70. Geburtstag, 1975, 53 (62 f.).

[114] Siehe *Albert O. Hirschman* Shifting Involvements: Private Interest and Public Action, 1982.

[115] Mitunter wird das „progressive Potential" des Privatrechts beschworen, allerdings ohne zu präzisieren, worin es liegen mag. *Christine Schwöbel* Wither the private in global governance?, International Journal of Constitutional Law 10 (2012), 1106 (1126 f.).

[116] Siehe *John Dewey* The Public and its Problems, 3. Aufl. 1954, 64: „Transactions between singular persons and groups bring a public into being when their indirect consequences—the effects beyond those immediately engaged in them—are of importance."

[117] Siehe *Grimm* Identität (Fn. 42), 64.

[118] Siehe etwa *John Locke* Two Treatises of Government, Second Treaties, 1960, § 199, 398 f.

[119] Ich bin geneigt, den Begriff der öffentlichen Autorität als Übersetzung des Englischen „government" zu verstehen und nicht als Ausdruck von Souveränität. Siehe *Elisabeth Anderson* Private Government: How Employers Rule Our Lives (and Why We Don't Talk about It), 2017, 41–43. Die Existenz öffentlicher Autorität lässt sich damit ontologisch von ihrem Vollbesitz lösen. Es geht auch kleinteiliger. Dies steht im Kontext des Bemühens an dem, was als „privat" und somit als etwas auftritt, das Außenstehende nichts angeht, das Private zu fassen. Siehe *Peer Zumbansen* Transnational Private Regulatory Governance: Ambiguities of Public Authority and Private Power, Law and Contemporary Problems 76 (2013), 117 (134 f.).

In der Tat bleiben die Emanzipationsmöglichkeiten, die das Privatrecht eröffnet, wegen seines verkürzten sozialen Horizonts unvollständig. Die privaten Verhältnisse tendieren dazu, jene Fusion von wirtschaftlicher und sozialer Macht zu reproduzieren, die für die ursprüngliche Gemengelage charakteristisch war, aus der die ausdifferenzierten Ordnungen hervorgingen. Unsere liberale Welt ist systematisch für unterschiedliche Formen der „Refeudalisierung" anfällig.[120] Den wirtschaftlich Erfolgreichen schreibt man „Wirtschaftskompetenz" zu. Sie gilt als Qualifikationsmerkmal für öffentliche Ämter. So werden aus den Bossen auch Präsidenten und später aus den Präsidenten wieder Bosse. Gesteuert werden unsere administrativen Apparate von sogenannten Eliten.[121] Die Chance, ihnen anzugehören, wird nicht chancengleich vererbt.[122] In den niederen Rängen der Gesellschaft erzeugt die Emanzipation durch Wettbewerb Unsicherheit. Sie wird nur von denen gewollt, die meinen, sie werde ihnen zum Vorteil gereichen. Den furchtsam Veranlagten versprechen die Großen und Mächtigen den Schutz, dessen Preis die Gefolgschaft ist. Feudal herrscht, wer sich darauf versteht, sein Vermögen und seinen politischen Einfluss durch die Schaffung von Abhängigen zu sichern. Die wichtigsten sozialen Bindemittel sind Treue und Gunst. Heute erleichtern Netzwerke das Aus- und Fortkommen und schaffen damit ein Vasallentum mit flachen Hierarchien.[123] Aber da alles privat ist,[124] müssen Außenstehende nichts davon wissen. Es muss ihnen gegenüber auch nicht verantwortet werden.[125]

---

[120] Siehe zum Folgenden *Supiot* The public-private relation (Fn. 79), 138–142.

[121] Siehe dazu *Michael Hartmann* Elite-Soziologie: Eine Einführung, 2004; *Julia Friedrichs* Gestatten: Elite – Auf den Spuren der Mächtigen von morgen, 4. Aufl. 2008.

[122] Siehe *Michael Hartmann* Der Mythos von Leistungseliten: Spitzenkarrieren und soziale Herkunft in Wirtschaft, Politik, Justiz und Wissenschaft, 2002, 150f.

[123] Siehe *Supiot* The public-private relation (Fn. 79), 140 zu den Netzwerken als neuem Vasallentum.

[124] Dazu, dass zum Privatrecht die Intransparenz und die mangelnde Verantwortung gegenüber Außenstehenden gehört, bei *Schwöbel* Global governance (Fn. 115), 1111.

[125] Davon abgesehen ist die soziale Welt zu einem nicht geringen Teil das Ergebnis der Autorität, die von privaten Akteuren ausgeübt wird. Siehe *Matthias Goldmann* A matter of perspective: Global governance and the distinction between public and private authority [and not law], Global Constitutionalism 5 (2016), 48 (79 f.); *Alexander Somek* Ist der Rechtspositivismus mit sich selbst im Reinen?, Zeitschrift für öffentliches Recht 73 (2018), 479. Sie können und dürfen unsere Handlungsumstände indirekt bestimmen. Die Existenz von Mitbewerbern erschwert die Berufswahl. Jede vollgeparkte Straße und jedes ausverkaufte Konzert erinnern uns daran, dass andere uns unbeabsichtigt das Leben vermiesen dürfen. Seit Kindestagen erfahren wir uns durch soziale Erwartungen eingeengt, die uns, obwohl es sich um arbiträre Konventionen handelt, in ihrer Gewalt haben. Sie tragen

5. Öffentliche Autorität

Angesichts von Entwicklungen der schwer durchschaubaren und nicht selten „informell" verfahrenden globalen „governance"[126] hat die Heidelberger Schule des internationalen öffentlichen Rechts[127] es sich zur Aufgabe gemacht, die für die öffentliche Autorität relevante Gewalt – oder

---

den Keim des Terrors in sich, dazu generell *Hannah Arendt* The Origins of Totalitarianism, 2004 [Original 1951], 599, 602. Die Furcht vor sozialer Ächtung lädt zur umsichtigen Selbstzensur ein, zumal niemand ganz sicher sein kann, wie weit eine Konvention reicht und was genau die soziale Sanktion für ihre Übertretung ist. Unklar ist vor allem, ob man sie nicht doch brechen darf, um durch den eigenen Ungehorsam andere zu befreien, die sich immer ducken und nicht aufzubegehren trauen. Ganz richtig entwickelt *Haack* das öffentliche Recht aus dem Gewaltverhältnis. Aber er setzt es zu eng und zu spät an, nämlich mit dem Staat. Siehe *Haack* Öffentliches Recht II (Fn. 20), 37.

Das Gewaltverhältnis ist die bête noire des Liberalismus. Siehe nur *Locke* Treaties (Fn. 117), §§ 17, 24, 278, 284; *Jean-Jacques Rousseau* Vom Gesellschaftsvertrag, in: *ders.* Politische Schriften, Bd. I, 1977, 67; siehe auch *Friedrich August von Hayek* The Constitution of Liberty, 1. Aufl. 1960, 11 f., 19. Die in einem solchen Verhältnis stecken, halten sich nahe am Status des Sklaven auf oder agieren wie furchtsame Herdentiere. Die einen schaffen an, ohne irgendwelchen Vorgaben genügen zu müssen, während die anderen gehorchen. Wenn die anderen eine Erklärung oder Begründung einfordern, bekommen sie bloß zu hören, es gehe sie nichts an. Sie seien ahnungslos oder hätten überhaupt den Mund zu halten. Zu diesem privativen Sinn von „privat" siehe *Anderson* Private Government (Fn. 118), 43. Was uns in unserer sozialen Welt von der Geschäftspraxis bis zu wissenschaftlichen Traditionen an Gewohnheiten und Moden begegnet, vermag zu entstehen, weil die, die immer wissen, was sich gehört, wissen, was sich gehört, und die, die darüber notorisch unsicher sind, auf sie hören („gewiss, selbstvers-tändlich"). Durch die Komplementarität von Unverfrorenheit und Mutlosigkeit verdichten sich wegen weit verbreiteter Unsicherheit die Erwartungen zu sozialen Regeln. Die Schwachen ziehen mit, weil sie fürchten, andernfalls als blamiert dazustehen. Wenn alle ducken, wird weder geredet noch nachgedacht. Bestenfalls versauern sich die Menschen ihr Leben wechselseitig durch unausgesetztes Meckern. Alles bleibt privat. Aber das Private ist intern vermachtet. Die Tüchtigen und Wissenden geben den Ton an, ohne sich rechtfertigen zu müssen. Nichts kann zu einer uns gemeinsam angehenden Angelegenheit werden, wenn der Kampf darum unterbleibt (siehe ebd., 44).

[126] Für eine umfassende Übersicht über das Kontinuum von "harten" und "weichen" Instrumenten siehe *Matthias Goldmann* Inside Relative Normativity: From Sources to Standard Instruments for the Exercise of Public Authority, in: Jochen Bernstorff/Armin von Bogdandy/Philipp Dann/Matthias Goldmann/Rüdiger Wolfrum (Hrsg.) The Exercise of Public Authority by International Institutions, 2010, 661.

[127] Die vorläufig abschließende programmatische Schrift ist *Armin von Bogdandy/Matthias Goldmann/Ingo Venzke* From Public International to International Public Law: Translating World Public Opinion into International Public Authority, European Law Journal 28 (2017), 115. Siehe zuvor schon *Armin von Bogdandy/Philipp Dann/Matthias Goldmann* Developing the Publicness of Public International Law: Towards a Legal Framework for Global Governance Activities, German Law Journal 9 (2008), 1375.

weniger institutionell fixiert einfach „governing"[128] als Aktivität[129] – identifizierbar zu machen.[130] Das einzige, was man dieser Aufgabenstellung entgegenhalten mag, ist es, auf der impliziten Prämisse zu beruhen, man könne stets passiv und kraft Einsicht erkennen, an welchem Punkt etwas entstanden ist, das der Zähmung durch öffentliches Recht bedarf,[131] als ginge es um einen Konstativ. Doch dies ist unpragmatisch gedacht. In der Identifikation einer öffentlich relevanten Gewalt liegt etwas Performatives.[132] Ein diesbezüglicher Akt[133] vollzieht vom Ansatz her eine Teilung der Gewalten. Eine öffentlich relevante Gewalt zu benennen schließt ein, die Autorität selbstbezüglich vorwegzunehmen, die jene Gewalt identifiziert, damit sie sich einschränken oder intern teilen lässt.[134] Eine Vorwegnahme richtet diese Autorität allerdings noch nicht ein. Das ist gewiss das Hauptproblem der Verrechtlichung der globalen „governance".

Dennoch liegt bereits in der Identifikation einer öffentlich relevanten Gewalt etwas Befreiendes, weil etwas, das diffus gewirkt haben mag, in etwas verwandelt wird, das Verantwortung tragen soll.[135] Eine notwendige

---

[128] Siehe dazu *Michael Oakeshott* On Being Conservative, in: *ders.* Rationalism in Politics and Other Essays, 2. Aufl. 1991, 407 (429), der allerdings das „governing" im Wesentlichen auf die Rechtspflege und den Sicherheitszweck reduziert sehen wollte.

[129] Siehe *Loughlin* Idea (Fn. 99), 5.

[130] Ganz ähnlich der bedenkenswerte Schlusssatz bei *Wiederin* Kommentar (Fn. 75), 104: „[...] [W]ir sollten uns bewusst halten, dass Herrschaft viele Gesichter hat, dass sie sich nicht in Befehl und Zwang erschöpft und dass es an uns liegt, diese Gesichter zu erkennen und ihnen den Spiegel des Rechts vorzuhalten."

[131] Anders aber *Armin von Bogdandy* The Publicness of Public International Law seen Through Schmitt's *Concept of the Political*. A Contribution to Building Public Law Theory, MPIL Research Paper Series 22 (2016), 26 f., wo das öffentliche Recht auf globaler Ebene mit der Existenz von Öffentlichkeiten in Beziehung gesetzt wird.

[132] Siehe auch *Goldmann* Distinction between public and private authority (Fn. 125), 80. Man mag meinen, dass jede Autorität, die sich Kompetenz arrogiert – und mithin ihre Autorität selbst bestimmt und sich insofern souverän verhält – von sich aus eine solche Gewalt darstellt. Allerdings ist sie dies immer im Verhältnis zu jemand anderem. Autorität ist etwas Relationales und die Herstellung dieser Relation bedarf mehr als eines Aktes des Nachdenkens. Siehe zur Souveränität als autonome Kompetenzbestimmung bei *Dieter Grimm* Souveränität: Herkunft und Zukunft eines Schlüsselbegriffs, 2009, 120 f.

[133] Wenn man „Politisierung" als etwas versteht, das vollzogen wird, sobald Autorität, die „uns" etwas angeht, identifiziert wird, lässt sich nicht mehr gegen das Abstellen auf Subordinationsbeziehungen einwenden, sie müsse auch Teile des Privatrechts wie die Beziehung zwischen Eltern und Kindern umfassen und sei daher absurd.

[134] Dies setzt eine Beziehung zwischen beiden voraus und stellt insofern eine *Spannsche* „Gezweiung" dar.

[135] Es handelt sich um die Befreiung des Geistes von einer zweiten Natur, die zwar vom Geist hervorgebracht worden ist, aber wie Natur wirkt. Siehe *Christoph Menke* Autonomie und Befreiung. Studien zu Hegel, 2018, 40 f.

Bedingung für den Vollzug einer solchen Identifikation ist es, dass Menschen das Personalpronomen „wir" und das Reflexivpronomen „uns" verwenden. Sie müssen sich wechselseitig zu verstehen geben, dass das, was ihnen begegnet, sie gemeinsam („uns") angeht.[136] Unter dieser Bedingung können sie sich über die Verhältnisse erheben, in denen sie als Vereinzelte stecken und in denen sie nichts anderes tun können, als sich anzupassen.

Der Gebrauch der ersten Person Plural ist politisch gehaltvoll. Er signalisiert, dass aufgrund des überwiegenden Interesses am gemeinsamen Vorgehen die Vielfalt von persönlichen Perspektiven zwar bestehen bleibt, zugunsten des gemeinsamen Vorgehens aber eingeklammert wird.[137] Dazu bedarf es eines geteilten Wissens, das mit dem Selbstbewusstsein gemein hat, selbstbezüglich konstituiert zu sein.[138] Indem sie sich gemeinsam auf etwas beziehen, müssen die Beteiligten um diese Gemeinsamkeit wissen. Sie müssen davon überzeugt sein, dass sie zusammenleben[139] und gewisse Angelegenheiten alle angehen.[140] Diese Überzeugung ist eine Bedingung für gelingende öffentliche Autonomie.

Das Betroffensein allein schafft bestenfalls den Sinn für die geteilte Erfahrung von Ohnmacht.[141] Die Konstitution von öffentlicher Autorität

---

[136] Siehe *Margaret Gilbert* A Theory of Political Obligation: Membership, Commitment, and the Bonds of Society, 2006, 138–141. Zur öffentlichen Autorität gehört daher notwendigerweise, den Anspruch zu erheben, für eine Gemeinschaft zu handeln. Siehe *Goldmann* Distinction between public and private authority (Fn. 125), 79.

[137] Siehe *Arendt* Condition (Fn. 105), 57. Auffassungsunterschiede verbessern vor und nach der Entscheidung deren Qualität. Deswegen darf in der politischen Sphäre keine Einstimmigkeit erwartet werden. Eine solche Erwartung befördert das Duckmäusertum und führt zu Verbitterung. Siehe dazu *Elisabeth Anderson* The Epistemology of Democracy, Episteme: A Journal of Social Epistemology 3 (2006), 8 (16).

[138] Siehe *Eckart Förster* The Twenty-Five Years of Philosophy: A Systematic Reconstruction, 2012, 180.

[139] Siehe *Arendt* Condition (Fn. 105), 201: „The only indispensible material factor in the generation of power is the living together of a people. Only where men live so close together that the potentialities of action are always present can power remain with them, and the foundation of cities, which as city states have remained paradigmatic for all Western political organization, is therefore indeed the most important material prerequisite for power."

[140] Ich konzidiere, dass ein solcher Zugang zum öffentlichen Recht, wenn er kategorial verstanden wird, sofort den Einwand nach sich ziehen muss, dass die Abgrenzung im Verhältnis zur Zivilgesellschaft im Einzelfall nicht leicht sein wird. Siehe in diesem Sinne die Kritik an *Loughlin* bei *Nicholas Barber* Professor Loughlin's Idea of Public Law, Oxford Journal of Legal Studies 25 (2005), 157 (165 f.). Aber dass öffentliche Autorität sich selbst konstituiert, ist die eigentliche Pointe des Ansatzes. Sie selbst zieht auch die Grenze zwischen „öffentlich" und „privat". Siehe *Dewey* Public (Fn. 116), 64 f.

[141] Siehe *Martin Loughlin* Foundations of Public Law, Oxford 2010, 11–12.

setzt Handlungsfähigkeit voraus.[142] Um zu einer wirkenden Kraft werden zu können, müssen die Menschen einander wechselseitig die Fähigkeit zuschreiben, auf die Folgen des Verhaltens anderer gemeinsam reagieren zu können.[143] Wo sich die aus dem Bewusstsein des Zusammenlebens genährte Handlungsmacht, die entweder gemeinsam organisiert oder durch eine bestehende Organisation ausgeübt wird, nicht einstellt, bleibt die Gewalt, der die Betroffenen ausgesetzt sind, ungeteilt.

Diese Überlegungen entsprechen so ungefähr dem Bild, das sich manche „progressive" Theoretiker des amerikanischen Verwaltungsrechts von diesem Zweig des öffentlichen Rechts gemacht haben.[144] Das öffentliche Recht erschließt der Öffentlichkeit ihre Handlungsfähigkeit und etabliert Bedingungen für deren legitime Ausübung. Bekanntlich ist diese gemeinsame Handlungsmacht im internationalen und globalen Bereich schwer zu schaffen, wenn sich die Regierungen entweder gezielt indifferent verhalten oder nicht einigen können. Deswegen befinden sich sowohl das Global Administrative Law[145] als auch die Heidelberger Schule in der Verlegenheit, mit den Prototypen eines öffentlichen Rechts arbeiten zu müssen,

---

[142] Siehe zum Folgenden *Dewey* The Public (Fn. 140), 64, 146. Das Buch ist historisch als Antwort auf Vertreter des "demokratischen Realismus" zu verstehen, die eine partizipatorische Demokratie für unmöglich erachteten und die Herrschaft technokratischer oder politischer Eliten für unvermeidlich hielten. Siehe dazu *Robert Westbrook* John Dewey and American Democracy, 1991, 280–287, 293, 299 f. Zu *Deweys* Relevanz für die Entwicklung des amerikanischen Zugangs zum Verwaltungsrecht siehe *Blake Emerson* The Public's Law: Origins and Architecture of Progressive Democracy, 2019, 89, 92.

[143] Siehe *Dewey* The Public (Fn. 140), 35 f., 216. Siehe dazu auch *John Tiles* Dewey, 1988, 210 f.

[144] Seine intellektuelle Evolution dürfte Teil der Transformation des Hegelianismus in den Pragmatismus gewesen sein. Der amerikanische Verwaltungsstaat wurde damit mit demokratischem Geist erfüllt. Siehe dazu einführend *Blake Emerson* The Democratic Reconstruction of the Hegelian State in American Progressive Political Thought, The Review of Politics 77 (2015), 1 (27 f.). Zur Geschichte siehe auch die Studie von *Oliver Lepsius* Verwaltungsrecht unter dem Common Law: Amerikanische Entwicklungen bis zum New Deal, 1997.

[145] Für eine weite Definition siehe *Benedict Kingsbury/Megan Donaldson* Global Administrative Law, in: Max Planck Encyclopedia of Public International Law, 2015, Rn. 1: „Global administrative law can be understood as comprising the legal rules, principles, and institutional norms applicable to processes of 'administration' undertaken in ways that implicate more than purely intra-State structures of legal and political authority." *Peer Zumbansen* Administrative law's global dream: Navigating regulatory spaces between 'national' and 'international', ICON 11 (2013), 506 (512, 514 f.) weist zurecht darauf hin, dass das Global Administrative Law ein Ansatz unter vielen ist, die darum konkurrieren, das transnationale Regieren zu verstehen, und dass der Kern des Projekts wohl darin bestehe, durch den Vergleich von nationalen Verwaltungsrechten einen gemeinsamen Kern zu entwickeln. Zum „internationalen Verwaltungsrecht" siehe *Eberhard Schmidt-Aßmann*

das erst zu schaffen wäre. Sie hantieren mit den Schattenrissen öffentlicher Autorität.

6. *Droit politique*[146]

Man mag einwenden, dass auch jedes private Rechtsverhältnis die bloße Gewalt überwindet. Für die Beteiligten werde klargestellt, was ihre Rechte und Pflichten seien. Die Position der einen Person im Verhältnis zur anderen könne ohne ihre Zustimmung[147] nicht verändert werden.[148]

Zur Bestimmung der Regeln und Prinzipien des Rechtsverhältnisses rekurrieren die heutigen Vertreter eines autonomen Privatrechts auf Natur-

---

Die Herausforderung der Verwaltungsrechtswissenschaft durch die Internationalisierung der Verwaltungsbeziehungen, Der Staat 45 (2006), 315. *Giovanni Biaggini/Claus Dieter Classen* Die Entwicklung eines Internationalen Verwaltungsrechts als Aufgabe der Rechtswissenschaft, VVdStRL 67 (2008), 67. „Das" Global Administrative Law gibt es nur als Name für eine lose verbundene Gruppe von theoretischen Projekten, die ungefähr so kohärent sind wie „Volksparteien" oder Sozialdemokraten in Europa. Relativ leicht zu begreifen ist, was den empirischen Zweig ausmacht. Er beschränkt sich darauf, internationale Organisationen, Regimes und informelle intergovernmentale Netzwerke daraufhin zu untersuchen, welche Elemente sie enthalten, die üblicherweise in einem nationalen Recht zum Verwaltungsrecht gehören (also Erlass von einseitigen Einzelakten, Verordnungen, prozedurale Maßstäbe, Rechtsschutz). Für eine klare Einführung siehe *Richard Stewart* US Administrative Law: A Model for Global Administrative Law?, Law and Contemporary Problems 68 (2005), 63 (Fn. 141 auf 100). *Stewart* selbst ist darum bemüht, Möglichkeiten aufzuzeigen, wie existierendes Verwaltungsrecht herangezogen werden könnte, um internationale Rechtsetzung direkt oder indirekt über die Kontrolle nationaler Organe den Prinzipien des Verwaltungsrechts zu unterwerfen (siehe ebd., 76–87). *Stewart* ebd., 100 fasst den normativen Kern dessen, was in diesem Kontext unter „Verwaltungsrecht" zu verstehen sei, folgendermaßen zusammen: „[...] transparency and access to information; participation in administrative decisionmaking through the submission of information, analysis, and views; a requirement of a reasoned decision by the administrative decision-maker; review of the decision for legality by an independent tribunal; and the application of the reviewing body of certain substantive principles such as means-ends rationality and proportionality." Siehe demgemäß zum „evolvierenden Gehalt" des Global Administrative Law bei *Kingsbury/Donaldson* ebd., Rn. 26–53.

[146] Der Begriff findet sich im alternativen Titel von *Rousseaus* Du Contrat Sociale, der da lautet: *Ou Principes du droit politique. Loughlin* verweist wiederholt auf diesen Begriff, um den Kern des öffentlichen Rechts zu bezeichnen. *Loughlin* Nature (Fn. 100), 17; *ders.* Foundations (Fn. 141), 112; *ders.* Political Jurisprudence 2017, 16 f., 75 f.

[147] Dabei kann es sich um autonom hingenommene Heteronomie handeln, etwa durch eine Ermächtigung zur einseitigen Normerzeugung. Siehe *Magen* Legitimation (Fn. 28), 240.

[148] Siehe *Friedrich Carl von Savigny* System des heutigen römischen Rechts, Bd. I, 1840, 7, 332.

recht.[149] Aber beim Appell an das Naturrecht verhält es sich ähnlich wie beim Rekurs auf Konventionen.[150] Manche treten als Wissende auf und sagen mit Entschiedenheit, was Recht ist, während die Nachdenklichen und die Zweifler dabei zusehen müssen, wie sie dieses Wissen mit Blindheit geschlagen[151] hinausposaunen. Wer „Naturrecht" sagt, will die politische Entscheidung darüber vermeiden, was als Naturrecht gelten darf, oder hat sich die Kompetenz dazu bereits angemaßt.

Das Rechtsverhältnis ist daher noch nicht vollendet, wenn man zu seiner Rechtfertigung auf „natürliches" Privatrecht verweist. Vollständig ist es erst, wenn die Macht zur Rechtsetzung selbst einem Rechtsverhältnis unterliegt. Etablieren lässt es sich von einer Autorität, die sich hinsichtlich ihres Grundes von den naturwüchsig vorhandenen Mächten unterscheidet, sich zu diesen in ein Verhältnis setzt und beide gemeinsam „verfasst". Das ist – auch historisch – die Geburt des *ius publicum*.[152] Das öffentliche Recht ist *droit politique*. Es wurzelt in einer Entscheidung über die Verfassung der Rechtsetzung.

Erst im Anschluss an die frühe Identifikation von *ius publicum* mit Verfassungsrecht ist historisch etwas Verwirrendes passiert. Zum öffentlichen Recht sind auch diejenigen Regeln gezählt worden, die an jene adressiert sind, die kraft Zurechnungs- oder Zuordnungsregeln an der öffentlichen Autorität partizipieren, die eben auch die Rechtsverhältnisse bestimmt und sie durchzusetzen verhilft.[153] Und da diese Autorität der „Staat" ist, sind es Kombinationen von Subjektions- und abgewandelten Subjektstheorien, die unseren Zugang zur Unterscheidung von öffentlichem Recht und Privatrecht bestimmen.[154]

---

[149] Siehe Fn. 9.
[150] Siehe dazu Fn. 125.
[151] Siehe *Paul de Man* Blindness and Insight, 1983, 106.
[152] Siehe *Schröder* Einteilung (Fn. 42), 180.
[153] Siehe *Schröder* Einteilung (Fn. 42), 187 zur Zuordnung aller rechtsschützenden Rechtsgebiete zum öffentlichen Recht. Insofern ist *Radbruch* mit seinem Apriorismus nicht so falsch gelegen. Siehe *Radbruch* Rechtsphilosophie (Fn. 42), 221: „Mit dem Recht als einem Inbegriff positiver Normen ist das Vorhandensein einer normsetzenden Stelle vorausgesetzt. Sollen aber die von ihr für das Zusammenleben der Einzelnen gesetzten, also privatrechtlichen Sätze dem Daseinsgrund alles positiven Rechts: der Rechtssicherheit wirklich Genüge tun, so muss auch die normsetzende Stelle selber an sie gebunden sein – diese Bindung der normsetzenden Stelle gegenüber den Normadressaten, eine Bindung im Verhältnis von Über- und Unterordnung, ist aber notwendig öffentlichen Rechts."
[154] So auch noch bei *Haack* Öffentliches Recht II (Fn. 20), 51, 56 f.

7. Schluss

Das Rad muss nicht neu erfunden werden. Aber wir sollten uns daran erinnern, wodurch es bewegt wird. Durch die Autorität, die hinter dem öffentlichen Recht steht, verliert die Gewalt der Verhältnisse ihre privative Naturwüchsigkeit. Das öffentliche Recht kann entweder eine bestehende Gewalt verfassen und binden[155] oder eine neue errichten und somit die rechtmäßige von der unrechtmäßigen Autorität abscheiden. Neoliberale Theoretiker hatten ein feines Gespür dafür, dass die moderne Demokratie eine Gegenmacht zur natürlichen Oligarchie darstellt, die aus der „Privatrechtsgesellschaft"[156] organisch emporwächst.[157] Dass sie für die Demokratie nur wenig Sympathie aufbringen konnten, steht auf einem anderen Blatt.

Die Existenz von öffentlichem Recht verwandelt unsere Perspektive auf das soziale Leben. Man fasst es als politisch auf. Es wird daher so gesehen, als ob es auf Entscheidungen beruhte, die angesichts von Meinungsverschiedenheiten getroffen und akzeptiert werden.[158] Das öffentliche Recht konstituiert die Bedingungen, denen diese Entscheidungen zu genügen haben im Verhältnis zu einer Sphäre, die zunächst naturwüchsig da zu sein scheint.[159] Dies ist der Ausdruck eines gemeinsamen menschlichen Könnens, das seit der Antike das Denken erstaunt und bewegt hat.[160]

Es kommt wohl nicht von ungefähr, dass angesichts des drohenden Verlusts dieser Sphäre im transnationalen Bereich uns – bei allem Respekt

---

[155] Ich weiß, Text und Melodie von *Georg Jellinek*. Siehe *Jellinek* Staatslehre (Fn. 19), 367–371.

[156] Siehe bzgl. einer „global civil society": Siehe *Gralf-Peter Calliess* Law, Transnational, Osgoode Hall Law School Comparative Research in Law and Political Economy, Research Paper Series 35 (2010), 6. Zur „Privatrechtsgesellschaft" als Topos der ordoliberalen Rechtstheorie, siehe *Claus-Wilhelm Canaris* Verfassungs- und europarechtliche Aspekte der Vertragsfreiheit in der Privatrechtsgesellschaft, in: Peter Lerche/Peter Badura/Rupert Scholz (Hrsg.) Wege und Verfahren des Verfassungslebens (FS Lerche) 1993, 873 (874, 878); *Bydlinski* Kriterien und Sinn (Fn. 44), 340; *ders.* Das Privatrecht im Rechtssystem einer ‚Privatrechtsgesellschaft', 1994; *ders.* ‚Privatrechtsgesellschaft' und Rechtssystem, in: Karsten Schmidt/ Eberhard Schwark (Hrsg.) Unternehmen, Recht und Wirtschaftsordnung (FS Peter Raisch), 1995, 7; *Ernst-Joachim Mestmäcker* Die Wiederkehr der bürgerlichen Gesellschaft und ihres Rechts, Rechtshistorisches Journal 10 (1991), 177; und natürlich den klassischen Beitrag von *Franz Böhm* Privatrechtsgesellschaft und Marktwirtschaft, Ordo 17 (1966), 75. Für den transnationalen Kontext siehe *Moritz Renner* Transnationale Wirtschaftsverfassung, RabelsZ 78 (2014), 750.

[157] Siehe *Slobodian* Globalists (Fn. 90), 111–117, 220 f.

[158] Siehe zu den „circumstances of politics" *Jeremy Waldron* Law and Disagreement, 1999, 102; *Alexander Somek* Rechtsphilosophie zur Einführung, 2018, 36–37.

[159] Siehe *Loughlin* Jurisprudence (Fn. 146), 3.

[160] Siehe *Christian Meier* Die Entstehung des Politischen bei den Griechen, 1980, 45.

für dogmatische Spitzfindigkeiten – die Unterscheidung von öffentlichem Recht und Privatrecht in diesem Licht interessiert. Wenn uns die Rechtsbeziehungen im transnationalen Bereich als „privat" erscheinen, begegnet uns darin nichts anderes als unser Mangel an gemeinsamer Handlungsmacht.*

---

* Für die Diskussion von Themen dieses Beitrags oder für die kritische Lektüre von früheren Fassungen danke ich *Christoph Bezemek, Armin von Bogdandy, Franziska Eckstein, Blake Emerson, Jakob Gaigg, Matthias Goldmann, Astrid Mayer, Ralf Michaels, Michael Potacs, Sabine Somek, Stephan Vesco* und *Peer Zumbansen*.

Leitsätze des 1. Referenten über:

Kategoriale Unterscheidung von Öffentlichem Recht und Privatrecht?

I. Die Ordnung der Normen

1. Der tote Drache

(1) Über die Unterscheidung von öffentlichem Recht und Privatrecht ist bereits alles gesagt worden.

(2) In der ersten Hälfte des 20. Jahrhunderts wurde verschiedentlich behauptet, sie bestehe bloß zum Schein und sei Ausdruck einer bürgerlichen Ideologie.

(3) Gegen Ende des 20. Jahrhunderts nahmen sich die einschlägigen Beiträge dann schon als posthume Würdigungen der Vorstellung aus, das unpolitische Privatrecht sei vom politischen öffentlichen Recht verschieden.

(4) Die Geschichte der Unterscheidung ist die Geschichte des Ringens des Privatrechts um Selbstständigkeit und einen „unpolitischen" Status.

(5) Sie ist für das Privatrecht bislang nicht gut ausgegangen. Unermüdliche Privatrechtstheoretiker glauben bis heute an ein Happy End.

2. Normativität und Reduktionismus

(6) Rechtsdogmatisch wird die Unterscheidung zwischen öffentlichem Recht und Privatrecht nach den beteiligten Subjekten („Hoheitsgewalt" oder nicht), der zwischen ihnen bestehenden Beziehung („Unterordnung" oder nicht) oder dem Zweck der einschlägigen Norm („Gemeinwohl" oder nicht) getroffen.

(7) Die Fragilität der unter diesen Gesichtspunkten unterschiedenen Begriffe erklärt sich aus der speziellen Situation der Begriffsbildung.

(8) Allgemein wollen begriffliche Klärungen eine allgemeine Regel für die Verwendung eines Prädikats in Auseinandersetzung mit paradigmatischen Anwendungsfällen entwickeln („abduzieren"). Was nicht unter die Regel fällt, obwohl eine Konvention dies nahelegen würde, muss als Ausnahme dargestellt werden.

(9) Im Kontext der Unterscheidung von öffentlichem Recht und Privatrecht tritt eine doppelte Schwierigkeit auf. Zu den mitunter verworrenen Verwendungsweisen treten inkongruente Perspektiven hinzu.

(10) Der Anspruch dogmatischer Theorien ist normativ schwach. Hinter dem Mischmasch sei eine verborgene Ordnung zu entdecken. Die Theoriebildung lässt sich durch Konfrontation mit dem Mischmasch leicht entkräften.

(11) Normativ starke Theorien würden mit der bestehenden Sprachpraxis aufräumen.

(12) Am imponierendsten wären reduktionistische Befreiungsschläge („Alles Recht ist öffentliches Recht" bzw. „Alles Recht ist Privatrecht").

3. Gemütlichkeit

(13) Aber den Befreiungsschlag kann man nicht ernsthaft erwägen. Die positivrechtliche Relevanz der Unterscheidung lässt jeden Reduktionismus als „abgehobene Theoriebildung" aussehen.

(14) Es bleibt beim gelegentlichen Rekurrieren auf theoretische Ansätze und das Jonglieren mit heterogenen Kriterien.

(15) Am Weitermachen aus praktischer Unvermeidlichkeit ohne Rücksicht auf die theoretische Unzulänglichkeit erkennt man den Pragmatismus.

4. Auffangordnungen

(16) Hoffmann-Riem und Schmidt-Aßmann bieten vor diesem Hintergrund eine funktionale Betrachtung. Sie stellt darauf ab, wie man Steuerungszwecke mittels Instrumentarien verwenden kann, die typisch privatrechtlich oder typisch öffentlich-rechtlich sind.

(17) So ergibt sich ein Bild von Verflechtung, von wechselseitiger Durchwirkung oder Kompensation und von partieller funktionaler Äquivalenz.

(18) Somit lassen sich das öffentliche Recht und das Privatrecht als unterschiedliche Möglichkeiten deuten, die soziale Welt zu gestalten.

II. Die Ordnung des Handelns

1. Pragmatismus

(19) Wer pragmatisch verfährt, lässt Pluralismus zu (also mehr als eine dogmatische Theorie) und versteht ein Ensemble von Begriffen und Prinzipien als etwas, mit dessen Hilfe man in Handlungskontexten verständigungsorientiert Ziele verfolgen kann.

2. Ausdifferenzierung und Befreiung

(20) Die markante und politisch signifikante Unterscheidung zwischen öffentlichem Recht und Privatrecht ist historisch mit einem Ausdifferenzierungsprozess verbunden, in dem sich beide Rechtsgebiete aus ihrem feudalen oder patrimonialstaatlichen Kontext gelöst haben.

3. Ein Vokabular und sein Kontext

(21) Das öffentlich-rechtliche Vokabular ist Ausdruck der prinzipiellen Unabhängigkeit der politischen von der wirtschaftlichen Sphäre.
(22) Die soziale Macht, die aus privaten Rechtspositionen hervorgeht, ist eine Folge der Verfügungsmacht über materielle Ressourcen.
(23) Die politische Macht, deren Gebrauch das öffentliche Recht regelt und begrenzt, entspringt ihrem Anspruch nach kommunikativen Prozessen oder der geschickt erzeugten Massenloyalität.

4. Gegenläufige Emanzipationspotenziale

(24) In dem Ausdifferenzierungsprozess werden gegenläufige Emanzipationspotenziale freigelegt.
(25) Das Privatrecht befreit von Hierarchie und Abhängigkeit durch die Ermöglichung von Wettbewerb. Das gilt auch für das Verhältnis der politischen Ordnungen zueinander.
(26) Das öffentliche Recht befreit von den gleichsam naturwüchsigen Konsequenzen des privaten Verhaltens (z.B. dem „Recht des Stärkeren"), indem es die Voraussetzungen dafür schafft, sie zu bewältigen und die Art der Bewältigung zu rechtfertigen (z.B. der „Stärkere" wird vor Gericht gestellt und landet hinter Gittern).
(27) Die Welt, in der wir leben, hat niemand geplant. Aber sie ist kein Schicksal.
(28) Die sich selbst überlassenen privaten Verhältnisse tendieren dazu, jene Fusion von wirtschaftlicher und sozialer Macht zu reproduzieren, aus der die ausdifferenzierten Ordnungen hervorgegangen sind.
(29) Im Verhältnis zu den in der „Privatrechtsgesellschaft" entstehenden Hörigkeiten und der weit verbreiteten individuellen Ohnmacht bietet die Identifikation von öffentlicher Autorität etwas Befreiendes. Sie identifiziert die Gewalten und sozialen Mächte, die ihr verantwortlich sein sollen.

5. Öffentliche Autorität

(30) Um sich aus Hörigkeit und Ohnmacht befreien zu können, müssen Menschen allerdings feststellen, dass eine Situation sie gemeinsam etwas angeht. Sie müssen daran glauben, dass sie zusammenleben.

(31) Darüber hinaus setzt die Konstitution von öffentlicher Autorität Handlungsfähigkeit voraus.

(32) Beides – der Eindruck zusammenzuleben und der Glaube an die gemeinsame Handlungsfähigkeit – stellt sich in einem globalen Kontext nicht ohne Weiteres ein.

6. Droit politique

(33) Das öffentliche Recht gehört zur politischen Sphäre.

(34) In dieser Sphäre werden Entscheidungen über das gemeinsame Vorgehen angesichts von Auffassungsunterschieden getroffen.

(35) Das öffentliche Recht legt (im Innenverhältnis) kollektiv bindende Entscheidungsbefugnisse fest. Es mag daher keinem Zufall entsprungen sein, dass unter ius publicum zunächst das Verfassungsrecht verstanden worden ist.

(36) Das ius publicum entstammt nicht einem exaltierten Ort jenseits der politischen Sphäre. Es ist ihr inhärent und beruht ebenfalls auf Entscheidungen.

(37) Mit der Relevanz der Verfassung bietet das öffentliche Recht ein Gegenmodell zum natürlichen Privatrecht.

(38) Wer sich auf Naturrecht beruft, will die politische Entscheidung darüber vermeiden, was als Naturrecht gelten darf, oder hat sich die Kompetenz dazu bereits angemaßt.

7. Schluss

(39) Das Rad muss nicht neu erfunden werden. Wir müssen uns nur daran erinnern, wodurch es bewegt wird.

(40) Die Existenz von öffentlichem Recht lässt die soziale Welt so sehen, als ob sie auf kollektiv bindenden Entscheidungen beruhte. Es ist Ausdruck gemeinsamen menschlichen Könnens.

(41) Angesichts der Schwäche der politischen Sphäre im transnationalen Bereich interessiert uns die Unterscheidung von öffentlichem Recht und Privatrecht heute wohl unter den hier skizzierten pragmatischen Vorzeichen.

Erster Beratungsgegenstand:

Kategoriale Unterscheidung von Öffentlichem Recht und Privatrecht?

2. Referat von *Julian Krüper*, Bochum[*]

Inhalt

		Seite
I.	Kirchmanns Stachel	44
II.	Die Grenzen der Unterscheidung – die rechtswissenschaftliche Perspektive	48
	1. Leistungsgrenzen der Unterscheidung	48
	a) Geteilte Freiheit	50
	b) Geteilte Figuren und Gehalte	51
	c) Geteilte Funktionen	53
	d) Geteilte Infragestellungen	56
	e) Geteilte Macht	58
	2. Strategien der Stabilisierung	61
	a) Reduzierung der Unterscheidung auf ihre dogmatische Seite	62
	b) Idealisierung von Begriffen, Akteuren und Konzepten	64
	3. Die Frage nach dem Wozu der Unterscheidung	68
III.	Wozu unterscheiden? – die wissenschaftstheoretische Perspektive	69
	1. Die Volatilität des Rechts als wissenschaftstheoretisches Problem	69
	2. Die Überhöhung der gegenständlichen Systematizität als Kompensationsstrategie	70

---

[*] Auch ein Staatsrechtslehrerreferat entsteht nicht in Einsamkeit und Freiheit allein. Für weiterführende Gespräche und Anregungen habe ich Kolleginnen und Kollegen aus Wissenschaft und Praxis beider Rechtsgebiete aufrichtig zu danken, ebenso meinem Bochumer Lehrstuhlteam für Hilfe bei Redaktion und Recherche. Besonderen Dank schulde ich indes den Teilnehmern des Hallenberg-Colloquiums für intensive Diskussionen des Konzepts, zahlreiche Anregungen und konstruktive Kritik an Vorfassungen dieses Textes.

IV. Wozu unterscheiden? – die wissenschaftssoziologische
    Perspektive 74
    1. Die Unterscheidung als solche von Wissenschaftskulturen . 75
       a) Wissenschaftskulturen als soziologisches Konzept 75
       b) Rechtswissenschaftliche Demarkationslinien 76
          aa) Politisch sein oder nicht sein 76
          bb) Rechtswissenschaftskulturen (nicht) kodifizierter
              Rechtsgebiete. 79
    2. Die Unterscheidung als Ausdruck disziplinärer
       Hegemonialkonflikte. 83
       a) Strukturen und Konflikte im Feld der Wissenschaft. ... 83
       b) Die Unterscheidung als Auseinandersetzung zwischen
          Tradition und Moderne 84
V. Hinterm Horizont geht's weiter 89

I. Kirchmanns Stachel

Wir müssen uns die Rechtswissenschaft als eine verunsicherte Disziplin vorstellen. Tief verstrickt in Prozesse der Selbstreflexion,[1] ringt sie fern der Praxis um ihr Proprium[2] und sucht Obdach, zwischen Dogmenfabrik[3]

---

[1] Aus der jüngeren Literatur beispielhaft *Thomas Duve/Stefan Ruppert* (Hrsg.) Rechtswissenschaft in der Berliner Republik, 2018; *Andreas Funke/Konrad Lachmayer* (Hrsg.) Formate der Rechtswissenschaft, 2016; *Hans Christian Röhl/Andreas v. Arnauld* Öffnung der öffentlich-rechtlichen Methode durch Internationalität und Interdisziplinarität, VVDStRL 74 (2015), 7 ff., 39 ff.; *Eric Hilgendorf/Helmuth Schulze-Fielitz* (Hrsg.) Selbstreflexion der Rechtswissenschaft, 2013; *Matthias Jestaedt* Die deutsche Staatsrechtslehre im europäisierten Rechtswissenschaftsdiskurs, JZ 2012, 1 ff.; *Stefan Korioth/Thomas Vesting* (Hrsg.) Der Eigenwert des Verfassungsrechts, 2011; *Helmuth Schulze-Fielitz* (Hrsg.) Staatsrechtslehre als Wissenschaft, Die Verwaltung (Beihefte Bd. VII), 2007; ebd. etwa *Martin Morlok* Reflexionsdefizite in der deutschen Staatsrechtslehre, 50 ff.; s. auch die Beiträge der Freiburger Staatsrechtslehrertagung 2007 unter dem Leitthema „Leistungsfähigkeit der Wissenschaft des Öffentlichen Rechts" in VVDStRL 67 (2008); zu zivilistischen Selbstvergewisserungsprozessen s. etwa *Thomas Lobinger* Perspektiven der Privatrechtsdogmatik am Beispiel des allgemeinen Gleichbehandlungsrechts, AcP 216 (2016), 29 ff.; *Rolf Stürner* Das Zivilrecht der Moderne und die Bedeutung der Rechtsdogmatik, JZ 2012, 10 ff.

[2] *Christoph Engel/Wolfgang Schön* (Hrsg.) Das Proprium der Rechtswissenschaft, 2008; ebd. insb. *Wolfgang Ernst* Gelehrtes Recht, 3 ff.; *Christoph Engel* Herrschaftsbezug bei offener Wirklichkeitsdefinition, 205 ff. sowie *Gertrude Lübbe-Wolff* Expropriation der Jurisprudenz, 282 (282): „Die Frage nach dem Proprium der Rechtswissenschaft ist eine Frage nach der Identität des Faches. Als solche indiziert sie Verunsicherung, deutet auf eine Irritation des Selbstbildes hin".

[3] Aus der öffentlich-rechtlichen Diskussion s. etwa *Christian Bumke* Rechtsdogmatik, 2017; *Jannis Lennartz* Dogmatik als Methode, 2017; *Kay Windthorst* Rationalität des

und Grundlagenakademie[4] schwankend.[5] Der Stachel, den *Julius von Kirchmann* 1847 tief ins Fleisch der deutschen Jurisprudenz stieß,[6] er sticht offenbar noch immer;[7] die Wunde, die er schlug, nährt Verunsicherung[8] und Identitätskrisen,[9] in deren Folge die Grundfragen der Grundlagen auf die disziplinäre Tagesordnung rücken. Dazu zählt zweifellos auch jene nach

---

Rechts durch Rechtsdogmatik und Rechtsdidaktik, JöR 61 (2013), 541 ff.; *Gregor Kirchhof/Stefan Magen/Karsten Schneider* (Hrsg.) Was weiß Dogmatik?, 2012; aus der zivilrechtlichen Diskussion etwa *Peter A. Windel* Ist das rechtsdogmatische Zeitalter vorbei?, AnwBl Online 2019, 447 ff.; *Lobinger* Perspektiven (Fn. 1); *Stürner* Zivilrecht (Fn. 1); aus der nicht zuletzt um den Stellenwert der Dogmatik kreisenden Diskussion um die Causa Guttenberg s. *Christoph Möllers/Hans-Michael Heinig* Kultur der Kumpanei, FAZ v. 23.3.2011, 8; *Claus-Wilhelm Canaris/Reiner Schmidt* Hohe Kultur, FAZ v. 6.4.2011, 8; *Oliver Lepsius* Noch nie war sie dogmatisch wie heute, FAZ v. 19.5.2011, 8; *Julian Krüper* Die Sache, nicht die Schatten, ZJS 2011, 198 ff.

[4] *Matthias Jestaedt* Das mag in der Theorie richtig sein..., 2006; *ders./Oliver Lepsius* (Hrsg.) Rechtswissenschaftstheorie, 2008; *Andreas Funke/Julian Krüper/Jörn Lüdemann* (Hrsg.) Konjunkturen in der öffentlich-rechtlichen Grundlagenforschung, 2015; *Stefan Grundmann/Hans-W. Micklitz/Moritz Renner* (Hrsg.) Privatrechtstheorie, Bd. I u. II, 2015; *Marietta Auer* Der privatrechtliche Diskurs der Moderne, 2014, dazu *Michael Grünberger/Nils Jansen* (Hrsg.) Privatrechtstheorie heute, 2017.

[5] Sinngemäß auch *Gustav Radbruch* Einführung in die Rechtswissenschaft, 12. Aufl. 1969, 253: „Wie Menschen, die sich durch Selbstbeobachtung quälen, meist kranke Menschen sind, so pflegen Wissenschaften, die sich mit ihrer eigenen Methodenlehre [also mit sich selbst, Anm. JK] zu beschäftigen Anlaß haben, kranke Wissenschaften zu sein; der gesunde Mensch und die gesunde Wissenschaft pflegen nicht viel von sich selbst zu wissen"; s. dazu und weitergehend *Joachim Rückert* Denktraditionen, Schulbildungen und Arbeitsweisen in der ‚Rechtswissenschaft' – gestern und heute, in: Eric Hilgendorf/Helmuth Schulze-Fielitz (Hrsg.) Selbstreflexion der Rechtswissenschaft, 2015, 13 ff.

[6] *Julius v. Kirchmann* Die Werthlosigkeit der Jurisprudenz als Wissenschaft, 1848; Einordnung bei *Franz Wieacker* Privatrechtsgeschichte der Neuzeit, 2. Aufl. 1967, 415 f.; Kontextualisierung bei *Rudolf Wiethölter* Der Philosoph als wahrer Rechtslehrer, in: Kritische Justiz (Hrsg.) Streitbare Juristen, 1988, 44 ff.; zur Sache dann *Karl Larenz* Über die Unentbehrlichkeit der Jurisprudenz als Wissenschaft, 1966, dort, 9 auch der Begriff des Stachels im Sinne einer „Herausforderung, der wir uns stellen müssen".

[7] Für den Wissenschaftscharakter der Rechtswissenschaft jüngst entschieden *Horst Dreier* Rechtswissenschaft als Wissenschaft, in: ders. (Hrsg.) Rechtswissenschaft als Beruf, 2018, 2 ff.

[8] Für das Öffentliche Recht s. *Arno Scherzberg* Wozu und wie überhaupt noch öffentliches Recht?, 2003.

[9] Zum Zusammenhang von Identität und Krise *Julian Krüper* Auf der Suche nach neuer Identität, in: Thomas Duve/Stefan Ruppert (Hrsg.) Rechtwissenschaft in der Berliner Republik, 2018, 238 (239 f.); von einer „juridischen Primäridentität" der Unterscheidung spricht *Matthias Jestaedt* Die Dreiteilung der juristischen Welt, in: Alexander Bruns/Christoph Kern/Joachim Münch et al. (Hrsg.) FS Stürner, Bd. I, 2013, 917 (917); *Christoph Schönberger* Identitäterä, JöR 63 (2015), 41 ff.

der kategorialen Unterscheidung von Öffentlichem Recht und Privatrecht.[10] Manchem gilt die Unterscheidung gar als schlechthin konstituierend für das Dasein des Rechts[11] – ein Leben ohne sie ist zwar möglich, aber sinnlos.

---

[10] Zur identitätsprägenden Natur der Unterscheidung s. etwa *Jestaedt* Dreiteilung (Fn. 9), 917: „prägend [für] das Rechtsdenken und […] die Lehr- und Forschungstätigkeit" (dort in Bezug auf die Unterscheidung von Öffentlichem Recht, Privatrecht und Strafrecht); *John Henry Merryman* The Public Law – Private Law Dinstinction in European and American Law, Journal of Public Law 17 (1968), 1: „[…] the distinction seems […] to be fundamental, necessary and, on the whole, evident"; *Dieter Grimm* Das Öffentliche Recht vor der Frage nach seiner Identität, 2012, 2 ff. zum grundlegenden Verhältnis zum Privatrecht; *Eberhard Schmidt-Aßmann* Öffentliches Recht und Privatrecht, in: ders./Wolfgang Hoffmann-Riem (Hrsg.) Öffentliches Recht und Privatrecht als wechselseitige Auffangordnungen, 1996, 6: „gehört zu den Grundbestandteilen der verwaltungsrechtlichen Systematik"; der historische Urgrund der Unterscheidung bei *Ulpian* Dig. 1.1.1.2.: „Publicum ius est quod ad statum rei Romanae spectat, privatum quod ad singulorum utilitatem", zugleich Ursprung der sog. Interessentheorie; eine verwandte Akzentuierung bei *Friedrich Carl v. Savigny* System des heutigen Römischen Rechts, Bd. I, 1840, § 9, 23: „Dennoch bleibt zwischen beiden Gebieten ein fest bestimmter Gegensatz darin, daß in dem öffentlichen Recht das Ganze als Zweck, der Einzelne als untergeordnet erscheint, anstatt daß in dem Privatrecht der einzelne Mensch für sich Zweck ist, und jedes Rechtsverhältniß sich nur als Mittel auf sein Daseyn oder seine besonderen Zustände bezieht"; zur Historizität der Unterscheidung s. die maßgebliche Studie von *Martin Bullinger* Öffentliches Recht und Privatrecht, 1968, 8 et passim; *Dieter Grimm* Zur politischen Funktion der Trennung von öffentlichem und privatem Recht, in: *ders.* Recht und Staat der Bürgerlichen Gesellschaft, 1987, 84: „[…] die Jurisprudenz [kennt] den Unterschied seit alters", s. für einen Ausschnitt des Themas *ders.* Verfassung und Privatrecht im 19. Jahrhundert, 2017, 1, der vor dem Hintergrund einer historisch zunächst weitgehend unabhängigen Behandlung von Verfassungs- und Privatrecht konstatiert, ihr spezifisches Verhältnis sei „erst ein Thema unserer Tage"; eine Reihe größerer Monographien der letzten Jahre widmet sich Themen aus dem Spannungsverhältnis von Öffentlichem Recht und Privatrecht bzw. Öffentlichkeit und Privatheit, etwa *Wolfgang Schur* Anspruch, absolutes Recht und Rechtsverhältnis im öffentlichen Recht entwickelt aus dem Zivilrecht, 1993; *Gerrit Manssen* Privatrechtsgestaltung durch Hoheitsakt, 1994, 52 ff. zum Verhältnis der Teilrechtsordnungen; *Martin Burgi* Funktionale Privatisierung und Verwaltungshilfe, 1999, 20 ff. zur Gemeinwohlkompetenz im Verfassungsstaat; *Heinrich de Wall* Die Anwendbarkeit privatrechtlicher Vorschriften im Verwaltungsrecht, 1999, 7 ff.; *Wolfgang Weiß* Privatisierung und Staatsaufgaben, 2000, 11 ff. zur Abgrenzung von Staatsaufgaben und öffentlichen Aufgaben; *Matthias Ruffert* Vorrang der Verfassung und Eigenständigkeit des Privatrechts, 2001, 31 ff. zum grundsätzlichen Verhältnis von Verfassung und Privatrecht.

[11] *Gustav Radbruch* Rechtsphilosophie, 3. Aufl. 1932, § 16: „Die Begriffe ‚privates' und ‚öffentliches Recht' sind nicht positivrechtliche Begriffe, die einer einzelnen positiven Rechtsordnung ebensogut fehlen könnten, sie gehen vielmehr logisch jeder Rechtserfahrung voran und verlangen für jede Rechtserfahrung von vornherein Geltung. Sie sind apriorische Rechtsbegriffe"; dazu *Hasso Hofmann* Die Unterscheidung von öffentlichem Recht und privatem Recht, Der Staat 57 (2018), 5 (29); Auseinandersetzung mit *Radbruch* bei *Roscoe Pound* Public Law and Private Law, Cornell Law Quarterly 24 (1939), 469 ff.; kritisch zur Überhöhung des Gegensatzes *Martin Shapiro* From Public Law to Public Policy, or the „Public" in „Public Law", PS 5 (1972), 410 ff.

Verunsicherung scheint auch unsere Fragestellung zu prägen,[12] lässt sie doch offen, worauf sie zielt. Geht es um die Praxis der Unterscheidung, also um das (historische[13]) *Wie*;[14] geht es um eine Theorie der Unterscheidbarkeit[15], also um das *Ob*, oder geht es um das *Wozu* der Unterscheidung, also ihre Funktion?[16]

---

[12] *Duncan Kennedy* Stages of the Decline of the Public/Private Distinction, 130 University of Pennsylvania Law Review 1982, 1349: „When people hold a symposium about a distinction, it seems almost certain that they feel it is no longer a success. Either people can't tell how to divide situations up between the two categories, or it no longer seems to make a difference on which side a situation falls".

[13] Zur Ausbildung der Unterscheidung s. *Michael Stolleis* Geschichte des Öffentlichen Rechts, Bd. II, 1992, 31 ff.; für ein historisches Beispiel etwa *Jan Schröder* Zivilistisches und publizistisches Denken um 1900. Zwei Beispiele, Rg 19 (2011), 294 ff.

[14] Etwa bei *Gustav Adolf Walz* Das Wesen des öffentlichen Rechts, 1928, 21 ff.; *Erich Molitor* Über Öffentliches Recht und Privatrecht, 1949; *Rudolf Smend* Zum Problem des Öffentlichen und der Öffentlichkeit, in: ders. Staatsrechtliche Abhandlungen, 3. Aufl. 1994, 4310 ff.; *Jan Schröder* Privatrecht und Öffentliches Recht, in: Wolfgang Lange/Knut Wolfgang Nörr/Harm Peter Westermann (Hrsg.) FS Gernhuber, 1993, 961 ff.; *Franz Bydlinski* Kriterien und Sinn der Unterscheidung von öffentlichem Recht und Privatrecht, AcP 194 (1994), 319 ff.; *Dieter Grimm* Die Trennung von öffentlichem und privatem Recht, in: Gerhard Dilcher/Norbert Horn (Hrsg.) Sozialwissenschaften im Studium des Rechts, Bd. IV, 1978, 55 ff.; *Detlef Schmidt* Die Unterscheidung von privatem und öffentlichen Recht, 1985; *Matthias Ruffert* (Hrsg.) The Public-Private Law Divide, 2009; *Martin Burgi* Rechtsregime, in: Wolfgang Hoffmann-Riem/Eberhard Schmidt-Aßmann/Andreas Voßkuhle (Hrsg.) Grundlagen des Verwaltungsrechts, Bd. I, 2. Aufl. 2012, § 18 Rn. 1 ff.; *Hofmann* Unterscheidung (Fn. 11), 5 ff.; *András Jakab/Lando Kirchmair* Tradition und Analogie in der Unterscheidung zwischen Öffentlichem Recht und Privatrecht am Beispiel der österreichischen Rechtsordnung, MPIL Research Paper Series, No. 2019–11, abrufbar unter <https://papers.ssrn.com/sol3/papers.cfm?abstract_id=3392294> (Stand 18.9.2019).

[15] *Hans Kelsen* Reine Rechtslehre, Studienausgabe 2008/1934, 119 ff.; früh schon kritisch zu den Abgrenzungsversuchen *Sten Gagnér* Über Voraussetzungen einer Verwendung der Sprachformel „Öffentliches Recht und Privatrecht" im kanonistischen Bereich, in: Maximiliane Kriechbaum/Joachim Rückert/Michael Stolleis (Hrsg.) Abhandlungen zur europäischen Rechtsgeschichte, 2004, 121 (122): „uferlos", „Groteske"; relativierend *Bullinger* Öffentliches Recht (Fn. 10); *Dieter Grimm* Grundrechte und Privatrecht in der bürgerlichen Rechtsordnung, in: Günter Birtsch (Hrsg.) Grund- und Freiheitsrechte im Wandel von Gesellschaft und Geschichte, 1981, 365 ff.; *Konrad Hesse* Verfassung und Privatrecht, 1988; *Thomas Vesting* Wiederkehr der bürgerlichen Gesellschaft und ihres Rechts?, in: Hans Schlosser (Hrsg.) Bürgerliches Gesetzbuch 1986–1996, 1997, 183 ff.; *Claudio Michelon* The Public Nature of Private law?, in: ders./Gregor Clunie/Christopher McCorkindale et al. (Hrsg.) The Public in Law, 2012, 195: „However, private law is still law and […] that carries an inescapable public element with it"; *Stefan Haack* Theorie des Öffentlichen Rechts II, 2019.

[16] Prominent etwa bei *Hans Kelsen* Allgemeine Staatslehre, 1925, 86 ff., dort als „Die politische Tendenz des Gegensatzes" bezeichnet; zur politischen Funktion der Unterscheidung auch *Grimm* Funktion (Fn. 10), passim; in vergleichender Perspektive *Merryman* Dinstinction (Fn. 10).

Aus der Fülle des Stoffes möchte ich mich im Folgenden auf *disziplinstrategische Funktionen* der Unterscheidung konzentrieren.[17] Dabei gehe ich von der Prämisse aus, dass sich die Unterscheidung in der Sache nicht kategorial treffen lässt (II.) und dass deswegen untersucht werden muss, ob es andere Gründe gibt, die erklären, dass die Unterscheidung zumeist als kategoriale behandelt wird. Sichtbar werden solche Gründe aus der Außenperspektive einer wissenschaftstheoretischen und wissenschaftssoziologischen *Fremdbeschreibung* des Themas (III. und IV.).[18] Zunächst aber soll es in der Innenperspektive rechtswissenschaftlicher *Selbstbeschreibung* um die Leistungsgrenzen der Unterscheidung gehen.

II. Die Grenzen der Unterscheidung – die rechtswissenschaftliche Perspektive

1. Leistungsgrenzen der Unterscheidung

Mit der Frage nach der *kategorialen* Unterscheidung von Öffentlichem Recht und Privatrecht ist es so eine Sache. Wo sie explizit gestellt wird, führt sie immer wieder[19] und immer häufiger[20] zu einer Antwort – und diese Antwort lautet ‚nein'. Wo die Unterscheidung aber wie zumeist implizit bleibt, wird sie als kategoriale perpetuiert. Dabei sollte man den Anspruch

---

[17] Ausgespart bleiben insbesondere die historischen Implikationen der Frage. Aus der reichen rechtshistorischen Literatur s. etwa *Bullinger* Öffentliches Recht (Fn. 10); *Stolleis* Geschichte II (Fn. 13), 51 ff.; *Dieter Wyduckel* Ius Publicum, 1984, 252 ff.; *Dieter Grimm* Privatrecht und Verfassung, 2017, passim; zur historischen Entwicklung des allgemeinen preußischen Landrechts *ders.* Funktion (Fn. 10).

[18] Dazu *Pierre Bourdieu* Vom Gebrauch der Wissenschaft, 1998, 15 f.; zur Unterscheidung von Selbst- und Fremdbeschreibung *Jan-Reinard Sieckmann* Rechtsphilosophie, 2018, 19 ff.; *André Kieserling* Selbstbeschreibung und Fremdbeschreibung, 2004, 12 ff., 58 ff. et passim; s. auch die rechtswissenschaftlich anschlussfähigen Überlegungen bei *Stefan Kühl* Das Theorie-Praxis-Problem in der Soziologie, Soziologie 32 H. 4 (2003), 7 (8 ff.).

[19] Früh schon *Robert von Mohl* Encyklopädie der Staatswissenschaften, 2. Aufl. 1881, 193 ff., der nicht die Unterschiede der Gebiete leugnet, aber doch die im 19. Jahrhundert immer wieder anzutreffende Vermutung, das Privatrecht genieße gegenüber dem Staat eine weitgehende Autonomie, wohingegen *Mohl* seine Abhängigkeit von staatlicher Rechtsetzung betont; ähnlich *Heinrich Zöpfl* Grundsätze des Allgemeinen und Deutschen Staatsrechts mit besonderer Rücksicht auf die neuesten Zeitverhältnisse, 4. Aus. 1855, 28; s. dazu auch *Grimm* Funktion (Fn. 10), 89 f.

[20] S. zur fortschreitenden Entgrenzung der Fächer *Thomas Duve/Stefan Ruppert* Rechtswissenschaft in der Berliner Republik – zur Einführung, in: dies. (Hrsg.) Rechtswissenschaft in der Berliner Republik, 2018, 11 (26 f.).

kategorialer[21] Unterscheidbarkeit angesichts des Gegenstandes von vornherein nicht überziehen. Und doch löst der Begriff des Kategorialen Erwartungen hoher Eindeutigkeit aus, die hier indes enttäuscht werden müssen. Denn nur für einen reduzierten Ausschnitt der Rechtsordnung überhaupt produziert die Unterscheidung einigermaßen klare Ergebnisse. Erweitert man das Panorama und tritt zugleich näher an die Gegenstände heran, zerrinnen vermeintliche Gewissheiten,[22] und zwar unabhängig davon, welche Abgrenzungsmerkmale man in welcher Kombination heranzieht.[23] Der

---

[21] Eingehend *Amie Thomasson* Art. Categories, in: Edward N. Zalta (Hrsg.) The Stanford Encyclopedia of Philosophy (Summer 2019 Edition), abrufbar unter <https://plato.stanford.edu/archives/sum2019/entries/categories/> (Stand 6.7.2019); für einen Überblick s. *Gereon Wolters* Art. Kategorie, in: Jürgen Mittelstraß (Hrsg.) Enzyklopädie Philosophie und Wissenschaftstheorie, Bd. IV, 2. Aufl. 2010, 368 f.

[22] S. etwa *Georg Jellinek* Allgemeine Staatslehre, 3. Aufl. 1921, 384 ff.; *Bullinger* Öffentliches Recht (Fn. 10), passim; *de Wall* Anwendbarkeit (Fn. 10), 6: „[…] Grenzlinie zwischen beiden Teilrechtsordnungen [ist] bekanntlich alles andere als klar und unumstritten".

[23] Zum Merkmal der Akteure *Savigny* System (Fn. 10), 22; *Kelsen* Rechtslehre (Fn. 15), 119 f.; *Burgi* Rechtsregime (Fn. 14), Rn. 6 f.; als möglicher Ansatzpunkt auch bei *Schmidt-Aßmann* Öffentliches Recht (Fn. 10), 12; *John Wightman* Private Law and Public Interests, in: Thomas Wilhelmsson/Samuli Hurri (Hrsg.) From Dissonance to Sense, 1999, 253 ff.; *Steve Hedley* Court as public authorities, private law as instrument of government, in: Kit Barker/Darry Jensen (Hrsg.) Private Law, 2013, 89: „public law is (roughly) about how government agencies interact with private people, whereas private law is (roughly) about how those private people interact with one another"; nachgerade ein *locus classicus* der Grenzen einer akteurszentrierten Perspektive auf das Verhältnis von Öffentlichem Recht und Privatrecht ist die vormals intensiv geführte Diskussion um das Verwaltungsprivatrecht, also die Wahrnehmung öffentlicher Aufgaben durch die Verwaltung in Privatrechtsform, s. umfassend *Ulrich Stelkens* Verwaltungsprivatrecht, 2005; weiter auch *Fritz Ossenbühl* und *Hans-Ulrich Gallwas* Erfüllung von Verwaltungsaufgaben durch Private, VVDStRL 29 (1971), 138 ff., 212 ff.; hinzu treten Organisationsmodelle der Public Private Partnerships, dazu etwa *Matthias Habersack* Private public partnership – Gemeinschaftsunternehmen zwischen Privaten und öffentlicher Hand, ZGR 1996, 544 ff.; *Hartmut Bauer* Verwaltungsrechtliche und verwaltungswissenschaftliche Aspekte der Gestaltung von Kooperationsverträgen bei Public Private Partnership, DÖV 1998, 89 ff. oder das klassische Instrument der Beleihung Privater, dazu schon *Otto Mayer* Deutsches Verwaltungsrecht, 2. Aufl. 1917, Bd. II, 180 ff., 431 ff.; 3. Aufl. 1924, Bd. II, 95 ff., 243 ff.; *Georg Jellinek* System der subjektiven öffentlichen Rechte, 2. Aufl. 1919, 245; aus der jüngeren Literatur *Thomas Groß* Die Verwaltungsorganisation als Teil organisierter Staatlichkeit, in: Wolfgang Hoffmann-Riem/Eberhard Schmidt-Aßmann/Andreas Voßkuhle (Hrsg.) Grundlagen des Verwaltungsrechts, Bd. II, 2. Aufl. 2012, § 13 Rn. 88 ff.

Zu den Merkmalen *Funktionen und Zwecke Hans Kelsen* Hauptprobleme der Staatsrechtslehre, 2. Aufl. 1923, 269: „Der Standpunkt, den diese Untersuchungen dem herrschenden Einteilungsprinzip [von Öffentlichem Recht und Privatrecht, Anm. JK] gegenüber einnehmen, ist mit der Erkenntnis gegeben, daß das grundlegende Unterscheidungsmerkmal in dem für die formal-rechtliche Konstruktion völlig unzulässigen materiellen Zweckmomente besteht"; zum Merkmal *Rechtserzeugungsverfahren Kelsen* Rechtslehre (Fn. 15), 121 f.;

genauere Blick zeigt zudem, dass Öffentliches Recht und Privatrecht vielfältig miteinander verschränkt sind.

a) Geteilte Freiheit

Schon dass sich beide Teilrechtsordnungen heute auf eine vorstaatliche Freiheit des Individuums als legitimierende Wurzel berufen,[24] lässt die Grenzen zwischen ihnen verschwimmen.[25] Der alte Gegensatz von

---

zum Merkmal *Rechtsformen Bullinger* Öffentliches Recht (Fn. 10), 82 ff.; die Zuordnung bestimmter *Regelungsinhalte* zum Öffentlichen Recht oder zum Privatrecht ist jenseits offensichtlicher Inhalte weitgehend unbestimmt. Die aktuellen Diskussionen um Mietpreisbremsen zeigen, dass diese privat- wie öffentlich-rechtlich realisiert werden können; auch weite Teile des Arbeitsschutzrechts sind, wiewohl der Sache nach Öffentliches Recht, in der Domäne der Arbeitsrechtswissenschaft und der Arbeitsgerichte angesiedelt, s. etwa *Rudi Müller-Glöge* in: Franz-Jürgen Säcker/Roland Rixecker/Hartmut Oetker et al. (Hrsg.) Münchner Kommentar zum Bürgerlichen Gesetzbuch, Bd. IV, 7. Aufl. 2016, § 611 Rn. 449.

[24] Für die öffentlich-rechtliche Perspektive *Konrad Hesse* Bedeutung der Grundrechte, in: Ernst Benda/Werner Maihofer/Hans-Jochen Vogel (Hrsg.) Handbuch des Verfassungsrechts der Bundesrepublik Deutschland, 2. Aufl. 1994, § 5 Rn. 13; s. auch ders. Grundzüge des Verfassungsrechts der Bundesrepublik Deutschland, 20. Aufl. 1995, Rn. 282; *Horst Dreier* in: ders. (Hrsg.) GG I, 3. Aufl. 2013, Vorb. Rn. 6; *Ernst Wolfgang Böckenförde* Grundrechtstheorie und Grundrechtsinterpretation, NJW 1974, 1529 (1530); *Dieter Grimm* Ursprung und Wandel der Verfassung, in: HStR I, 3. Aufl. 2003, § 1 Rn. 22; *Walter Krebs* Rechtliche und reale Freiheit, in: HGR II, 2006, § 31 Rn. 15; *Christian Starck* Grundrechtliche und demokratische Freiheitsidee, in: HStR I, 3. Aufl. 2003, § 33 Rn. 2.

Für die privatrechtliche Perspektive: Privatautonomie bleibt ein Schlüsselbegriff des zivilistischen Diskurses, aus der Fülle der Literatur s. aus jüngerer Zeit etwa *Hartmut Weyer* Privatautonomie und gesetzliches Verbot, i.E.; *Christian Bumke/Anne Röthel* (Hrsg.) Autonomie im Recht, 2017; *Stefan Grundmann* Privatautonomie, Vertragsfunktion und „Richtigkeitschance", in: ders./Hans.-W. Micklitz/Moritz Renner (Hrsg.) Privatrechtstheorie, Bd. I, 2015, 875 ff.; *Franz-Jürgen Säcker* Freiheit durch Recht, 2016; *Thilo Kunz* Gestaltung von Kapitalgesellschaften zwischen Freiheit und Zwang, 2016; *Marco Haase* (Hrsg.) Privatautonomie, 2014; *Michael Nueber/Dominika Przeszlowska/Michael Zwirchmayr* (Hrsg.) Privatautonomie und ihre Grenzen im Wandel, 2014; *Jens Kleinschmidt* Delegation von Privatautonomie auf Dritte, 2014; *Katharina Hilbig-Lugani* Staat – Familie – Individuum: eine rechtsvergleichende Betrachtung zu Unterhaltsverhältnissen und ihrer privatautonomen Gestaltbarkeit in Deutschland, England und Wales, Frankreich und Schweden, 2014; *Anne Röthel* (Hrsg.) Verträge in der Unternehmerfamilie – Privatautonomie in Nähebeziehungen, 2014; *Florian Möslein* Dispositives Recht, 2011, insb. 45 ff.; *Sergio Bińkowski* Reichweite und Grenzen der Privatautonomie im Wohnungseigentumsrecht, 2011, 20 ff.; *Ralf Wenzel* Entschließungsfreiheiten im Erbrecht und Drittinteressen, 2008; *Torsten Volkholz* Geltung und Reichweite der Privatautonomie bei der Errichtung von Stiftungen, 2008; *Christopher Luhn* Privatautonomie und Inhaltskontrolle von Eheverträgen, 2008; *Inge Kroppenberg* Privatautonomie von Todes wegen, 2008; *Karl Riesenhuber* (Hrsg.) Wandlungen oder Erosion der Privatautonomie?, 2007.

[25] S. zur vorgrundrechtlichen Deutung der Privatautonomie aber *Josef Isensee* Privatautonomie, in: HStR VII, 3. Aufl. 2009, § 150 Rn. 6 ff., 20 ff. zum „Geltungsgrund".

öffentlich-rechtlichem Zwang hier, privatrechtlicher Freiheit dort[26] besteht nicht mehr.[27] Öffentliches Recht *und* Privatrecht entfalten,[28] gestalten[29] und begrenzen[30] individuelle Freiheit[31] – sicher graduell, nicht aber kategorial verschieden.[32]

b)   *Geteilte Figuren und Gehalte*

Beide Rechtsgebiete teilen zudem Rechtsformen und -gehalte[33] und sind einander „Kreativitätsreserve" und „Methodenhaushalt"[34]. Als Elemente

---

[26] S. dazu etwa *Grimm* Funktion (Fn. 10), 84 f., 99, dort im Hinblick auf die Rezeption des Entwurfs des ALR; *Schmidt-Aßmann* Öffentliches Recht (Fn. 10), 13 sieht diese Entgegensetzung mit Recht als „ideologisch überzeichnet[e] Antinomi[e]".

[27] Dazu *Werner Flume* Rechtsgeschäft und Privatautonomie, in: Ernst v. Caemmerer/Ernst Friesenhahn/Richard Lange (Hrsg.) FS 100 Jahre DJT, 1960, 135 ff.

[28] Für das Öffentliche Recht *Burgi* Rechtsregime (Fn. 14), Rn. 8 mit einer Reihe von Beispielen.

[29] Zum Zusammenklang beider Rechtsgebiete in den Einrichtungsgarantien *Ute Mager* Einrichtungsgarantien, 2002, 18 ff., 171 ff., 409 ff. et passim; am Beispiel des Art. 6 Abs. 1 GG *Frauke Brosius-Gersdorf* in: Horst Dreier (Hrsg.) Grundgesetz, Bd. I, 3. Aufl. 2013, Art. 6 Rn. 74 ff.; *Ferdinand Wollenschläger/Dagmar Coester-Waltjen* Ehe für Alle, 2018.

[30] *Schmidt-Aßmann* Öffentliches Recht (Fn. 10), 16: „[...] Vertrag und Eigentum [müssen] nicht nur anerkannt, sondern als Rechtsinstitute verfügbar gemacht werden".

[31] Eine wesentliche Ausdrucksform dieses Gedankens findet sich für das Öffentliche Recht in der Begründung, Entwicklung und Verfeinerung subjektiver-öffentlicher Rechte, dazu *Stefan Haack* Theorie des öffentlichen Rechts, 2017. Dabei gehört der Dualismus von objektivem und subjektivem Recht zu Strukturmerkmalen des Rechtsstaats schlechthin, vgl. dazu *Eberhard Schmidt-Aßmann* Der Rechtsstaat, in: HStR II, 3. Aufl. 2004, § 26 Rn. 22.

[32] *Schmidt-Aßmann* Öffentliches Recht (Fn. 10), 16: „Auch die rahmensetzende Privatrechtsgesetzgebung schafft normative Konfliktschlichtungsprogramme und verfolgt damit öffentliche Zwecke. Diese können [...] in einer dem öffentlichen Recht durchaus vergleichbaren Intensität hervortreten".

[33] *Bullinger* Öffentliches Recht (Fn. 10), 82 ff.; s. etwa auch *Peter Krause* Rechtsverhältnisse in der Leistungsverwaltung, VVDStRL 45 (1987), 212 (217 f.) für die Rechtsverhältnislehre; *Schur* Anspruch (Fn. 10); *de Wall* Anwendbarkeit (Fn. 10), passim; *Hans Hanau* Der Grundsatz der Verhältnismäßigkeit als Schranke privater Gestaltungsmacht, 2004; *Dieter Medicus* Der Grundsatz der Verhältnismäßigkeit im Privatrecht, AcP 192 (1992), 35 ff.; jüngst *Alexander Tischbirek* Die Verhältnismäßigkeitsprüfung, 2017, 11 ff., 137 ff.; *Andrea Lohse* Unternehmerisches Ermessen, 2005, 53 f., 210 ff.; kritisch dazu *Florian Möslein* Grenzen unternehmerischer Leitungsmacht im marktoffenen Verband, 2007, 578 ff.; *Volker Rieble* Die Kontrolle des Ermessens der betriebsverfassungsrechtlichen Einigungsstelle, 1990; zur öffentlich-rechtlichen Imprägnierung arbeitsrechtlicher Einigungsstellen s. *Julian Krüper* Verfassung als Homogenitätsordnung, Habilitation, Universität Düsseldorf 2012, Manuskript, 473 ff. mit Überlegungen zum „Öffentlichen" der privatrechtlichen Betriebsverfassung.

[34] *Burgi* Rechtsregime (Fn. 14), Rn. 4.

der Gesamtrechtsordnung[35] teilen sie sich etwa den Vertrag,[36] Grundsätze der Haftung,[37] Figuren des verhältnismäßigen Interessenausgleichs,[38] Logiken korporativer Zweckverfolgung[39] und manches mehr.[40] Wechselseitige materielle Einflussnahmen und Austauschbeziehungen treten hinzu,[41] etwa im Verhältnis von Verfassung und Privatrecht[42] und Privatrecht und Menschenrechten.[43]

---

[35] *Otto v. Gierke* Die soziale Aufgabe des Privatrechts, 1889, 44 f.: „Privatrecht und öffentliches Recht sind eben Kinder Einer (sic!) Mutter"; *Schmidt-Aßmann* Öffentliches Recht (Fn. 10), 13: „Beiden [Teilrechtsordnungen] geht es um eine Sozialordnung des Rechts"; unter dem Begriff der „Regulierung" als Grundfunktion des Rechts *Alexander Hellgardt* Regulierung und Privatrecht, 2016, 47 ff. et passim.

[36] Entsprechend auch *Schmidt-Aßmann* Öffentliches Recht (Fn. 10), 10.

[37] *Bullinger* Öffentliches Recht (Fn. 10), 94 ff.; *Holger Sutschet* in: Heinz Georg Bamberger/Herbert Roth/Wolfgang Hau et al. (Hrsg.) BeckOK BGB, 50. Edition 1.5.2019, § 241 Rn. 31; *Jörn Axel Kämmerer* in: Johann Bader/Michael Ronellenfitsch (Hrsg.) BeckOK VwVfG, 43. Edition 1.5.2019, § 62 Rn. 30 f.; *Heinz Joachim Bonk/Werner Neumann/Thorsten Siegel* in: Michael Sachs/Heribert Schmitz (Hrsg.) VwVfG, 9. Aufl. 2018, § 62 Rn. 41 ff.; *Thomas Mann* in ders./Christoph Sennekamp/Michael Uechtritz (Hrsg.) VwVfG, 2. Aufl. 2019, § 62 Rn. 44 ff.; differenzierend *Benjamin Gündling* Modernisiertes Privatrecht und öffentliches Recht, 2006, 339 ff.

[38] *Hanau* Verhältnismäßigkeit (Fn. 33).

[39] S. etwa *Jan Schürnbrand* Organschaft im Recht der privaten Verbände, 2007, 41 ff. zu Anleihen aus der Lehre *Hans. J. Wolffs* sowie *Gunther Teubner* Organisationsverfassung und Verbandsdemokratie, 1978.

[40] *Bullinger* Öffentliches Recht (Fn. 10), 97 ff.

[41] *Heinz Mohnhaupt* Historische Konkurrenzen und Beeinflussungen zwischen öffentlichem Recht und Privatrecht, Rg 19 (2011), 239 ff.

[42] *Grimm* Verfassung (Fn. 17), 30 ff., der neben den kompetenziellen Zusammenhängen vor allem auf die Zusammenhänge zwischen Eigentumsordnung und politischer Macht, aber auch auf die ‚Sinngebungswirkung' des Privatrechts für die Verfassung abstellt; in der Tat wird man verallgemeinern können, dass vor allem in den privatrechtlich geformten Einrichtungsgarantien eine erhebliche Impulswirkung vom Privatrecht in das Verfassungsrecht ausgeht, indem die Privatrechtsordnung eine signifikante und zudem normativ abgesicherte Kontingenzreduktion leistet, zu der das Verfassungsrecht, ohne Aufgabe seines Charakters, gar nicht in der Lage wäre.

[43] *Michelle Flaherty* Private law and its normative influence on human rights, in: Kit Barker/Darryn Jensen (Hrsg.) Private Law, 2013, 207 (215 ff.), die vor allem auf die Wertgebundenheit des Privatrechts durch die Anerkennung von Autonomie, freiem Willen, Vertragsfreiheit und die Anerkennung von Gleichen abstellt und insgesamt gemeinsame Rechtstraditionen der verschiedenen Gebiete ausmacht; zudem komme vor allem im menschenrechtlichen Eigentumsrecht dem Privatrecht präskribierende Wirkung zu, Ähnlichkeiten bestünden außerdem in den Begrenzungen des Erbrechts; *Gerhard Wagner* Haftung für Menschenrechtsverletzungen, RabelsZ 80 (2016), 717 ff.; *Marc-Philippe Weller/Luca Kaller/Alix Schulz* Haftung deutscher Unternehmen für Menschenrechtsverletzungen im Ausland, AcP 216 (2016), 387 ff.; *Chris Thomale/Leonhard Hübner* Zivilgerichtliche Durchsetzung transnationaler Unternehmensverantwortung, JZ 2017, 385 ff.; *Marc-Philippe Weller/Chris Thomale* Menschenrechtsklagen gegen deutsche Unternehmen, ZGR 2017, 509 ff.;

c) Geteilte Funktionen

Dass es im Sinne „wechselseitiger Auffangordnungen"[44] zudem zu funktionalen Kooperationen beider Gebiete kommt, ist bekannt. Dies zeigt sich seit jeher im Individualarbeitsrecht in seiner Funktion als „Kritik des Bürgerlichen Rechts"[45] und im ebenso weiten wie heterogenen Feld des Wirtschaftsrechts insgesamt.[46] Gerade im Wettbewerbsrecht[47] geht die Entgren-

---

Markus Krajewski/Franziska Oehm/Miriam Saage-Maaß (Hrsg.) Zivil- und strafrechtliche Unternehmensverantwortung für Menschenrechtsverletzungen, 2018; *Mehrdad Payandeh* Deliktische Haftung von Unternehmen für transnationale Menschenrechtsverletzungen, in: Katharina Boele-Woelki/Florian Faust (Hrsg.) FS Schmidt, Bd. II, 2019, 131 ff.

[44] *Schmidt-Aßmann* Öffentliches Recht (Fn. 10), 12: „In einem weiteren Sinne lässt sich von Auffangen dort sprechen, wo die eine Teilrechtsordnung *Funktionen* [Hervorhebung nicht im Original] übernimmt, die die andere Ordnung und die hinter ihr stehenden realen Kräfte nur mit erheblichem Aufwand wahrnehmen" können.

[45] *Fritz Brecher* Das Arbeitsrecht als Kritik des Bürgerlichen Rechts, in: Hans Carl Nipperdey (Hrsg.) FS Molitor, 1962, 35 ff.; nicht zufällig knüpfen die Thesen *Elizabeth Andersons* Private Regierung, 2019 an das Arbeitsverhältnis an; insgesamt zeigt sich im Arbeitsrecht eine Struktur zunehmender Publizität, ausgehend von der sozialstaatlich überformten, prinzipiell aber noch privatrechtlichen Grundstruktur des Individualarbeitsrechts über das semipublizistische kollektive Arbeits- und auch das Mitbestimmungsrecht (dazu etwa *Sebastian Kolbe* Mitbestimmung und Demokratieprinzip, 2013, 35 ff. et passim) hin zum öffentlich-rechtlichen Arbeitsschutzrecht, das sich als Weiterung klassischer gefahrenabwehrrechtlicher Logiken des Gewerberechts darstellt; für eine integrierte, aber im Schwerpunkt öffentlich-rechtliche Perspektive s. etwa *Jens Kersten* Neues Arbeitskampfrecht, 2012, 41 ff. zum privaten Arbeitskampfrecht.

[46] Zur Bedeutung des Wirtschaftsrechts als „Verteidigungslinie" der Privatautonomie *Gerhard Wagner* Zivilrechtswissenschaft heute, in: Horst Dreier (Hrsg.) Rechtswissenschaft als Beruf, 2018, 166 ff.; s. zur Entgrenzung *Ulrich Scheuner/Adolf Schüle* Die staatliche Intervention im Bereich der Wirtschaft, VVDStRL 11 (1951), 1 ff.; *Kurt Biedenkopf* Über das Verhältnis wirtschaftlicher Macht zum Privatrecht, in: Helmut Coing/Heinrich Kronstein/Ernst-Joachim Mestmäcker (Hrsg.) FS Böhm 1965, 113 ff.; *Ernst-Joachim Mestmäcker* Über das Verhältnis des Rechts der Wettbewerbsbeschränkungen zum Privatrecht, AcP 168 (1968), 235 ff., *Mestmäcker* schildert einen Publifizierungsprozess im Recht der Wettbewerbsbeschränkungen, in dem die Ausbildung von Marktmacht bis hin zu Monopolen zunächst als Ausübung von Privatautonomie verstanden wurde, dann einer Kontrolle am offensichtlich nicht mehr privaten, wohl aber privatrechtlichen Kriterium der guten Sitten erfolgte, bevor es zu einer echten Publifizierung im GWB kam, ebd., 235 f.; s. zur ‚Entgrenzungsneigung' des Wirtschaftsrechts auch *Bullinger* Öffentliches Recht (Fn. 10), 101 ff.

[47] S. eingehend dazu *Sebastian Unger* Wettbewerbsverwaltung, Manuskript, Habilitation München, 2014; *Stefan Korte* Das Öffentliche Wettbewerbsrecht im System der Rechtsgebiete, in: Gregor Kirchhof/ders./Stefan Magen (Hrsg.) Öffentliches Wettbewerbsrecht, 2014, § 3 Rn. 36 ff.

zung sehr weit.[48] Regulierungs-[49] und Kartellrecht,[50] Finanzmarkt-[51] oder Versicherungsrecht[52] lassen sich nicht bruchlos einer Teilrechtsordnung zuweisen, wozu das Unionsrecht wesentlich beiträgt.[53] Schließlich ist die Welt der Wirtschaft keine Welt paktierender Individuen, sondern eine Welt der Korporationen,[54] in der die Grenze zwischen öffentlich-rechtlicher und

---

[48] *Jochen Mohr* Sicherung der Vertragsfreiheit durch Wettbewerbs- und Regulierungsrecht, 2015; *Ulrich Immenga/Ernst-Joachim Mestmäcker* (Begr.) Wettbewerbsrecht, Bd. II, 5. Aufl. 2014, Einleitung Rn. 27.

[49] *Franz Jürgen Säcker* Das Regulierungsrecht im Spannungsfeld von öffentlichem und privatem Recht, AcP 130 (2005), 180 (220): „Das Regulierungsrecht hat einen doppelfunktionellen Charakter: Es schützt als Privatrecht die Wettbewerbsorientierung der Aufgabenerfüllung durch Private und als öffentliches Recht die Gemeinwohlorientierung der Leistungserbringung. Allerdings darf eine zu weit getriebene staatliche Intervention die unternehmerische Autonomie bei der effizienten Aufgabenerfüllung nicht zweckwidrig aushöhlen. Diese legislative Gratwanderung verlangt daher rechtsstaatliche Präzisionsarbeit"; s. weiter auch *Oliver Lepsius* Verfassungsrechtlicher Rahmen der Regulierung, in: Michael Fehling/Matthias Ruffert (Hrsg.) Regulierungsrecht, 2010, § 4 Rn. 5: „Im Rahmen moderner Regulierungsaufgaben sind öffentliches Recht und Privatrecht funktionell eingesetzte, alternative Grundformen ausgeübter Staatsgewalt"; s. ebd. auch *ders.* Regulierungsrecht in den USA, § 1 Rn. 15.

[50] Ausführlich zur Geschichte und Einordnung des Kartellrechts *Knut Wolfgang Nörr* Das Leiden des Privatrechts, 1994; s. *Stelkens* Verwaltungsprivatrecht (Fn. 23), 419 für eine Zuordnung des Kartellvergaberechts zum Privatrecht soweit private öffentliche Auftraggeber betroffen sind.

[51] *Alistair Hudson* The synthesis of public and private in finance law, in: Kit Barker/Darry Jensen (Hrsg.) Private Law, 2013, 231 ff.; *Alexander Thiele* Finanzaufsicht, 2014, 125 ff. zu den typischerweise beaufsichtigten Finanzinstitutionen sowie 215 ff., 223 ff., 230 ff. zu (privatrechtsrelevanten) Aufsichtsinstrumenten.

[52] *Egon Lorenz* Einführung, in: Roland Beckmann/Annemarie Matusche-Beckmann (Hrsg.) Versicherungsrechtshandbuch, 3. Aufl. 2015, § 1 Rn. 35 ff.; zur Europäisierung des Versicherungsrechts ebd. *Ulrike Mönnich*, § 3.

[53] *Karl M. Meessen/Christian Kersting* in: Ulrich Loewenheim/dies./Alexander Riesenkampf et al. (Hrsg.) Kartellrecht, 3. Aufl. 2016, Vorb. Rn. 1; zur Veranschaulichung des europäischen Einflusses s. *Nina Dethloff* Europäisierung des Wettbewerbsrechts, 2001; *Martin Franzen* Privatrechtsangleichung durch die Europäische Gemeinschaft, 1999; *Martin Gebauer* Grundfragen der Europäisierung des Privatrechts, 1998; *Irene Klauer* Die Europäisierung des Privatrechts, 1998; *Bettina Heiderhoff* Grundstrukturen des nationalen und europäischen Verbrauchervertragsrechts, 2004.

[54] S. dazu etwa *Gerhard Leibholz/Günther Winkler* Staat und Verbände, VVDStRL 24 (1966), 5 ff.; treffend auch *Scheuner* Staatliche Interventionen (Fn. 46), 4: „Ein weiterer wichtiger Gesichtspunkt tritt hinzu: Es handelt sich heute im wirtschaftlich-sozialen Bereich nicht mehr allein um eine Auseinandersetzung Individuum – Staat. Das wirtschaftliche und gesellschaftliche Leben unseres Zeitalters ist von den sozialen Gruppen und Zusammenschlüssen durchformt und teilweise beherrscht. Damit aber gewinnen alle Beziehungen neue Seiten. Auch die Verbände begehren Sicherung ihrer Sphäre gegenüber dem

privatrechtlicher Rationalität traditionell verschwommen ist.[55] Aktuelle Debatten um *Corporate Governance*[56], *Corporate Compliance*[57] und *Corporate Social Responsibility*[58] unterstreichen dies. Prozesse der Privatisierung[59] haben zudem in den vergangenen Jahren Durchlässe, aber auch Grenzen zwischen privater und öffentlicher Sphäre deutlich gemacht.[60]

Staate. Sie streben aber auf der anderen Seite auch nach Einfluß auf sein Handeln, um ihre Zwecke mit staatlicher Hilfe zu fördern oder den Staat in eine bestimmte Richtung zu lenken"; s. weiter *Vesting* Wiederkehr (Fn. 15), 188 f.: „Aus der Gesellschaft der Individuen wurde eine Gesellschaft der Organisationen [...]".

[55] *Kit Barker* Private Law: Key encounters with public law, in: ders./Darryn Jensen (Hrsg.) Private Law, 2013, 3 (7); *David Ciepeley* Beyond Public and Private, American Political Science Review 107 (2013), 139 ff.: „[...] a corporate economy is not merely a parallel universe of private governments, but is a messy public/private offshoot of public government and cannot be separated from it historically, analytically, or normatively"; grundlegend für die öffentlich-private Struktur der Korporationen *Teubner* Organisationsverfassung (Fn. 39); s. auch *Anita K. Krug* Discerning public law concepts in corporate law discourse, in: Kit Barker/Darry Jensen (Hrsg.) Private Law, 2013, 265 ff.; *Schmidt-Aßmann* Öffentliches Recht (Fn. 10), 19 anerkennt den Einfluss korporativer Akteure, grenzt sie aber vom Staat durch das Erfordernis immer wieder neuer Formierung und Stabilisierung ihrer Einflusssphären ab; ein Beispiel für die terminologische Publizierung des Korporatismusdiskurses etwa bei *Helena Flam* Corporate Actors: Definition, Genesis, Interaction, MPIfG Discussion Paper 90/11, abrufbar unter <www.mpifg.de/pu/dp_ abstracts/dp90-11. asp> (Stand 20.9.2019): „incomplete constitutionless actors", „corporate power" u.ä.

[56] *Thomas M. Brunner-Kirchmair* Corporate Governance und die Performance von Mergers & Acquisitions, 2018, 51 ff., *Carsten P. Claussen* Corporate Governance – Eine Standortbeschreibung, in: Peter Hommelhoff/Peter Rawert/Karsten Schmidt (Hrsg.) FS Priester, 2007, 41 ff.; *Jean Nicolas Druey* Verantwortlichkeit aus Leitung, in: Manfred Lieb/Ulrich Noack (Hrsg.) FS Zöllner, Bd. I, 1998, 129 ff.

[57] *Christoph E. Hauschka/Klaus Moosmayer/Thomas Lösler* (Hrsg.) Corporate Compliance – Handbuch der Haftungsvermeidung im Unternehmen, 3. Aufl. 2016, s. hier insb. die von den Herausgebern verfasste Einleitung § 1.

[58] Aus jüngerer Zeit *Jan D. Lüttringhaus* Kaufrechtliche Gewährleistungsansprüche bei „ethischen" Produkten und öffentlichen Aussagen zur Corporate Social Responsibility, AcP 219 (2019), 29 ff.; *Martin R. Schulz* Compliance-Management im Unternehmen, BB 2019, 579 ff.; *Michael Wiedemann/Marco Greubel* Menschenrechte im Fokus der Lieferkette, BB 2018, 1027 ff.; *Thomas Mann/Franziska Schnuch* Corporate Social Responsibility öffentlicher Unternehmen, DÖV 2019, 417 ff. zu umweltverfassungsrechtlichen Aspekten einer CSR.

[59] *Martin Eifert* Regulierungsstrategien, in: Wolfgang Hoffmann-Riem/Eberhard Schmidt-Aßmann/Andreas Voßkuhle (Hrsg.) Grundlagen des Verwaltungsrechts, Bd. I, 2. Aufl. 2012, § 19 Rn. 40 ff.; *Burgi* Privatisierung (Fn. 10); *Weiß* Privatisierung (Fn. 10).

[60] Zu den Grenzen der ‚Rechtsgebietswahlfreiheit' des Gesetzgebers *Schmidt-Aßmann* Öffentliches Recht (Fn. 10), 15; aus der internationalen Diskussion *Laura A. Dickinson* Public Law Values in a Privatized World, Yale Journal of International Law 31 (2006), 383 ff.; *Thomas Wilhelmsson/Samuli Hurri* (Hrsg.) From Dissonance to Sense, 1999/2018.

d) Geteilte Infragestellungen

Die Annäherung beider Rechtsgebiete wird nicht zuletzt auch durch wechselseitige Prozesse einer Publifizierung des Privatrechts[61] und einer Privatisierung des Öffentlichen Rechts[62] befördert.[63]

Materiell erfährt das Privatrecht dabei seit geraumer Zeit eine intensive sozialstaatliche Überformung.[64] Außerdem wird durch die Verfügungsmacht des demokratischen Gesetzgebers über das Privatrecht dessen Privatheit auch formell relativiert,[65] weil die Publifizierung der Rechtserzeugung[66] eine Absage an alle Volksgeist- und

---

[61] *Julius Hedemann* Das bürgerliche Recht und die neue Zeit, 1919, 12: „beträchtlich[er] Abbau an bürgerlichem Recht zugunsten der Publizistik", „Zunahme an Zwang"; *Franz Wieacker* Das bürgerliche Recht im Wandel der Gesellschaftsordnung, in: ders. (Hrsg.) Industriegesellschaft und Privatrechtsordnung, 1974, 36 (39 f.): „Abschwächung des Vorrangs des bürgerlichen Rechts", „Machtergreifung des öffentlichen Rechts"; *Bernhard Großfeld* Zivilrecht als Gestaltungsaufgabe, 1977, 78: „Ansturm des öffentlichen Rechts"; *Wolfgang Zöllner* Zivilrecht und Zivilrechtswissenschaft im ausgehenden 20. Jahrhundert, AcP 188 (1988), 85 ff.; Einordnung der Vorgenannten bei *Vesting* Wiederkehr (Fn. 15), passim; *William Lucy* The Crisis of Private Law, in: Thomas Wilhelmsson/Samuli Hurri (Hrsg.) From Dissonance to Sense, 1999/2018, 177 ff.; *Rupprecht Podszun* Wirtschaftsordnung durch Zivilgerichte, 2012, 96 ff.

[62] *Walter Leisner* „Privatisierung" des Öffentlichen Rechts, 2007; *Gregor Kirchhof* Rechtsfolgen der Privatisierung, AöR 132 (2007), 215 ff.

[63] *Kelsen* Rechtslehre (Fn. 15), 121 f. negiert den Unterschied von vornherein, indem er auch die privatrechtliche Rechtserzeugung als letztlich auf einen staatlichen Willensakt rückführbar konstruiert.

[64] Eingehend *Barker* Private Law (Fn. 55), 5 ff.; dort werden namentlich die wohlfahrtsstaatliche Überformung des Privatrechts, seine „Legislativierung", der Bedeutungszuwachs korporativer Strukturen und ihrer Regulierung, die Konstitutionalisierung und die Instrumentalisierung des Privatrechts für öffentliche Steuerungszwecke als die wesentlichen Faktoren der Publifizierung des Privatrechts benannt; aus dem Prozessrecht, sofern man dies nicht ohnehin von vornherein öffentlich-rechtlich klassifizieren möchte, ist hier auf das jüngst eingeführte Institut der Musterfeststellungsklage hinzuweisen, s. dazu aus der Diskussion *Leonid Guggenberger/Niklas Guggenberger* Die Musterfeststellungsklage – Staat oder privat?, MMR 2019, 8 ff.; *Julia Sophia Habbe/Konrad Gieseler* Einführung von Musterleistungsklagen in Verbraucherangelegenheiten, BB 2016, 3018 ff.

[65] *Gunther Teubner* After Privatisation?, in: Thomas Wilhelmsson/Samuli Hurri (Hrsg.) From Dissonance to Sense, 1999/2018, 51 (56) will daher auch den Begriff des Privatrechts als bloße (staatliche) Ordnung der Wirtschaft ablösen: „A non-reductive concept, however, would identify private law in many social spaces wheerever spontaneous norm-formation is the source of law". Privatrecht wird hier konzeptionell vom privaten Recht geschieden, wobei dieses nicht allein Fortsetzung oder Subkategorie von jenem, sondern eigene ‚autonome' Quelle von Recht sein soll.

[66] Zur Bedeutung für das Zivilrecht s. *Wagner* Zivilrechtswissenschaft (Fn. 46), 70 ff.; *Bumke* Rechtsdogmatik (Fn. 3), 22 f.

Traditionsgenealogien ist,[67] wie sie vor allem das historische Privatrecht prägten. Umgekehrt lassen sich Phänomene einer Privatisierung des Öffentlichen, seines Rechts und dessen Durchsetzung beobachten.[68] Zu nennen sind etwa Praktiken kooperierender Normsetzung,[69] die Konjunktur von Zertifizierung und Akkreditierung im Gesetzesvollzug,[70] die partielle „Privatisierung des Gemeinwohls"[71] durch Verbandsklagen[72] oder der Strukturwandel des Rechtsschutzsystems durch *private enforcement*[73].

---

[67] So gründet etwa *Kirchmann* Werthlosigkeit (Fn. 6), 14 f. Teile seiner Vorbehalte gegen die Rechtswissenschaft auf den Gegensatz und die Möglichkeit des Auseinanderfallens von „positiven Gesetzen" und „natürlichem Recht".

[68] Phänomene des *private enforcement*, also der Einbindung Privater in die Durchsetzung des Rechts, sind an verschiedenen Stellen zu beobachten, s. etwa *Daniel Zimmermann/Jan Höft* „Private Enforcement" im öffentlichen Interesse?, ZGR 2009, 662 (665, 682); *Ralf Kölbel* Zur wirtschaftsstrafrechtlichen Institutionalisierung des Whistleblowings, JZ 2008, 1134 ff.; *Wolfgang Bosch* Die Entwicklung des deutschen und europäischen Kartellrechts, NJW 2016, 1700 (1705).

[69] Monographisch etwa bei *Angela Faber* Gesellschaftliche Selbstregulierungssysteme im Umweltrecht, 2001; *Lothar Michael* Rechtsetzende Gewalt im kooperierenden Verfassungsstaat, 2002; *Florian Becker* Kooperative und konsensuale Strukturen in der Normsetzung, 2005; *Thorsten Anderl* Gesetzgebung und kooperatives Regierungshandeln, 2006; s. weiter auch *Heiko Sauer* Kooperierende Rechtsetzung, Der Staat 43 (2004), 563 ff.; *Julian Krüper* Das Recht auf Kooperation, ZG 2009, 338 ff.

[70] *Patrick Scholl* Der private Sachverständige im Verwaltungsrecht, 2005; *Karin Bieback* Zertifizierung und Akkreditierung, 2008; Einordnung des Konzepts in das Panorama staatlicher Regulierungsstrategien bei *Eifert* Regulierungsstrategien (Fn. 59), § 19 Rn. 82 ff.; für ein Anwendungsbeispiel s. *Arne Pautsch* Rechtsfragen der Akkreditierung, WissR 2005, 200 ff.; aus jüngster Zeit *Arne Pilniok* Zertifizierung und Akkreditierung als Regulierungsstrategie im Wirtschaftsverwaltungsrecht, in: Julian Krüper (Hrsg.) Zertifizierung und Akkreditierung als Instrumente qualitativer Glücksspielregulierung, 2017, 1 ff. sowie ebd. *Sebastian Unger* Glücksspielüberwachung durch Private, 65 ff.

[71] *Christian Calliess* Die umweltrechtliche Verbandsklage nach der Novellierung des Bundesnaturschutzgesetzes, NJW 2003, 97 (99 f.); *Rüdiger Breuer* Wirksamer Umweltschutz durch Reform des Verwaltungsverfahrens- und Verwaltungsprozessrechts, NJW 1978, 1558 (1562): „unlösbares Legitimationsproblem"; *Heiko Faber* Die Verbandsklage im Verwaltungsprozess, 1972, 87: „oligarchische Tendenzen"; insgesamt zur Problematik *Sabine Schlacke* Überindividueller Rechtsschutz, 2008, 501 ff.

[72] *Julian Krüper* Gemeinwohl im Prozess, 2009, 157 ff.; *Schlacke* Rechtsschutz (Fn. 71), passim.

[73] *Unger* Wettbewerbsverwaltung (Fn. 47), 216 ff.; *Wolfgang Fikentscher/Philipp Hacker/Rupprecht Podszun* (Hrsg.) FairEconomy, 2013, 109 ff.; *Meinhard Schröder* Private statt administrative Durchsetzung des Öffentlichen Rechts?, Die Verwaltung 50 (2017), 309; *Zimmermann/Höft* Private Enforcement (Fn. 68), 662 ff.

e) Geteilte Macht

Mit alldem ist die Unterscheidung von Öffentlichem Recht und Privatrecht nicht verabschiedet.[74] In den Ländern des *Common Law* wird sie sogar eher neu entdeckt.[75] Und sicher bewahrt sie Distinktionskraft, wo es im *Kern* des Öffentlichen Rechts um die Organisation staatlicher Macht,[76] im *Kern* des Privatrechts hingegen um die Entfaltung privater Willkür geht.[77] Mit anderen Worten: Parlamentsrecht ist kein Kaufrecht, Unterscheidungen sind möglich.[78] Indes ist damit weniger gesagt, als es den Anschein hat, vor allem im Hinblick auf die Unterscheidung von privater[79] und staatlicher Macht. Denn die rechtlich disziplinierte[80] öffent-

---

[74] *Bullinger* Öffentliches Recht (Fn. 10), 79 f.: „Das alles bedeutet nicht, daß die politische Verfassung, die staatliche Verwaltungsorganisation, die private Wirtschaft, die gesellschaftlichen Verbindungen und die persönliche Lebenssphäre als ungeschiedene Einheit behandelt werden dürften. [...] Dieses Anliegen kann es rechtfertigen, in bestimmten Zusammenhängen zwischen dem Staat als der zu politischer Einheit verfaßten Gemeinschaft und der Gesellschaft als einem Inbegriff unpolitischer, nicht nationalgebundener Gemeinschaft und Entfaltung zu unterscheiden, erfordert es aber kaum, in Staat und Gesellschaft zwei getrennte, durchweg heterogene Bereiche mit einer entsprechenden Zweiteilung von öffentlichem Recht und Privatrecht zu sehen"; s. auch *Oliver Lepsius* Themen einer Rechtswissenschaftstheorie, in: Matthias Jestaedt/ders. (Hrsg.) Rechtswissenschaftstheorie, 2008, 10 ff., der dem Öffentlichen Recht im Vergleich zum Privatrecht vor allem das Fehlen einer prägenden Zentralperspektive attestiert.

[75] S. etwa die Beiträge und Sammelbände von *Kit Barker/Darryn Jensen* (Hrsg.) Private Law – Key Encounters with Public law, 2013; *Cormac Mac Amhlaigh/Claudio Michelon/Neil Walker* (Hrsg.) After Public Law, 2013; *David Campbell* The Law of Contract and the Limits of the Welfare State, in: Maksymilian Del Mar/Claudio Michelon (Hrsg.) The Anxiety of the Jurist, 2013/2016, 195 ff.; *Claudio Michelon/Gregor Clunie/Christopher McCorkindale* et al. (Hrsg.) The Public in Law, 2012; *Ernest J. Weinrib* The idea of private law, 2. Aufl. 2012; *Hugh Collins* Regulating Contracts, 2012; *Andrew Robertson/Tang Hang Wu* (Hrsg.) The Goals of Private Law, 2009.

[76] *Schmidt-Aßmann* Öffentliches Recht (Fn. 10), 20.

[77] *Ernst-Joachim Mestmäcker* Private Macht – Grundsatzfragen in Recht, Wirtschaft und Gesellschaft, in: Florian Möslein (Hrsg.) Private Macht, 2016, 25; *Schmidt-Aßmann* Öffentliches Recht (Fn. 10), 16, 17 (zum grundsätzlichen Rahmencharakter des Privatrechts); *Isensee* Privatautonomie (Fn. 25), § 150 Rn. 20 f.

[78] In diesem Sinne etwa *Mohl* Staatswissenschaften (Fn. 19), 193: „Es läßt sich also auch unschwer das natürliche Staatsrecht getrennt behandeln vom natürlichen Privatrechte".

[79] S. für eine wirkungsbezogene Perspektive auf Machtphänomene etwa *Erich H. Witte/Niels Van Quaquebeke/Tilmann Eckhoff* Macht als sozialpsychologisches Konzept, in: Florian Möslein (Hrsg.) Private Macht, 2016, 65 ff.; *Claus-Wilhelm Canaris* Grundrechte und Privatrecht, AcP 184 (1984), 201 (206 f.) spricht im Kontext der Drittwirkungsfrage ausdrücklich von der „Problematik sozialer Macht"; *Rudolf Sohm* Institutionen des römischen Rechts, 1894, 99 spricht vom Privatrecht als dem „machtverteilende[n] ethische[n] Gesetz des wirtschaftlichen Gemeinlebens der Menschen".

Kategoriale Unterscheidung von Öffentlichem Recht und Privatrecht? 59

liche Gewalt[81] wird durch die Endlichkeit ihrer Handlungs- und Wissensressourcen[82] begrenzt und durch Vollzugs- und Steuerungsdefizite[83] relati-

---

[80] *Jellinek* Staatslehre (Fn. 22), 386 etwa betont die Bedeutung der Restriktion von Herrschaftsgewalt nicht allein im Sinne eines verfassungsstaatlichen Faktums und einer Selbstverständlichkeit, sondern im Sinne einer sich daraus ergebenden und auch das Verhältnis von öffentlicher und privater Sphäre betreffenden grundsätzlichen Relativierung in dem Sinne, dass staatliche Macht (insoweit grundsätzlich anders als private Macht) vom Recht immer nur gebunden gedacht wird, private Macht aber nicht einmal an Willkürverbote stößt – „pro ratione stat voluntas"; dies ist freilich nach Maßgabe zivilrechtlich wirksamer allgemeiner Gleichbehandlungsvorgaben seinerseits nur noch bedingt zutreffend; ein zu *Jellinek* ähnlicher Gedanke findet sich bei *Jörn Lüdemann* Die Ordnung des Verwaltungsrechts, Habilitation Universität Bonn 2017, Manuskript, 19, der in der verfassungsrechtlichen Disziplinierung des Verwaltungshandelns einen wesentlichen Faktor für den Bedeutungsverlust rechtswissenschaftlicher Systembildung und Systempflege im Verwaltungsrecht sieht; gewissermaßen hat die erfolgreiche Implementation verfassungsstaatlicher Prinzipien die Prämissen, die zu ihrer Bildung geführt haben, zwar nicht entfallen lassen, aber doch stark relativiert mit der Folge, dass daran anknüpfende Systembildungen diese Veränderung nachvollziehen müssen.

[81] Eine aus der Perspektive der Unterscheidung von Öffentlichem Recht und Privatrecht wichtige historische Entwicklung liegt in der Entstehung, Anerkennung und Entfaltung subjektiv-öffentlicher Rechte, die voraussetzt, dass der Staat nicht Träger von Rechten *und* Pflichten ist, dazu etwa *Hartmut Bauer* Geschichtliche Grundlagen der Lehre vom subjektiven öffentlichen Recht, 1986, 48 ff.; wenn mit dieser Anerkennung des Staates als rechtsgebunden auch keine kategoriale Gleichordnung von Bürger und Staat im Sinne einer Rechtsbeziehung Privater verbunden ist, nicht zuletzt, weil der Staat sich dieser Bindungen jedenfalls grundsätzlich durch Änderung des Rechts entziehen kann, dazu *Paul Laband* Das Staatsrecht des Deutschen Reiches, Bd. I, 5. Aufl. 1911, 429, liegt im Bestehen subjektiv-öffentlicher Rechte doch eine, wenn nicht sogar die zentrale Relativierung überkommener Vorstellungen staatlicher Herrschaftsgewalt, s. im Ganzen dazu *Haack* Theorie I (Fn. 31), passim.

[82] Die Diskussion um die Möglichkeit und die Grenzen staatlichen Wissens prägt seit vielen Jahren den Diskurs, s. etwa *Julian Krüper* Das Wissen des Parlaments, in: Martin Morlok/Utz Schliesky/Dieter Wiefelspütz (Hrsg.) Parlamentsrecht, 2016, § 38; *Walter Leisner* Die Prognose im Staatsrecht, 2015; *Ino Augsberg* (Hrsg.) Extrajuridisches Wissen im Verwaltungsrecht, 2013; *Andreas Voßkuhle* Neue Verwaltungsrechtswissenschaft, in: Eberhard Schmidt-Aßmann/Wolfgang Hoffmann-Riem/Andreas Voßkule (Hrsg.) Grundlagen des Verwaltungsrechts, Bd. I, 2. Aufl. 2011, § 1 Rn. 11; ebd. *Franz Reimer* Das Parlamentsgesetz als Steuerungsmittel und Kontrollmaßstab, § 9 Rn. 7; *Hans Heinrich Trute* Wissensgesellschaft – Demokratie – Legitimation, in: Margret Kraul/Peter-Tobias Stoll (Hrsg.) Wissenschaftliche Politikberatung, 2011, 43 ff.; *Burkhard Wollenschläger* Wissensgenerierung im Verfahren, 2009; *Gunnar Folke Schuppert/Andreas Voßkuhle* (Hrsg.) Governance von und durch Wissen, 2008; ebd. insb. *Anna-Bettina Kaiser* Wissensmanagement im Mehrebenensystem, 217 ff.; *Andreas Voßkuhle* Sachverständige Beratung des Staates, in: HStR III, 3. Aufl. 2005, § 43; *Udo Di Fabio* Risikoentscheidungen im Rechtsstaat, 1994.

[83] *Scherzberg* Öffentliches Recht (Fn. 8), 10 ff.; *Dieter Grimm* (Hrsg.) Wachsende Staatsaufgaben – sinkende Steuerungsfähigkeit des Rechts, 1990; *ders.* (Hrsg.) Staatsaufgaben, 1994; für das Vollzugsdefizit im Umweltrecht s. beispielsweise *Gerd Winter* Das Vollzugsdefizit im Wasserrecht, 1975 sowie *Renate Mayntz* (Hrsg.) Vollzugsprobleme der

viert.[84] Natürlich bleibt dem Staat das sekundäre Privileg der zwangsweisen Durchsetzung des eigenen Willens.[85] Dieses Privileg reicht aber nur so weit wie seine primären Handlungsmöglichkeiten: Wo der Staat nicht handeln darf, handeln will oder handeln kann, verliert sein Zwang an Schärfe:[86] Der Leviathan ist domestiziert.[87]

Umgekehrt erörtert die Privatrechtswissenschaft die Entstehung „Privater Macht"[88] und Prozesse privater „Regelsetzung"[89], in der Arbeitswelt werden Phänomene „Privater Regierung"[90] beobachtet und mancherorts Korporatismus[91] als Weg aus der Krise erwogen.[92]

Umweltpolitik, 1978; s. weiter *Gertrude Lübbe-Wolff* Stand und Instrumente der Implementation des Umweltrechts in Deutschland, in: dies. (Hrsg.) Der Vollzug des europäischen Umweltrechts, 1996, 77 ff.; *dies.* Vollzugsprobleme der Umweltverwaltung, NuR 1993, 217 ff.; *Oliver Lepsius* Vom Abfall zum Produkt, NVwZ 2003, 1182 ff.; für ein aktuelles Beispiel aus dem öffentlichen Wirtschaftsrecht s. *Rike Krämer-Hoppe* Vollzugsdefizit im Glücksspielrecht als (verfassungs-) rechtliches Problem, in: Julian Krüper (Hrsg.) Strukturfragen der Glücksspielregulierung, 2019, 1 ff.; außerdem *Stefan Magen* Zwischen Reformzwang und Marktskepsis: Die Verwaltungsrechtswissenschaften in der Berliner Republik, in: Thomas Duve/Stefan Ruppert (Hrsg.) Rechtswissenschaft in der Berliner Republik, 2018, 170 (174 ff.).

[84] *William Lucy* Private and Public: Some Banalities about a Platitude, in: Cormac Mac Amhlaigh/Claudio Michelon/Neil Walker (Hrsg.) After Public Law, 2013, 57 (70 f.) weist zurecht auf die Problematik hin, dass die Rolle des Staatsbegriffs in der Unterscheidung von Öffentlichem und Privatem historisch sensibel gehandhabt werden müsse; während er sich gegen eine retrospektive Überhöhung von Herrschaftsphänomenen zu solchen der Staatlichkeit wendet, ist umgekehrt zu sehen, dass in einer heutigen Auseinandersetzung über die Unterscheidung keine überkommenen Staatsbilder zugrunde gelegt werden.

[85] *Schmidt-Aßmann* Öffentliches Recht (Fn. 10), 27 spricht von der „Durchsetzungsfunktion" des Öffentlichen Rechts.

[86] S. dazu unter einer Globalisierungsperspektive auch *Burgi* Rechtsregime (Fn.15), Rn. 33: „In den verschiedenen Prozessen der Globalisierung verliert der Staat in Teilbereichen seine besondere Position und erscheint nur noch als ein Akteur unter mehreren".

[87] *Helmuth Schulze-Fielitz* Der Leviathan auf dem Wege zum nützlichen Haustier?, in: Rüdiger Voigt (Hrsg.) Abschied vom Staat – Rückkehr zum Staat?, 1993, 95 ff.; *Christoph Möllers* Staat als Argument, 2. Aufl. 2011, 281 f., 422.

[88] *Florian Möslein* (Hrsg.) Private Macht, 2016, für die hochgradige Separierung der wissenschaftlichen Diskurse von Öffentlichem Recht und Privatrecht ist es kennzeichnend, dass am vorgenannten Band zwar Zivilrechtler und Sozialwissenschaftler, nicht aber Vertreter der Wissenschaft vom Öffentlichen Recht mitgewirkt haben, s. aber ebd. *ders.* Private Macht als Forschungsgegenstand der Privatrechtswissenschaft, 4 ff. zu „[s]taatliche[r] Macht und Staatsverfassung"; *Schmidt-Aßmann* Öffentliches Recht (Fn. 10), 17: „Auch die Privatrechtsordnung hat es in der Organisation gleicher Freiheit mit Vermachtungsproblemen zu tun"; s. etwa auch *Biedenkopf* Macht (Fn. 46).

[89] *Florian Möslein* (Hrsg.) Regelsetzung, 2019.

[90] *Anderson* Regierung (Fn. 46).

[91] Juristisch dazu *Leibholz/Winkler* Staat und Verbände (Fn. 54), 5 ff., 34 ff.

Der Autoritätszuwachs privater Macht, um den es dabei geht, ist nicht primär ein Zuwachs an Marktmacht, deren ungleiche Verteilung die Privatrechtsgesellschaft[93] immer schon akzeptiert hat. Wo es privater Macht aber gelingt, in ihrem Einfluss über die Summe ihrer privatrechtlichen Rechtsverhältnisse hinauszugehen und „rechtlich geordnete Konflikte" zwischen Privaten „auf die Ebene der Politik" zu heben,[94] wird ihre Unterscheidung von staatlicher Macht unscharf.[95]

2. Strategien der Stabilisierung

Trotz all dieser Befunde, zum Teil schon lang bekannt, ist die Unterscheidung noch immer als kategoriale geläufig. Sie wird vorausgesetzt und gelehrt, es wird formell, materiell und institutionell mit ihr argumentiert, sie prägt juristische Identitäten, und sie wird immer wieder reproduziert: in Fakultätsstrukturen, Lehrstuhldenominationen, Venien, Publikationsformaten, Fachgesellschaften und so fort. Nicht zuletzt die heutige Fragestellung zeigt, dass die Unterscheidung eher kategorial als graduell wahrgenommen wird.

Dies wirft zwei Fragen auf. Erstens: Wie wird die Unterscheidung gegen alle Entgrenzungsbefunde verteidigt und stabilisiert – und zweitens und wichtiger noch: warum?

Zunächst einige knappe Bemerkungen zu den Stabilisierungsstrategien. Hierzu muss man sich zunächst vor Augen führen, dass die Unterscheidung von Öffentlichem Recht und Privatrecht zwei Seiten hat: eine theoretisch-disziplinäre und eine dogmatisch-praktische.

---

[92] *Werner Eichhorst/J. Timo Weishaupt* Mit Neo-Korporatismus durch die Krise?, 2013, IZA DP No. 7948, abrufbar unter <http://ftp.iza.org/dp7498.pdf> (Stand 6.7.2019); für einen Überblick *Martin Sebaldt* Verbände in der Bundesrepublik Deutschland, 2004, 41 ff., 139 ff.

[93] Begriff bei *Franz Böhm* Privatrechtsgesellschaft und Marktwirtschaft, ORDO 17 (1966), 75 ff.

[94] *Mestmäcker* Private Macht (Fn. 77), 27; s. auch *Scheuner* Staatliche Interventionen (Fn. 46), 5: „Individuelle Freiheitsrechte, die auf die Figur und den Machtbereich der Einzelperson abgestellt sind – Vertragsfreiheit, Meinungsfreiheit, Unterrichtsfreiheit – können in der Hand großer Organisationen eine tiefe Umwandlung erfahren. Sie werden hier zur Grundlage planmäßig gelenkten Verbandseinflusses und damit zu einem Mittel sozialer Machtbildung".

[95] S. etwa *Neil Walker* The Post-National Horizon of Constitutionalism and Public Law, in: Cormac Mac Amhlaigh/Claudio Michelon/ders. (Hrsg.) After Public Law, 2013, 241 ff.; ebd. auch *Megan Donaldson/Benedict Kingsbury* The Global Governance of Public Law, 264 ff. sowie *Gianluigi Palombella* The (Re-)Constitution of the Public in a Global Arena, 286 ff.

a) Reduzierung der Unterscheidung auf ihre dogmatische Seite

Die dogmatische[96] Seite betrifft die Bedeutung der Unterscheidung im geltenden Recht, etwa dort, wo es um die Qualifikation von Normen oder die Begründung von Kompetenzen und Zuständigkeiten geht.[97] Auf diese Aspekte wird die Unterscheidung im Alltag von Wissenschaft und Praxis typischerweise reduziert.[98] Die Eindeutigkeit, mit der dabei Ergebnisse produziert werden, scheint alle Zweifel[99] an der Unterscheidung Lügen zu strafen.[100] Jedoch fallen diese Ergebnisse nur deshalb so eindeutig aus, weil ihre Eindeutigkeit rechtlich erzwungen wird.[101] Erreicht wird dies dadurch,

---

[96] *Lucy* Private and Public (Fn. 84), 63 ff., dort als „legal-doctrinal" bezeichnet; *Schmidt-Aßmann* Öffentliches Recht (Fn. 10), 15: „Wir sind heute zu schnell geneigt, dieses Verhältnis [von Öffentlichem Recht und Privatrecht, Anm. JK] als ein Problem allein der dogmatischen Details, insbesondere der Rechtswegdifferenzierung anzusehen"; zur Bedeutung der Rechtsdogmatik als Manifestationsort der Unterscheidung auch *Jestaedt* Dreiteilung (Fn. 9), 925.

[97] Kompetenzrechtlich wird die Unterscheidung etwa in Art. 74 Abs. 1 Nr. 1 GG und Art. 272 AEUV vorausgesetzt und spiegelt sich organisational in der Unterscheidung der Rechtswege und ihrer Binnendifferenzierung.

[98] *Burgi* Rechtsregime (Fn. 14), Rn. 5 unterscheidet eine dogmatische von einer funktionalen Seite.

[99] S. *Kennedy* Distinction (Fn. 12), 1349.

[100] So auch *Jestaedt* Dreiteilung (Fn. 9), 928: Das Drei-Säulenmodell „‚funktioniert' in einem basalen Sinne"; die in der Praxis bemühten Abgrenzungstheorien sind bekanntlich nicht kritiklos geblieben, s. etwa *Uwe Volkmann* Das Recht und seine Grundlagen, in: Andreas Funke/Julian Krüper/Jörn Lüdemann (Hrsg.) Konjunkturen in der öffentlich-rechtlichen Grundlagenforschung, 2015, 17 (22 ff.); kritisch zu ihnen auch *Jestaedt* Dreiteilung (Fn. 9), 923: „[…] weisen mehr als nur vernachlässigbare Schönheitsfehler auf"; *Wolfgang Hoffmann-Riem* Öffentliches Recht und Privatrecht als wechselseitige Auffangordnungen, in: Eberhard Schmidt-Aßmann/ders. (Hrsg.) Öffentliches Recht und Privatrecht als wechselseitige Auffangordnungen, 1996, 265 spricht von „vor allem in der Juristenausbildung kultivierten und im Erfolgsniveau stagnierenden Versuchen der Abgrenzung von öffentlichem und Privatrecht".

[101] Zur Macht der Entscheidungssituation, Eindeutigkeit zu erzwingen, s. aus methodologischer Perspektive etwa *Stefan Huster* Wir würden den Fall jetzt gerne abschließen, ARSP 2013, 433 f.; aus der Fülle der Literatur zu den Abgrenzungstheorien etwa *Dirk Ehlers/Jens-Peter Schneider* in: Friedrich Schoch/Jens-Peter Schneider/Wolfgang Bier (Hrsg.) Verwaltungsgerichtsordnung, 2018, § 40 Rn. 218 (2015): „Die Gerichte haben es bisher vermieden, sich generell auf eine dieser Theorien festzulegen. Sie bedienen sich vielmehr je nach Sachverhaltsgestaltung mal des einen, mal des anderen Ansatzes oder verzichten ganz auf die Heranziehung allgemeiner Abgrenzungskriterien"; s. auch *Dirk Ehlers* in: ders./Hermann Pünder (Hrsg.) Allgemeines Verwaltungsrecht, 15. Aufl. 2016, 151 Rn. 32: „In jedem Falle ist methodisch nicht angängig, die Theorien als bloße ‚Probiersteine' zu benutzen, die man je nach Belieben berücksichtigen oder außer Acht lassen kann, wie dies die Gerichte regelmäßig tun. Werden mehrere Theorieansätze vertreten, müssen

dass alle theoretisch-disziplinären Implikationen ausgeblendet und auf die andere Seite der Unterscheidung verschoben werden.[102] Auf der dogmatischen Seite wird also *Unterscheidbarkeit* vorausgesetzt. Dementsprechend wird auf der theoretisch-disziplinären Seite[103] Komplexität angereichert, indem die Unterscheidung selbst thematisiert, nach ihren Voraussetzun-

---

diese einander systematisch zugeordnet werden. Die materielle Subjektstheorie ist zunächst heranzuziehen, weil sie immer vom Zuordnungssubjekt ausgeht, dieses formale Kriterium aber mit weiteren – nämlich materiellen – Gesichtspunkten kombiniert"; *Hans-Peter Bull/ Veit Mehde* Allgemeines Verwaltungsrecht mit Verwaltungslehre, 9. Aufl. 2015, Rn. 76: „Manche Einordnungen lassen sich auch bei größtem Scharfsinn nicht überzeugend begründen und werden doch allgemein akzeptiert. So wurde bis zur ausdrücklichen Neuregelung in § 7 PostG und § 9 Fernmeldeanlagengesetz im Jahre 1989 die gesamte Tätigkeit der Bundespost als öffentlich-rechtlich eingeschätzt, während die gesamte nach außen gerichtete Tätigkeit der Bundesbahn schon bisher als zivilrechtlich galt. Die Rechtsanwender folgen solchen Traditionen immer wieder – nicht aus Bequemlichkeit oder Konservatismus, sondern weil sie die Berechenbarkeit der Rechtsprechung (Rechtssicherheit) höher schätzen als die ‚logische' Richtigkeit oder wissenschaftlich begründete Überzeugung"; *Klaus Rennert* in: Erich Eyermann/Ludwig Fröhler (Begr.) Verwaltungsgerichtsordnung, 15. Aufl. 2019, § 40 Rn. 41: „Die Tauglichkeit der im Laufe der Zeit entwickelten zahlreichen Abgrenzungstheorien ist darum durchweg nur relativ, bei größerer oder geringerer Tragweite; ihr Wert besteht vor allem darin, jeweils einzelne Aspekte des Sachproblems hervorzuheben. [...] Die Rechtsprechung hängt darum keiner Theorie an, sondern bedient sich im Bemühen um eine im Einzelfall sachgerechte Zuordnung des einen oder des anderen theoretischen Ansatzes oder auch einer Kombination mehrerer Theorien [...]. Das erweckt den Eindruck einer nur schwer systematisierbaren Kasuistik. Neuere Versuche bieten kaum einen Ausweg"; *Heiko Faber* Verwaltungsrecht, 4. Aufl. 1995, 133 f., 136: „Was lag angesichts der Theorien-Schwächen näher, als das Vorbringen im Prozeß je nach dem gewünschten Ergebnis zu manipulieren? Das muß öfter vorgekommen sein; denn einmal bemerkte das RG (RGZ 70, 395ff., 398) recht ungehalten in einem sonst nicht üblichen tadelnden Ton: ‚Die wiederkehrenden Versuche, öffentlich-rechtliche, dem ordentlichen Rechtsweg entzogene Ansprüche… vor den Zivilrichter zu bringen, sei es durch Aufmachung einer Schadensersatzforderung, sei es durch Anstellung einer Kondiktion, sind vom Reichsgerichte von jeher zurückgewiesen worden…' Man sieht daran, wie die Parteien versuchten, sich den Rechtsweg zu erschleichen. Die Sorge der Rechtsprechung galt daher in erster Linie der Ermittlung des wirklichen Streitgegenstandes. [...] Die Praxis behilft sich mit ‚Faustregeln'. Zum Teil sind sie von derart verblüffender Einfalt, daß sie gleichsam das Licht des Tages scheuen und allenfalls in Repetitorien, nicht aber in Urteilsgründen auftauchen".

[102] *Burgi* Rechtsregime (Fn. 14), Rn. 9 ff. verfolgt demgegenüber einen rechtsgebietsbezogenen Ansatz, nach dem sich Bereiche reinen Öffentlichen Rechts von Bereichen mit überwiegend öffentlich-rechtlicher Prägung sowie Bereiche mit gleichwertiger Verteilung zwischen Öffentlichem Recht und Privatrecht und solche mit bloß nachrangiger öffentlich-rechtlicher Prägung unterscheiden lassen.

[103] *Walker* Public Law (Fn. 95), 243 ff., 261, dort mit der Entgegensetzung „doctrinal" gegenüber „disciplinary".

gen[104] und Grundlagen gefragt[105] und Dimensionen[106] und Kriterien[107] erörtert werden. Erst auf dieser Seite wird die Unterscheidung also begründet und „entfaltet".[108]

Dass beide Seiten natürlich Berührungspunkte in der Dogmatik[109] als „gemeinsamem Kommunikationsformat von Rechtswissenschaft und Rechtspraxis"[110] haben, steht all dem nicht entgegen.

b) Idealisierung von Begriffen, Akteuren und Konzepten

Funktional stabilisiert wird die Unterscheidung zudem auch dadurch, dass ihre Rechtsbegriffe, die von ihr in den Blick genommenen Akteure sowie die ihr zugrunde gelegten Konzepte von Privatheit und Öffentlichkeit in einer Weise idealisiert sind, die ihrerseits ins Reduktionistische hineinspielt.[111] Im Reinraum dieses Ideals funktioniert die Unterscheidung damit leidlich, in der schmutzigen Welt der Wirklichkeit indes immer weniger.

Dies betrifft zunächst die Begriffe des Öffentlichen Rechts und des Privatrechts selbst,[112] die zumeist auf ihre curricularen Erscheinungsformen reduziert werden.[113] Darin liegt vor allem eine funktionale Idealisierung, die Grauzonen und Entgrenzungen zwischen den Gebieten strategisch ausblendet. Dabei bleibt es aber nicht allein, denn die Idealisierungen reichen noch deutlich weiter: Idealistisch ausgeblendet bleibt nämlich auch, ob sich

---

[104] Statt vieler *Konrad Hesse* Bemerkungen zur heutigen Problematik der Unterscheidung von Staat und Gesellschaft, DÖV 1975, 437 ff.; *Ernst-Wolfgang Böckenförde* Die verfassungstheoretische Unterscheidung von Staat und Gesellschaft als Bedingung der individuellen Freiheit, 1973.

[105] *Beate Rössler* Der Wert des Privaten, 2001; juristisch umfassend etwa *Stephanie Schiedermair* Der Schutz des Privaten als internationales Grundrecht, 2012.

[106] *Walker* Public Law (Fn. 95), 243.

[107] S. etwa *Jacob Hallinger* Das Kriterium des Gegensatzes zwischen öffentlichem Recht und Privatrecht, 1904.

[108] Gedanke und Zitat bei *Florian Rödl* Gerechtigkeit unter freien Gleichen, 2015, 22.

[109] Zu einem anspruchsvollen, auf das System des Rechts ausgerichteten Dogmatikverständnis s. *Gregor Kirchhof/Stefan Magen* Dogmatik: Rechtliche Notwendigkeit und Grundlage fächerübergreifenden Dialogs – eine Bestandsaufnahme, in: dies./Karsten Schneider (Hrsg.) Was weiß Dogmatik?, 2012, 151 (153 f.).

[110] *Matthias Jestaedt* Wissenschaftliches Recht, in: Gregor Kirchhof/Stefan Magen/ Karsten Schneider (Hrsg.) Was weiß Dogmatik?, 2012, 117 (127 ff.).

[111] So auch *Michael Fehling* Strukturunterschiede zwischen öffentlichem Recht und Privatrecht, i.E.

[112] Zu Begriffsunschärfen auch *Nils Jansen/Ralf Michaels* Private Law beyond the state, American Journal of Comparative Law 54 (2006), 843 (846).

[113] In diesem Sinne schon *Kelsen* Staatslehre (Fn. 16), 80: „Zwar kann man gewisse inhaltlich bestimmte Rechtsgebiete aufzählen, die konventionellerweise als öffentliches Recht einem Privatrecht gegenübergestellt werden. [...] Allein wenn man nach dem Grund dieser Einteilung fragt, gerät man mitten in ein Chaos widersprechender Lehrmeinungen".

Kategoriale Unterscheidung von Öffentlichem Recht und Privatrecht? 65

die Unterscheidung nur auf das jeweilige *law in the books* oder das justiziell geformte *law in action*[114] bezieht, ob Unterschiede in der Rechtserzeugung[115] erfasst sind (Privatrecht vs. privates Recht[116]),[117] ob die Begriffe von Öffentlichem Recht und Privatrecht einer Binnendifferenzierung bedürften[118] und schließlich auch, ob mit ihnen zugleich die zugehörigen wissenschaftlichen Fächer gemeint sind. Je mehr dieser Aspekte man in die Begriffe von Öffentlichem Recht und Privatrecht zurück projiziert, desto unschärfer werden sie, und desto unschärfer wird ihre Unterscheidung.

Diese Idealisierungen setzen sich fort in der Konzeption der von der Unterscheidung erfassten Akteure. Für das Privatrecht der Privatrechtsgesellschaft[119] ist dies der privatautonome Bourgeois,[120] dessen Bild freilich schon zur Entstehungszeit des BGB idealistisch verklärt war.[121] Wenn

---

[114] Hier geht es vor allem um die Frage, inwiefern ein (Privat-)Recht, an das die rechtsprechende Gewalt nach Art. 97 Abs. 1 GG gebunden ist, in der Anwendung im Gerichtsverfahren durch einen Richter noch Privatrecht ist, s. dazu *Hedley* Court (Fn. 23).

[115] *Jestaedt* Theorie (Fn. 4), 50 ff.

[116] S. etwa die Beiträge in *Christian Bumke/Anne Röthel* (Hrsg.) Privates Recht, 2012.

[117] Etwa bei *Johannes Köndgen* Privatisierung des Rechts, AcP 206 (2006), 477 ff., vor allem zu Phänomenen der Normgenerierung durch *Private Governance*; s. auch *Lothar Michael* Private Standardsetter und demokratisch legitimierte Rechtsetzung, in: Hartmut Bauer/Peter M. Huber/Karl-Peter Sommermann (Hrsg.) Demokratie in Europa, 2005, 431 ff.

[118] Etwa schon bei *Jellinek* Staatslehre (Fn. 22), 383.

[119] Zu Begriff und Konzept *Böhm* Privatrechtsgesellschaft (Fn. 93), 75 – „Privatrechtsgesellschaft" hat sich seither zu einem Leitbegriff des privatrechtswissenschaftlichen Diskurses entwickelt; *Bydlinski* weist zurecht darauf hin, dass nicht dem Privatrecht schlechthin ein solches Bild zu entnehmen ist, sondern dies hochgradig vom jeweiligen politischen System abhängt, in das das Privatrecht eingefügt wird, *ders.* Kriterien (Fn. 14), 344 f.

[120] *Isensee* Privatautonomie (Fn. 25), § 150 Rn. 10; *Matthias Rüping* Der mündige Bürger, 2018, 57 ff. zum Leitbild des historischen BGB; aus konstitutioneller Perspektive *Rudolf Smend* Bürger und Bourgeois im deutschen Staatsrecht, in: *ders.* Staatsrechtliche Abhandlungen, 3. Aufl. 1994, 309: „Dieses bestimmte, geschlossene Ganze [des Rechtssystems] setzt auch einen bestimmten, geschlossenen, eindeutigen Menschen- und Bürgertypus voraus, mit dem es rechnet, aus dem als Voraussetzung heraus seine Rechtssätze erst verständlich werden"; s. auch *Hans Schlosser* Zivilrecht für 100 Jahre? Das janusköpfige Bürgerliche Gesetzbuch, in: ders. (Hrsg.) Bürgerliches Gesetzbuch 1896–1996, 1997, 5 (10).

[121] S. etwa *Schlosser* Zivilrecht (Fn. 120), 11 ff.; aus dem zeitgenössischen Schrifttum *Otto v. Gierke* Deutsches Privatrecht, 1936/1895, 23 f., 411 f.; zum Bürgerstand *ders.* Aufgabe (Fn. 35), 12: „Wir können mit dem großen germanischen Gedanken der Einheit alles Rechtes nicht brechen, ohne unsere Zukunft aufzugeben. Und mit diesem Gedanken ist ewig unvereinbar ein absolutistisches öffentliches Recht, ewig unvereinbar ein individualistisches Privatrecht"; vgl. zudem *August Bebel* Rede auf dem Parteitag in Hannover (1899), in: Albrecht Langner (Hrsg.) Politik als Theorie und Praxis, 1967, 111 (131 ff.); in besonders scharfer, weil ideologiekritischer Weise hat die sozialistische Rechtstheorie ver-

auch verschiedentlich relativiert, etwa durch Verbraucherschutz-[122] oder Antidiskriminierungsrecht,[123] wirkt sein Ideal bis heute fort.

Auf der anderen Seite ist auch das Bild des Staates in der Unterscheidung ein spezifisch idealisiertes.[124] Es zeigt den omnipotenten Interventionsstaat, der sich des Öffentlichen Rechts als einer Zwangsordnung bedient,[125] dem Leistungs-[126] und Erkenntnisgrenzen[127] fremd sind und der die Kooperation mit seinen Bürgern daher weder wünscht noch ihrer bedarf.[128] Ihre Apotheose findet diese Vorstellung in der Identifikation des Öffentlichen mit dem Staat.[129]

Zuletzt idealisiert eine kategoriale Lesart der Unterscheidung ihre Vorstellungen von Öffentlichkeit und Privatheit selbst. Nicht nur sollen sie einander antagonistisch begegnen, sie sollen auch nur in *einer* Dichotomie

---

sucht, die kapitalistische Vorstellung des bürgerlichen Subjekts als Fiktion zu demaskieren *Gerhard Haney* Sozialistisches Recht und Persönlichkeit, 45 ff., insbes. 49 f.

[122] *Fabian Klinck/Karl Riesenhuber* (Hrsg.) Verbraucherleitbilder, 2015; grundlegend zum Verbraucherschutz *Marina Tamm* Verbraucherschutzrecht, 2011; *Heiderhoff* Grundstrukturen (Fn. 53); *Kai-Udo Wiedenmann* Verbraucherleitbilder und Verbraucherbegriff im deutschen und europäischen Privatrecht, 2004.

[123] Grundlegend *Anna-Katharina Mangold* Demokratische Inklusion durch Recht, 2019; *dies.* Von Homogenität und Vielfalt. Die Entstehung von Antidiskriminierungsrecht als eigenständigem Rechtsgebiet in der Berliner Republik, in: Thomas Duve/Stefan Ruppert (Hrsg.) Rechtswissenschaft in der Berliner Republik, 2018, 461 ff.; *Ulrike Lembke/Doris Liebscher* Postkategoriales Antidiskriminierungsrecht?, in: Simone Philipp/Isabella Meier/ Veronika Apostolovski et al. (Hrsg.) Intersektionelle Benachteiligung und Diskriminierung, 2014, 261 ff.; s. auch *Mehrdad Payandeh* Rechtlicher Schutz vor rassistischer Diskriminierung, JuS 2015, 695 ff.

[124] Zur wissenschaftlichen Bedeutung von Staatsvorstellungen *Gabriele Metzler* Der Staat der Historiker, 2018, insb. 273 ff. zu Anschlüssen an rechtswissenschaftliche Diskurse über Staatlichkeit.

[125] Zur Kritik an diesem Ideal *Karl-Heinz Ladeur* Kritik der Abwägung, 2004, 17.

[126] *Bernd Guggenberger* Wem nützt der Staat?, 1974, 41 ff.; *Peter Häberle* Grundrechte im Leistungsstaat, VVDStRL 30 (1972), 43 ff., der sich auch kritisch mit den Grenzen des Leistungsstaates auseinandersetzt, 86 ff., 100 f.; s. außerdem dazu *Görg Haverkate* Rechtsfragen des Leistungsstaates, 1981; BVerfGE 33, 303 (333).

[127] Für eine institutionelle Perspektive *Krüper* Wissen (Fn. 82), § 38.

[128] *Schmidt-Aßmann* Öffentliches Recht (Fn. 10), 19 weist zurecht darauf hin, dass eine Beschreibung des Staat-Bürger-Verhältnisses in Begriffen der Subordination die zahlreichen Wandlungen dieses Verhältnisses nicht abbilde; für Gegenmodelle s. etwa *Patrick v. Maravić/Birger P. Priddat* (Hrsg.) Öffentlich – Privat: Verwaltung als Schnittstellenmanagement, 2008.

[129] Zur Bedeutung einer eigenständigen bürgerlichen Öffentlichkeit dagegen grundlegend *Jürgen Habermas* Strukturwandel der Öffentlichkeit, 1990, 155 f., 253 f.; zum Ursprung des Öffentlichkeitsdenkens in Begriff des *populus* s. *Smend* Öffentlichkeit (Fn. 14), 431.

Kategoriale Unterscheidung von Öffentlichem Recht und Privatrecht? 67

existieren.[130] Abstufungen und Pluralitäten von Öffentlichkeit und Privatheit[131] existieren danach nicht. Organisationale, prozedurale oder materiale Mischkategorien bereiten deswegen dauerhaft Schwierigkeiten in ihrer Klassifikation.[132]

---

[130] *William Lucy/Alexander Williams* Public and Private: Neither deep nor meaningful?, in: Kit Barker/Darryn Jensen (Hrsg.) Private Law, 2013, 45 (46 ff.); die These von der Vielgestaltigkeit der Unterscheidung auch bei *Lucy* Public and Private (Fn. 84), 62 ff., der unterscheidet nach der Entgegensetzung von Öffentlichem Recht und Privatrecht, nach Gemeinwohl und Individualinteressen, öffentlichen Gütern und privaten Gütern, nach staatlicher und privater Sphäre und – damit eng verbunden – nach politischer Sphäre und privater Sphäre; s. weiter auch *Stanley Benn/Gerald Gaus* (Hrsg.) Public and Private in Social Life, 1983; ebd. insb. *Alice Erh-Soon Tay/Eugene Kamenka* Public Law – Private Law, 67 ff.

[131] Für ein bereichsspezifisch differenziertes Modell von Privatheit s. *Rössler* Wert (Fn. 105), 144 ff., 201 ff., 255 ff., die die dezisionale, informationelle und lokale Privatheit unterscheidet.

[132] Ein wichtiges Beispiel für die Entgrenzung von Öffentlichkeit und Privatheit ist der Status, der Stellenwert und die (rechtliche) Ordnung des öffentlichen Raumes, dazu juristisch grundlegend *Angelika Siehr* Das Recht am öffentlichen Raum, 2016; zur Sache auch die „Fraport"-Entscheidung in BVerfGE 128, 226 ff.; s. auch die Diskussion um die umweltrechtlichen Verbandsklagen (zur historischen Entwicklung der Verbandsklage s. *Erich Gassner* Treuhandklage zugunsten von Natur und Landschaft, 1984, 9 ff. m.w.N.; dazu und zu den verschiedenen Ausprägungen der Verbandsklage *Krüper* Gemeinwohl [Fn. 72], 157 ff.; aus zivilistischer Perspektive *Astrid Stadler* in: Hans-Joachim Musielak/Wolfgang Voit [Hrsg.] ZPO, 16. Auflage 2019, § 606 Rn. 4); weiter die Diskussionen um Neudeutungen der Grundrechtsstatuslehren, etwa durch einen *status cooperationis* (s. bei *Michael* Rechtsetzende Gewalt [Fn. 69], 357 ff.; *Krüper* Gemeinwohl [Fn. 72], 117 ff.), einen *status procurationis* (*Johannes Masing* Die Mobilisierung des Bürgers für die Durchsetzung des Rechts, 1997, 128 ff.; *ders.* Der Rechtsstatus des Einzelnen im Verwaltungsrecht, in: Wolfgang Hoffmann-Riem/Eberhard Schmidt-Aßmann/Andreas Voßkuhle [Hrsg.] Grundlagen des Verwaltungsrechts, Bd. I, 1. Aufl. 2006, § 7 Rn. 112 ff.) oder einen *status oecologicus* (*Winfried Brugger* Georg Jellineks Statuslehre, AöR 136 [2011], 1 ff.); weiter zählen dazu die Rolle und die Konstituierung von Dritte-Sektor-Organisationen. Juristisch sicher das prominenteste Beispiel sind die, wenngleich auch seltener ausdrücklich als Dritte-Sektor-Organisationen erfassten, ihnen sachlich aber zugehörigen politischen Parteien (s. aber *Heike Merten* Politische Parteien als Dritte-Sektor-Institutionen, in: Hans-Jürgen Schmidt-Trenz/Rolf Stober [Hrsg.] Welche Aufsicht braucht der Dritte Sektor?, 2010, 149 ff. sowie *Martin Morlok/dies.* Compliance in politischen Parteien, in: Hans-Jürgen Schmidt-Trenz/Rolf Stober [Hrsg.] Compliance im Dritten Sektor, 2012, 103 ff.), deren privatrechtliche Verfasstheit bei gleichzeitiger öffentlich-rechtlicher Überformung durch Art. 21 GG und das ParteienG seit jeher Gegenstand rechtlicher Auseinandersetzungen ist, s. etwa *Philip Kunig* Parteien als Gegenstand des Staatsrechts, in: HStR III, 3. Aufl. 2005, § 40 Rn. 4 f., in Sonderheit geht es dabei um die Frage ihrer Grundrechtsfähigkeit, dazu etwa *Peter M. Huber* Parteien in der Demokratie, in: Peter Badura/Horst Dreier (Hrsg.) FS 50 Jahre BVerfG, Bd. II, 2001, 609 (613, 616); *Sebastian Unger* Das Verfassungsprinzip der Demokratie, 2007, 239; *Martin Morlok* in: Horst Dreier (Hrsg.) GG II, 3. Aufl. 2015, Art. 21 Rn. 21, 49; *Jörn Ipsen* in: Michael Sachs (Hrsg.) GG, 8. Aufl. 2018, Art. 21

3. Die Frage nach dem Wozu der Unterscheidung

Zusammenfassend lässt sich sagen: Die Rede von der *kategorialen* Unterscheidung von Öffentlichem Recht und Privatrecht trägt nicht. Die Unterscheidung will mehr, als sie zu leisten in der Lage ist, weil ihr Anspruch umfassend ist, ihre Objekte aber selektiert sind und ihre Konzepte überidealisiert. Sie leidet also unter einem Auseinanderfallen von ‚Sein und Wollen'. Es nimmt daher nicht wunder, dass ihre Berechtigung seit jeher bezweifelt wird, ohne dass diese Zweifel aber bislang breiten- und tiefenwirksam geworden wären.

Dass eine Wissenschaft wie die unsere, die sich ihrer systematisierenden Kraft berühmt, an die Unterscheidung weiterhin zu glauben scheint, jedenfalls aber an ihr festhält, erstaunt. Das legt die Vermutung nahe, dass die Unterscheidung Leistungen erbringt, die jenseits der Sache liegen, also Funktionen erfüllt, die latent bleiben.[133] Auf diese verborgenen Leistungen richtet sich im Folgenden der Blick. Damit wird zugleich ein Wechsel der Perspektive vollzogen, die sich von einer disziplinären Selbstbeschreibung der Unterscheidung ab- und sich einer wissenschaftstheoretischen und -soziologischen Fremdbeschreibung der Unterscheidung zuwendet.[134] Das Potenzial solcher Fremdbeschreibungen liegt darin, „latente Strukturen und Funktionen" offenzulegen,[135] die einer disziplinären Selbstbeschreibung verborgen bleiben müssen. Fremdbeschreibungen zielen also auf eine Kritik des beschriebenen Systems und die Erhellung seiner blinden Flecken.[136] In diesem Sinne zunächst zur wissenschaftstheoretischen Perspektive.

Rn. 45 f.; *Rudolf Streinz* in: Hermann v. Mangoldt/Friedrich Klein/Christian Strack GG II, 7. Aufl. 2018, Art. 21 Rn. 8, 32 f., und die besondere Frage ihrer wirtschaftlichen Betätigung, dazu *Alexandra Schindler* Die Partei als Unternehmer, 2006, 25, 114 ff., 184 ff.; schließlich zählt dazu auch die Verquickung von Öffentlichem Steuerrecht und privater Gemeinwohlförderung, s. dazu etwa *Rainer Hüttemann* Gemeinnützigkeits- und Spendenrecht, 4. Aufl. 2018, Rn. 1.80 ff.

[133] Es geht also um die Unterscheidung latenter und manifester Funktionen, s. *Robert Merton* Soziologische Theorie und soziale Struktur, 1995, 61.

[134] Zu den epistemologischen Schwierigkeiten der Beschreibung eines Systems, in welches der Beschreibende selbst verstrickt ist, s. *Pierre Bourdieu* Homo academicus, 1992, 31 ff.

[135] *Kieserling* Selbstbeschreibung (Fn. 18), 13.

[136] *Kühl* Theorie-Praxis-Problem (Fn. 18), 9.

III. Wozu unterscheiden? – die wissenschaftstheoretische Perspektive

1. Die Volatilität des Rechts als wissenschaftstheoretisches Problem

Meine These lautet, dass ein kategoriales Verständnis der Unterscheidung dazu beiträgt, Zweifel an der Wissenschaftlichkeit der Jurisprudenz zu mindern.[137] Diese Zweifel knüpfen unter anderem[138] an die Eignung des positiven Rechts an, Objekt von Wissenschaft zu sein.[139] Auch ohne dem verkürzten Wissenschaftsbegriff anzuhängen,[140] den *Julius von Kirchmann* gegen die Rechtswissenschaft in Stellung gebracht hat,[141] kann man diese Zweifel ‚am Recht' nicht einfach abtun. Denn das Recht hat verschiedene Merkmale, die seine wissenschaftliche Bearbeitung nicht unbedingt nahelegen.[142] Dazu zählen seine sprachliche

---

[137] Aus der Diskussion etwa *Kirchmann* Werthlosigkeit (Fn. 6); *Rudolf v. Jhering* Ist die Jurisprudenz eine Wissenschaft?, hrsg. v. Okko Behrends, 1998; *Larenz* Unentbehrlichkeit (Fn. 6); *Helmut Ostermeyer* Die Wissenschaftlichkeit der Jurisprudenz und die Herausforderung der Soziologie, DRiZ 1969, 9 ff.; *Wilhelm Henke* Alte Jurisprudenz und neue Wissenschaft, JZ 1987, 685 ff.; *Andreas Steiniger* Die Jurisprudenz auf Erkenntnissuche?, NJW 2015, 1072 ff.

[138] Die Diskussion um den Wissenschaftscharakter der Rechtswissenschaft ist in den vergangenen Jahren (wieder) intensiv geführt worden. Unterscheiden lassen sich dabei Zweifel am *Gegenstand* (dazu im Folgenden), Zweifel an der *Methode*, dazu etwa *Dreier* Rechtswissenschaft (Fn. 7), 6 ff. et passim, sowie – und das hat die jüngeren Diskussionen beherrscht – Zweifel an der *Wissenschaftsqualität* bestimmter Produkte und Produktionsmodi der Rechtswissenschaft, s. etwa *Dreier* Rechtswissenschaft (Fn. 7), 9; *Möllers/Heinig* Kumpanei (Fn. 3); *Canaris/Schmidt* Kultur (Fn. 3); unter dem Dach der Wissenschaftlichkeitsdebatte werden also sowohl Eigenschafts- als auch Qualitätsfragen der Rechtswissenschaft erörtert.

[139] *Kirchmann* Werthlosigkeit (Fn. 6), 9 ff. gründet seine Vorbehalte gegen die Wissenschaftlichkeit der Rechtswissenschaft wesentlich auf das Recht *als ihren Gegenstand*: „Gesetzt also, die Jurisprudenz wäre also wirklich hinter den anderen Wissenschaften zurückgeblieben, so kann der Grund nur in dem Gegenstande liegen, in geheimen hemmenden Kräften, welche dem Gegenstande einwohnen, den Anstrengungen des menschlichen Geistes in dieser Region hindernd entgegentreten"; dazu auch *Dreier* Rechtswissenschaft (Fn. 7), 10 ff.

[140] Für einen in seinem Wahrheitsanspruch reduzierten Wissenschaftsbegriff etwa *Christoph Möllers* Vorüberlegungen zu einer Wissenschaftstheorie des öffentlichen Rechts, in: Matthias Jestaedt/Oliver Lepsius (Hrsg.) Rechtswissenschaftstheorie, 2008, 151 (154).

[141] Zum reduktionistischen Wissenschaftsverständnis *Kirchmanns* etwa *Larenz* Unentbehrlichkeit (Fn. 6), 11; *Dreier* Rechtswissenschaft (Fn. 7), 12; zur Abhängigkeit der Frage nach der Wissenschaftlichkeit der Rechtswissenschaft vom zugrunde liegenden Wissenschaftsbegriff *Franz Bydlinski* Juristische Methodenlehre und Rechtsbegriff, 2. Aufl. 1991, 76 ff.

[142] A.A. *Dreier* Rechtswissenschaft (Fn. 7), 10: „Recht unterliegt permanenter Veränderung. Das allein begründet keinen Einwand gegen den Wissenschaftscharakter der Rechtswissenschaft"; ebenso *Matthias Jahn* Pluralisierung der Rechtsdiskurse, in: Matthias Jestaedt/Oliver Lepsius (Hrsg.) Rechtswissenschaftstheorie, 2008, 175 (179) mit einem

Form,[143] seine Kontingenz und Änderbarkeit,[144] Spannungen zwischen positivem Recht und – wie *Kirchmann* schreibt – „natürlichem Recht"[145] sowie zwischen gesetzlicher Positivität und der Dynamik der sozialen Welt.[146] Auch ein Wissenschaftsverständnis, das Wahrheitsansprüche reduziert[147] und hermeneutische Elemente anreichert,[148] muss sich zu diesen Eigenschaften verhalten – eine Art disziplinärer Kompensationsleistung wird nötig.

2. *Die Überhöhung der gegenständlichen Systematizität als Kompensationsstrategie*

Diese Kompensationsleistung liegt in der *Behauptung gegenständlicher Systematizität* des Rechts selbst, wie sie uns idealtypisch in der kategorialen Unterscheidung von Öffentlichem Recht und Privatrecht entgegentritt.[149] Damit rückt unmittelbar *Hans Julius Wolff* in den Blick, dem zufolge gilt: „Rechtswissenschaft zumindest ist systematisch oder sie ist nicht"[150], und der damit natürlich zunächst auf die Methode des Faches

---

Vergleich zur Astronomie, der man ihren Wissenschaftscharakter auch nicht deswegen abspräche, weil Sterne entstünden und vergingen.

[143] Am Beispiel des Verfassungsrechts *Martin Morlok* Was heißt und zu welchem Ende studiert man Verfassungstheorie?, 1988, 85 ff.; *Dreier* Rechtswissenschaft (Fn. 7), 18.

[144] *Kirchmann* Werthlosigkeit (Fn. 6), 10: „Veränderlichkeit des natürlichen Rechts als Gegenstand der Jurisprudenz"; *Jhering* Jurisprudenz (Fn. 137), 48 f.

[145] *Kirchmann* Werthlosigkeit (Fn. 6), 17, 20; zur Naturrechtsdebatte *Uwe Volkmann* Rechtsphilosophie, 2018, § 2 Rn. 37 ff.; *Sieckmann* Rechtsphilosophie (Fn. 42), 28 ff.

[146] *Kirchmann* Werthlosigkeit (Fn. 6), 15 ff.; zum Begriff der Positivität *Niklas Luhmann* Rechtssoziologie, 4. Aufl. 2008, 207 ff. sowie zu den sich aus dem Begriff ergebenen Problemen *ders.* Das Recht der Gesellschaft, 1995, 38 ff.; s. weiter *Friedrich Kübler* Privatrecht und Demokratie, in: Fritz Baur/Josef Esser/ders. et al. (Hrsg.) Funktionswandel der Privatrechtsinstitutionen, 1974, 697 (702 ff.).

[147] Zur Frage, welche Aussagen der Rechtswissenschaft wahrheitsfähig sind, *Dreier* Rechtswissenschaft (Fn. 7), 2 ff.; *Möllers* Vorüberlegungen (Fn. 140), 164 f.

[148] *Dreier* Rechtswissenschaft (Fn. 7), 14 ff. zur hermeneutischen Dimension der Rechtswissenschaft; s. auch *Niklas Luhmann* Die Wissenschaft der Gesellschaft, 1990/1992, 462, dort im Kontext der Entstehung der Geisteswissenschaften als Ausdruck eines Bedürfnisses nach Reflexionstheorien etwa für Theologie und Jurisprudenz, die die Naturwissenschaften nicht liefern konnten.

[149] Zu Klassifikationen und Taxonomien als Ausdruck wissenschaftlicher Systematizität *Paul Hoyningen-Huene* Systematicity, 2013, 42 ff.; s. auch *David J. Hess* Kulturen der Wissenschaft, in: Sabine Maasen/Mario Kaiser/Martin Reinhart et al. (Hrsg.) Handbuch Wissenschaftssoziologie, 2012, 177 (179).

[150] *Hans J. Wolff* Typen im Recht und der Rechtswissenschaft, Studium Generale 5 (1952), 195 (205).

zielt.[151] Womöglich aber ist der Sentenz auch ein verborgener Doppelsinn zu eigen,[152] nach dem eine natürliche Systematizität des Rechts selbst nicht unbedingt eine Existenz-, mindestens aber eine Erfolgsbedingung seiner Wissenschaft ist.[153] Vollendet findet sich diese Sicht bei *Gustav Radbruch*, nach dem Öffentliches Recht und Privatrecht „apriorische Rechtsbegriffe" sind, die „jeder Rechtserfahrung voran" gehen.[154] Darin klingt ein Systembegriff an, der weit vor den gängigen juristischen Systemvorstellungen anzusetzen scheint und die Teilung der Rechtsordnung gewissermaßen als naturalistisch gegeben, als Nachvollzug einer äußeren Lebenswirklichkeit ansieht. Die Unterscheidung in diesem Sinne zu treffen, postuliert Systematizität also nicht erst der Methode oder der Ordnung ihrer Ergebnisse, sondern des Gegenstandes selbst, womit jene Kompensationsleistung erbracht ist, durch die das Recht als geeignetes Objekt von Wissenschaft erscheint.

Selbstredend ist diese Systematisierung anhand der Begriffe von öffentlich und privat nicht willkürlich, sondern historisch begründet. Sie geht zurück auf die Vollendung des modernen Staates im 19. Jahrhundert,[155] die als *Kairos* für die Etablierung des Öffentlichen Rechts gelten darf. Auch wissenschaftsgeschichtlich ist das plausibel, denn „Wissenschaft durch System", wie *Joachim Rückert* schreibt, „(…) lag in der Luft"[156].

---

[151] S. zum Systematizitätsgedanken etwa auch *Immanuel Kant* Methaphysische Anfangsgründe der Naturwissenschaft, 1786, Vorrede, A IV f.

[152] Zu dieser Doppelsinnigkeit des Systematizitätsgedankens *John Dewey* Logical Conditions of Scientific Treatments of Morality, in: Jo Ann Boydston (Hrsg.) John Dewey: The Middle Works, 1899–1924, Bd. III, 1977, 3: „The familiar notion that science is a body of systematized knowledge will serve to introduce consideration of the term 'scientific' as it is employed in this article. The phrase 'body of systematized knowledge' may be taken in different senses. It may designate a property which resides inherently in arranged facts, apart from the ways in which the facts have been settled upon to be facts, and apart from the way in which their arrangement has been secured. Or, it may mean the intellectual activities of observing, describing, comparing, inferring, experimenting, and testing, which are necessary in obtaining facts and in putting them into coherent form. The term should include both of these meanings".

[153] Die „Systemfrage" ist *locus classicus* rechtswissenschaftlicher Selbstverständigung, zunächst und vorrangig im Privatrecht, hier etwa *Claus-Wilhelm Canaris* Systemdenken und Systembegriff in der Jurisprudenz, 2. Aufl. 1983, 14 ff.

[154] *Radbruch* Rechtsphilosophie (Fn. 11), § 16; dazu in historischer Orientierung kritisch etwa *Grimm* Funktion (Fn. 10), 99: „Als intern juristisches oder gar im Wesen des Rechts schon immer angelegtes Phänomen […] läßt sich also die Trennung von Privatrecht und öffentlichem Recht nicht verstehen".

[155] *Gerhard Dilcher* Die Auseinanderentwicklung von Staat und Gesellschaft im deutschen Vormärz (1815–1848), in: ders./Norbert Horn (Hrsg.) Sozialwissenschaften im Studium des Rechts, 1978, 68 (73 ff.); *Luhmann* Recht (Fn. 146), 468 ff.

[156] *Rückert* Denktraditionen (Fn. 5), 43; *Rainer Maria Kiesow* Rechtswissenschaft – was ist das?, JZ 2010, 585 (586 f.).

Die Unterscheidung aber allein historisch-sachgegenständlich zu begründen, würde die disziplinfundierende Bedeutung einer formalen Grundunterscheidung an sich unterschätzen.[157] Denn gerade das ‚Denken vom Recht her' zeichnet sich dadurch aus, ständig normativ relevante Unterscheidungen zu treffen.[158] Unterscheiden ist das Handwerk der Jurisprudenz, oder, in einer Formulierung *Fabian Steinhauers*: „Das Scheiden gehört zu den Kulturtechniken, die Rechte und Gesetze produzieren und reproduzieren. Das Scheiden fabriziert Normativität".[159]

Die offenkundigen Zweifel an der Unterscheidung, die unser Thema durchziehen, sind Ausdruck eines Dissonanzgefühls, das sich bei ihrer Betrachtung regt. Denn zum einen ist die sachliche Angemessenheit der Unterscheidung zunehmend fraglich, zum anderen aber besteht das Bedürfnis nach disziplinärer Stabilisierung über eine systembildende Grundunterscheidung fort. Dass wir diese Dissonanz aufzulösen nicht Willens oder nicht in der Lage sind, mag damit zu tun haben, dass wir uns schon der rechtswissenschaftlichen Methode nicht mehr restlos gewiss sind.[160] Durchgreifende Zweifel an der Grundordnung des Faches und seines Gegenstandes sind da nicht willkommen: Ein disziplinärer Zweifrontenkrieg kann nämlich kaum gewonnen werden.

Dass uns das Festhalten an der Unterscheidung trotzdem immer wieder gelingt, hat damit zu tun, dass wir eine Eigenschaft von Rechtsnormen in das Verständnis des Rechtssystems insgesamt interpolieren, nämlich deren

---

[157] *Thomas S. Kuhn* Die Struktur wissenschaftlicher Revolutionen, 27. Aufl. 2012, 92 weist auf die wissenschaftsbestimmende Beharrungskraft etablierter Forschungsparadigmen hin. Diese können, wo es an einem bereitstehenden Ersatz fehlt, nicht abgelehnt werden, ohne die Wissenschaft selbst in Frage zu stellen. Nach Etablierung eines Paradigmas gibt es keine Forschung mehr ohne Paradigma. Wo dies in einer disziplinkonstituierenden Grundsystematik liegt, muss diese durch eine andere Systematik ersetzt werden. Ob die Unterscheidung von Öffentlichem Recht und Privatrecht im Sinne der Kuhnschen Theorie ein Paradigma bildet, ist nicht eindeutig zu sagen. Während sie seiner abstrakten Bestimmung (eine Leistung, die hinreichend neu ist, um Aufmerksamkeit von Wissenschaftlern zu erlangen und zugleich hinreichend offen ist, um noch ungelöste Probleme zu umfassen, s. *ders.* ebd., 25 f.) historisch sicher ohne Weiteres entspricht, sind die von *Kuhn* herangezogenen Beispiele zumeist eher von höherer Spezifizität.

[158] Im Sinne von *Gregory Bateson* Ökologie des Geistes, 11. Aufl. 2017, 582: „Was wir tatsächlich mit Informationen meinen – die elementare Informationseinheit –, ist ein Unterschied, der einen Unterschied ausmacht".

[159] *Fabian Steinhauer* Vom Scheiden, 2015, 11.

[160] *Röhl* Öffnung der öffentlich-rechtlichen Methode (Fn. 1), 9: „Hinzu tritt, dass es die eine öffentlich-rechtliche Methode so eigentlich gar nicht gibt" unter Verweis auf die entsprechende Feststellung bei *Rolf Stürner* Die Zivilrechtswissenschaft und ihre Methodik – zu rechtsanwendungsbezogen und zu wenig grundlagenorientiert?, AcP 214 (2014), 7 (8); s. auch *v. Arnauld* Öffnung der öffentlich-rechtlichen Methode (Fn. 1), 71 ff. zum „Eigensinn" ebendieser.

Kontrafaktizität. Dass juristische Prämissen, Postulate und Präskriptionen mit der Wirklichkeit konfligieren, ist uns nicht nur geläufig, sondern ist identitätsbildend für Disziplin und Profession. Geltungsbehauptung im Angesicht der Aberration liegt im Wesenskern des Juridischen. Während Kontrafaktizität aber gewöhnlich einen Normbefehl voraussetzt,[161] schlägt sie sich auch im Systemdenken der Rechtswissenschaft nieder. Denn auch das Rechtssystem als Ganzes stabilisiert sich kontrafaktisch, um den rechtsstaatlichen Anspruch erfüllen zu können, allgemeinverbindliche Ordnung des Gemeinwesens zu sein.[162]

Zwischen Rechtsnorm und der Ordnung des Rechtssystems bestehen im Hinblick auf ihre Kontrafaktizität aber offensichtlich Unterschiede. Beiden gemein ist zunächst, dass sie nicht in dem Sinne von der sozialen Wirklichkeit entkoppelt sind, dass sie gänzlich unabhängig von ihr würden. Während aber die iterative Vermittlung von Rechtsnorm und sozialer Wirklichkeit[163] in unserer methodischen DNA tief verankert ist, fällt uns die Beobachtung und Korrektur der Ordnung des Rechtssystems im Ganzen schwerer. Ob und inwieweit sie die soziale Wirklichkeit angemessen abbildet und adäquat steuert, bedarf daher besonderer, vorrangig rechtswissenschaftlicher Beschreibung und Bewertung.[164]

Die Kontrafaktizität in der Unterscheidung von Öffentlichem Recht und Privatrecht richtet sich nun konkret gegen die offenkundigen Veränderungen im Verhältnis von Staat und Gesellschaft, deren Trennung die sozialtheoretische Prämisse unserer Unterscheidung ist.[165] Nicht erst der Zusammenbruch, sondern schon die ernstliche Relativierung dieser Trennung stellt die juristische Systemfrage, was das Thema des morgigen Vormittags sein wird.[166]

---

[161] *Luhmann* Rechtssoziologie (Fn. 146), 43: „Normen sind demnach kontrafaktisch stabilisierte Verhaltenserwartungen. Ihr Sinn impliziert Unbedingtheit der Geltung insofern, als die Geltung als unabhängig von der faktischen Erfüllung oder Nichterfüllung der Norm erlebt und so auch institutionalisiert wird".

[162] *Schmidt-Aßmann* Rechtsstaat (Fn. 31), § 26 Rn. 41.

[163] Für eine rechtssoziologische Perspektive *Peter Stegmaier* Wissen was Recht ist, 2009.

[164] Zum Zusammenhang von theoretischer Prämisse der Trennung von Staat und Gesellschaft und der Trennung von Öffentlichem Recht und Privatrecht *Grimm* Funktion (Fn. 10), 103.

[165] *Vesting* Wiederkehr (Fn. 15), 189 ff. mit eingehender Analyse, inwiefern und in welchem Maße die Voraussetzungen der dem klassischen Privatrecht Raum gebenden bürgerlichen Gesellschaft sich verändern bzw. gänzlich entfallen sind; s. *Hesse* Bemerkungen (Fn. 104), 437 ff.; *Böckenförde* Staat und Gesellschaft (Fn. 104).

[166] S. dazu in diesem Band die Beiträge von *Stefan Muckel* und *Sophie Schönberger* Wandel des Verhältnisses von Staat und Gesellschaft – Folgen für Grundrechtstheorie und Grundrechtsdogmatik, 245 ff., 296 ff.

Ergänzend ist noch darauf hinzuweisen, dass die kategoriale Lesart der Unterscheidung nicht nur eine Stabilisierung des einen Teilfachs gegen die disziplinäre Umwelt in Gestalt des anderen Teilfachs erbringt, sondern auch eine Stabilisierung im Inneren der Fächer selbst leistet.[167] Schon längst nämlich bilden Öffentliches Recht und Privatrecht keine geordneten Rechtsmassen mehr,[168] sondern sind vielfach funktional, gegenständlich und methodisch differenziert.[169] Die Begriffe *des* Öffentlichen Rechts und *des* Privatrechts dienen unter dieser Voraussetzung als „leere Signifikanten"[170], also als hochabstrakte Begriffe, um deren Bedeutung[171] in und zwischen den Fächern beständig gerungen wird. Die Beschwörung dieser Begriffe dient dabei als Strategie, eine verlorene Einheit im Innern der Rechtsgebiete und ihrer Wissenschaften im Sinne einer Kollektividentität zu fingieren.

IV. Wozu unterscheiden? – die wissenschaftssoziologische Perspektive

Das Festhalten an einer kategorialen Lesart der Unterscheidung lässt sich, wie sich andeutete, auch wissenschaftssoziologisch erklären.[172] Über die Unterscheidung werden zum einen nämlich nicht nur gegenständlich bestimmte Fächer, sondern auch deren Wissenschaftskulturen voneinander geschieden; zum anderen bildet die Unterscheidung ein Feld, auf dem ein Hegemonialkonflikt um die Stellung als rechtswissenschaftliche Leitdisziplin ausgetragen wird. Beides setzt voraus, der Wissenschaft vom Öffentlichen Recht wie der Privatrechtswissenschaft ein bestimmtes Maß

---

[167] *Niklas Luhmann* Systemtheorie der Gesellschaft, 2017, 68 ff.

[168] Für das Öffentliche Recht etwa *Matthias Jestaedt* „Öffentliches Recht" als wissenschaftliche Disziplin, in: Christoph Engel/Wolfgang Schön (Hrsg.) Das Proprium der Rechtswissenschaft, 2007, 241 (243 ff., 247 ff.).

[169] S. für die Differenzierung allein des Verfassungsrechts die Beiträge in *Korioth/Vesting* (Hrsg.) Eigenwert (Fn. 1); weiter auch *Krüper* Identität (Fn. 9), 261 zur verlorenen Einheit der Wissenschaft vom Öffentlichen Recht.

[170] *Andreas Reckwitz* Die Politik der Moderne aus kulturtheoretischer Perspektive, in: Birgit Schwelling (Hrsg.) Politikwissenschaft als Kulturwissenschaft, 2004, 33 (44).

[171] S. *Engel/Schön* Proprium (Fn. 2), passim.

[172] Im Sinne *Pierre Bourdieus* Der Staatsadel, 2004, 13: „Wie es dem Bild entspricht, das man sich gemeinhin von ihr macht, setzt die Soziologie es sich zum Ziel, die verborgensten Strukturen der verschiedenen sozialen Welten, aus denen das gesellschaftliche Universum besteht, und letztlich die für deren Reproduktion verantwortlichen ‚Mechanismen' zum Vorschein zu bringen".

an *Verselbstständigung*[173] zuzugestehen; zwar sind sie keine eigenen Disziplinen, aber innerhalb der Disziplin der Rechtswissenschaft doch distinkte Fächer.[174]

1. Die Unterscheidung als solche von Wissenschaftskulturen

a) Wissenschaftskulturen als soziologisches Konzept

Seit *Charles Percy Snows* Essay über die „Zwei Kulturen"[175] von Natur- und Geisteswissenschaften ist bekannt,[176] dass sich Wissenschaften nicht nur gegenständlich-methodisch, sondern auch kulturell unterscheiden.[177] Solche „spezifische[n] Kulturen entstehen, wenn Bereiche der sozialen Welt sich voneinander separieren und sich über längere Zeiträume vorwiegend auf sich selbst beziehen"[178]. Für den wissenschaftlichen Kontext kann

---

[173] Zum Selbststand der „Fächer" im Sinne von Subdisziplinen *Luhmann* Wissenschaft (Fn. 148), 453.

[174] Im Hinblick auf das Drei-Säulen-Modell dazu auch *Jestaedt* Dreiteilung (Fn. 9), 929; zur disziplinären und subdisziplinären Differenzierung s. *Luhmann* Wissenschaft (Fn. 148), 446 ff.; weiter *Warren E. Hagstrom* Segmentierung als eine Form strukturellen Wandels in der Wissenschaft, in: Peter Weingart (Hrsg.) Wissenschaftssoziologie I, 1972, 222 ff. mit einer sozialdynamischen Deutung wissenschaftlicher Differenzierungsprozesse; *Richard D. Whitley* Konkurrenzformen, Autonomie und Entwicklungsformen wissenschaftlicher Spezialgebiete, in: Nico Stehr/René König (Hrsg.) Wissenschaftssoziologie, 1975, 135 ff. sowie ebd. *Gernot Böhme* Die Ausdifferenzierung wissenschaftlicher Diskurse, 231 ff.; *Daryl E. Chubin* The Conceptualization of Scientific Specialties, The Sociological Quarterly 17 (1976), 448 (459 ff.) zu geistigen Strukturen und Prozessen in Disziplinen; zur Ausbildung „außerordentlicher" bzw. „neue[r] Tradition der normalen Wissenschaft" durch Paradigmenwechsel s. den klassischen Text der Wissenschaftssoziologie von *Kuhn* Revolutionen (Fn. 157), 97 ff. et passim; *Rudolf Stichweh* Differenzierung der Wissenschaft, Zeitschrift für Soziologie 8 (1979), 82 (insb. 94 ff.); *Tony Becher/Paul Trowler* Academic Tribes and Territories, 2. Aufl. 2001, 14 ff.; aus der Perspektive einer Wissenschaftskulturforschung *Karin Knorr Cetina* Wissenskulturen, 2002, 12 ff.; zum Stellenwert nur informell strukturierter disziplinärer Subeinheiten s. *Jochen Gläser* Scientific Communities, in: Sabine Maasen/Mario Reinhart/Martin Kaiser et al. (Hrsg.) Handbuch Wissenschaftssoziologie, 2012, 151 ff.

[175] *Charles Percy Snow* Two Cultures, 1959, sowie *ders.* The Two Cultures: A second look, 1963.

[176] S. für eine Gegenthese *Karin Knorr Cetina* Die Fabrikation von Erkenntnis, 4. Aufl. 2016, 245 ff., die namentlich den hermeneutischen Charakter der Naturwissenschaften stark macht; außerdem *Luhmann* Wissenschaft (Fn. 148), 461 ff.; zur Einordnung der Rechtswissenschaft als Normwissenschaft *Dreier* Rechtswissenschaft (Fn. 7), 2.

[177] Überblick etwa bei *Karin Knorr Cetina/Werner Reichmann* Art. Epistemic Cultures, in: Neil J. Smelser/Paul B. Baltes (Hrsg.) International Encyclopedia of the Social & Behavioral Sciences, Bd. II, 2015, 873 ff.

[178] Zitat und Gedanke bei *Knorr Cetina* Wissenskulturen (Fn. 174), 12.

der Kulturbegriff[179] dabei noch spezifiziert werden. Eine Wissenschaftskultur ist einerseits geprägt durch die Orientierung eines Faches an bestimmten Werten, Normen[180] und Forschungsparadigmen,[181] andererseits aber auch durch die Form, die Organisation und die Produktion von Wissen.[182] Wissenschaftskulturen sind also wert- und praxisgeprägt.[183] An zwei Beispielen möchte ich dies für unser Thema zeigen.

b) Rechtswissenschaftliche Demarkationslinien

aa) Politisch sein oder nicht sein

Die Privatrechtswissenschaft versteht sich selbst und ihren Gegenstand traditionell als unpolitisch.[184] Unpolitisch bedeutet in diesem Zusammenhang vor allem *nicht-regulatorisch*. Das Privatrecht in seinem historischen Herkommen beansprucht zu sagen, was rechtliche Überzeugung ist, nicht aber, was nach politischer Bestimmung rechtliche Überzeugung sein soll: Recht ist danach Tradition und Volksgeist,[185] nicht aber Gesetzgebung.[186]

---

[179] Für eine Übersicht *Andreas Reckwitz* Die Kontingenzperspektive der ‚Kultur', in: Friedrich Jaeger/Burkhard Liebsch (Hrsg.) Handbuch der Kulturwissenschaften, Bd. II, 2004/2011, 1 ff.

[180] *Raimund Hasse* Das institutionalistische Programm, in: Sabine Maasen/Mario Kaiser/Martin Reinhart et al. (Hrsg.) Handbuch Wissenschaftssoziologie, 2012, 45 (47 f.).

[181] *Luhmann* Wissenschaft (Fn. 148), 453; zum Paradigmenbegriff in der Wissenschaftssoziologie klassisch *Kuhn* Revolutionen (Fn. 157).

[182] Grundlegend *Knorr Cetina* Wissenskulturen (Fn. 174), dort im Hinblick auf die Naturwissenschaften.

[183] Zur Praxisprägung des Wissenschaftskulturbegriffs *Knorr Cetina* Wissenskulturen (Fn. 174), 19 ff.

[184] Klassisch dazu *Bernhard Windscheid* Leipziger Rektoratsrede, in: *ders.* Gesammelte Reden und Abhandlungen, hrsg. v. Paul Oertmann, 1904, 100 (112), wonach ethische, politische und volkswirtschaftliche Erwägungen nicht Sache der Juristen seien; zum historischen Herkommen aus der „doppelte[n] Opposition gegen den Absolutismus und gegen die Revolution und ihre Folgen" *Stolleis* Geschichte II (Fn. 13), 52; zur apolitischen Tradition der Privatrechtswissenschaft prägnant *Jutta Limbach* Das Rechtsverständnis in der Vertragslehre, JuS 1985, 9 (9); *Werner Schubert* Die Entstehung der Vorschriften des BGB über Besitz und Eigentumsübertragung, 1966, 39, 54; *Franz Wieacker* Industriegesellschaft und Privatrechtsordnung, 1974, 60 ff.; *Hans Schulte-Nölke* Das Reichsjustizamt und die Entstehung des Bürgerlichen Gesetzbuchs, 1995, 279 ff.; s. auch *Weinrib* Private law (Fn. 75), 22 ff.; zum Spannungsverhältnis an einem aktuellen Beispiel *Anne Röthel* Zwischen Politisierung und Redogmatisierung: Die Familienrechtswissenschaft in der Berliner Republik, in: Thomas Duve/Stefan Ruppert (Hrsg.) Rechtswissenschaft in der Berliner Republik, 2018, 579 (601 f.).

[185] Zu diesem Verständnis der historischen Bewährung von Rechtsinstituten etwa *Dieter Reuter* Freiheitsethik und Privatrecht, in: Franz Bydlinski/Theo Mayer-Maly (Hrsg.) Die ethischen Grundlagen des Privatrechts, 1994, 105 (105 f.).

[186] S. dazu in historischer Perspektive *Grimm* Funktion (Fn. 10), 85.

Dazu steht das Verständnis des Öffentlichen Rechts als Recht der Politik[187], vor allem aber als regulatorisch intervenierendes Recht in deutlichem Kontrast.

Dass das Selbstbild des Zivilrechts von einer apolitischen Ordnung nie zutreffend war, ist bekannt und schon an der Ideologiekritik abzulesen, die das BGB erfahren hat.[188] Ermöglicht wird dieses Selbstbild durch eine gewillkürte ‚Neutralisierung' selektiv aus dem römischen Recht übernommener Rechtsgrundsätze und -figuren.[189] Tatsächlich aber ist die privatrechtliche Allokation von Wirtschaftsgütern keineswegs politisch neutral, sondern, so schon *Hans Kelsen*, eine „Herrschaftsfunktion"[190]. Und wiewohl vor allem die ökonomische, aber auch die soziale Dimension des Privatrechts von der Privatrechtswissenschaft mehr und mehr verarbeitet wird,[191] wirken überkommene fachliche Abwehraffekte fort.

---

[187] *Konrad Hesse* Grundzüge des Verfassungsrechts der Bundesrepublik Deutschland, 19. Aufl. 1993, 5 ff.; *Ernst-Wolfgang Böckenförde* Die Eigenart des Staatsrechts und der Staatsrechtswissenschaft, in: Norbert Achterberg/Werner Krawietz/Dieter Wyduckel (Hrsg.) FS Scupin, 1983, 17 ff.; zur politischen Ordnungsfunktion der Verfassung *Andreas Anter* Die Macht der Ordnung, 2. Aufl. 2007, 166 ff.; *Martin Morlok* Notwendigkeit und Schwierigkeit eines Rechts der Politik, DÖV 2017, 995 ff.; zu den normativitätstheoretischen Implikationen der Verfassung im und als Recht der Politik s. *Sven Jürgensen* Verfassungsnormativität im Recht der Politik, DÖV 2019, 639 ff.; s. weiter *Julian Krüper* Regeln politischer Kultur als Legitimitätsreserve, in: ders./Arne Pilniok (Hrsg.) Organisationsverfassungsrecht, 2019, 159 (176 ff.) zur politisch-fragmentarischen Natur des Organisationsverfassungsrechts *ders.* Funktionen politischer Parteien und deren Abbildung im Recht, in: Martin Morlok/Thomas Poguntke/Ewgenji Sokolow (Hrsg.) Parteienstaat – Parteiendemokratie, 2018, 69 (92 f.).

[188] *Wieacker* Privatrechtsgeschichte (Fn. 6), 589; eingehend dazu *Tilman Repgen* Die soziale Aufgabe des Privatrechts, 2001; *Mohnhaupt* Konkurrenzen (Fn. 41), 240 unter Hinweis auf die Rektoratsrede *Walter Hallsteins* Wiederherstellung des Privatrechts, 1946, 16: „So ist also die Aufgabe des Privatrechts um nichts weniger sozial als die des öffentlichen Rechts".

[189] *Limbach* Vertragslehre (Fn. 184), 10.

[190] *Kelsen* Rechtslehre (Fn. 15), 124: „Dasjenige, was wir Privatrecht nennen, ist [...] nur die besondere, der kapitalistischen Wirtschaftsordnung entsprechende Rechtsform der ökonomischen Produktion und Verteilung der Produkte; eine eminent politische, eine Herrschaftsfunktion also"; umgekehrt verweist die Sentenz *Otto Mayers*, nach der Verfassungsrecht vergehe, Verwaltungsrecht bestehe (*ders.* Deutsches Verwaltungsrecht, Bd. I, 3. Aufl. 1924, dort im Vorwort), auf einen Kern Öffentlichen Rechts hin, der seine Stabilität gerade aus politik- und ideologieindifferenten Organisationsnotwendigkeiten bezieht; s. in diesem Sinne für eine Unabhängigkeit der Genese des Allgemeinen Verwaltungsrechts vom Verfassungsrecht etwa *Lothar Michael* Verfassung im Allgemeinen Verwaltungsrecht, VVDStRL 75 (2016), 131 ff.

[191] *Manfred Wolf/Jörg Neuner* Allgemeiner Teil des Bürgerlichen Rechts, 11. Aufl. 2016, § 1 Rn. 3, 5 ff., § 2 Rn. 14 ff.; *Dieter Medicus/Jens Petersen* Allgemeiner Teil des BGB, 11. Aufl. 2016, Rn. 4, 6, 10; *Reinhard Bork* Allgemeiner Teil des Bürgerlichen Gesetz-

Die anti-politische Haltung der Privatrechtswissenschaft (die in aller Schärfe etwa in der Debatte um den Erlass des AGG manifest wurde[192]) ist durch Prozesse der Konstitutionalisierung zunächst stark befeuert worden.[193] Dass das Privatrecht aber reguliert, dass es nicht die legalistische Fleischwerdung einer natürlichen Privatautonomie ist und seiner politischen Natur also nicht aus dem Wege gehen kann, liegt auf der Hand. Die zeitgenössische Privatrechtswissenschaft nimmt daher auch von dieser Vorstellung immer mehr Abschied und thematisiert Regulierungsfunktionen des Privatrechts ausdrücklich.[194]

Gleichwohl fungiert die Privatautonomie noch immer als institutionelle[195] *„idée directrice"*[196] der Privatrechtswissenschaft.[197] Daran zeigt sich, dass wissenschaftliche Paradigmen nicht allein ordnungsbildend für

---

buchs, 4. Aufl. 2016, Rn. 15, 17; aber noch verstärkt die Privatautonomie betonend *Werner Flume* Allgemeiner Teil des Bürgerlichen Rechts, Bd. II, 3. Aufl. 1979, 6 f.

[192] Der Erlass des Allgemeinen Gleichbehandlungsgesetzes hat in der Privatrechtswissenschaft einen Sturm der Entrüstung hervorgerufen, s. etwa *Klaus Adomeit* Diskriminierung – Inflation eines Begriffs, NJW 2002, 1622 (1623); *Eduard Picker* Antidiskriminierung als Zivilrechtsprogramm?, JZ 2003, 540 (541); *Franz-Jürgen Säcker* „Vernunft statt Freiheit!", ZRP 2002, 286 (289); dagegen *Thomas Wölfl* „Vernunft statt Freiheit!", ZRP 2003, 297 f.; *Johann Braun* Übrigens – Deutschland wird wieder totalitär, JuS 2002, 424 ff.; Gegenposition etwa bei *Susanne Baer* „Ende der Privatautonomie" oder grundrechtlich fundierte Rechtsetzung?, ZRP 2002, 290 (292 f.).

[193] S. für eine rechtssoziologische Betrachtung *Brun-Otto Bryde* Soziologie der Konstitutionalisierung, in: Matthias Mahlmann (Hrsg.) Gesellschaft und Gerechtigkeit, 2011, 266 ff.

[194] *Hellgardt* Regulierung (Fn. 35), 97 et passim; *Rödl* Gerechtigkeit (Fn. 108); *Michael Grünberger* Personale Gleichheit, 2013, 57 f. et passim zu einem Paradigmenwechsel im Zivilrecht, der über die Anerkennung von Gleichheit als zivilrechtlichem Paradigma zugleich eine Verschiebung im Verhältnis zwischen Öffentlichkeit und Privatheit führe; *Podszun* Wirtschaftsordnung (Fn. 61), 40 ff., 556 ff.; *Hugh Collins* Regulating Contracts, 1999, 58 ff.

[195] Zum Prozess der wissenschaftlichen Institutionalisierung und der Rolle der darin wirkenden Leitideen s. *M. Rainer Lepsius* Institutionenanalyse und Institutionenpolitik, in: *ders.* Institutionalisierung politischen Handelns, 2013, 11 (16).

[196] Begriffsprägend *Maurice Hauriou* Die Theorie der Institution und zwei andere Aufsätze, 1965, 38 ff.; s. aber zu einem Leitbildwandel durch die Schuldrechtsreform *Joachim Rückert/Lena Foljanty/Thomas Pierson/Ralf Seinecke* Berliner Schuldrecht – eine neue Epoche?, in: Thomas Duve/Stefan Ruppert (Hrsg.) Rechtswissenschaft in der Berliner Republik, 2018, 504 (524 f.).

[197] Vgl. die Nachweise in Fn. 24; zur institutionentheoretischen Funktion solcher Leitideen *André Brodocz* Behaupten und Bestreiten, in: Gert Melville/Hans Vorländer (Hrsg.) Institutionelle Macht, 2005, 13 (15).

die jeweilige Wissenschaft als Institution sind, sondern zugleich identitätsbildend für diejenigen wirken, die in ihr forschen.[198]

Als Leitidee lässt die Privatautonomie bestimmte Ordnungsmodelle, nämlich der Zuordnung von Freiheit zum Privatrecht und von Zwang zum Öffentlichen Recht, institutionell wirksam werden. Damit beansprucht die Privatrechtswissenschaft zwar nicht mehr einen Bereich echter politischer Unverfügbarkeit ihrer Gegenstände.[199] Doch sichert der Rekurs auf die Privatautonomie *mindestens symbolisch* einen Kernbereich wissenschaftlicher Eigenverantwortung, der gegenüber publizistischer Kolonialisierung verteidigt wird. Am Grunde dessen liegt offenkundig und noch einmal die Unterscheidung von Staat und Gesellschaft, die für die Autonomie des Zivilrechts und seiner Wissenschaft wichtiger ist als für das Öffentliche Recht. Dieses setzt sie zwar im Verfassungsrecht verschiedentlich voraus, ist aber für die eigene Identität viel weniger darauf angewiesen.[200]

bb) Rechtswissenschaftskulturen (nicht) kodifizierter Rechtsgebiete

Wenn Wissenskulturen prägen, „wie wir wissen, was wir wissen"[201], dann ist eine Reflexion über die Unterscheidung von Öffentlichem Recht und Privatrecht nicht denkbar ohne einen kurzen Blick auf die Bedeutung von Kodifikationen.[202]

---

[198] *Kuhn* Revolutionen (Fn. 157), 90 ff. beschreibt aus der Perspektive seines Paradigmabegriffs die Abwehrmechanismen des Wissenschaftsbetriebs gegen wissenschaftliche Krisen und die Anbahnung von Paradigmenwechseln. Die auch *individuell identitätsprägende Wirkung* wissenschaftlicher Kulturen ist dabei nicht zu unterschätzen und wird neben *Kuhn* auch von anderen Vertretern der Wissenschaftssoziologie wie *Karin Knorr Cetina* oder *Pierre Bourdieu* selbstverständlich vorausgesetzt. Sachliche Veränderungen des wissenschaftlichen Feldes haben damit zugleich immer auch subjektive Aspekte und lösen Abwehrreaktionen aus, wo diese identitätsrelevant werden.

[199] S. dazu *Wagner* Zivilrechtswissenschaft (Fn. 46), 96 ff.

[200] S. zur grundsätzlichen Vergleichbarkeit der rechtlichen Konstellationen, aber fehlender Routine im Bereich des Zivilrechts etwa *Alexander Hellgardt* Wer hat Angst vor der unmittelbaren Drittwirkung?, JZ 2018, 901 (909 f.), der sich ausdrücklich „[w]ider eine Sonderbehandlung des Privatrechts" wendet.

[201] *Knorr Cetina* Wissenskulturen (Fn. 174), 11.

[202] Klassisch hier natürlich die Auseinandersetzung zwischen *Anton Friedrich Justus Thibaut* und *Friedrich Carl v. Savigny*, dazu etwa *Joachim Rückert* Kodifikationsstreit, in: Albrecht Cordes/Hans-Peter Haferkamp/Bernd Kannowski et al. (Hrsg.) Handwörterbuch zur deutschen Rechtsgeschichte, Bd. II, 2. Aufl. 2012, online abrufbar unter <https://www.hrgdigital.de/id/kodifikationsstreit/stichwort.html> (Stand 19.9.2019); für die Anfänge der Kodifikationsidee vgl. vor allem *Anton Friedrich Justus Thibaut* Ueber die Nothwendigkeit eines allgemeinen bürgerlichen Rechts für Deutschland, 1814 sowie kritisch dazu *Friedrich Carl v. Savigny* Vom Beruf unserer Zeit zu Gesetzgebung und Rechtswissenschaft, 1814 und *ders.* Stimmen für und wider neue Gesetzbücher, Zeitschrift für geschichtliche Rechtswissenschaft, 1817, Bd. III, 1 ff.

Zweifellos hat das BGB eine ungeheure zentripetale Kraft auf die Privatrechtswissenschaft entfaltet – ergänzt um die Gesetzbücher der ZPO,[203] des HGB,[204] des GmbHG[205] und später des AktG[206]. Anders liegt es im Öffentlichen Recht, das mit der Verfassung nunmehr zwar über eine normativ hochrangige Rechtsquelle verfügt,[207] deren innere Systematizität aber bei weitem nicht an die des BGB heranreicht. Andere Kodifikationen wie das VwVfG[208] oder die VwGO[209] sind jüngeren Datums und gelten nur bereichsspezifisch und das große Projekt einer Kodifikation des Umweltrechts ist trotz mehrerer Anläufe gescheitert.[210] Außerdem führt die Mehr-

---

[203] Vgl. zur geschichtlichen Entwicklung der ZPO vom 30.1.1877 (RGBl. 1877, 83) in der Fassung der Bekanntmachung vom 5.12.2005 (BGBl. I, 3202, ber. 2006 I, 431 und 2007 I, 1781), zuletzt geändert durch Gesetz vom 31.1.2019 (BGBl. I 2019, 54) sowie zu Reformen in neuerer Zeit *Ingo Saenger* in: ders. (Hrsg.) Zivilprozessordnung Handkommentar, 8. Aufl. 2019, Einführung Rn. 21 ff.; s. zu den neueren Reformen des Zivilprozessrechts auch *Hans-Joachim Musielak* in: ders./Wolfgang Voit (Hrsg.) Zivilprozessordnung Kommentar, 16. Aufl. 2019, Einleitung Rn. 77 ff. und zur Entwicklung ab 1945 umfassend *Thomas Rauscher* in: ders./Wolfgang Krüger (Hrsg.) Münchener Kommentar zur Zivilprozessordnung, 5. Aufl. 2016, Einleitung Rn. 79 ff.

[204] Das HGB vom 10.5.1897 (RGBl. 1897 I, 219) trat gleichzeitig mit dem BGB in Kraft, im ganzen Bundesgebiet gilt es seit dem 3.10.1990; vgl. *Karsten Schmidt* in: ders. (Hrsg.) Münchener Kommentar zum HGB I, 4. Aufl. 2016, Vorbemerkung zu § 1 Rn. 24 ff.

[205] Zur Entstehungsgeschichte des GmbHG in der Form der Bekanntmachung vom 20.5.1898 (RGBl. 1898, 846), zuletzt geändert durch Gesetz vom 17.7.2017 (BGBl. 2017 I, 2446) – einer „Kunstschöpfung des deutschen Gesetzgebers ohne historisches oder rechtsvergleichendes Vorbild" – vgl. *Holger Fleischer* in: ders./Wulf Goette (Hrsg.) Münchener Kommentar zum GmbHG, 3. Aufl. 2018, Einleitung Rn. 50 ff.

[206] Vgl. zu den Anfängen und zur Entwicklung des Aktienrechts *Mathias Habersack* in: Wulf Goette/ders. (Hrsg.) Münchener Kommentar zum Aktiengesetz, Bd. I, 5. Aufl. 2019, Einleitung Rn. 14 ff.; das AktG in der heutigen Form stammt vom 6.9.1965 (BGBl. 1965 1, 1089).

[207] *Rainer Wahl* Der Vorrang der Verfassung, Der Staat 20 (1981), 485 ff.; *Christoph Schönberger* Der Vorrang der Verfassung, in: Ivo Appel/Georg Hermes/ders. (Hrsg.) FS Wahl, 2011, 385 ff.

[208] In der Fassung der Bekanntmachung vom 23.1.2003 (BGBl. 2003 I, 102), zuletzt geändert durch Gesetz vom 21.6.2019 (BGBl. 2019 I, 846).

[209] In der Fassung der Bekanntmachung vom 19.3.1991 (BGBl. 1991 I, 686), zuletzt geändert durch Gesetz vom 15.8.2019 (BGBl. 2019 I, 1294); die systematisierende Kraft der VwGO ist angesichts der Abweichungsmöglichkeiten der Länder einerseits und der Zersplitterung der öffentlich-rechtlichen Gerichtsordnungen anderseits ohnehin begrenzt, zu Letzterem *Sebastian Walisko* Rationalität in der Organisationsgesetzgebung, Diss. iur. Bochum, 2019, i.E.

[210] Nach den Vorarbeiten aus den Jahren 1978 und 1986 scheiterten sowohl der darauf aufbauende Professorenentwurf für ein Umweltgesetzbuch (1990) als auch der Kommissionsentwurf (1997) wie auch der auf letzterem aufbauende Referentenentwurf (2008, abrufbar unter <https://www.bmu.de/gesetz/referentenentwurf-fuer-das-umweltgesetzbuch-voranhoerung-mai-2008/> [Stand 19.9.2019]); ausführlich zu den Entwürfen, deren Inhalt und

ebenenordnung im Öffentlichen Recht zu einem höheren Maß an positivrechtlicher Zersplitterung der Rechtsmassen.[211] Und schließlich ist mit der Hierarchie von Verfassungsrecht und sonstigem Öffentlichen Recht ein Moment eingeführt, das grundsätzlich auch für das Zivilrecht gilt, das nicht ausgenommen ist vom Vorrang der Verfassung. Dieser ist aber im Verhältnis zwischen Verfassungs- und Verwaltungsrecht doch lebendiger und einfacher zu verarbeiten.[212]

Für die Wissenschaftskultur eines Rechtsfaches ist es prägend, ob und in welchem Maße es sich um eine Kodifikation schart, vor allem, wenn diese das Curriculum dominiert. Insbesondere ergibt sich daraus ein spezifisches Verhältnis zur Methodenlehre[213] und zur Dogmatik[214] als Modus und

---

zur Geschichte der Kodifikation eines Umweltgesetzbuches *Michael Kloepfer* Umweltrecht, 4. Aufl. 2016, § 1 Rn. 152 ff.; dazu auch *Sabine Schlacke* Umweltrecht, 7. Aufl. 2019, § 2 Rn. 11 ff.; *Kay Artur Pape* in: Robert v. Landmann/Ernst Rohmer (Begr.) Umweltrecht I, 89. EL. 1.2.2019, WHG Rn. 4 ff. (57. EL. 2010) sowie diverse Einzelfragen in den Blick nehmend *Michael Kloepfer* (Hrsg.) Das kommende Umweltgesetzbuch, 2007.

[211] S. etwa *Otto Bachof* Die Dogmatik des Verwaltungsrechts vor den Gegenwartsaufgaben der Verwaltung, VVDStRL 30 (1972), 193 (202): „So betrachtet ist auch das Verwaltungsrecht gewiss kein besonders günstiges Feld für die Dogmatik. Seine Verzweigung in zahlreiche Einzelgesetze, deren breite stoffliche Streuung, die weitgehende Determinierung durch politische Entscheidungen und durch Zweckmäßigkeitsgesichtspunkte, der rasche Wandel der Gesetzgebung, nicht zuletzt die Aufsplitterung in Bundes- und Landesrecht: das alles verringert die Möglichkeit dogmatischer Bearbeitung und Erschließung"; s. auch *Lepsius* Rechtswissenschaftstheorie (Fn. 74), 11.

[212] Am Grunde dessen liegt natürlich der Umstand, dass die gesetzgeberische Gestaltung im Privatrecht eher dem Grundrechtsausgleich in mehrpoligen Rechtsverhältnissen dient, wohingegen das *Verwaltungsrecht eher* bipolare Rechtsbeziehungen im Staat-Bürger-Verhältnis im Blick hat. Darin liegt der Anknüpfungspunkt und zugleich auch die Grenze der Subordinationstheorie, die nur einen Einzelaspekt der Abgrenzung behandelt, vgl. *Wilfried Erbguth/Annette Guckelberger* Allgemeines Verwaltungsrecht, 9. Aufl. 2018, § 5 Rn. 9; *Ehlers* Verwaltungsrecht (Fn. 101), § 3 III 1 Rn. 18; *Michael Ronellenfitsch* in: Johann Bader/ders. (Hrsg.) BeckOK VwVfG, 29. Edition, Stand 1.10.2015, § 1 Rn. 33; vgl. ferner *Bull/Mehde* Verwaltungsrecht (Fn. 101), § 2 Rn. 70, die meinen, die Subordinationstheorie stelle den „typische[n] Fall des Zirkelschlusses" dar; *Hans-Uwe Erichsen* Öffentliches und privates Recht, Jura 1982, 537 (539 f.); *Manfred Zuleeg* Die Anwendungsbereiche des öffentlichen Rechts und des Privatrechts, VerwArch 73 (1982), 384 (381 f.).

[213] *Stolleis* Geschichte II (Fn. 13), 330 f. (dort zur Vorgeschichte des BGB): „Der Preis, der für die wissenschaftliche Ausprägung kodifizierbarer Rechtsbegriffe gezahlt wurde, war allerdings hoch. Es bedurfte einer konsequenten Vertreibung des Naturrechts und metaphysischer Rechtsbegründungen generell, sowie eines enthistorisierten Begriffsrealismus, um die Zuversicht zu erzeugen, man könne durch konsequente Reinigung des juristischen Denkens von nichtjuristischen Elementen zum Aufbau einer per definitionem lückenlosen Begriffspyramide gelangen".

[214] Programmatisch die Standortbestimmungen der jeweiligen Teilfächer bei *Stürner* Zivilrecht (Fn. 1), der deutlich affirmativ gegenüber Dogmatik als Produkt und Modus der rechtswissenschaftlichen Arbeit des Zivilrechts argumentiert, gegenüber *Jestaedt* Staats-

Produkt juristischer Arbeit.[215] *Friedrich Carl von Savigny* hat dies bereits anschaulich beschrieben. „Ohnehin", schreibt er, „liegt in der einseitigen Beschäftigung mit einem gegebenen positiven Rechte die Gefahr, von dem bloßen Buchstaben überwältigt zu werden"[216]. Dieser Überwältigungseffekt muss umso größer ausfallen, je geschlossener eine Kodifikation gelingt. Eine Systematisierungsleistung wie die des BGB[217] befördert eine Art von Rechtswissenschaft, die sich überwiegend als Hüterin der systematischen Flamme sieht[218] – nicht zuletzt, weil sie selbst dieses System mit hervorgebracht hat.[219] Dass auch der staatsrechtliche Positivismus ähnliche Ideale verfocht, dass auch im Öffentlichen Recht dogmatisch-systembildend

---

rechtslehre (Fn. 1), der eine kritische Auseinandersetzung mit dem Stellenwert der Dogmatik sucht; entsprechende Bewertung dieser Gegenüberstellung auch bei *Jestaedt* Dreiteilung (Fn. 9).

[215] Zur Methodenlehre *Wagner* Zivilrechtswissenschaft (Fn. 46), 90 ff.

[216] *Savigny* Beruf (Fn. 202), 24 f.; ähnlich *Jhering* Jurisprudenz (Fn. 137), 50, der „die Gefahr der inneren, der geistigen Abhängigkeit, die Gefahr, sich und sein Denken und Fühlen an das dürre, todte Gesetz dahin zu geben, ein willenloses und gefühlloses Stück der Rechtsmaschinerie zu werden" sieht.

[217] S. etwa *Schlosser* Zivilrecht (Fn. 120), 7: „zivilrechtliche Magna Charta des liberalen Bürgertums", weitere Nachweise auch zur internationalen Beurteilung des BGB ebd. in Fn. 6; s. auch *Volker Behr* Das BGB im Jahr 2096, in: Hans Schlosser (Hrsg.) Bürgerliches Gesetzbuch 1896–1996, 1997, 203: „große Zivilrechtskodifikation", aber ebd. 205: „als Kodifikation des bürgerlichen Rechts ist es nahezu totes Holz"; zur Rezeptionsgeschichte etwa *Olaf Werner* Die Auswirkungen des Allgemeinen Teils des deutschen BGB auf das österreichische Privatrecht, insbesondere die höchstrichterliche Rechtsprechung, in: Julius v. Staudinger (Begr.) 100 Jahre BGB – 100 Jahre Staudinger, 1999, 41 ff.; ebd. *Inetta Jedrasik Jankowska* Bedeutung und Auswirkungen des deutschen BGB in Polen, 177 ff.; ebd. *Akira Shikava* Einflüsse des deutschen BGB auf das japanische Zivilrecht bzw. die japanische Zivilrechtswissenschaft, 201 ff.; s. demgegenüber *Luhmann* Rechtssoziologie (Fn. 146), 331: „Die auffallende Misere des heutigen positiven, namentlich des öffentlichen Rechts liegt in der Zusammenhanglosigkeit großer Normmengen, die [...] zu unüberblickbaren Haufen zusammengeschoben werden [...]"; im Öffentlichen Recht der Gegenwart kommt natürlich dem Grundgesetz eine praktische und wissenschaftliche Zentralstellung zu, kritisch dazu *Christoph Schönberger* Der Aufstieg der Verfassung: Zweifel an einer geläufigen Triumphgeschichte, in: Thomas Vesting/Stefan Korioth (Hrsg.) Eigenwert des Verfassungsrechts, 2011, 7 ff.

[218] *Wagner* Zivilrechtswissenschaft (Fn. 46), 90: „Pflege des dogmatischen Feinsystems".

[219] Nimmt man in den Blick, über welche Dauer und mit welcher Intensität zentrale zivilrechtliche Institute ausgebildet worden sind, gewinnt ein Bewahrungs- und Beharrungsvermögen zur Aufrechterhaltung dieses Systems eigene Plausibilität, s. zum Beispiel die Auseinandersetzungen um den Begriff und das Recht des Besitzes, eingehend bei *Carl Georg Bruns* Das Recht des Besitzes im Mittelalter und in der Gegenwart, 1848, sowie die Beiträge von *Udo Enrico Paoli* Possesso (dirittto greco), in: Antonio Azara/Ernesto Eula (Hrsg.) Novissimo Digesto Italiano, Bd. XIII, 1957, 322 f. sowie ebd. *Carlo Augusto Cannata* Possesso (diritto romano), 323 ff., *Gianluigi Barni* Possesso (diritto intermedio),

gearbeitet wird, ist mit alldem keineswegs bestritten. Richtig ist aber auch, dass die fortbestehenden Zweifel an dogmatischer Engführung der Rechtswissenschaft nicht nur im Weimarer Methodenstreit, sondern bis heute eher publizistischer Provenienz sind.

2. Die Unterscheidung als Ausdruck disziplinärer Hegemonialkonflikte

a) Strukturen und Konflikte im Feld der Wissenschaft

Abschließend möchte ich die kategoriale Lesart der Unterscheidung von Öffentlichem Recht und Privatrecht als Ort und Modus eines disziplinären Hegemonialkonflikts deuten.

Pierre Bourdieu zufolge unterscheidet sich die Wissenschaft dem Grunde nach nicht von anderen sozialen Feldern.[220] Auch in ihr wirken Kräfte- und Herrschaftsverhältnisse[221] und ein Ringen um die Durchsetzung von Deutungs- und Geltungsansprüchen findet statt.[222] Der hehre Vernunftanspruch von Wissenschaft[223] wird damit relativiert und der Blick auf ihre institutionellen Dynamiken wird frei.[224] Die „Entzauberung der

---

330 ff.; *Alberto Montel* Possesso (diritto civile), 333 ff. sowie *Giuliano Marini* Possesso (diritto penale), 409 ff.

[220] *Bourdieu* Gebrauch (Fn. 18), 16 f.; ein Schlüsselbegriff seines Denkens ist der des Feldes, der einerseits die Produkte, andererseits den sozialen Produktionskontext der Wissenschaft und die zwischen ihnen bestehenden Bedingungen und Einwirkungen beschreibt. Zwischen den Polen (Produkte und Produktionskontext) bestehe „ein vermittelndes Universum, ein Transformator [...], ein Universum, das all jene Akteure und Institutionen umfaßt, die [...] Wissenschaft erzeugen und verbreiten. Dieses Universum ist eine soziale Welt wie andere auch, gehorcht aber mehr oder weniger spezifischen sozialen Gesetzen".

[221] *Bourdieu* Gebrauch (Fn. 18), 20: „Jedes Feld, auch das wissenschaftliche, ist ein Kräftefeld und ein Feld der Kämpfe um die Bewahrung oder Veränderung dieses Kräftefeldes. Man kann [...] einen wissenschaftlichen [...] Raum wie eine physikalische Welt beschreiben, die Kräftebeziehungen, Herrschaftsbeziehungen enthält".

[222] *Bourdieu* Gebrauch (Fn. 18), 19: „Das wissenschaftliche Feld ist eine soziale Welt, und als solche stellt sie Anforderungen, übt sie Zwänge aus, die allerdings einigermaßen unabhängig sind von den Zwängen der sie umgebenden Welt"; s. auch *Eva Barlösius* Wissenschaft als Feld, in: Sabine Maasen/Mario Kaiser/Martin Reinhart et al. (Hrsg.) Handbuch Wissenschaftssoziologie, 2012, 126.

[223] *Karl Jaspers* Die Idee der Universität, 1923, 14 f.: „[... daß man Wahrheit will, d.h., daß man zu Begründungen bereit ist und zu Diskussionen, daß man auf Gründe hören will und kann, daß man sich einer objektiven Evidenz unterwirft und allen Arten von Evidenz zugänglich ist, bereit, ihre Grenzen und ihre Art sich bewußt werden zu lassen; daß man gewillt ist, seine Wünsche und Interessen zurückzustellen [...] – daß man in Selbstreflexion diese Kräfte, welche die Objektivität stören und vielleicht fast nie ganz restlos aufkommen lassen, kennt".

[224] *Bourdieu* Gebrauch (Fn. 18), 18.

Welt"²²⁵ durch Wissenschaft ist also zugleich eine Entzauberung der Welt der Wissenschaft. Für unser Thema hat das folgende Bedeutung:

b) Die Unterscheidung als Auseinandersetzung zwischen Tradition und Moderne

Bis heute gilt, was der Privatrechtler *Gerhard Wagner* noch jüngst so formulierte: „Das Zivilrecht und seine Wissenschaft verstehen sich in Deutschland als Kern des Rechtssystems [...]"²²⁶. Es bleibt deshalb ihre narzisstische Kränkung, dass die selbstproklamierte Stellung als disziplinärer Hegemon vom Parvenü des Öffentlichen Rechts beständig in Frage gestellt wird.²²⁷ Kränkung dieser Art aber provoziert Abgrenzungsbedürfnisse, bei Personen wie bei Institutionen.²²⁸ Diese Abgrenzung erfolgt bis heute über die Perpetuierung der kategorialen Lesart der Unterscheidung von Öffentlichem Recht und Privatrecht – und zwar im Sinne einer „Querelle des Anciens et des Modernes"²²⁹.

---

²²⁵ *Max Weber* Wissenschaft als Beruf, 1919, in: Johannes Winckelmann (Hrsg.) Gesammelte Aufsätze zur Wissenschaftslehre, 7. Aufl. 1988, 582 (612).

²²⁶ *Wagner* Zivilrechtswissenschaft (Fn. 46), 69; *Bourdieu* Gebrauch (Fn. 18), 20 deutet solche Relevanzansprüche als eine Prägekraft für das jeweilige Feld, also als die Fähigkeiten, Relevanzen zu bestimmen, Auffassungen zu prägen, Aufmerksamkeiten zu begründen und Beteiligungschancen zu verteilen. Während dies für den Bereich der jeweiligen dogmatischen Arbeit der Fächer nur begrenzt anschlussfähig ist, ist es für die Prägung der juristischen Methodenlehre durch die Privatrechtswissenschaft wohl direkt anschlussfähig.

²²⁷ Die Zumutungen sind mannigfach: Das Zivilrecht muss sich dem Vorrang der Verfassung (s. etwa *Helmuth Schulze-Fielitz* in: Horst Dreier (Hrsg.) GG II, 3. Aufl. 2015, Art. 20 (R) Rn. 81 ff.) und dem Anwendungsvorrang des Unionsrechts (s. etwa *Torsten Körber* Grundfreiheiten und Privatrecht, 2004, 56 ff. et passim) unterwerfen, die verfassungsrechtliche Überformung seiner tradierten Institute akzeptieren und publizistische Einbrüche in den Tempel seiner Dogmatik nicht allein hinnehmen, sondern – *adding insult to injury* – auch noch verarbeiten, vgl. „Mieter als Eigentümer" BVerfGE 89, 1 ff.; zur Bürgschaftsproblematik BVerfGE 89, 214 ff., dem folgend BGHZ 125, 206 ff.

²²⁸ Die notorische Frage nach dem Verhältnis von Institutionalität und Organisationalität soll hier nicht weiter vertieft werden, es mag der Hinweis genügen, dass Institutionen und Organisationen in eins fallen können, es aber nicht müssen, s. etwa *Brodocz* Behaupten (Fn. 197), 15; s. grundlegend auch *W. Richard Scott* Institutions and Organizations, 4. Aufl. 2014; insofern kommt es hier auf das Maß der Organisationalität der beiden Fächer nicht an, denn dass es sich dabei um (graduell verschieden stark organisierte) Institutionen handelt, ist nicht zu bezweifeln.

²²⁹ Zu diesem *locus classicus* für die Literaturgeschichte *Hans Robert Jauss* Art. Antiqui/Moderni (Querelle des Anciens et des Modernes), in: Joachim Ritter/Karlfried Gründer/ Gottfried Gabriel (Hrsg.) Historisches Wörterbuch der Philosophie, online abrufbar unter <www.schwabeonline.ch> (Stand 20.9.2019) sowie *Christoph Oliver Mayer* Konstruktion von Kontinuität und Diskontinuität, in: Gert Melville/Karl-Siegfried Rehberg (Hrsg.) Memorialzeichen, 2004, 209 ff.; *Mayer* Konstruktion (Fn. 229), 231 hält gerade die Institutionalisierung (im historischen Kontext der Querelle im System der Kunstakademien) für

Der Hegemonialanspruch des Zivilrechts ruht auf einem Verständnis, das Tradition[230] zur Quelle institutioneller[231] Legitimität[232] macht,[233] durch die soziales Kapital verteilt wird.[234] Die Kraft der Tradition speist sich mit *Max Weber* „aus dem Glauben an die Heiligkeit der von jeher vorhandenen Ordnung"[235]. Für das Recht geht es dabei darum, ihm eine Art von Legitimität zu verleihen, die über die formale Legitimation durch Setzungsakt hinausreicht.[236] Legitimität kraft Tradition erwächst dem Recht dabei aus der Vermutung der Richtigkeit und Angemessenheit historischer Rechtsfiguren, die das Zivilrecht vor allem aus seiner römischen Tradition bezieht.

---

eine Voraussetzung der Auseinandersetzung, also institutionelle Träger der jeweiligen Strömungen.

[230] S. etwa *Volker Steenblock* Art. Tradition, in: Joachim Ritter/Karlfried Gründer/Gottfried Gabriel (Hrsg.) Historisches Wörterbuch der Philosophie, online abrufbar unter <www.schwabeonline.ch> (Stand 19.9.2019).

[231] Zur Bedeutung der institutionellen Macht (als einer Form des sozialen Kapitals) im Wissenschaftsbetrieb *Bourdieu* Gebrauch (Fn. 18), 31.

[232] Klassisch dazu *Max Weber* Die drei reinen Typen der legitimen Herrschaft, in: *ders.* Wirtschaft und Gesellschaft, Teilband 4: Herrschaft, Studienausgabe 2009, 219 f.; s. für das Zivilrecht (in Abgrenzung vom Öffentlichen Recht) *Rückert* Denktraditionen (Fn. 5), 14.

[233] Der Zusammenhang zwischen Institutionen und institutionellem Denken einerseits und der aus Genealogie und Tradition entspringenden Kontinuität ist ein besonders enger und lässt sich in verschiedenen kulturellen Kontexten beobachten. Nach *Karl-Siegbert Rehberg* Institutionen als symbolische Ordnungen, in: Gerhard Göhler (Hrsg.) Die Eigenart der Institutionen, 1994, 56 gilt: „Idealtypisch sollen als ‚Institutionen' solche ‚Sozialregulationen' bezeichnet werden, in denen Prinzipien und Geltungsansprüche einer Ordnung symbolisch zum Ausdruck gebracht werden. [...] Institutionen sind somit Vermittlungsinstanzen kultureller Sinnproduktion, durch welche Wertungs- und Normierungsstilisierungen verbindlich gemacht werden". Dabei kommt der Konstruktion von Kontinuität nach *Beate Kellner* Zur Konstruktion von Kontinuität durch Genealogie, in: Gert Melville/Karl-Siegfried Rehberg (Hrsg.) Memorialzeichen, 2004, 36 eine wichtige institutionenstabilisierende Wirkung zu, „[d]as Genealogische kann man dabei als einen der ältesten Versuche einer ‚Systembildung' überhaupt und insofern als eine ‚Urform des Weltverstehens' betrachten". Der Dauerhaftigkeits- und damit der Geltungsanspruch institutioneller Arrangements wird durch die Behauptung eines genealogischen Kontinuitätszusammenhangs also zugleich plausibilisiert wie legitimiert. „Verwandtschaftsbeziehungen" bilden nach *Jürgen Habermas* Theorie des kommunikativen Handelns, Bd. II, 1995, 235 insofern „totale Institution[en]", Genealogien ist „der Charakter des Institutionelle[n] zuzuschreiben", *Kellner* ebd., 38.

[234] *Bourdieu* Gebrauch (Fn. 18), 31.

[235] *Weber* Herrschaft (Fn. 232), 219.

[236] Deutlich wird darin die richtungsgebende Kraft von Institutionen, nicht allein für das individuelle Leben im Sinne eines anthropologischen Bedürfnisses, sondern auch für die Wahrnehmung bestimmter soziologischer Rollen, hier also derjenigen von Wissenschaftlern, s. zur Orientierungsfunktion etwa *Hasso Hofmann* Art. Institutionen, in: Staatslexikon der Görres-Gesellschaft, 7. Aufl. 1987, Sp. 102.

Diese Tradition spendet komplementäre Legitimität, auf die das Recht gerade auch symbolische Beachtungsansprüche gründen kann.[237]

Im Verhältnis zwischen historisch tradiertem Privatrecht einerseits und Privatrechtswissenschaft andererseits kommt es in der Folge zu einer Legitimitätsleihe.[238] Jene Tradition, die dem Privatrecht Legitimität verschafft, wird durch die Privatrechtswissenschaft gepflegt, sodann für sich selbst reklamiert, zu einer institutionellen „Geltungsgeschichte"[239] geformt und schlussendlich zu einem innerdisziplinären Vorranganspruch überhöht. In einer sinngemäß passenden Formulierung *Max Webers*: „Neues Recht gegenüber den Traditionsnormen zu schaffen gilt als prinzipiell unmöglich"[240]. In dem Maße nämlich, in dem Tradition „das Bestehende [...] fixiert", dient sie nach *Karl Marx* dem „Interesse des herrschenden Teils der Gesellschaft"[241], hier also der historisch etablierten Privatrechtswissenschaft.

Verstärkt wird dieser Vorranganspruch dadurch, dass die juristische Methodenlehre in Auseinandersetzung mit dem Privatrecht entwickelt wurde[242] und, wenn auch deutlich abnehmend,[243] noch immer von Zivil-

---

[237] Darin liegt das Institutionelle des Rechts, das in der Bildung und Durchsetzung eines Ordnungsmodells besteht; zur Funktion von Institutionen, Ordnung aufzubauen s. *Hofmann* Institutionen (Fn. 236), Sp. 101.

[238] *Hans Vorländer* Gründung und Geltung, in: ders./Gert Melville (Hrsg.) Geltungsgeschichten, 2002, 243 (252 ff.) über den hier entsprechend heranzuziehenden „Geltungstransfer" vom „Autor zum Interpreten".

[239] I.S.v. *Gert Melville/Hans Vorländer* (Hrsg.) Geltungsgeschichten, 2002, zur Frage der „Stabilisierung und Legitimierung institutioneller Ordnungen", dort *Vorländer* Gründung (Fn. 238), 243 ff. über „Die Konstitution der Ordnung und die Legitimität der Konstitution".

[240] *Weber* Herrschaft (Fn. 232), 219.

[241] *Karl Marx* Das Kapital, Bd. II, 16. Aufl. 2008/1894, MEW 25, 801; Kontext bei *Steenblock* Tradition (Fn. 230).

[242] Zentral natürlich immer noch *Friedrich Carl v. Savigny* System des heutigen Römischen Rechts, Bd. I–VII, 1840–1848; zur Geschichte *Jan Schröder* Recht als Wissenschaft, 2012, 212 ff.

[243] S. etwa *Friedrich Müller/Ralph Christensen* Juristische Methodik, Bd. I, 2. Aufl. 2013 sowie Bd. II, 3. Aufl. 2012; *Franz Reimer* Juristische Methodenlehre, 2016 sowie *Heiko Sauer* Methodenlehre, in: Julian Krüper (Hrsg.) Grundlagen des Rechts, 3. Aufl. 2017, § 9; s. aber demgegenüber aus der ‚klassischen' zivilistischen Methodenliteratur *Friedrich Carl v. Savigny* Juristische Methodenlehre, hrsg. v. Gerhard Wesenberg, 1951; *Philipp Heck* Rechtserneuerung und juristische Methodenlehre, 1936; *Franz Wieacker* Gesetz und Richterkunst, 1958; *Karl Larenz* Methodenlehre der Rechtswissenschaft, 1960; *Josef Esser* Vorverständnis und Methodenwahl in der Rechtsfindung, 1. Aufl. 1970 und 2. Aufl. 1972; *ders.* Grundsatz und Norm in der richterlichen Fortbildung des Privatrechts, 4. Aufl. 1990; *Wolfgang Fikentscher* Methoden des Rechts in vergleichender Darstellung, Bd. III, 1976; *Bydlinski* Methodenlehre (Fn. 141); *ders.* Recht, Methode und Jurisprudenz, 1988 und *ders.* (Fn. 140); *Jan Schapp* Hauptprobleme der juristischen

rechtlern geprägt und beansprucht wird.[244] Der Anspruch, über die Methoden des Faches zu gebieten, ist zentral,[245] geht man davon aus, dass die Methode der Wissenschaft ihren Erkenntnisgegenstand mitkonstituiert, damit ihr Proprium bestimmt und eine spezifische Wissenschaftskultur prägt.[246] Ausdruck dessen ist etwa, dass die vielfach als Kern der Methodenlehre der Rechtswissenschaft gehandelten Auslegungs- und Argumentationslehren[247] bestenfalls sehr spezifische, wenn überhaupt Methoden der Rechtswissenschaft sind. Anschaulich wird das, erinnert man sich im Kontrast des Weimarer Methodenstreits, der gerade kein gemeines Gezänk über Auslegungspetitessen, sondern ein leidenschaftlicher Kampf um den Charakter einer Wissenschaft war.[248]

Aus dem Blickwinkel der Tradition kommt dem Öffentlichen Recht also die Rolle des Novizen zu, obwohl doch schon *Ulpian* Privatrecht und

---

Methodenlehre, 1983; *ders.* Methodenlehre des Zivilrechts, 1998; *ders.* Methodenlehre und System des Rechts, 2009; sowie aus der ‚neueren' Methodenliteratur *Dirk Looschelders/ Wolfgang Roth* Juristische Methodik im Prozess der Rechtsanwendung, 1996; *Brunhilde Steckler* Juristische Methodenlehre, 2004; *Hans-Peter Schwintowski* Juristische Methodenlehre, 2005; *Rolf Wank* Die Auslegung von Gesetzen, 3. Aufl. 2005; *ders.* Juristische Methodenlehre, 2019, i.E.; *Stephan Meder/Gaetano Carlizzi/Christoph-Eric Mecke* et al. (Hrsg.) Juristische Hermeneutik zwischen Vergangenheit und Zukunft, 2013; *Michael Jaensch* Juristische Methodenlehre: Rechtsgeschichte, Auslegung und Rechtsfortbildung, 2016; *Joachim Rückert/Ralf Seinecke* (Hrsg.) Methodik des Zivilrechts – von Savigny bis Teubner, 3. Aufl. 2017; *Bernd Rüthers/Christian Fischer/Axel Birk* Rechtstheorie mit juristischer Methodenlehre, 10. Aufl. 2018; *Thomas M. J. Möllers* Juristische Methodenlehre, 2. Aufl. 2019.

[244] Zum privatrechtlichen Methodendiskurs jüngst *Wagner* Zivilrechtswissenschaft (Fn. 46), 90 ff.

[245] Dies ist einer der Kernpunkte bei *Lennartz* Methode (Fn. 3), passim, der in den tradierten Formen des Sprechens und Nachdenkens über Methodenlehre als Interpretationslehre im Dienste des Subsumtionsideals auch eine Beschränkung des wissenschaftlichen Nachdenkens und Rekonstruierens des juristischen Erkenntnisvorgangs sieht und für eine strategische Öffnung gegenüber gesellschaftlichen Erwartungen an die juristische Entscheidungspraxis plädiert.

[246] Zusammenhang eingehend und kontextualisiert bei *Matthias Jestaedt* Perspektiven der Rechtswissenschaftstheorie, in: ders./Oliver Lepsius (Hrsg.) Rechtswissenschaftstheorie, 2008, 185 (193 f.).

[247] Kritisch *Möllers* Vorüberlegung (Fn. 140), 151 (156): „‚Methodenlehre' [ist] in der Gegenwart des deutschen Rechtskreises eigentlich nur ein Kürzel für eine wissenschaftspropädeutische Einführungsliteratur […], die die Anleitung von Studierenden zum Zweck hat und die allein das Lösen von Fällen für eine wissenschaftliche Leistung hält".

[248] *Michael Stolleis* Geschichte des öffentlichen Rechts in Deutschland, Bd. III, 1999, 155: „Was ‚Methoden- und Richtungsstreit' genannt wird, war also im Grunde eine Generaldiskussion um den Standort des Faches in einem politisch aufgewühlten Jahrzehnt"; *Lepsius* Rechtswissenschaftstheorie (Fn. 74), 11 geht weiterhin von einem erhöhten methodischen Reflexionsbedürfnis des Öffentlichen Rechts aus und sieht dies vor allem in dessen fragilerem Gegenstand begründet.

Öffentliches Recht unterschied, wenn auch in anderem Sinne, als wir es heute tun.[249] Das institutionelle Kapital des Öffentlichen Rechts scheint also geringer, weil ihm eine vergleichbar legitimitätsvermittelnde Traditionsquelle[250] zu fehlen scheint,[251] ohne dass damit das Bestehen publizistischer, namentlich auch konstitutioneller Denktraditionen geleugnet werden soll. Natürlich gab es immer schon ein Nachdenken über Herrschaftsgewalt,[252] es ließ sich nur offenbar nicht zu einer griffigen Traditionserzählung verdichten. Dass auch *Carl Schmitts* These, nach der alle prägnanten Begriffe der modernen Staatslehre säkularisierte theologische Begriffe[253] seien, dem Öffentlichen Recht keine eigene Traditionsgeschichte spendet, ist schon verschiedentlich begründet worden.[254]

Befördert wird dieser Eindruck fehlender Tradition durch die verbreitete Verkürzung[255] des Öffentlichen Rechts auf das Recht konstitutionellen Staates.[256] Zwar hat das eine Plausibilität insofern, als erst damit dem Öffentlichen Recht ein hoher Grad an Institutionalisierung und politischer Relevanz verliehen war. Es verleitet allerdings dazu, diesen Entwicklungsschritt zu dem einen Einsetzungsakt,[257] vielleicht gar zum Gründungsmy-

---

[249] Statt vieler *Hofmann* Unterscheidung (Fn. 11), 6.

[250] Etwa in Gestalt des römischen Staatsrechts, dazu noch immer grundlegend *Theodor Mommsen* Römisches Staatsrecht, 3. Aufl. 1871–1888, der freilich nicht von einer Rezeption zu berichten weiß.

[251] Das ist der Ausgangspunkt der Arbeit von *Wyduckel* Ius Publicum (Fn. 17).

[252] Den (unsicheren) Beginn der Disziplin taxiert *Michael Stolleis* Geschichte des öffentlichen Rechts in Deutschland, Bd. I, 1988, 58–63, 141–146 um 1600; s. weiter *Hofmann* Unterscheidung (Fn. 11), 32 mit dem wichtigen Hinweis, dass Herrschaftsgewalt und Staatlichkeit selbstverständlich historisch unabhängige Phänomene seien und Herrschaft Staatlichkeit historisch vorausgehe; für eine historische Perspektive *Ernst-Wolfgang Böckenförde* Geschichte der Rechts- und Staatsphilosophie, 2. Aufl. 2006.

[253] *Carl Schmitt* Politische Theologie, 7. Aufl. 1996, 43.

[254] Zuletzt eingehend *Horst Dreier* Säkularisierung und Sakralität, 2013, 64 ff., u.a. mit Verweis auf *Helmut Quaritsch* Carl Schmitt (1888–1985), in: Jürgen Aretz/Rudolf Morsey/Anton Rauscher (Hrsg.) Zeitgeschichte in Lebensbildern, 1999, 199 (204) sowie *Hans Kelsen* Der soziologische und der juristische Staatsbegriff, 2. Aufl. 1928, 219 ff.; dazu auch *Jan Assmann* Herrschaft und Heil, 2000, 29.

[255] *Hofmann* Unterscheidung (Fn. 11), 31.

[256] Zu dieser Funktion und diesem Verständnis *Wyduckel* Ius Publicum (Fn. 17), 231 ff.

[257] *Rückert* Denktraditionen (Fn. 5), 13 (14): „Deutlich kleiner [als das 2000 jährige Privatrecht, Anm. JK] macht sich das öffentliche Recht, aber schon nicht mehr, wenn man es vom Staat her denkt".

thos²⁵⁸ des Öffentlichen Rechts zu stilisieren.²⁵⁹ Wo das Zivilrecht also institutionelle Legitimität durch Tradition genießt, setzt das Öffentliche Recht – im Weberschen Sinne²⁶⁰ – auf Legitimität kraft Satzung – vielleicht auch, weil es der Kraft seiner eigenen Tradition nicht traut.²⁶¹ In der Entgegensetzung dieser beiden Legitimitätsquellen bildet sich zugleich eine Veränderung des verfassungsrechtlichen Legitimationskontextes ab. Der demokratische Rechtsstaat kann Tradition als Quelle rechtlicher Normativität nämlich schlechter akzeptieren als der Absolutismus oder die konstitutionelle Monarchie. Er verlangt stattdessen den rationalen Setzungsakt.

Das Öffentliche Recht und seine Wissenschaft haben daher ein dauerhaftes strategisches Interesse sowohl an der kometenhaften Karriere des Verfassungsdenkens als auch an der Publifizierung der Privatrechtssetzung. Auch hier ist des einen Wohl des anderen Wehe. Denn für das Privatrecht und Teile seiner Wissenschaft bleibt die Verfassung eben noch immer das Ding „sie zu knechten, sie alle zu finden, ins Dunkel zu treiben und ewig zu binden"²⁶².

V. Hinterm Horizont geht's weiter

Dass die Unterscheidung von Öffentlichem Recht und Privatrecht nicht kategorial zu treffen ist, wird nicht zuletzt dadurch belegt, dass auch im Hinblick auf ihre verborgenen Leistungen Relativierungen sichtbar werden. Eine politische(re) Privatrechtswissenschaft hat Zulauf,²⁶³ der Stellenwert

---

²⁵⁸ Auch wenn die Verwendung des Mythosbegriffs in rechtswissenschaftlichen Kontexten zurückhaltend erfolgen sollte, s. dazu *Horst Dreier* Diskussionsbeitrag, VVDStRL 75 (2016), 281, ist er im Kontext der Begründung institutioneller Geltung doch durchaus am Platz, s. etwa *Vorländer* Gründung (Fn. 238), 259 et passim.
²⁵⁹ Zur klassischen Erzählung des Verhältnisses vom Staat und „seinem" öffentlichen Recht *Scherzberg* Öffentliches Recht (Fn. 8), 6 ff.
²⁶⁰ *Max Weber* Soziologische Grundbegriffe, in: Johannes Winckelmann (Hrsg.) Gesammelte Aufsätze zur Wissenschaftslehre, 7. Aufl. 1988, 581.
²⁶¹ *Michael* Verfassung (Fn. 190), passim konstatiert für das Allgemeine Verwaltungsrecht eine Unabhängigkeit vom Verfassungsrecht, löst also den gängigen Ableitungszusammenhang von Verwaltungsrecht als konkretisiertem Verfassungsrecht für das Allgemeine Verwaltungsrecht auf und sieht es in seiner Entwicklung unabhängig vom Verfassungsrecht, also eher durch Tradition als durch Satzung legitimiert. Ob es sich dabei um die gleiche Art von Tradition tradierter Rechtsfiguren oder nur um die Kontinuität der damit behandelten organisatorischen Probleme handelt, kann hier nicht weiter vertieft werden.
²⁶² Im Original "One Ring to rule them all. One Ring to find them. One Ring to bring them all and in the darkness bind them", s. *John R. R. Tolkien* The Fellowship of the Ring (Lord of the Rings, Part One), 2004, 66.
²⁶³ *Hellgardt* Regulierung (Fn. 35); *Grünberger* Gleichheit (Fn. 194); *Rödl* Gerechtigkeit (Fn. 108); zum Wandel schon *Limbach* Vertragslehre (Fn. 184); *Schulte-Nölke* Reichs-

der Kodifikationsidee im Privatrecht sinkt,[264] das Öffentliche Recht hat einen massiven Dogmatisierungsschub[265] erfahren, die Methodenlehre wird gesamtdisziplinäres Gemeingut,[266] und gemischt privat-/öffentlich-rechtli-

---

justizamt (Fn. 184); *Matthias Weller* Political Private International Law, in: Jürgen Basedow/Eva-Maria Kieninger/Giesela Rühl et al. (Hrsg.) European Private International Law, 2019; es kommt dabei offensichtlich zu institutionellen Ungleichzeitigkeiten, in denen Teile der Privatrechtswissenschaft im Sinne einer *Avantgarde* Abschied von einst grundlegenden privatrechtswissenschaftlichen Vorstellungen nehmen, während diese anderwärts für nach wie vor prägend und sinnstiftend gehalten werden. Dass sich Modelle eines funktionalen regulatorischen Rechtsdenkens (im Sinne *Hellgardts*) oder Vorstellungen weitreichender oder gar umfassender genuin zivilistischer Gleichbehandlungsansprüche (im materiellen Sinne *Rödls* und vor allem *Grünbergers* sowie auch im prozeduralen Sinne *Podszuns* Wirtschaftsordnung (Fn. 61)) bislang auf breiter Front durchgesetzt hätten, wird man kaum sagen können. So sehr diese Werke Beachtung erfahren haben und (kontrovers) diskutiert werden, so sehr wird man ihnen jedenfalls einstweilen noch eine disziplinäre Sonderstellung einräumen müssen.

[264] *Jürgen Basedow* in: Franz Jürgen Säcker/Roland Rixecker/Hartmut Oetker et al. (Hrsg.) Münchener Kommentar zum Bürgerlichen Gesetzbuch II, 7. Aufl. 2017, Vor § 305 Rn. 16; *Uwe Diederichsen* Wohin treibt die Produzentenhaftung?, NJW 1978, 1281 (1283 ff., 1291); *Wolfgang Eith* Zum Schutzbedürfnis gegenüber Allgemeinen Geschäftsbedingungen, NJW 1974, 16 (18 ff.); *Walter Löwe* Der Schutz des Verbrauchers vor Allgemeinen Geschäftsbedingungen – eine Aufgabe für den Gesetzgeber, in: Gotthard Paulus/Uwe Diederichsen/Claus-Wilhelm Canaris (Hrsg.) FS Larenz, 1973, 373 (389 f., 406 f.); *Thomas Pfeiffer* Die Integration von „Nebengesetzen" in das BGB, in: Wolfgang Ernst/Reinhard Zimmermann (Hrsg.) Zivilrechtswissenschaft und Schuldrechtsreform, 2001, 481 (483, 501 f., 522 ff.); *Gerhard Wagner* in: Franz Jürgen Säcker/Roland Rixecker/Hartmut Oetker et al. (Hrsg.) Münchener Kommentar zum Bürgerlichen Gesetzbuch VI, 7. Aufl. 2017, ProdHaftG Einl. Rn. 14, 17 ff.

[265] Sichtbar wird dieser vor allem, wenn auch nicht allein, in der Dogmatisierung des Verfassungsrechts, namentlich der Grundrechte, durch die Rechtsprechung des Bundesverfassungsgerichts und den sie nachvollziehenden „Verfassungsgerichtspositivismus" der Wissenschaft vom Öffentlichen Recht, klassisch dazu *Bernhard Schlink* Die Entthronung der Staatsrechtswissenschaft durch die Verfassungsgerichtsbarkeit, Der Staat 28 (1981), 161 ff.; für eine verwaltungsrechtliche Perspektive *Friedrich Schoch* Verwaltungsrechtswissenschaft zwischen Theorie und Praxis, in: Martin Burgi (Hrsg.) Zur Lage der Verwaltungsrechtswissenschaft, 2017, 11 (17 ff. mit der Forderung nach einer „aufgeklärten Rechtsdogmatik"); *Eberhard Schmidt-Aßmann* Verwaltungsrechtliche Dogmatik, 2013, 6 ff., 29 ff.; *Christoph Möllers* Methoden, in: Wolfgang Hoffmann-Riem/Eberhard Schmidt-Aßmann/Andreas Voßkuhle (Hrsg.) Grundlagen des Verwaltungsrechts, Bd. I, 2. Aufl. 2012, § 3 Rn. 35 ff. zu „Dogmatik und Systembildung".

[266] So ist der Bestand an öffentlich-rechtlich geprägter Methodenliteratur in den letzten Jahren merklich gewachsen, vgl. beispielsweise *Reimer* Methodenlehre (Fn. 243); *Franz Reimer* (Hrsg.) Juristische Methodenlehre aus dem Geist der Zeit?, 2016; *Michael Wrase* Zwischen Norm und sozialer Wirklichkeit: Zur Methode und Dogmatik der Konkretisierung materialer Grundrechtsgehalte, 2016; *Rolf Gröschner* Subsumtion – Technik oder Theorie, 2014; *Mike Wienbracke* Juristische Methodenlehre, 2013; *Eberhard Schmidt-Aßmann* (Hrsg.) Methoden der Verwaltungsrechtswissenschaft, 2004, sowie die Standard-

che Forschungskooperationen stellen die Bedeutung der Unterscheidung in Frage.²⁶⁷ Wir befinden uns insofern in einer disziplinären Übergangsphase, in der das Sprechen von der kategorialen Unterscheidung von Öffentlichem Recht und Privatrecht immer weniger sachliche Distinktionskraft und stattdessen immer mehr performative Wirkung hat. Von der Unterscheidung zu sprechen bedeutet dann, sie – wie auch immer – zu treffen.²⁶⁸

Wo also steht die Disziplin im Hinblick auf die Unterscheidung von Öffentlichem Recht und Privatrecht? Ein Blick in die Psychiatrie gibt Aufschluss. Die Schweizer Ärztin *Elisabeth Kübler-Ross* hat fünf Phasen des menschlichen Sterbeprozesses ausgemacht. Auf die Erkenntnis des nahenden Todes reagieren wir zunächst mit Leugnung, dann mit Zorn, Verhandlung, Depression und schließlich mit Akzeptanz.²⁶⁹ Ähnlich ergeht es uns mit dem Ende wissenschaftlicher Paradigmen.²⁷⁰ Dass das Paradigma der

---

werke der öffentlich-rechtlichen Methodenliteratur *Friedrich Müller/Ralph Christensen* Juristische Methodik, Bd. I, 11. Aufl. 2013 und *Reinhold Zippelius* Juristische Methodenlehre, 11. Aufl. 2012.

²⁶⁷ *Möslein* (Hrsg.) Regelsetzung (Fn. 89), mit Beiträgen aus öffentlich-rechtlicher und privatrechtlicher Perspektive, vielfach auch mit ausdrücklicher Verbundperspektive, ebd. etwa bei *Gunnar Folke Schuppert* Rechtswissenschaft als Regelungswissenschaft, 31 ff.; *Steffen Augsberg* Regelsetzung als staatlich-privat interaktiver Prozess, 95 ff. sowie bei *Alexander Hellgardt* Regelungsziele des Privatrechts, in: Florian Möslein (Hrsg.) Regelsetzung im Privatrecht, 2019, 121 ff.; s. weiter *Bumke/Röthel* Autonomie (Fn. 24); *dies.* Privates Recht (Fn. 116); *Alexander Hellgardt/Sebastian Unger* Aufsichtsrat und Anteilseigentum, ZHR 2019, 406 ff.; im Sinne eines fachsäulentranszendierenden Ansatzes arbeitet die Zeitschrift *Rechtswissenschaft* (<www.rechtswissenschaft.nomos.de> [Stand 9.9.2019]): „Nachdem sich die Rechtswissenschaft in der Vergangenheit immer weiter ausdifferenziert hat, stellt die neue Zeitschrift die Bezüge zwischen den einzelnen Fachgebieten in den Mittelpunkt. Ganz bewusst wollen wir einen Gegenpol zur zunehmenden Spezialisierung bilden und den Lesern auf diese Weise einen Überblick über den Stand der rechtswissenschaftlichen Forschung verschaffen"; institutionell ist etwa auf die *Wissenschaftliche Vereinigung für das gesamte Regulierungsrecht* (§ 7 Abs. 1 der Satzung lautet „Der Vorstand des Vereins besteht aus sechs Mitgliedern, darunter zwei geschäftsführende Vorstandsmitglieder, davon ein Vorstandsmitglied mit Schwerpunkt im öffentlichen Recht und ein Vorstandsmitglied mit Schwerpunkt im Privatrecht") sowie auf das (auch das Strafrecht umfassende) *Institut für intradisziplinäre Rechtsvergleichung* an der Ruhr-Universität Bochum (i. Gr.) hinzuweisen.

²⁶⁸ *Merryman* Distinction (Fn. 10), 4 weist zurecht darauf hin, dass jede Bearbeitung der Unterscheidung zugleich eine Form ihrer Bekräftigung, jedenfalls aber eine Bekräftigung ihrer Bedeutung ist: „Meanwhile statutes, decisions and doctrine that either assume or attempt to clarify the dichotomy continue to appear, embedding it ever deeper in the law".

²⁶⁹ *Elisabeth Kübler-Ross* On Death and Dying, 1969, s.a. *dies.* Interviews mit Sterbenden, 1971; ein Phasenmodell der Degenerierung der Unterscheidung auch bei *Kennedy* Distinction (Fn. 12), passim.

²⁷⁰ *Kuhn* Revolutionen (Fn. 157), 90 ff. zur individuellen Dimension solcher Paradigmenwechsel.

kategorialen Unterscheidung von Öffentlichem Recht und Privatrecht, *andante* zwar, aber doch *stringendo* seinem Ende entgegengeht, mögen wir leugnen und zornig bestreiten. Wir können über Kompromisse verhandeln oder in Depressionen verfallen. Das Ende aber ist unausweichlich, was zur Frage führt, was uns hinter dem Horizont der Unterscheidung erwartet. Zwei Aspekte möchte ich nennen:

Erstens steht uns eine Emanzipation des Verfassungsrechts aus der Domäne unseres Faches mindestens im Bereich der Grundrechte bevor, was der Wissenschaft vom Öffentlichen Recht noch manchen Zauberlehrlingsmoment bescheren mag. Schon jetzt zeigt sich, dass die Privatrechtswissenschaft mit Recht keine Scheu mehr vor dem Grundgesetz hat,[271] das verfassungsrechtliche Argument ist privatrechtlich salonfähig.[272] Unter diesen Voraussetzungen ist die Wissenschaft vom Öffentlichen Recht herausgefordert, sich auf die Spezifika des Privatrechts stärker als bislang einzulassen. Konstitutionalisierung ist nicht länger eine Einbahnstraße.[273]

Zweitens werden durch die Veränderungen im Verhältnis von Staat und Gesellschaft und damit in den Prämissen der Unterscheidung Forschungsthemen erkennbar, die sich nicht mehr an der Großtheorie einer kategorialen Unterscheidung von Öffentlichkeit und Privatheit orientieren. In den Blick rücken stattdessen Sachfragen „mittlerer Reichweite"[274], für die die Zuordnung zum einen oder anderen Rechtsgebiet immer weniger austrägt. Solche Fragen betreffen beispielsweise die Organisationsverfassung der

---

[271] Um nur ein Beispiel zu nennen: Zu Recht und selbstverständlich wurde die ‚Stadionverbotsentscheidung', BVerfG, 1 BvR 3080/09 v. 11.4.2018, auf einem (prinzipiell) öffentlich-rechtlich orientierten Internetblog aus privatrechtlicher und öffentlich-rechtlicher Perspektive besprochen, s. *Michael Grünberger* Warum der Stadionverbots-Beschluss weit mehr ist als nur Common Sense, abrufbar unter <https://verfassungsblog.de/warum-der-stadionverbots-beschluss-weit-mehr-ist-als-nur-common-sense/> (Stand 29.8.2019) sowie *Matthias Ruffert* Common sense statt strikte Dogmatik? Zutreffendes aus Karlsruhe zu Stadionverboten, abrufbar unter <https://verfassungsblog.de/common-sense-statt-strikte-dogmatik-zutreffendes-aus-karlsruhe-zu-stadionverboten/> (Stand 29.8.2019); s. außerdem den Besprechungsaufsatz des Regensburger Zivilisten *Hellgardt* Drittwirkung (Fn. 200), 901 ff.

[272] Vergleicht man die ausdrücklichen i.S.v. gliederungsmäßigen Bezugnahmen auf das Verfassungsrecht in den großen Beiträgen zum AcP, so ergeben sich zwischen 2014 und 2019 schon doppelt so viele Funde als im mehr als doppelt so langen Zeitraum zwischen 1970 und 1983.

[273] Aus historischer Perspektive dazu auch *Grimm* Verfassung (Fn. 17), 33 f.; für die Wechselwirkung zwischen einfachem Recht und Verfassungsrecht am Beispiel des Allgemeinen Verwaltungsrechts *Michael* Verfassung (Fn. 190), 140: „Stattdessen ist die überkommene Dichotomie zwischen Verfassungsrecht und einfachem Recht zu überwinden"; s. zur intradisziplinären Kommunikation auch *Jestaedt* „Öffentliches Recht" (Fn. 168), 277 ff.

[274] Zur Reichweitenunterscheidung wissenschaftlicher Theorien *Merton* Theorie (Fn. 133), 3 ff.

Zivilgesellschaft, namentlich die gemischt öffentlich-privatrechtliche Verfasstheit korporativer Gemeinwohlakteure.[275] Eng verbunden damit sind Fragen der vergleichenden Beschreibung, Bewertung und Beschränkung privater und staatlicher Macht und deren jeweiliger Verpflichtung auf das Gemeinwohl.[276]

Ein helles Licht, das uns Wege zu diesen Themen weist, wird uns aber erst scheinen, wenn wir von der Unterscheidung als kategoriale friedlich Abschied nehmen. Das ist mühsam, schmerzhaft und verlangt Mut. Eines aber ist sicher: Ein Leben nach der Unterscheidung ist nicht nur möglich, sondern sinnvoll.

---

[275] S. etwa aus jüngerer Zeit *Rainer Hüttemann* Empfiehlt es sich, die rechtlichen Rahmenbedingungen für die Gründung und Tätigkeit von Non-Profit-Organisationen übergreifend zu regeln?, in: Deutscher Juristentag (Hrsg.) Verhandlungen des 72. Deutschen Juristentages Leipzig 2018, Bd. I: Gutachten, G 1 – 104; im Themenbereich auch *Julian Krüper/Maximilian Kothe-Marxmeier* Stiftung und Grundgesetz, Die Stiftung 13, 2019, 25 ff.

[276] S. etwa *Möslein* (Hrsg.) Regelsetzung (Fn. 89).

Leitsätze des 2. Referenten über:

Kategoriale Unterscheidung von Öffentlichem Recht und Privatrecht?

I. Kirchmanns Stachel

(1) Die Frage nach der kategorialen Unterscheidung von Öffentlichem Recht und Privatrecht ist Teil der andauernden Selbstreflexion der Rechtswissenschaft über ihren Charakter als Wissenschaft und ihre Grundlagen.

(2) Die Themenstellung kann als Frage nach der Praxis der Unterscheidung, einer Theorie der Unterscheidbarkeit sowie als Frage nach der Funktion der Unterscheidung verstanden werden. Hier soll es vor allem um disziplinstrategische Funktionen der Unterscheidung gehen, die sich in der Sache nicht als kategoriale treffen lässt.

II. Die Grenzen der Unterscheidung – die rechtswissenschaftliche Perspektive

1. Leistungsgrenzen der Unterscheidung

(3) Öffentliches Recht und Privatrecht lassen sich nicht kategorial unterscheiden. Entgrenzungen zeigen sich auf der Ebene ihrer Geltungsgrundlagen, ihrer dogmatischen Figuren und ihrer funktionalen Verschränkungen. Sie werden außerdem durch Prozesse der Publifizierung des Privatrechts sowie der Privatisierung des Öffentlichen, seines Rechts und dessen Durchsetzung markiert.

(4) Die Unterscheidung bewahrt Distinktionskraft insoweit als im Kern des Öffentlichen Rechts die Begründung staatlicher Macht, im Kern des Privatrechts hingegen die Entfaltung individueller Willkür steht. Allerdings ist auch diese Entgegensetzung immer weniger distinktiv, weil zunehmend staatliche Macht relativiert und private Macht ‚öffentlichkeitswirksam' wird.

2. Strategien der Stabilisierung: Reduktion und Idealisierung

a) Reduzierung der Unterscheidung auf ihre dogmatische Seite

(5) Die Unterscheidung hat eine dogmatisch-praktische sowie eine theoretisch-disziplinäre Seite.

(6) Eine kategoriale Lesart der Unterscheidung wird gegen die Erkenntnis ihrer Leistungsgrenzen dadurch stabilisiert, dass sie im Alltag auf ihre dogmatische Seite reduziert wird, der es um die Qualifikation von Normen und die Begründung von Zuständigkeiten und Kompetenzen geht. Die Eindeutigkeit der Unterscheidung wird hier rechtlich erzwungen.

(7) Geht es um die Voraussetzungen und Grundlagen, um Kriterien und Dimensionen der Unterscheidung selbst, ist ihre theoretische Seite angesprochen, auf der die Unterscheidung begründet und entfaltet wird. Hier wird jene Komplexität angereichert, die auf der dogmatischen Seite strategisch reduziert wird.

b) Idealisierung von Begriffen, Akteuren und Konzepten

(8) Weitere Stabilisierung erfährt ein kategoriales Verständnis der Unterscheidung dadurch, dass die zugrunde gelegten Begriffe von Öffentlichem Recht und Privatrecht, die Bilder von Bürger und Staat sowie die Konzepte von Öffentlichkeit und Privatheit hochgradig idealisiert werden.

3. Die Frage nach dem Wozu der Unterscheidung

(9) Die Rede von der kategorialen Unterscheidung von Öffentlichem Recht und Privatrecht trägt nicht, da sie unter einem Auseinanderfallen von ‚Sein und Wollen' leidet. Dass gleichwohl an ihr festgehalten wird, legt die Vermutung nahe, dass sie verborgene Leistungen erbringt, die jenseits ihrer Distinktionskraft in der Sache liegen. Diese Leistungen werden durch eine wissenschaftstheoretische und wissenschaftssoziologische Fremdbeschreibung der Unterscheidung sichtbar.

III. Wozu unterscheiden? – die wissenschaftstheoretische Perspektive

1. Die Volatilität des Rechts als wissenschaftstheoretisches Problem

(10) Die wissenschaftliche Behandlung des Rechts muss gegen seine Volatilität durch eine wissenschaftstheoretische Kompensationsleistung plausibilisiert werden.

2. Die Überhöhung der gegenständlichen Systematizität als Kompensationsstrategie

(11) Diese Kompensationsleistung liegt in der Behauptung nicht allein methodischer, sondern gegenständlicher Systematizität des Faches, wie sie in der kategorialen Lesart der Unterscheidung zum Ausdruck kommt.

(12) Die allein historisch-sachgegenständliche Fundierung der Unterscheidung überschätzt deren inhaltliche Distinktionskraft und unterschätzt – nicht zuletzt wissenschaftsgeschichtlich – die Bedeutung einer Unterscheidung an sich.

(13) Die Betrachtung der Unterscheidung verursacht ein Dissonanzgefühl, da ihre sachliche Angemessenheit schwindet, gleichzeitig aber das Bedürfnis nach disziplinärer Stabilisierung über eine Grundunterscheidung fortbesteht.

(14) Das Festhalten an der Unterscheidung gelingt, weil eine Eigenschaft von Rechtsnormen in das Verständnis des Rechtssystems insgesamt interpoliert wird, nämlich ihre Kontrafaktizität. Die Kontrafaktizität der Unterscheidung richtet sich dabei gegen die offenkundigen Veränderungen im Verhältnis von Staat und Gesellschaft.

IV. Wozu unterscheiden? – die wissenschaftssoziologische Perspektive

(15) Über die Unterscheidung werden nicht nur Wissenschaftsgebiete, sondern auch Wissenschaftskulturen voneinander geschieden. Die Unterscheidung bildet zudem ein Feld, auf dem ein Hegemonialkonflikt um die Stellung als rechtswissenschaftliche Leitdisziplin ausgetragen wird.

1. Die Unterscheidung als solche von Wissenschaftskulturen

a) Wissenschaftskulturen als soziologisches Konzept

(16) Eine Wissenschaftskultur ist geprägt durch die Orientierung an Werten, Normen und Paradigmen sowie durch die Form, Organisation und den Produktionsmodus von Wissen. Wissenschaftskulturen sind also wert- und praxisgeprägt.

b) Rechtswissenschaftliche Demarkationslinien

aa) Politisch sein oder nicht sein

(17) Das Privatrecht und seine Wissenschaft verstehen sich traditionell als unpolitisch, wiewohl die Allokation von Wirtschaftsgütern „Herrschaftsfunktion" (Hans Kelsen) hat.

(18) Strategisch beansprucht die Privatrechtswissenschaft damit einen Bereich politischer Unverfügbarkeit ihrer Gegenstände. Der Rekurs auf die Privatautonomie als Leitidee sichert mindestens symbolisch einen Kernbereich privatrechtswissenschaftlicher Eigenverantwortung gegenüber publizistischer Kolonialisierung, vor allem in der Form grundrechtlicher Imprägnierung des Privatrechts.

(19) Daran zeigt sich auch, dass wissenschaftliche Paradigmen nicht allein ordnungsbildend für die jeweilige Wissenschaft als Institution sind, sondern zugleich identitätsbildend für diejenigen wirken, die in ihr forschen.

bb) Rechtswissenschaftskulturen (nicht) kodifizierter Rechtsgebiete

(20) Für die Wissenschaftskultur eines Rechtsfaches als Professionsdisziplin ist es prägend, ob und in welchem Maße es sich um eine Kodifikation schart, vor allem, wenn diese weite Teile des Curriculums dominiert und strukturiert.

(21) Der enge Bezug auf eine Kodifikation begründet ein spezifisches Verhältnis zur Methodenlehre und zur Dogmatik als Modus und Produkt juristischer Arbeit und fördert tendenziell eine Wissenschaft, die dogmatische Introspektion gegenüber konzeptioneller Theoriebildung favorisiert.

2. *Die Unterscheidung als Ausdruck eines wissenschaftlichen Hegemonialkonflikts*

a) *Strukturen und Konflikte im sozialen Feld der Wissenschaft*

(22) Wissenschaft ist ein soziales Feld, in dem Positions- und Machtkämpfe herrschen, bei denen es um die Formulierung und Durchsetzung von Deutungs- und Geltungsansprüchen geht.

b) *Die Unterscheidung als Auseinandersetzung zwischen Tradition und Moderne*

(23) Die Unterscheidung und ihre Perpetuierung lassen sich als Ausdruck einer Querelle des Anciens et des Modernes, also als Hegemonialkonflikt zwischen Tradition (Privatrecht) und Moderne (Öffentliches Recht) deuten.

(24) Der Hegemonialanspruch des Zivilrechts ruht auf einem Verständnis, das Tradition zur Quelle (wissenschafts-)institutioneller Legitimität macht. Für das Recht geht es dabei darum, ihm eine Art von Legitimität zu verleihen, die über die formale Legitimation durch Setzungsakt hinausreicht.

(25) Die Tradition, die dem Privatrecht Legitimität verschafft, wird durch die Privatrechtswissenschaft gepflegt, sodann für sich selbst reklamiert, zu einer institutionellen „Geltungsgeschichte" geformt und schlussendlich zu einem innerdisziplinären Vorranganspruch überhöht.

(26) Verstärkt wird dieser Vorranganspruch dadurch, dass die Methodenlehre vor allem in Auseinandersetzung mit dem Privatrecht entwickelt wurde. Der Anspruch, über die Methoden des Faches zu gebieten, ist aber zentral, da die Methode der Wissenschaft ihren Erkenntnisgegenstand mitkonstituiert, damit ihr Proprium mitbestimmt und eine spezifische Wissenschaftskultur prägt.

(27) Eine vergleichbar legitimitätsvermittelnde Traditionsquelle, wie sie das Privatrecht und seine Wissenschaft für sich fruchtbar machen können, scheint für das Öffentliche Recht nicht zu existieren bzw. nicht gepflegt zu werden.

(28) Der Eindruck einer fehlenden Traditionsquelle des Öffentlichen Rechts wird durch seine Verkürzung auf das Recht des konstitutionellen Staates befördert. Der hohe Grad an Institutionalisierung und politischer Relevanz, die dieser ihm verliehen hat, verleitet dazu, darin geradezu den Einsetzungsakt des Öffentlichen Rechts zu sehen. Das Öffentliche Recht bezieht seine Legitimität cum grano salis daher nicht aus Tradition, sondern aus Satzung.

(29) In der Entgegensetzung dieser Legitimitätsquellen bildet sich zugleich eine Veränderung des verfassungsrechtlichen Legitimationskontextes ab. Der demokratische Rechtsstaat kann Tradition als Quelle rechtlicher Normativität schlechter akzeptieren als der Absolutismus oder die konstitutionelle Monarchie. Er verlangt den rationalen Setzungsakt.

V. Hinterm Horizont geht's weiter

(30) Auch im Bereich der wissenschaftstheoretischen und -soziologischen Funktionen der Unterscheidung sind Relativierungen auszumachen, die belegen, dass sich Öffentliches Recht und Privatrecht nicht kategorial unterscheiden lassen.

(31) Wir befinden uns in einer disziplinären Übergangsphase, in der das Sprechen von der Unterscheidung immer weniger sachliche Distinktionskraft und stattdessen zunehmend performative Wirkung hat. Von der Unterscheidung zu sprechen bedeutet dann, sie – wie auch immer – zu treffen.

(32) Zukünftig zu erwarten ist erstens eine Emanzipation des Verfassungsrechts, mindestens der Grundrechte, aus der Domäne der Wissenschaft vom Öffentlichen Recht und eine Behandlung entsprechender Fra-

gen gemeinsam mit der Privatrechtswissenschaft: Konstitutionalisierung ist nicht länger eine Einbahnstraße.

(33) Zu erwarten ist zweitens ein Bedeutungszuwachs von Querschnittsmaterien, die bereits jetzt nicht mehr sinnvoll in nur einem der Fächer erörtert werden können. Dazu zählt etwa die Organisationsverfassung korporativer Gemeinwohlakteure sowie – damit eng verbunden – Fragen der vergleichenden Beschreibung, Bewertung und Beschränkung staatlicher und privater Macht und deren jeweiliger Verpflichtung auf das Gemeinwohl.

3. Aussprache und Schlussworte

Kategoriale Unterscheidung von Öffentlichem Recht und Privatrecht?

Ute Sacksofsky: Die beiden ausgezeichneten Referate haben hinreichend Kolleginnen und Kollegen motiviert, Beiträge zu leisten. Deshalb werden wir auch diesmal, wenig überraschend, die Ampel einstellen. Die meisten von Ihnen kennen das und wissen, wie es funktioniert. Ich stelle sie auf vier Minuten, das passt genau zur Zahl der Anmeldungen und stellt sicher, dass die beiden Referenten noch Zeit für ein Schlusswort haben. Die Diskussion gliedert sich in sechs Abschnitte. In den ersten drei Blöcken geht es um die Grundlagen, zunächst grundlegende Fragen zum Umgang mit der Unterscheidung von öffentlichem und privatem Recht, dann wird insbesondere das Zivilrecht in den Blick genommen, im Anschluss die Rolle der Geschichte beleuchtet. Wir befassen uns daraufhin mit den internationalen Einflüssen, schließlich werden spezifische Rückfragen jeweils zu dem Referat von Herrn *Somek* und zu dem Referat von Herrn *Krüper* gestellt. Wir beginnen mit den Grundfragen.

Dieter Grimm: Beide Referenten haben die Dichotomie von privatem und öffentlichem Recht verabschiedet, und daran führt, glaube ich, auch kein Weg vorbei. Deswegen braucht es heute keinen besonderen Mut mehr, diesen Schritt zu tun. Eine überzeugende Grenzziehung zwischen Öffentlichem Recht und Privatrecht ist niemals gelungen, und das liegt nicht an der Denkschwäche der Rechtswissenschaft, sondern daran, dass der zu ordnende Rechtsstoff sie nicht hergibt. Was es immer gab, war eine Gruppe von Rechtsverhältnissen und Rechtsnormen, die eindeutig privatrechtlich war, und eine Gruppe, die eindeutig öffentlich-rechtlich war. Aber diese eindeutigen Gruppen schrumpfen. Sie schrumpfen wegen der Veränderung der Staatsaufgaben und des Instrumentariums zu ihrer Lösung, sie schrumpfen im Zuge von Internationalisierung und Globalisierung, während die Grauzone dazwischen wächst. Die Dichotomie verabschieden heißt aber nicht die Unterschiede leugnen. Es gibt Unterschiede. Auf eine einfache Formel gebracht, liegen sie darin, dass das Privatrecht zur Verfolgung von Partikularinteressen ermächtigt, damit aber die Entstehung sozialer Machtpositionen in Kauf nimmt, während das Öffentliche Recht immer unter dem Anspruch der Gemeinwohlverwirklichung steht und dafür über Herrschaftsbefugnisse verfügt. Damit hat man ein Spannungsverhältnis, das ausgeglichen werden muss, und deswegen richtet sich die entscheidende Frage zum Verhältnis der beiden Bereiche an die Verfassung. Die Verfassung macht einerseits über die Grundrechte die Existenz eines Privatrechts notwendig und begrenzt entsprechend die öffentliche Gewalt. Aber sie zieht gleichzeitig dem Privatrecht im Gemeinwohlinteresse Grenzen und weist ihm seinen Ort zu. Die Verfassung überbrückt also den Gegensatz von Öffentlichem Recht und Privatrecht und stellt Kompatibilität zwischen diesen beiden Bereichen her. Das scheint mir eine bedeutende Funktion der Verfassung zu sein, die noch zu selten hervorgehoben wird.

Ulrich Jan Schröder: Ich würde eigentlich, so ungern ich es tue, Herrn *Grimm* widersprechen wollen, weil ich glaube, dass die Gegensätzlichkeit, die Sie geschildert haben, ja gerade das trägt, was man für eine Dichotomie braucht. Es geht bei der Unterscheidung von öffentlichem und privatem Recht nicht nur um die Zuordnung von Rechtssätzen, um unterschiedliche Rechtswege, um die Abgrenzung von Handlungsformen und wo diese verhandelt werden müssen, sondern es geht ja gerade um Bindungen, um die unterschiedlichen Regime für unterschiedliche Bindungsadressaten. Und hinter den unterschiedlichen Bindungen für Private im Verhältnis zu den unterschiedlichen Bindungen für den Staat stehen ja Abgrenzungen, die Herr *Somek* dargelegt hat, öffentliche Sphäre, politische Sphäre und Gesellschaft. Und diese Abgrenzung brauchen wir und wollen wir, glaube ich, auch. Das ist gar nicht zu hinterfragen. Die Frage ist nur: Ist die Unterscheidung der Bindungsintensitäten nicht auch jenseits dieser rein formalen Abgrenzung inhaltlich zu brüchig, oder wird sie brüchig? Gibt es Konvergenzen in den Bindungen, die wir diskutieren müssen und die problematisch sind? Und es gibt diese Konvergenzen – drei seien genannt: Das ist erstens, auch angesprochen von *Julian Krüper*, die Drittwirkung der Grundrechte. Inwieweit ist derjenige, der ein öffentliches Forum errichtet, jetzt wie ein Staat zu behandeln? Das sind wahrscheinlich die Momente, wo wir noch unsere Zauberlehrlingsmomente erleben, aber die können wir auch abwehren, wohlbegründet. Das sind zweitens die subjektiven Rechte. Eine Debatte, die auch engagiert geführt wird. Subjektive öffentliche Rechte, Public Enforcement und Private Enforcement. Private Enforcement kann im Extrem dazu führen, dass der Einzelne, wie es ja auch so schön heißt, zum Instrument der Durchsetzung des objektiven Rechts wird. Das wäre auch eine Verschleifung oder Verwässerung der Grenze von öffentlichem und privatem Recht. Und das ist drittens das öffentliche Interesse, der Gemeinwohlbelang, das Gemeinwohl. Auch da sind wir ganz weit weg vom 19. Jahrhundert. Heutzutage finden private Rechte, private Interessen ja ohne Weiteres Eingang in das öffentliche Interesse. Da muss man nur an das Baugesetzbuch denken. Herr *Häberle* hat ja auch in seiner Schrift „Öffentliches Interesse als juristisches Problem" dargelegt, wie beides verschwimmt. Soll das so sein? Macht uns das Schwierigkeiten? Inwieweit ist das legitim? Das sollte eigentlich die Fragestellung sein, die inhaltlich jetzt folgen muss. Sind diese Phänomene, die ich jetzt an drei Beispielen gezeigt habe, legitim? Darf der Staat solche Maßstabssynthesen vornehmen, oder darf die Dogmatik oder die Rechtswissenschaft sie billigen im Interesse eines schwachen Staats, vielleicht um einen vor dem Hintergrund internationaler Wirtschaftskonzerne und angesichts der Internationalisierung schwachen Staat doch wieder stark zu machen? Dankeschön.

Christoph Schönberger: Auch ich danke für zwei schöne Vorträge, die uns belehrt und unterhalten haben. Beide Vorträge waren Abschiedsvorträge. Beide haben noch einmal erklärt, warum diese Unterscheidung nicht funktioniert. Eigentlich ist dieser Abschied ja auf der theoretischen Ebene spätestens um 1900 längst vollzogen worden, ob das jetzt *Léon Duguit* in Frankreich auf der soziologischen Ebene war oder *Hans Kelsen* auf der Ebene der Rechtstheorie. Verschiedenste Theoretiker haben also doch eigentlich bereits vor über hundert Jahren genau das festgestellt, dass diese Unterscheidung auf einer theoretischen Ebene am Ende ist. Dem kann auch, glaube ich, gar nicht widersprochen werden. Das bemerkenswerte Phänomen ist aber doch, dass sie sozusagen ihr theoretisches Ende überlebt hat, so dass die eigentlich interessante Frage ist: Was machen wir mit der Unterscheidung nach ihrem Ende? Und insoweit finde ich, dass vielleicht beide Referate ein bisschen zu stark noch im Abschied befangen waren und gerade deswegen möglicherweise die Frage, was die Unterscheidung nach ihrem Ende noch bedeutet und bedeuten kann, nicht so stark in den Blick genommen haben, wie das vielleicht möglich gewesen wäre. Es war deswegen wohl kein Zufall, dass beide Referenten sich sehr stark noch einmal auf das, was ich jetzt mal Privatrechtsideologie nennen würde, eingeschossen haben. Natürlich haben sie das völlig zu Recht getan, was unter Öffentlichrechtlern auch leicht konsensfähig ist, insbesondere in Abwesenheit von Privatrechtlern. Man darf die privatrechtlichen Kollegen sicherlich nochmals darauf hinweisen, dass Privatrecht immer Gesellschaftsgestaltung war, auch schon im 19. Jahrhundert, dass also irgendeine Vorstellung von naturwüchsigem, gesellschaftsverwirklichendem Privatrecht versus intervenierendem Öffentlichen Recht immer pure Ideologie war; das ist ganz selbstverständlich. Aber was ist die Konsequenz? Und da würde ich doch fragen wollen, ob es nicht heute noch gewaltige Unterschiede gibt, je nachdem, ob eben das Gestaltungsinstrument „Öffentliches Recht" verwendet wird oder das Gestaltungsinstrument „Privatrecht". Das gilt doch insbesondere gerade auch für den Staat selbst, der ja immer noch häufig privatrechtliche Instrumente nutzt, um dadurch der einen oder anderen öffentlich-rechtlichen Bindung an die Kompetenzordnung und Ähnliches zu entgehen. Müssten wir also nicht auch aus einer theoretischen Perspektive diese fortbestehenden Unterschiede noch genauer erfassen? Machen wir es uns nicht ein bisschen zu einfach, wenn wir nochmals sagen, und zwar völlig zu Recht sagen: Auf einer theoretisch-konzeptionell-grundsätzlichen Ebene ist die Unterscheidung nicht zu halten. Vielen Dank.

Dirk Ehlers: Zu Recht ist ausgeführt worden, dass es eine Zweiteilung des Rechts in öffentliches und privates Recht nicht zwangsläufig geben muss, diese aber dem geltenden Recht zugrunde liegt und sachgerecht ist, wenn und soweit man zwischen Staat und Gesellschaft unterscheidet und daran festhält, dass für den zum Beispiel an das Demokratiegebot, das Rechtsstaatsprinzip, den Gesetzesvorbehalt oder die Grundrechte gebundenen Staat in nicht unerheblichem Ausmaße immer noch andere Maßstäbe gelten als die im – daran würde ich festhalten – Grundsatz Autonomie genießenden Privaten. Die Ausformung des Öffentlichen Rechts geht nicht zuletzt auf einen dialogischen Prozess von Gerichtsbarkeit und Wissenschaft zurück. Wenn man das aufgeben würde, dann müsste man konsequenterweise die maßgeblich an diesem Prozess beteiligte Verwaltungsgerichtsbarkeit abschaffen und auch unsere eigene Disziplin als eigenständiges Teilgebiet der Rechtswissenschaft in Frage stellen. Aber soweit wird niemand gehen wollen. Dennoch haben beide Referenten zutreffend darauf hingewiesen, dass es zahlreiche Verschränkungen der zusammen die Rechtsordnung bildenden öffentlichen und privaten Rechtsregime gibt. Und ich denke, heute Nachmittag werden wir davon noch mehr hören. Wenn dem so ist, stellt sich die Frage, ob es auch gemeinsames Recht gibt, wie schon vor Jahrzehnten von *Bettermann* und *Bachhof* und mit etwas anderer Akzentsetzung von *Bullinger* vorgebracht worden ist. Meines Erachtens trifft das zu. Gerade im Wirtschaftsrecht sollen nicht ganz selten dieselben einfachgesetzlichen Bindungen in beiden Rechtskreisen gelten. Als pars pro toto für viele Fallgestaltungen kann man (wie schon erwähnt) etwa auf das Wettbewerbs- und Kartellrecht, das Insolvenzrecht, die Tatbestände der Gefährdungshaftung oder die allgemeinen Grundsätzen von Treu und Glauben hinweisen. Formuliert sind diese Regelungen aber oftmals nur in Jedermann-Sätzen, die bei Zugrundelegung der traditionellen Abgrenzungskriterien dem Privatrecht zugewiesen werden müssen. Manchmal gibt es Transfernormen nach Art des § 185 GWB für die öffentlich-rechtlich handelnde Verwaltung, obwohl in dieser Norm jetzt seit einiger Zeit ausdrücklich die Gebühren und Beiträge wieder ausgenommen worden sind. Wenn wir so etwas nicht haben, bleibt nur der Weg, die Regelung entweder im Wege des Analogieschlusses oder, sehr viel näherliegend, als verallgemeinerungsfähigen Rechtsgedanken in das Öffentliche Recht zu übertragen. Im Ergebnis gelangt man jedenfalls zu Regelungen, die beiden Rechtskreisen gemeinsam sind. Das gemeinsame Recht ist keine dritte Kategorie zwischen öffentlichem und privatem Recht, sondern je nach Sachzusammenhang, in dem es aktuell wird, dem einen oder anderen Rechtsgebiet zuzuordnen. In Rechtsprechung und Schrifttum hat diese Art der Zuordnung auch in der Debatte über Auffang- und Verbundordnung bisher keine große Rolle gespielt. Es würde mich freuen, wenn dem mehr Aufmerksamkeit geschenkt werden könnte. Nicht nur theoretisch, sondern auch dogmatisch.

Christoph Engel: Herr *Grimm* hat mich zu dem Satz provoziert: Die Dichotomie zwischen Privatrecht und Öffentlichem Recht ist tot, es lebe die Dichotomie zwischen Öffentlichem Recht und Privatrecht. Warum scheint es mir sinnvoll, dass wir den Kampf um die Grenze nicht für erledigt erklären, sondern im Gegenteil darauf achten, dass er stattfindet? Es geht um ganz unterschiedliche Perspektiven auf dieselben sozialen Vorgänge. Aus der einen Sicht, der des Privatrechts, ist man besorgt um den Missbrauch der Macht von Politikern. Aus der Sicht des Öffentlichen Rechts ist man besorgt um den Missbrauch der Macht von Märkten. Dahinter steht ein sehr unterschiedliches Wirklichkeitsverständnis. Man hat auf der einen Seite die Sorge, dass das, was wir gestalten wollen, immer so unvorhersehbar ist, dass die Dezentralität, die die Märkte hineinbringen, die beste Antwort ist. Auf der anderen Seite steht die Sorge, dass man, wenn man die Märkte machen lässt, am Ende nicht die besten Lösungen für die sozialen Probleme bekommt, sondern die größte Bereicherung der Mächtigsten. Beide Sorgen sind berechtigt. Das, was wir brauchen, ist ein Widerstreit beider Interpretationen derselben Vorgänge. Und das sollte nicht nur auf hochabstraktem theoretischen Niveau geschehen. Wir sind sehr gut beraten, dass wir zwei Teilrechtsordnungen pflegen, die hoch entwickelte Lösungen vorschlagen, wenn man die eine gegenüber der anderen Interpretation präferiert. Deshalb mein Plädoyer: Freuen wir uns am Kampf mit den Zivilrechtlern.

Markus Kotzur: Vielen Dank. Beide Referate haben, Herr *Schönberger* hat das gerade schon ausgeführt, angeknüpft an die Aufgabe einer kategorialen Unterscheidung, die es so nicht mehr gibt und so vielleicht auch nicht mehr geben kann, und sie haben uns Gründe geliefert, warum die Unterscheidung ihren theoretischen Tod dennoch überlebt hat. Wir brauchen sie als Legitimationserzählung. Wir brauchen sie vielleicht zur Vermessung der Welt des Rechts und wir brauchen sie, wie Herr *Engel* gerade angedeutet hat, auch, um aus unterschiedlichen Perspektiven auf die gleichen Wirklichkeiten zu blicken. Und dieses Blicken auf die Wirklichkeit hat mit meiner Vorfrage zu tun. Ich glaube, es gibt in unserer Diskussion noch einen anderen großen Elefanten im Raum, den Herr *Krüper* ganz am Schluss seines Vortrages benannt hat, nämlich die kategoriale Unterscheidung zwischen Öffentlichkeit und Privatheit: Eine Unterscheidung, die es in dieser Trennschärfe auch nie gab und auch nie geben kann, die aber in dem Globalisierungszeitalter, in dem wir leben, noch viel stärker verschwimmt und herausgefordert wird durch die Veröffentlichung von früher für privat Gehaltenem. Man denke an die sozialen Medien, an andere Funktionszuschreibungen von Öffentlichkeit, an die Rolle von Citoyen und Bourgeois und so weiter und so fort. Meine Frage an beide Referenten wäre, ob diese kategoriale Unterscheidung von Öffentlichkeit und Privatheit, die in den Rechtswissenschaften, Sozialwissenschaften, Politikwissenschaften ja auch intensiv diskutiert wird, für ihre Unterscheidungsfrage, für ihr Denken in Dichotomien oder zur Aufgabe von Dichotomien eine entscheidende Rolle gespielt hat oder spielen sollte. Vielen Dank.

Joachim Lege: Es fällt schwer, nach diesen beiden fulminanten Referaten auf gleicher Höhe etwas beizutragen. Ich will es in einem ersten Schritt versuchen mit dem Begriff Pragmatismus – *Alexander Somek* hat ihn ja in die Debatte geworfen. Pragmatismus heißt knapp gesagt: Die Bedeutung von Begriffen ergibt sich aus ihren praktischen Konsequenzen. Das ist die Kernaussage des philosophischen Pragmatismus. Also müssen wir fragen nach den praktischen Konsequenzen der Begriffe „Öffentliches Recht" und „Privatrecht", und wenn wir dann nur beim Rechtsweg landen, ist dies, wie Herr *Somek* sagen würde, reichlich uncool. Deshalb im zweiten Schritt die nächste Frage: Was sind Kategorien? Kategorien sind, im kantischen Sinn, „Bedingungen der Möglichkeit" von etwas. Fragt sich also: Öffentliches Recht und Privatrecht – was macht diese „kategoriale Unterscheidung" möglich? Jetzt will ich auf das übergreifen, was Herr *Krüper* subkutan angesprochen hat, nämlich die Systemtheorie. Die Kategorien „Öffentliches Recht" und „Privatrecht" dienen wohl vor allem dazu, gesellschaftliche Funktionen genauer auszudifferenzieren, nämlich einerseits die Politik (Öffentliches Recht), andererseits die Wirtschaft (Privatrecht). In einer Ihrer Thesen hatten Sie dann übrigens die politische Macht als Macht bezeichnet, die wirtschaftliche Macht aber nicht als Macht. Das ist mir aufgefallen. – Nächster Schritt: Wenn Öffentliches Recht und Privatrecht Kategorien der Möglichkeit bestimmter gesellschaftlicher Verhältnisse sind, dann ist völlig klar, dass es historische Kategorien sind. Und dann sind sie eben auch relativ zu diesen Verhältnissen und nicht in irgendeiner Weise apriorisch in Ewigkeit gemeißelt. Es sind historisch abhängige

Kategorien einer bestimmten Funktion des Rechts in der Gesellschaft und für die Gesellschaft, für ihre verschiedenen Funktionssysteme, hier: für die Trennung von Wirtschaft und Politik. Man könnte daher die beiden Referate zusammenfassen als eine – in Marburg sehr passend – historisierende Rechtsschule in Bezug auf die beiden Kategorien „Öffentliches Recht" und „Privatrecht". Ich komme jetzt aber auf die pragmatische Frage zurück: Was folgt daraus? Und es wurde schon angesprochen, dass bei beiden Referenten ein resignativer Unterton herrschte. Deshalb jetzt nochmals mit *Kant:* Was können wir wissen, was sollen wir tun? Was dürfen wir hoffen, was sollen wir tun? Herr *Ehlers* hat schon einen Vorschlag gemacht zu „Was sollen wir tun": Wir sollten, wenn nicht nach einer dritten Kategorie, so doch nach einem Gemeinsamen von Öffentlichem Recht und Privatrecht suchen – und dann schauen, wie man dort Kriterien entwickelt. Insofern wäre mein Vorschlag, dass in diesem dritten Bereich etwas getan werden sollte, das neuerdings unter dem Stichwort „Kontextualisierung" in die Debatte geworfen wird. Wir müssen einfach einmal anfangen, ein besseres Fallrecht zu machen. Ein besseres Fallrecht, das die Lebensverhältnisse stärker würdigt als irgendwelche Formeln mittlerer Abstraktionshöhe, unter die sich das eine wie das andere gut subsumieren lässt. – Letzter Punkt: Was dürfen wir hoffen? Herr *Krüper*, Sie haben so schön gesagt: Es geht weiter. Womit? Ich will in die Debatte werfen: Es geht in beiden Bereichen, im Öffentlichen Recht und im Privatrecht, letztlich um den Umgang mit Macht. Deshalb wird sich für uns immer die Frage stellen: Wie halten wir es, als Rechtswissenschaft, mit der Macht? Wollen wir ihr eher dienlich sein oder wollen wir sie eher kontrollieren? Wir sollten das letztere wollen. Aber es mag sein, dass die Rolle des Rechts in der Gesellschaft insgesamt schon stark an Bedeutung verloren hat. Auch *Luhmanns* „Recht der Gesellschaft" endet ja in diesem resignativen Ton. Vielen Dank.

Ute Sacksofsky: Damit haben wir den grundlegenden Block zum Abschied von oder zum Leben der Unterscheidung von privatem und öffentlichem Recht beendet und würden jetzt insbesondere das Zivilrecht in den Blick nehmen.

Christoph Möllers: Vielen Dank. Zwei Punkte: Einer zum Letzten, zur Methode, und dann einer zum Zivilrecht. Vielleicht wäre es ganz gut gewesen, nochmal darüber nachzudenken, was eigentlich die Erwartungen an einen Begriff sind. Also zu klären, wann kollabiert eine Unterscheidung und was ist der Gegenbegriff zu einer *kategorialen* Unterscheidung, wie sie im Titel der Referate steht: eine graduelle Unterscheidung? Vielleicht hätte man dann auch herausgefunden, dass die Unterscheidung zwischen Öffentlichem Recht und Privatrecht gar nicht so schlecht funktioniert, wenn man die Erwartungen an sie angemessen bestimmt. Wenn man aber eine Unterscheidung so sehr unter das Mikroskop legt, wie wir es getan haben, dürfte sie sich immer als allenfalls graduell erweisen. Vielleicht haben wir dann gar keine kategorialen Unterscheidungen mehr. Und vielleicht sind Theorien, die eine Unterscheidung verabschieden, die sich so zäh hält, einfach keine guten Theorien. Vielleicht bräuchten wir stattdessen Theorien, die sich damit abfinden, dass wir die Unterscheidung praktisch brauchen, und darum an diese anknüpfen. Zweitens zum Zivilrecht und da zu Herrn *Krüper*. Sie haben ja so ein bisschen, Herr *Schönberger* hat es auch schon angedeutet, Wissenssoziologie auf Kosten von Abwesenden gemacht, und ich finde, wenn man das macht, dann muss man sehr genau empirisch arbeiten. Dann muss man sagen: Hier sind Texte, die quasi naturrechtliche Unterscheidungen machen und diese Texte sind auch für das Fach repräsentativ: *Das* ist der Diskurs im Zivilrecht. Mein Eindruck vom Diskurs im Zivilrecht ist anders. Ich kenne keine Zivilrechtler, die glauben, sie würden das Römische Recht verwalten und es letztlich fortsetzen, und die dabei so eine eigentümliche Mischung aus *Lockes* Eigentumstheorie und *Ulpian* betreiben. Nach meinem Eindruck weiß man im Zivilrecht, was man tut, und weiß auch, wie relativ gemacht und künstlich das ist. Wenn Sie trotzdem nachgewiesen hätten, dass der Diskurs so antiquiert operiert, dann müsste man aber auch noch einen Mechanismus finden, der erklärt, dass ein solcher Diskurs die Disziplin auch wirklich, wie beschrieben, intern stabilisiert. Es erscheint ja erstmal seltsam, dass ein so altmodischer Diskurs eine solche Wirkung haben soll. Er könnte ja auch destabilisierend wirken. Ein solcher erklärender Mechanismus für Ihre These hat mir gefehlt. Aber liegt die Identität des Zivilrechts wirklich im Glauben an Römisches Recht oder Naturrecht? Ich vermute, sie liegt vielmehr darin, dass das Zivilrecht für die Organisation des Kapitalismus zuständig ist, dass das marktförmige Wirtschaften in seinen Formen betrieben wird, dass das Zivilrecht weiß, wie eine Kapitalgesellschaft und wie ein Vertrag funktioniert. Das ist für unsere gesamte Gesellschaft offensichtlich sehr, sehr wichtig, ja existenziell. Deutlich wichtiger als das Strafrecht und vielleicht in der öffentlichen Wahrnehmung auch wichtiger – zu Unrecht oder zu Recht, darüber kann man ja streiten – als die Frage, wie politische Institutionen oder die Verwaltung funktionieren. Das ist es, was den zivilrechtlichen Diskurs definiert und was ihn so zentral und, wenn man so will, hegemonial macht. Darüber nicht zu reden, also über das Wirtschaften im Kapitalismus nicht zu reden, wenn man über das Zivilrecht spricht, scheint gar nicht möglich zu sein.

Hartmut Bauer: Wir sollten unsere Debatte um einen Seitenblick auf die Zivilrechtswissenschaft ergänzen: Die Zivilrechtslehrervereinigung hat vor zwei oder drei Wochen in Hamburg ihre diesjährige Tagung abgehalten. Das

Generalthema war „Gemeinwohl und Privatrecht". „Gemeinwohl und Privatrecht" ist zwar nicht deckungsgleich mit „Öffentliches Recht und Privatrecht", überschneidet sich in der Sache aber erkennbar mit unserem Generalthema. Die Koinzidenz bestätigt nicht nur die Aktualität des Gegenstands, sondern verweist auch auf gemeinsame wissenschaftliche Interessen. Offenbar führen die Publifizierung des Privatrechts und die Privatisierung des Öffentlichen zu einer Annäherung der Rechtsgebiete. Das legt an sich eine Annäherung der Wissenschaften nahe. Gleichwohl haben weder die Zivilrechtslehrer noch die Staatsrechtslehrer den Kontakt zu der jeweils anderen Vereinigung gesucht, Vertreter des jeweils anderen Fachs eingeladen oder gar um einen Vortrag gebeten. Die Abwesenheit von Privatrechtlern kann leicht verzerrte Wahrnehmungen nach sich ziehen. Das betrifft insbesondere die „Privatautonomie", die als Ordnungsidee und Leitbild bei ernstzunehmenden Zivilrechtslehrern längst deutlich relativiert ist. Der heute erreichte Stand des Arbeitsrechts, des Mietrechts, des Verbraucherschutzrechts usw. ist Ergebnis eines sozialen Ordnens im Privatrecht, das weit über eine nur marginale soziale Imprägnierung hinausgeht. Teilweise handelt es sich – wie beim Mindestlohn – im Grunde um „Sozialrecht". Die Nichtbeteiligung von Zivilrechtlern überrascht auch deshalb, weil wir viele gemeinsame Rechtsinstitute haben: Herr *Krüper* hat den Vertrag genannt, die subjektiven Rechte sind ein anderes Beispiel. Selbst eine vermeintlich so spezifisch öffentlich-rechtliche Kategorie wie das „Ermessen" gibt es auch im Bürgerlichen Recht. Und doch findet zu den gemeinsamen Grundfragen ein grenzüberschreitender intradisziplinärer Gedanken- und Erfahrungsaustausch kaum statt. Der Befund leitet zwanglos über zu der Anregung, künftig bei geeigneten Gegenständen zivilrechtliche Kollegen einzubeziehen oder weitergehend sogar eine gemeinsame Tagung von Staats- und Zivilrechtswissenschaftlern in Betracht zu ziehen. Perspektive ist die Rückbindung an eine Allgemeine Rechtslehre, die die Teildisziplinen zusammen hält und zur Transparenz der Gesamtrechtsordnung beiträgt. Privatrecht und Öffentliches Recht können davon nur profitieren. Vielen Dank!

Ute Sacksofsky: Vielen Dank. Wir würden dann zur Rolle der Geschichte für die Unterscheidung kommen.

Florian Meinel: Ja, vielen Dank. Ich habe zunächst eine Frage zur historischen Erzählung von Herrn *Somek*. Herr *Somek*, ich stimme Ihnen völlig zu, dass die emanzipatorische Vorstellung von Öffentlichem Recht etwas mit der Erfahrung der Kontingenz des Sozialen zu tun hat und deswegen eine absolutistische Genese hat. Ich bin mir aber nicht so sicher, ob die Wiederholung dieser emanzipatorischen Vorstellung von Öffentlichem Recht und das Beharren auf der Kontingenz des Sozialen heute noch einmal gelingen kann, indem man die unterschiedlichen Qualitäten von Öffentlichem und Privatrecht auf die Unterscheidung von Imperium und Freiheit bezieht. Mir scheint es doch den wichtigen Zwischenschritt auszulassen, den wir nach dem Absolutismus im Verfassungsstaat gegangen sind, nämlich, dass wir das Problem gewissermaßen institutionalisieren, z.B. durch Wahlen und Parlamente, bei denen es für die Kontingenz des Sozialen und dessen Gestaltbarkeit nicht so sehr darauf ankommt, in welchen Formen, also mit welchen Rechtsformen sie herrschen, sondern dass sie formal Autorität haben und vor allem durch Wahlen autorisiert sind. Wiederholen wir deshalb nicht mit diesem Beharren auf der absolutistischen Genese die institutionelle Leere des Absolutismus? Dann habe ich noch eine Rückfrage zu These 18 von *Julian Krüper*. Dort heißt es, dass gerade die Privatrechtswissenschaft einen Bereich politischer Unverfügbarkeit ihrer Gegenstände beansprucht. Über die Wissenschaftssoziologie zu Lasten Abwesender möchte ich jetzt nicht weiter reden. Doch haben wir nicht im deutschen Öffentlichen Recht einen solchen Bereich politischer Unverfügbarkeit unserer Gegenstände selbst in hohem Maße, über die wir zunächst einmal reden sollten? Mir schien es immer so zu sein, dass die deutsche Vorstellung von Öffentlichem Recht und ihre Unterscheidung vom Privatrecht in hohem Maße getragen wird von einer historisch eigentlich unveränderlich gedachten Vorstellung davon, was Verwaltung ist. Also von der Vorstellung, dass die öffentliche Verwaltung eben gerade so sein muss, wie sie in Deutschland immer war, das heißt dezentral-föderal organisiert, mit dieser Vielzahl eigenwilliger Verwaltungsträger (Körperschaften, Anstalten, Stiftungen usw.), paradoxerweise also eigentlich gar nicht diesem Weberianischen Ideal entsprechend, und die eben gerade deswegen nur durch das zu steuern ist, was wir Öffentliches Recht nennen. Wir nennen es Öffentliches Recht, weil wir nur mit diesem Öffentlichen Recht über Vorrang und Vorbehalt des Gesetzes gerade diese deutsche Art von Verwaltung steuern zu können glauben. Das aber wiederum würde zur Folge haben, dass wir einfach im Kern unseres Faches eine sehr feste Vorstellung davon haben, dass unsere Gegenstände unveränderlich und unverfügbar sind. Vielleicht noch stärker als das Zivilrecht.

Hinnerk Wißmann: Herzlichen Dank. Beide Referenten haben nach meinem Eindruck die Vorlage des Vorstands dankend angenommen: Mit dem Wort „kategorial" ist das Thema so hoch gehängt, dass man es dann relativ souverän für erledigt erklären kann. Entsprechend nimmt auch die Diskussion jetzt den erwartbaren Verlauf, indem eingefordert wird, dass man an vielfachen Stellen ein „Dennoch" einfügen muss. Ich möchte zunächst zu einem historischen Detail noch einmal nachfassen. Wie kommt es jetzt zunächst zu dieser ja sehr deutschen Trennung von Öffentlichem Recht und

Privatrecht? Ich würde gerne noch einmal vertiefend nachfragen, welche Rolle die Idee der Kodifikation dabei spielt. Denn von dort aus teilen sich ja die materiellen Rechtsgebiete mit besonderem praktischem Nachdruck. Das kann man für Deutschland insbesondere am BGB zeigen. Ich würde dazu neigen zu sagen, es gibt auch bei der Kodifikation ein Vorher und ein Nachher, das heißt, die Kodifikation ist entgegen einer öffentlich-rechtlichen Wahrnehmung nicht so sehr ein Ereignis, sondern mehr ein Prozess. Erstmal ist das schon für das BGB ganz gut zu zeigen, das eine lange, fast hundertjährige Vorgeschichte hat. Und damit beginnt aber im Grunde erst die Wirkungsgeschichte dieser Kodifikation, weil dadurch eine relative Autonomie geschaffen wird. Die Systematisierung dieser in sich konsistenten Regelung gewinnt einen Eigenwert, der gegenüber dem ständig veränderlichen Öffentlichen Recht eben auch eine stärkere dogmatische Kraft hat und einen Eigenstand gewinnt. Würden Sie dieser Beobachtung zustimmen? Ich würde das dann gerne mit einer zweiten, auf die Zukunft gerichteten Frage verbinden. Die Dekonstruktion, die Sie beide geliefert haben und die wohl weitgehend konsensfähig ist, erübrigt ja noch nicht die Frage nach dem Wert einer dennoch bestehenden relativen Autonomie von Rechtsgebieten. Ich würde gerne die These vertreten, dass es geradezu kontraproduktiv wäre, dem Wunsch nach Publifizierung des Zivilrechts nachzugeben, weil jeweils die Schärfe der Argumentationskraft abnimmt, wenn man alles in einen großen Topf wirft und am Ende nur noch mit Abwägungen zwischen Höchstwerten operiert. Der Eigenwert einer wissenschaftlichen Distanz zu den handelnden Akteuren nimmt dadurch notwendig ab. Das wäre doch vielleicht ein Proprium, wo wir uns mit der Privatrechtswissenschaft verbünden können: Dass es darum geht, dass Recht nicht nur in den Händen der Akteure liegt, die es setzen oder praktisch anwenden, sondern, dass der Sinn einer Rechtsordnung sich gerade darin entfaltet, dass wir diese Akteure im rechtssystematischen Diskurs kontrollieren. Vielen Dank.

Ute Sacksofsky: Vielen Dank. Wir würden damit zum Abschnitt „Internationalisierung" bzw. „Rechtsvergleichung" kommen.

Armin von Bogdandy: Ich habe beiden Referaten entnommen, dass, will man heute noch mit Leidenschaft Öffentlichrechtler sein, man in die Welt jenseits des Staates gehen muss. In Deutschland hat sich ein Öffentliches Recht im Sinne des Grundgesetzes gegen ein allzu harsches Privatrecht durchgesetzt. Jenseits des Staates sieht das anders aus. Dort gibt es transnationales Privatrecht, von manchen als *lex mercatoria* bezeichnet, das sicherlich zu wenig von einem transnationalen Öffentlichen Recht auf Gemeinwohlinteressen verpflichtet wird und das viele gesellschaftliche Verwerfungen produziert. Nun habe ich beiden Referaten entnommen, dass also diese Leidenschaft hoffnungslos sein könnte. Ich entnahm beiden ein Verständnis für das Öffentliche Recht jenseits des Staates, das man mit *Donald Trump* zusammenfassen kann. Der hat gesagt, wer ihn auf internationale Verpflichtungen anspreche, der solle seinen Fernseher anmachen und ihn in Ruhe lassen. Danach kann man kaum auf eine öffentlich-rechtliche Bändigung privatrechtlich organisierter Interessen hoffen. In diese Richtung habe ich beide Referate verstanden. Deshalb die Frage zunächst an *Alexander Somek*: Im Öffentlichen Recht, das entnehme ich Deinem Referat, geht es um die Organisation und Ausübung kollektiver Autonomie. Diese Autonomie und damit ein Öffentliches Recht, so verstand ich Dich, braucht ein Wir und ein Uns. Hier möchte ich nachfragen: Gibt es jenseits des Staates nicht doch schon Öffentlichkeiten, die so viel hergeben, dass man in einem rekonstruktiven Ansatz jenseits des Staates ein Öffentliches Recht bauen kann? Und, ganz im Sinne Deines Begriffs der Performativität: Haben wir dabei nicht sogar eine Rolle? An Herrn *Krüper* geht dieselbe Frage in einer etwas anderen Fassung: Ich hatte den Eindruck, dass für Sie das Öffentliche Recht daran hängt, dass es eine Verfassung implementiert. Wenn es jenseits des Staates keine Verfassung gibt, kann es dann dort auch kein Öffentliches Recht geben? Kann es keine gemeinsame Verfolgung von Gemeinwohlinteressen gegen ein allzu selbstbezügliches transnationales Privatrecht geben?

Norman Weiß: Vielen Dank für zwei sehr interessante Referate, die, und damit knüpfe ich an das an, was Herr *von Bogdandy* gerade gesagt hat, für mich einen sehr stark national gesehenen Argumentationsraum hatten. Staat – Verfassung – Gesellschaft – Öffentlichkeit, alles Begriffe, die doch sehr, und auch die bisherige Diskussion hat das gezeigt, sehr national gedacht werden. Trifft das eigentlich noch zu? Zumindest für uns als Mitglied der Europäischen Union angesichts der daraus resultierenden Veränderungen in allen diesen Bereichen? Und als zweite Frage: Die Rechtsakte der Europäischen Union, die ja insbesondere auch in das Zivilrecht einwirken, die ja auf einem politischen Kompromiss von 28 oder demnächst 27 Vorstellungen zu diesen Themen beruhen, lassen die sich denn so über unseren Leisten schlagen, was wir als Öffentliches Recht und als Privatrecht verstehen? Oder spielen da nicht ganz andere Einflüsse hinein, die dann aber eben unser Privatrecht auch transformieren? Vielen Dank.

Harald Eberhard: Herzlichen Dank. Ich kann hier nahtlos anschließen. Beide sehr eindrucksvollen Referate haben letztlich die Rolle des Verfassungsrechts im Hinblick auf die Unterscheidung von Öffentlichem Recht und Privatrecht angesprochen – dies freilich in sehr unterschiedlicher Stoßrichtung. Während *Alexander Somek* in der Relevanz der Verfassung gerade das Gegenmodell zum Privatrecht sieht, klingt bei *Julian Krüper* ausweislich seiner These 32 die Emanzipation des Verfassungsrechts, jedenfalls aber der Grundrechte, von der Domäne der Wissenschaft des Öffentlichen Rechts an. Wenn man dies nun vor die Folie der Internationalisierung stellt, ergibt sich ein ambivalentes Bild, wiederum mit dem Verfassungsrecht als Bezugspunkt. Einerseits ist im Besonderen im Lichte der Konstitutionalisierung des europäischen Unionsrechts, bei der es vor allem um die Rolle der Grundrechte geht, die sowohl auf Gebiete des Öffentlichen als auch des Privatrechts einwirken, eine Nivellierung der Unterscheidung zu erkennen. Andererseits sind jene Gestaltungsspielräume, die diese Europäisierung den nationalen Systemen lässt, wesentlich mit der Unterschiedlichkeit der Gestaltungsinstrumentarien verbunden und stützen ein differenziertes System auch weiterhin. Wenn dem so ist, dann könnte man in Anlehnung an *Mark Twain* jedenfalls sagen: Die Nachrichten vom Ableben dieser Unterscheidung sind stark übertrieben. Vielen Dank.

Christian Heitsch: Herzlichen Dank. Ich möchte kurze rechtsvergleichende Ausführungen machen zur Rolle der Unterscheidung von öffentlichem und privatem Recht im System der britischen Kontrolle des Handelns öffentlicher Stellen. Vorausschicken möchte ich, dass vielfach spezialgesetzlich vorgeschrieben ist, dass diese rechtliche Kontrolle stattfindet vor besonderen Entscheidungsstellen („tribunals") oder sonst benannten Stellen. Das gilt z.B. für das Baurecht, für das Umweltrecht und für das Ausländerrecht. Und die eigentliche gerichtliche Kontrolle kommt nur zum Zuge, wenn entweder kein „tribunal" zuständig ist oder gegen die Entscheidungen dieser „tribunals". Zuständig sind dann generalistische Richter, in erster Instanz der High Court in London. Und es gibt dafür ein besonderes Verfahren: „judicial review". Und das zeichnet sich durch eine gewisse Stromlinienförmigkeit aus, dahingehend, dass es eine Klagefrist von drei Monaten gibt und zugleich innerhalb dieser drei Monate die Klage eingereicht werden muss ohne unangemessene Verzögerung; dass grundsätzlich der Sachverhalt, der von der Behörde festgestellt wurde, zugrunde gelegt wird und dass der Entscheidungsausspruch im Ermessen des Gerichtes steht. Das heißt, der Kläger kann obsiegen, er bekommt aber trotzdem nur einen Feststellungsausspruch und die angegriffene Maßnahme oder Rechtsverordnung bleibt in Kraft. Das Prüfprogramm bei „judicial review" ist ein eingeschränktes. Es wird zwar jeder materielle Rechtsverstoß grundsätzlich als relevant angesehen; aufgrund der sehr weiten Handlungsspielräume, die britische Verwaltungsgesetze einräumen, ist das aber ein eher eingeschränkter Maßstab. Als zweiten Prüfungsmaßstab gibt es die Frage, ob die Entscheidung sachlich unvertretbar ist. Außerdem werden Verfahrensfehler überprüft und im Rahmen des Human Rights Act oder der inkorporierten

Konventionsrechte der EMRK spielt die Verhältnismäßigkeit eine Rolle. Die Abgrenzung von Privatrecht und Öffentlichem Recht kommt ins Spiel aufgrund einer Leitentscheidung, *O'Reilly* v. *Mackman*, wo gesagt wurde, dass öffentlich-rechtliche Angelegenheiten nur durch dieses stromlinienförmige „judicial review"-Verfahren vor Gericht gebracht werden können. Und praktisch findet die Abgrenzung dann statt nach der Rechtsgrundlage, aufgrund derer die Entscheidung getroffen wurde. Entscheidungen aufgrund Gesetzes werden grundsätzlich als öffentlich-rechtlich angesehen und Entscheidungen, wo ein Vertrag im Hintergrund steht, werden tendenziell eher als privatrechtlich angesehen. Das ist ein schönes Beispiel von „muddling-through" oder durchwursteln, wo der britische Ruf des Pragmatismus dann doch noch zutrifft.

Ute Sacksofsky: Wir kommen damit zu den spezifischen Nachfragen an Herrn *Somek*.

Matthias Ruffert: Ich habe eine kritische Rückfrage an Sie, Herr *Somek*, die sich auf Ihre Entgegensetzung von Öffentlichem Recht einerseits als Ausdruck der Möglichkeit kollektiven Handelns und der Privatrechtsgesellschaft andererseits bezieht, die individuelle Ohnmacht und Abhängigkeiten erzeugen soll. Zunächst einmal ist das ein Bruch mit dem Thema, denn die kategoriale Unterscheidung innerhalb des Rechtlichen ersetzen Sie durch eine Unterscheidung von Gesellschaftskonstruktionen. Das würde ich festhalten wollen, und dann möchte ich an Herrn *Engel* anknüpfen: Der Aufbau Ihres Gedankenganges führt dahin, dass das Öffentliche Recht das Ganze krönt. Das ist theoretisch für uns alle attraktiv, jedenfalls deutlich attraktiver als für den von *Julian Krüper* zitierten abwesenden zivilrechtlichen Fakultätskollegen aus Berlin, aber stimmt das empirisch? Kommen Sie nicht ins Schleudern mit Entwicklungen im Öffentlichen Recht oder in der „öffentlichen Gesellschaftskonstruktion", wo die gemeinsam geschaffenen Institutionen sich wiederum vermachten und Abhängigkeiten auslösen? Ich denke etwa an Fehlentwicklungen im Bereich der öffentlichen Unternehmen. Die Theoretiker, die ich dagegen anführen könnte, vermute ich alle in Ihrer Fußnote der demokratiefeindlichen Neoliberalen, daher ist es mir hier zu riskant, das weiter auszuführen. Praktisch möchte ich sagen, dass vielleicht das Europarecht, das ja auch die Unterscheidung zwischen Öffentlichem Recht und Privatrecht nicht in der Weise kennt, hier sinnvollere Lösungen anbietet als viele Bereiche des nationalen Rechts, und um auch einmal eine Norm zu zitieren: Wie wäre es für den Ausgleich zwischen beiden Sphären mit den beiden ersten Absätzen von Art. 106 AEUV? Der Gedanke, den ich letztlich in den Mittelpunkt stellen möchte: Muss nicht diese Stufung, das Öffentliche Recht, das das Privatrecht überhöht, doch einem Wechselspiel Platz machen, so wie es auch Herr *Engel* angedeutet hat? Manchmal ist es gut, wenn man kollektive Entscheidungen trifft; manchmal ist es sehr gut, wenn man dem Wettbewerb Raum lässt. Ob das überhaupt mit Öffentlichem Recht und Privatrecht als Gegensatz zu tun hat, da wäre ich mir auch nicht ganz sicher. Vielen Dank.

Jürgen Bast: Ich habe *Alexander Somek* im zweiten Teil seines Vortrages so verstanden, dass sich zur Unterscheidung von Öffentlichem Recht und Privatrecht doch mehr sagen lässt als wissenschaftssoziologische Beobachtungen – also weniger im Sinne einer Verabschiedung als einige Vorredner. Ich beziehe mich auf die Beobachtung gegenläufiger Emanzipationspotenziale, die diesen beiden Rechtsgebieten zugrunde liegen. Zu der Idee des Privatrechts wäre meine Rückfrage, ob diese mit der Ermöglichung von Konkurrenz nicht zu eng gefasst ist und wesentliche Emanzipationsversprechen des Privatrechts verfehlt. Die Idee, nur den Rechtsbindungen unterworfen zu sein, denen wir selbst zugestimmt haben, ist doch, so glaube ich, eine zentrale Vorstellung, die nicht in der Konkurrenz aufgeht, zumal sie dann mit den Gesellschaftsvertragstheorien im Bereich des Öffentlichen Rechts fruchtbar gemacht wurde für die Grundlegung der Demokratie. Zum Bereich des Öffentlichen Rechts: Dort wird als Emanzipationspotenzial die Idee der Verflüssigung von Herrschaftsverhältnissen, die aus privater Willkür resultieren, identifiziert, und noch darüber hinausgehend, wenn ich das richtig verstehe, die Idee einer politischen Gemeinschaft, die in das Öffentliche Recht eingelassen ist, also das „Wir", das in dem Vortrag betont wurde. Gerade deshalb, so die sehr kluge Beobachtung am Ende, beobachten wir in der transnationalen Sphäre eben vielleicht nur Privatrechtsverhältnisse: weil diese politische Gemeinschaft gerade fehlt. Dagegen würde ich die Gegenthese aufstellen, dass Öffentliches Recht möglich ist ohne Verfassung und ohne politische Gemeinschaft, und als empirische Beispiele auf die frühe europäische Integration oder die heutige Global Governance verweisen. Dort besitzt, so würde ich stark machen, die Idee des Öffentlichen Rechts ein analytisches und kritisches Potenzial, indem sie Fälle von internationaler öffentlicher Gewalt identifiziert und damit implizit das Programm der Formung und Bindung dieser öffentlichen Gewalt durch Öffentliches Recht aktualisiert. Um Ihnen eine Vorstellung zu geben, worum es gehen könnte: Das Soft Law einer Internationalen Organisation lässt sich plausibler in den Denkkategorien des Öffentlichen Rechts fassen als denen des Privatrechts – und dieses so als rechtfertigungsbedürftige Herrschaft identifizieren. Deshalb meine These: *Somek* unterschätzt die Autonomie des Öffentlichen Rechts gegenüber der Politik. Öffentliches Recht setzt nicht notwendig eine voll entwickelte, verfasste politische Gemeinschaft voraus, sondern vielleicht doch nur ein bestimmtes Niveau an bürokratischer und ökonomischer Vergesellschaftung, auf die dann wiederum das Öffentliche Recht reagieren muss.

Ute Sacksofsky: Die letzte Rednerin wendet sich mit einer oder mehreren spezifischen Fragen an das Referat von *Julian Krüper*.

Viola Schmid: *Viola Schmid*, Technische Universität Darmstadt und das bereitet Sie auf neue Begriffe vor, nämlich „Digitales Staatsrecht", „Digitales Unionsrecht" und auch die Frage von „Staatsäquivalenzaspiranten" wie Facebook, die eben die Märkte technisch und global vernetzen. Bevor ich zu meinen Fragen an Herrn *Krüper* komme, beziehe ich mich auf drei Vorredner: Herr *Engel*, ich möchte Sie, mit allem Respekt, ergänzen und *Rudolf von Jhering*, 1872, zitieren: „Das Ziel des Rechts ist der Friede, das Mittel dazu ist der Kampf." Und das im Anschluss an Ihre „nur" kampfbetonte Ankündigung. Herrn *Lege* („.....dass die Rolle des Rechts insofern ein bisschen am Abnehmen und Verschwinden ist") möchte ich in aller Kürze, aber Entschiedenheit, aufgrund meiner eigenen *Luhmann*-Exegesen widersprechen: Ich kann mir nicht vorstellen, dass *Niklas Luhmann* das „Subsystem" oder „System" Technik 2019 und mit ihm die gewaltige „Kreativitätsreserve" und das Gestaltungspotenzial von Recht für Technik („law is code") übersehen hätte. Deswegen setzt 2019 im Kontext der „Künstlichen Intelligenz für Europa" die von der Kommission eingesetzte „Hochrangige Expertengruppe" in ihren „Ethik-Leitlinien für eine vertrauenswürdige KI" auf die Trias LER: „lawful, ethical and robust". Herrn *Bauer* möchte ich für seine Kreativitätsinspiration danken. Die Idee mit einem Austausch, dass man nämlich eine Straße für den Gegenverkehr – oder Luftzonen für „Drohnenflug" – mit den Zivilrechtlern und -innen eröffnet, ist mir zutiefst sympathisch. Ich möchte noch ergänzen, dass die Sozialwohl-Interessenbindung der gegenwärtigen Zivilrechtswissenschaft vielleicht auch kapitalmarktveröffentlichungsrechtsgetrieben ist, weil es eben inzwischen Corporate Social Responsibility-Indexsysteme im europäischen und deutschen Recht gibt. Soviel bevor ich jetzt zu Herrn *Krüper* komme, dem ich als Transformations- und Informationsrechtlerin für Guidance danke. Ich befasse mich mit These 14, der „Kontrafaktizität von Rechtsnormen". Dass sich hinter der Frage der Unterscheidung von Öffentlichem Recht und Zivilrecht auch die Frage nach dem Recht überhaupt verbirgt, ist deutlich geworden. Mir ist nicht deutlich, wie ich in meiner Forschungsperspektive in den rechtsökonomischen Festlegungen der Datenschutzgrundverordnung eine Kontrafaktizität von Recht zu erkennen vermag. Sie enthält Bestimmungen, die bei „unverhältnismäßigem (ökonomischen) Aufwand" die Entpflichtung verlangen (etwa bei Risikobenachrichtigungen) bzw. die „verfügbare Technologie und Implementierungskosten" als rechtliche Norm etablieren (etwa bei der Durchsetzung des „Rechts auf Vergessenwerden"). Und zu These 17 und 18 – der politischen Unverfügbarkeit der Gegenstände in der Perspektive des Zivilrechts: Da schließe ich mich dem Appell von Herrn *Bauer* an. Gerade die Diskussionen und das Ringen um Dateneigentum könnten hier Anlass sein, einen gemeinsamen „Markt der bestmöglichen Argumente" mit der Zivilrechtswissenschaft zu eröffnen. Danke.

Julian Krüper: Meine Damen und Herren, haben Sie vielen Dank für die Bemerkungen und Nachfragen zu meinem Referat. Ich will versuchen, diese in einem mir sinnvoll erscheinenden System zu gruppieren. Zunächst zu Herrn *Schröder* und Herrn *Ehlers*, in deren Beiträgen ich im Wesentlichen einen Appell sehe, dass wir nicht zu großzügig mit einer Verabschiedung der Dichotomie sein sollten. Ich würde dem gar nicht grundsätzlich widersprechen. Ich habe mich indes, Herr *Schönberger* hat das kritisch angemerkt, in der Anlage an der Fragestellung des Vorstandes orientiert, weil ich der altmodischen Vorstellung anhänge, dass man sich an ein Thema, das man bekommt, auch hält. Die Frage war nach der kategorialen Unterscheidung gestellt und dass es diese so nicht gibt, ist keine große Neuigkeit. Damit ist nicht gesagt, das habe ich in verschiedenen Punkten im Referat auch ausgeführt, dass es damit gar keine Möglichkeit der Unterscheidung gibt. Parlamentsrecht ist kein Kaufrecht, selbstverständlich gibt es Unterschiede. Herr *Ehlers*, Sie haben unter Bezugnahme auf die Schrift von *Martin Bullinger* gesagt: Diese Rechtskategorie, die da entwickelt worden ist, *Bullinger* nennt es „Gemeinrecht", sei eben keine dritte, keine andere Kategorie, sondern jeder Einzelfall lasse sich stets privatrechtlich oder öffentlich-rechtlich qualifizieren. Das scheint mir ein wichtiger Punkt zu sein, weil sich in dieser Perspektive die im Vortrag beschriebene dogmatische und disziplinär-theoretische Seite der Unterscheidung zeigt. In dem Moment, in dem ich auf die einzelnen Normen schaue, lässt sich, mal mit mehr, mal mit weniger Mühe, immer eine einigermaßen deutliche Qualifikation hinbekommen. Wir nötigen im Zweifel das Ergebnis hin zu einer – und sei es nur behaupteten – Eindeutigkeit. Das ist eine eher normbezogene Perspektive. Wir diskutieren das Thema aber, und so habe ich die Fragestellung des Vorstands verstanden, nicht in Ansehung einzelner Normen, sondern wir pflegen die Vorstellung, dass die Menge der Normen, die wir dem Öffentlichen Recht oder dem Privatrecht zuweisen, mehr ist als einfach nur die Summe ihrer Teile, dass sie in ihrer spezifischen Qualität also darüber hinausgeht. Das ist eine gewisse Abstraktion, Sie können das auch Systemperspektive nennen, und ich glaube, dass man sich entscheiden muss, auf welcher Ebene man unser Thema diskutiert. Deswegen ist die interessante Frage: Wohin geht das? Ergeben sich Felder, die sich nicht mehr aus der Unterscheidung sinnvoll beschreiben lassen, sondern besser vom Sachproblem aus? Ich würde gerne zu Herrn *Grimm* zustimmend sagen: Vielleicht würde *Martin Bullinger* heute sagen, zum Gemeinrecht, wie er es versteht, zählt eben die Verfassung. Die Verfassung ist Gemeinrecht geworden – und das würde ich unterschreiben. Wir haben als Fach natürlich eine gewisse Neigung, das Verfassungsrecht für uns zu monopolisieren. Wie ich aber auch zum Ausgang meines Referates gesagt habe, glaube ich, dass wir uns daran gewöhnen müssen, dass die Verfassung von den Zivilrechtlern argumentativ in gleicher Weise in Anspruch genommen wird, wie wir es auch tun; die Verfassung ist also insofern in die Stellung eines Gemeinrechts hineingewachsen, auch wenn es wissenschaftlich bislang eher in unseren Bereich fiel, sie zu verwalten.

Zwischen den Beiträgen von Herrn *Lege* und Herrn *Kotzur* sehe ich einen gewissen Zusammenhang. Herr *Lege*, Sie haben völlig richtig gesagt: Was bringen uns die Begriffe? Die Begriffe bringen uns die Möglichkeit, Funktionen zu differenzieren. Das heißt: Mit der Behauptung, es gebe ein geschlossenes Öffentliches Recht, es gebe ein geschlossenes Privatrecht, gehen nicht nur rechtswissenschaftssystematische Vorstellungen einher, sondern auch die Vorstellung, dass diesen Rechtsgebieten bestimmte Funktionen zukommen. Und mir scheint, dass die Qualität der Funktionserfüllung beider Systeme zunehmend in Frage gestellt wird: dass wir den Eindruck haben, dass das Öffentliche Recht nicht mehr leistet, was es leisten kann und dass das Privatrecht auch nicht restlos geeignet ist, die ihm zugewiesenen Funktionen zu erfüllen; oder eben, wenn man an seine sozialstaatliche Überformung denkt, Funktionen übernimmt, die man ihm in einer traditionellen Lesart vielleicht nicht zugewiesen hätte. Und das bringt mich zu der Frage von *Markus Kotzur*: Was hat die Unterscheidung von Öffentlichkeit und Privatheit mit diesem Thema zu tun, wie steht sie in diesem Zusammenhang? Sie steht natürlich in einem sehr grundlegenden Zusammenhang mit unserem Thema. Wenn man versucht, es auf seine Grundlage zurückzuführen, kommt man zur Unterscheidung von Öffentlichkeit und Privatheit. Das ist das Fundament, auf dem all das, worüber wir heute sprechen, gewissermaßen aufruht. Man kann das reformulieren im Sinne der Unterscheidung von Staat und Gesellschaft, ich glaube aber nicht, dass das vollständig gleichbedeutend ist. In der Tat ist die Vorstellung, Öffentlichkeit und Privatheit, öffentliche Sphäre und private Sphäre ließen sich einigermaßen scharf scheiden, unzutreffend. Ich will das an einem Beispiel zeigen. Die bei uns modest, aber in den Sozialwissenschaften sehr stark geführte Debatte um den sogenannten Dritten Sektor zielt darauf, dass es private Organisationen und Institutionen gibt, die bestimmte öffentliche Funktionen wahrnehmen, sich dieser Grundzuordnung aber eben entziehen. Und das hat etwas damit zu tun, dass sich zwischen Öffentlichkeit und Privatheit entweder ein Bereich gebildet hat, der weder das eine noch das andere ist, oder den es immer schon gegeben hat, über den wir aber gerne hinwegsehen.

Zur Bemerkung von *Florian Meinel*: Ich möchte dem gar nicht widersprechen. Wir sind sicher genauso geneigt, Unverfügbarkeiten für uns in Anspruch zu nehmen wie das Zivilrecht auch. Ich glaube aber, es gibt Unterschiede. Mein Eindruck ist, dass dieser Unverfügbarkeitsanspruch im Zivilrecht, in der Zivilrechtswissenschaft, schon auf einer niedrigeren (dogmatischen) Ebene einsetzt. Dass man *Grundkonstanten* des Systems verteidigt und beansprucht, das tun wir selbstverständlich genauso wie das Zivilrecht, und anders geht es auch nicht. Mir scheint aber, dass bei einem Zugriff auf zivilrechtliche Gehalte die Irritation schon sehr viel eher ausgelöst wird, wenn da also etwa ein Gesetzgeber kommt, der sich „erfrecht", in dogmatische zivilrechtliche Strukturen einzugreifen.

Zur Bemerkung von Herrn *Wißmann*: Das ist natürlich zweifellos richtig, dass das 19. Jahrhundert nicht vom BGB beherrscht war, sondern dass ein langwährender Prozess zur Kodifikation des BGB geführt hat und man dieses in der Tat nicht als eine scharfe Intervention wird verstehen können, sondern als ein prozesshaftes Ganzes. Allerdings wird man auch sagen müssen, dass die Arbeit an dieser Kodifikation, also die eigentliche Systematisierungsleistung, auch nicht erst zwischen dem 30.6.1899 und dem 31.12.1899 erbracht worden ist. Die Kodifikation des BGB baut in vielen Teilen auf lang durchdrungene Materien auf, ich denke etwa an das Besitzrecht, bei dem eine bis in das 19. Jahrhundert reichende jahrhundertealte Diskussion besteht, wie der Besitz rechtlich zu verstehen ist. Nicht im Sinne einer Kodifikation, aber im Sinne einer hohen Systematisierungsleistung war also schon einiges da.

Ich komme zu den Bemerkungen von Herrn *Schönberger* und Herrn *Möllers*, die zum Teil in eine ähnliche Richtung gehen. Lassen Sie mich zunächst so anfangen: Sie beide haben gesagt, Herr *Krüper*, Sie machen da Wissenschaftssoziologie oder Wissenschaftstheorie auf Kosten Abwesender. Und da möchte ich zunächst im Sinne von *Hartmut Bauers* Beitrag sagen: *Exactly my point*. Das ist ja gerade der Punkt, dass wir – trotz allem – eine scharfe disziplinäre Separierung haben. Dass beide großen Fachgesellschaften binnen von drei Wochen *cum grano salis* zum gleichen Thema eine Tagung machen und weder die Zivilrechtler einen Öffentlichrechtler hören, noch wir eine Zivilrechtlerin, was naheläge. Das ist keine Kritik am Vorstand, sondern es ist eine Beschreibung des Zustandes. Wir sprechen nicht miteinander, obwohl wir uns offensichtlich mit den gleichen Fragen beschäftigen.

Herr *Möllers*, Sie fragen mich, ob stimmt, was ich über den Zivilrechtsdiskurs gesagt habe. Meine Antwort darauf ist: ja. Nicht im Sinne von „Ich weiß nicht, was Sie meinen", sondern in dem Sinne, dass dies eine der Fragen in meiner Beschäftigung mit dem Thema war, die ich mir sehr regelmäßig gestellt habe: Kommt das Zivilrecht zu schlecht dabei weg? Das mag so sein, schon weil ich kein Zivilrechtler bin. Die von Ihnen angemahnte Empirie habe ich im strengen Sinne empirischer Sozialforschung nicht erbracht, aber ich habe im Wege dessen, was ich selbst eine hemdsärmelige Empirie nenne, etwa eine Durchsicht des AcP der letzten Jahrzehnte daraufhin vorgenommen, ob und wie dort verfassungsrechtliche Argumente verarbeitet werden (Fußnote 272). Und selbstverständlich, und das habe ich zum Ende meines Referates auch gesagt, ergeben sich auch in diesem Bereich Verschiebungen. Natürlich lebt die Zivilrechtswissenschaft nicht mehr in der Vorstellung des 19. Jahrhunderts. Aber ich will ein konkretes Beispiel geben, warum ich glaube, dass es so weit, wie Sie es dargestellt haben, nicht ist. Nehmen Sie die zivilrechtliche Habilitationsschrift des Regensburger Kollegen *Alexander Hellgardt*, der sich mit Regulierungsfunktionen des Privatrechts beschäftigt hat. Das Buch ist nicht deswegen juristisches Buch des Jahres geworden, weil es einen Common Sense wiedergibt. Wenn ich mit zivilrechtlichen Kollegen spreche, dann wird so etwas wie das Hellgardtsche Buch natürlich wahrgenommen, aber dann kommt doch früher oder später, wenn ich das so salopp sagen darf, die Sache mit der Privatautonomie „auf den Tisch". Es gibt in meinem Referat auch hier, erlauben Sie mir den Hinweis, die Fußnote 24, in der ich nachzeichne, wie in Qualifikationsschriften der letzten 15 Jahre im Zivilrecht die Privatautonomie schon titelgebend ist. Also, dass die Leitidee auf breiter Front verschwunden ist, glaube ich nicht. Dass man über die Frage, wie viel oder wie wenig sie noch dominiert, streiten kann und dass ich dafür auch keinen Maßstab habe, das will ich gerne einräumen. Sicher mögen diejenigen von uns, die auch in ihrem eigenen Forschungsinteresse ohnehin grenzgängerisch inter- und intradisziplinär orientiert sind, auch viel Kontakt haben mit Zivilrechtswissenschaftlern, die das auch sind. Mir scheint das aber insgesamt deutlich nicht so weit zu sein, wie Sie es beschrieben haben.

Herr *Schönberger*, Sie fragen, was kommt bzw. warum wir noch über die Unterscheidung sprechen? Auf die Frage, warum wir an der Unterscheidung festhalten, habe ich mich 30 Minuten lang bemüht, eine Antwort zu geben. Ich glaube, dass das Festhalten disziplinäre Funktionen hat. Ich will aber noch einmal unterstreichen, was einer der zentralen Punkte war. Wir müssen versuchen, Forschungsthemen weniger aus der Unterscheidung heraus zu entwickeln und uns im Auffinden und im Benennen von Forschungsthemen weniger von dieser Unterscheidung leiten lassen, sondern von der Sache her herangehen. Und da will ich mich noch einmal auf Herrn *Lege* beziehen. Herr *Lege* hat gesagt, wir sollten die Probleme mehr vom Fall her angehen und ich würde ähnlich sagen, wir müssen uns ihnen stärker von der Sache her nähern. Ich habe am Ende ein Beispiel genannt, nämlich den ganzen Bereich korporativer Gemeinwohlakteure. So hat etwa auf dem letzten Deutschen Juristentag der Kollege *Hüttemann* aus Bonn über die Frage der einheitlichen Regulierung des Non-Profit-Sektors gesprochen. Das sind Fragen, da sind wir mitten im Dritten Sektor. Wenn wir versuchen, uns aus der strengen Lesart der Dichotomie zu verabschieden, dann werden solche Forschungsthemen sichtbar. Ob man die dann Gemeinrecht nennt oder ob es etwas Drittes ist, das finde ich nicht so entscheidend.

Ich will abschließend die Gelegenheit nutzen, mich beim Vorstand der Vereinigung für die Gelegenheit zu bedanken, hier zu diesem Thema zu sprechen. Ich darf sagen, dass ich mich in den vergangenen Monaten immer einmal wieder an *Pufendorfs* Bild vom Heiligen Römischen Reich als „monstro simile" erinnert gefühlt habe in Ansehung dieses Themas. Ich hoffe, dass es gelungen ist, der Hydra ein paar Köpfe abzuschlagen, aber das bleibt Ihre Entscheidung. Vielen Dank.

Alexander Somek: Ich bin meinem Kollegen *Krüper* sehr dankbar dafür, dass er bereits alle Fragen beantwortet hat. Ich möchte bei meinen eigenen Antworten auch zunächst einmal auf die Fragen, die speziell meinen Vortrag betroffen haben, eingehen und mich dann schön langsam weiter zur generellen Diskussion vorarbeiten.

Zunächst zu dem Einwand von Herrn *Ruffert*, ich sei von meiner Begeisterung für philosophische Themen fortgetragen worden – so hat er das natürlich nicht gesagt –, aber dennoch vom Thema ein bisschen abgekommen. Es ginge bei mir doch gar nicht mehr um die kategoriale Unterscheidung, sondern um die Pragmatik, um gemeinsames Tun im Öffentlichen Recht und privates Tun im Privatrecht. Und das sei ja nicht das Thema gewesen. In Entgegnung darauf würde ich gern für mich in Anspruch nehmen wollen, dass ich in der Tat ein bisschen im besten hegelianischen Sinn der Selbstbewegung des Begriffs gefolgt bin. Zumindest war dies meine Absicht. Ich habe zunächst einmal nachvollzogen, wie versucht wird, „öffentliches Recht" oder „privates Recht" als Prädikat zu erfassen, wie man sich also darum bemüht, die Begriffe zu stabilisieren, und habe die Beobachtung gemacht, dass auch in der Diskussion das erfolgreichste Konzept letztlich jenes ist, das die Unterscheidung pragmatisch auffasst, das heißt im Hinblick darauf, was man mit diesen Rechtsgebieten, wenn man Gemeinwohlinteressen verfolgt, tun kann, wie man sie miteinander kombinieren und zur wechselseitigen Interaktion bringen kann. Also meinte ich feststellen zu können, dass sich im Ausgang vom Bemühen, die kategoriale Unterscheidung zu erfassen, die Disziplin von sich aus in diese pragmatische Richtung bewegt. Und ich bin diesen Weg einfach nur ein Stück weitergegangen und bin selbstverständlich, das gebe ich gern zu, in der Art und Weise, wie ich die Geschichte dargestellt habe, nicht als Freund des Privatrechts aufgetreten, sondern eben als jemand, der dem Öffentlichen Recht die Funktion zugeschrieben hat, die schädlichen sozialen Konsequenzen zu korrigieren, die durch die dezentrale Handlungskoordination entstehen können. Insofern tritt das Öffentliche Recht als die „Krönung" auf. Meine Darstellung war gewiss so angelegt, dass man mich so verstehen kann. Dennoch war mir wichtig – und ich sollte das jetzt wenigstens betonen –, dass meines Erachtens im Privatrecht auch ein Emanzipationspotenzial steckt. Herr *Engel* hat das auch zutreffend angesprochen in seiner Bemerkung.

Wir sind mit zwei unterschiedlichen sozialen Perspektiven konfrontiert. Manchmal wird es notwendig sein, dass wir uns auch des Privatrechts bedienen, um uns aus Subordinationsverhältnissen herauszubewegen und diese abzuschaffen. Was mir vor Augen gestanden ist, war diese historische Situation, in der das passiert ist, nämlich eine feudal geprägte Gesellschaft. In diesem Kontext schafft gerade ein allgemeines Privatrecht Möglichkeiten für Individuen mit der Gewährleistung von formaler Chancengleichheit, die in ihm steckt. Deswegen habe ich den Punkt der Emanzipation im Verhältnis zu den bestehenden feudal geprägten Verhältnissen beim Privatrecht angesetzt und dann das Öffentliche Recht als etwas dargestellt, das in der Form des gemeinsamen Handelns später, nachdem die öffentliche Gewalt demokratisiert worden ist, hinzukommt. Es handelt sich um zwei Emanzipationsmöglichkeiten, und da ich bekennender antiker Philosoph bin, finde ich beide wichtig.

Deswegen gefällt mir auch das Konzept der Auffangordnungen so gut; es greift diesen Gedanken auf, den wir in der antiken politischen Philosophie finden, nämlich dass wir unterschiedliche Regelungstechniken, unterschiedliche Institutionen kombinieren müssen, um die Tugenden, die in ihnen stecken, die Vorteile, die sie bieten, nützen zu können, um sie so miteinander kombinieren zu können, dass sie wechselseitig ihre schädlichen Konsequenzen verhüten. Das ist die Kunst des Verfassungsmachens aus antiker Sicht und sie lässt sich eigentlich auf die Arbeit mit der Unterscheidung von Privatrecht und öffentlichem Recht wiederum aus dieser pragmatischen Sicht übertragen. Das Konzept der Auffangordnungen hat das eigentlich schon geleistet. Ich habe bloß versucht, den Aspekt der Emanzipation ein wenig mehr hervorzukehren, und wenn es polemisch gegen das Privatrecht ausgegangen ist, dann muss ich einbekennen, dass das Privatrecht wegen einer gewissen Parteinahme für das Öffentliche Recht ins Hintertreffen geraten sein mag.

Nun zu *Jürgen Basts* Einwand, der Hinweis auf die Konkurrenz sei zu wenig. Wo bleibe die Autonomie? Es ist der Beschränktheit der Zeit geschuldet, dass ich auf die Privatautonomie und die Rolle der Willkürfreiheit nicht eingehen konnte. Allerdings bin ich wenigstens indirekt auf die Privatautonomie eingegangen, indem ich hervorgehoben habe, dass das

Privatrecht einen verkürzten sozialen Horizont hat. Vielleicht hätte ich auch hier stärker betonen können, dass es auch so sein müsse. Betont habe ich allerdings, dass andernfalls Privatrecht nicht möglich wäre und damit auch nicht die Freiheit, die wir uns vom Privatrecht erwarten. Und wir erwarten uns diese zu Recht. Also ist die Privatautonomie durchaus etwas, das zum Privatrecht dazugehört und in den Privatrechtsbeziehungen auch von großem Wert ist. Der Fokus auf Konkurrenz bietet eine verengte Perspektive auf Emanzipation, denn es ist die autonome Entscheidung, die diese Konkurrenz erst ermöglicht; erst sie gestattet es, dass wir uns über bestehende Konventionen, bestehende Gewohnheiten kraft unserer Autonomie hinwegsetzen können.

Was mir an der Bemerkung von *Jürgen Bast* allerdings zu denken gegeben hat, ist, dass ich den Begriff „öffentliche Gewalt" für den Zweck des Vortrags nicht genau genug differenzieren konnte. Es wäre wiederum aus hegelianischer Sicht notwendig gewesen, zu unterscheiden zwischen einerseits dem, was *Hegel* als den Not- und Verstandesstaat bezeichnet, also dem Teil des Öffentlichen Rechts, der sich mit den schädlichen Konsequenzen unseres Zusammenlebens, den „public bads", beschäftigt, und der im Wesentlichen die Aufgabe einer am Gemeinwohl orientierten Verwaltung ist – wo wir die Expertise der verwaltenden Stellen benötigen, die detailliert festlegen, was zu geschehen hat, damit sich diese Schwierigkeiten bewältigen lassen –, und andererseits dem, was für den Hegelschen Staat den Schritt weiter in den politischen Staat bedeutet. In diesem sind die Korporationen einbezogen, und das heißt die Vertreter von Berufsgruppen, deren private Interessenverfolgung dadurch, dass sie gemeinsam öffentlich beraten, mit der Verfolgung des Gemeinwohls verbunden wird. Diese soziale Versöhnungsaufgabe ist im Hegelschen Begriff des politischen Staates mitgedacht. So denken wir freilich nicht mehr. Die „Korporationen", das ist nicht mehr unsere Welt, wir leben in keiner ständischen Gesellschaft mehr.

Was insbesondere in der US-amerikanischen *Hegel*-Rezeption, in derjenigen Rezeption, die *Hegel* in einem bestimmten Typus der amerikanischen Verwaltungsrechtswissenschaft gefunden hat, nun an die Stelle der Korporation tritt, ist die Vorstellung, dass die Öffentlichkeit und die öffentliche Beteiligung hinzutreten müssen, damit dieser Not- und Verstandesstaat, der halt geschwind einmal eingreift, um Missstände zu beseitigen, auch eine Versöhnung zwischen widerstreitenden Interessen herbeiführen kann. Damit der Staat denen, die von der Tätigkeit der Verwaltung betroffen sind, auch legitim erscheinen kann, das heißt um öffentliche Legitimität zu gewährleisten, bedarf es dann der Vermittlung mit öffentlichen Prozessen. Das funktioniert, wenn wir bei der Verwaltung sind – und das ist ein Problem, das auch im globalen Kontext immer wieder auftritt – nicht dadurch, dass wir Parlamente schaffen. Parlamente sind zu langsam, sie sind zu unbeweglich, sind zu aufwändig. Es müssen Verwaltungsagenturen geschaffen werden; deswegen ist die Beteiligung, die individuelle oder die Beteiligung von Gruppen, wenn es um administrative Regulierungsprozesse geht, alles andere als unwesentlich.

Insofern war ich, meine ich, gar nicht so pessimistisch, was die Global Governance betrifft, und nicht zu wenig enthusiastisch. Aber wir müssen eines im Auge behalten: Es muss die Energie von unten geben, die gemeinsame Handlungsmacht oder das, was *Habermas* – Sie verzeihen, wenn ich *Habermas* zitiere – kommunikative Macht nennt, also die Macht, die durch Verständigungsprozesse in der öffentlichen Sphäre Druck aufbaut, damit sich etwas bewegt. Das wird nur dann möglich sein, wenn Menschen wirklich den Eindruck haben, dass sie zusammenleben. Ich glaube nicht, dass ich in diesem Zusammenhang den Fehler des methodologischen Nationalismus begangen habe in dem Sinne, dass ich davon ausgegangen bin, dass es gemeinsame Handlungsmacht nur in einem nationalen Kontext geben könne. Wir kommen geistig natürlich alle aus dem nationalen Kontext. Es ist manifest in der Art und Weise, wie wir denken, aber ich habe mich sehr darum bemüht, terminologisch präzise zu sein in der Beschränkung darauf, dass es um öffentliche Autorität gehe. Es muss ein Verständnis dafür geben, dass wir irgendwo zusammenleben, aber ich habe offengelassen, wo diese Grenzen dieses gemeinsamen Raumes sind. Wir leben in der Europäischen Union, wir haben die Grenze des Nationalstaats in der Europäischen Union schon längst überschritten.

Ich bitte um Entschuldigung dafür, dass ich abschweife; zum Privatrecht möchte ich aber noch etwas sagen. Das Privatrecht begegnet uns Öffentlichrechtlern heute nicht immer mit einem freundlichen Gesicht, zumal die deutsche Mentalität des 19. Jahrhunderts vor allem in Kanada und teilweise auch in Israel wiederentdeckt worden ist. Es geht heute wieder um die Verteidigung der Autonomie des Privatrechts, vor allem im Hinblick auf eine Rekonstruktion des Privatrechts unter dem Vorzeichen von Law and Economics. Sobald nämlich Law and Economics in das Privatrecht eindringt, wird das Privatrecht sofort als ein Rechtsgebiet verstanden, das gewissermaßen eine wohlfahrtssteigernde Funktion erfüllt. Es wird damit quasi einem öffentlichen Auftrag unterstellt. Die Revolte dagegen tritt in zweierlei Formen auf. Die eine präsentiert das Privatrecht als das Recht der Gegenseitigkeit und der ausgleichenden Gerechtigkeit. Die Verteilungsgerechtigkeit habe im Privatrecht nichts verloren. Wenn dies das Motto ist, mit dem das Privatrecht sich dem Öffentlichen Recht entgegenstellt, dann kommt man mit Privatrechtlern in der Tat schwer ins Gespräch (und das ist bei kanadischen Theoretikern teilweise der Fall). In der anderen Form wird das Privatrecht als das Recht der freien Willkür verstanden und das Einzige, worauf das Privatrecht achte, sei, dass niemand die Dinge, über die ich verfügen darf, mein Eigentum, meine Person, meinen Körper, ohne mein Einverständnis für seine Zwecke verwendet. Das sei alles, worum es im Privatrecht gehe. Damit wird ein traditionell enges Privatrechtsverständnis aufgegriffen. Nach meinem Eindruck ist das ein verzweifelter Versuch, aus dem Gehäuse der Hörigkeit auszubrechen, in dem wir uns alle befinden, in dem wir permanent Rücksicht nehmen müssen auf öffentliche Interessen und allerlei Empfindlichkeiten. Es ist der Traum von einer freien Privatrechtswelt, der heute wieder, zumindest in der Rechtsphilosophie, geträumt wird. Deswegen ist es schwer, mit dem Privatrecht ins Gespräch zu kommen.

Nur eines noch. *Florian Meinel* möchte ich entgegnen, dass es mir natürlich nicht darum gegangen ist, dass hinter dem Öffentlichen Recht die Vorstellung von einem monarchischen Souverän steht, dem die Welt, der er gegenübersteht, zur Verfügung steht, zur Neuregulierung, zur Neugestaltung, sozusagen mit Allmachtsfantasien. Darum ging es mir bestimmt nicht. Dennoch ist etwas in die soziale Perspektive des Öffentlichen Rechts eingebaut, das mir wichtig ist: Traditionen, Konventionen, Routinen; das, was eben die feudale Gesellschaft auch ausgemacht hat, eine Gesellschaft, die auf Gewohnheiten setzt. Sie lässt sich aus der Perspektive derer, die öffentliche Gewalt und öffentliche Autorität ausüben, immer wieder in Frage stellen. Nur daran wollte ich erinnern.

Ich entschuldige mich bei all denen, auf deren Einwände und Anmerkungen ich jetzt nicht eingehen konnte. Es tut mir leid, die Zeit ist mir jetzt davongelaufen. Danke.

Ute Sacksofsky: Ich bedanke mich nochmals bei beiden Referenten für hervorragende Referate und bei den Diskussionsteilnehmerinnen und Diskussionsteilnehmern für die hervorragende Zeitdisziplin, die, auch wenn es den Referenten selbst nicht so vorgekommen sein mag, ihnen doch relativ viel Zeit für ihr Schlusswort gelassen hat. Ich wünsche eine angenehme Mittagspause.

Zweiter Beratungsgegenstand:

Verschränkungen öffentlich-rechtlicher und privatrechtlicher Regime im Verwaltungsrecht

1. Referat von *Klaus-Dieter Drüen*, München

Inhalt

		Seite
I.	Einleitende Prämissen der „Verschränkung" von öffentlichem Recht und Privatrecht innerhalb der Gesamtrechtsordnung	128
II.	Begriff und Formen der Verschränkung bei der Setzung und Anwendung von Verwaltungsrecht	132
III.	Das Steuerrecht als Referenzgebiet für wechselseitige Verschränkungen des Verwaltungsrechts mit dem Privatrecht	135
	1. Das Steuerrecht als geborenes Verschränkungs-Referenzgebiet	135
	2. Das Verwaltungsschuldrecht der Abgabenordnung als traditionsreiches Verschränkungsbeispiel	138
	3. Verschränkungstypologie von Steuerrecht und Privatrecht	141
	a) Verhältnis von Steuerrechtsordnung und Privatrechtsordnung	141
	b) Transformation privatrechtlicher Pflichten ins Steuerverfahren	142
	c) Privatrechtsakzessorische Unternehmens- und Konzernbesteuerung	143
	4. Privatrechtsbegriffe in Steuertatbeständen	146
	5. Die „Flucht durch Privatrecht" und steuerrechtliche Abwehrmuster	149
IV.	Methodik von Ver- und Entschränkungen im Verwaltungsrecht	150
	1. Wirtschaftliche Betrachtungsweise als Modell für Entschränkungsnormen	151
	2. Gestaltungsmissbrauch als Modell eines Verschränkungsvorbehalts	152
V.	Steuerrecht und Privatrecht als wechselseitige Auffangordnungen und funktionsadäquater Regulierungsverbund?	153

1. Steuerrecht als Finanzierungs- und Steuerungsrecht 153
  2. Das Steuerrecht als Regulierungsreserve für das Privatrecht? – dargestellt anhand rechtspolitischer Vorschläge zur Begrenzung von Managervergütungen 155
  3. Das steuerrechtliche Gemeinnützigkeitsrecht als Rechtsrahmen der Zivilgesellschaft und für Non-Profit-Organisationen? 156
VI. Konformitätsvorgaben für Verschränkungen im Verwaltungsrecht 157
  1. Verfassungs(folge)fragen von Verschränkungen 158
  2. Privatrechtsorientierung im offenen Verwaltungsstaat 160
VII. Schluss 161

I. Einleitende Prämissen der „Verschränkung" von öffentlichem Recht und Privatrecht innerhalb der Gesamtrechtsordnung

Das zweite Teilthema dieser Tagung gilt dem „verwaltungsrechtlichen Leben nach dem Tode". Denn das verwaltungsrechtliche Thema kann sich angesichts der Anfragen nach Sinnhaftigkeit, Zweckmäßigkeit und Stringenz der Unterscheidung[1] von öffentlichem Recht und Privatrecht[2] auf den positiv-rechtlichen Ausgangsbefund zurückziehen: Obwohl diese Unterscheidung keineswegs a priori vorgezeichnet ist[3] und weder das Recht der Europäischen Union[4] noch dasjenige vieler anderer Staaten prägt, basiert die deutsche Rechtsordnung traditionell auf ihr.[5] Der deutsche Gesetzgeber ordnet in verschiedenen Vorschriften materieller und verfahrensrechtlicher Art die Trennung beider Teilrechtsgebiete an. Erst auf dem Boden der positiv-rechtlichen Trennbarkeit der Rechtsmassen verdienen – noch zu definierende – „Rechtsverschränkungen" Aufmerksamkeit.

---

[1] *Alexander Somek/Julian Krüper* Kategoriale Unterscheidung von Öffentlichem Recht und Privatrecht?, VVDStRL 79 (2020), 7 (43).

[2] Privatrecht wird im Folgenden als Oberbegriff und Gegenbegriff zum öffentlichen Recht verstanden, wenngleich in zahlreichen, gerade steuerrechtlichen Quellen diesem das Zivilrecht als Ausschnitt des Privatrechts gegenübergestellt wird.

[3] *Otto Bachof* Begriff und Wesen des sozialen Rechtsstaates, VVDStRL 12 (1954), 37 (65); *Olivier Jouanjan* Fragmentierungen im Öffentlichen Recht: Diskursvergleich im Verfassungs- und Verwaltungsrecht, VVDStRL 77 (2018), 351 (359).

[4] *Ulrich Stelkens* in: Paul Stelkens/Heinz Joachim Bonk/Michael Sachs (Hrsg.) Verwaltungsverfahrensgesetz, 9. Aufl. 2018, EuR Rn. 212 m.w.N.

[5] *Rolf Stober* in: Hans J. Wolff/Otto Bachof/ders./Winfried Kluth (Hrsg.) Verwaltungsrecht I, 13. Aufl. 2017, § 22 Rn. 2 ff., 5, 7 ff., 13.

Der Dualismus von öffentlichem Recht und Privatrecht darf aber trotz der Trennung der Gerichtszweige und Rechtswege[6] sowie divergierender Rechtsgebietsprinzipien nicht überzeichnet[7] und in seinen Folgen überhöht werden.[8] Ein strikter Dualismus ist weder verfassungsrechtlich vorgezeichnet[9] noch einfachrechtlich vorgesehen. Es besteht keine strikte Unterscheidung zwischen dem öffentlichen Recht und dem Privatrecht, weil zwischen beiden Teilrechtsordnungen vielfältige und wechselseitige Verflechtungen,[10] Verbindungen, Verzahnungen[11] oder Verschränkungen[12] bestehen.[13] *Otto Mayer* sah noch in Analogien zum Privatrecht, in gemeinsamen und gemischten Rechtsinstituten zu überwindende „Verkümmerungen".[14] Aus seiner Sicht war die zentrale Aufgabe der Verwaltungsrechtswissenschaft, den Selbststand des Verwaltungsrechts gegenüber dem älteren Privatrecht zu fundieren, nur durch Scheidung der Rechtsmassen unter Betonung der „Eigenthümlichkeit" verwaltungsrechtlicher Rechtsinstitute und die Begrenzung ihrer Wirkungen auf das jewei-

---

[6] Darauf und das Gebot der Vollständigkeit der Teilrechtsordnungen gestützt aber *Heinrich de Wall* Die Anwendbarkeit privatrechtlicher Vorschriften im Verwaltungsrecht, 1999, 46.

[7] Immerhin bestätigen §§ 17–17b GVG die bereits verfassungsrechtlich durch Art. 95 GG vorgesehene Gleichwertigkeit der Rechtswege (*Herbert Mayer* in: Otto Rudolf Kissel/ders. GVG, 9. Aufl. 2018, § 17 Rn. 2, 51). Auch die Rechtsschutzgarantie des Art. 19 Abs. 4 GG überlässt es der gesetzlichen Ausgestaltung, welches Gericht zuständig ist und wie dessen Gerichtsverfassung sowie das Verfahren beschaffen sind (*Michael Sachs* GG, 8. Aufl. 2018, Art. 19 Rn. 138 m.w.N.). Darum gilt für die Teilrechtsordnungen nur ein relativierter Trennungsgrundsatz (*Jan Philipp Schaefer* Die Umgestaltung des Verwaltungsrechts, 2016, 297).

[8] Jüngst halten *Andras Jekkap/Lando Kirchmair* Tradition und Analogie in der Unterscheidung zwischen Öffentlichem Recht und Privatrecht am Beispiel der Österreichischen Rechtsordnung, MPIL Research Papers Serius Nr. 2019-11, 2 „die positivierte Aufteilung der Rechtsordnung in öffentliches Recht und Privatrecht" für „ein(en) durch die Evolution westlicher Rechtsordnungen zu erklärende(n) Fehler in der DNA der meisten civil law Rechtsordnungen" und kommen zu dem Schluss: „Solche genetisch vererbte Krankheiten sind meistens nicht zu heilen".

[9] Für *Peter Badura* Staatsrecht, 7. Aufl. 2018, A Rn. 6 kennzeichnet die Unterscheidung von öffentlichem Recht und Privatrecht den Verfassungsstaat.

[10] *Manfred Wolf/Jörg Neuner* Allgemeiner Teil des Bürgerlichen Rechts, 11. Aufl. 2016, § 2 Rn. 29.

[11] Zur (rechtstechnischen) „Verzahnung der Rechtsgebiete" *Klaus Friedrich Röhl/Hans Christian Röhl* Allgemeine Rechtslehre, 3. Aufl. 2008, 427 ff., 430.

[12] Zum Begriff sub. II.

[13] Negativ sind davon die „Verquickung" von öffentlichem Recht und Privatrecht und die „praxisstimulierende Vermengung der begrifflich-dogmatischen Grundlagen" abzugrenzen (*Hartmut Maurer/Christian Waldhoff* Allgemeines Verwaltungsrecht, 19. Aufl. 2017, § 3 Rn. 9, 50).

[14] *Otto Mayer* Deutsches Verwaltungsrecht, Bd. 1, 3. Aufl. 1924, 117 f.

lige Teilrecht zu erreichen.[15] Seine rigorose Trennung öffentlich-rechtlicher und privatrechtlicher Institute und sein Purismus bei der Begriffs- und Systembildung des Verwaltungsrechts sind der Entwicklungsphase der wissenschaftlichen Emanzipation des Rechtsgebietes zuzuschreiben und waren schon im ausgehenden 19. Jahrhundert überzeichnet.[16] Schon *Fritz Fleiner* formulierte die Gegenthese, dass öffentliches Recht und Privatrecht durch keine Kluft getrennt sind, sich im Rechtsleben durchdringen und gegenseitig ergänzen.[17] Diese These ist im modernen Verwaltungsrecht auf fruchtbaren Boden gefallen und wird gerade durch die Rechtsentwicklung im Wirtschaftsrecht bestätigt, die bis hin zu öffentlich-privatrechtlichen Mischgesetzen geht.[18]

Die beiden Teilrechtsordnungen[19] oder „Regime"[20] sind nebeneinanderstehende und gleichrangige Teile der Gesamtrechtsordnung, die erst durch

---

[15] Deutlich *Otto Mayer* Zur Lehre vom öffentlichen Vertrage, AöR 3 (1888), 3: „Soll die Verwaltungsrechtswissenschaft als gleichberechtigte Disziplin neben die älteren Schwestern treten, so muss sie ein System von eigenthümlichen Rechtsinstituten der staatlichen Verwaltung sein".

[16] Bereits *Ernst Forsthoff* Lehrbuch des Verwaltungsrechts, Bd. I, 10. Aufl. 1973, 168 betonte, dass es „Otto Mayers rigorose Trennung der öffentlich-rechtlichen und zivilistischen Institute ... in der von ihm behaupteten Strenge nie gegeben [hat]."

[17] *Fritz Fleiner* Institutionen des Deutschen Verwaltungsrecht, 3. Aufl. 1913, 60.

[18] *Franz Jürgen Säcker* in: Claudia Schubert (Red.) Münchener Kommentar zum BGB, 8. Aufl. 2018, Einl. Rn. 5 mit den Beispielen von GWB, EnWG und TKG (ebenso *Röhl/Röhl* Rechtslehre [Fn. 11], 426 f. zum Kartellrecht und regulierenden Wirtschaftsrecht als „gemischten Rechtsgebieten"). Gerade das bereits vertieft als Referenzgebiet behandelte Kartellrecht illustriert, dass eine Rechtsnorm zugleich privatrechtliche und öffentlich-rechtliche Rechtsfolgen auslösen kann (*Wulf-Henning Roth/Thomas Ackermann* in: Wolfgang Jaeger/Juliane Kokott/Petra Pohlmann/Dirk Schroeder (Hrsg.) Frankfurter Kommentar zum Kartellrecht, § 1 GWB Rn. 110 ff. und 125 f. [2011]).

[19] Zum „Dualismus der Teilrechtsordnungen" *Eberhard Schmidt-Aßmann* Das allgemeine Verwaltungsrecht als Ordnungsidee, 2. Aufl. 2004, Kap. 6 Rn. 13 ff. Der Begriff der Teilrechtsordnungen wird vielfältig gebraucht (z.B. *Hans-Heinrich Trute* Wechselseitige Verzahnungen zwischen Privatrecht und öffentlichem Recht, in: Wolfgang Hoffmann-Riem/Eberhard Schmidt-Aßmann [Hrsg.] Öffentliches Recht und Privatrecht als wechselseitige Auffangordnungen, 1996, 167 [171 ff.]; *Martin Burgi* Rechtsregime, in: Wolfgang Hoffmann-Riem/Eberhard Schmidt-Aßmann/Andreas Voßkuhle [Hrsg.] Grundlagen des Verwaltungsrechts [GVwR], Bd. I, 2. Aufl. 2012, § 18 Rn. 66: „Öffentliches Recht und Privatrecht [...] als zwei funktional differenzierte Teil-Rechtsordnungen mit Stärken und Schwächen"; *Schaefer* Umgestaltung [Fn. 7], 287 ff.). Zum „Wettbewerb der Teilrechtsordnungen" *Alexander Hellgardt* Regulierung und Privatrecht, 2016, 545 ff. Im Kontext von Steuerrecht und Privatrecht beleuchtet *André Meyer* Steuerliches Leistungsfähigkeitsprinzip und zivilrechtliches Ausgleichssystem, 2013, 15 ff. m.w.N. „Die teilordnungsübergreifende Problemstellung".

[20] Oder „Rechtsregime" so z.B. *Schmidt-Aßmann* Ordnungsidee (Fn. 19), Kap. 6 Rn. 12 f., 16, 20 und *Stober* Verwaltungsrecht I (Fn. 5), § 22 Rn. 5. *Burgi* Rechtsregime, in: Hoffmann-Riem/Schmidt-Aßmann/Voßkuhle GVwR I (Fn. 19), § 18 Rn. 2 erachtet das

wechselseitige Einwirkung, Ergänzung und Komplettierung die einheitliche Rechtsordnung schaffen. Die Gesamtrechtsordnung bildet nicht notwendigerweise eine in ihren Bestandteilen abgestimmte, in sich widerspruchsfreie Regelungseinheit[21] und systematische Rechtseinheit.[22] Auch der umstrittene Topos der Einheit der Rechtsordnung[23] darf weder rechtssystematisch ungerechtfertigten Dominanzpostulaten Vorschub leisten[24] noch die unterschiedliche Teleologie sowie Regelungsmodalitäten und -rationalitäten der einzelnen Teilrechtsordnungen in Frage stellen.[25] In der Gesamtrechtsordnung verschmelzen die Teilrechtsordnungen nicht zu einer Einheitsrechtsmasse, sondern bleiben entsprechend ihren Grundprinzipien und ihren Eigenrationalitäten[26] getrennt. Als Teile der Gesamtrechtsordnung sind „Privatrechtsordnung"[27] und „Verwaltungsrechtsordnung" aber keine geschiedenen „Rechtskreise", die auf Eigenständigkeit und Abgeschlossenheit angelegt sind. Überzeugt das Dogma von der Lückenlosigkeit des Rechts gerade im Verwaltungsrecht nicht,[28] so ist die Prämisse der Vollständigkeit und Abgeschlossenheit der Teilrechtsordnungen[29] namentlich für die entwicklungsoffene Verwaltungsrechtsordnung nicht tragfähig. An ihre

---

öffentliche Recht wie das Privatrecht als „Teile der Gesamtrechtsordnung, was mit dem Begriff des ‚Regimes' zutreffend erfasst wird". Der deutungsoffene Begriff des Regimes wird im Folgenden in diesem Sinne mit dem Vorbehalt zugrunde gelegt, dass er Ausdruck der Trennbarkeit der Teilrechtsgebiete mit noch näher aufzuzeigenden Verbindungen ist. Dabei ist die Gefahr zu bannen, dass der Begriff der „Regime" zu sehr die Eigenständigkeit und Abgeschlossenheit der Teilrechtsordnungen als eigene „Rechtskreise" suggerieren kann.

[21] Für die logische Einheit der Rechtsordnung auf der Basis der Grundnormlehre mit dem Stufenbaukonzept aber *Hans Kelsen* Reine Rechtslehre, 2. Aufl. 1969, 196 ff., 204 ff., 209 ff., 228 ff.

[22] Zugespitzt *Jouanjan* Diskursvergleich (Fn. 3), 357: „‚*Das*' Recht der Gesamtrechtsordnung *gibt es nicht*".

[23] *Karl Engisch* Die Einheit der Rechtsordnung, 1935; *Manfred Baldus* Die Einheit der Rechtsordnung, 1995; *Dagmar Felix* Einheit der Rechtsordnung, 1998.

[24] Dagegen bereits *Reinhard Damm* Risikosteuerung im Zivilrecht – Privatrecht und öffentliches Recht im Risikodiskurs; in: Hoffmann-Riem/Schmidt-Aßmann Auffangordnungen (Fn. 19), 86 (134) m.w.N.

[25] Dagegen bereits *Meinhard Schröder* Verwaltungsrecht als Vorgabe für Zivil- und Strafrecht, VVDStRL 50 (1991), 196 (206).

[26] Treffend bereits *Hoffmann-Riem* Öffentliches Recht und Privatrecht als wechselseitige Auffangordnungen – Systematisierung und Entwicklungsperspektiven, in: Hoffmann-Riem/Schmidt-Aßmann Auffangordnungen (Fn. 19), 261 (268).

[27] *Reinhard Bork* Allgemeiner Teil des Bürgerlichen Gesetzbuches, 4. Aufl. 2016, § 1 Rn. 1 ff.

[28] *Forsthoff* Verwaltungsrecht (Fn. 16), 167.

[29] Demgegenüber folgert *de Wall* Anwendbarkeit (Fn. 6), 45 (mit Hervorhebungen im Original) aus dem positiven Recht, dass öffentliches und Privatrecht „prinzipiell *komplementäre*, *vollständige* und *geschlossene* Teilrechtsordnungen sind".

Stelle tritt der Verbund von öffentlichem Recht und Privatrecht im Sinne der wechselseitigen Bezugnahme, Ergänzung oder Substituierung und Komplettierung zur Gesamtrechtsordnung.[30] Innerhalb dieser setzen Verschränkungen von Privat- und Verwaltungsrechtsordnung keinen an besonderen Transformationsanforderungen[31] geknüpften „Rechtskreiswechsel",[32] sondern nur eine – ggf. modifizierende – Einpassung in den jeweiligen Kontext voraus. Ein Denken in unterschiedlichen Rechtskreisen mit einem Rechtsimport oder -export wird dem Zusammenwirken der Teilrechtsordnungen zu einer Gesamtrechtsordnung dagegen nur unzureichend gerecht. Verschränkungen zwischen beiden Teilrechtsordnungen sind mit dieser Weichenstellung weder Zeichen unzureichenden Eigenstands noch fehlender eigener Systembildung.

Die Verschränkungsoffenheit der Gesamtrechtsordnung ist danach keine besonders begründungs- und rechtfertigungsbedürftige Anomalie, sondern verwaltungsrechtliche Normalität bei Rechtssetzung und Rechtsanwendung, die aber spezifische „Verschränkungsfragen" aufwirft.[33]

II. Begriff und Formen der Verschränkung bei der Setzung und Anwendung von Verwaltungsrecht

Verschränkungen sind zwar kein wohldefinierter Terminus der Gesetzgebungslehre oder der Rechtsmethodik, aber seit der Reformdiskussion zum Allgemeinen Verwaltungsrecht mit der steuerungswissenschaftlichen

---

[30] Zum „Auffangverbund" von öffentlichem Recht und Privatrecht *Schaefer* Umgestaltung (Fn. 7), 2016, 278 ff., 294 ff.

[31] Für eine „Transformation" aber *de Wall* Anwendbarkeit (Fn. 6), 33, 45; für das „Prinzip der Transformation" privatrechtlicher Regeln in verwaltungsrechtliche Rechtsnormen auch *Heiko Faber* Verwaltungsrecht, 4. Aufl. 1995, 163.

[32] Für einen „Rechtskreiswechsel" der Verwaltung „in das Privatrecht" aber *Dirk Ehlers* Rechtsstaatliche und prozessuale Probleme des Verwaltungsprivatrechts, DVBl 1983, 422 (428); zuvor kritisch zum „Wandel zwischen den Rechtskreisen" *Christian Pestalozza* „Formenmißbrauch" des Staates – Zu Figur und Folgen des „Rechtsmißbrauchs" und ihrer Anwendung auf staatliches Verhalten, 1973, 167.

[33] Verschränkungen im Verwaltungsrecht sind zunächst begrifflich einzugrenzen und funktional zu strukturieren (II.). Sodann soll das Steuerrecht als Referenzgebiet des besonderen Verwaltungsrechts Verschränkungen zum Privatrecht typologisch und bereichsspezifisch erschließen (III.). Das führt zu Methodenfragen bei Verschränkungen im Verwaltungsrecht (IV.). Das Verständnis von Steuerrecht und Privatrecht als wechselseitige Auffangordnungen wird anhand aktueller Regulierungsvorhaben exemplifiziert (V.), bevor ausgesuchte Konformitätsvorgaben für Verschränkungen im Verwaltungsrecht adressiert werden (VI.).

Perspektive „wechselseitiger Auffangordnungen"[34] (*Wolfgang Hoffmann-Riem*[35]) geläufig.[36] Zur umfassenderen Verbundperspektive von *Martin Burgi*[37] ausgebaut, soll durch Verschränkungen das substituierende, aber auch additive und kumulative Zusammenwirken von öffentlichem Recht und Privatrecht im Verbund der Gesamtrechtsordnung identifiziert, analysiert und strukturiert werden. Beide Teilrechtsordnungen haben als Verbundordnung Auffang-, Ergänzungs- und Substitutionsfunktion.[38]

Der richtungsoffene Begriff der Verschränkung eröffnet im Gegensatz zur im selben Kontext verwendeten „Verzahnung",[39] die einen höheren Grad rechtstechnischer Abstimmung und ein Ineinandergreifen wie bei Zahnrädern „in der Maschinerie des Rechts"[40] nahelegt, zugleich den Blick für nicht zwingend intendierte Folge- und Rückwirkungen.[41] Versuche, durch begriffsjuristische Schärfung rechtliche Vorgaben oder Maßstäbe für Verschränkungen gewinnen zu können, müssen scheitern.[42] Um eine steuerungswissenschaftliche Perspektivenweitung zu eröffnen,[43] soll im Folgen-

---

[34] Dazu die Beiträge im Tagungsband aus dem Jahre 1996 *Hoffmann-Riem/Schmidt-Aßmann* Auffangordnungen (Fn. 19).

[35] Einführend *Wolfgang Hoffmann-Riem* Reform des Allgemeinen Verwaltungsrechts, DVBl. 1994, 1381 (1386 f.) sowie *Wolfgang Hoffmann-Riem* Öffentliches Recht und Privatrecht als wechselseitige Auffangordnungen, in: ders./Schmidt-Aßmann Auffangordnungen (Fn. 19), 261 (271).

[36] Zu „Verbindungen und Verschränkungen" bereits *Schmidt-Aßmann* Ordnungsidee (Fn. 19), Kap. 6 Rn. 20.

[37] *Burgi* Rechtsregime, in: Hoffmann-Riem/Schmidt-Aßmann/Voßkuhle GVwR I (Fn. 19), § 18 Rn. 35 ff.; *Martin Burgi* Intradisziplinarität und Interdisziplinarität als Perspektiven der Verwaltungsrechtswissenschaft, in: ders. (Hrsg.) Zur Lage der Verwaltungsrechtswissenschaft – Die Verwaltung Beiheft 12 (2017), 33 (47 f.).

[38] Dazu bereits *Trute* Verzahnungen, in: Hoffmann-Riem/Schmidt-Aßmann Auffangordnungen (Fn. 19), 167 (170 f., 177) sowie *Burgi* Rechtsregime, in: Hoffmann-Riem/Schmidt-Aßmann/Voßkuhle GVwR I (Fn. 19), § 18 Rn. 38 ff.

[39] *Trute* Verzahnungen, in: Hoffmann-Riem/Schmidt-Aßmann Auffangordnungen (Fn. 19), 167 (170, 177 ff.), der parallel auch von „Verflechtungen" spricht.

[40] *Rudolf v. Jhering*, Der Kampf ums Recht, 1872, 52.

[41] Derartige Rückwirkungen können das Privatrecht zu einer Reaktion nötigen, um Friktionen zwischen Steuerrecht und Privatrecht zu beheben (*Claudia Schubert* in: Wolfgang Krüger [Red.] Münchener Kommentar zum BGB, Bd. 2, 8. Aufl. 2019, § 242 Rn. 119 m.w.N. zur Anerkennung von Nebenpflichten und Ausgleichsansprüchen im Privatrechtsverhältnis).

[42] Darum bietet der weite Verschränkungsbegriff als solcher keine juristisch unmittelbar verwertbaren Erkenntnisse oder Rechtsmaßstäbe für die Zulässigkeit von Verschränkungen im Verwaltungsrecht.

[43] Allgemein zur Neuausrichtung der „Neuen Verwaltungsrechtswissenschaft" von der anwendungsbezogenen Interpretationswissenschaft zu einer Handlungs- und Entscheidungswissenschaft und zum steuerungstheoretischen Ansatz *Andreas Voßkuhle* Neue Verwaltungsrechtswissenschaft, in: Hoffmann-Riem/Schmidt-Aßmann/Voßkuhle GVwR I

den ein weiter Begriff der Verschränkung zugrunde gelegt werden, der verschiedenste Verschränkungsformen wie normative Verschränkungen durch Verweise[44], die analoge Anwendung von Begriffen, Normen und Instituten der anderen Teilrechtsordnung[45] sowie den Rekurs auf allgemeine Rechtsgrundsätze[46] umfasst.[47] Verschränkungen können auch im Aufbau neuer Rechtsverhältnisse auf einem Basisrechtsverhältnis der anderen Teilrechtsordnung[48] beruhen, in der Kombination gemischter Rechtssätze und -institute aber auch bis zur rechtsgebietsübergreifenden Kodifikation reichen. Der Begriff der Verschränkung ist damit akteurübergreifend[49] wie handlungsformenübergreifend und erfasst die Setzung und Anwendung von Verwaltungsrecht. Anleihen des öffentlichen Rechts beim Privatrecht als der älteren und dogmatisch früher ausgebildeten Teilrechtsordnung mit Leit-

---

(Fn. 19), § 1 Rn. 15, 17 ff.; näher *Ivo Appel* Das Verwaltungsrecht zwischen klassischem dogmatischen Verständnis und steuerungswissenschaftlichem Anspruch, VVDStRL 67 (2008), 226 (241 ff.).

[44] Verweise in Gesetzestexten dienen als Definitionsnorm der Vermeidung von Redundanzen (*Bernd Rüthers/Christian Fischer/Axel Birk* Rechtstheorie mit Juristischer Methodenlehre, 10. Aufl. 2018, Rn. 132), der Vereinfachung und zugleich zur Vereinheitlichung. Zu Rechtsfragen von Verweisungen zuletzt eingehend *Daniel Dürrschmidt* Verweisungen in formellgesetzlichen Rechtsnormen auf andere formellgesetzliche Rechtsnormen, 2019, 9 ff.

[45] *Maurer/Waldhoff* Verwaltungsrecht (Fn. 13), § 3 Rn. 19, 42. Dabei ist die Anwendbarkeit privatrechtlicher Normen im Verwaltungsrecht „allein Frage und Sache des öffentlichen Rechts, das das Privatrecht mit seinen Vorgaben für die Verwaltungshandlung überformt" (*Wolfgang Ernst* in: Wolfgang Krüger [Red.] Münchener Kommentar zum BGB, Bd. 2, 8. Aufl. 2019, Einleitung SchuldR, Rn. 7).

[46] *Stober* Verwaltungsrecht I (Fn. 5), § 22 Rn. 42; vertiefend zur analogen und „rechtsgrundsätzlichen" Anwendung privatrechtlicher Vorschriften *de Wall* Anwendbarkeit (Fn. 6), 53 ff.

[47] Die Idee eines vor die Klammer gezogenen Gemeinrechts (*Martin Bullinger* Öffentliches Recht und Privatrecht. Studien über Sinn und Funktionen der Unterscheidung, 1968; *Martin Bullinger* Öffentliches Recht und Privatrecht in Geschichte und Gegenwart, in: Manfred Löwisch/Christian Schmidt-Leithoff/Burkhard Schmiedel [Hrsg.] FS Rittner, 1991, 69 [87 ff.]) konnte sich bislang nicht durchsetzen (perspektivisch dafür *Walter Leisner* Privatisierungen – eine große „Flucht des Staates ins Privatrecht", in: Andreas Heldrich/Jürgen Prölss/Ingo Koller [Hrsg.] FS Canaris, Bd. II, 2007, 1181 [1192]).

[48] Für die Anknüpfung öffentlich-rechtlicher Pflichten an privatrechtliche Rechtsverhältnisse hat *Hans Peter Ipsen* Gesetzliche Indienstnahme Privater für Verwaltungsaufgaben, in: Hermann Jahrreiß/Walter Jellinek/Rudolf Laun/Rudolf Smend, in: FG E. Kaufmann, 1950, 141 den Begriff der gesetzlichen Indienstnahme Privater für Verwaltungsaufgaben geprägt (dazu zuletzt *Martin Burgi/Christoph Krönke* Die ausgleichspflichtige Indienstnahme, VerwArch 2018, 423 [424 ff.] m.w.N.; zur Indienstnahme als Rechtsbegriff *Jannis Lennartz* Verfassungsrechtliche Grenzen der Indienstnahme Privater, DÖV 2019, 434).

[49] Die Bezugnahme des öffentlichen Rechts auf das Privatrecht „von Rechts wegen" kann durch den Gesetzgeber oder durch die Verwaltung erfolgen (ebenso *Burgi* Intradisziplinarität [Fn. 37], 48).

funktion sind häufig. Allerdings belegt bereits die Rechtsdurchsetzung im Privatrecht durch das öffentlich-rechtliche Zwangsvollstreckungsrecht nach dem achten Buch der ZPO[50] auch die umgekehrte, strukturelle Ergänzungsfunktion. Die Verschränkungsrichtung durch Vorgaben des öffentlichen Rechts für das Privatrecht über Generalklauseln und „Einstrahlvorschriften" (wie §§ 134, § 823 Abs. 2 und § 906 BGB) als Privatrechtsgestaltung durch Verwaltungsrecht[51] waren bereits Gegenstand der Züricher Tagung im Jahre 1990.[52]

Die Intensität der Verschränkung des Verwaltungsrechts variiert von einer Privatrechtsakzessorietät über die vorbehaltliche Maßgeblichkeit und die Indizierung bis zur bloßen Orientierung am Privatrecht.[53] Grund und Grenzen für Verschränkungen mit dem Privatrecht sind vielfältig[54] und lassen sich nicht abstrakt, sondern nur bereichsspezifisch und teleologisch für einzelne Felder des Verwaltungsrechts erfassen.

III. Das Steuerrecht als Referenzgebiet für wechselseitige Verschränkungen des Verwaltungsrechts mit dem Privatrecht

1. Das Steuerrecht als geborenes Verschränkungs-Referenzgebiet

Die gesamte Breite des Verwaltungsrechts bietet verschiedene Zugänge für Verschränkungen mit dem Privatrecht. Die – erwartbare, vielleicht befürchtete oder auch erhoffte – Wahl des Steuerrechts als Referenzgebiet[55] für Verschränkungen beruht darauf, dass das Steuerrecht aufgrund seiner Eigenart die geborene Verschränkungsmaterie mit dem Privatrecht

---

[50] Zur öffentlich-rechtlichen Natur *Hans Friedhelm Gaul* in: Leo Rosenberg/ders./ Eberhard Schilken/Ekkehard Becker-Eberhard (Begr./Hrsg.) Zwangsvollstreckung, 12. Aufl. 2010, § 1 Rn. 16 ff.; zuletzt *Rolf Lackmann* in: Hans-Joachim Musielak/Wolfgang Voit (Hrsg.) ZPO, 16. Aufl. 2019, § 704 Vorbemerkung Rn. 7, 13, 32 m.w.N.

[51] *Gerrit Manssen* Privatrechtsgestaltung durch Hoheitsakt: verfassungsrechtliche und verwaltungsrechtliche Grundfragen, 1994; *Axel Tschentscher* Der privatrechtsgestaltende Verwaltungsakt als Koordinationsinstrument zwischen öffentlichem Recht und Privatrecht, DVBl. 2003, 1424.

[52] *Meinhard Schröder/Hans D. Jarass* Verwaltungsrecht als Vorgabe für Zivil- und Strafrecht, VVDStRL 50 (1991), 196/238.

[53] Zu Formen unterhalb einer ausnahmslosen Bindungswirkung bereits *Burgi* Rechtsregime, in: Hoffmann-Riem/Schmidt-Aßmann/Voßkuhle GVwR I (Fn. 19), § 18 Rn. 74.

[54] Dasselbe gilt für die Reichweite und Funktionsweise von Ver- und Entschränkungen durch Gesetzgeber und Rechtsanwender.

[55] Allgemein zu seiner Referenzfunktion für das öffentliche Recht *Roman Seer* in: Klaus Tipke/Joachim Lang (Begr.) Steuerrecht, 23. Aufl. 2018, § 1 Rn. 26 ff.

ist[56] und darum über eine lange Verschränkungsgeschichte verfügt.[57] Das Steuerrecht als eigenständiges Rechtsgebiet hat sich in der Weimarer Zeit gerade in Abgrenzung zum Privatrecht entwickelt. Der jüngeren Diskussion über das Steuerrecht als Innovationsressource des Verfassungsrechts[58] ist für das Verwaltungsrecht eine juristische Langzeitanalyse des Speichers von Verschränkungserfahrungen des Steuerrechts mit dem Privatrecht an die Seite zu stellen. Das Steuerrecht als Referenzgebiet[59] knüpft zudem an die Frühphase dieser Vereinigung an[60] und schließt zugleich eine Lücke der

---

[56] Einer „Öffnung gegenüber dem Privatrecht" (allgemein *Burgi* Intradisziplinarität [Fn. 37], 50) bedarf es beim Steuerrecht nicht.

[57] Aus der reichhaltigen Literatur zum Verhältnis von Privatrecht und Steuerrecht *Kurt Ball* Steuerrecht und Zivilrecht, 1924; *Enno Becker* Reichsabgabenordnung, 7. Aufl. 1930, § 4 Anm. 4 ff.; *Albert Hensel* Steuerrecht, 3. Aufl. 1933, 52 ff.; *Heinrich Wilhelm Kruse* Lehrbuch des Steuerrechts, Bd. I, 1991, 19 f. m. umf. N. der „Emanzipationsliteratur"; aus neuerer Zeit *Joachim Schulze-Osterloh* Zivilrecht und Steuerrecht, AcP 190 (1990), 139; *Lerke Osterloh* Steuerrecht und Privatrecht, JuS 1994, 993; *Dorothee Hallerbach* Der Einfluß des Zivilrechts auf das Steuerrecht, DStR 1999, 2125; *Wolfgang Schön* Die zivilrechtlichen Voraussetzungen steuerlicher Leistungsfähigkeit, StuW 2005, 247; umfassend *Meyer* Leistungsfähigkeitsprinzip (Fn. 19), 17 ff.; aus Schweizer Sicht *Thomas Koller* Privatrecht und Steuerrecht, 1993, 81 ff., 233 ff., 394 ff.

[58] Vgl. die Beiträge in: *Susanne Baer/Oliver Lepsius/Christoph Schönberger/Christian Waldhoff/Christian Walter* (Hrsg.) Jahrbuch des Öffentlichen Rechts der Gegenwart nF, Bd. 64 (2016), 443 ff.

[59] Dabei kann die Darstellung der Referenzfunktion des Steuerrechts in diesem Rahmen nicht alle diskutierbaren Aspekte von Verschränkungen abdecken. So ließe sich im Anschluss an *Trute* die Kooperation von Staat und Privaten (eingehend *Trute* Verzahnungen, in: Hoffmann-Riem/Schmidt-Aßmann, Auffangordnungen [Fn. 19], 167 [197 ff.]) beim Steuervollzug Beispiele normierter und gelebter Verschränkungen zwischen der Verwaltung und privaten Akteuren beleuchten (zur Kooperation bereits *Klaus-Dieter Drüen* Kooperation im Besteuerungsverfahren, FR 2011, 101 m.w.N.). Die Steueranmeldung (§§ 167 f. AO) als tatsächliche Haupthandlungsform im Massen-Steuerverfahren (dazu bereits *Markus Heintzen* Beteiligung Privater an der Wahrnehmung öffentlicher Aufgaben und staatliche Verantwortung, VVDStRL 62 [2003], 220 [225, 253, 261]) wäre ein interessantes Anschauungsinstitut für verwaltungsrechtsgestaltende Privatakte, denen sogar Titelfunktion für die Verwaltungsvollstreckung zukommt (§ 249 Abs. 1 S. 2 AO). Bei der Analyse nach (auch-)privater neben oder statt administrativer Durchsetzung des öffentlichen Rechts (dazu *Meinhard Schröder* Private statt administrativer Durchsetzung des öffentlichen Rechts?, Die Verwaltung, Bd. 50 [2017], 309) bietet das Steuerrecht erprobte kooperative Handlungsformen, die dogmatisch indes noch umstritten sind (für eine regulierte Selbstregulierung *Roman Seer* Modernisierung des Besteuerungsverfahrens, StuW 2015, 315 [321 f.]; dagegen *Sebastian Müller-Franken* Grundfragen des Besteuerungsverfahrens, StuW 2018, 113 [116, Note 27]).

[60] Zur frühen Referenzfunktion des Steuerrechts *Albert Hensel* Der Einfluß des Steuerrechts auf die Begriffsbildung des öffentlichen Rechts, VVDStRL 3 (1927), 63 (78 ff.).

Verbundperspektive der Gesamtrechtsordnung, aus der es bislang gerade wegen seiner Besonderheiten ausgeblendet wurde.[61]

Die Eigenheit des Steuerrechts beruht auf dem Steuerbegriff und der von Sachverwaltungsaufgaben abgekoppelten Finanzierungsaufgabe der Finanzverwaltung. Das Steuerrecht regelt nicht wie andere Verwaltungszweige die Lebenswirklichkeit,[62] sondern baut auf den durch das Privatrecht privatautonom gestalteten Vorgängen des Wirtschaftslebens auf.[63] Der Steuerstaat partizipiert am privatautonom gestalteten wirtschaftlichen Erfolg.[64] Die Steuer als gegenleistungsfreie Abgabe schöpft Finanzkraft des Steuerpflichtigen ab, ohne dafür etwas zu geben. Im Gegensatz zum Grundprinzip des Privatrechts gibt es kein do ut des von Leistung und Gegenleistung.[65] Darum stößt die Steuer regelmäßig auf Vermeidungskräfte,[66] mit denen der Steuergesetzgeber rechnen muss. Es bedarf einer methodischen Absicherung der Behauptung von Steuernormen gegenüber qualifizierten Vermeidungsstrategien durch privatrechtliche Gestaltungen. Gerade wegen seiner „Grundverschränkung" mit dem Privatrecht[67] wendet sich das Steuerrecht zum Teil durch autonome Begriffs- und Tatbestandsbildung gezielt vom Privatrecht ab[68] oder baut trotz seiner

---

[61] Dezidiert ausblendend *Burgi* Rechtsregime, in: Hoffmann-Riem/Schmidt-Aßmann/Voßkuhle GVwR I (Fn. 19), § 18 Rn. 10.

[62] Das gilt selbst für Lenkungssteuern, die nur Steuerfolgen normieren, aber nicht das Verhalten regeln.

[63] *Georg Crezelius* Steuerliche Rechtsanwendung und allgemeine Rechtsordnung, 1983, 179 ff.

[64] Zur Teilhabe des Staates grundlegend *Paul Kirchhof* Besteuerung und Eigentum, VVDStRL 39 (1981), 213 (233 f.); *Paul Kirchhof* Die Steuern, in: Josef Isensee/Paul Kirchhof, Handbuch des Staatsrechts der Bundesrepublik Deutschland (HStR), Bd. V, 3. Aufl. 2007, § 118 Rn. 1. Ökonomisch knüpft jede Besteuerung an Vorgänge des Wirtschaftslebens an, in dem der Staat Wohlstand als individuellen Erfolg des Wirtschaftens abschöpft (*Christian Seiler* Verfassung in ausgewählten Teilrechtsordnungen: Konstitutionalisierung und Gegenbewegungen im Steuerrecht, VVDStRL 75 [2016], 333 [349]).

[65] *Walter Leisner* „Privatisierung" des Öffentlichen Rechts. Von der „Hoheitsgewalt" zum gleichordnenden Privatrecht, 2007, 117 mit nachfolgender Relativierung.

[66] Aus ökonomischer Perspektive antizipiert ein rational handelnder Steuerpflichtiger Steuerbelastungen, soweit Ausweichmöglichkeiten gegenüber der Steuerlast bestehen, und sucht seinen persönlichen Vorteil zu maximieren, weshalb das Steuersystem bereits mit Blick auf eigennützige Steuervermeidungsbestrebungen konstruiert werden müsse (*Franz W. Wagner* Der Homo Oeconomicus als Menschenbild des Steuerrechts, DStR 2014, 1133 [1136]).

[67] Dagegen bemängelte noch *Wolfgang Rainer Walz* Steuergerechtigkeit und Rechtsanwendung, 1980, 230 die fehlende Begründung des Verhältnisses von privatrechtlichem Vertragsrecht und Steuerrecht im Sinne einer materiell-inhaltlichen „Verschränkung von Volks- und Finanzwirtschaft".

[68] So ist der Begriff der freigebigen Zuwendung im Sinne des § 7 Abs. 1 Nr. 1 ErbStG nicht deckungsgleich, sondern weiter als derjenige einer Schenkung im zivilrechtlichen

Anknüpfung auf Entschränkungsnormen und Verschränkungsvorbehalte.[69] Diese Technik dient dem Kardinalprinzip der Gleichmäßigkeit der Besteuerung, nach dem Bestehen und Höhe der Steuerpflicht nicht alleine der privatautonomen Gestaltung überlassen sein darf.[70] Das Referenzgebiet des Steuerrechts belegt damit, dass rechtsgebietskonzipierende Prinzipien die Grundlagen und zugleich die Grenzen von Verschränkungen mit dem Privatrecht determinieren. Darum ist nur ein bereichsspezifischer Zugang zu Verschränkungen im Verwaltungsrecht aussichtsreich.

2. *Das Verwaltungsschuldrecht der Abgabenordnung als traditionsreiches Verschränkungsbeispiel*

Das Recht der schuldrechtsähnlichen, öffentlich-rechtlichen Sonderverbindungen zwischen Verwaltung und Bürger[71] hat sich ausgehend vom privatrechtlichen Schuldrecht entwickelt, wobei bereits *Ernst Forsthoff* es für geboten hielt, „die überflüssigen Krücken des bürgerlichen Rechts abzuwerfen".[72] Während das allgemeine Verwaltungsschuldrecht erst in jüngerer Zeit dogmatisch tiefer durchdrungen wird,[73] hat der Gesetzgeber die besonderen Teile des sozialrechtlichen Verwaltungsschuldrechts für die gewährende Verwaltung und das Steuerschuldrecht (§§ 33 ff. AO)[74] für

---

Sinn (BFH, BStBl. II 2011, 134 [136]), weil der Gesetzgeber eigenständige Tatbestände geschaffen hat (*Klaus Tiedtke* Erbschaft- und Schenkungsteuergesetz, 2009, Einleitung Rn. 57).

[69] Dazu sub. IV. Allgemein variiert die Rechtsprechung bei der Auslegung von Steuernormen bis in jüngste Zeit zwischen betonter Privatrechtsnähe (zuletzt BFHE 263, 90 mit einer auf §§ 741 ff. BGB gestützten Rechtsprechungsänderung zur fehlenden Unternehmereigenschaft einer Bruchteilsgemeinschaft im Umsatzsteuerrecht trotz unionsrechtlicher [Teil-]Harmonisierung) und einer Abgrenzung von der privatrechtlichen Qualifikation (zuletzt BFH, BStBl. II 2019, 365 [368 Rn. 13 ff.] zur Einordnung eines Geschäftsführers einer Kapitalgesellschaft als ständiger Vertreter i.S. des § 13 AO in Abwendung von der zivilrechtlichen Organtheorie).

[70] Würde die Wahl der Steuerfolgen allein der privatautonomen Gestaltung überantwortet, so würde die Steuer zur privatautonomen Spende mutieren und wäre keine aufgrund gesetzlicher Tatbestandsverwirklichung (§§ 3 Abs. 1, 38 AO) geschuldete Abgabe mehr.

[71] Insbesondere bei Geschäftsführung ohne Auftrag, Verwahrung und bei Erstattungsansprüchen.

[72] *Forsthoff* Verwaltungsrecht (Fn. 16), 175.

[73] Zuletzt eingehend *Tristan Barczak* Verwaltungsschuldrecht – Grundlinien und Systematik eines Ordnungssystems im Schatten der Kasuistik, VerwArch 109 (2018), 363 (368 ff.).

[74] Die von 100 Jahren von *Enno Becker* entwickelte Reichsabgabenordnung 1919 gilt zu Recht als „epochemachend" (*Michael Stolleis* Geschichte des Öffentlichen Rechts in Deutschland. Dritter Band. Staats- und Verwaltungsrechtswissenschaft in Republik und Diktatur 1914–1945, 1999, 222).

beide Massenfall-Verwaltungen frühzeitig normiert.[75] Wie im Privatrecht geht es bei diesen vermögensbezogenen Dauer-Verwaltungsrechtsverhältnissen um Entstehen, Fälligkeit, Verzinsung und Verjährung, um Zahlung und Aufrechnung sowie Übertragung, Pfändung und die Rechtsnachfolge im Todesfall, damit Zahlungsansprüche des Staates oder gegen ihn praktisch verwirklicht werden können.[76] In bewusster Anlehnung an das Zweite Buch des BGB („Recht der Schuldverhältnisse") ist das Steuerschuldverhältnis (§§ 37 ff. AO) vor 100 Jahren auf Geldleistungsverwaltungsakte und ihre Begründung und Beendigung kraft Gesetzes zugeschnitten worden.[77] Gerade die punktuellen Modifikationen der schuldrechtlichen Beziehungen gegenüber dem BGB sind bei der Entfaltung eines Geldschuldverwaltungsrechts[78] erhellend, wenngleich manche profiskalische Schlagseite nicht kopierwürdig erscheint. Das gilt vor allem für das Zinsvorrecht des Fiskus im Steuerrecht[79] durch die Ausgestaltung der Vollverzinsung (§ 233a AO) und den aus der realen Zinswelt gefallenen, marktfernen Steuerzinssatz von 6 % p.a. (§ 238 Abs. 1 Satz 1 AO).[80] Durch den Vergleich mit dem „Mutterrechtsregime" des Privatrechts,[81] das inzwischen im HGB und BGB marktentwicklungsflexible Zinssätze vorsieht,[82] erweist sich die Verschränkung zugleich als Instrument, um Unwuchten wie Regelungsalternativen leichter zu identifizieren und Privilegien des Staates offenzulegen.

---

[75] Zur Vorbildfunktion für das allgemeine Verwaltungs(schuld)rechtsverhältnis *Stober* Verwaltungsrecht I (Fn. 5), § 32 Rn. 35 f.

[76] Zu Sozialleistungsansprüchen *Ulrich Becker* Das Sozialrecht: Systematisierung, Verortung und Institutionalisierung, in: Franz Ruland/ders./Peter Axer (Hrsg.) Sozialrechtshandbuch, 6. Aufl. 2018, § 1 Rn. 86.

[77] *Kruse* Steuerrecht (Fn. 57), 96 f. Insoweit bestätigt das Steuerschuldrecht die These von *Fleiner* Institutionen (Fn. 17), 8. Aufl. 1928, 57, dass es gemeinsame Rechtsinstitute und rechtliche Formen im privaten und öffentlichen Recht gibt (*Walter Schick* Haftung für Steuerschulden auf Grund Privatrechts? – zugleich ein Beitrag zur Abgrenzung Steuerrecht–Privatrecht, 1993, 13 f.).

[78] Dazu *Iris Kemmler* Geldschulden im Öffentlichen Recht: Entstehung, Erlöschen und Verzinsung von Zahlungsansprüchen im Abgabenrecht, Sozialrecht und Allgemeinen Verwaltungsrecht, 2015, 7 ff.

[79] Zur überschießenden Abschöpfungswirkung auch *Kemmler* Geldschulden (Fn. 78), 719 ff.

[80] Zur Verfassungswidrigkeit der aktuellen Verzinsung im Steuerrecht und für die Kopplung an den Basiszins nach § 247 BGB zuletzt *Roman Seer* Geldwert und Steuern, StuW 2019, 212 (219 ff., 224) m.w.N.

[81] Begriff bei *Burgi* Rechtsregime, in: Hoffmann-Riem/Schmidt-Aßmann/Voßkuhle GVwR I (Fn. 19), § 18 Rn. 4 und *Marcel Krumm* Die Gesamtschuld für öffentlich-rechtliche Geldleistungsverpflichtungen, Verw 46 (2013), 59 (69, 85).

[82] Zur Typisierung durch variable Zinssätze im öffentlichen Recht *Kemmler* Geldschulden (Fn. 78), 748.

Trotz der Kodifikation des Steuerschuldrechts haben die Grundsätze von Treu und Glauben mit einzelnen Modifikationen und Einschränkungen gegenüber § 242 BGB im Steuerrecht weiterhin große Bedeutung.[83] Häufige Streitfälle sind Verwirkung und widersprüchliches Verhalten im Dauerrechtsverhältnis. Da das Verwaltungsvertragsrecht der AO gegenüber dem des VwVfG unterausgeprägt ist[84] und dem Steuerrecht als ius strictum zum Teil eine Vertragsfeindlichkeit unterstellt wird,[85] stützt der BFH die Bindungswirkung der richterrechtlich entwickelten *tatsächlichen* Verständigung[86] auf die tatbestandslosen Grundsätze von Treu und Glauben.[87] Das von *Mayer* forcierte Vertragsverdikt[88] wirkt im gesetzesgebundenen Steuerrecht nach und führt zu nicht durchhaltbaren Abgrenzungsversuchen von Tatsachenwürdigung und Rechtsanwendung.[89] Die Beschränkung dieses vertragsgleichen Instruments auf Tatsachen ist nur vordergründig.[90] Anstelle einer Überdehnung und damit Entwertung der Grundsätze von Treu und Glauben wäre die Anerkennung eines Verwaltungsvertrages aufrichtiger,[91] zumal auch im Steuerrecht kein Handlungsformverbot,

---

[83] *Roland Kreiblich* Der Grundsatz von Treu und Glauben im Steuerrecht, 1992.

[84] Vergleichend *Maurer/Waldhoff* Verwaltungsrecht (Fn. 13), § 14 Rn. 4. Einen öffentlich-rechtlichen Vertrag sieht explizit allein § 224a AO bei der Hingabe von Kunstgegenständen an Zahlungs statt im Erhebungsverfahren vor. Dagegen enthält die AO im Gegensatz zu § 54 Satz 2 VwVfG (dazu eingehend *Heinrich Amadeus Wolff* Der Vergleichsvertrag wegen Rechtszweifeln, VerwArch, 2017, 197) keine Regelung zum Vergleichsvertrag wegen Rechtszweifeln. Gleichwohl sind Verständigungen über Rechtsfragen zur Vermeidung langjähriger Rechtsstreitigkeiten und von Prozessrisiken auch im Steuerverfahren zulässig (*Heinrich Wilhelm Kruse* Gesetzmäßigkeit der Verwaltung und Verfahrensordnungen, in: Paul Kirchhof/Moris Lehner/Arndt Raupach/Michael Rodi, FS Vogel, 2000, 517 (523 ff.); a.A. *Sebastian Müller-Franken* Maßvolles Verwalten, 2004, 198 f.).

[85] *Stefan Korte* in: Verwaltungsrecht I (Fn. 5), § 54 Rn. 15 f., 31 m.w.N.; referierend und relativierend *Elke Gurlit* Verwaltungsvertrag und Gesetz, 2000, 345 ff.; *Volker Schlette* Die Verwaltung als Vertragspartner, 2000, 323 ff.; umfassend *Roman Seer* Verständigungen in Steuerverfahren, 1996, 1 ff., 317 ff., 485 ff.

[86] Grundlegend BFH, BStBl. II 1985, 354 (357 f.).

[87] Zuletzt zum Streit BFH/NV 2019, 97 (98) m.w.N.

[88] *Otto Mayer* Lehre (Fn. 15), 42: „Darum sind wahre Verträge des Staates auf dem Gebiete des öffentlichen Rechts überhaupt nicht denkbar".

[89] Grundlegende Kritik übt bereits *Seer* Verständigungen (Fn. 85), 206 ff.

[90] Deutlich BFH, GmbHR 1998, 248 (249 f.), wonach Gegenstand einer tatsächlichen Verständigung die Angemessenheit der Geschäftsführer-Gesamtausstattung sein kann, obwohl darin eine Verständigung über eine rechtliche Beurteilung liegt.

[91] Dafür *Seer* Verständigungen (Fn. 85), 80 ff.; *Roman Seer* in: Klaus Tipke/Heinrich Wilhelm Kruse (Begr.) Abgabenordnung/Finanzgerichtsordnung, Vor § 118 AO Rn. 15 (2015); zuletzt *Anna Leisner-Egensperger* Der Verwaltungsvertrag: Bestandsaufnahme und Reformbedarf, Die Verwaltung, Bd. 51 (2018), 467 (475) und *Silvia Schuster* Rechtsinstitut der sogenannten tatsächlichen Verständigung im Steuerrecht, DStZ 2018, 720 (724) m.w.N.

sondern nur das Gesetzmäßigkeitsgebot gilt.[92] Das Beispiel belegt, dass eine verwaltungsrechtliche Untererfüllung durch den Gesetzgeber kaum befriedigend durch den richterlichen Rekurs auf unspezifizierte, zunächst privatrechtlich entwickelte allgemeine Grundsätze gelöst werden kann. Verzinsung und Verträge im Steuerschuldrecht sind zudem Beispiele für verschränkungsübergreifende Beobachtungs- und Regelungspflichten des Gesetzgebers.

3. *Verschränkungstypologie von Steuerrecht und Privatrecht*

a) *Verhältnis von Steuerrechtsordnung und Privatrechtsordnung*

Aufgrund seiner Nähe zum Privatrecht wurde das Steuerrecht anfangs als dessen Folgerecht begriffen. Auch der BFH bekannte sich noch im Jahre 1967 zum „Primat des bürgerlichen Rechts vor dem Steuerrecht"[93] und das BVerfG betonte die zu achtende „Ordnungsstruktur des Zivilrechts"[94] für die steuerrechtliche Tatbestands- und Systembildung.[95] Da der Gleichheitssatz keine zwingende Bindung steuergesetzlicher Tatbestandsbildung an das Zivilrecht und an zivilrechtliche Rechtsformen verlangt, ist jedenfalls die zivilrechtsorientierte Begründung überholt.[96] Die früher reklamierte Prävalenz des Privatrechts oder seine „Führungsrolle" im Verhältnis zum Steuerrecht[97] lassen sich weder normenhierarchisch noch rechtsmethodologisch begründen.[98] Denn Privatrecht und Steuerrecht sind nebenge-

---

[92] Zum Verbot gesetzesabweichender Vergleiche über Steueransprüche *Klaus-Dieter Drüen* in: Tipke/Kruse (Fn. 91) § 78 AO Rn. 22 (2014) m.w.N.
[93] BFHE 90, 122 (125) m.w.N.
[94] BVerfGE 13, 331 (340), wonach es bei dieser „Anknüpfung nicht nur im Interesse der Klarheit und Einheit, sondern vor allem der inneren Autorität der Rechtsordnung liegt, die Entsprechung von Privat- und Steuerrecht durchgehend zu wahren, also die Ordnungsstruktur des Zivilrechts zu achten", weshalb steuerrechtliche Abweichungen von überzeugenden Gründen getragen sein müssen.
[95] Eine systemwidrige Durchbrechung der zivilrechtlichen Ordnung konnte nach der älteren Rechtsprechung des BVerfG einen Verstoß gegen Art. 3 Abs. 1 GG bilden (BVerfGE 30, 59 [63] m.w.N.). Das BVerfG hat später ausgesprochen, dass es „dem Gesetzgeber nicht verwehrt [ist], bei der Gestaltung von Steuertatbeständen auch an wirtschaftliche Sachverhalte anzuknüpfen" (BVerfGE 24, 174 [180 f.]).
[96] *Angelika Nußberger* in: Michael Sachs (Hrsg.) GG, 8. Aufl. 2018, Art. 3 Rn. 146, 171; ebenso *Herbert Wiedemann* Gesellschaftsrecht, Bd. 1, 1980, 697; *Klaus Tipke* Die Steuerrechtsordnung, Bd. III, 2. Aufl. 2012, 1636.
[97] Dafür explizit noch *Crezelius* Steuerliche Rechtsanwendung (Fn. 63), 334.
[98] *Schön* Voraussetzungen (Fn. 57), 248 f. Die Folgerechtsthese ablehnend auch *Dieter Birk/Marc Desens/Henning Tappe* Steuerrecht, 22. Aufl. 2019, Rn. 47. Spiegelbildlich überzeugt auch für die umgekehrte These des Vorrangs des Steuerrechts vor dem Zivilrecht (dafür aber – mit Vorbehalten – *Schick* Haftung [Fn. 77] 10, 42).

ordnete, gleichrangige Rechtsgebiete[99], die denselben Sachverhalt aus einer anderen Perspektive und unter anderen Wertungsgesichtspunkten beurteilen.[100] Es gilt allenfalls eine Vorherigkeit des Privatrechts, nicht aber seine Vorrangigkeit.[101]

Da das Steuerrecht nicht bloß Annex der Privatrechtsordnung ist, hat der Steuergesetzgeber die Steuertatbestände festzulegen, wofür ihm nach ständiger Rechtsprechung des BVerfG ein weiter Gestaltungsspielraum zusteht.[102] Er kann das Steuerrecht mit dem Privatrecht ganz oder teilweise verschränken. Nach Reichweite und Grad der Bindung an das Privatrecht lassen sich im Steuerrecht besondere Verschränkungstypen unterscheiden.[103]

b) Transformation privatrechtlicher Pflichten ins Steuerverfahren

Das Steuerrecht transformiert eine Reihe privatrechtlicher Pflichten zu steuerrechtlichen oder baut – wie bei der Indienstnahme Privater für den Steuerabzug durch Arbeitgeber und Banken – auf diesen einen verwaltungsrechtlichen Pflichtenkreis auf.[104] So sind handelsrechtliche Buchführungsvorschriften nach Maßgabe des § 140 AO auch für die Besteuerung zu erfüllen. Diese steuerrechtliche „Trittbrettfahrt"[105] hat freilich die Folge, dass eine Pflichtverletzung durch Schätzung oder Zwangsgeld steuerrechtlich sanktioniert werden kann.[106] Auch die steuerschuldrechtliche Ver-

---

[99] *Schulze-Osterloh* Privatrecht (Fn. 57), 139 (153) m.w.N.
[100] BVerfG, NJW 1992, 1219; ebenso *Seer* in: Tipke/Lang, Steuerrecht (Fn. 55), § 1 Rn. 34.
[101] BVerfG, NJW 1992, 1219. Das gilt selbst für Rechtsverkehrsteuern *Armin Pahlke* GrEStG, 6. Aufl. 2018, Einleitung Rn. 28 m.w.N., weil diese keine „Rechtsformsteuern" sind (*Peter Fischer* „Wirtschaftliche Betrachtungsweise" als gesetzliches Tatbestandsmerkmal der Grunderwerbsteuer, DStR 1997, 1745 [1746]).
[102] BVerfGE 145, 106 (143 f. Rn. 102) m.w.N.
[103] Ergänzend zur allgemeinen verwaltungsrechtlichen Typologie der Verschränkungen bzw. Verzahnungen (dazu *Trute* Verzahnungen, in: Hoffmann-Riem/Schmidt-Aßmann Auffangordnungen (Fn. 19), 167 (175 ff.).
[104] Näher *Klaus-Dieter Drüen* Die Indienstnahme Privater für den Steuervollzug, 2012, 144 ff.; zustimmend *André Meyer* Die Rolle des Arbeitgebers im Lohnsteuerverfahren, DStJG 40 (2017), 177 (197) m.w.N.; im Ergebnis auch *Christian Seiler* Indienstnahme Privater im Besteuerungsverfahren, in: Klaus-Dieter Drüen/Johanna Hey/Rudolf Mellinghoff (Hrsg.) 100 Jahre Steuerrechtsprechung in Deutschland 1918–2018, FS Bundesfinanzhof, 2018, 1761 (1771 f.). Die Gegenansicht sieht den Arbeitgeber als „Erfüllungshelfer im Dienste des Arbeitnehmers" an (*Gregor Kirchhof* Die Erfüllungspflichten des Arbeitgebers im Lohnsteuerverfahren, 2005, 58 f., 71).
[105] *Christian Rasenack* Steuern und Steuerverfahren, 1985, 132.
[106] *Drüen* in: Tipke/Kruse (Fn. 91) Vor § 140 AO Rn. 22 (2012) m.w.N

schränkung mit privatrechtlichen Haftungstatbeständen[107] verschafft der Finanzverwaltung nicht nur weitere Haftungsschuldner für Steuerschulden Dritter, sondern räumt ihr zusätzlich die Verwaltungsaktbefugnis bei der Durchsetzung ein (§ 191 Abs. 1 AO).[108]

c) Privatrechtsakzessorische Unternehmens- und Konzernbesteuerung

Intensive Verschränkungen bestehen gerade zwischen Unternehmensrecht und Unternehmenssteuerrecht.[109] Dies gilt sowohl beim Steuersubjekt als auch auf der Ebene der Steuerbemessungsgrundlage.[110] Seit dem Reichseinkommensteuergesetz 1920 knüpft die Unternehmensbesteuerung an das Privatrecht an: Nach dem Dualismus der Unternehmensbesteuerung unterliegen natürliche Personen der Einkommensteuer (§ 1 EStG) und juristische Personen der Körperschaftsteuer (§ 1 KStG), während bei Personengesellschaften[111] der Gewinnanteil des Gesellschafters (transparent) besteuert wird. Die privatrechtliche Rechtsform eines Unternehmens und nicht seine wirtschaftliche Struktur oder Potenz legt im Ausgangspunkt Form und Höhe der Besteuerung fest. Die an die Privatrechtsform anknüpfende Unternehmensbesteuerung missachtet das ökonomische Postulat der Rechtsformneutralität, wonach das Steuerrecht die Entscheidung

---

[107] Z.B. §§ 25, 128 HGB; ablehnend aber *Schick* Haftung (Fn. 77) 23 ff., 42.

[108] *Markus Heintzen* Steuerliche Haftung und Duldung auf zivilrechtlicher Grundlage, DStZ 2010, 199 (200, 202 f.).

[109] *Philipp Lamprecht* Verschränkungen zwischen Unternehmensrecht und Unternehmenssteuerrecht, in: Peter Jung/ders./Katrin Blasek/Martin Schmidt-Kessel (Hrsg.) FS Blaurock, 2013, 291 (294 ff.).

[110] Zu Verschränkungen bei der Einkünfteermittlung s. noch sub. VII.

[111] Das „Mysterium" der Personengesellschaft (näher *Heinrich Weber-Grellet* Die Gesamthand – ein Mysterienspiel?, AcP 182 (1982), 316) mit den Irrungen und Wirrungen bei der Besteuerung von Mitunternehmern (§ 15 Abs. 1 S. 1 Nr. 2 EStG) in Form der Überwindung der Bilanzbündeltheorie (angestoßen durch *Kurt Meßmer* Die Bilanzbündeltheorie, StbJb. 1972/73, 127) unter Anschluss an das Privatrecht und Anerkennung der fortschreitenden Verselbständigung der Gesamthand (bahnbrechend BGHZ 146, 341) illustriert im besonderen Maße Privatrechtsferne und -nähe bei der Rechtsanwendung trotz unverändertem Gesetzestext im Steuerrecht. Dieses komplexe Verschränkungsthema, das ein treffendes Beispiel eines dynamischen Verschränkungsprozesses zwischen besonderem Verwaltungsrecht und Privatrecht bietet, bei dem das Steuerrecht in mehreren Entwicklungsstufen mit zeitlichem Verzug die Fortentwicklung der (modernen) zivilrechtlichen Gesamthandslehre nachvollzogen hat (zur Beliebigkeit der Rechtsprechung bei der Orientierung an zivilrechtlichen Theorien seinerzeit *Schulze-Osterloh* Zivilrecht [Fn. 57], 160), würde indes den hiesigen Rahmen sprengen (zu Einzelaspekten *Franz Dötsch/Andreas Herlinghaus/Rainer Hüttemann/Jürgen Lüdicke/Wolfgang Schön* [Hrsg.] Die Personengesellschaft im Steuerrecht: Gedächtnissymposion für Brigitte Knobbe-Keuk, 2011).

zwischen verschiedenen Rechtsformen nicht verzerren sollte.[112] Bereits auf dem 33. Deutschen Juristentag 1924 wurde die Forderung erhoben, die Einkommen- und die Körperschaftsteuer so zu gestalten, dass die Gewerbetreibenden nicht genötigt werden, der Steuer wegen bestimmte Rechtsformen zu wählen oder von einer Rechtsform zur anderen überzugehen.[113] Der Gesetzgeber hat diese häufig wiederholte Forderung bislang nicht erhört und an der überkommenen Privatrechtsakzessorietät der Unternehmensbesteuerung festgehalten. Die fehlende Rechtsformneutralität ist immer wieder als Verstoß gegen die Verfassung, insbesondere gegen den Gleichheitssatz gerügt worden. Die Gerichte haben dagegen bislang den Dualismus der Unternehmensbesteuerung wiederholt als verfassungsgemäß erachtet.[114] Die Verschränkung mit der Privatrechtsform ist dabei die Wahl des Gesetzgebers und nicht etwa eine verfassungsrechtliche Verschränkungsvorgabe. Denn auch die Finanzverfassung basiert nur auf der Unterscheidbarkeit von Einkommen- und Körperschaftsteuer, gebietet aber keine rechtsformanknüpfende Besteuerung. Darum wäre auch die Einbeziehung von Personengesellschaften in die Körperschaftsteuer, die optional immer wieder vorgeschlagen[115] und derzeit rechtspolitisch auch ernsthaft erwogen wird,[116] verfassungsrechtlich nicht ausgeschlossen.[117] Wenn der Gesetzgeber mit Billigung des BVerfG ohne einen Verschränkungszwang an der privatrecht-

---

[112] Zu den finanz- und betriebswirtschaftlichen Effizienz- und Neutralitätskriterien (Entscheidungs-, Wettbewerbs-, Investitions- und Finanzierungsneutralität) der Unternehmensbesteuerung näher *Marc Desens* in: Carl Herrmann/Gerhard Heuer/Arndt Raupach, EStG/KStG, Einf. KSt. Rn. 55 ff. (2014); *Stefan Homburg* Allgemeine Steuerlehre, 7. Aufl. 2015, 240 ff., 263 ff. m.w.N.

[113] *Enno Becker/Max Lion* Ist es erwünscht, das Einkommen aus Gewerbebetrieb nach gleichmäßigen Grundsätzen zu besteuern, ohne Rücksicht auf die Rechtsform, in der das Gewerbe betrieben wird? Welche Wege rechtlicher Ausgestaltung bieten sich für eine solche Besteuerung?, Gutachten zum 33. Juristentag, 1925, 13, 40 (gemeinsamer Leitsatz B.1.1.).

[114] BVerfGE 116, 164 (198 f.) mit einer „formellen, rechtsformorientierten Sicht"; zuletzt BVerfGE 145, 106 (148 Rn. 113 f.) m.w.N.; zur Kritik, gerade am zivilrechtlich überholten Verständnis der Personengesellschaft *Joachim Hennrichs/Ulrike Lehmann* Rechtsformneutralität der Unternehmensbesteuerung, StuW 2007, 16 (18 ff.). Dieser Vorwurf illustriert, dass jede rechtsgebietsübergreifende Verschränkung und ihr Angriffspunkt bieten kann, nicht auf der Höhe der Dogmatik des anderen Rechtsgebietes zu sein.

[115] Dazu *Institut der Wirtschaftsprüfer*, Positionspapier Einstieg in eine rechtsformneutrale Besteuerung v. 25.8.2017, WPg 2017, 1088.

[116] Näher *Roland Wacker* Aktuelle Überlegungen zur Unternehmensteuerreform – Aspekte aus rechtspraktischer Sicht, DStR 2019, 585 (587 ff.); zuletzt *Angelika Dölker* Überlegungen zum Entwurf eines Fraktionsbeschlusses der CDU/CSU-Fraktion zur Modernisierung der Unternehmensbesteuerung, BB 2019, 2711 (2712) m.w.N.

[117] *Klaus-Dieter Drüen* Aktuelle verfassungsgerichtliche Leitlinien für die Unternehmensbesteuerung, Steuerberater-Jahrbuch 2017/18, 1 (6 ff.).

lichen Rechtsform als Differenzierungskriterium festhält, so hat diese teilrechtsgebietsprägende Verschränkung weitreichende Konsequenzen. Die Privatrechtsakzessorietät relativiert insoweit das materielle Leitprinzip der Besteuerung nach der wirtschaftlichen Leistungsfähigkeit. Selbst kapitalistisch ausgerichtete (Publikums-)Personengesellschaften sind trotz ihrer Wettbewerbssituation und wirtschaftlichen Vergleichbarkeit de lege lata kein Körperschaftsteuersubjekt.[118]

Wenngleich das Unternehmenssteuerrecht theoretisch einseitig vom Privatrecht abhängt, wirkt die Verschränkung in der Praxis wechselseitig.[119] Die unterschiedliche Besteuerung von Kapital- und Personengesellschaften hat erhebliche Verschränkungsrückwirkungen auf das Privatrecht. Die gesellschaftsvertraglich relativ frei gestaltbaren Steuerfolgen erzeugen Anpassungs- und Innovationsdruck auf das Gesellschaftsrecht, so dass das Steuerrecht als Störfaktor und „unerwünschte Rechtsquelle des Gesellschaftsrechts"[120] gilt. Das Steuerrecht ist Auslöser und zugleich Maßstab für die Entwicklung neuer Gesellschaftsformen.[121] So ist die Grundtypenvermischung der GmbH & Co. KG ein „Kind des Steuerrechts".[122]

Die tradierte privatrechtsakzessorische Unternehmensbesteuerung ist ein praxiswichtiges Beispiel dafür, dass steuerrechtliche Verschränkungen von beiden Teilrechtsgebieten steuerungswissenschaftlich zu hinterfragen sind. Die Anbindung an die Privatrechtsform nimmt trotz wirtschaftlicher Vergleichbarkeit und bestehender Wettbewerbslage rechtsformabhängige Steuerlasten in Kauf und wirkt zugleich verzerrend auf die Privatrechtsordnung

---

[118] BFHE 141, 405 (418 f.); zum rechtspolitischen Vorschlag, jedenfalls die GmbH & Co. KG in die Körperschaftsteuer einzubeziehen *Johanna Hey* Unternehmenssteuerreform: Integration von Personenunternehmen in die niedrige Besteuerung thesaurierter Gewinne, in: Paul Kirchhof/Karsten Schmidt/Wolfgang Schön/Klaus Vogel (Hrsg.) FS Raupach, 2006, 479 (492).

[119] *Lamprecht* Verschränkungen (Fn. 109), 296.

[120] *Wiedemann* Gesellschaftsrecht (Fn. 96), 23; vertiefend und differenzierend *Brigitte Knobbe-Keuk* Das Steuerrecht – eine unerwünschte Rechtsquelle des Gesellschaftsrechts?, 1986.

[121] Das Steuerrecht ist bei der Beurteilung der Sinnhaftigkeit und Lukrativität einer noch ungebräuchlichen Gesellschaftsform von herausragender Bedeutung (stellvertretend *Jens Petersen* Die GmbH & Co. GbR, GmbHR 1997, 1088 [1092]).

[122] *Karsten Schmidt* Gesellschaftsrecht, 4. Aufl. 2002, 47 m.w.N; näher zur körperschaftsteuerrechtlichen „Initialzündung" *Karsten Schmidt* Die GmbH & Co. – eine Zwischenbilanz, GmbHR 1984, 272 (273). Um gerade diese „wirtschaftliche und gesellschaftsrechtliche Ausweichgestaltung" zu verhindern, schlägt *Paul Kirchhof* rechtspolitisch eine rechtsformneutrale Besteuerung unter dem Dach der neuen Rechtsfigur der steuerjuristischen Person vor (*Paul Kirchhof* Bundessteuergesetzbuch – Ein Reformentwurf zur Erneuerung des Steuerrechts, 2011, 15, 195 ff.).

zurück. Diese fast hundertjährige Verschränkungskontinuität sollte rechtspolitisch überdacht werden.[123]

Dasselbe gilt für die Besteuerung von verbundenen Unternehmen im Wege der Organschaft,[124] die nach geltendem Recht einen privatrechtlich wirksamen Ergebnisabführungsvertrag voraussetzt (§ 14 Abs. 1 S. 1 Nr. 3 KStG). Die Zulassung des Gewinn- und Verlustausgleichs innerhalb der Organschaft hat als Verschränkungsrückwirkung erheblich zur Verdichtung von Unternehmensverbünden beigetragen.[125] Auch bei der Konzernbesteuerung wird die Verschränkung durch einen wirksamen Ergebnisabführungsvertrag[126] sowohl aus Sicht des Gesellschaftsrechts als auch aus der des Steuerrechts als dysfunktional angesehen.[127]

4. Privatrechtsbegriffe in Steuertatbeständen

Die Auslegung von Privatrechtsbegriffen in Steuertatbeständen[128] ist ein klassisches Verschränkungsthema. Solange dem Steuerrecht noch eine eigenständige steuerrechtliche Sprache fehlte, musste es notgedrungen Anleihen bei den Begriffen des Privatrechts machen.[129] Es hat aber bereits seit der Emanzipationsphase[130] einzelne steuerrechtliche Wirtschafts-

---

[123] Für die Abschaffung des Dualismus der Unternehmensbesteuerung nach eingehender Analyse *Ulrich Palm* Person im Ertragsteuerrecht, 2013, 545 ff., 559, 566.

[124] Zu Historie, Grundlagen, Funktionsweise und zum internationalen Rechtsvergleich umfassend die Beiträge in: *Ulrich Prinz/Sven-Christian Witt* (Hrsg.) Steuerliche Organschaft, 2. Aufl. 2019.

[125] *Volker Emmerich/Mathias Habersack*, Konzernrecht, 10. Aufl. 2013, § 1 Rn. 34.

[126] Fragwürdig ist insbesondere die „entschränkende" Rechtsprechung, die bei einer GmbH als Organgesellschaft nach § 17 S. 2 Nr. 2 KStG steuerrechtlich auf eine § 302 AktG entsprechende präzise Vereinbarung der Verlustübernahme besteht, obwohl diese zivilrechtlich im GmbH-Vertragskonzern „automatisch" analog gilt (zuletzt BFH, BStBl. II 2019, 278 [281] m.w.N.). Die Anerkennung der steuerrechtlichen Organschaft sollte nicht als Prämie für das Auffinden und Abschreiben der richtigen Klauseln der Kautelarjurisprudenz missverstanden werden.

[127] Zusammenfassend *Lamprecht* Verschränkungen (Fn. 109), 296 m.w.N.

[128] Zuletzt *Max Vogel* Die Auslegung privatrechtlich geprägter Begriffe im Ertragsteuerrecht – Ein Beitrag zum Verhältnis zweier Teilrechtsordnungen, 2015; mehr rechtstheoretisch angelegt bereits *Wolfgang Maaßen* Privatrechtsbegriffe in den Tatbeständen des Steuerrechts, 1977, 15 ff.

[129] Im Ringen um Selbständigkeit sah *Becker* Reichsabgabenordnung (Fn. 57), § 4 Anm. 4 das Steuerrecht „vorerst oft genötigt, Anleihen bei anderen Rechtsgebieten, insbesondere bei Begriffen des bürgerlichen Rechts, zu machen". Näher zu den Entwicklungsphasen der Auslegung von Steuergesetzen *Tipke* Steuerrechtsordnung (Fn. 96), 1631 ff.

[130] Zu ihrer nachhaltigen Prägekraft *Kruse* Steuerrecht (Fn. 57), 19 ff. sowie *Michael Droege* Eigenheiten der Steuerrechtswissenschaft, 2016, 30 ff.

begriffe zur eigenen Begriffsbildung hervorgebracht.[131] Nach Überwindung einer Prävalenz des Privatrechts lässt sich jedenfalls die Einheit der Rechtsordnung nicht mehr als schlagendes Argument dafür bemühen, dass die Verwendung privatrechtlicher Begriffe für ein übereinstimmendes Verständnis auch im Steuerrecht spricht.[132] Vielmehr können auch gleichlautende Begriffe in verschiedenen Gesetzen unterschiedliche Ziele verfolgen und demgemäß unterschiedlich auszulegen sein.[133]

Grundsätzlich ist die im allgemeinen Verwaltungsrecht bisher anzutreffende These zu relativieren, das (Einkommen-)Steuerrecht knüpfe generell an das private Vertragsrecht[134] oder Vertragsgestaltungen des Privatrechts[135] an.[136] So spricht § 15 Abs. 1 Satz 1 Nr. 2 EStG von der „anderen Gesellschaft", worunter aber auch Erbengemeinschaften, eheliche Gütergemeinschaften und selbst Bruchteilsgemeinschaften gefasst werden.[137] Diese steuerrechtliche Erweiterung der Verschränkung ignoriert bewusst privatrechtliche Unterschiede, um Besteuerungsgleichheit gleichwertiger wirtschaftlicher Betätigungsformen zu gewährleisten. Selbst das Erbschaftsteuerrecht mit seiner traditionell engen Verbindung zum Privatrecht steht nicht in strikter Abhängigkeit zu diesem.[138] Der Gesetzgeber verwendet vielmehr

---

[131] Grundlegend *Max Lion* Steuerrechtliche Wirtschaftsbegriffe, Steuerliche Vierteljahresschrift für Steuern und Finanzrecht 1927, 132; exemplarisch zum wirtschaftliches Eigentum sub. IV. 1.

[132] *Seer* in: Tipke/Lang, Steuerrecht (Fn. 55), § 1 Rn. 34, 36.

[133] *Kruse* Steuerrecht (Fn. 57), 22; näher zur Relativität der Begriffsbildung bereits *Rolf Wank* Die juristische Begriffsbildung, 1985, 110 ff. sowie zum Verhältnis von Zivil- und Steuerrecht ebd., 114 ff.

[134] In diesem Sinne zum „Einkunftssteuerrecht" *Trute* Verzahnungen, in: Hoffmann-Riem/Schmidt-Aßmann Auffangordnungen (Fn. 19), 167 (180 f.); ähnlich *Röhl/Röhl* Rechtslehre (Fn. 11), 427.

[135] So *Eberhard Schmidt-Aßmann* Öffentliches Recht und Privatrecht: Ihre Funktionen als wechselseitige Auffangordnungen. Einleitende Problemskizze, in: Hoffmann-Riem/Schmidt-Aßmann Auffangordnungen (Fn. 19), 7 (10).

[136] Allgemein lässt sich zwischen starken (bindenden) und schwachen Verschränkungen differenzieren. Intensität und Unbedingtheit der Verschränkung sind Frage der Auslegung der konkreten Norm. Nicht jede Steuernorm schafft eine zwingende Privatrechtsakzessorietät und auch das Steuerrecht kennt variable und konditionierte Verschränkungsformen, so dass die früher auch in der Rechtsprechung mitunter feststellbare „Zivilrechtshörigkeit" längst überwunden ist.

[137] Zur teleologischen Erweiterung auf wirtschaftlich vergleichbare Gemeinschaftsverhältnisse stellvertretend *Marc Desens/André Blischke*, in: Paul Kirchhof/Hartmut Söhn/Rudolf Mellinghoff, EStG, § 15 Rn. 37, 42. f. (2016); *Roland Wacker* in: Ludwig Schmidt (Begr.) EStG, 38. Aufl. 2019, § 15 Rn. 171 m.w.N.

[138] *Jens Peter Meincke/Frank Hannes/Michael Holtz*, Erbschaft- und Schenkungsteuergesetz, 17. Aufl. 2018, Einführung Rn. 13 m.w.N.; für eine Maßgeblichkeit des Zivilrechts aber *Georg Crezelius* Erbschaft- und Schenkungsteuer in zivilrechtlicher Sicht, 1979, 36 f., 45, 190.

eine differenzierte Tatbestandsbildung im Steuerrecht.[139] Typisch, gerade bei Rechtsverkehrsteuern, ist die Verschränkung mit dem Privatrecht durch einen akzessorischen Grundtatbestand (§ 3 Abs. 1 Nr. 1–3 ErbStG, § 1 Abs. 1 GrEStG),[140] der aber durch privatrechtskonforme Ersatztatbestände und privatrechtsüberwindende Ergänzungstatbestände abgesichert wird.[141] So wird die Erbschaftsteuer als Nachlasssteuer von „kalter Hand" für Erwerbe von Todes wegen strukturell durch die Schenkungsteuer für freigebige Zuwendungen unter Lebenden ergänzt (§ 1 Abs. 1 Nr. 2 i.V.m. § 7 ErbStG), weil die Steuer andernfalls nur die Erben unbedachter und unberatener Steuerpflichtiger sowie von Unfallopfern treffen würde. Die Absicherung der Verschränkung mit dem Privatrecht durch Auffangtatbestände[142] kennzeichnet verschiedene Steuerarten[143] und ist der Eigenart der Steuer als gegenleistungsfreier und vermeidungsanfälliger Abgabe

---

[139] *Schulze-Osterloh* Zivilrecht (Fn. 57), 154. So sind die Begriffe „Vermietung und Verpachtung" in § 21 EStG nicht deckungsgleich mit einem Miet- oder Pachtvertrag nach §§ 535, 581 BGB, weil zu den Einnahmen aus dieser Einkunftsart weitergehend alle Entgelte für eine Nutzung einer Immobilie auf Zeit gehören (*Susanne Sieker* Steuerjuristische Betrachtungsweise, in: Hanno Kube/Rudolf Mellinghoff/Gerd Morgenthaler/Ulrich Palm/Thomas Puhl/Christian Seiler [Hrsg.] Leitgedanken des Rechts, Bd. II, 2013, 1667 [1668 f.]; *Tipke* Steuerrechtsordnung (Fn. 96), 1636). Darum sind die §§ 535 ff., 581 ff. BGB nur der Ausgangspunkt für die Zuordnung zur Einkunftsart Vermietung und Verpachtung (*Egmont Kulosa* in: Ludwig Schmidt [Fn. 137], § 21 Rz. 6), aber nicht der Endpunkt. Das bedeutet indes keine vollständige Abkopplung vom Privatrecht: Denn bei der Bemessung der Einkünfte aus Vermietung und Verpachtung richtet sich die Abgrenzung von Erhaltungsaufwand als sofort abziehbaren Werbungskosten (§ 9 EStG) von Herstellungskosten für „Teile eines Gebäudes" auch ohne gesetzliche Bezugnahme (zur Bewertung im Betriebsvermögen vgl. § 6 Abs. 1 Nr. 1 und 2 EStG) nach den Kriterien des bürgerlichen Rechts (BFHE 255, 103 zur Einbauküche).

[140] § 3 Abs. 1 Nr. 1 ErbStG ist Ausdruck der Maßgeblichkeit des Zivilrechts und die Auslegung der aus dem Zivilrecht entliehenen Begriffe erfolgt anhand der zivilrechtlichen Teleologie (*Matthias Loose* in: Christian v. Oertzen/ders., ErbStG, 2017, § 3 Rn. 15).

[141] Am Beispiel der Erbschaftsteuer: Die Grundentscheidung für die Anknüpfung beim Erwerb von Todes wegen (§ 1 Abs. 1 Nr. 1 ErbStG) an das Privatrecht und die Erbschaft bedarf einer Binnenergänzung, indem anknüpfend an das Privatrecht nicht nur Erbteil, sondern auch Pflichtteil und Vermächtnis erfasst werden (§ 3 Abs. 1 Nr. 1 ErbStG). Zur Gewähr der Besteuerungsgleichheit sieht das Gesetz darüber hinaus weitere Ersatztatbestände vor. So entsteht die Erbersatzsteuer für inländische Familienstiftungen als Nachlass- oder Vermögensteuer nach § 1 Abs. 1 Nr. 4 ErbStG zur Lückenschließung alle 30 Jahre in grober Typisierung der Zeitenfolge einer Generation, weil das auf den „unsterblichen" Rechtsträger übertragene Vermögen dauerhaft der Erbschaftsbesteuerung entzogen ist (*Matthias Loose* in: v. Oertzen/ders. [Fn. 140], § 1 Rn. 24 ff., 28).

[142] Dazu bereits *Kruse* Steuerrecht (Fn. 57), 23.

[143] Neben den genannten Beispielen sei auf die Körperschaftsteuerpflicht für nichtrechtsfähige Vereine, Anstalten, Stiftungen und andere Zweckvermögen des privaten Rechts nach § 1 Abs. 1 Nr. 5 KStG verwiesen.

geschuldet. Die vom Gesetzgeber vorgenommene Verschränkung mit dem Privatrecht ist darum vielfach nur der erste Schritt bei der Auslegung der Steuertatbestände und noch nicht das Endergebnis. Das Steuerrecht ist darum keineswegs auf Gedeih und Verderb der privatrechtlichen Gestaltung ausgeliefert.

5. Die „Flucht durch Privatrecht" und steuerrechtliche Abwehrmuster

Seit der wirkmächtigen[144], aber überpointierten Warnung von *Fleiner* vor der „Flucht ins Privatrecht"[145] werden im Verwaltungsrecht die Sicherungen der Gemeinwohlbindung und der umfassenden Grundrechtsbindung der Verwaltung betont. Die Wahlfreiheit der Verwaltung[146] oder (moderner) die Rechtsregimewahlfreiheit[147] eröffnet der Verwaltung, ihre Aufgaben mit Hilfe privatrechtlicher Organisationsformen zu erfüllen. Darin liegt für das Steuerrecht – anders als im allgemeinen Verwaltungsrecht mit dem fortgeführten Streit über Zulässigkeit und Berechtigung des Verwaltungsprivatrechts[148] – kein Problem. Verwaltungsträger in den Formen des Privatrechts (wie die Stadtwerke AG oder die Versorgungswirtschafts-GmbH) werden wie private Wettbewerber als Körperschaft- und Umsatzsteuersubjekte besteuert.[149] Das Unternehmenssteuerrecht geht von den privatrechtlichen Rechtsformen, insbesondere der Kapitalgesellschaft als Grund- und Normaltatbestand der Steuerpflicht (§ 1 Abs. 1 Nr. 1 KStG) aus. Darum ist umgekehrt die „Flucht ins öffentliche Recht" regelungsbedürftig. Es bedarf eines besonderen körperschaftsteuerrechtlichen Ergänzungstatbestandes

---

[144] *Faber* Verwaltungsrecht (Fn. 31), § 17 „Die Flucht ins Privatrecht"; gegen die Annahme „mißbräuchlicher Ausbruchs- oder Fluchtversuche aus ein für allemal zugewiesenen Rechtsregimen" aber *Schmidt-Aßmann* Ordnungsidee (Fn. 19), Kap. 6 Rn. 20.

[145] *Fleiner* Institutionen (Fn. 17), 8. Aufl. 1928, 326.

[146] *Stober* Verwaltungsrecht I (Fn. 5), § 22 Rn. 4, § 23 Rn. 6 ff. m.w.N.; kritisch und differenzierend bereits *Dirk Ehlers* Verwaltung in Privatrechtsform, 1984, 64 ff.

[147] *Burgi* Rechtsregime, in: Hoffmann-Riem/Schmidt-Aßmann/Voßkuhle GVwR I (Fn. 19), § 18 Rn. 28, 56 ff.; *Dirk Ehlers* in: ders./Hermann Pünder, Allgemeines Verwaltungsrecht, 15. Aufl. 2016, § 3 Rn. 45, 61; zuvor bereits *Eberhard Schmidt-Aßmann* Die Lehre von den Rechtsformen des Verwaltungshandelns, DVBl. 1989, 533 (535, Note 14).

[148] Stellvertretend für die Anerkennung *Ulrich Ramsauer* in: Ferdinand O. Kopp/ders., Verwaltungsverfahrensgesetz, 20. Aufl. 2019, § 1 Rn. 11, 11a, 16d; *Stober* Verwaltungsrecht I (Fn. 5), § 23 Rn. 1a; kritisch *Maurer/Waldhoff* Verwaltungsrecht (Fn. 13), § 3 Rn. 50; zur Unnötigkeit dieser Kategorie *Hans Christian Röhl* Verwaltung und Privatrecht – Verwaltungsprivatrecht?, VerwArch, 86 (1995), 531 (572 f.); eingehend zum Grundsatz der Privatrechtsbindung der Verwaltung neben ihren öffentlich-rechtlichen Bindungen *Ulrich Stelkens* Verwaltungsprivatrecht: Zur Privatrechtsbindung der Verwaltung, deren Reichweite und Konsequenzen, 2005, 52 ff.

[149] Zur Steuerpflicht von Verwaltungsträgern *Stefan Storr* Der Staat als Unternehmer, 2001, 372 ff.

für Betriebe gewerblicher Art (§ 1 Abs. 1 Nr. 6 i.V.m. § 4 KStG), um die von der privatrechtlichen „Norm" abweichenden Unternehmen in öffentlich-rechtlicher Organisationsform zur Verhinderung von Wettbewerbsverzerrungen gleichzustellen. Mit einigen Besonderheiten gilt dies – inzwischen aufgrund einer eigenständigen Regelung in § 2b UStG – auch für die öffentliche Hand bei der Umsatzsteuer.[150]

Das Steuerrecht ist aufgrund der Teilhabe des Staates am wirtschaftlichen Erfolg im besonderen Maße der Flucht ins Ausland oder ins ausländische Privatrecht ausgesetzt. In der globalisierten Wirtschaftswelt muss das nationale Steuerrecht im internationalen Wettbewerb der Privat- und Steuerrechtsordnungen[151] zur Gleichmäßigkeit der Besteuerung und zur Verhinderung von Wettbewerbsverzerrungen uni-, bi- und multilaterale Instrumente der Gewinnzuordnung und zur Missbrauchsabwehr entwickeln und schärfen. Die internationale und europäische Steuerkoordination gegen den nicht immer fair ausgetragenen Wettbewerb der Rechtsordnungen hat im letzten Jahrzehnt ungeahnte Früchte getragen und Steueraus- und -verlagerungsstrategien empfindliche Grenzen gesetzt, aber zugleich die Mitwirkungspflichten grenzüberschreitend tätiger Unternehmen erheblich intensiviert. Darum bedeutet selbst die Flucht in ausländische Organisations- und Rechtsformen keineswegs das Ende nationaler Steuerpflichten. Den Fluchtgedanken hat das gegenleistungsfreie Steuerrecht insoweit internalisiert, als die steuerlastvermeidende Gestaltung durch das Privatrecht entweder direkt bei der Tatbestandssetzung antizipiert wird oder ihr methodische Abwehrinstrumente bei der Steuerrechtsanwendung entgegengesetzt werden.

IV. Methodik von Ver- und Entschränkungen im Verwaltungsrecht

Das Steuerrecht als Referenzgebiet für Verschränkungen lenkt zugleich den Blick auf Methodenfragen. Anders als noch die Reichsabgabenordnung vor 100 Jahren, die gerade zur Verhinderung einer „bürgerlich-rechtlichen Betrachtungsweise" besondere steuergesetzliche Auslegungsregeln vorsah,[152] vertraut der Gesetzgeber seit dem Jahre 1977 allein auf die klas-

---

[150] Zuletzt *Hans-Hermann Heidner* Die Besteuerung der öffentlichen Hand im Umsatzsteuerrecht (§ 2b UStG), DB 2019, 1049.

[151] Allgemein zu Wahlmöglichkeiten zwischen staatlichen und auch privaten Rechtsordnungen *Jens Kersten* Wettbewerb der Rechtsordnungen?, in: Josef Isensee/Paul Kirchhof (Hrsg.) HStR, Bd. XI, 3. Aufl. 2013, § 233 Rn. 1 ff., 28 ff.

[152] *Becker* Reichsabgabenordnung (Fn. 57), § 4 Anm. 6. Dazu *Ralf P. Schenke* Die Rechtsfindung im Steuerrecht, 2007, 96 f., 129, der selbst de lege ferenda wieder eine „Methodengesetzgebung" durch die Kodifikation von Auslegungsregeln für Steuergesetze vorschlägt (ebd, 484).

sischen Auslegungskriterien der juristischen Methodenlehre. Zur Gewähr der Gleichmäßigkeit der Besteuerung trotz der privatrechtlichen Gestaltungsoffenheit gelten überdies Entschränkungsnormen und Verschränkungsvorbehalte, die auf unterschiedlichem Wege dasselbe Ziel der „Entklammerung" des Steuerrechts vom Privatrecht verfolgen.

1. Wirtschaftliche Betrachtungsweise als Modell für Entschränkungsnormen

Das wirtschaftliche Eigentum im Steuerrecht nach § 39 Abs. 2 AO weicht vom bürgerlichen Recht ab[153] und ist ein Anwendungsfall der wirtschaftlichen Betrachtungsweise.[154] Grundsätzlich ist ein Wirtschaftsgut dem (privatrechtlichen) Eigentümer zuzurechnen (§ 39 Abs. 1 AO). Abweichend davon gilt im Steuerrecht eine andere Zuordnung, wenn der Eigentümer von der tatsächlichen Herrschaft über das Wirtschaftsgut für die gewöhnliche Nutzungsdauer wirtschaftlich ausgeschlossen wird (§ 39 Abs. 2 Nr. 1 Satz 1 AO).[155] Das Gesetz legt damit positiv die wirtschaftlichen Kriterien für die Entschränkung gegenüber dem privatrechtlichen Eigentum fest[156] und nennt zudem (insbesondere) den Sicherungsgeber als Regelungsbeispiel für wirtschaftliches Eigentum. Die Verschränkung des Steuertatbestandes wird dabei nach den Vorgaben des gegenläufigen Entschränkungstatbestandes gelockert bis aufgehoben.

---

[153] Dagegen sieht § 246 Abs. 1 S. 2 2. Alt. HGB seit der Bilanzmodernisierung im Jahre 2009 nach dem Vorbild des § 39 Abs. 2 AO die handelsrechtliche Bilanzierung beim wirtschaftlichen Eigentümer vor, sofern dieser von bürgerlich-rechtlichen abweicht (*Stefan Schmidt/Norbert Ries* in: Bernd Grottel/Stefan Schmidt/Wolfgang J. Schubert/Norbert Winkeljohann, Beck'scher Bilanz-Kommentar, 11. Aufl. 2018, § 246 Rn. 5 ff.).

[154] *Joachim Englisch* in: Tipke/Lang, Steuerrecht (Fn. 55), § 5 Rn. 143. Weitere Anwendungsfälle wirtschaftlicher Betrachtungsweise im Steuerrecht sind § 41 AO für Fälle der Divergenz zwischen wirtschaftlichem Verhalten und „juristischem Zustand" sowie die Besteuerung bei Gesetzes- und Sittenwidrigkeit nach § 40 AO (*Englisch* ebd., § 5 Rn. 95 ff., 106 ff.). Insoweit enthält das gegenüber wirtschaftlichem Handeln neutrale Steuerrecht nur die Gebotsordnung der Steuerzahlung, die nicht zu Zielkonflikten mit anderen Rechtsgebieten führt (*Lamprecht* Verschränkungen [Fn. 109], 294).

[155] Die steuerrechtliche Zurechnung von Gegenständen hängt „nicht unbedingt von der bürgerlich-rechtlichen Ordnung ab", so dass eine eigenständige „Zurechnung im steuerrechtlichen Sinn" nicht systemwidrig die zivilrechtliche Ordnung durchbricht und nicht gegen Art. 3 Abs. 1 GG verstößt (BVerfGE 30, 59 [63]). Zu den tragenden Zurechnungskriterien im Steuerrecht in Abweichung vom Privatrecht näher *Drüen* in: Tipke/Kruse (Fn. 91), § 39 AO Rn. 21 ff. (2012) m.w.N.

[156] *Droege* Eigenheiten (Fn. 130), 32 spricht von einem „methodologischen Distanzreservoir gegenüber der zivilrechtlichen Begriffsbildung".

Die punktuell normierte wirtschaftliche Betrachtungsweise[157] wurde von Finanzverwaltung und -rechtsprechung in früherer Zeit aktiviert, um mit Hilfe freischwebender wirtschaftlicher Wertungen[158] die Fesseln privatrechtsorientierter Steuertatbestände zu sprengen.[159] Lege artis ist jede wirtschaftliche Betrachtungsweise freilich an den Rechtsrahmen des Steuergesetzes gebunden[160] und darf nicht vom Gesetzgeber gesetzte Rechts-(form)unterschiede ausräumen. Die wirtschaftliche Betrachtungsweise ist darum keine allgemeine Rechtsgrundlage für korrigierende Entschränkungen, sondern baut vielmehr auf positiven, normspezifischen Vorgaben auf.[161]

2. Gestaltungsmissbrauch als Modell eines Verschränkungsvorbehalts

Demgegenüber setzt der allgemeine Verschränkungsvorbehalt beim Missbrauch von Gestaltungsmöglichkeiten, insbesondere solchen des bürgerlichen Rechts[162], an, durch welche das Steuergesetz nicht umgangen werden kann. Nach der Rechtsprechung darf jeder Steuerpflichtige vom Gesetz vorgesehene privatrechtliche Gestaltungen frei verwenden und seine Verhältnisse so gestalten, dass keine oder möglichst geringe Steuern anfallen.[163] Allerdings muss der Steuergesetzgeber zur Gewähr der Steuergleich-

---

[157] In Österreich bestimmt § 21 Abs. 1 Bundesabgabenordnung (BAO) allgemein: „Für die Beurteilung abgabenrechtlicher Fragen ist in wirtschaftlicher Betrachtungsweise der wahre Gehalt und nicht die äußere Erscheinungsform des Sachverhaltes maßgebend".

[158] So unterlagen aus Sicht des Großen Senats des Reichsfinanzhofes nach der wirtschaftlichen Betrachtungsweise gleiche wirtschaftliche Sachverhalte „ausnahmslos derselben steuerrechtlichen Behandlung, in welche äußere Form sie sich ... auch kleiden möge[n]" (RFHE 15, 282 [285]; dagegen *Drüen* in: Tipke/Kruse [Fn. 91], § 4 AO Rn. 335 [2011]).

[159] Zur Kritik an einer gesetzesübersteigenden wirtschaftlichen Betrachtungsweise *Crezelius* Steuerliche Rechtsanwendung (Fn. 63), 195 ff.; gegen eine „freischwebende" wirtschaftliche Betrachtungsweise *Drüen* in: Tipke/Kruse (Fn. 91), § 4 AO Rn. 334 (2011) oder gar eine „freischwebende ‚wirtschaftliche Gefühlsjurisprudenz'" *Tipke* Steuerrechtsordnung (Fn. 96), 1635.

[160] Gegen eine „außerrechtliche wirtschaftliche Beurteilung rechtlicher Sachverhaltsgestaltungen im Steuerrecht" auch BVerfG, NJW 1992, 1219 (1220).

[161] Verfehlt ist auch die überzeichnende Vorstellung, nur das Steuerrecht werte wirtschaftlich, während das Zivilrecht rein formal strukturiert sei. Die Leistungskraft und Berechtigung privatrechtlicher Ordnungskonzepte sollte auch und gerade im Verhältnis von Privat- und Steuerrecht nicht unterschätzt werden. Der einfache Antagonismus, das Steuerrecht hebe auf den wirtschaftlichen Erfolg und den Inhalt ab, während für das Privatrecht stets der Vertrag und die Form maßgeblich seien, ist überzeichnet. Dieses Bild wird nicht hinreichend dem Umstand gerecht, dass auch das Privatrecht wirtschaftliche Gegebenheiten und Erfolge zu erfassen sucht (zutreffend bereits *Schön* Voraussetzungen [Fn. 57], 251 f.).

[162] So noch § 6 Abs. 1 StAnpG, ähnlich noch heute § 22 Abs. 1 BAO: „Durch Missbrauch von Gestaltungsmöglichkeiten des privaten Rechts kann die Abgabenpflicht nicht umgangen werden".

[163] BFHE 238, 344; BFHE 259, 258 m.w.N.

heit übermäßiger Nutzung der Gestaltungsfreiheit Schranken entgegensetzen.[164] Neben spezialgesetzlichen Regelungen zur Missbrauchsabwehr dient § 42 AO dieser Aufgabe. Die steuerrechtliche Verschränkung durch Anknüpfung an die privatrechtliche Gestaltung steht danach unter dem Vorbehalt, dass die Gestaltung nicht rechtlich unangemessen ist. Dabei enthält die Vorbehaltsnorm nicht den Maßstab der Angemessenheit, sondern verweist dazu auf das potentiell umgangene Steuergesetz. Darum liefert § 42 AO nur die Abwehrtechnik, nicht aber selbst das Angemessenheitsmaß für die privatrechtliche Gestaltung. Ob der Vorbehalt eingreift, ist darum im konkreten Einzelfall unter Berücksichtigung steuer- und außersteuerrechtlicher Gründe für die jeweilige privatrechtliche Gestaltung zu beurteilen (§ 42 Abs. 2 AO).

Insgesamt bietet das Steuerrecht einen reichen praktischen Erfahrungsschatz, um die Autonomie des Verwaltungsrechts gegenüber dem Privatrecht methodisch zu wahren. Trotz aller Schwierigkeiten beim rechten Einsatz von wirtschaftlicher Betrachtungsweise und Gestaltungsmissbrauch sowie jüngster „Verwirrungen" über ihr Konkurrenzverhältnis[165] verfügt das Steuerrecht über methodische Instrumente zur Normbehauptung des Verwaltungsrechts gegenüber der privatrechtlichen Gestaltungsfreiheit. Darüber hinaus muss die (verwaltungs-)rechtliche Methodenlehre zur Bewältigung von Verschränkungslagen nicht durch eine besondere Methodengesetzgebung und kodifizierte Auslegungsregeln bereichert werden.

V. Steuerrecht und Privatrecht als wechselseitige Auffangordnungen und funktionsadäquater Regulierungsverbund?

1. Steuerrecht als Finanzierungs- und Steuerungsrecht

Steuern entziehen dem Steuerpflichtigen Geldmittel und dienen der allgemeinen Staatsfinanzierung, aber Steuern „steuern" auch. Das Steu-

---

[164] Zur gleichheitsrechtlich fundierten Schutzpflicht gegenüber Missbräuchen *Klaus-Dieter Drüen* Unternehmerfreiheit und Steuerumgehung, StuW 2008, 154 (157 ff.); *Johanna Hey* Spezialgesetzgebung und Typologie zum Gestaltungsmissbrauch, in: Rainer Hüttemann (Hrsg.) DStJG 33 (2010), 139 (166); *Monika Gabel* Verfassungsrechtliche Maßstäbe spezieller Missbrauchsnormen im Steuerrecht, 2011, 56 ff.; a.A. z.T. *Wolfgang Schön* Legalität, Gestaltungsfreiheit und Belastungsgleichheit als Grundlagen des Steuerrechts, in: Rainer Hüttemann (Hrsg.) DStJG 33 (2010), 29 (37 f.). Nach BVerfGE 148, 217 (251 Rn. 123) folgt „unter Umständen [...] aus dem Gebot der gleichheitsgerechten Besteuerung sogar eine Pflicht, Möglichkeiten für Umgehungsgestaltungen im Gesetz zu vermeiden".

[165] Dazu *Reiner Fu* § 39 AO – eine verdeckte Vorschrift zur Missbrauchsverhinderung?, GmbHR 2017, 1250.

errecht wird seit Jahrzehnten zu Lenkungszwecken eingesetzt,[166] was zur Erweiterung des auf *Otto Mayer* zurückgehenden Steuerbegriffs[167] geführt hat.[168] § 3 Abs. 1 AO trägt dem im letzten Halbsatz Rechnung[169] und auch der verfassungsrechtliche Steuerbegriff (Art. 105 f. GG) wurde im intervenierenden Steuerstaat für Lenkungstatbestände geöffnet.[170] In bewegten Zeiten des Kampfes gegen die Klimakatastrophe gewinnen frühere Diskussionen über Ökosteuern und -abgaben[171] wieder drängende Aktualität.[172] Allerdings übernimmt das Steuerrecht keine Lenkungs- oder Regulierungsgarantie.[173] Je nach Interventionsrichtung verteuert oder verbilligt es nur den privatautonom vereinbarten Preis für ein steuerwürdiges oder -entlastungswürdiges Verhalten,[174] ohne dieses mit Ver- oder Geboten zu belegen. Steuern steuern immer das Verhalten der Betroffenen, nur in welche Richtung und in welchem Maße lässt sich ex ante schwer abschätzen.[175] Der Lenkungszweck konkurriert mit dem Fiskalzweck,[176] so dass das rechte Maß schwer zu finden ist. Der Einsatz der Steuergesetzgebung für nichtfiskalische Zwecke wird von Ökonomen als Teil interventionistischer Wirt-

---

[166] Zur (Ideen-)Geschichte steuerlicher Verhaltenslenkung und praktischen Erscheinungsformen *Rainer Wernsmann* Verhaltenslenkung in einem rationalen Steuersystem, 2005, 19 ff.

[167] *Otto Mayer* Verwaltungsrecht (Fn. 14), 316.

[168] Zur Entwicklung des Einnahmeerzielungsmerkmal im Steuerbegriff näher *Peter Selmer* Steuerinterventionismus und Verfassungsrecht, 1972, 101 ff.

[169] Danach kann die Erzielung von Einnahmen Nebenzweck sein.

[170] Zum verfassungsrechtlichen Konnex von Einnahmeerzielung und Aufgabenerfüllung sowie außerfiskalischen Zwecken *Klaus Vogel/Christian Waldhoff* in: Wolfgang Kahl/Christian Waldhoff/Christian Walter (Hrsg.) Bonner Kommentar zum GG, Vor. Art. 104a–115 Rn. 352 ff., 370 f., 386 ff. (1997). Eine doppelte Kompetenzgrundlage für den lenkenden Steuergesetzgeber ist dabei nicht erforderlich (BVerfGE 98, 83 [101]; BVerfGE 98, 106 [126, 130]; *Wernsmann* Verhaltenslenkung [Fn. 166], 180 f.).

[171] Statt vieler der Tagungsband *Paul Kirchhof* Verfassungsrechtliche Grenzen von Umweltabgaben, in: ders., Umweltschutz im Abgaben- und Steuerrecht, DStJG 15 (1993) sowie *Ute Sacksofsky* Umweltschutz durch nicht-steuerliche Abgaben, 2000.

[172] Dazu, einschließlich der Frage einer „klimapolitischen Reform der Finanzverfassung" mit eigenem Vorschlag eines neuen Typus „Umweltlenkungs-Steuer" *Stefan Klinski/Friedhelm Keimeyer* Die Besteuerung von CO_2 und andere Umweltabgaben im Lichte des Finanzverfassungsrechts, NVwZ 2019, 1465 (1466 ff., 1470).

[173] Näher *Wernsmann* Verhaltenslenkung (Fn. 166), 152 ff.

[174] Zur Lenkung durch steuerliche Belastungsverschärfungen und -ausnahmen *Wernsmann* Verhaltenslenkung (Fn. 166), 122 ff., 149 ff.

[175] *Kirchhof* Umweltabgaben (Fn. 171), 3 (7 ff.).

[176] *Kirchhof* Umweltabgaben (Fn. 171), 3 (9).

schaftspolitik zur „Kunst der Besteuerung"[177] gerechnet, von Steuerjuristen aber verbreitet als Systembruch kritisiert.[178]

2. Das Steuerrecht als Regulierungsreserve für das Privatrecht? – dargestellt anhand rechtspolitischer Vorschläge zur Begrenzung von Managervergütungen

Neben der langen Tradition und Diskussion über das Steuerrecht als alternatives Interventionsinstrument gegenüber dem Ordnungsrecht wird das Steuerrecht in jüngerer Zeit als funktionsadäquate Regulierungsreserve für das Privatrecht in Stellung gebracht.[179] Aus der steuerungstheoretischen Perspektive wechselseitiger Auffangordnungen wird rechtspolitisch auch das Steuerrecht als Ergänzung oder Alternative zur Regulierung durch das Privatrecht[180] erwogen. Das Steuerrecht steuert das Verhalten und lässt sich neben den anderen Teilrechtsordnungen als Element einer ganzheitlichen, verhaltenssteuernden Rechtsordnung[181] begreifen. Sein Einsatz wird in jüngerer Zeit etwa bei der Regulierung von Managervergütungen diskutiert: Als Ergänzung oder Ersatz gesellschaftsrechtlicher Regulierung von Vorstandsvergütungen sehen verschiedene in den Deutschen Bundestag eingebrachte Gesetzesvorschläge eine Beschränkung der steuerlichen Abzugsfähigkeit von Gehältern über 500.000 Euro vor.[182] In Österreich wurde eine solche Abzugslimitation bereits vor einigen Jahren „legistisch" umgesetzt und ist auch vom Verfassungsgerichtshof als verfassungskon-

---

[177] Klassisch *Günter Schmölders* Allgemeine Steuerlehre, 1965, 61, 68; relativierend und differenzierend *Homburg* Steuerlehre (Fn. 112), 5 f., 180 ff.

[178] Vgl. nur *Lerke Osterloh* Lenkungsnormen im Einkommensteuerrecht, in: Iris Ebling (Hrsg.) Besteuerung von Einkommen, DStJG 24 (2001), 383 (387): „Lenkungsnormen sind [...] per definitionem die geborenen Störenfriede"; näher zur Kritik an Lenkungssteuern und für einen rechtspolitischen Verzicht auf sie *Paul Kirchhof* Bundessteuergesetzbuch – Ein Reformentwurf zur Erneuerung des Steuerrechts, 2011, 123 ff. m.w.N.; grundlegend *Susanne Sieker* (Hrsg.) Steuerrecht und Wirtschaftspolitik, DStJG 39 (2016).

[179] Zur (Wieder-)Entdeckung des Steuerrechts als Teil des Wettbewerbs- und Regulierungsrechts *Michael Droege* Zur Besteuerung der öffentlichen Hand, 2018, 172.

[180] Zum Privatrecht als Regulierungsrecht *Hellgardt* Regulierung (Fn. 19), 13 ff. mit Vergleich zur Regulierung durch das Steuer- und Sozialrecht, ebd., 511 ff.; zur potenziell ausbaufähigen, gemeinwohlorientierten Verhaltenssteuerung durch das Zivilrecht *Burgi* Intradisziplinarität (Fn. 37), 54 f.

[181] Dazu *Appel* Verwaltungsrecht (Fn. 43), 248 f.

[182] Darstellung und Bewertung verschiedener Gesetzesvorschläge durch *Wissenschaftliche Dienste des Deutschen Bundestages* Deckelung der steuerlichen Abzugsfähigkeit von Gehältern, Sachstand WD 4 - 3000 - 071/14 m.w.N.

form bestätigt worden.[183] Das Beispiel belegt, dass das zielungenaue Steuerrecht inzwischen mit der direkten privatrechtlichen Preisregulierung konkurriert, obwohl durch Steuern nur eine schwer abschätzbare Marktbeeinflussung, aber keine „gerechte" Marktordnung sicher herstellbar ist.[184] Insoweit bleibt Regulierung durch das Steuerrecht „Experimentierrecht"[185] ohne Erfolgsgewähr.[186] Erforderlich ist darum eine Einzelabwägung über den Einsatz der Steuerungsinstrumente im konkreten Fall. Allgemein gilt die Leitlinie: Je zwingender dem Gesetzgeber die Zielerreichung erscheint, umso weniger darf er allein auf die Verhaltenssteuerung durch Steuern vertrauen.

3. *Das steuerrechtliche Gemeinnützigkeitsrecht als Rechtsrahmen der Zivilgesellschaft und für Non-Profit-Organisationen?*

Ein weiteres Beispiel für die Verbundperspektive von Privatrecht und Steuerrecht ist das Gemeinnützigkeitsrecht der §§ 51 bis 68 AO. Bei gemeinnützigen Körperschaften nimmt der Staat entsprechend dem Subsidiaritätsprinzip seinen Steueranspruch konditioniert zurück, soweit das Gemeinwohl direkt aus der Mitte der Gesellschaft verwirklicht wird. Die privatrechtliche Körperschaft muss sich dafür der Gemeinnützigkeitsbindung in Satzung und tatsächlicher Geschäftsführung unterwerfen und unterliegt der Gemeinnützigkeitsaufsicht der zuständigen Finanzbehörde. Werden die Gemeinnützigkeitsvorgaben einschließlich zeitnaher Mittelverwendung und ihrer Dokumentation erfüllt, besteht ein Rechtsanspruch auf Steuerbegünstigungen bei der Körperschaft- und Gewerbesteuer sowie bei der Umsatzsteuer. Dadurch werden Steuermittel zur Gemeinwohlverwirklichung bei der privaten Körperschaft belassen. Das Steuerrecht nimmt sich

---

[183] VfGH v. 9.12.2014 – G 136/2014, G 166/2014, G 186/2014, ÖStZ 2015, 4; kritisch *Claus Staringer* Einkommen – Einkünfte – Einkunftsermittlung, Spektrum der Steuerwissenschaften und des Außenwirtschaftsrechts, 2017, 41 (51 ff.).

[184] An dieser Stelle soll es nicht um das rechtspolitische Ziel, die Wirkungen seiner Umsetzung und verfassungsrechtlichen Einwände in Deutschland gehen (dazu bereits *Klaus-Dieter Drüen* Zur steuerrechtlichen Regulierung von Managervergütungen, KSzW 2013, 548 sowie *Johanna Hey/Thomas Hey* Abzugsverbot für Managergehälter – Untaugliche Symbolpolitik, FR 2017, 309).

[185] Als „Experimentierrecht" versteht *Schmidt-Aßmann* Ordnungsidee (Fn. 19), Kap. 6 Rn. 21 z.B. das Privatrecht als „Vorordnung" bis zu einer öffentlich-rechtlichen Normierung.

[186] Bei der geforderten „ganzheitlichen Betrachtung" mit der Entlastung durch ,„Auffang-Institute' aus anderen Rechtsbereichen" (*Hoffmann-Riem* Reform [Fn. 35] 1387) bietet das Lenkungssteuerrecht mithin kein sicheres „Auffangnetz".

zugunsten der Zivilgesellschaft um den Preis der gemeinnützigkeitskonformen Ausgestaltung der Privatrechtsordnung zurück.[187]

Seit dem letzten Deutschen Juristentag 2018 in Leipzig wird intensiv diskutiert, inwieweit das Gemeinnützigkeitsrecht als Modell und Maßstab für eine privatrechtliche Normierung des Rechts der Non-Profit-Organisationen taugt.[188] Der Gutachter *Rainer Hüttemann* hat vorgeschlagen, für den Rechtstypus der gemeinnützigen Körperschaft im Vereins-, Stiftungs- und Gesellschaftsrecht auf die steuerrechtlichen Vorgaben zu verweisen.[189] Dagegen betonen andere die Eigenständigkeit von Gesellschafts- und Steuerrecht mit unterschiedlichen Regelungszielen und weisen „die Gestaltungshilfe des übergriffigen Steuerrechts" deutlich zurück.[190] Dieser Streit steht stellvertretend für manchen „Ringkampf" unter den Teildisziplinen.[191] Der Vorwurf der „Übergriffigkeit" des Steuerrechts spiegelt aber zugleich die im historischen Vergleich umgekehrte Kodifikationslage des Rechts für Gemeinwohlausübung und -kontrolle: Das Verwaltungsrecht hat insoweit viel von seinem Entwicklungsrückstand gegenüber dem Privatrecht aufgeholt[192] und das Steuerrecht enthält erprobte Rechtsmuster für den dritten Sektor. Jenseits aller Eitelkeiten von Rechtslehrern bereichern konkurrierende *Auswahl*rechtsordnungen die rechtlichen Steuerungsoptionen und die Gesamtrechtsordnung insgesamt. Sie verdeutlichen die Ergänzungs-, Substituierungs- und Komplettierungsfunktionen der Teilrechtsordnungen innerhalb der Gesamtrechtsordnung und das Erfordernis einer rechtspolitischen Auswahl- und Ausgestaltungsentscheidung des Gesetzgebers.

---

[187] Im Sinne eines Steuerungsverzichts zugunsten der Zivilgesellschaft *Stephan Schauhoff* Handbuch der Gemeinnützigkeit, 3. Aufl. 2010, Grundlegung Rn. 1 m.w.N.

[188] *Deutscher Juristentag* Verhandlungen des 72. Deutschen Juristentages, 2018, Abteilung Zivil-, Wirtschafts- und Steuerrecht: Empfiehlt es sich, die rechtlichen Rahmenbedingungen für die Gründung und Tätigkeit von Non-Profit-Organisationen übergreifend zu regeln?.

[189] *Rainer Hüttemann* in: Deutscher Juristentag 2018 (Fn. 188), Bd. I, Gutachten/Teil G, 16 ff., 67 ff. empfiehlt, den Rechtstypus der „gemeinnützigen" NPO im Vereins-, Stiftungs- und Gesellschaftsrecht über eine dynamische Verweisung auf die steuerlichen Vorgaben gesetzlich zu verankern.

[190] Explizit *Volker Beuthien* Sind drittnützige Vereine nichtwirtschaftlich?, DStR 2019, 1822 (1823).

[191] Gegen ein solches Fehlverständnis bereits *Burgi* Intradisziplinarität (Fn. 37), 48. Zum Kampfbild passt die Klage einzelner Privatrechtler über die Zunahme öffentlichen Rechts im Privatrecht, „weil sie mit einem Verlust an dogmatischem Niveau verbunden ist" (so unter der Überschrift „Das Privatrecht auf dem Rückzug" *Heinrich Honsell* in: Dagmar Kaiser/Markus Stoffels [Red.] Staudinger/Eckpfeiler des Zivilrechts, 2018, Einleitung zum BGB Rn. 44).

[192] Das ist durchaus Ausdruck der von *Jarass* Verwaltungsrecht (Fn. 52), 238 (270) als ausbaufähig eingestuften „Leistungsfähigkeit des öffentlichen Rechts" als Voraussetzung „seiner Ausstrahlungswirkung auf das Privatrecht".

VI. Konformitätsvorgaben für Verschränkungen im Verwaltungsrecht

Verschränkungen der Teilrechtsordnungen werfen übergreifende Fragen ihrer Vereinbarkeit mit höherrangigem Recht auf, die abschließend nur exemplarisch angerissen werden können.

1. Verfassungs(folge)fragen von Verschränkungen

Ein „Verschränkungsverfassungsrecht" bietet sich wegen der heterogenen Verfassungsfragen, die Verschränkungen aufwerfen können und bereichsspezifischer Vorgaben und Grenzen für Verschränkungen nicht an. Eine übergreifende verfassungsrechtliche Frage von Verschränkungen von Verwaltungs- und Privatrecht ist aber die Abgrenzung der Gesetzgebungskompetenzen im föderalen Staat,[193] für die stellvertretend die aktuelle Diskussion über die Berliner Mietendeckelung stehen mag.[194] Als allgemeine Herausforderung erscheint die Rechts- und Rechtsschutzklarheit[195] trotz einer Verschränkung, weil nach der Rechtsprechung des BVerfG die Klarheit des Normeninhalts und die Voraussehbarkeit der Ergebnisse der Normanwendung gerade auch beim Zusammenspiel von Normen unterschiedlicher Regelungsbereiche gesichert sein müssen.[196] Daran gemessen ist bei der Indienstnahme des Arbeitgebers trotz fast 100-jähriger Tradition des Lohnsteuerabzugs die Rechtsverhältnisunklarheit aufgrund unzureichender Abschichtbarkeit der verwaltungsrechtlichen Pflichten vom zugrundeliegenden Arbeitsrechtsverhältnis zu rügen, zumal der Gesetzgeber mangels klarer Regeln auch eine Rechtsschutzunklarheit in Kauf nimmt.[197] Neben der Forderung nach Verschränkungsklarheit kann sich bei teilparallelen Mehrfachverschränkungen mit dem Privatrecht durch nur teilidentische Pflichten im Sozialversicherungs- und Steuerrecht bei der Indienstnahme des Arbeitgebers für den Lohnsteuerabzug[198] und die Zahlung der Sozialversicherungsbeiträge[199] wegen des additiven oder kumulativen Grund-

---

[193] *Schaefer* Umgestaltung (Fn. 7), 298 f.
[194] *Peter Weber* Mittel und Wege landesrechtlichen Mietpreisrechts in angespannten Wohnungsmärkten, JZ 2018, 1022 (1026 f.).
[195] Zur Rechtsweg- und Rechtsmittelklarheit allgemein *Eberhard Schmidt-Aßmann* in: Theodor Maunz/Günter Dürig (Begr.) GG, Art. 19 Abs. 4 Rn. 231 f. (2014).
[196] BVerfGE 108, 52 (75).
[197] Näher *Drüen* Indienstnahme (Fn. 104), 319 ff.
[198] Dazu *Drüen* Indienstnahme (Fn. 104), 133 ff., 278 ff.
[199] *Hans Peter Ipsen* Gesetzliche Bevorratungspflichten Privater, AöR 90 (1965), 393 (418 f.); später BSGE 41, 296 (301); eingehend *Rainer Schlegel* Die Indienstnahme des Arbeitgebers in der Sozialversicherung, in: Matthias von Wulfen/Otto Ernst Krasney (Hrsg.) FS 50 Jahre Bundessozialgericht, 2004, 265.

rechtseingriffs[200] ein verfassungsrechtliches Gebot der Abstimmung und Mäßigung der Verschränkungsfolgen ergeben.[201]

Schließlich stellt sich die Frage nach Verschränkungsfolgerichtigkeit.[202] Das folgerichtige „Zu-Ende-Denken" der gesetzlichen „Verschränkungswertungen" vermag Rechtssetzer und Rechtsanwender zu disziplinieren. Ein positives Beispiel für die implizite höchstrichterliche Anerkennung von Verschränkungsfolgerichtigkeit ist die Bejahung der zuvor umstrittenen Gemeinnützigkeitsfähigkeit der öffentlichen Hand.[203] Wenn ein Träger der öffentlichen Verwaltung seine öffentlichen Aufgaben in privatrechtlicher Form erledigt, ist es folgerichtig, ihm die gleichen Gemeinnützigkeitsregeln wie rein privaten Körperschaften zur Verfügung zu stellen. Die folgerichtige Verschränkung versetzt die Verwaltung nach Ausübung ihrer Wahlfreiheit für das Verwaltungsprivatrecht – wettbewerbskonform – in dieselbe Steuerposition wie private Mitbewerber.

Verschränkungsgleichheit durch Folgerichtigkeit sollte auch bei der Indienstnahme von Arbeitgebern für das Steuerrecht gelten, die gleichermaßen öffentliche Arbeitgeber zum Lohnsteuerabzug verpflichtet (§ 38 Abs. 3 Satz 2 EStG). Unklarheiten im Lohnsteuerverfahrensrecht[204] und bei Rechtsschutzmöglichkeiten können nur für alle Indienstgenommenen übereinstimmend beantwortet werden. Aufgrund der Verschränkungsfolgerich-

---

[200] Dazu zuletzt *Daniel Dürrschmidt* „Additiver" bzw. „kumulativer" Grundrechtsrechtseingriff bei der Kumulation von Belastungen, in: Roland Ismer/Ekkehart Reimer/Alexander Rust/Christian Waldhoff (Hrsg.) FS Moris Lehner, 2019, 393 (396 ff.).

[201] Zur Vermeidung einer Kumulation der Verfahrenslasten kann trotz unterschiedlicher Regelungsziele der einzelnen Verwaltungsrechtsgebiete ein verfassungsrechtlicher Impuls zur lastenminimierenden Abstimmung der verschiedenen Pflichtenkreise und ggfs. zur Rücknahme der Verschränkungen auf kongruenten Pflichtenkern bestehen.

[202] Dabei soll an dieser Stelle der Streit über Berechtigung und Reichweite der gleichheitsrechtlichen Forderung nach legislativer Folgerichtigkeit (grundlegend BVerfGE 123, 111; BVerfGE 138, 136; zur Kritik an der Folgerichtigkeitsjudikatur des BVerfG *Kyrill-A. Schwarz* „Folgerichtigkeit" im Steuerrecht, in: Otto Depenheuer/Markus Heintzen/Matthias Jestaedt [Hrsg.] FS Isensee, 2007, 949 [957 f.]; *Oliver Lepsius* Anmerkung, JZ 2009, 260 [262 f.]; *Michael Droege* Wie viel Verfassung braucht der Steuerstaat?, StuW 2011, 105 [111 f.]; *Uwe Kischel* in: Volker Epping/Christian Hillgruber [Hrsg.] GG, 2. Aufl. 2013, Art. 3 Rn. 134 ff.; *Henning Tappe* Festlegende Gleichheit – folgerichtige Gesetzgebung als Verfassungsgebot, JZ 2016, 27 [30 ff.]) nicht vertieft werden (dazu *Klaus-Dieter Drüen* Systembildung und Systembindung im Steuerrecht, in: Rudolf Mellinghoff/Wolfgang Schön/Hermann-Ulrich Viskorf [Hrsg.] FS Spindler, 2011, 29 [38 ff.]).

[203] BFH, BStBl. II 2016, 68 (70 f.) m.w.N.

[204] Dazu *Michael Ingo Thomas* Verfahrensfragen zu Lohnsteuerhaftungs- und Lohnsteuerpauschalierungsbescheiden (Teil II), DStR 1992, 896 (900); *Alois Nacke* Ungeklärte Rechtsfragen des steuerlichen Haftungsrechts, DStR 2013, 335 (341); eingehend *Bernd Heuermann* Systematik und Struktur der Leistungspflichten im Lohnsteuerabzugsverfahren, 1998, 363 ff., 445 ff.;

tigkeit gilt für öffentlich-rechtliche Arbeitgeber dieselbe Verfahrens- und Rechtsschutzposition wie für grundrechtsberechtigte private Arbeitgeber.

2. Privatrechtsorientierung im offenen Verwaltungsstaat

Knüpft das nationale Verwaltungsrecht an das Privatrecht an, so stellt sich häufig die Konformitätsfrage nach einer internationalen und supranationalen Verschränkungsoffenheit. Diskriminierungsverbote aus dem Völker(vertrags)recht oder dem Unionsrecht und die Grundfreiheiten innerhalb des europäischen Binnenmarktes können es gebieten, dass die Verschränkung des Verwaltungsrechts auf ausländisches Privatrecht verlängert wird. Sofern nicht der Gesetzgeber das Verwaltungsrecht tatbestandlich für ausländische (europäische) Rechtsformen eröffnet,[205] muss der Rechtsanwender über Wege der Verschränkungsöffnung für ausländisches Privatrecht nachdenken. Ein Beispiel aus dem Steuerrecht ist der Typenvergleich, mit dessen Hilfe die Rechtsprechung beurteilt, ob ein ausländisches Rechtssubjekt steuerrechtlich als Kapitalgesellschaft und Körperschaftsteuersubjekt anzusehen ist.[206] Die Gleichstellung ausländischer Rechtsträger mit inländischen Rechtsformen kann dem Rechtsanwender einiges abverlangen, wie die Rechtsprechung zur Einlagenrückgewähr aus Drittstaaten illustriert: Zur Abgrenzung steuerfreier retournierter Einlagen von zu versteuernden Dividenden müssen bei Auslandsgesellschaften die Zahlungsflüsse nach ausländischem Handels- und Gesellschaftsrecht über die gesamte Beteiligungsdauer durch eine Schattenrechnung am Maßstab des deutschen Einlagekontos rekonstruiert werden.[207] Verfahrensrechtlich setzt die gleichheitsgerechte Vollziehbarkeit des „auslandsverschränkten" Verwaltungsrechts gegenüber dem Inlandsfall erweiterte Mitwirkungspflichten des Betroffenen voraus (§ 90 Abs. 2 und 3 AO). Beim verschränkten Rechtsimport ins deutsche Verwaltungsrecht muss materiell-rechtlich die Vergleichbarkeit des Fremdrechts mit dem inländischen Privatrecht und zudem die teleologische Kompatibilität mit dem deutschen Verwaltungsrecht beurteilt werden. Insoweit steigern gerade rechtsordnungsüberschreitende Verschränkungen die Komplexität der Rechtsanwendung und ihre Fehleranfälligkeit. Im Massenfallrecht sind dem gesetzmäßigen Vollzug darum Verschränkungsgrenzen gesetzt.

---

[205] So nennen § 1 Abs. 1 Nr. 1 und 2 KStG explizit „Europäische Gesellschaften" (SE) und „Europäische Genossenschaften".
[206] BFHE 168, 285 (290 ff.).
[207] Zuletzt BFH, DStR 2019, 1917.

VII. Schluss

Eine Inventur von Verschränkungen des Verwaltungsrechts mit dem Privatrecht offenbart zahlreiche Anwendungsfälle, die sich zu einer Verschränkungstypologie ordnen lassen und verschiedenartige rechtliche Verschränkungsprobleme aufwerfen. Sie fördert auf dem Gebiete des Steuerrechts bewährte und fragwürdige Verschränkungen zu Tage. Eine im Ausgangspunkt[208] geglückte Verschränkung mit mehrschichtigen Verschränkungswirkungen ist die Verknüpfung der steuerrechtlichen Gewinnermittlung mit den handelsrechtlichen Grundsätzen ordnungsmäßiger Buchführung (GoB). Diese Verschränkung mit der handelsrechtlichen Rechnungslegung (durch § 5 Abs. 1 Satz 1 EStG) hat in Deutschland eine lange Tradition.[209] Bei Einführung der Verschränkung in der zweiten Hälfte des 19. Jahrhunderts war der Vereinfachungsgedanke[210] entscheidend,[211] keine zweite Rechnung „für die Steuer" aufmachen zu müssen.[212] Die Ausfüllung eines Vakuums und Pragmatismus sind häufige Erklärungsmuster für Verschränkungen. Später wurde die Verschränkung von Handels- und Steuerrecht materiell durch die einflussreiche Teilhabethese[213] aufgeladen, wonach die Gewinnansprüche des Fiskus als stillem Teilhaber nicht anders bemessen werden können als die der Gesellschafter.[214] Der Gesetzgeber hat den Maßgeblichkeitsgrund-

---

[208] Das gilt nicht für die – inzwischen abgeschaffte – Inkaufnahme dysfunktionaler Verzerrung der handelsrechtlichen Rechnungslegung durch die umgekehrte Maßgeblichkeit. Die umgekehrte Maßgeblichkeit, die bis zur Bilanzmodernisierung im Jahre 2009 galt, führte zur Deformation der Handelsbilanz, weil steuerrechtliche Wahlrechte nur im Einklang mit dem handelsrechtlichen Bilanzansatz ausgeübt werden konnten. Dahinter steckte die Überlegung, dass der Fiskus auf eine Stufe mit dem Gesellschafter gestellt wird (s. noch Fn. 214) und nur bei dessen Verzicht auf einen Gewinnausschüttungsanspruch auch Sonder- oder erhöhte Abschreibungen beansprucht werden konnten.

[209] *Heinrich Wilhelm Kruse* Grundsätze ordnungsmäßiger Buchführung – Rechtsnatur und Bestimmung, 3. Aufl. 1978, 2; näher *Kuno Barth* Die Entwicklung des deutschen Bilanzrechts und der auf ihm beruhenden Bilanzauffassungen, handelsrechtlich und steuerrechtlich, Bd. II/1, 1955, 183 ff.

[210] Das ist nicht untypisch, weil rechtsgebietsübergreifende Verschränkungen häufig auf die Notwendigkeit, ein Rechtsvakuum auszufüllen, und Pragmatismus zurückzuführen sind.

[211] Aus heutiger Sicht zuletzt *Holger Kahle* Das Maßgeblichkeitsprinzip des § 5 Abs. 1 EStG, in: Joachim Schulze-Osterloh/Joachim Hennrichs/Jens Wüstemann (Hrsg.) Handbuch des Jahresabschlusses (HdJ), VII/1 Rn. 301 ff. (2019) m.w.N.

[212] *Klaus-Dieter Drüen* Periodengewinn und Totalgewinn, 1999, 29 ff., 32 m.w.N.

[213] Allgemein zum Steuerrecht als Teilhaberecht *Birk/Desens/Tappe* Steuerrecht (Fn. 98), Rn. 49.

[214] *Georg Döllerer* Maßgeblichkeit der Handelsbilanz in Gefahr, BB 1971, 1333 (1334); *Georg Döllerer* Steuerbilanz und Beutesymbol, BB 1988, 238; *Bernhard Großfeld/Claus Luttermann*, Bilanzrecht, 4. Aufl. 2005, Rn. 311; dazu zuletzt, selbst differenzierend

satz freilich mit Billigung des BVerfG[215] mehrfach durchbrochen, so dass heutzutage weder das Vereinfachungs- noch das Schutzargument tragen und das Festhalten an der Teilverschränkung fragwürdig geworden ist.[216]

Für die allgemeine Verschränkungsdogmatik mit ihrem Steuerungsansatz erhellend ist die verschränkungsbedingte folgenreiche Verschiebung bei den Akteuren der Rechtserzeugung. Durch Gesellschafterstreite gelangen – wie die spärliche Judikatur des BGH zeigt[217] – nur selten Rechtsfragen zum Bilanzrecht und zu den GoB auf den Richtertisch der Zivilgerichte. Erst die Verschränkung mit der Steuerlast und die (frühere) Abhängigkeit der Steuervergünstigungen von einer ordnungsmäßigen Buchführung hat zahlreiche Rechtsstreite zwischen Bilanzierendem und Finanzamt ausgelöst.[218] Erst dadurch war die Steuerrechtsprechung in der Lage, aufgrund hinreichender Materialbreite die GoB bis hin zur Kodifikationsreife zu entfalten. Rechtsvergleichend ist diese Verschränkung eine deutsche Besonderheit, die einen wesentlichen Beitrag zur „Bilanzrechtskultur" geleistet[219] und sich auch aus Sicht renommierter Privatrechtsleh-

---

m.w.N. *Kahle* Maßgeblichkeitsprinzip, in: Schulze-Osterloh/Hennrichs/Wüstemann, HdJ (Fn. 186), VII/1 Rn. 268 ff. (2019).

[215] BVerfGE 123, 111 (122 ff.); zur übereinstimmenden Kritik zivilistischer Steuerrechtlehrer *Joachim Hennrichs* Leistungsfähigkeit – objektives Nettoprinzip – Rückstellung, in: Klaus Tipke/Roman Seer/Johanna Hey/Joachim Englisch (Hrsg.) FS Lang, 2010, 237 (249 ff.); *Joachim Schulze-Osterloh* Das Bundesverfassungsgericht und die Unternehmensbesteuerung, ebd., 255 (257 ff.); *Rainer Hüttemann* Das Passivierungsverbot für Jubiläumsrückstellungen zwischen Folgerichtigkeitsgrundsatz und Willkürverbot, in: Rudolf Mellinghoff/Wolfgang Schön/Hermann-Ulrich Viskorf (Hrsg.) FS Spindler, 2011, 627; eingehende Analyse und Kritik der Entscheidung bei *Jochen Mundfortz* Das Realisationsprinzip und die Aufdeckung stiller Lasten, 2019, 71 ff. m.w.N.

[216] Zur Diskussion über den Maßgeblichkeitsgrundsatz de lege ferenda zuletzt *Marcel Krumm* Maßgeblichkeit des Handelsrechts und außerbilanzielle Korrekturen, in: Klaus-Dieter Drüen/Johanna Hey/Rudolf Mellinghoff (Hrsg.) 100 Jahre Steuerrechtsprechung in Deutschland 1918–2018, FS Bundesfinanzhof, 2018, 1457 (1472 ff.) m.w.N.

[217] Z.B. BGH, WM 1974, 392 (393 f.) zur Frage, ob eine Rückstellung mit den Grundsätzen ordnungsmäßiger Buchführung und Bilanzierung vereinbar ist, und BGHZ 65, 230 (233 ff.) zur Frage der Nichtigkeit eines Jahresabschlusses wegen Verstoßes gegen zwingende Grundsätze ordnungsgemäßer Buchführung und Bilanzierung.

[218] Zur Dominanz der Steuerrechtsprechung *Adolf Moxter* Grundsätze ordnungsmäßiger Buchführung – ein handelsrechtliches Faktum, von der Steuerrechtsprechung festgestellt, in: Der Präsident des Bundesfinanzhofes, FS 75 Jahre Reichsfinanzhof–Bundesfinanzhof, 1993, 533; *Klaus-Dieter Drüen* in: Dirk Hachmeister/Holger Kahle/Sebastian Mock/Matthias Schüppen (Hrsg.) Bilanzrecht, 2018, § 238 HGB Rn. 3 m.w.N.

[219] Zuletzt *Kahle* Maßgeblichkeitsprinzip, in: Schulze-Osterloh/Hennrichs/Wüstemann, HdJ (Fn. 211), VII/1 Rn. 294 (2019) m.w.N.

rer bewährt hat.[220] Allerdings ist mittelbare Verschränkungsfolge, dass dem Bilanzrecht über Jahre nur von steuerrechtsaffinen Privatrechtlern akademisches Interesse gewidmet wurde.[221]

Dieses letzte Verschränkungsbeispiel, das beide Teilrechtsordnungen nachhaltig geprägt hat, illustriert abschließend auch die sich in der Rechtspraxis oft einstellende Verschränkungsträgheit: Althergebrachte Verschränkungen werden trotz der Alternative einer eigenen Steuerbuchführung und -gewinnermittlung und des Wandels des nationalen, europäischen und internationalen Regelungsumfeldes fortgeschrieben und kaum hinterfragt. Darum ist die Verwaltungsrechtswissenschaft gefordert, die Begründung, Ausgestaltung und Anpassung von Verschränkungen von öffentlichem Recht und Privatrecht zu reflektieren und kritisch zu begleiten.

Auch wenn am Ende dieses ersten Referats naturgemäß noch viele weiße Felder auf der verwaltungsrechtlichen Verschränkungslandkarte bleiben, hoffe ich, mit meiner Auswahl aus dem Steuerrecht einen auftragsgerechten Beitrag zur Vermessung dieser Verschränkungsfelder geleistet zu haben. Dabei bitte ich um Nachsicht, nach den luftigen Höhen des ersten Teils die für diese Vereinigung eher „versteckten Mauselöcher [...] des Steuerrechts" ausgeleuchtet zu haben, die indes „wissenschaftliches Gold"[222] verheißen.

---

[220] *Wolfgang Schön* Steuerliche Maßgeblichkeit in Deutschland und Europa, 2005, 56 attestiert, dass die finanzgerichtliche Rechtsprechung sich „als ‚ehrlicher Makler' bei der Auslegung handelsrechtlicher Rechnungslegung außerordentlich bewährt".

[221] Zum früheren „Rückzug der Handels- und Gesellschaftsrechtler" *Knobbe-Keuk* Unerwünschte Rechtsquelle (Fn. 120), 22 ff., 27 ff., deren Aufruf zur kritischen Begleitung inzwischen Früchte trägt.

[222] *Peter Lerche* Rechtsprobleme der wirtschaftslenkenden Verwaltung, DÖV 1961, 486 (487 mit Note 8).

Leitsätze des 1. Referenten über:

Verschränkungen öffentlich-rechtlicher und privatrechtlicher Regime im Verwaltungsrecht

I. Einleitende Prämissen der „Verschränkung" von öffentlichem Recht und Privatrecht innerhalb der Gesamtrechtsordnung

(1) Allen theoretischen Einwänden zum Trotze fußt die deutsche Rechtsordnung auf der Trennbarkeit und positiven Trennung von öffentlichem Recht und Privatrecht, ohne einen strikten Dualismus der Teilrechtsordnungen zu konstituieren. Beide Teilrechtsordnungen sind mit unterschiedlichen Funktionen und Anwendungsmodalitäten gleichrangige Teile der Gesamtrechtsordnung, die sich ergänzen, substituieren und komplettieren.

(2) Als Teilrechtsordnungen sind öffentliches Recht und Privatrecht nicht abgeschlossen und vollständig, sondern der wechselseitigen Ergänzung fähig und bedürftig. Die Teilrechtsordnungen wirken als Verbund additiv, substituierend und komplementär zur Gesamtrechtsordnung zusammen.

(3) Verschränkungen zwischen beiden Teilrechtsordnungen sind keine besonders zu rechtfertigenden Anomalien, sondern verwaltungsrechtliche Normalität. Jede Verschränkung bedarf freilich der funktionalen und teleologischen Einpassung in die andere Teilrechtsordnung.

II. Begriff und Formen der Verschränkung bei der Setzung und Anwendung von Verwaltungsrecht

(4) Verschränkungen sind kein Rechtsbegriff, lassen sich aber als weiter Oberbegriff für wechselseitige normative Verknüpfungen beider Teilrechtsordnungen insbesondere in Form der Verweisung, der tatbestandlichen Aufnahme, der Analogie und rechtsgrundsätzlicher Anwendung von Rechtssätzen oder -instituten verstehen. Verschränkungen laden zum intradisziplinären Dialog in der Rechtswissenschaft ein.

(5) Verschränkungen können vom Gesetzgeber gesetzt oder erst vom Rechtsanwender vorgenommen werden. Dabei lassen sich typologisch

verschiedene Verschränkungsformen und -intensitäten unterscheiden. Verschränkungen müssen die jeweiligen Grund- und Leitprinzipien des betroffenen Verwaltungsrechtsgebiets wahren, so dass die Verschränkungsdogmatik bereichsspezifisch zu entfalten ist.

III. Das Steuerrecht als Referenzgebiet für wechselseitige Verschränkungen des Verwaltungsrechts mit dem Privatrecht

1. Das Steuerrecht als geborenes Referenzgebiet für Verschränkungen mit dem Privatrecht

(6) Aufgrund der Anknüpfung an privatautonom gestaltete wirtschaftliche Austauschbeziehungen ist das Steuerrecht das geborene Referenzgebiet für Verschränkungen mit dem Privatrecht. Es verfügt über langjährige – gelungene, aber auch abschreckende – Verschränkungserfahrungen.

2. Das Verwaltungsschuldrecht der Abgabenordnung als traditionsreiches Verschränkungsbeispiel

(7) Das Steuerschuldrecht bestätigt die These gemeinsamer Rechtsinstitute und rechtlicher Formen im privaten und öffentlichen Recht. Es ist auf vermögensbezogene Dauer-Verwaltungsrechtsverhältnisse im Massenfall-Vollzug ausgerichtet und liefert wertvolle Bauelemente für ein noch zu konsolidierendes allgemeines Verwaltungsschuldrecht.

(8) Die Verschränkung mit dem privaten Schuldrecht legt profiskalische Schlagseiten im Steuerschuldrecht, gerade bei Verzinsung und Aufrechnung von Ansprüchen aus dem Steuerschuldverhältnis, offen.

3. Verschränkungstypologie von Steuerrecht und Privatrecht

(9) Das Steuerrecht ist – entgegen früherer Fehldeutungen – kein bloßes Folgerecht des Privatrechts. Das Privatrecht ist dem Steuerrecht allenfalls vorherig, aber nicht vorrangig.

(10) Der Steuergesetzgeber kann Steuertatbestände mit dem Privatrecht ganz oder teilweise verschränken, ist aber dazu nicht durch die „Ordnungsstruktur des Zivilrechts" gezwungen. Nach Reichweite und Grad der Bindung an das Privatrecht lassen sich im Steuerrecht besondere Verschränkungstypen unterscheiden.

4. Privatrechtsbegriffe in Steuertatbeständen

(11) Eine allgemeine Anknüpfung des Steuerrechts an privatrechtliche Verträge besteht nicht. Die Tatbestände der Einzelsteuergesetze variieren vielmehr von einer strikten Privatrechtsakzessorietät über eine durchbrechbare Privatrechtsorientierung bis hin zu einer autonomen Tatbestandsbildung.

(12) Allgemein können positive Verschränkungsnormen zur Verwirklichung bereichsspezifischer Grund- und Leitprinzipien des Verwaltungsrechts durch tatbestandlich konkretisierte Entschränkungsnormen und offene Verschränkungsvorbehalte eingegrenzt werden. Der Steuergesetzgeber setzt bei privatrechtsakzessorischen Grundtatbeständen zur Gewähr der Gleichmäßigkeit der Besteuerung privatrechtsorientierte Ersatztatbestände und privatrechtsüberwindende Ergänzungstatbestände ein.

5. Die „Flucht durch Privatrecht" und steuerrechtliche Abwehrmuster

(13) Die Gefahr einer „Flucht durch Privatrecht" hat das gegenleistungsfreie Steuerrecht insoweit internalisiert, als die steuerlastvermeidende Gestaltung durch das Privatrecht entweder direkt bei der Tatbestandssetzung antizipiert wird oder ihr methodische Abwehrinstrumente bei der Steuerrechtsanwendung entgegengesetzt werden.

IV. Methodik von Ver- und Entschränkungen im Verwaltungsrecht

(14) Eine besondere verwaltungsrechtliche Methode zum Umgang mit Verschränkungen ist nicht erforderlich, aber der teleologisch sachgerechte Einsatz von Entschränkungsnormen und Verschränkungsvorbehalten. Entschränkungsnormen enthalten wie das wirtschaftliche Eigentum im Steuerrecht positive Kriterien für eine Abweichung von der Privatrechtslage. Im Falle einer tatbestandlichen Verschränkung folgt das Steuerrecht dem Privatrecht unter dem allgemeinen Vorbehalt, dass im Einzelfall kein Gestaltungsmissbrauch vorliegt.

V. Steuerrecht und Privatrecht als wechselseitige Auffangordnungen und funktionsadäquater Regulierungsverbund?

(15) Steuerrecht ist zugleich Finanzierungs- und Steuerungsrecht, ohne dass die Steuerungswirkungen genau abschätzbar und der Regulierungserfolg gesichert wären.

(16) Das Steuerrecht kann grundsätzlich alternativ oder ergänzend zum Privatrecht als Regulierungsrecht instrumentalisiert werden. Gegen rechtspolitische Vorschläge zur Begrenzung von Managervergütungen sprechen in Deutschland indes durchgreifende steuersystematische und verfassungsrechtliche Gründe.

(17) Das steuerrechtliche Gemeinnützigkeitsrecht kann als Speicher konditionierter Gemeinwohlverwirklichung und -kontrolle bei der Kodifikation des Privatrechts der Non-Profit-Organisationen fungieren.

VI. Konformitätsvorgaben für Verschränkungen im Verwaltungsrecht

1. Verfassungs(folge)fragen von Verschränkungen

(18) Verschränkungen überwinden nicht die föderale Kompetenzordnung, so dass sich auch der verschränkende Gesetzgeber nur auf die ihm zustehende Bundes- oder Landesgesetzgebungskompetenz stützen darf.

(19) Trotz einer Verschränkung von öffentlichem Recht und Privatrecht muss die Rechtsverhältnis- und Rechtsschutzklarheit gewahrt werden.

(20) Gesetzliche Verschränkungswertungen sind folgerichtig und gleichmäßig umzusetzen. Das führt insbesondere zur Publizierung der Gemeinnützigkeitsfähigkeit und zu einem einheitlichen Indienstnahmeverfahrensrecht für private und öffentlich-rechtliche Arbeitgeber im Rahmen des Lohnsteuerabzugs.

2. Privatrechtsorientierung im offenen Verwaltungsstaat

(21) In einer offenen Verwaltungsrechtsordnung öffnen Verschränkungen mit dem Privatrecht unter weiteren Voraussetzungen die deutsche Verwaltungsrechtsordnung auch für ausländisches Privatrecht. Grenzüberschreitende Verschränkungen sind komplexitätssteigernd und stoßen jedenfalls im Massenvollzug an Grenzen.

VII. Schluss

(22) Eine Verschränkung mag sich rückblickend als Glücksfall für die Gesamtrechtsordnung erweisen, muss aber ab einer bestimmten Reife der Teilrechtsordnungen rechtspolitisch auf ihre Fortsetzung hinterfragt werden. Manche Verschränkungen können sich einschleichen, einschleifen und über Jahrzehnte verfestigen, auch wenn sie rechts- und ordnungspolitisch fragwürdig werden. Der Gesetzgeber sollte darum Verschränkungen

beobachten und ggf. anpassen. Allein die Tradition einer Verschränkung ist gerade bei erheblich veränderten europäischen und internationalen Rahmenbedingungen kein Grund, eine entschränkende Gesetzgebung nicht zu erwägen.

Zweiter Beratungsgegenstand:

Verschränkungen öffentlich-rechtlicher und privatrechtlicher Regime im Verwaltungsrecht

2. Referat von *Sabine Schlacke*, Münster

Inhalt

		Seite
I.	Verschränkungen statt Abgrenzungen.	170
II.	Aktuelle Phänomene rechtsregimeübergreifender Verschränkungen im Umweltrecht	175
	1. Einflüsse des Privatrechts auf das Umweltverwaltungsrecht	175
	a) Rezeption des Privatrechts durch das Umweltverwaltungsrecht	175
	b) Rezeption privater Standards durch das Umweltverwaltungsrecht.	176
	c) Komplementäre Verbundlösungen von Umweltverwaltungs- und Privatrecht	178
	2. Einflüsse des Umweltverwaltungsrechts auf das Privatrecht	180
	a) Rezeption des Umweltverwaltungsrechts im Vertragsrecht	180
	aa) Feststellung eines Mangels	180
	bb) Feststellung nichtiger Verträge	182
	b) Rezeption des Umweltverwaltungsrechts im Deliktsrecht	183
	c) Rezeption des Umweltverwaltungsrechts im Nachbarrecht	185
	aa) Einflüsse des Umweltverwaltungsrechts auf das private Nachbarrecht	185
	bb) Neuartige Aufopferungsansprüche für Distanz- und Langfristschäden?	187
III.	Analyse und Systematisierung	189
	1. Verfassungs- und unionsrechtliche Grundlagen	189
	a) Maßstäbe für die Regimewahl	190

   b) Anforderungen an die Ausgestaltung von
     Verschränkungen 191
  2. Theoretischer Kontext 192
   a) Funktionsbegriffe 192
   b) Funktionsebenen 193
   c) Zwecksetzungen der Teilrechtsordnungen 194
  3. Funktionale Analyse der Verschränkungen............... 197
   a) Auffangfunktionen 197
   b) Verbundfunktionen 202
   c) Dysfunktionalitäten............................. 203
    aa) Normwidersprüche 203
    bb) Wertungswidersprüche 204
IV. Funktionswandel des (Umwelt-)Verwaltungsrechts:
  Verbund- statt Trennungssystem?....................... 207

I. Verschränkungen statt Abgrenzungen

Der Dualismus zwischen öffentlichem und privatem Recht prägt nach herkömmlichem Verständnis die deutsche Gesamtrechtsordnung.[1] Die Entwicklung des öffentlichen Rechts als Sonderrecht des Staates im 19. Jahrhundert,[2] das geltende Recht[3] und funktionale Argumente[4] legen

---

[1] Andere Rechtsordnungen – wie das Common Law (zum britischen Rechtssystem vgl. *Dirk Ehlers* Verwaltung in Privatrechtsform, 1984, 48 f.; *Martin Bullinger* Die funktionale Unterscheidung von öffentlichem Recht und Privatrecht als Beitrag zur Beweglichkeit von Verwaltung und Wirtschaft in Europa, in: Wolfgang Hoffmann-Riem/Eberhard Schmidt-Aßmann (Hrsg.) Öffentliches Recht und Privatrecht als wechselseitige Auffangordnungen, 1996, 239 (239 f.)) – indizieren, dass die Trennungsperspektive im Wesentlichen ein kontinentaleuropäischer Ansatz ist, vgl. *Hasso Hofmann* Die Unterscheidung von öffentlichem und privatem Recht, Der Staat 57 (2018), 5 ff. Anders allerdings die sozialistischen Systeme; zum Rechtssystem der DDR vgl. *Ehlers* ebd., 46 ff.

[2] *Michael Stolleis* Öffentliches Recht und Privatrecht im Prozeß der Entstehung des modernen Staates, in: Wolfgang Hoffmann-Riem/Eberhard Schmidt-Aßmann (Hrsg.) Öffentliches Recht und Privatrecht als wechselseitige Auffangordnungen, 1996, 41 (41 f.); *Martin Bullinger* Öffentliches Recht und Privatrecht, 1968, 37 ff.; *Ehlers* Privatrechtsform (Fn. 1), 30 ff.

[3] *Ehlers* Privatrechtsform (Fn. 1), 50 f.; *Christian-Friedrich Menger* Zum Stand der Meinungen über die Unterscheidung von öffentlichem und privatem Recht, in: ders. (Hrsg.) FS Wolff, 1973, 149 ff.; *Hans-Uwe Erichsen* Öffentliches und privates Recht, JURA 1982, 537 ff.; *Manfred Zuleeg* Die Anwendungsbereiche des öffentlichen Rechts und des Privatrechts, VerwArch 73 (1982), 384 ff.; *Alexander Hellgardt* Regulierung und Privatrecht, 2016, 545 ff.

[4] *Ludwig Raiser* Die Zukunft des Privatrechts, 1971, 22 f., sieht öffentliches Recht und Privatrecht als zwei Pole einer Rechtsordnung; *Eberhard Schmidt-Aßmann* Das allgemeine Verwaltungsrecht als Ordnungsidee, 1. Aufl. 1998, 244 f., 2. Aufl. 2006, 289, sieht die Funktion einer Abgrenzung darin, dass differenzierte Rechtsformen und Regelungsansätze

eine Trennung beider Teilrechtsordnungen nicht nur nahe, sondern erfordern sie.[5]

Die Akzentuierung des Vortragsthemas auf Verschränkungen[6] zwischen öffentlich-rechtlichen und privatrechtlichen Regimen[7] zielt auf einen Perspektivwechsel: Nicht Abgrenzungen, sondern wechselseitige Einwirkungen und Einflüsse beider Teilrechtsordnungen auf den Ebenen der Rechtssätze,[8] des Verwaltungshandelns[9] und – bislang vernachlässigt – der Gerichte sind in den Blick zu nehmen.[10] Welche Funktionen – auffangende oder verbindende – oder etwa Dysfunktionen entfalten rechtsregimeübergreifende Verschränkungen? Kann bereits von einer Struktur ausgegangen werden, die eine Bewertung als Verbundsystem[11] und damit als System differenzierter Qualität rechtfertigt? Diese Fragen, und nicht jene nach der Notwendigkeit einer Zusammenführung in einem „Gemeinrecht",[12] sind nachfolgend untersuchungsleitend.

---

die Vielfalt der Lebensvorgänge besser zu erfassen vermögen als Einheitsmodelle; so auch *Bullinger* Die funktionale Unterscheidung (Fn. 1), 249 f.; *Dieter Grimm* Zur politischen Funktion der Trennung von öffentlichem und privatem Recht in Deutschland, in: Walter Wilhelm (Hrsg.) Studien zur Europäischen Rechtsgeschichte, 1972, 224 ff.

[5] *Hans-Heinrich Trute* Verzahnungen von öffentlichem und privatem Recht – anhand ausgewählter Beispiele, in: Wolfgang Hoffmann-Riem/Eberhard Schmidt-Aßmann (Hrsg.) Öffentliches Recht und Privatrecht als wechselseitige Auffangordnungen, 1996, 167 (170 f.). Vgl. jüngst *Florian Becker* Öffentliches und Privates Recht, NVwZ 2019, 1385 (1386); *Ulrich Jan Schröder* Das Verhältnis von öffentlichem Recht und Privatrecht, DVBl. 2019, 1097 (1101 ff.); *Margrit Seckelmann* Kategoriale Unterscheidung von Öffentlichem Recht und Privatrecht?, DVBl. 2019, 1107 (1107 f.); *András Jakab/Lando Kirchmair* Tradition und Analogie in der Unterscheidung zwischen öffentlichem Recht und Privatrecht am Beispiel der österreichischen Rechtsordnung, MPIL Research Paper Series No. 2019-11, 1 (3 ff.); *Dominik Schäfers* Zum Verhältnis von Privatrecht und öffentlichem Recht, Ad Legendum 2015, 340 (341 ff.).

[6] Vgl. zu den Kategorien von Verschränkungen *Eberhard Schmidt-Aßmann* Öffentliches Recht und Privatrecht: Ihre Funktionen als wechselseitige Auffangordnungen. Einleitende Problemskizze, in: Wolfgang Hoffmann-Riem/Eberhard Schmidt-Aßmann (Hrsg.) Öffentliches Recht und Privatrecht als wechselseitige Auffangordnungen, 1996, 77 (9 f.).

[7] Der Begriff des Regimes verdeutlicht, dass das öffentliche Recht und das Privatrecht „Teile der Gesamtrechtsordnung" sind, *Martin Burgi* Rechtsregime, in: Wolfgang Hoffmann-Riem/Eberhard Schmidt-Aßmann/Andreas Voßkuhle (Hrsg.) Grundlagen des Verwaltungsrechts, Bd. I, 2. Aufl. 2012, § 18 Rn. 2.

[8] Vgl. § 62 S. 2 VwVfG.

[9] Etwa mittels privatrechtsgestaltender Verwaltungsakte, vgl. dazu grundlegend *Gerrit Manssen* Privatrechtsgestaltung durch Hoheitsakt: verfassungsrechtliche und verwaltungsrechtliche Grundfragen, 1994, insbes. 104 ff.

[10] *Schmidt-Aßmann* Ordnungsidee 1. Aufl. (Fn. 4), 244 f.; ebenso in der 2. Aufl. (Fn. 4), 288 f.

[11] Zum Begriff des Verbunds *Burgi* Rechtsregime (Fn. 7), § 18 Rn. 35 ff.

[12] *Otto v. Gierke* Die soziale Aufgabe des Privatrechts, 1889, 13 ff.; ders. Deutsches Privatrecht, Bd. I, 1895, 26 ff.; *Bullinger* Öffentliches Recht und Privatrecht (Fn. 2), 75 ff.;

Es sprechen gute Gründe dafür, Verschränkungen im Umweltrecht zu untersuchen. Das Umweltrecht ist seit längerem – getrieben durch das Unionsrecht[13] und zum Teil durch das Völkerrecht[14] – eine, wenn nicht gar die Speerspitze der Modernisierung des Verwaltungs- und Verwaltungsprozessrechts: Das gilt nicht nur für das Umweltinformationsrecht[15], die Öffentlichkeitsbeteiligung[16] und den Rechtsschutz[17]; das gilt auch in instrumenteller

ders. Öffentliches Recht und Privatrecht in Geschichte und Gegenwart, in: Manfred Löwisch (Hrsg.) FS Rittner, 1991, 69 (87 ff.); *ders.* Die funktionale Unterscheidung (Fn. 1), 258; dagegen: *Hans J. Wolff/Otto Bachof/Rolf Stober* Verwaltungsrecht, Bd. I, 11. Aufl. 1999, § 22 Rn. 46.

[13] Auf Ebene des Verwaltungsverfahrens sind hier vor allem die Umweltverträglichkeitsprüfung (UVP-Richtlinie 2011/92/EU des Europäischen Parlaments und des Rates vom 13. Dezember 2011 über die Umweltverträglichkeitsprüfung bei bestimmten öffentlichen und privaten Projekten, ABl. 2012 L 26, 1) und die Strategische Umweltprüfung (SUP-Richtlinie 2001/42/EG des Europäischen Parlaments und des Rates vom 27. Juni 2001 über die Prüfung der Umweltauswirkungen bestimmter Pläne und Programme, ABl. 2001 L 197, 30) zu nennen; hierzu z.B. *Astrid Epiney* Umweltrecht der Europäischen Union, 4. Aufl. 2019, 329 ff.

[14] Neben vielen sektoralen völkerrechtlichen Verträgen, wie etwa für das Klimaschutzrecht das Pariser Übereinkommen vom 12. Dezember 2015 (BGBl. II 2016, 1082), hierzu z.B. *Claudio Franzius* Das Paris-Abkommen zum Klimaschutz, ZUR 2017, 515 ff.; *Ayse-Martina Böhringer* Das neue Pariser Klimaübereinkommen, ZaöRV 76 (2016), 753 ff., ist in Bezug auf das Verwaltungsverfahrens- und -prozessrecht vor allem die Aarhus-Konvention vom 25. Juni 1998 (BGBl. II 2006, 1251) zu nennen. Vgl. hierzu *Martin Scheyli* Aarhus-Konvention über Informationszugang, Öffentlichkeitsbeteiligung und Rechtsschutz in Umweltbelangen, AVR 38 (2000), 217 ff.; *Sabine Schlacke* Überindividueller Rechtsschutz, 2008, 233 ff.; *Astrid Epiney* Die Aarhus-Konvention: Entstehung, völkerrechtliche Einbettung und Grundprinzipien, EurUP 2019, 2 ff.

[15] Eingehend *Elke Gurlit* Das Informationsverwaltungsrecht im Spiegel der Rechtsprechung, Die Verwaltung 44 (2011), 75 ff.; *Annette Guckelberger* Umweltinformationen unter europäischem Einfluss, VerwArch 105 (2014), 411 ff.; *dies.* Geschichte des Umweltinformationsrechts und allgemeine Anspruchsvoraussetzungen, NuR 2018, 378 ff.; *Christian Schrader* Zugang zu Umweltinformationen, in: Sabine Schlacke/ders./Thomas Bunge (Hrsg.) Aarhus-Handbuch, 2. Aufl. 2019, § 1 Rn. 79 ff.

[16] Zum zugrundeliegenden Verfahrensverständnis, das dem (Beteiligungs-)Verfahren einen Eigenwert zuweist, *Elke Gurlit* bzw. *Michael Fehling* Eigenwert des Verfahrens im Verwaltungsrecht, VVDStRL 70 (2011), 227 ff. bzw. 278 ff.; *Christian Quabeck* Dienende Funktion des Verwaltungsverfahrens und Prozeduralisierung, 2010, insbes. 102 ff.; *Wolfgang Kahl* Verfahrensvorschriften als subjektiv-öffentliche Rechte – Eine entwicklungsgeschichtliche Betrachtung, in: Markus Ludwigs (Hrsg.) FS Schmidt-Preuß, 2018, 135 (150 ff.).

[17] Aus deutscher Sicht ist hier insbesondere an das Umwelt-Rechtsbehelfsgesetz zu denken, das in Umsetzung unions- und völkerrechtlicher Vorgaben Rechtsbehelfsbefugnisse für anerkannte Umweltverbände statuiert und zugleich das Verhältnis zum verfassungsrechtlich vorgegebenen (Art. 19 Abs. 4 S. 1 GG) Individualrechtsschutz berührt; hierzu statt vieler *Klaus Ferdinand Gärditz* Funktionswandel der Verwaltungsgerichtsbarkeit unter dem Einfluss des Unionsrechts – Umfang des Verwaltungsrechtsschutzes auf dem Prüfstand: Gutachten D für den 71. Deutschen Juristentag, 2016; *ders.* Effektiver Verwaltungsrechtsschutz im Zeichen von Migration und Europäisierung, Die Verwaltung 52 (2019),

Hinsicht, wie die Einführung marktbasierter Instrumente – Stichwort: Emissionszertifikatehandel[18] – zeigt. Zugleich verfügt das Umweltrecht über eine gefestigte Systematik und Dogmatik,[19] an die angeknüpft werden kann, um Verschränkungen zwischen Umweltverwaltungsrecht und Privatrecht aufzuzeigen. Aktuelle Herausforderungen des Umweltrechts – wie die Bewältigung des Klimawandels[20] – werfen die Frage nach der Steuerungsleistung von Verschränkungen beider Teilrechtsordnungen auf. Analysen von Klagen im Rahmen des Abgasskandals und sogenannter Klimaklagen werden sich als besonders ertragreich erweisen. Die nachfolgende Untersuchung ist insofern auf das gegenwärtige Recht begrenzt, ohne indes wesentliche historische Rechtsentwicklungen außer Acht zu lassen.

Verschränkungen öffentlich-rechtlicher und privatrechtlicher Regime im Verwaltungs*recht* legen eine Fokussierung auf rechtssatzförmige Einflüsse der einen auf die andere Teilrechtsordnung[21] nahe. Ich werde deshalb Verschränkungen, die darauf beruhen, dass Verwaltung in einem bestimmten Betätigungsbereich dem Privatrecht unterworfen ist,[22] ihre Aufgabener-

---

259 (288 ff.); *Sabine Schlacke* Aktuelles zum Umwelt-Rechtsbehelfsgesetz, NVwZ 2019, 1392 ff.; *Claudio Franzius* Verbandsklage im Umweltrecht, NuR 2019, 649 ff.

[18] Die den Emissionszertifikatehandel einführende Richtlinie 2003/87/EG des Europäischen Parlaments und des Rates vom 13. Oktober 2003 über ein System für den Handel mit Treibhausgasemissionszertifikaten in der Gemeinschaft, ABl. L 275, 32 wurde zuletzt durch die Richtlinie (EU) 2018/410/EU des Europäischen Parlaments und des Rates vom 14. März 2018, ABl. L 76, 3 geändert, insbesondere, um durch Löschung überschüssiger Zertifikate eine Stabilisierung des Zertifikatspreises zu erzielen, vgl. *Uta Stäsche* Entwicklungen des Klimaschutzrechts und der Klimaschutzpolitik 2018/19, EnWZ 2019, 248 (259 f.); *Markus Ehrmann* Emissionshandel – Aktuelle rechtliche Probleme in der 4. Handelsperiode, I+E 2019, 10 (11); s. ferner *Moritz Hartmann* Emissionshandel in der vierten Zuteilungsperiode, NVwZ 2016, 189 ff.; *ders.* Europäisierung und Verbundvertrauen: Die Verwaltungspraxis des Emissionshandelssystems der Europäischen Union, 2015, 104 ff.

[19] Zum Begriff der Rechtsdogmatik vgl. *Friedrich Schoch* Verwaltungsrechtswissenschaft zwischen Theorie und Praxis, in: Martin Burgi (Hrsg.) Zur Lage der Verwaltungsrechtswissenschaft, 2017, 11 (17 ff.).

[20] S. zum wissenschaftlichen Sachstand nur den jüngsten Special Report des *IPCC* Global Warming of 1.5 °C, 2019, 53 ff.

[21] Gemeint ist die Rechtssatzebene: Es werden Regelwerke oder Vorschriften untersucht, die durch Einflüsse und Einwirkungen der jeweils anderen Teilrechtsordnung angewiesen sind, denen also eine Scharnierfunktion zukommt. In diesem Sinne auch *Seckelmann* Unterscheidung (Fn. 5), 1109 f.

[22] Etwa weil privatrechtliche Normen (fast) nur für die Verwaltung gelten (z.B. Tarifordnungen des öffentlichen Dienstes) oder weil öffentlich-rechtliche Normen nicht vorhanden sind (z.B. Verweis auf das Zivilrecht in § 62 S. 2 VwVfG).

ledigung in Privatrechtsform[23] organisiert[24] oder Private bei der öffentlichen Aufgabenerledigung beteiligt[25] oder in den Dienst nimmt, nicht untersuchen.[26]

---

[23] Hierunter wird die Wahrnehmung öffentlicher Aufgaben in Privatrechtsform (z.B. GmbH oder AG) verstanden (= formelle Privatisierung), die wiederum nicht allein dem Privatrecht unterliegt, sondern an öffentlich-rechtliche Regeln gebunden ist; grundlegend *Ehlers* Verwaltung in Privatrechtsform (Fn. 1), 15 ff., 74 ff.; *Peter Michael Huber* Die unternehmerische Betätigung der öffentlichen Hand, in: Michael Brenner/ders./Markus Möstl, FS Badura, 2004, 897 (899 ff.).

[24] So sind nicht Gegenstand der Untersuchung das Verwaltungsprivatrecht, vgl. hierzu *Ulrich Stelkens* Verwaltungsprivatrecht, 2005; *Thomas von Danwitz* Vom Verwaltungsprivat- zum Verwaltungsgesellschaftsrecht, AöR 120 (1995), 595 (599 ff.); *Trute* Verzahnungen (Fn. 5), 179 f.; ähnlich *Rainer Wahl* Privatorganisationsrecht als Steuerungsinstrument bei der Wahrnehmung öffentlicher Aufgaben, in: Eberhard Schmidt-Aßmann/Wolfgang Hoffmann-Riem (Hrsg.) Verwaltungsorganisationsrecht als Steuerungsressource, 1997, 301 (325 ff.); *Walter Krebs* Neue Bauformen des Organisationsrechts und ihre Einbeziehung in das Allgemeine Verwaltungsrecht, in: Eberhard Schmidt-Aßmann/Wolfgang Hoffmann-Riem (Hrsg.) Verwaltungsorganisationsrecht als Steuerungsressource, 1997, 339 (341 ff.); das Privatisierungsfolgenrecht, vgl. *Wahl* ebd., 336 ff.; *Matthias Ruffert* Regulierung im System des Verwaltungsrechts, AöR 124 (1999), 237 (239 f.); *Jörn Axel Kämmerer* Verfassungsstaat auf Diät?, JZ 1996, 1042 (1047 ff.); *ders.* Privatisierung, 2001, 426 ff.; *Martin Burgi* Kommunales Privatisierungsfolgenrecht: Vergabe, Regulierung und Finanzierung, NVwZ 2001, 601 ff.; *Hartmut Bauer* Privatisierung von Verwaltungsaufgaben, VVDStRL 54 (1995), 243 ff.; oder das Verwaltungsgesellschaftsrecht, vgl. *Ernst Thomas Kraft* Das Verwaltungsgesellschaftsrecht, 1982, 231 ff.; *von Danwitz* ebd., 609 ff.; *Walter Krebs* Notwendigkeit und Struktur eines Verwaltungsgesellschaftsrechts, Die Verwaltung 29 (1996), 309 ff.

[25] Hierzu ausführlich *Andreas Voßkuhle* Beteiligung Privater an der Wahrnehmung öffentlicher Aufgaben und staatliche Verantwortung, VVDStRL 62 (2003), 266 (268 ff.); *Markus Heintzen* Beteiligung Privater an der Wahrnehmung öffentlicher Aufgaben und staatliche Verantwortung, VVDStRL 62 (2003), 220 ff; *Wolfgang Weiß* Beteiligung Privater an der Wahrnehmung öffentlicher Aufgaben und staatliche Verantwortung, DVBl. 2002, 1167 ff.

[26] Diese Verschränkung erfreut sich nach wie vor großer Beliebtheit, wie die Verpflichtung von Stromnetzbetreibern zur Abnahme von Strom aus erneuerbaren Energien (§§ 7, 19 EEG; vgl. die Rspr. des BGH, NVwZ 2003, 1143 (1144 f.) unter Heranziehung der Indienstnahme-Rechtsprechung des BVerfG) oder der zwangsweise Einsatz von Kraftwerksanlagen zur Sicherung der Netzstabilität (§§ 13 ff. EnWG; näher *Martin Burgi/Christoph Krönke* Die ausgleichspflichtige Indienstnahme, VerwArch 109 (2018), 423 (426 ff., 428)) zeigen. Für das Steuerrecht vgl. *Klaus-Dieter Drüen* Die Indienstnahme Privater für den Vollzug von Steuergesetzen, 2012; *Hanno Kube* Öffentliche Aufgaben in privater Hand – Sachverantwortung und Finanzierungslast, Die Verwaltung 41 (2008), 1 ff.

II. Aktuelle Phänomene rechtsregimeübergreifender Verschränkungen im Umweltrecht

1. Einflüsse des Privatrechts auf das Umweltverwaltungsrecht

Die Einflüsse privater Rechtsvorschriften auf das Umweltverwaltungsrecht konzentrieren sich im Wesentlichen auf drei Phänomene.

a) Rezeption des Privatrechts durch das Umweltverwaltungsrecht

Eine Rezeption des Privatrechts durch das Umweltverwaltungsrecht findet selten und allenfalls vereinzelt statt. Eines der wenigen Beispiele enthält das Umweltinformationsrecht. Für die Bestimmung von Betriebs- und Geschäftsgeheimnissen, die einen Ausschluss des Umweltinformationsanspruchs bedingen können, orientieren sich Verwaltungsgerichte[27] in Übereinstimmung mit dem Gesetzgeber[28] und dem Schrifttum[29] am gewachsenen wettbewerblichen Begriffsverständnis.[30]

Ergänzungen durch das Privatrecht sind – ebenfalls selten – im Umweltverwaltungsrecht zu konstatieren.[31] So verweisen – funktional mit § 62 S. 2 VwVfG vergleichbar – das Umweltschadensgesetz[32],[33] das eine öffentlich-rechtliche Verantwortlichkeit für Umweltschäden regelt,[34] und das Bundes-Bodenschutzgesetz, das eine Störerhaftung für schädliche Bodenver-

---

[27] BVerwG, NVwZ 2017, 1775 (1781); BVerwG, 25.7.2013, 7 B 45/12, juris, Rn. 10; zur zivilgerichtlichen Rechtsprechung zu § 17 UWG z.B. BGH, NJW 2006, 3424 (3425 f.); BGH, GRUR 2009, 603 (604); BGH, GRUR 2018, 1161 (1163), m.w.N.

[28] Vgl. BT-Drs. 12/7138, 14.

[29] *Olaf Reidt/Gernot Schiller* in: Robert v. Landmann/Ernst Rohmer (Begr.) Umweltrecht, 90. Erg.-Lfg., 2019, § 9 UIG Rn. 20.

[30] Weder die EU-Umweltinformationsrichtlinie noch das UIG enthalten eine Legaldefinition, vgl. näher *Schrader* Umweltinformationen (Fn. 15), § 1 Rn. 132 ff.

[31] *Burgi* Rechtsregime (Fn. 7), § 18 Rn. 77.

[32] § 9 Abs. 2 USchadG.

[33] Das Umweltschadensgesetz enthält i.Ü. selbst eine Kombination aus öffentlich-rechtlichen und privatrechtlichen Rechtssätzen, *Matthias Ruffert* Verantwortung und Haftung für Umweltschäden, NVwZ 2010, 1177 (1177 f.).

[34] Sie ist der polizeilichen Störerhaftung nachgebildet, vgl. *Martin Beckmann/Antje Wittmann* in: Robert v. Landmann/Ernst Rohmer (Begr.) Umweltrecht, 2019, Vorb. USchadG Rn. 2 (2017); *Lothar Knopp* Neues Umweltschadensgesetz, UPR 2007, 414 (414); *Gerhard Wagner* Das neue Umweltschadensgesetz, VersR 2008, 565 (566), wobei das USchadG als Rahmengesetz konzipiert ist, das durch die Anforderungen der umweltrechtlichen Fachgesetze ergänzt wird, z.B. durch § 19 BNatSchG für Schäden an bestimmten Arten und natürlichen Lebensräumen.

änderungen normiert, für den Innenregress der nach öffentlichem Recht Verantwortlichen[35] auf zivilrechtliche Ansprüche.[36]

b) Rezeption privater Standards durch das Umweltverwaltungsrecht

Ein in der Vergangenheit weitaus dynamischeres Feld von Verschränkungen betrifft die Rezeption privater Standards[37] zur Auslegung unbestimmter Rechtsbegriffe wie die allgemeinen Regeln der Technik,[38] der Stand der Technik[39] und der Stand von Wissenschaft und Technik,[40] um etwa Betreiberpflichten im Immissionsschutzrecht oder Pflichten von Produktherstellern im Produktsicherheitsrecht zu konkretisieren.[41] Die Rezeption privater Standards erfolgt indes mittlerweile durch statische Verweisung, durch ihre Integration in untergesetzliche Normen, wie Verordnungen oder normkonkretisierende Verwaltungsvorschriften, oder – wie etwa im Produktsicherheitsrecht – durch konkrete unionsrechtliche Aufträge an die EU-Normungsorganisationen.[42] Das mit der Rezeption privater Normen

---

[35] Eine andere Frage ist, ob die durch § 9 Abs. 2 USchadG und § 24 Abs. 2 BBodSchG begründeten Ansprüche bereits als privatrechtliche Normen einzuordnen sind. Bejahend für das Umweltschadensrecht *Ruffert* Verantwortung und Haftung (Fn. 33), 1177 ff.; offenlassend *Beckmann/Wittmann* in: Landmann/Rohmer (Fn. 34), § 9 USchadG Rn. 28 (2017). Dafür spricht, dass gemäß § 9 Abs. 2 S. 6 USchadG für Streitigkeiten über den Ausgleichsanspruch stets der ordentliche Rechtsweg eröffnet ist; umstritten bezüglich § 24 Abs. 2 BBodSchG; die öffentlich-rechtliche Rechtsnatur bejahend *Juliane Hilf* in: Ludger Giesberts/Michael Reinhardt (Hrsg.) BeckOK UmweltR, 1.10.2019, § 24 BBodSchG Rn. 24; offenlassend *Matthias Dombert* in: Robert v. Landmann/Ernst Rohmer (Begr.) Umweltrecht, 2019, § 24 BBodSchG Rn. 14 (2002), jeweils m.w.N. zum Streitstand.

[36] Namentlich diejenigen über den Gesamtschuldnerausgleich aus § 426 BGB.

[37] Vgl. zur historischen Entwicklung *Reinhard Sparwasser/Rüdiger Engel/Andreas Voßkuhle* Umweltrecht, 5. Aufl. 2003, § 1 Rn. 189 ff. Ferner grundlegend *Peter Marburger* Die Regeln der Technik im Recht, 1979.

[38] Z.B. § 50 Abs. 4 WHG, § 14 Abs. 2 GPSG a.F. (außer Kraft seit 1.12.2011 und abgelöst durch das ProdSG).

[39] S. § 3 Abs. 6 BImSchG, § 3 Abs. 28 KrWG.

[40] Z.B. § 7 Abs. 2 Nr. 3 AtG.

[41] Vgl. *Wolfgang Durner* Die verwaltungsrechtliche Durchsetzung zivilrechtlicher Standards im Verbraucherrecht, DVBl 2014, 1356 ff.; zur Europäisierung und Harmonisierung der privaten Normung im Bereich des Produktsicherheitsrechts, *Udo Di Fabio* Risikosteuerung im öffentlichen Recht, in: Wolfgang Hoffmann-Riem/Eberhard Schmidt-Aßmann (Hrsg.) Öffentliches Recht und Privatrecht als wechselseitige Auffangordnungen, 1996, 143 (161 ff.): Hier wird privaten Normungsorganisationen die Festlegung technischer Regeln und Normen übertragen, die dann vom Hersteller von entsprechenden Produkten zu beachten sind, vgl. §§ 3 Abs. 1 und 2, 4, 2 Nr. 13 ProdSG. Der Staat hingegen behält sich weitgehend eine Art Aufsicht durch die Akkreditierung der privaten Zertifizierungsstelle vor, die ein Konformitätszertifikat erteilt; vgl. §§ 9 ff. ProdSG.

[42] Comité Européen de Normalisation (CEN) und Comité Européen de Normalisation Electrotechnique (CENELEC).

einhergehende Problem der demokratischen Legitimation[43] ist durch öffentlich-rechtliche Legalisierung entschärft worden: Eine Verschränkung findet insoweit in erster Linie im öffentlich-rechtlichen Normsetzungsprozess, nicht aber mehr auf Ebene des Rechtssatzes oder des Verwaltungshandelns statt[44].[45]

---

[43] Vgl. *Gertrude Lübbe-Wolff* Verfassungsrechtliche Fragen der Normsetzung und Normkonkretisierung im Umweltrecht, ZG 1991, 219 ff.; *Volker Brennecke* Normsetzung durch private Verbände, 1996; *Erhard Denninger* Verfassungsrechtliche Anforderungen an die Normsetzung im Umwelt- und Technikrecht, 1990.

[44] Nur vereinzelt kam es in den letzten Jahren zu Selbstverpflichtungen der Wirtschaft (vgl. Vereinbarung zwischen BMUB und dem Handelsverband Deutschland (HDE) zur Verringerung des Verbrauchs von Kunststofftragetaschen aus Juli 2016, abrufbar unter <https://www.bmu.de/fileadmin/Daten_BMU/Download_PDF/Abfallwirtschaft/vereinbarung_tragetaschen_bf.pdf> (Stand 9.1.2020); Vereinbarung zwischen der Regierung der Bundesrepublik Deutschland und der deutschen Wirtschaft zur Steigerung der Energieeffizienz vom 1. August 2012, abrufbar unter <https://www.bmwi.de/Redaktion/DE/Downloads/V/vereinbarung-zwischen-der-regierung-der-bundesrepublik-deutschland-und-der-deutschen-wirtschaft-zur-steigerung-der-energieeffizienz.pdf?__blob=publicationFile&v=3> (Stand 9.1.2020): Demnach wird der Spitzenausgleich für Energie- und Stromsteuer für das produzierende Gewerbe nur dann gewährt, wenn einerseits das jeweilige Unternehmen ein Energiemanagementsystem eingeführt hat und andererseits das produzierende Gewerbe als Ganzes eine bestimmte Energieeinsparung im Jahr vorweisen kann. Diese Voraussetzungen für Steuerentlastungen sind festgeschrieben in § 55 Abs. 4 EnergieStG, § 10 Abs. 3 StromStG, so dass diese freiwilligen privaten Zusagen in vorliegendem Kontext bedeutungslos geworden sind. Dies kann darauf zurückgeführt werden, dass selbst bei Übererfüllung der vereinbarten Ziele eine Normsetzung nicht vermieden werden konnte. So konnte etwa die freiwillige Selbsterklärung der Getränkebranche zur Kennzeichnung von Einwegflaschen vom 29. Juni 2016 knapp 84 % des Marktvolumens abdecken <https://einweg-mit-pfand.de/meldung/kennzeichnung.html?file=files/Einweg/Fotos/Pressemitteilungen/2016-06-29_Gemeinsame_Pressemitteilung_InitiativeKennzeichnungEinweg_mit%20Anlagen.pdf> (Stand: 9.1.2020). Sie wurde dennoch durch die verpflichtende Kennzeichnung gemäß § 32 Abs. 1, 2 VerpackG 2019 abgelöst.) Vgl. *Ulrich Ramsauer* Allgemeines Umweltverwaltungsrecht, in: Hans-Joachim Koch/Ekkehard Hoffmann/Moritz Reese (Hrsg.) Handbuch Umweltrecht, 5. Auflage 2018, § 3 Rn. 141.

[45] Nach wie vor besteht indes ein großer Bedarf an untergesetzlicher Konkretisierung unbestimmter Rechtsbegriffe im Umwelt- und Technikrecht, vgl. *Indra Spiecker gen. Döhmann* Technische Regeln und Grenzwerte im Umweltrecht, in: Gesellschaft für Umweltrecht e.V. (Hrsg.), Dokumentation zur 42. wissenschaftlichen Fachtagung der Gesellschaft für Umweltrecht e.V. Leipzig 2018, Band 50, 2020, 43 (45 ff.); zu den Anforderungen an die gerichtliche Kontrolle von verwaltungsbehördlichen Entscheidungen, die „an die Grenze des Erkenntnisstandes naturschutzfachlicher Wissenschaft und Praxis" stoßen und zur Erforderlichkeit untergesetzlicher Maßstabsbildung, BVerfG, ZUR 2019, 33, (1. Leitsatz) 35 Rn. 23 ff.

c) *Komplementäre Verbundlösungen von Umweltverwaltungs- und Privatrecht*

Eine größere Bedeutung entfalten komplementäre Verbundlösungen öffentlich-rechtlicher Rahmensetzung mit privatautonomen Aushandlungsprozessen, die auf die Nutzung privatrechtlicher Instrumente angewiesen sind.

So werden im Kreislaufwirtschaftsrecht Verpackungen[46] zu Waren, die von miteinander konkurrierenden dualen Systemen[47] unter kartell- und wettbewerbsrechtlicher Kontrolle staatlicher Aufsichtsbehörden[48] gehandelt werden. Die privaten Systeme sind Ausdruck eines Aufweichens der Systemzäsur von öffentlichem und privatem Recht,[49] da durch sie die ordnungsrechtliche Produktverantwortung und die damit verbundene Rücknahmepflicht[50] mit einem wettbewerbsrechtlich gesteuerten, privat organisierten Markt für Verpackungsabfälle kombiniert werden.[51]

Auch das Emissionshandelsrecht greift auf die Funktionen eines privaten Marktes zurück. Indem das frei zugängliche Gut der Atmosphärennutzung verknappt und die Gesamtemissionsmenge in Belastungseinheiten[52] aufgeteilt wird, bilden sich ein Preis und ein Handel mit Emissionszertifikaten. Dieser dem Privatrecht unterworfene Markt ist verknüpft mit einem gesetzlichen Zwang für Betreiber bestimmter Industrieanlagen, am Emis-

---

[46] Vgl. die Begriffsbestimmung in § 3 Abs. 1 S. 1 VerpackG.

[47] Es existiert nicht mehr nur *ein* „Duales System Deutschland", vgl. § 7 Abs. 1 VerpackG, das auch als „parastaatliche Organisation" bezeichnet wurde, vgl. *Di Fabio* Öffentliches Recht (Fn. 41), 160.

[48] *Reinhard Ellgers* (K-)Ein Kartellprivileg für den Umweltschutz?, in: Michael Kloepfer (Hrsg.) Umweltschutz als Rechtsprivileg, 2014, 127 (142 ff.).

[49] *Di Fabio* Öffentliches Recht (Fn. 41), 160.

[50] § 23 Abs. 2 Nr. 5 KrWG i.V.m. 7 Abs. 1 S. 1 VerpackG.

[51] *Martin Eifert* Umweltschutzrecht, in: Friedrich Schoch (Hrsg.) Besonderes Verwaltungsrecht, 15. Aufl. 2013, Kap. 5 Rn. 158 f.; im Schwerpunkt betrifft dies das Verbot wettbewerbsbeschränkender Vereinbarungen nach § 1 GWB; vertiefend *Michael Kloepfer* Umweltschutz und Kartellrecht, JZ 2002, 1117 ff.; *Hans-Heinrich Trute/Wolfgang Denkhaus/Doris Kühlers* Regelungsstrukturen der Kreislaufwirtschaft zwischen kooperativem Umweltrecht und Wettbewerbsrecht, 2004, 86 ff. Mit Erlass des Verpackungsgesetzes ist dieses Zusammenwirken von Verpackungs- und Wettbewerbsrecht z.B. in § 26 Abs. 1 S. 2 Nr. 12, 13 VerpackG ausgedrückt, indem dort ein Zusammenwirken zwischen der zentralen Stelle, die von den ordnungsrechtlich Verantwortlichen zu errichten ist (§ 24 Abs. 1 VerpackG) und dem Bundeskartellamt normiert ist.

[52] Eine Belastungseinheit entspricht einer Tonne CO_2-Äquivalent, § 3 Nr. 1 EEG.

sionshandel[53] – unter gleichzeitiger Befreiung von der immissionsschutzrechtlichen Vorsorgepflicht – teilzunehmen.[54]

Im Recht der erneuerbaren Energien werden die bisherigen Förderansprüche auf Einspeisevergütung[55] fast vollständig durch einen Anspruch auf eine sogenannte Marktprämie ersetzt, der mit einer Pflicht zur Direktvermarktung des Stroms aus erneuerbaren Energieträgern an der Strombörse verknüpft ist.[56] Im Unterschied zum Emissionszertifikatehandel wird der Markt nicht geschaffen, sondern seine Mechanismen sowie die wettbewerblichen Vorteile von Ausschreibungsverfahren werden genutzt,[57] um Anreize für die Erzeugung von Strom aus erneuerbaren Energien zu setzen.[58]

---

[53] §§ 4, 2 Abs. 2 i.V.m. Anhang 1 Teil 2 TEHG. Auch der innereuropäische Luftverkehr unterliegt dem Emissionshandelssystem, vgl. § 2 Abs. 6 TEHG.
[54] § 5 Abs. 1 Nr. 2 BImSchG; vgl. *Hans D. Jarass* BImSchG, 12. Aufl. 2017, § 5 Rn. 5a.
[55] Gem. § 18 EEG 2009 i.V.m. §§ 23–28, 32 EEG 2009 wurde die Höhe der Einspeisevergütung in Abhängigkeit von der Bemessungsgrundlage oder der installierten Leistung der Anlage berechnet.
[56] Regelinstrument ist nun die Marktprämie nach § 20 EEG 2017. Gemäß § 21 EEG 2017 erhalten die EE-Anlagenbetreiber keinen festen Einspeisetarif mehr, sondern veräußern ihren EE-Strom weiter und erhalten hierfür von den Netzbetreibern eine Marktprämie in Höhe der Differenz zwischen dem Marktwert des Stroms im Monatsdurchschnitt und dem sog. „anzulegenden Wert", der durch Ausschreibung ermittelt wird. Die Einspeisevergütung kommt nur ausnahmsweise zur Anwendung; ein Wahlrecht besteht nur bei kleinen Anlagen, s. § 21 Abs. 1 i.V.m. § 19 Abs. 1 Nr. 2 EEG 2017; u.a. veranlasst durch die EU-Kommission, s. Notifizierung der Kommission v. 23.7.2014, KOM(2014) 5081 endg., Rn. 9, 10; Kommissions-Leitlinien für staatliche Umweltschutz- und Energiebeihilfen 2014–2020 (2014/C 200/1, insbes. 25 ff.). Allerdings stellte der EuGH, 28.3.2019, C-405/16 P, NVwZ 2019, 626 (629 ff.) – Deutschland/Kommission, jüngst zu Recht klar, dass es sich bei der EEG-Umlage nicht um eine unionsrechtswidrige Beihilfe handelt; vgl. bereits *Sabine Schlacke/James Kröger* Zur Unionsrechtskonformität des EEG bei zunehmender Rekommunalisierung und Verstaatlichung der Elektrizitätswirtschaft, DVBl. 2013, 401 ff.; *dies.* Die Förderung erneuerbarer Energien in Frankreich als staatliche Beihilfe – zugleich Anmerkung zum EuGH-Urteil in der Rs. Association Vent de Colère!, ZUR 2015, 27 ff.; ferner *Markus Ludwigs* Die Förderung erneuerbarer Energien vor dem EuGH, NVwZ 2019, 909 ff.; *Christian Johann/Simone Lünenburger/Leslie Manthey* Mehr Bewegungsfreiheit für die Energiewende: Das EuGH-Urteil zum EEG 2012 und seine Folgen, EuZW 2019, 647 ff.
[57] Vgl. *Walter Frenz* Paradigmenwechsel im EEG 2014: von der "Staats-" zur Marktwirtschaft, RdE 2014, 465 ff. Grundlegend *Alfred Kötzle* Die Eignung von Subventionen für die Umweltpolitik, 1980; *Rolf-Ulrich Sprenger/Tilmann Rave* Berücksichtigung von Umweltgesichtspunkten bei Subventionen: Bestandsaufnahme und Reformansätze, 2003.
[58] Zukünftig sind nur noch diejenigen Anlagen marktprämienberechtigt, die erfolgreich an einer Ausschreibung am Markt mit anderen Wettbewerbern teilgenommen haben; s. § 22 EEG 2017.

2. Einflüsse des Umweltverwaltungsrechts auf das Privatrecht

Einwirkungen des Verwaltungsrechts auf das Privatrecht, insbesondere auf das Nachbarrecht, hat *Hans D. Jarass* auf der Staatsrechtslehrertagung 1990[59] eingehend analysiert.[60] Seitdem sind Intensivierungen und Erweiterungen von Verschränkungen zu verzeichnen,[61] die sich anhand der zivilgerichtlichen Rechtsprechung zu Klagen im Rahmen des Abgasskandals[62] für das Vertrags- und Deliktsrecht sowie einer derzeit anhängigen Klimaklage für das Nachbarrecht aufzeigen lassen.

a) Rezeption des Umweltverwaltungsrechts im Vertragsrecht

aa) Feststellung eines Mangels

Nach der jüngsten Rechtsprechung des BGH[63] ist das Ausstatten eines Dieselfahrzeugs mit einer softwaregesteuerten Abschalteinrichtung, die die Wirkung von Emissionskontrollsystemen verringert, so dass ein Fahrzeug im Testbetrieb andere Abgase als im Realbetrieb ausstößt, nach der Verordnung (EG) Nr. 715/2007 über die Typgenehmigung von Kraftfahrzeugen[64]

---

[59] *Hans D. Jarass* Verwaltungsrecht als Vorgabe für Zivil- und Strafrecht, VVDStRL 50 (1991), 239 ff.

[60] Vgl. ferner *Christian Calliess* Öffentliches und privates Nachbarrecht als wechselseitige Auffangordnungen – Überlegungen am Beispiel der Genehmigungsfreistellung im Bauordnungsrecht, Die Verwaltung 34 (2001), 169 ff.; *Trute* Verzahnungen (Fn. 5), 183 ff.

[61] Dies hat *Reinhard Damm* Risikosteuerung im Zivilrecht – Privatrecht und öffentliches Recht im Risikodiskurs, in: Wolfgang Hoffmann-Riem/Eberhard Schmidt-Aßmann (Hrsg.) Öffentliches Recht und Privatrecht als wechselseitige Auffangordnungen, 1996, 85 (114 ff.) für das Risikoprivatrecht konstatiert.

[62] *Martin Führ*, Der Dieselskandal und das Recht, NVwZ 2017, 265 (266 ff.).

[63] BGH, NJW 2019, 1133 (1134) m.w.N.; *Ansgar Staudinger/Rudi Ruks*, Hinweise aus Karlsruhe zu § 439 BGB im „Dieselskandal", NJW 2019, 1179 ff.

[64] ABl. 2007 L 171, 1. Was unter einer EG-Typgenehmigung zu verstehen ist, ergibt sich aus der Legaldefinition in Art. 3 Nr. 5 der Richtlinie 2007/46/EG des Europäischen Parlaments und des Rates vom 5.9.2007 zur Schaffung eines Rahmens für die Genehmigung von Kraftfahrzeugen und Kraftfahrzeuganhängern sowie von Systemen, Bauteilen und selbstständigen technischen Einheiten für diese Fahrzeuge, ABl. 2007 L 263, 1. Danach ist eine EG-Typgenehmigung das Verfahren, nach dem ein Mitgliedstaat der Europäischen Union einem Hersteller gegenüber bescheinigt, dass ein Typ eines Fahrzeugs, eines Systems oder eines Bauteils oder einer selbstständigen technischen Einheit den einschlägigen Verwaltungsvorschriften und technischen Anforderungen der Rahmenrichtlinie und der in ihrem Anhang IV oder XI aufgeführten Rechtsakte entspricht. Diese Begriffsbestimmung hat der deutsche Normgeber auch in § 2 Nr. 4 Buchst. a FZV übernommen.

unzulässig[65].[66] Nach dem BGH eignet sich ein Fahrzeug mit manipulierter Einrichtung nicht für die gewöhnliche Verwendung,[67] da es eine Beschaffenheit aufweist, die seine (weitere) Zulassung zum Straßenverkehr hindert.[68] In Abkehr von der bisherigen zivilgerichtlichen Rechtsprechung[69] reicht für die Mangelhaftigkeit die *Gefahr* einer Untersagung oder Beschränkung des Betriebs des Fahrzeugs durch die zuständige Zulassungsbehörde[70] aus;[71] einer konkreten behördlichen Verfügung bedarf es nicht mehr[72].[73] Der Eignungsbegriff im Gewährleistungsrecht wird so zu

---

[65] Es handelt sich um einen Verstoß gegen Art. 5 Abs. 2 der Verordnung (EG) Nr. 715/2007.

[66] Die Verordnung (EG) Nr. 715/2007 ist ein dem Umweltverwaltungsrecht zuzurechnendes Regelwerk, da sie nach ihren Erwägungsgründen 5 und 6 die Ziele der EU für Luftqualität und die Luftverschmutzungsgrenzwerte durch fortwährende Bemühungen zur Senkung von Kraftfahrzeugemissionen, insbesondere durch eine erhebliche Minderung der Stickstoffoxidemissionen bei Dieselfahrzeugen, zu erreichen bezweckt.

[67] Nach § 434 Abs. 1 S. 2 Nr. 2 BGB.

[68] BGH, NJW 2019, 1133 (1134 f.).

[69] BGH, NJW-RR 2005, 1218 (1220): Es war unklar, ob eine behördliche Verfügung immer erforderlich ist, um einen Mangel i.S.v. § 434 Abs. 1 S. 2 Nr. 2 BGB zu bejahen, vgl. *Ingo Saenger* in: Heinz Georg Bamberger/Herbert Roth/Wolfgang Hau/Roman Poseck (Hrsg.) BeckOK BGB, 1.8.2019, Art. 35 CISG Rn. 7.

[70] Ermächtigungsgrundlage ist § 5 Abs. 1 FZV, wonach die zuständige Behörde den Betrieb eines Fahrzeugs, das nicht in Übereinstimmung mit der Fahrzeugzulassungsverordnung steht, auf öffentlichen Straßen beschränken oder untersagen kann.

[71] BGH, NJW 2019, 1133 (1134 f.). Nach OVG Münster, ZUR 2019, 105 (107 f.); VG Stuttgart, 27.4.2018, 8 K 1962/18, juris, Rn. 9 ff.; VG Hannover, 23.5.2019, 5 A 2183/18, juris, Rn. 23 ff., können Verstöße gegen Art. 5 Abs. 2 VO (EG) 715/2007 zur fehlenden Vorschriftsmäßigkeit i.S.v. § 5 Abs. 1 FZV führen und eine Betriebseinschränkung oder -untersagung oder eine Fahrzeugstilllegung rechtfertigen.

[72] BGH, NJW 2019, 1133 (1135); zustimmend *Ansgar Staudinger/Rudi Ruks* Hinweise aus Karlsruhe (Fn. 64); s. auch *Jörg Berkemann* Das „Dieselauto" zwischen öffentlichem Recht und Zivilrecht, I+E 2019, 100 (111 f.).

[73] Ob damit über einen Nachbesserungsanspruch hinaus auch ein Rücktrittsrecht des Fahrzeughalters besteht, ist höchstrichterlich noch nicht geklärt. Ein Rücktrittsrecht setzt einen erheblichen Mangel i.S.v. § 323 Abs. 5 S. 2 BGB und damit eine umfassende Interessenabwägung auf Grundlage der Umstände des Einzelfalls voraus. Überschreitet der Mangelbeseitigungsaufwand einen Betrag von 5 % des Kaufpreises nicht, so besteht nur ein Nachbesserungsanspruch, vgl. BGH, NJW 2014, 3229 (3231 ff.); BGH, NJW 2013, 1365 (1366) m.w.N. aus der Rspr. Dementsprechend gehen einige Gerichte von der Unerheblichkeit des Mangels und damit von einem Ausschluss des Rücktrittsrechts aus, vgl. OLG München, NJW-RR 2017, 1238 (1239); LG Bochum, DAR 2016, 272 (273); LG Dortmund, BeckRS 2016, 12836. Das OLG Köln bejaht in zwei Entscheidungen (NZV 2018, 72 (74 f.) und BeckRS 2018, 4574) die Erheblichkeit des Mangels unter Verweis auf die Gesamtumstände des „Dieselskandals", insbesondere die technischen und genehmigungsrechtlichen Unsicherheiten der Nachrüstung. Ähnlich stellt das LG Kleve, VuR 2017, 232 (234), auf die aufwändige und genehmigungsbedürftige Entwicklung des Software-Updates ab, die der Annahme der Unerheblichkeit entgegenstehe. Eine Rückabwicklung der Kauf-

einem wichtigen Einfallstor für Einwirkungen des Umweltverwaltungsrechts auf das Vertragsrecht.

bb) Feststellung nichtiger Verträge

Darüber hinaus qualifizieren einzelne Zivilgerichte[74] das in der EG-Fahrzeuggenehmigungsverordnung[75] enthaltene Veräußerungsverbot[76] für Fahrzeuge, die nicht über eine gültige Übereinstimmungsbescheinigung nach Maßgabe die Luftreinhaltung bezweckenden Unionsrechts[77] verfügen, als Verbotsgesetz i.S.d. § 134 BGB.[78] Auch schon bislang galten öffentlich-rechtliche Normen als Verbotsgesetze.[79] Neuartig ist indes die Beurteilung des Verstoßes: Obwohl das Kraftfahrtbundesamt die Typgenehmigung, die

---

verträge über manipulierte Dieselfahrzeuge nach § 346 Abs. 1 BGB kommt damit durchaus in Betracht, und zwar auch im Verhältnis zwischen Käufer und Händler, da der Händler seinerseits Rückgriff beim Hersteller nehmen kann. Ein hierzu alternativer Anspruch auf Nacherfüllung gemäß §§ 437 Nr. 1, 439 Abs. 1 BGB besteht nach Auffassung des BGH, NJW 2019, 1133 (1136), seine Erfüllung ist auch nicht etwa nach § 275 Abs. 1 BGB unmöglich; so aber ein Teil der Rechtsprechung, vgl. OLG München, NJW-RR 2019, 248 (250); OLG Jena, NZV 2018, 571 (571 f.), da nicht das konkrete Fahrzeugmodell, sondern die Gattung geschuldet wird und so die Nachlieferung eines Fahrzeugs einer neuen Generation möglich ist, so auch LG Hamburg, DAR 2018, 273 (276 f.); LG Offenburg, VuR 2017, 269 (271). Zum Ganzen auch *Berkemann* Das „Dieselauto" (Fn. 73), 112 f.

[74] LG Augsburg, NJW-RR 2018, 1073 (1076).

[75] Die EG-Fahrzeuggenehmigungsverordnung bezweckt nicht nur Verkehrssicherheit, sondern auch Gesundheits- und Umweltschutz, indem sie eine Genehmigungspflicht für den Verkauf oder die Inbetriebnahme von Teilen oder Autoausrüstungen vorschreibt, von denen Risiken für die Sicherheit des Fahrzeugs oder für die Einhaltung von Umweltwerten ausgehen, vgl. § 2 Abs. 1 und § 7 Abs. 2 EG-FGV.

[76] § 27 Abs. 1 EG-FGV.

[77] S. § 6 Abs. 1 EG-FGV: „Für jedes dem genehmigten Typ entsprechende Fahrzeug hat der Inhaber der EG-Typgenehmigung eine Übereinstimmungsbescheinigung nach Artikel 18 in Verbindung mit Anhang IX der Richtlinie 2007/46/EG auszustellen und dem Fahrzeug beizufügen. Die Übereinstimmungsbescheinigung muss nach Artikel 18 Absatz 3 der Richtlinie 2007/46/EG fälschungssicher sein." Nach Art. 3 Nr. 36 der Richtlinie 2007/46/EG ist eine „Übereinstimmungsbescheinigung" das in Anhang IX wiedergegebene, vom Hersteller ausgestellte Dokument, mit dem bescheinigt wird, dass ein Fahrzeug aus der Baureihe eines nach dieser Richtlinie genehmigten Typs zum Zeitpunkt seiner Herstellung allen Rechtsakten entspricht.

[78] Eingehend zu den Charakteristika der Typgenehmigung vgl. *Meinhard Schröder* Rechtsnatur, -wirkungen und -wirksamkeit von EG-Typgenehmigungen und Übereinstimmungsbescheinigungen für Kraftfahrzeuge, DVBl. 2017, 1193 (1194 ff.).

[79] S. nur *Christian Armbrüster* in: Franz-Jürgen Säcker/Roland Rixecker/Hartmut Oetker/Bettina Limperg (Hrsg.) Münchener Kommentar zum Bürgerlichen Gesetzbuch, 8. Aufl. 2018, § 134 Rn. 30.

die Übereinstimmungsbescheinigung beinhaltet, nicht aufgehoben hat,[80] nimmt etwa das Landgericht Augsburg[81] einen Verstoß an, wenn die Übereinstimmungsbescheinigung materiell rechtswidrig ist. Zugegebenermaßen verneinen ein Großteil der Zivilgerichte[82] und das Schrifttum[83] wegen formell wirksamer Typgenehmigung eine Verletzung des umweltrechtlichen Verbotsgesetzes. Eine höchstrichterliche Entscheidung steht noch aus.

b) Rezeption des Umweltverwaltungsrechts im Deliktsrecht

Der klassische Transmissionsriemen für eine Rezeption des Umweltverwaltungsrechts im Deliktsrecht ist das Schutzgesetz.[84] Bislang haben die Zivilgerichte eine öffentlich-rechtliche Vorschrift als Schutzgesetz aner-

---

[80] Vgl. VG Düsseldorf, 24.1.2018, 6 K 12341/17, juris, Rn. 271; LG Dortmund, 26.3.2019, 12 O 182/18, juris, Rn. 49.

[81] LG Augsburg, NJW-RR 2018, 1073 (1076).

[82] LG Braunschweig, 31.8.2017, 3 O 21/17 (005), juris, Rn. 162 ff.; LG Dortmund, 26.3.2019, 12 O 182/18, juris, Rn. 49; LG Frankfurt a.M., NZV 2019, 141 (151); vgl. VG Düsseldorf, 24.1.2018, 6 K 12341/17, juris, Rn. 287 ff. mit Verweis auf die zivilgerichtliche Rechtsprechung.

[83] *Christian Armbrüster* Verbotsnichtigkeit von Kaufverträgen über abgasmanipulierte Fahrzeuge, NJW 2018, 3481 (3482).

[84] Neben dem Einfluss des Verwaltungsrechts auf das Schutzgesetz i.S.v. § 823 Abs. 2 S. 1 BGB wirkt das Umweltverwaltungsrecht auch auf die Verkehrssicherungspflichten im Rahmen von § 823 Abs. 1 BGB ein. So schließt § 60 BNatSchG eine Haftung des Grundstückseigentümers nach § 59 BNatSchG (Jedermann-Betretungsrecht der freien Natur) für typische, sich aus der Natur ergebende Gefahren aus. Zweck der Vorschrift ist es, einen angemessenen Ausgleich zwischen den Interessen der vom Betretungsrecht des § 59 BNatSchG Begünstigten einerseits und der zur Duldung verpflichteten Grundstückseigentümer und -besitzer andererseits durch eine Regelung der Verkehrssicherung und Haftung herbeizuführen. § 60 BNatSchG wirkt insoweit als verfassungsrechtlich (Art. 14 Abs. 1 S. 2 GG) gebotene Begrenzung der Duldungspflicht, die aus dem Betretungsrecht des § 59 BNatSchG resultiert. In diesem Umfang enthält § 60 S. 1 BNatSchG eine Haftungsprivilegierung hinsichtlich derjenigen Schäden, die nach allgemein-deliktischen Maßstäben von der Verletzung einer Verkehrssicherungspflicht erfasst wären, vgl. *Gerhard Wagner* in: Franz-Jürgen Säcker/Roland Rixecker/Hartmut Oetker/Bettina Limperg (Hrsg.) Münchener Kommentar zum Bürgerlichen Gesetzbuch, 7. Aufl. 2017, § 823 Rn. 560 für die Parallelnorm d. § 14 Abs. 1 BWaldG. Dies bedeutet indes nicht, dass duldungspflichtige Eigentümer vollumfänglich von der Haftung freigestellt werden: Im Umkehrschluss bleibt die Haftung für atypische Gefahren unberührt, vgl. *Martin Gellermann* in: Robert v. Landmann/Ernst Rohmer (Begr.) Umweltrecht, 2019, § 60 BNatSchG Rn. 5, 7 (2013), dort auch Rn. 10 f. zur Auslegung der „naturtypischen Gefahren"; *Andreas Heym* in: Sabine Schlacke (Hrsg.) GK-BNatSchG, 2. Aufl. 2017, § 60 Rn. 15; *Franz Otto* Haftungsregelung im neuen Bundesnaturschutzgesetz, NuR 2010, 329 (331). Das Umweltverwaltungsrecht, hier das Naturschutzrecht, modifiziert das Zivilrecht insoweit, als in Gestalt des § 60 BNatSchG auf gesetzgeberischer Ebene die Maßstäbe für die Ermittlung von Verkehrssicherungspflichten im hier betroffenen Sachbereich entschieden werden.

kannt, sofern ihr eine Individualschutzfunktion i.S.d. Schutznormtheorie zukommt.[85]

Im Abgasskandal verzichten Zivilgerichte[86] und ein Teil des Schrifttums[87] bei deliktsrechtlichen Klagen mit Verweis auf das Unionsrecht[88] auf das Erfordernis der drittschützenden Wirkung umweltverwaltungsrechtlicher Vorschriften und sprechen Fahrzeugeigentümern Schadensersatz[89] gegen die jeweiligen Hersteller zu. Durch Aufgabe des Erfordernisses einer individualrechtsschützenden Zielrichtung der umweltverwaltungsrechtlichen Norm i.S.d. bisherigen Verständnisses[90] erweitert sich dergestalt der Kreis der Schutzgesetze.[91]

---

[85] BGH, NJW 2010, 3651 (3652); BGH, NJW 2015, 2737 (2738); *Wagner* in: MüKo BGB (Fn. 84), § 823 Rn. 501; *Peter Marburger* Ausbau des Individualschutzes gegen Umweltbelastungen als Aufgabe des bürgerlichen und des öffentlichen Rechts: Gutachten C für den 56. Deutschen Juristentag, 1986, C 18 ff., C 122 f.

[86] Bzw. § 27 Abs. 1 EG-FGV wird großzügig individualschützend ausgelegt: Die individualschützende Wirkung sei aus dem Schutz des Fahrzeugerwerber aus der ihnen zugutekommenden Garantiefunktion der Übereinstimmungsbescheinigung abzuleiten, vgl. LG Kleve, VuR 2017, 232 (235 f.); LG Darmstadt, 18.5.2018, 28 O 250/17, juris, Rn. 29 ff.; a.A. wegen fehlender individualbezogener Schutzwirkung der umweltverwaltungsrechtlichen Vorschriften bzw. ihrer unionsrechtlichen Grundlagen LG Hagen, 15.11.2017, 3 O 27/17, juris, Rn. 65 ff.; OLG Braunschweig, 19.2.2019, 7 U 134/17, juris, Rn. 145 ff.; LG Braunschweig, 31.8.2017, 3 O 21/17, juris, Rn. 189 ff.; LG München, 23.11.2018, 37 O 6706/18, juris, Rn. 51 ff.; LG Braunschweig, 3.1.2019, 11 O 1172/18, juris, Rn. 49. Das LG Erfurt, 25.3.2019, 8 O 1045/18, juris, hat dem EuGH die Frage, welche der verletzten Normen des Umweltverwaltungsrechts Schutzgesetze i.S.d. § 823 Abs. 2 BGB sein können, zur Klärung vorgelegt.

[87] *Jan Dirk Harke* Herstellerhaftung im Abgasskandal, VuR 2017, 83 (84 f.); *Sarah Legner* Deliktische Schadensersatzansprüche gegen den Fahrzeughersteller im VW-Abgasskandal, VuR 2018, 251 (256); allg. auch *Wagner* in: MüKo BGB (Fn. 84), § 823 Rn. 481; vgl. auch *Berkemann* Öffentliches Recht und Zivilrecht (Fn. 72), 109.

[88] Auch die Zivilgerichte setzen Unionsrecht durch, vgl. EuGH, Slg. 2002, I-7289 – Muñoz, Rn. 30 f.: Gewährt eine unionsrechtliche Vorschrift einen zivilrechtlichen Anspruch, so muss dieser vor den (Zivil)Gerichten durchsetzbar sein.

[89] Der Schaden wird regelmäßig darin gesehen, dass betroffene Käufer mit einer Verpflichtung zur Kaufpreiszahlung belastet sind, die sie bei Kenntnis der Manipulation nie eingegangen wären; der Schaden liegt folglich im Kaufvertrag selbst; vgl. LG Heilbronn, 22.5.2018, Ve 6 O 35/18, juris, Rn. 20; LG Stuttgart, 9.5.2019, 23 O 220/18, juris, Rn. 65; *Harke* Herstellerhaftung (Fn. 88), 89 f.; *Thomas Riehm* Deliktischer Schadensersatz in den „Diesel-Abgas-Fällen", NJW 2019, 1105 (1105 ff.); aus der unabhängig von den „Dieselfällen" ergangenen Rechtsprechung z.B. BGH, 28.10.2014, VI ZR 15/14, juris, Rn. 17 ff. m.w.N.

[90] S.o. Fn. 85.

[91] Darüber hinaus wird im Rahmen der Abgasskandalfälle ein Anspruch aus § 826 BGB wegen Täuschung des Endkunden (sittenwidrige Vertragserschleichung) über das Vorliegen einer unerlaubten Abschalteinrichtung durch den Hersteller bejaht, vgl. OLG Köln, 16.7.2018, 27 U 10/18, juris, Rn. 12; LG Wuppertal, 16.1.2018, 4 O 295/17, juris,

c) Rezeption des Umweltverwaltungsrechts im Nachbarrecht

Auch im Nachbarrecht[92] zeigen sich neuartige, durch das Umweltverwaltungsrecht veranlasste Phänomene von Verschränkungen.

aa) Einflüsse des Umweltverwaltungsrechts auf das private Nachbarrecht

Als Transmissionsriemen für Einwirkungen des öffentlichen Rechts auf das Nachbarrecht fungieren Duldungspflichten eines Grundstückseigentümers gegenüber Beeinträchtigungen, die von einem Nachbargrundstück ausgehen. Besteht eine derartige Duldungspflicht, so ist ein Beseitigungs- und Unterlassungsanspruch[93] gegen das beeinträchtigende Verhalten ausgeschlossen. Duldungspflichten können sich direkt aus öffentlichem Recht[94] oder aus § 906 BGB ergeben. § 906 Abs. 1 S. 1 BGB normiert eine Duldungspflicht für unwesentliche Beeinträchtigungen.[95] Zur Bestim-

---

Rn. 46 ff.; LG Krefeld, 19.7.2017, 7 O 147/16, juris, Rn. 55; LG Kleve, VuR 2017, 232 (235 f.); OLG Koblenz, NJW 2019, 2237 (2239 f.); LG Stuttgart, 9.5.2019, 23 O 220/18, juris, Rn. 81 ff.; ferner *Riehm* Deliktischer Schadensersatz (Fn. 87), 1106; *Jürgen Oechsler* in: Julius von Staudinger (Begr.), Kommentar zum Bürgerlichen Gesetzbuch, Neubearbeitung 2018, § 826 Rn. 149; *Gerhard Wagner* in: Franz Jürgen Säcker/Roland Rixecker/Hartmut Oetker/Bettina Limperg (Hrsg.) Münchener Kommentar zum Bürgerlichen Gesetzbuch, 7. Aufl. 2017, § 826 Rn. 66; *Michael Heese* Herstellerhaftung für manipulierte Dieselfahrzeuge, NJW 2019, 257 (259). Soweit einzelne Gerichte unter Rekurs auf den fehlenden Schutzzweckzusammenhang zwischen vorsätzlich und sittenwidrig verletzter Norm und Geschädigtem einen Anspruch aus § 826 BGB ablehnen, vgl. LG Ellwangen, 10.6.2016, 5 O 385/15, juris, Rn. 23; OLG Braunschweig, 19.2.2019, 7 U 134/17, juris, Rn. 186 ff., kann auf die unionsrechtlich gebotene Modifizierung der Schutzzweckbestimmung verwiesen werden (*Jürgen Oechsler* Rückabwicklung des Kaufvertrags gegenüber Fahrzeugherstellern im Abgasskandal, NJW 2017, 2865 (2867)). Anlass der Haftungsbegründung nach § 826 BGB ist allerdings nicht die öffentlich-rechtliche Unzulässigkeit, sondern die besonders zu missbilligende Täuschung. Auf die öffentlich-rechtlichen *Maßstäbe* kommt es insoweit in deutlich geringerem *Maße* an als noch i.R.d. §§ 434 Abs. 1 S. 2 Nr. 2, 823 Abs. 2 BGB.

[92] *Jarass* Verwaltungsrecht als Vorgabe für Zivil- und Strafrecht (Fn. 59), 239 ff.; *Calliess* Öffentliches und privates Recht (Fn. 60), 170 ff.

[93] Vgl. §§ 1004, 1011 BGB.

[94] § 65 Abs. 1 BNatSchG enthält eine Duldungspflicht für Eigentümer und sonstige Nutzungsberechtigte von Grundstücken. Diese haben Maßnahmen des Naturschutzes und der Landschaftspflege zu dulden, soweit dadurch die Nutzung des Grundstücks nicht unzumutbar beeinträchtigt wird, vgl. BGH, 19.7.2019, V ZR 177/17, juris, Rn. 31 ff.; mit weiteren Beispielen *Karl-Heinz Gursky* in: Julius v. Staudinger (Begr.) Kommentar zum Bürgerlichen Gesetzbuch, 2019, § 1004 Rn. 506 ff.

[95] § 906 Abs. 1 BGB transformiert das öffentliche Recht, konkret das Immissionsschutzrecht, in das zivile Nachbarrecht. Die Vorschrift sieht eine Duldungspflicht des Grundstückseigentümers hinsichtlich der Zuführung von Gasen, Dämpfen, Gerüchen, Rauch, Ruß, Wärme, Geräuschen, Erschütterungen und ähnlichen Einwirkungen, die von einem

mung der Wesentlichkeit ziehen die Zivilgerichte[96] fortwährend immissionsschutzrechtliche Grenzwerte heran.[97] Diese Rechtsprechung hat den Gesetzgeber im Jahr 1994 veranlasst,[98] § 906 Abs. 1 BGB um zwei Sätze zu ergänzen, die die Heranziehung öffentlich-rechtlicher Grenz- und Richtwerte zur Bestimmung unwesentlicher Beeinträchtigungen anordnen.[99] Die Zivilgerichte behalten sich[100] – gesetzlich angelegt mit den Worten „in der Regel" – eine Beurteilung im Einzelfall vor.[101] Die umweltrechtlichen Grenzwerte entfalten auch eine Indizwirkung für die Ortsüblichkeit i.S.v.

---

anderen Grundstück ausgehen, vor, wenn sie die Benutzung des Grundstücks nicht oder nur unwesentlich beeinträchtigen.

[96] BGH, NJW 1990, 2465 (2466).

[97] Sie ziehen insbesondere die TA Luft und TA Lärm zur Bestimmung der Wesentlichkeit von Einwirkungen i.R.d. Beweiswürdigung heran, da sie eine Identität der Begriffe der schädlichen Umwelteinwirkungen i.S.v. §§ 3 Abs. 1, 22 Abs. 1 BImSchG und der wesentlichen Beeinträchtigungen i.S.v. § 906 Abs. 1 BGB bejahen, BGH, NJW 1990, 2465 (2466); BGH, NJW 1993, 1700 (1701); BGHZ 70, 102 (105 ff.); BGHZ 92, 143 (148, 151 f.); BGH, NJW 1983, 751; BGH, NJW 1976, 1204 (1205); BGH DVBl. 1971, 744 (745); *Jarass* Verwaltungsrecht als Vorgabe für Zivil- und Strafrecht (Fn. 59), 239 (241 ff.); *Bettina Brückner* in: Franz-Jürgen Säcker/Roland Rixecker/Hartmut Oetker/Bettina Limperg (Hrsg.) Münchener Kommentar zum Bürgerlichen Gesetzbuch, 8. Aufl. 2020, § 906 Rn. 19; die Harmonisierungstendenzen aufzeigend *Mark Seibel* Die Harmonisierung von öffentlichem und privatem Nachbarrecht – dargestellt am Beispiel des § 906 BGB, BauR 2005, 1409 ff.; *Hans-Ulrich Stühler* Harmonisiert das öffentliche mit dem privaten Immissionsschutzrecht?, BauR 2004, 614 ff.

[98] Sachenrechtsänderungsgesetz v. 21.9.1994, BGBl. I 1994, 2457, 2489 f.; dazu *Volker Kregel* Änderung von § 906 I BGB im Rahmen des Sachenrechtsänderungsgesetzes – Zur Harmonisierung des zivilrechtlichen Nachbarschutzrechts mit dem öffentlichen Immissionsschutzrecht – Sportanlagenlärmschutz, NJW 1994, 2599; *Di Fabio* Risikosteuerung (Fn. 41), 156.

[99] Sie bestimmen, dass eine unwesentliche Beeinträchtigung immer dann vorliegt, wenn die in Gesetzen, in Rechtsverordnungen und – soweit sie dem Stand der Technik entsprechen – in Verwaltungsvorschriften nach § 48 BImSchG festgelegten Grenz- oder Richtwerte nicht überschritten werden. Nicht erfasst werden private Umweltstandards, wie DIN-, VDI- oder VDE-Normen sowie LAI-Richtlinien, z.B. die Freizeitlärm-Richtlinie des Länderausschusses für Immissionsschutz, NVwZ 1997, 469, die indes als Entscheidungshilfe für die Feststellung der Wesentlichkeit herangezogen werden, vgl. BGH, NJW 2005, 660 (663); BGH, NJW 1999, 1029 (1030); OLG Düsseldorf, VersR 1999, 113.

[100] BGH, NJW 2001, 3119; OLG München, BeckRS 1998, 03913.

[101] BGH, NJW 2004, 1317; OLG Frankfurt, NJW-RR 2005, 1544; OLG Dresden, BeckRS 2013, 5251. Die Überschreitung der öffentlich-rechtlichen Grenzwerte indiziert lediglich die Wesentlichkeit der Beeinträchtigung. Die Einzelfallbetrachtung verlangt eine situationsbezogene Abwägung, die objektive Kriterien (z.B. Gesundheits- und Sachschäden), die Dauer und den Zeitpunkt der Beeinträchtigung, aber auch die gesetzlichen Wertungen des öffentlichen Rechts berücksichtigt (z.B. Umwelt- und Artenschutz); vgl. *Brückner* in: MüKo BGB (Fn. 97), § 906 Rn. 74 ff., insb. 78.

§ 906 Abs. 2 S. 1 BGB[102] und für die Kausalität der von einer Anlage ausgehenden Emissionen für Einwirkungen auf ein Schutzgut.[103]

bb) Neuartige Aufopferungsansprüche für Distanz- und Langfristschäden?

Durch eine horizontale Klimaklage[104], die derzeit am OLG Hamm anhängig ist, wird diese in den letzten Jahren zu beobachtende kontinuierliche Harmonisierung und Verschränkung von Umweltverwaltungs- und

---

[102] Auch immissionsschutzrechtliche Verbote des Rückgriffs auf öffentlich-rechtliche Grenzwerte – Stichwort: Grenzwerte dürfen nicht für Kinderlärm herangezogen werden (§ 22 Abs. 1a S. 2 BImSchG) – werden zur Auslegung von § 906 BGB herangezogen.

[103] BGHZ 70, 102 (107); 92, 143 (149 ff.); *Günter Hager* Umweltschäden – ein Prüfstein für die Wandlungs- und Leistungsfähigkeit des Deliktsrechts, NJW 1986, 1961 (1966 ff.). Freilich muss darüber hinaus vom betroffenen Eigentümer bewiesen werden, dass die Einwirkungen zu Beeinträchtigungen seines Grundstücks führen. Die verwaltungsrechtlichen Normen haben keinen Einfluss auf die Beweislastverteilung etwa im Sinne einer Beweislastumkehr, sondern dienen lediglich als Anhaltspunkt im Rahmen der Beweiswürdigung, vgl. *Sebastian Herrler* in: Palandt (Begr.), BGB, 79. Aufl. 2020, § 906 Rn. 20.

[104] Unter diesem Begriff werden Klagen Privater auf Ersatz von Klimawandelschäden gegenüber Privaten verstanden. Sie sind abzugrenzen von vertikalen Klimaklagen, d.h. Klagen von Verbänden oder Einzelklägern gegen Hoheitsträger, u.a. gestützt auf eine Verletzung von nationalen, europäischen oder völkerrechtlichen Grund- und Menschenrechten, vgl. *Gerd Winter* Armando Carvalho et alii versus Europäische Union: Rechtsdogmatische und staatstheoretische Probleme einer Klimaklage vor dem Europäischen Gericht, ZUR 2019, 259 (259); vgl. grundlegend zu den verletzten Rechten *Silja Vöneky/Felix Beck* Umweltschutz und Menschenrechte, in: Alexander Proelß (Hrsg.) Internationales Umweltrecht, 2017, 5. Abschnitt Rn. 19 ff.; *Alan Boyle* Human Rights and the Environment: Where Next?, EJIL 23 (2012), 613 ff.; *Michael Mehling/Clarisse Kehler Siebert* The Changing Architecture of International Climate Change Law, in: Geert Van Calster/Wim Vandenberghe/Leonie Reins (Hrsg.) Research Handbook on Climate Change Mitigation Law, 2015, 1 ff.; grundlegend zur dezentralen Durchsetzung von Völkerrecht durch nationale Gerichte *Anne van Aaken* Die vielen Wege zur Effektuierung des Völkerrechts, RW 2013, 227 (254 f.). Es sind Verfassungsbeschwerden am BVerfG anhängig (u.a. BUND et. al. vs. Bundesregierung) und vor dem EuGH (Carvalho u.a. vs. Parlament und Rat, C-565/19 P). Jüngst wies das VG Berlin, 31.10.2019, 10 K 412.18 juris, Rn. 54 ff., eine Klage gerichtet auf Verurteilung der Bundesregierung, zusätzliche Maßnahmen zu ergreifen, um das selbstgesteckte Klimaschutzziel 2020 noch zu erreichen, als unzulässig ab. Auch das EuG wies eine Individualnichtigkeitsklage gegen verschiedene „klimaschützende" Rechtsakte als unzulässig ab, EuG, 8.5.2019, T-30/18, becklink 2013189, Carralho u.a. vs. Parlament und Rat. Sie zielen darauf ab, die gegenwärtige Klimapolitik und ihre rechtliche Ausgestaltung als unzureichend, weil grundrechtsverletzend, zu qualifizieren. Denn – so die Kläger – die staatlich erlaubten Emissionen seien zu hoch angesetzt, griffen in die Grundrechte auf Eigentum, Berufsfreiheit, Leben und Gesundheit ein und seien auch angesichts von Rechtskollisionen nicht zu rechtfertigen. S. dazu auch *Wolfgang Kahl/Marie-Christin Daebel* Climate Change Litigation in Germany – An Overview of Politics, Legislation and Especially Jurisdiction regarding Climate Protection and Climate Damages, EELR 2019, 67 (68 ff.).

privatem Nachbarrecht[105] in Frage gestellt. Ein peruanischer Kläger möchte feststellen lassen, dass er einen Aufwendungsersatzanspruch[106] gegen RWE für Kosten hat, die ihm aufgrund von Vorkehrungen zum Schutz seines Eigentums vor einer Gletscherflut aus einer Lagune entstanden sind. Das OLG Hamm will im Rahmen des Beweisverfahrens klären lassen, ob die Treibhausgasemissionen durch von RWE betriebene Kraftwerke in Deutschland für die Erzeugung von Folgeschäden des Klimawandels kausal sind.[107] Die Kausalität wurde in erster Instanz vom LG Essen[108] unter Verweis auf die Waldschadensurteile[109] und in Übereinstimmung mit dem überwiegenden zivilrechtlichen Schrifttum[110] verneint.

Für unsere Perspektive der Verschränkungen ist weniger das Gelingen des Kausalitätsnachweises als vielmehr die Feststellung des OLG Hamm von Interesse, wonach der Schlüssigkeit der Klage nicht die Regelungen des öffentlich-rechtlichen Immissionsschutzes entgegenstehen. Ohne auf die Frage einer Duldungspflicht aufgrund Einhaltung immissionsschutzrechtlicher Betreiberpflichten und Grenzwerte einzugehen, entspricht es nach Auffassung des Gerichts „der gesetzlichen Systematik, dass auch

---

[105] *Calliess* Öffentliches und privates Nachbarrecht (Fn. 59), 188; *Johannes Dietlein* in: Robert v. Landmann/Ernst Rohmer (Begr.) Umweltrecht, 2019, § 5 BImSchG Rn. 36 f. (2014).

[106] Gestützt auf § 1004 BGB i.V.m., §§ 677, 670, 683 S. 1 BGB bzw. §§ 684, 812 BGB.

[107] Nach dem OLG Hamm, ZUR 2018, 118 (119) ist in der Beweiserhebung zu klären, ob erstens aufgrund des Anstiegs des Wasservolumens in der Lagune eine ernsthaft drohende Beeinträchtigung des Eigentums durch eine Flutwelle besteht, zweitens die von RWE emittierten CO_2-Emissionen zu einer höheren Dichte der Treibhausgase in der Atmosphäre führen, dies drittens einen globalen Temperaturanstieg zur Folge hat, der wiederum viertens auch lokal zu einem Schmelzen des Gletschers und zum Anstieg des Wasservolumens in der Lagune beiträgt und ob fünftens der Mitverursachungsanteil tatsächlich mess- und berechenbar ist und bis heute die behaupteten 0,47 % beträgt.

[108] LG Essen, NVwZ 2017, 734 (735 ff.): Zum einen sei eine individuelle Zuordnung der Verursachungsbeiträge wegen der zahlreichen Emittenten und klimatologischen Störfaktoren nicht möglich. Zum anderen sei auch die Adäquanz zu verneinen, da der Beitrag so gering sei, dass nicht von einer relevanten Risikoerhöhung ausgegangen werden könne.

[109] BGH, NJW 1988, 478; s. auch BVerfG, NJW 1998, 3264.

[110] *Alexandros Chatzinerantzis/Markus Appel* Haftung für den Klimawandel, NJW 2019, 881 (882 f.); *Hans-Jürgen Ahrens* Außervertragliche Haftung wegen der Emission genehmigter Treibhausgase?, VersR 2019, 645 ff.; *Moritz Keller/Sunny Kapoor,* Climate Change Litigation – zivilrechtliche Haftung für Treibhausgasemissionen, BB 2019, 706 (708 ff.); a.A. *Will Frank* Störerhaftung für Klimaschäden?, NVwZ 2017, 664 (666 ff.); *ders.* Klimahaftung und Kausalität, ZUR 2013, 28 (30 ff.); umfassend zur Kausalitätsproblematik bei summierten Emissionen und der Bedeutung des Zivilrechts *Erik Pöttker* Klimahaftungsrecht, 2014, 140 ff.; *Hans-Joachim Koch/Michael Lührs/Roda Verheyen* Germany, in: Richard Lord et al. (Hrsg.) Climate Change Liability, 2012, 15.63 ff.

derjenige, der rechtmäßig handelt, für von ihm verursachte Eigentumsbeeinträchtigungen haften muss. Dieser grundsätzliche Rechtsgedanke findet sich auch in den von den Beklagten selbst angeführten § 14 S. 2 BImSchG und § 906 Abs. 2 S. 2 BGB wieder."[111] Folge der Auffassung des OLG Hamm wäre eine eigentumsbedingte Zustandshaftung für grenzüberschreitende Langzeit- und Distanzschäden, die bislang nicht vom auf Beeinträchtigungen im räumlichen Einwirkungsbereich einer Anlage abstellenden Immissionsschutzrecht[112] oder privaten Nachbarrecht[113] erfasst werden.[114]

III. Analyse und Systematisierung[115]

Der Befund offenbart sehr verschiedenartige und vielfältige Phänomene von Verschränkungen zwischen Umweltverwaltungs- und Privatrecht. In ihrer nachfolgenden Analyse werde ich der Frage nachgehen, welche Funktionen diese Verschränkungen für die jeweilige Teilrechtsordnung ausüben, inwieweit die identifizierten Verschränkungen zur Problemlösung im Umweltrecht beitragen, etwa aufgrund ihrer Auffang- oder Verbundfunktionen, oder ob sie, etwa durch Dysfunktionalitäten, eine Problemlösung erschweren oder verhindern.

1. Verfassungs- und unionsrechtliche Grundlagen

Um Funktionen zu analysieren, bedarf es zunächst der Klärung der verfassungs- und unionsrechtlichen Rahmenbedingungen, die bei rechtsregi-

---

[111] OLG Hamm, ZUR 2018, 118 (119); zur Frage der Pflichtwidrigkeit der Emission von Treibhausgasen *Pöttker* Klimahaftungsrecht (Fn. 110), 98 ff.

[112] *Jarass* BImSchG (Fn. 54), § 14 Rn. 11, 13, § 3 Rn. 38.

[113] BGH, NJW 1988, 478; *Ahrens* Außervertragliche Haftung (Fn. 110), 652 ff.; *Mareike Rumpf* Der Klimawandel als zunehmendes Haftungsrisiko für „Carbon Majors", EurUP 2019, 145 (150).

[114] Zentral bleiben die Beweisschwierigkeiten hinsichtlich der Kausalitätsfrage, s. *Herbert Roth* in: Julius v. Staudinger (Begr.) BGB, Neubearb. 2016, § 906 Rn. 277 ff.; *Jürgen Kohler* in: Julius v. Staudinger (Begr.) UmweltHR, Neubearb. 2017, Einl. Rn. 153 ff.; s. auch *Martin Spitzer/Bernhard Burtscher* Liability for Climate Change: Cases, Challenges and Concepts, JETL 2017, 137 (166 ff.); *Monika Hinteregger* Civil Liability and the Challenges of Climate Change: A Functional Analysis, JETL 2017, 238 (254 ff.).

[115] Eine grundlegende Systematisierung öffentlich-rechtlicher und privatrechtlicher Verschränkungen findet sich bei *Wolfgang Hoffmann-Riem* Öffentliches Recht und Privatrecht als wechselseitige Auffangordnungen – Systematisierung und Entwicklungsperspektiven, in: ders./Eberhard Schmidt-Aßmann (Hrsg.) Öffentliches Recht und Privatrecht als wechselseitige Auffangordnungen, 1996, 261 (264 ff.).

meübergreifenden Verschränkungen im Umweltrecht zu berücksichtigen sind.[116]

a) Maßstäbe für die Regimewahl

Das Grundgesetz hält – bis auf einige Ausnahmen[117] – keine direkten Maßstäbe für die Regimewahl bereit: Es eröffnet dem Gesetzgeber einen weiten Gestaltungsspielraum, innerhalb dessen er wählen kann, ob er öffentliche Aufgaben durch einen öffentlich- oder privatrechtlichen Rahmen bewältigen will[118].[119]

Dem Unionsrecht ist eine Trennung zwischen öffentlichem und privatem Recht fremd.[120] Ihm kommt es regelmäßig[121] nicht darauf an, ob ein

---

[116] In diesem Sinne allgemein *Burgi* Rechtsregime (Fn. 7), § 18 Rn. 2.

[117] Für die Erledigung bestimmter Aufgaben schreibt das Grundgesetz explizit die Organisationsform des Privatrechts vor, vgl. Art. 87e Abs. 3 S. 1 GG (Eisenbahnen), Art. 87f Abs. 2 S. 1 GG (Post); vgl. ferner *Burgi* Rechtsregime (Fn. 7), § 18 Rn. 57 f.

[118] *Burgi* Rechtsregime (Fn. 7), § 18 Rn. 23, 59; *Becker* Öffentliches und Privates Recht (Fn. 5), 1386 ff. Freilich sind die unterschiedlichen gesetzgeberischen Sachkompetenzen für das „bürgerliche Recht" in Art. 74 Abs. 1 Nr. 1 GG und für das öffentliche Recht in Art. 74 Abs. 1 GG (eine „Angebotspalette") zu berücksichtigen. Dem Landesgesetzgeber ist die Wahl von Privatrecht allerdings durch das Gebrauchmachen des Bundesgesetzgebers in Form des BGB weitgehend verwehrt.

[119] Die Verwaltung ist – neben dem Gesetzgeber – vorbehaltlich verfassungs- oder einfachgesetzlicher Vorgaben ebenfalls frei darin, privatrechtliche Formen zu wählen und damit privatautonom zu handeln. Sie hat ihre Wahl allerdings an den Aufgaben und der Effektivität ihrer Erledigung zu orientieren, vgl. *Burgi* Rechtsregime (Fn. 7), § 18 Rn. 32, 59. Welche Aufgaben nur öffentlich-rechtlich wahrgenommen werden können oder sollten, ist umstritten, vgl. *Volker Schlette* Die Verwaltung als Vertragspartner, 2000, 129 ff. m.w.N. Der BGH scheint an der Trennung von erwerbswirtschaftlich-fiskalischem und verwaltungsprivatrechtlichem Handeln festzuhalten, BGHZ 29, 76 (80); BGHZ 52, 325 (327 ff.); BGH, NJW 2004, 1031; offenlassend: BGH, NJW 2006, 1054. Die Bindungswirkung der Grundrechte entfällt nicht, wenn die öffentliche Aufgabe durch ein von der öffentlichen Hand beherrschtes gemischtwirtschaftliches Unternehmen in Privatrechtsform erledigt wird, vgl. BVerfGE 128, 226 Rn. 52 ff.; *Elke Gurlit* Grundrechtsbindung von Unternehmen, NZG 2012, 249; *Markus Ludwigs/Carolin Friedmann* Die Grundrechtsberechtigung staatlich beherrschter Unternehmen und juristischer Personen des öffentlichen Rechts, NVwZ 2018, 22 ff.; *Hinnerk Wißmann* Grundrechtsbindung im Gewährleistungsstaat. Zur Verortung juristischer Personen des Privatrechts im Öffentlichen Recht, JöR 65 (2017), 41 ff.

[120] So knüpft die europäische Kompetenzordnung nicht an die Unterscheidung zwischen öffentlichem Recht und Privatrecht, sondern an das jeweilige Sachgebiet an, vgl. *Matthias Knauff* Wirtschaftsaufsicht zwischen Markt und Staat, ZVglRWiss 112 (2013), 136 (141 f.); grundlegend *Ulrich Stelkens* Verwaltungsprivatrecht, 2005, 363 ff., insbes. 366; *Wassilios Skouris* Der Einfluss des Europäischen Gemeinschaftsrechts auf die Unterscheidung zwischen Privatrecht und Öffentlichem Recht, EuR 1998, 111 ff.

[121] Es sei denn, das Unionsrecht gibt (sekundärrechtlich) eine öffentlich-rechtliche Ausgestaltung vor, z.B. Art. 4 ff. der Richtlinie 2010/75/EU des Europäischen Parlaments und

Rechtsakt rechtsregimeabhängig oder rechtsregimeübergreifend umgesetzt wird,[122] sondern dass die Durch- und Umsetzung sowie die gerichtliche Kontrolle[123] wirksam[124] bzw. effektiv[125] erfolgen.

b) Anforderungen an die Ausgestaltung von Verschränkungen

Inhaltlich orientieren sich Regimewahl und die hiermit verbundenen Verschränkungen an den jeweils zu erledigenden öffentlichen Aufgaben.[126] Im Umweltrecht besteht die verfassungsrechtlich durch das Staatsziel in Art. 20a GG unterlegte öffentliche Aufgabe im Schutz der natürlichen Lebensgrundlagen für gegenwärtige und zukünftige Generationen. Über einen effektiven Umweltschutz durch Verschränkungen von Umweltverwaltungs- und Privatrecht hinaus sind Schutz- und Abwehrdimensionen der Grundrechte zu gewährleisten.[127] Sie definieren einerseits einen vom Untermaßverbot bedingten Mindestbestand an Gesundheits- und zugleich Umweltschutz und erfordern darüber hinaus die Berücksichtigung des Übermaßverbots. Dies gilt insbesondere in für das Umwelt charakteristischen dreipoligen Konstellationen zwischen Umweltschutz und den jeweils grundrechtlich geschützten Belangen etwa von Anlagenbetreibern und Nachbarn.[128]

---

des Rates vom 24. November 2010 über Industrieemissionen, ABl. L 334, 17. Auch ist fraglich, ob Instrumente wie die Umweltverträglichkeitsprüfung für Projekte oder die Strategische Umweltprüfung für Pläne und Programme (s.o. Fn. 13) durch Zivilrecht in nationales Recht umgesetzt werden können.

[122] Für das Wirtschaftsrecht verschiedene Beispiele aufzeigend *Knauff* Wirtschaftsaufsicht (Fn. 120), 141 f.

[123] Der EuGH hat darüber hinaus mit seiner Braunbär I-Entscheidung die prozessuale Effektivitätskontrolle verstärkt, vgl. EuGH, NVwZ 2011, 673 – Slowakischer Braunbär I, Rn. 51.

[124] Vgl. aus jüngster Zeit EuGH, EuZW 2019, 476 – Deutsche Bank SAE, Rn. 29 ff. hinsichtlich der Pflicht des Arbeitgebers zur vollumfänglichen Arbeitszeiterfassung von Arbeitnehmern, die durch nationales Recht hinreichend sicherzustellen ist.

[125] Art. 4 Abs. 3 EUV als Ausgangspunkt des effet utile, vgl. EuGH, Slg. 1983, 2633 – Deutsche Milchkontor GmbH, Rn. 22 f.; *Michael Potacs* Effet utile als Auslegungsgrundsatz, EuR 2009, 465 ff.

[126] Vgl. *Burgi* Rechtsregime (Fn. 7), § 18 Rn. 59 f.

[127] *Burgi* Rechtsregime (Fn. 7), § 18 Rn. 45.

[128] *Calliess* Öffentliches und privates Recht (Fn. 60), 185 f.; vgl. allgemein *Sabine Schlacke/Dominik Römling* Rechtsbehelfe im Umweltrecht, in: dies./Christian Schrader/Thomas Bunge (Hrsg.) Aarhus-Handbuch, 2. Aufl. 2019, § 3 Rn. 17.

Die Regimewahl bei der Umsetzung von EU-Umweltrecht obliegt den Mitgliedstaaten, die an Grundrechte[129] und Ziele[130], wie das Umweltschutzziel,[131] gebunden sind.[132]

2. Theoretischer Kontext

Die Effektivität einer Rechtsordnung, vorliegend des Umweltrechts, hängt davon ab, wie Regelungsziele zwischen beiden Teilrechtsordnungen abgestimmt werden, ob und wie Instrumente aufeinander Bezug nehmen und wie sie ausgestaltet werden.[133] Für die Analyse der Funktionen, die Verschränkungen zukommen, bedarf es zunächst einer Vergewisserung des anzuwendenden Funktionsbegriffs und der Zwecksetzung der jeweiligen Teilrechtsordnungen.

a) Funktionsbegriffe

Verschränkungen und ihre Funktionen sind vielfach untersucht worden.[134] So kommen Verschränkungen eine Entlastungs- und zugleich Ergänzungsfunktion zu, wenn etwa eine verwaltungsrechtliche Vorschrift auf eine entsprechende Anwendung zivilrechtlicher Normen verweist.[135]

Die von *Wolfgang Hoffmann-Riem*[136] entwickelte Idee der Auffangordnungen knüpft indes an die verschiedenen Steuerungsleistungen beider Teilrechtsordnungen an. Bei den Auffangfunktionen wird gefragt, ob Regelungsziele im Rahmen der einen Teilrechtsordnung hinreichend durch

---

[129] S. z.B. EuGH, EuZW 2019, 476 – Deutsche Bank SAE, Rn. 31 ff. zu Art. 31 Abs. 2 GrCh; *Hans D. Jarass* Charta der Grundrechte der EU, 3. Aufl. 2016, Art. 51 Rn. 18 ff.
[130] *Knauff* Wirtschaftsaufsicht (Fn. 120), 141 f.
[131] Art. 20a GG, Art. 37 GrCh; dazu *Wolfgang Kahl* Nachhaltigkeitsverfassung, 2018, 48 ff.; *Hans D. Jarass* Der neue Grundsatz des Umweltschutzes im primären EU-Recht, ZUR 2011, 563 ff.
[132] Grundlegend zur Bindung der Mitgliedstaaten an die Unionsgrundrechte EuGH, NVwZ 2013, 561– Åkerberg Fransson, Rn. 21; Präzisierungen in EuGH, NVwZ 2014, 575 – Siragusa, Rn. 24 ff.; aus dem Schrifttum s. *Ferdinand Wollenschläger* Grundrechtsschutz und Unionsbürgerschaft, in: Armin Hatje/Peter-Christian Müller-Graff (Hrsg.) Europäisches Organisations- und Verfassungsrecht, 2014, § 8 Rn. 31.
[133] *Schäfers* Privatrecht und öffentliches Recht (Fn. 5), 345.
[134] Vgl. *Dirk Ehlers* Verwaltungsrecht, in: ders./Hermann Pünder (Hrsg.) Allgemeines Verwaltungsrecht, 15. Aufl. 2015, § 3 Rn. 67 ff.; *Schmidt-Aßmann* Ordnungsidee (Fn. 4), 288 f.; *Burgi* Rechtsregime (Fn. 7), § 18 Rn. 34 ff.; am Beispiel des Regulierungsrechts *Seckelmann* Unterscheidung (Fn. 5), 1109 ff.
[135] So etwa § 62 S. 2 VwVfG, der zur Ergänzung der Regelungen des öffentlich-rechtlichen Verwaltungsvertrags eine entsprechende Anwendung des BGB anordnet.
[136] *Hoffmann-Riem* Öffentliches Recht und Privatrecht (Fn. 115), 264 ff.

Rückgriff auf Gestaltungselemente der anderen Teilrechtsordnung erfüllt und in diesem Sinne „aufgefangen" werden können.[137]

Zugleich können Verschränkungen Verbundfunktionen entfalten. Der Begriff des Verbundes wird durch die Neue Verwaltungsrechtwissenschaft geprägt und weit gefasst: Er beinhaltet die Bereitstellung von Steuerungsinstrumenten des einen Regimes für das jeweils andere Regime und geht damit über Auffangfunktionen hinaus.[138] Vorliegend zielt eine Verbundfunktion von Verschränkungen auf eine durch Gesetzgeber oder Verwaltung verfolgte Kombination von Instrumenten des öffentlichen Rechts mit denen des Zivilrechts, die ohne den jeweils anderen Teil nicht effektiv wären. Das bedeutet, dass nach der Konzeption des Gesetzgebers oder, wenn die gesetzgeberischen Spielräume bestehen, nach dem Willen der Verwaltung, die Verwirklichung bestimmter Ziele nur im Zusammenwirken eines oder mehrerer öffentlich-rechtlicher mit einem oder mehreren privatrechtlichen Instrumenten möglich ist.[139]

Dysfunktionalitäten bestehen, wenn Verschränkungen zu Norm- oder Wertungswidersprüchen führen, wenn durch Verschränkungen die durch Zwecksetzung der jeweiligen Teilrechtsordnung bestimmten Systemgrenzen überschritten werden oder Konkurrenzen oder Verdrängungen im Hinblick auf die Ziele der Teilrechtsordnungen drohen.[140]

b) Funktionsebenen

Um die Analyse von Auffang- und Verbundfunktionen der identifizierten Verschränkungen oder ihrer dysfunktionalen Wirkungen zu systematisieren, unterscheide ich – *Martin Burgi*[141] folgend – zwischen der Ebene der Rechtssätze und der Ebene des Verwaltungshandelns. Die Verschränkung der einen Teilrechtsordnung mit der anderen durch Auslegung unbestimmter Rechtsbegriffe oder Verweisung betrifft zunächst die Normebene, führt in den überwiegenden Fällen indes auch zu Änderungen der Funktionen der vollziehenden Behörden. Hinzufügen werde ich die Ebene der verwaltungsgerichtlichen Kontrolle, die bislang – soweit ersichtlich – nicht als theoreti-

---

[137] *Wolfgang Hoffmann-Riem* Reform des allgemeinen Verwaltungsrechts – Vorüberlegungen, DVBl. 1994, 1381 (1386 f.); *ders.* Öffentliches Recht und Privatrecht (Fn. 115), 271 ff.; *Schmidt-Aßmann* Ordnungsidee (Fn. 4), 295; *Bullinger* Die funktionale Unterscheidung (Fn. 1), 259.

[138] Nach *Burgi* Rechtsregime (Fn. 7), § 18 Rn. 35 ff., umfasst er darüber hinaus auch noch Konflikte und Dysfunktionalitäten.

[139] *Burgi* Rechtsregime (Fn. 7), § 18 Rn. 41.

[140] *Burgi* Rechtsregime (Fn. 7), § 18 Rn. 42; *Jarass* Verwaltungsrecht als Vorgabe für Zivil- und Strafrecht (Fn. 59), 257 f.

[141] *Burgi* Rechtsregime (Fn. 7), § 18 Rn. 73 ff.

sche Analyseebene herangezogen wird.[142] Sie zu vernachlässigen bedeutete, eine zentrale Akteursebene von Verschränkungen nicht zu berücksichtigen, wie die aufgezeigten Phänomene von Verschränkungen im Privatrecht offenbaren.[143]

c) *Zwecksetzungen der Teilrechtsordnungen*

Die Frage nach Auffang-, Verbund- und etwa auch Dysfunktionen setzt schließlich die Klärung der Zwecksetzungen der jeweiligen Teilrechtsordnungen voraus.[144]
Vor dem Hintergrund der verfassungsrechtlichen Aufgabenbeschreibung[145] verfolgt das Umweltverwaltungsrecht das gemeinwohlorientierte Ziel, Menschen – insbesondere die menschliche Gesundheit –, Tiere, Pflanzen und die biologische Vielfalt, Fläche, Boden, Wasser, Luft, Klima und Landschaft sowie Kultur- und Sachgüter[146] vor schädlichen Umweltauswirkungen zu schützen. Die Rechtsprinzipien des Umweltrechts, das Vorsorge-, Verursacher- und Kooperationsprinzip, bringen die präventiven, kausalen, Wirtschaft und Gesellschaft mobilisierenden Schutzansätze des Umweltverwaltungsrechts zum Ausdruck. Instrumentell werden diese Zwecksetzungen nach wie vor im Schwerpunkt durch Umweltordnungsrecht verfolgt, daneben aber zu einem großen Teil auch durch indirekte Steuerung, indem Private durch Anreize und Privilegien zum Ergreifen von Umweltschutzmaßnahmen veranlasst werden sollen.[147]

---

[142] Auf die wechselseitigen Auffangfunktionen von Primär- und Sekundärrechtsschutz nach Maßgabe der Effektivität verweist bereits *Wilfried Erbguth* Primär- und Sekundärrechtsschutz im Öffentlichen Recht, VVDStRL 61 (2002), 221 (230).
[143] S.o. II. 2.
[144] *Trute* Verzahnungen (Fn. 5), 170 f.; *Calliess* Öffentliches und privates Nachbarrecht (Fn. 61), 185, spricht demgegenüber von Handlungsrationalitäten, die sich freilich auch aus den Zwecksetzungen ergeben.
[145] S.o. III. 1. b).
[146] So die weite Definition der umweltrechtlichen Schutzgüter in § 2 Abs. 1 UVPG.
[147] Das Umweltrecht setzt nach wie vor auf Erleichterungen im Rahmen der Überwachung (vgl. § 24 WHG, § 58e BImSchG, § 61 KrWG und EMAS-Privilegierungsverordnung) und auf die freiwillige Teilnahme an Umweltmanagementsystemen (*Michael Adam* Die Privilegierung des EMAS-auditierten Unternehmens, 2011; *Jana Kenzler* Das umweltrechtliche und vergaberechtliche Privilegierungspotential des gemeinschaftsrechtlichen Umwelt-Audit-Systems (EMAS), 2009; *Michael Langerfeldt* Das novellierte Environmental Management and Audit Scheme (EMAS-II) und sein Potential zur Privatisierung der umweltrechtlichen Betreiberüberwachung in Deutschland, 2007) sowie auf Werbung mit Umweltsiegeln, etwa für biologische Lebensmittel (Bio-Kennzeichnung). Ferner sind die an die Einhaltung der i.d.R. unbestimmten „guten fachlichen Praxis" geknüpften Privilegierungen der Landwirtschaft zu nennen (§ 5 Abs. 2 BNatSchG, § 17 Abs. 2 BBodSchG, § 3 Abs. 2 DüngeG i.V.m. DüV, vgl. kritisch *Felix Ekardt* Agrarprivileg im Umweltrecht –

Die Systemidee des Privatrechts ist die Gewährleistung von Privatautonomie, die durch Institute wie Vertragsfreiheit, Wettbewerb und Privateigentum abgesichert wird.[148] Das Prinzip der freien Wahl von Zielen und Mitteln durch den Bürger in Form der Selbstregulierung[149] ist mithin konstitutiv für die Privatrechtsgesellschaft.[150] Diese Wahlfreiheit wird

---

noch zeitgemäß?, in: Michael Kloepfer (Hrsg.) Umweltschutz als Rechtsprivileg, 2014, 115 ff.) und die vielfältige Palette von Abgabenprivilegien (dazu *Erik Gawel* Umweltschutz als Abgabenprivileg, in: Michael Kloepfer (Hrsg.) Umweltschutz als Rechtsprivileg, 2014, 35 ff.; *Claudio Franzius* Preisprivilegien und Umweltsiegel im Dienste des Umweltschutzes, in: Michael Kloepfer (Hrsg.) Umweltschutz als Rechtsprivileg, 2014, 99 ff.). Anreizwirkungen spielen auch in der jüngsten Diskussion um eine CO_2-Bepreisung eine Rolle, die mit dem deutschen Upstream-Emissionshandel für die Nicht-ETS-Sektoren Verkehr und Wärme, normiert im Brennstoffemissionshandelsgesetz (BEHG) vom 12.12.2019 (BGBl. I S. 2728), nur ein vorläufiges Ende gefunden hat. Zweifel an der Verfassungskonformität äußern u.a. *Thorsten Müller/Hartmut Kahl* Zur verfassungsrechtlichen Einordnung des Brennstoffemissionshandelsgesetzes, BT-Ausschuss-Drs. 19(16)293-F; vgl. ferner etwa *Sachverständigenrat zur Begutachtung der gesamtwirtschaftlichen Entwicklung* Aufbruch zu einer neuen Klimapolitik – Sondergutachten Juli 2019 <https://www.sachverstaendigenrat-wirtschaft.de/sondergutachten-2019.html> (Stand: 9.1.2020); *Anna Leisner-Egensperger* CO_2-Steuer als Klimaschutzinstrument, NJW 2019, 2218 (2019 ff.); für eine Reform des Energiesteuerrechts *Michael Rodi/Erik Gawel/Alexandra Purkus/Anne Seeger* Energiebesteuerung und die Förderziele der Energiewende – Der Beitrag von Energie- und Stromsteuern zur Förderung von erneuerbaren Energien, Energieeffizienz und Klimaschutz, StuW 2016, 187 ff.; *Patrick Graichen/Thorsten Lenck* Eine CO_2-orientierte Reform der Steuern, Abgaben und Umlagen auf Energie – grundsätzliche Überlegungen und Eckpunkte für die politische Diskussion, ZNER 2019, 76 ff.; *Johannes Lackmann/Björn Klusmann* Eckpunkte zur Einführung eines wirtschafts- und sozialverträglichen CO_2-Preises „Energiewende entfesseln – marktgerechte CO_2-Bepreisung statt bürokratischer Einengung", ZNER 2019, 71 ff; *Hartmut Kahl/Lea Simmel* Europa- und verfassungsrechtliche Spielräume einer CO_2-Bepreisung in Deutschland – Würzburger Studien zum Umweltenergierecht Nr. 6, 2017 <https://stiftung-umweltenergierecht.de/wp-content/uploads/2017/10/stiftung_umweltenergierecht_wuestudien_06_co2_bepreisung.pdf> (Stand: 9.1.2020). Zur Frage des „Opt-In" *Jana Viktoria Nysten/Fabian Pause* Zur Zulässigkeit der Ausweitung des EU-Emissionshandels nach Art. 24 EHS-Richtlinie auf die Bereiche Verkehr und Wärme in Deutschland – Würzburger Berichte zum Umweltenergierecht Nr. 43, 2019 <https://stiftung-umweltenergierecht.de/wp-content/uploads/2019/07/Stiftung_Umweltenergierecht_WueBerichte_43_Ausweitung-EHS.pdf> (Stand: 9.1.2020).

[148] *Claus-Wilhelm Canaris* Verfassungs- und europarechtliche Aspekte der Vertragsfreiheit in der Privatrechtsgesellschaft, in: Peter Badura/Rupert Schulz (Hrsg.) FS Lerche, 1993, 873 (875 f.).

[149] *Calliess* Öffentliches und privates Nachbarrecht (Fn. 60), 179 ff.; *Hans-Heinrich Trute* Die Verwaltung und das Verwaltungsrecht zwischen gesellschaftlicher Selbstregulierung und staatlicher Steuerung, DVBl. 1996, 950 (951 ff.); *ders.* Verzahnungen (Fn. 5), 173.

[150] *Canaris* Aspekte der Vertragsfreiheit (Fn. 148), 875; ähnlich *Franz Bydlinski* Kriterien und Sinn der Unterscheidung von Privatrecht und öffentlichem Recht, AcP 194 (1994), 319 (327).

beschränkt durch den Gesetzgeber, etwa durch zwingendes Privatrecht, das z.B. eine Schieflage der Machtverhältnisse von Vertragspartnern auszugleichen sucht. Sie wird auch beschränkt durch die Verfassung, deren Grundrechte auf die Privatrechtsordnung ausstrahlen.[151] Dass durch Privatrecht auch Gemeinwohlbelange verwirklicht werden,[152] belegen nicht zuletzt Lauterkeits-, Wettbewerbs- und Kartellrecht, Antidiskriminierungs-, Arbeits- und Verbraucherschutzrecht.[153] Die Bedeutung dieser Gemeinwohlorientierung wird derzeit wissenschaftlich diskutiert. So lautete der Titel der diesjährigen Tagung der Zivilrechtswissenschaftler: „Gemeinwohl und Privatrecht". Jüngst werden darüber hinaus Zweckverschiebungen von der Privatautonomie hin zu einem libertären Paternalismus,[154] in der Verhaltensökonomik als „nudging"[155] (von engl. *to nudge* = schubsen)

---

[151] Jüngst erfährt die grundsätzlich mittelbare Drittwirkung für die privaten Akteure einen Wandel, die durch ihre monopolartige Stellung eine quasi-öffentliche Herrschaft ausüben: Hier wirken Grundrechte – wie Art. 3 Abs. 1 GG – nunmehr stark in Privatrechtsverhältnisse hinein und verpflichten zu – an sich dem Verwaltungsverfahren vorbehaltenen – Anhörungen, Beteiligungen und Begründungen privatrechtlicher Entscheidungen. Vgl. BVerfGE 148, 267 (279 ff. Rn. 30 ff.) – Stadionverbot; *Christoph Smets* Die Stadionverbotsentscheidung des BVerfG und die Umwälzung der Grundrechtssicherung auf Private, NVwZ 2019, 34 ff.; ein „systemsprengendes Potenzial" erkennend *Alexander Hellgardt* Wer hat Angst vor der unmittelbaren Drittwirkung?, JZ 2018, 901 (908 ff.); *Andreas Gietl* Bundesweites Stadionverbot – Wechselwirkungen von Zivil-, Straf-, und öffentlichem Recht, JR 2010, 50 ff.; Zu Parallelentwicklungen in sozialen Netzwerken BVerfG, NJW 2019, 1935; *Benjamin Raue* Meinungsfreiheit in sozialen Netzwerken, JZ 2018, 961 ff.; *Sophie Victoria Knebel* Die Drittwirkung der Grundrechte und -freiheiten gegenüber Privaten – Regulierungsmöglichkeiten sozialer Netzwerke, 2018; zurückhaltend demgegenüber jüngst der Nichtannahmebeschluss des BVerfG, 23.7.2019, 1 BvR 684/14, juris, Rn. 6 f., zur Anwendung von Art. 3 GG auf die Beurteilung einer Altershöchstgrenze für ein betriebliches Altersversorgungssystem.

[152] Vgl. zur normativen privatrechtstheoretischen Begründung *Gierke* Die soziale Aufgabe des Privatrechts (Fn. 12), 10 ff.; zum Stand des Privatrechts de lege lata *Stefan Arnold* Vertrag und Verteilung, 2014, 160, (409–431); *Gerhard Wagner* Prävention und Verhaltenssteuerung durch Privatrecht – Anmaßung oder legitime Aufgabe?, AcP 206 (2006), 352 (358 ff., 363 ff.).

[153] *Axel Halfmeier* Nachhaltiges Privatrecht, AcP 2016, 717 (736 ff.).

[154] Nach *Robert Neumann* Libertärer Paternalismus, 2013, 15 ff. ist libertärer Paternalismus eine Form der Staatstätigkeit, die Eingriffe in private Austauschbeziehungen aufgrund irrationaler Entscheidungen der daran beteiligten Bürger rechtfertigt. Vgl. ferner *Horst Eidenmüller* Liberaler Paternalismus, JZ 2011, 814 (815 f.); *ders*. Effizienz als Rechtsprinzip – Möglichkeiten und Grenzen der ökonomischen Analyse des Rechts, 1995, 358 ff.; *Anne von Aaken* Begrenzte Rationalität und Paternalismusgefahr: Das Prinzip des schonendsten Paternalismus, in: Michael Anderheiden u.a. (Hrsg) Paternalismus und Recht, 2006, 109 ff.; auf das Datenschutzrecht übertragend *Christoph Krönke* Datenpaternalismus, Der Staat 55 (2016), 319 (322 ff.).

[155] Der Begriff wurde geprägt von *Richard H. Thaler/Cass R. Sunstein* Nudge. Improving Decisions About Health, Wealth, and Happiness, 2008; *dies*. Nudge. Wie man kluge

bezeichnet[156],[157] konstatiert.[158] Die Privatrechtsordnung ist mithin keine uneingeschränkte Freiheitsordnung.

3. Funktionale Analyse der Verschränkungen

a) Auffangfunktionen

Eine die Rechtseinheitlichkeit und Rechtssicherheit stärkende Auffangfunktion auf der Ebene der Rechtssätze kommt dem Privatrecht zu, wenn es Vorschriften zum Innenregressausgleich vorhält, die ergänzend zum öffentlich-rechtlichen Ausgleichsanspruch im Umweltschadens- und Bodenschutzrecht Anwendung finden.[159] Dieses komplementäre Zusammenwirken von Umweltverwaltungs- und Privatrecht vermeidet Wertungswidersprüche und entlastet die Behörde hinsichtlich der Notwendigkeit, auf Ebene der Störerauswahlentscheidung Einschränkungen vorzunehmen.[160]

Entscheidungen anstößt, 2009. Das von ihnen entwickelte Konzept einer Entscheidungsarchitektur soll Bürgern zur bestmöglichen Realisierung ihrer individuellen Präferenzen verhelfen und gleichzeitig gesamtgesellschaftlich wünschenswerte Entwicklungen begünstigen. Vgl. auch *Jonathan F. Schulz/Christian Thöni* Paternalismus, Rationalität, systematische Fehler, Nudges: Befunde der experimentellen Ökonomik, in: Martin Held/ Gisela Kubon-Gilke/Richard Sturn (Hrsg.) Grenzen der Konsumentensouveränität, 2013, 63 ff.; s. auch *Stephan Gerg* Nudging, 2019.

[156] Es besteht wohl Konsens, dass die Legitimität dieser Interventionen aus der Achtung der Wahlfreiheit der Bürger abgeleitet werden kann, vgl. *Neumann* Libertärer Paternalismus (Fn. 154), 84 ff.; vgl. auch *Ulrich Smeddinck* Der Nudge-Ansatz – Eine Möglichkeit, wirksam zu regieren?, ZRP 2014, 245 ff; jüngst die verfassungsrechtlichen Anforderungen in den Blick nehmend *Gerg* Nudging (Fn. 155), 87 ff.

[157] Vgl. etwa *Steven Bosworth/Simon Bartke* Implikationen von Nudging für das Wohlergehen von Konsumenten, Wirtschaftsdienst 2014, 774 ff.; *Lisa v. Bruttel/Florian Stolley* Ist es im Interesse der Bürger, wenn ihre Regierung Nudges implementiert?, Wirtschaftsdienst 2014, 767 ff.; *Mathias Erlei* Konsumentensouveränität und Eigenverantwortung: eine Einführung, List Forum für Wirtschafts- und Finanzpolitik 2014, 207 ff.; *Mira Fischer/Sebastian Lotz* Ist sanfter Paternalismus ethisch vertretbar?, Sozialer Fortschritt 2014, 52 ff.; *Werner Güth/Hartmut Kliemt* Nudging: Obrigkeitsdenken und Verwaltungsfreude in neuem Gewande?, Wirtschaftsdienst 2014, 771 ff.; *Gebhard Kirchgässner* Sanfter Paternalismus, meritorische Güter, und der normative Individualismus, List Forum für Wirtschafts- und Finanzpolitik 2014, 210 ff.; *Jan Schnellenbach* Neuer Paternalismus und individuelle Rationalität: Eine ordnungsökonomische Perspektive, List Forum für Wirtschafts- und Finanzpolitik 2014, 239 ff.; *ders.* Unvollständige Rationalität ist keine hinreichende Begründung für paternalistisches Eingreifen, Wirtschaftsdienst 2014, 778 ff.; *Joachim Weimann* Nudging: Missbrauch der Verhaltensökonomie oder sinnvolle Politikberatung?, Wirtschaftsdienst 2014, 781 ff.

[158] *Eidenmüller* Liberaler Paternalismus (Fn. 154), 818 ff.

[159] S.o. II. 1. a).

[160] *Volker Schlette* Ausgleichsansprüche zwischen mehreren Umweltstörern gemäß § 24 Abs. 2 Bundes-Bodenschutzgesetz, VerwArch 91 (2000), 41 (48).

Zugleich wird auf der Ebene des Verwaltungshandelns die Effektivität der verwaltungsbehördlichen Rechtsdurchsetzung erhöht.

Der Rezeption des wettbewerbsrechtlichen Begriffs der Betriebs- und Geschäftsgeheimnisse durch das Bundesverfassungsgericht[161] und die Verwaltungsgerichte[162] kommt eine Entlastungs- und Harmonisierungsfunktion für das Umweltinformationsrecht zu.[163] Das Unionsrecht[164] hat eine von der bisherigen deutschen Begrifflichkeit abweichende Legaldefinition von Geschäfts- und Betriebsgeheimnissen[165] durch das im April 2019 in Kraft getretene Gesetz zum Schutz von Geschäftsgeheimnissen[166] bedingt. Es ist offen, wie das Umweltinformationsrecht und die Verwaltungsgerichte hierauf reagieren.[167] Um Auffangfunktionen dieser bisherigen Verschränkung

---

[161] BVerfG, NVwZ 2006, 1041 (1042): Betriebs- und Geschäftsgeheimnisse sind hiernach alle auf ein Unternehmen bezogene Tatsachen, Umstände und Vorgänge, die nicht offenkundig, sondern nur einem begrenzten Personenkreis zugänglich sind und an deren Nichtverbreitung der Rechtsträger ein berechtigtes Interesse hat.

[162] BVerwG, NVwZ 2009, 1113 (1114); BVerwG, NVwZ 2010, 189 (192). Ein i.d.S. berechtigtes Interesse ist dann anzuerkennen, wenn die Offenlegung der Information geeignet ist, den Konkurrenten exklusives technisches oder kaufmännisches Wissen zugänglich zu machen und so die Wettbewerbsposition des Unternehmens nachteilig zu beeinflussen; vgl. BVerwG, 5.10.2011, 20 F 24.10, juris, Rn. 11 f.; BVerwG, 27.8.2012, 20 F 3.12, juris, Rn. 11 f.; BVerwG, BeckRS 2013, 50101, Rn. 12; BVerwG, 25.7.2013, 7 B 45/12, juris, Rn. 10.

[163] S.o. II. 1. a).

[164] Richtlinie (EU) 2016/943 des Europäischen Parlaments und des Rates vom 8. Juni 2016 über den Schutz vertraulichen Know-hows und vertraulicher Geschäftsinformationen (Geschäftsgeheimnisse) vor rechtswidrigem Erwerb sowie rechtswidriger Nutzung und Offenlegung, ABl. L 157, 1.

[165] Nach § 2 Nr. 1 GeschGehG schließen – im Unterschied zur bisherigen Begrifflichkeit – nicht nur wettbewerbsbezogene Auswirkungen der Informationspreisgabe, sondern auch Umweltinteressen ein berechtigtes Interesse an der Geheimhaltung aus. Neben der Begrifflichkeit selbst besteht ein weiterer Unterschied darin, dass nach § 2 Nr. 1 Buchst. a GeschGehG eine Information, um als Geschäftsgeheimnis zu gelten, von wirtschaftlichem Wert sein muss; diese Voraussetzung besteht nach dem wettbewerblichen und damit auch UIG-Verständnis nicht, s. auch *Michael Goldhammer* Geschäftsgeheimnis-Richtlinie und Informationsfreiheit, NVwZ 2017, 1809 (1810 ff.) Ferner bedarf es darüber hinaus gemäß § 2 Nr. 2 GeschGehG angemessener Geheimhaltungsmaßnahmen durch ihren rechtmäßigen Inhaber.

[166] Vom 18.4.2019, BGBl. I S.466, § 17 UWG, der zuvor der Orientierung diente, wurde aufgehoben. Vgl. *Ansgar Ohly* Das neue Geschäftsgeheimnisgesetz im Überblick, GRUR 2019, 441 (442); *Annette Guckelberger* Ablehnung von Umweltinformationsanträgen zum Schutz sonstiger Belange, NuR 2018, 508 (511).

[167] Erste Besprechungen des Geheimnisbegriffs z.B. bei *Matthias Dann/Jochen W. Markgraf* Das neue Gesetz zum Schutz vor Geschäftsgeheimnissen, NJW 2019, 1774 (1775 f.); *Christoph Lamy/Jens Vollprecht* Das neue Geschäftsgeheimnisschutzgesetz – Erster Überblick und Handlungsbedarf, IR 2019, 201 (202 f.); *Goldhammer* Geschäftsgeheimnis-Richtlinie (Fn. 165), 1810 ff.

nicht zu mindern und funktionale Wertungswidersprüche zu vermeiden, empfiehlt sich, das sich fortentwickelnde, neue zivilrechtliche Begriffsverständnis zu rezipieren.[168]

Eine die materielle Durchsetzung von Umweltverwaltungsrecht flankierende und unterstützende Auffangwirkung[169] – und damit eine Verschränkung auch auf der Ebene des Verwaltungshandelns – entwickelt sich durch die zivilgerichtliche Rechtsprechung zum Abgasskandal: Das Kraftfahrt-Bundesamt als zuständige Behörde[170] hat das ihr zustehende Ermessen dahingehend ausgeübt, statt den manipulierenden Fahrzeugherstellern die Typgenehmigung zu entziehen,[171] ihnen aufzuerlegen,[172] die sog. Schummelsoftware zu beseitigen.[173] Den Zivilgerichten kommt es für die Begründung eines Mangels nicht mehr auf eine behördliche Bestätigung gesetzeswidrigen Handelns an, sondern darauf, dass die gewöhnliche Verwendung des Fahrzeugs durch behördliche Betriebsuntersagung droht.[174] Die Anzahl

---

[168] So auch *Schrader* Umweltinformationen (Fn. 15), § 1 Rn. 188 ff. Dieses Ergebnis steht nicht im Widerspruch zu § 1 Abs. 2 GeschGehG, denn ein Rückgriff auf die Legaldefinition, die das Unionsrecht zur Verfügung stellt, vgl. Art. 2 Nr. 1 Richtlinie (EU) 2016/943 (Fn. 164), der § 2 Nr. 2 GeschGehG sehr ähnelt, ist nicht ausgeschlossen. Dieses Ergebnis steht ebenfalls nicht im Widerspruch zu der auf die bisherige Begrifflichkeit im Wettbewerbsrecht zurückgreifende Auslegung von § 30 VwVfG (vgl. *Dieter Kallerhoff/Thomas Mayen* in: Paul Stelkens/Heinz Joachim Bonk/Michael Sachs (Hrsg.) VwVfG, 9. Aufl. 2018, § 30 Rn. 13; *Dirk Herrmann* in: Johann Bader/Michael Ronellenfitsch (Hrsg.) BeckOK VwVfG, 1.10.2019, § 30 Rn. 10; *Kyrill-Alexander Schwarz* in: Michael Fehling/Berthold Kastner/Rainer Störmer (Hrsg.) Verwaltungsrecht, 4. Aufl. 2016, § 30 VwVfG Rn. 7) oder § 165 GWB (OLG München, 9.8.2012, Verg 10/12, juris, Rn. 86; vgl. ferner *Maria Vavra* in: Martin Burgi/Meinrad Dreher (Hrsg.) Beck'scher Vergaberechtskommentar, 3. Aufl. 2017, § 165 GWB Rn. 16; *Marc Bungenberg* in: Hermann Pünder/Martin Schellenberg (Hrsg.) Vergaberecht, 3. Aufl. 2019, § 165 GWB Rn. 15 f.). In diesen Fällen ist keine Orientierung an § 2 Nr. 1 GeschGehG geboten, da es an der am Umweltschutz orientierten Zwecksetzung fehlt, die eine einheitliche Auslegung und Anwendung des Geschäftsgeheimnisbegriffs im UIG nahelegt.

[169] *Jarass* Verwaltungsrecht als Vorgabe für Zivil- und Strafrecht (Fn. 59), 256.

[170] Vgl. § 2 Abs. 1 EG-FGV.

[171] Das wäre auf der Grundlage von § 25 Abs. 3 EG-FGV möglich.

[172] Gemäß § 25 Abs. 2 EG-FGV, der lautet: „Das Kraftfahrt-Bundesamt kann zur Beseitigung aufgetretener Mängel und zur Gewährleistung der Vorschriftsmäßigkeit auch bereits im Verkehr befindlicher Fahrzeuge, selbstständiger technischer Einheiten oder Bauteile nachträglich Nebenbestimmungen anordnen."

[173] LG Braunschweig, 26.6.2017, 11 O 569/17, juris, Rn. 28.

[174] BGH, NJW 2019, 1133 (1135); BGH, NJW 2011, 2872 (2873) m.w.N.; OLG Köln, NJW-RR 2018, 373 (374 f.); OLG Köln, NJW-RR 2018, 1141 (1142 f.); i.E. ebenso OLG Nürnberg, NZV 2018, 315 (316); LG Krefeld, NJW-RR 2016, 1397; LG Oldenburg, DAR 2016, 658 (659); ähnlich LG Arnsberg, NJW-RR 2017, 945 (945); LG Wuppertal, NJW-RR 2017, 949 (949) m.w.N.; *Carl-Heinz Witt* Der Dieselskandal und seine kauf- und deliktsrechtlichen Folgen, NJW 2017, 3681 (3681 f.). Nur sehr vereinzelt wird auf die Bindungs-

der Zivilgerichte, die einen Rückgewähranspruch bejahen, steigt. Darüber hinaus bejahen einige Zivilgerichte einen Bereicherungsanspruch aufgrund Verstoßes gegen ein Veräußerungsverbot, obwohl die Fahrzeughersteller über eine formell wirksame, aber materiell rechtswidrige Typgenehmigung verfügen.[175] Die Zivilgerichte sanktionieren im Vergleich zu den Verwaltungsbehörden sehr viel grundrechtsintensiver die umweltrechtlichen Verstöße.[176]

Eine vergleichbare, die Durchsetzung von Umweltverwaltungsrecht flankierende Auffangwirkung[177] kommt jüngst dem Deliktsrecht zu, soweit seine Anwendung, unionsrechtlich induziert, nicht mehr den verwaltungsgerichtlich oder verwaltungsbehördlich bestätigten Schutznormcharakter einer umweltrechtlichen Vorschrift erfordert.[178]

Diese neuen und erweiterten Rezeptionen des Umweltverwaltungsrechts durch das Privatrecht flankieren und ergänzen durch ihre Sanktionswirkung die Durchsetzung von Umweltverwaltungsrecht. Das Privatrecht wirkt präventiv umweltschützend, denn die Sanktionierung in Form der Rückabwicklung von Verträgen oder durch Zuerkennung von Schadensersatz dürfte Normunterworfene, wie etwa Fahrzeughersteller, zukünftig stärker zu regelkonformem Verhalten veranlassen als die behördliche Verpflichtung zur Nachbesserung der Fahrzeuge.[179] Diese Entwicklungen im Vertrags- und Deliktsrecht kompensieren indes nicht partielle Mängel des verwaltungsbehördlichen Vollzugs;[180] sie stoßen aber ggf. eine behördliche Überprüfung an.

---

wirkung der Rückrufbescheide des Kraftfahrtbundesamtes, die zwischen Oktober 2015 und Juni 2016 ergangen sind, abgestellt, vgl. LG Hamburg, NJW-RR 2018, 1144 (1146).

[175] LG Augsburg, NJW-RR 2018, 1073 (1076), i.Ü. s.o. II. 2. a) bb).

[176] *Meinhard Schröder* Private statt administrativer Durchsetzung des öffentlichen Rechts?, Die Verwaltung 50 (2017), 309 (318 f.), spricht von doppelter Rechtsdurchsetzungsmöglichkeit, da der Private von der Behörde ein Einschreiten verlangen oder den Zivilrechtsweg beschreiten könne.

[177] *Jarass* Verwaltungsrecht als Vorgabe für Zivil- und Strafrecht (Fn. 59), 256.

[178] Selbst wenn einige Zivilgerichte noch die individualschützende Wirkung einer öffentlich-rechtlichen Norm für die Anerkennung eines Schutzgesetzes fordern, so stellen sie diese unabhängig von der engeren Definition der Schutznorm im Verwaltungsrecht fest.

[179] Zur präventiven Verhaltenslenkung durch Privatrecht grundlegend *Stefan Arnold* Verhaltenssteuerung als rechtsethische Aufgabe auch des Privatrechts?, in: Peter Bydlinski (Hrsg.) Prävention und Strafsanktion im Privatrecht – Verhaltenssteuerung durch Rechtsnormen, 2016, 39 (41 f.); *Wagner* Prävention und Verhaltenssteuerung (Fn. 152), 364 ff., 422 ff.

[180] Privatrechtliche Durchsetzung ist darauf angewiesen, dass überhaupt ein Gericht angerufen wird, während eine Verwaltung von Amts wegen tätig wird bzw. zumindest tätig werden kann.

Die verwaltungsgerichtliche Kontrolle der Ermessensausübung des Kraftfahrtbundesamtes gegenüber Fahrzeugherstellern obliegt den Verwaltungsgerichten. Sie scheitert bislang am fehlenden Schutznormcharakter der unionsrechtlich bedingten Ermächtigungsgrundlage und damit an der Klagebefugnis der Fahrzeugkäufer.[181] Eine Klagebefugnis von Umweltverbänden verneinen die Verwaltungsgerichte[182] wegen fehlender Eröffnung des Anwendungsbereichs des Umwelt-Rechtsbehelfsgesetzes, obwohl gegebenenfalls prokuratorischer Rechtsschutz[183] in Betracht zu ziehen wäre. Der Ausfall verwaltungsgerichtlicher Überprüfung des Unterlassens der Aufhebung der Typgenehmigung wird – jedenfalls zum Teil – von den Zivilgerichten durch ihre jüngste Rechtsprechung aufgefangen.

Der Effektivitätsgrundsatz des Unionsrechts verlangt indes nicht nur eine effektive behördliche Anwendung, sondern auch eine effektive gerichtliche Durchsetzung des Umweltunionsrechts.[184] Ob dem unionalen Effektivitätsgrundsatz durch die Zivilgerichte ausreichend Rechnung getragen wird, ist höchst zweifelhaft.[185] Sie können weder verwaltungsbehördliche Akte aufheben, noch die Verwaltungsbehörden zum Eingreifen oder Ergrei-

---

[181] Die Verwaltungsgerichtsbarkeit erkennt Fahrzeughaltern bislang keine subjektive Rechtsverletzung und damit Klagebefugnis aufgrund der vom Kraftfahrtbundesamt erteilten Anordnung der Beseitigung einer Abgasabschalteinrichtung wegen der lediglich gegenüber dem Hersteller des Fahrzeugs bestehenden Tatbestandswirkung einer Typgenehmigung zu; vgl. VG Schleswig, 14.2.2017, 3 A 342/16, juris, Rn. 31 f.

[182] VG Schleswig, 13.12.2017, 3A 30/17, BeckRS 2017, 135227 Rn. 65 ff.; VG Düsseldorf, 6.2.2017, 6 K 12341/17, juris Rn. 177 ff.; eingehend *Alexandra Fredel* Das Umweltverbandsklagerecht gegen Einzelzulassungen von Kraftfahrzeugen, EurUP 2018, 535 ff.

[183] Den Begriff hat das BVerwG (BVerwGE 147, 312 (325 Rn. 46)) verwendet, geprägt wurde er von *Johannes Masing* Der Rechtsstatus des Einzelnen im Verwaltungsrecht, in: Wolfgang Hoffmann-Riem/Eberhard Schmidt-Aßmann/Andreas Voßkuhle (Hrsg.) Grundlagen des Verwaltungsrechts, Bd. I, 2. Aufl. 2012, § 7 Rn. 93a; im Gefolge der Braunbär-I-Entscheidung des EuGH (vgl. o. Fn. 124) wurde eine sog. prokuratorische Klagebefugnis eines nach § 3 UmwRG anerkannten Umweltverbands aus § 42 Abs. 2 Hs. 2 VwGO i.V.m. Unionsrecht abgeleitet; vgl. ausführlich *Sabine Schlacke* (Auf)Brüche des Öffentlichen Rechts: von der Verletztenklage zur Interessentenklage, DVBl. 2015, 929 (930 ff.).

[184] Gerade der Effektivitätsgrundsatz wird vom EuGH regelmäßig zur Begründung eines Mindeststandards, dem die nationale Rechtsordnung genügen muss, genutzt; sichtbar wird dies vor allem im Staatshaftungsrecht nach der Francovich-Doktrin, vgl. *Bernd J. Hartmann* Haftung in der Europäischen Union, in: Oliver Dörr (Hrsg.) Staatshaftung in Europa, 2014, 31 (41), oder im vorläufigen Rechtsschutz im Gefolge der Factortame-Rechtsprechung, vgl. *Rudolf Streinz* Primär- und Sekundärrechtsschutz im Öffentlichen Recht, VVDStRL 61 (2002), 300 (346). Insoweit liegt es – zumal im Zusammenspiel mit der Muñoz-Entscheidung – nahe, ihn auch für das nationale Schadensersatzrecht zu aktivieren; i.d.S. auch *Wagner* in: MüKo BGB (Fn. 84), § 823 Rn. 483.

[185] Vgl. auch *Jarass* Verwaltungsrecht als Vorgabe für Zivil- und Strafrecht (Fn. 59), 256 mit weiteren Beispielen.

fen effektiver Vollzugsmaßnahmen veranlassen, sondern das Verhalten der Fahrzeughersteller und -händler nur selektiv sanktionieren.

b) Verbundfunktionen

Verbundfunktionen zeigen sich im Verpackungs- und Emissionshandelsrecht sowie im Recht der erneuerbaren Energien.[186] An die Stelle von Umweltordnungsrecht oder Anreizen durch Subventionen treten Kombinationen verwaltungs- und privatrechtlicher Elemente, um Steuerungsziele des Umweltrechts zu erreichen.[187] Der privatautonom ausgehandelte Preis für Verpackungsabfälle, Zertifikate und Strom aus erneuerbaren Energien ist für die Zielerreichung[188] maßgeblich. Um einen zu niedrigen Preis durch Überangebot zu vermeiden, muss ordnungsrechtlich die Verknappung der Abfall- oder Zertifikatemenge erfolgen. Ebenso ist die Anreizwirkung der privatrechtlichen Direktvermarktung von Strom aus erneuerbaren Energien von der Höhe der durch öffentlich-rechtliche Ausschreibungsverfahren festgelegten Marktprämie abhängig.[189] Ohne gezielte öffentlich-rechtliche Steuerung des Verbundes führen diese Kombinationen von Umweltverwaltungs- und Privatrecht nicht zu effektiver Abfallvermeidung und Klimaschutz.[190] Fehlt diese, entwickeln sie sich konträr zum zu erreichenden Umweltschutz. Dies gilt erst recht, wenn mit ihnen eine Privilegierung von ordnungsrechtlichen Pflichten, wie der immissionsschutzrechtlichen Vor-

---

[186] S.o. II. 1. c).

[187] *Di Fabio* Risikosteuerung (Fn. 41), 160.

[188] Der unionsweite Emissionshandel ist nach Einschätzung des Rates das EU-weit wichtigste Instrument, um die Klimaschutzziele der EU zu erreichen; vgl. *Charlotte Kreuter-Kirchhof* Klimaschutz durch Emissionshandel? Die jüngste Reform des europäischen Emissionshandelssystems, EuZW 2017, 412 (412 f.); *Miriam Vollmer* Aller guten Dinge sind vier? Der europäische Rechtsrahmen für die vierte Handelsperiode des Emissionshandels von 2021 bis 2030, NuR 2018, 365.

[189] §§ 28 ff. EEG. Sie wird durch ein öffentlich-rechtliches Ausschreibungsverfahren bestimmt.

[190] Das aufgrund der kostenlosen Zuteilung von Zertifikaten bei Einführung des Emissionshandelssystems zu hohe Angebot und der daraus resultierende zu niedrige Preis für Zertifikate erzeugte kaum Anreize zur Einsparung von Emissionen. Das Manko soll nun durch weitere Verknappung (Stärkung der Marktstabilitätsreserve und die in ihr aufgegangenen „Backloading"-Maßnahmen, gesteigerte Löschungsoptionen, insbesondere für national bei einem Ausstieg aus fossilen Energieträgern entstehende Zertifikateüberschüsse, steilerer linearer Kürzungsfaktor), Drosselung der kostenlosen Zuteilungen und Auktionierung der Emissionszertifikate behoben werden, vgl. *Vollmer* Die vierte Handelsperiode des Emissionshandels (Fn. 189), 367 f.; *Mario Martini/Jochen Gebauer* „Alles umsonst?" – Zur Zuteilung von CO_2-Emissionszertifikaten: Ökonomische Idee und rechtliche Rahmenbedingungen, ZUR 2007, 225 ff.

sorgepflicht, verbunden ist oder durch sie Beteiligungsrechte begrenzt oder der Zugang zu gerichtlicher Kontrolle erschwert wird.

c) Dysfunktionalitäten

Dysfunktionalitäten entstehen, wenn Norm- oder Wertungswidersprüche durch Verschränkungen hervorgerufen werden und dadurch die Widerspruchsfreiheit als unverzichtbarer Bestandteil der Rechtsordnung in Gefahr gerät.[191]

aa) Normwidersprüche

Normwidersprüche bestehen, „wenn eine Regelung des Öffentlichen Rechts an den gleichen Tatbestand eine andere Rechtsfolge knüpfen würde als eine Norm des Privatrechts".[192] „So liegt ein Normwiderspruch vor, wenn das Verwaltungsrecht ein bestimmtes Verhalten einer Privatperson verbietet bzw. die Behörde ermächtigt, das Verhalten zu unterbinden, während das Privatrecht einem Dritten das Recht gibt, eben dieses Verhalten gerichtlich zu erzwingen".[193] Ein solcher Fall des Normwiderspruchs, ausgelöst durch eine Verschränkung öffentlich-rechtlicher und privatrechtlicher Regime, ist selten und vom BGH in der Froschlärmentscheidung[194] kooperativ gelöst worden.[195] Vorliegend untersuchte Phänomene von Verschränkungen weisen indes keine Normwidersprüche auf.

---

[191] *Fritz Ossenbühl* Verwaltungsrecht als Vorgabe für Zivil- und Strafrecht, DVBl. 1990, 963 (967); *Michael Gerhardt* Verwaltungsrecht als Vorgabe für Zivil- und Strafrecht, BayVBl. 1990, 549 (550); *Paul Kirchhof* Unterschiedliche Rechtswidrigkeiten in einer einheitlichen Rechtsordnung, 1978, 8; *Gerhard Wagner* Öffentlich-rechtliche Genehmigung und zivilrechtliche Rechtswidrigkeit, 1989, 20 (108 f.); *Jarass* Verwaltungsrecht als Vorgabe für Zivil- und Strafrecht (Fn. 60), 260.

[192] *Burgi* Rechtsregime (Fn. 7), § 18 Rn. 39; vgl. auch *Karl Larenz/Claus-Wilhelm Canaris* Methodenlehre der Rechtswissenschaft, 3. Aufl. 1995, 155.

[193] *Jarass* Verwaltungsrecht als Vorgabe für Zivil- und Strafrecht (Fn. 59), 261; vgl. auch *Larenz/Canaris* Methodenlehre (Fn. 192), 155.

[194] BGH, NJW 1993, 925 ff.: Zwar lagen die zivilrechtlichen Voraussetzungen eines nachbarrechtlichen Unterlassungsanspruchs aufgrund der wesentlichen und nicht ortsüblichen Lärmbeeinträchtigung vor, ihm stand aber das naturschutzrechtliche Artenschutzrecht entgegen, nach dem die Beseitigung des Froschteichs und damit des Lebensraums der besonders geschützten Frösche verboten war. Der BGH verpflichtete die Tatsacheninstanz, selbst zu überprüfen, ob ein Anspruch auf Ausnahme vom artenschutzrechtlichen Verbot bestand und verlangte darüber hinaus, eine unverbindliche Behördenauskunft einzuholen.

[195] *Di Fabio* Öffentliches Recht (Fn. 41), 143 (157); kritisch *Calliess* Öffentliches und privates Nachbarrecht (Fn. 60), 192, der hierin eine Überschreitung von Systemgrenzen sieht.

bb) Wertungswidersprüche

Wertungswidersprüche liegen vor, wenn „die unterschiedlichen Rechtsfolgen zweier Normen zwar logisch miteinander vereinbar sind, die zugrunde liegenden Wertungen aber einander widersprechen, etwa wenn die Befolgung der einen Norm dem Zweck der anderen Norm zuwiderläuft".[196]

Wertungswidersprüche auf der Ebene der Normen wären zu konstatieren, würde sich im Rahmen der Klimaklage die Rechtsauffassung des OLG Hamm durchsetzen. Der vom Gericht aus § 906 Abs. 2 S. 2 BGB und § 14 S. 2 BImSchG[197] abgeleitete Aufopferungsgedanke würde dazu führen, dass ein Grundstückseigentümer trotz rechtmäßigen Betriebs seiner Anlage gemäß dem BImSchG und TEHG[198] auch für Langzeit- und Distanzschäden haftete. Einerseits würden so Langzeit- und Distanzschäden – soweit der Kausalitätsnachweis gelänge – kompensiert, was bislang durch das Umweltrecht nicht vorgesehen ist. Andererseits stünde ein nachbarrechtlicher Aufopferungsanspruch wegen Distanzschäden der Systematik des immissionsschutz- und privatrechtlichen Nachbarschutzes entgegen. Die Ansprüche aus § 14 S. 2 BImSchG und § 906 Abs. 2 S. 2 BGB sind auf nachbarliche, auf den räumlichen Einwirkungskreis einer Anlage begrenzte Immissionen beschränkt.[199] Für einen Analogieschluss, der nach der jüngsten Rechtsprechung des BGH[200] für Fälle bejaht wird, in denen

---

[196] *Burgi* Rechtsregime (Fn. 7), § 18 Rn. 40.
[197] S.o. II. 2. c) bb).
[198] § 5 Abs. 2 BImSchG i.V.m. § 4 TEHG.
[199] Zwar geht der Nachbarbegriff des § 14 S. 2 BImSchG weit über das allgemeine Verständnis hinaus, die Belastungen müssen einem Anlagenbetrieb aber noch zurechenbar sein, so dass Fernwirkungen regelmäßig ausgeschlossen sind, vgl. *Jarass* BImSchG (Fn. 54), § 14 Rn. 13, § 3 Rn. 38 m.w.N. Das zivilrechtliche Näheverhältnis der Grundstücke betonend *Alexandros Chatzinerantzis/Benjamin Herz* Climate Change Litigation – Der Klimawandel im Spiegel des Haftungsrechts, NJOZ 2010, 594 (595); *Pöttker* Klimahaftungsrecht (Fn. 110), 86 ff.; *Ahrens* Außervertragliche Haftung (Fn. 110), 652 f.; vgl. ferner zum Störerbegriff i.S.d. § 1004 BGB *Joachim Wenzel* Der Störer und seine verschuldensunabhängige Haftung im Nachbarrecht, NJW 2005, 241 ff.
[200] Nach der ständigen Rechtsprechung des BGH ist ein nachbarrechtlicher Ausgleichsanspruch, auch Aufopferungsanspruch genannt, gemäß § 906 Abs. 2 S. 2 BGB analog gegeben, wenn von einem Grundstück im Rahmen privatwirtschaftlicher Benutzung rechtswidrige Einwirkungen auf ein anderes Grundstück ausgehen, die der Eigentümer oder Besitzer des betroffenen Grundstücks nicht dulden, aus besonderen Gründen jedoch nicht gem. § 1004 Abs. 1 BGB unterbinden kann, sofern er hierdurch Nachteile erleidet, die das zumutbare Maß einer entschädigungslos hinzunehmenden Beeinträchtigung übersteigen, vgl. auch Anm. zu BGH, 9.2.2018 von *Karsten Schmidt* JuS 2019, 66 ff.: „Eine die analoge Anwendung des § 906 II 2 BGB rechtfertigende Lücke ist nicht schon dann zu verneinen, wenn es irgendeine Haftung gibt, sondern erst, wenn ein neues und adäquates Haftungsregime eingreift"; zu Recht kritisch *Matthias Klöpfer/Eduard Meier* Eigentümerhaftung für

ein dem Grunde nach bestehender Anspruch aus § 1004 Abs. 1 BGB aus rechtlichen[201] oder tatsächlichen Gründen nicht durchgesetzt werden kann, fehlt es an der erforderlichen unbeabsichtigten Regelungslücke.[202] Ein Analogieschluss liefe auch der aufgezeigten judikativen und gesetzgeberischen Harmonisierung zwischen Umweltverwaltungs- und privatem Nachbarrecht zuwider. Eine verschuldensunabhängige Gefährdungshaftung für eigentumsbedingte Beeinträchtigungen weltweit führte zur Auflösung der auffangenden Verschränkung zwischen Umweltverwaltungs- und Privatrecht und ist als dysfunktional zu bewerten.[203]

Ein Wertungswiderspruch auf Ebene des Verwaltungshandelns liegt ferner vor, „wenn ein Zivilgericht einen Verstoß gegen verwaltungsrechtliche Vorschriften annimmt und daraus privatrechtliche Konsequenzen zieht, obwohl die Exekutive in einer Genehmigung das fragliche Verhalten als verwaltungsrechtskonform eingestuft hat."[204]

Einen Wertungswiderspruch könnte die Anerkennung eines Bereicherungsanspruchs des Fahrzeugkäufers gegen den Fahrzeughändler darstellen, der weder für die Manipulation der Fahrzeuge verantwortlich war noch

---

mittelbar verursachte Brandschäden am Nachbargrundstück, NJW 2018, 1516 (1519); vgl. BGH, NJW-RR 2016, 588 (589 Rn. 20); BGHZ 155, 99 (102 ff.); *Herrler* in: Palandt (Fn. 103), § 906 Rn. 37. Das LG Essen hält einen Anspruch aus berechtigter Geschäftsführung ohne Auftrag (§§ 683, 670, 677 BGB) oder unberechtigter Geschäftsführung ohne Auftrag (§§ 684, 812 BGB) als Hilfsnormen zur Durchsetzung des § 1004 BGB für einschlägig.

[201] Vgl. BGH, NJW 2018, 1010: Ein an sich bestehender Anspruch auf Beseitigung oder Zurückschneiden von Bäumen konnte wegen Ablaufs der nach Landesnachbarrecht vorgesehenen Ausschlussfrist – in Baden-Württemberg etwa § 26 NRGBa-Wü, in Bayern § 52 AGBGBBay – nicht mehr durchgesetzt werden. Der Eigentümer des beeinträchtigten Grundstücks konnte folglich eine sog. Laubrente verlangen. Der BGH, NJW 2018, 1542 (1543) entschied ferner, dass bei Beeinträchtigung eines Grundstücks durch einen Dritten (hier: Handwerker, der einen Brand verursachte) dem Nachbarn ein Ausgleichsanspruch gegen die Eigentümer zusteht, die den Dritten beauftragt hatten, obwohl diesen kein pflichtwidriges Verhalten bei der Auswahl des Störers vorzuwerfen war. Es komme für die Zurechnung allein auf die Störung durch das Grundstück an.

[202] So auch *Ahrens* Außervertragliche Haftung (Fn. 110), 651 f., der § 906 Abs. 2 S. 2 BGB und § 14 S. 2 BImSchG als abschließende Regelung für Ansprüche benachbarter Grundstückseigentümer auf Schutz gegen Immissionen bewertet. Es geht um Beeinträchtigungen im Nahbereich einer emittierenden Anlage, nicht um Distanzschäden. Vgl. auch BGHZ 102, 350 (353 f.).

[203] Vgl. zu den Grenzen der richterrechtlichen Rechtsfortbildung jüngst BVerfG, NJW 2018, 2542 (2548 Rn. 73): „Richterliche Rechtsfortbildung darf hingegen nicht dazu führen, dass die Gerichte ihre eigene materielle Gerechtigkeitsvorstellung an die Stelle derjenigen des Gesetzgebers setzen". Dazu auch BVerfGE 128, 193 (210); BVerfGE 132, 99 (127 Rn. 72 ff.); BVerfGE 82, 6 (12).

[204] *Jarass* Verwaltungsrecht als Vorgabe für Zivil- und Strafrecht (Fn. 59), 267.

etwas davon wusste[205]. Insoweit halten einige Zivilgerichte das dem Händler zugerechnete verbotswidrige Verhalten des Herstellers für inadäquat.[206] Ein Wertungswiderspruch wegen öffentlich-rechtlich fortbestehender Legalisierung und privatrechtlicher Sanktionierung durch einen Bereicherungsanspruch ist hierin indes nicht zu erkennen. Normen des Verwaltungsrechts binden die Zivilgerichte nur dann, wenn das Gesetz dies explizit vorsieht;[207] i.Ü. entfalten sie lediglich indizielle Wirkung.[208] Zivilgerichte haben nicht die Pflicht zu warten, ob Behörden von ihrem Ermessen, einen materiell rechtswidrigen Verwaltungsakt aufzuheben, Gebrauch machen.[209] Sie sind nicht an die im Ermessen stehende Wahl der behördlichen Vollzugsmaßnahmen gebunden; eine privatrechtsgestaltende Wirkung kommt einem derartigen Ermessen nicht zu.[210] Die Feststellung eines Verstoßes

---

[205] S.o. II. 2. a) bb).

[206] So VG Düsseldorf, 24.1.2018, 6 K 12341/17, juris, Rn. 278 f.; LG Dortmund, 26.3.2019, 12 O 182/18, juris, Rn. 49; vgl. *Armbrüster* Verbotsnichtigkeit (Fn. 83), 3482.

[207] S.o. So gesehen führt die viel diskutierte Tennisplatzentscheidung (BGH, NJW 1983, 751), nach der eine bauplanungsrechtliche Festsetzung lediglich Indizcharakter für die Wesentlichkeit und die Ortsüblichkeit entfalte, auch nicht zu einem Wertungswiderspruch. Kritisch indes mit Verweis auf die Gefahr der zivilrechtlich erklärten Unwirksamkeit öffentlich-rechtlicher Hoheitsakte *Hans-Jürgen Papier* Wirkungen des öffentlichen Planungsrechts auf das private Immissionsschutzrecht, in: Heinz Pikart/Konrad Gelzer/ders. (Hrsg.) Umwelteinwirkungen durch Sportanlagen, 1984, 97 ff.; *Christoph Trzaskalik* Veränderungen im Nachbarrechtsverhältnis durch staatliche oder kommunale Raumnutzungsentscheidungen, DVBl. 1981, 71 ff.; *Kornelius Kleinlein* Neues zum Verhältnis von öffentlichem und privatem Nachbarrecht, NVwZ 1982, 668 ff.; *Franz-Joseph Peine* Öffentliches und Privates Nachbarrecht, JuS 1987, 169 (175 f.); *Günter Gaentzsch* Ausbau des Individualschutzes gegen Umweltbelastungen als Aufgabe des bürgerlichen und des öffentlichen Rechts, NVwZ 1986, 601 ff. Die obige Entscheidung ist damit als Einzelfall zu werten.

[208] Ausführlich *Jarass* Verwaltungsrecht als Vorgabe für Zivil- und Strafrecht (Fn. 59), 265 ff.

[209] Die EG-FGV eröffnet dem Kraftfahrtbundesamt verschiedene Optionen des Einschreitens gegen den Fahrzeughersteller, so dass allein diesbezüglich ein Ermessen besteht und eine Berücksichtigung des Verhältnismäßigkeitsgrundsatzes erforderlich ist. Aus dem Unterlassen der Rücknahme der Typgenehmigung kann nicht der Schluss gezogen werden, dass die Typgenehmigung rechtmäßig ist. Schon aus diesem Grund kommt es nicht zu Wertungswidersprüchen. Z.T. wird die Nichtigkeitsfolge des § 134 BGB wegen des vorhandenen öffentlich-rechtlichen Instrumentariums zur Aufhebung fehlerhafter Übereinstimmungsbescheinigungen als inadäquat angesehen, insbesondere, da die Nichtigkeitssanktion primär den Verkäufer des Kfz träfe, dem das – möglicherweise verbotswidrige – Fehlverhalten des Herstellers nicht zuzurechnen ist, zumal regelmäßig weder er noch der Käufer subjektiv in Kenntnis der Ungültigkeit der Bescheinigung waren. Vgl. dazu *Armbrüster* Verbotsnichtigkeit (Fn. 83), 3484.

[210] Anders auf der Normebene etwa § 14 BImSchG oder auf der Ebene des Verwaltungshandelns, wenn von einer drittschützenden Norm des Baurechts eine Befreiung erteilt wird. Dann kann ein Schadensersatzanspruch wegen Verletzung dieser Norm nicht gewährt werden, vgl. BGHZ 66, 354 (356); *Ossenbühl* Verwaltungsrecht (Fn. 191), 968.

gegen ein umweltrechtliches Verbot durch Zivilgerichte greift nicht in die Ermessensausübung von Verwaltungsbehörden ein. Sie kann gleichwohl eine präventive Ausstrahlungswirkung für die Normunterworfenen erzeugen und Anstoß für die zuständigen Behörden sein, die eigene Ermessensausübung zu überprüfen.

IV. Funktionswandel des (Umwelt-)Verwaltungsrechts: Verbund- statt Trennungssystem?

Konturen und Grenzen beider Teilrechtsordnungen lösen sich durch die wechselseitigen Auffang- und Verbundfunktionen der untersuchten Verschränkungen bislang nicht auf.

Allerdings entwickelt der Gesetzgeber neuartige instrumentelle Kombinationen einer verwaltungsrechtlichen Rahmensetzung mit privatautonomen, auf privatrechtliche Ausgestaltung angewiesenen Aushandlungsprozessen zu einem regime- und systemübergreifenden Verbund. Die zivilrechtliche Privatautonomie wird für die Ausgestaltung des öffentlich-rechtlichen Rahmens zum Zwecke des Umweltschutzes eingesetzt.[211] Ganz im Sinne des Nachhaltigkeitsprinzips[212] werden ökologische und ökonomische Zielsetzungen miteinander verknüpft. Diese Verbundlösungen sind bei ausreichender öffentlich-rechtlicher Steuerung (Stichwort: Verknappung des zu handelnden Gutes) zielgenauer als etwa andere Instrumente, wie etwa die Bepreisung in Form von Abgaben bzw. Steuern,[213] und können eine effektivere Steuerungsleistung für das entsprechende Schutzziel entfalten.

---

[211] *Dieter Medicus* Umweltschutz als Aufgabe des Zivilrechts – aus zivilrechtlicher Sicht, NuR 1990, 145 (151), bezeichnet dies mit Bezug auf den Emissionsrechtehandel als den „Einsatz der Privatautonomie für den Umweltschutz".

[212] Zum Begriff und seiner rechtlichen Verankerung im Verwaltungsrecht vgl. *Sabine Schlacke* Umweltrecht, 7. Aufl. 2019, § 3 Rn. 2; *Peter Sieben* Was bedeutet Nachhaltigkeit als Rechtsbegriff?, NVwZ 2003, 1173 ff.; *Martin Kment* Die Neujustierung des Nachhaltigkeitsprinzips im Verwaltungsrecht, 2019, 10 ff.; *Sabine Schlacke* Nachhaltigkeit durch Umweltprüfungen, in: Wolfgang Kahl (Hrsg.) Nachhaltigkeit durch Organisation und Verfahren, 2016, 335 (336 ff.); *Guy Beaucamp* Das Konzept der zukunftsfähigen Entwicklung im Recht, 2002, 15 ff.; vgl. zur theoretischen Fundierung *Felix Ekardt* Theorie der Nachhaltigkeit, 2. Aufl. 2016, 65 ff.

[213] Aus umweltökonomischer Perspektive sind cap and trade-Zertifikatelösungen – anders als Ordnungsrecht und Abgabenlösungen – „theoretisch sowohl strikt effektiv als auch perfekt effizient", so *Erik Gawel* Der EU-Emissionshandel vor der vierten Handelsperiode, EnWZ 2016, 351 (352), so dass auf andere, den Emissionshandel konterkarierende Instrumente zur Reduktion von Treibhausgasen (wie die EEG-Förderung und das Energieeffizienzrecht) verzichtet werden könnte.

Die Verschränkungen durch Rezeption von Privatrecht im Umweltverwaltungsrecht sind lediglich punktueller Natur. Ihre Steuerungsleistung für die Vereinheitlichung des Umweltrechts, die Entlastung des Umweltverwaltungsrechts und den Umweltschutz könnte durch gesetzgeberische Verweisungen und verwaltungsgerichtliche Rezeption des Privatrechts erhöht und intensiviert werden.

Werden bewährte Auffangfunktionen von Verschränkungen auf der Ebene der Rechtssätze durch Gesetzesänderungen in Frage gestellt, so können und sollten sie – wenn es der Vermeidung funktionaler Wertungswidersprüche dient und etwa auch dem unionalen Effektivitätsgrundsatz Rechnung trägt – beibehalten werden. Die privatrechtliche Fortentwicklung aufzufangen, läge im Gestaltungsspielraum der Verwaltungsgerichte und folglich auf der verwaltungsgerichtlichen Ebene.

Demgegenüber haben Zivilgerichte und Gesetzgeber fortwährend die Rezeption des Umweltverwaltungsrechts im Vertrags-, Delikts- und Nachbarrecht gestärkt und damit zum Teil zu einer Harmonisierung der Teilrechtsordnungen beigetragen.[214] Die hiermit einhergehende Publifizierung,[215] also Überformung des Privatrechts durch Verwaltungsrecht,[216] entspricht der aktuellen Gemeinwohlorientierung des Privatrechts. Gleichwohl kann eine „Entprivatisierung des Privatrechts"[217] oder gar ein nachhaltiges Privatrecht[218] und damit einhergehend eine Zurückdrängung der Privatautonomie bislang nicht konstatiert werden. Stattdessen entfaltet die zivilgerichtliche Rechtsprechung eine neuartige Anstoßfunktion im Sinne eines gerichtlichen *Nudging* für Verwaltungsbehörden, ihre Ermessensausübungen zu überdenken, ohne dabei Systemgrenzen zu überschreiten.[219]

Grenzen von Verschränkungen sind indes erreicht, wenn das gesetzgeberisch und judikativ geformte System des Zusammenwirkens von Umweltverwaltungsrecht und Privatrecht durch Wertungswidersprüche durchbrochen wird; selbst, wenn dadurch im Hinblick auf das Steuerungsziel, also hier: den Umweltschutz, Defizite beseitigt werden könnten.

---

[214] Wenngleich die Klagen im Rahmen des Abgasskandals z.T. höchstrichterlich noch nicht entschieden sind, ist bereits jetzt ein Trend zu einem intensiveren Rückgriff auf objektivierte Maßstäbe des öffentlichen Rechts zu beobachten, vgl. *Brückner* in: MüKo BGB (Fn. 97), § 906 Rn. 37 f.

[215] Hierzu *Ralf Brinktrine* Publifizierung privatrechtlicher Rechtsverhältnisse Privater durch Verwaltungshandeln, 2004, 8 ff. (Manuskript).

[216] Dieser für das Nachbarrecht von *Jarass* Verwaltungsrecht als Vorgabe für Zivil- und Strafrecht (Fn. 59), 240, auf der Staatsrechtslehrertagung im Jahre 1990 getätigte Befund wurde intensiviert und ausgedehnt.

[217] *Michael Kloepfer* Umweltschutz als Aufgabe des Zivilrechts – aus öffentlich-rechtlicher Sicht, NuR 1990, 337 (339).

[218] *Halfmeier* Nachhaltiges Privatrecht (Fn. 153), 717 ff.

[219] Es werden weder Norm- noch Wertungswidersprüche erzeugt.

Aus rechtswissenschaftlicher Sicht wird die gerichtliche Ebene zukünftig mehr Aufmerksamkeit beanspruchen.[220]

Aus rechtstheoretischer Perspektive wird die Frage nach den Zwecken und Funktionen der Teilrechtsordnungen neu aufgeworfen.[221] Die 2018 eingeführte Musterfeststellungsklage[222] dürfte die vorliegend aufgezeigten Verschränkungen und ihre Auffangfunktionen für das Umweltverwaltungs- und Privatrecht durch Bündelung von Einzelansprüchen verstärken.

Das Potential zur Erhöhung der Leistungsfähigkeit des Umweltrechts durch Verschränkungen zwischen Umweltverwaltungs- und Privat-

---

[220] Vgl. *Bernhard W. Wegener* Urgenda – Weltrettung per Gerichtsbeschluss?, ZUR 2019, 3 (10 ff.), der die Gefahren für das demokratische und gewaltenteilende Verfassungssystem hervorhebt, die insbesondere durch die auf Grund- und Menschenrechte gestützten Klagen gegen Staaten wegen unzureichender Klimaschutzmaßnahmen entstünden.

[221] Zur aktuellen zivilrechtswissenschaftlichen Diskussion vgl. die Beiträge von *Michael Grünberger/Nils Jansen* Perspektiven deutscher Privatrechtstheorie, 1 ff.; *Graf-Peter Calliess* Die Ko-Evolution von Recht und Gesellschaft, 55 ff.; *Stefan Arnold*, ausgleichende Gerechtigkeit und die Zwecke des Privatrechts, 137 ff.; *Bertram Lomfeld* Der Mythos vom unpolitischen Privatrecht, 151 ff. – allesamt abgedruckt in: Michael Grünberger/Nils Jansen (Hrsg.) Privatrechtstheorie heute, 2017.

[222] Gesetz zur Einführung einer zivilprozessualen Musterfeststellungsklage vom 12.7.2018, BGBl. I, 1151, vgl. §§ 606 ff. ZPO. Mit der Musterfeststellungsklage können das Vorliegen oder Nichtvorliegen von tatsächlichen und rechtlichen Voraussetzungen für das Bestehen oder Nichtbestehen von Ansprüchen oder Rechtsverhältnissen (Feststellungsziele) zwischen Verbrauchern (vgl. § 29c Abs. 2 ZPO) und einem Unternehmer geltend gemacht werden (vgl. § 606 Abs. 1 S. 1 ZPO). Das Gericht des individuellen Folgeprozesses eines Verbrauchers ist an das Musterfeststellungsurteil gebunden, soweit dessen Entscheidung die Feststellungsziele und den Lebenssachverhalt der Musterfeststellungsklage betrifft. Normiert wird damit eine von der Rechtskraft zu unterscheidende Bindungswirkung sui generis, vgl. *Astrid Stadler* in: Hans-Joachim Musielak/Wolfgang Voit (Hrsg.) ZPO, 16. Aufl. 2019, § 613 Rn. 2. Die Klagebefugnis obliegt sog. qualifizierten Einrichtungen i.S.v. § 606 Abs. 3 Nr. 1 ZPO, die die Anforderungen gemäß § 606 Abs. 1 S. 2 bis 4 ZPO erfüllen. Diese Anforderungen knüpfen an § 4 UKlaG an, gehen z.T. aber noch darüber hinaus, vgl. *Astrid Stadler* in: Hans-Joachim Musielak/Wolfgang Voit (Hrsg.) ZPO, 16. Aufl. 2019, § 606 Rn. 5. In dogmatischer Hinsicht handelt es sich um eine Prozessstandschaft, die zugunsten von Kollektivinteressen ausgeübt wird (*Gesa Lutz* in: Volkert Vorwerk/Christian Wolf (Hrsg.) BeckOK ZPO, 2019, § 606 Rn. 26). Eingehend zu Entstehung und Charakteristika der Musterfeststellungsklage *Astrid Stadler* Musterfeststellungsklagen im deutschen Verbraucherrecht?, VuR 2018, 83 ff.; *dies.* Kollektiver Rechtsschutz quo vadis?, JZ 2018, 793 ff.; *Michael Heese* Die Musterfeststellungsklage und der Dieselskandal, JZ 2019, 429 ff., (435 m.w. krit. Nachweisen); *Caroline Meller-Hannich* Gutachten A: Sammelklagen, Gruppenklagen, Verbandsklagen – Bedarf es neuer Instrumente des kollektiven Rechtsschutzes im Zivilprozess?, in: Deutscher Juristentag (Hrsg.) Verhandlungen des 72. Deutschen Juristentages, 2018; *Hanno Merkt/Jennifer Zimmermann* Die neue Musterfeststellungsklage: Eine erste Bewertung, VuR 2018, 363 ff.

recht[223] ist bei Weitem noch nicht ausgeschöpft: Für die Stärkung eines nachhaltigen Konsums sind Vorschläge unterbreitet worden.[224] Hier fehlt es z.B. für die Anerkennung einer fehlenden Reparaturfähigkeit eines Verbrauchsguts als Mangel an öffentlich-rechtlichen Standards.[225] Des Weiteren könnte eine stärkere Verschränkung kollektiver[226] und überindividueller Klagerechte im Verbraucher-[227] und Umweltrecht[228] die Steuerungsleistung des Umweltrechts erhöhen. Als Leitgedanke für eine Effektuierung materieller und prozessualer Verschränkungen im Umweltrecht zum Zwecke des Umweltschutzes kann der Nachhaltigkeitsgrundsatz dienen.[229] Die Aus-

---

[223] Untersuchungsbedürftig sind auch Verschränkungen zwischen Umweltverwaltungs- und Umweltstrafrecht, vgl. grundlegend *Meinhard Schröder* Verwaltungsrecht als Vorgabe für Zivil- und Strafrecht, VVdStRL 50 (1991), 196 ff.

[224] Zur Aktivierung des Zivilrechts vgl. *Kloepfer* Umweltschutz als Aufgabe (Fn. 217), 343 ff.; vgl. ferner *Michael Stadermann* Rechtliche Regulierung der Produktlebensdauer, 2019, 340 ff.; *Klaus Tonner/Erik Gawel/Sabine Schlacke* Nachhaltiger Konsum – integrierte Beiträge von Zivilrecht, öffentlichem Recht und Rechtsökonomie zur Steuerung nachhaltiger Produktnutzung, JZ 2016, 1030 ff.; *Klaus Tonner/Erik Gawel/Sabine Schlacke/Marina Alt/Wolfgang Bretschneider* Gewährleistung und Garantie als Instrumente zur Durchsetzung eines nachhaltigen Produktumgangs, VuR 2017, 3 ff.; *Sabine Schlacke/Klaus Tonner/Erik Gawel/Marina Alt/Wolfgang Bretschneider* Stärkung einer längeren Produktnutzung durch Anpassungen im Zivil- und öffentlichen Recht, in: Kerstin Jantke/Florian Lottermoser/Jörn Reinhardt/Delf Rothe/Jana Stöver (Hrsg.) Nachhaltiger Konsum – Institutionen, Instrumente, Initiativen, 2016, 265 ff.

[225] *Sabine Schlacke/Klaus Tonner/Erik Gawel/Marina Alt/Wolfgang Bretschneider* Nachhaltiger Konsum bei der Produktnutzung als Herausforderung rechtlicher Steuerung, ZUR 2016, 451 ff.; *Sabine Schlacke/Klaus Tonner/Erik Gawel/Marina Alt/Wolfgang Bretschneider* Stärkung eines nachhaltigen Konsums im Bereich Produktnutzung durch Anpassungen im Zivil- und öffentlichen Recht, UBA-Texte 72/2015, 123 ff.

[226] Vgl. *Astrid Stadler* Stand und Perspektiven der kollektiven Rechtsdurchsetzung in Deutschland und Europa, in: Peter Jung (Hrsg.) Die private Durchsetzung von öffentlichem Wirtschaftsrecht, 2018, 129 ff.; *Beate Gsell/Johannes Rübbeck* Beseitigung als Folgenbeseitigung? – Kollektivklagen der Verbraucherverbände auf Rückzahlung unrechtmäßig erzielter Gewinne, ZfPW 2018, 409 ff.; in Bezug auf die Musterfeststellungsklage vgl. *André Felgentreu/Andreas Gängel* Zur Klagebefugnis eines Verbraucherverbandes im Musterfeststellungsverfahren, VuR 2019, 323 ff.

[227] Vgl. *Schröder* Private statt administrativer Durchsetzung (Fn. 176), 326 ff.

[228] Vgl. *Erika Wagner* Die Notwendigkeit einer Verbandsklage im Klimaschutzrecht, EurUP 2019, 185 ff., die die Einführung einer Verbandsklage im österreichischen Zivilprozessrecht und auf europäischer Ebene fordert, welche auch Umweltschutzinteressen adressiert.

[229] Zu Potenzialen und Grenzen vgl. *Eckard Rehbinder* Das deutsche Umweltrecht auf dem Weg zur Nachhaltigkeit, NVwZ 2002, 657 (661 ff.); *Wolfgang Kahl* Einleitung: Nachhaltigkeit als Verbundbegriff, in: ders. (Hrsg.) Nachhaltigkeit als Verbundbegriff, 2008, 1 (4 ff.); *ders.* Nachhaltigkeitsverfassung (Fn. 131), 21 ff.; *ders.* Einleitung: Nachhaltigkeit durch Organisation und Verfahren, in: ders. (Hrsg.) Nachhaltigkeit durch Organisation und Verfahren, 2016, 1 ff.

schöpfung des Effektuierungspotentials obliegt in erster Linie dem Gesetzgeber, vor allem dem EU-Gesetzgeber;[230] den Gerichten kommt allenfalls eine Anstoßfunktion zu.

---

[230] Bislang werden Kollektiv- und Verbandsklagen im Umwelt- und Privatrecht durch das EU-Recht nicht miteinander verschränkt, sondern stehen unverbunden nebeneinander, vgl. zu unionsrechtlichen Kollektiv- und Verbandsklagen im Lauterkeits- und Verbraucherschutzrecht *Sabine Schlacke/Klaus Tonner/Erik Gawel/Marina Alt/Wolfgang Bretschneider* Stärkung eines nachhaltigen Konsums (Fn. 225), 84; zu den unionsrechtlichen Vorgaben für Verbandsklagen im Umweltverwaltungsrecht vgl. *Sabine Schlacke* in: Klaus Ferdinand Gärditz (Hrsg.) VwGO, 2. Aufl. 2017, Vorbem. zu §§ 1–8 UmwRG, Rn. 10 ff.; *dies.* Die Novelle des UmwRG 2017, NVwZ 2017, 905. Hieran scheint sich angesichts des aktuellen Richtlinienentwurfs in der Zukunft wenig zu ändern (vgl. Vorschlag der Kommission vom 11.4.2018 für eine Richtlinie des Europäischen Parlaments und des Rates über den Zugang zu Gerichten in Umweltangelegenheiten v. 24.10.2003, KOM (2003) 624 endg.), der sich lediglich auf Umweltinteressen konzentriert. Zu letzterem ausführlich *Schlacke/Römling* Rechtsbehelfe im Umweltrecht (Fn. 128), § 3 Rn. 204 ff.; er wurde allerdings bislang im Gesetzgebungsverfahren nicht weiterverfolgt. Zum neuesten Entwurf der zivilprozessualen EU-Verbandsklagenrichtlinie KOM (2018) 184 endg. *Tanja Domej* Die geplante EU-Verbandsklagenrichtlinie – Sisyphos vor dem Gipfelanstieg?, ZEuP 2019, 446 ff.

Leitsätze der 2. Referentin über:

Verschränkungen öffentlich-rechtlicher und privatrechtlicher Regime im Verwaltungsrecht

I. *Verschränkungen statt Abgrenzungen*

(1) Neuere Entwicklungen im Verwaltungs- und Zivilrecht legen einen Perspektivwechsel nahe, der nicht Trennungen zwischen öffentlich-rechtlichen und privatrechtlichen Regimen, sondern Verschränkungen in den Fokus rückt.

(2) Die erforderliche Begrenzung des Untersuchungsgegenstandes erfolgt zugunsten des Umweltrechts, da es über eine gefestigte verwaltungsrechtliche Dogmatik verfügt, eine der Speerspitzen der Modernisierung des Verwaltungs- und Verwaltungsprozessrechts ist und mit der Bewältigung aktueller, komplexer Problemlagen – wie dem Klimawandel – herausgefordert ist.

II. *Aktuelle Phänomene rechtsregimeübergreifender Verschränkungen im Umweltrecht*

1. *Einflüsse des Privatrechts auf das Umweltverwaltungsrecht*

(3) Die Einflüsse des Privatrechts auf das Umweltverwaltungsrecht können im Wesentlichen auf drei Phänomene von Verschränkungen konzentriert werden:

(4) Die Rezeption des Privatrechts durch das Umweltverwaltungsrecht findet selten und allenfalls punktuell statt, ebenso wie Ergänzungen des Umweltverwaltungsrechts durch das Privatrecht.

(5) Größeres Gewicht kommt neuen komplementären Verbundlösungen zu, die öffentlich-rechtliche Rahmensetzung mit privatautonomen Aushandlungsprozessen verbinden, die auf die Nutzung privatrechtlicher Instrumente angewiesen sind. Beispiele sind der Emissionszertifikatehandel, die Direktvermarktung von Strom aus erneuerbaren Energien und der Handel mit Verpackungsabfällen.

2. Einflüsse des Umweltverwaltungsrechts auf das Privatrecht

(6) Aktuelle Rechtsentwicklungen im Privatrecht führen zu Intensivierungen und Erweiterungen von Verschränkungen, die sich anhand der zivilgerichtlichen Rechtsprechung zu Klagen im Rahmen des Abgasskandals für das Vertrags- und Deliktsrecht sowie zur sogenannten Klimaklage für das Nachbarrecht aufzeigen lassen.

(7) Der Eignungsbegriff des kaufrechtlichen Gewährleistungsanspruchs (§ 434 Abs. 1 S. 2 Nr. 2 BGB) entwickelt sich zu einem wichtigen Einfallstor für die Einwirkung des Umweltverwaltungsrechts auf das Vertragsrecht.

(8) Ob eine formell wirksame Typgenehmigung für Kraftfahrzeuge Zivilgerichte daran hindert, eine materielle Verletzung eines umweltrechtlichen Verbotsgesetzes i.S.d. § 134 BGB zu bejahen, ist umstritten.

(9) Der klassische Transmissionsriemen für eine Rezeption des Umweltverwaltungsrechts im Deliktsrecht ist das Schutzgesetz i.S.d. § 823 Abs. 2 S. 1 BGB. Im Abgasskandal verzichten Zivilgerichte und ein Teil des Schrifttums bei Klagen auf Schadensersatz auf das Erfordernis der drittschützenden Wirkung umweltverwaltungsrechtlicher Vorschriften mit Verweis auf das Unionsrecht, wodurch sich der Kreis der Schutzgesetze erweitert.

(10) Transmissionsriemen für Einwirkungen des Umweltverwaltungsrechts auf das Nachbarrecht sind Duldungspflichten des Grundstückseigentümers. Eine Harmonisierung der beiden Teilrechtsordnungen wurde in der jüngeren Vergangenheit durch Rechtsprechung und Gesetzgeber dadurch vorangetrieben, dass immissionsschutzrechtlichen Normen eine Indizwirkung für Wesentlichkeit, Ortsüblichkeit und Kausalität im privaten Nachbarrecht zugesprochen wurde.

(11) Für Langzeit- und Distanzschäden, die durch Emissionen genehmigter Industrieanlagen verursacht sein könnten, wird im Kontext einer horizontalen Klimaklage derzeit eine Anerkennung eines nachbarrechtlichen Aufopferungsanspruchs diskutiert.

III. Analyse und Systematisierung

1. Verfassungs- und unionsrechtliche Grundlagen

(12) Das Grundgesetz eröffnet dem Gesetzgeber – bis auf einige Ausnahmen – einen weiten Gestaltungsspielraum bei der Wahl des Rechtsregimes.

(13) Dem Unionsrecht ist eine Trennung zwischen öffentlichem und privatem Recht fremd. Ihm kommt es regelmäßig weder auf eine rechtsregimeabhängige noch rechtsregimeübergreifende Verschränkung an, son-

dern auf eine effektive Um- und Durchsetzung sowie gerichtliche Kontrolle des Umweltunionrechts.

(14) Grundrechte sowie das Staats- und Unionsziel Umweltschutz sind die wesentlichen normativen Vorgaben für die Ausgestaltung von Verschränkungen im Umweltrecht.

2. *Theoretischer Kontext*

(15) Verschränkungen können Entlastungs- und zugleich Ergänzungsfunktionen sowie Auffang-, Verbund- und Anstoßfunktionen entfalten oder auch dysfunktional wirken.

(16) Auffangfunktionen liegen vor, wenn Regelungsziele im Rahmen der einen Teilrechtsordnung hinreichend durch Rückgriff auf Gestaltungselemente der anderen Teilrechtsordnung erfüllt und in diesem Sinne „aufgefangen" werden können.

(17) Verbundfunktionen zielen auf eine durch Gesetzgeber oder Verwaltung erfolgte Kombination von Instrumenten des öffentlichen Rechts mit denen des Zivilrechts, die ohne den jeweils anderen Teil nicht effektiv wären.

(18) Dysfunktionalitäten bestehen, wenn Verschränkungen zu Norm- oder Wertungswidersprüchen führen.

(19) Zwecks Systematisierung der Funktionen von Verschränkungen kann zwischen der Ebene der Rechtssätze, der Ebene des Verwaltungshandelns und der Ebene der gerichtlichen Kontrolle differenziert werden.

(20) Eine funktionale Analyse von Verschränkungen setzt die Klärung der jeweiligen Zwecksetzungen der Teilrechtsordnungen voraus: Während Umweltrecht Umweltschutz bezweckt, ist Systemidee des Privatrechts die Gewährleistung von Privatautonomie, wenngleich im Privatrecht Verschiebungen zu einer stärkeren Gemeinwohlorientierung bis hin zu paternalistischen Zielsetzungen identifiziert werden können.

3. *Funktionale Analyse der Verschränkungen*

(21) Eine Auffangfunktion auf der Ebene der Rechtssätze kommt dem Privatrecht zu, wenn es Vorschriften vorhält, die ergänzend zum öffentlichen Recht Anwendung finden. Dieses komplementäre Zusammenwirken von Umweltverwaltungs- und Privatrecht vermeidet Wertungswidersprüche, stärkt dadurch Rechtseinheitlichkeit und -sicherheit, entlastet Verwaltungsbehörden und erhöht die Effektivität der verwaltungsbehördlichen Rechtsdurchsetzung.

(22) Die erweiterte Rezeption des Umweltverwaltungsrechts durch die Zivilgerichte im Privatrecht führt zu Nachbesserungs-, Rückabwick-

lungs-, Bereicherungs- und Schadensersatzansprüchen. Ihre Sanktions- und zugleich Auffangfunktion wirkt präventiv umweltschützend, ohne indes Mängel des verwaltungsbehördlichen Vollzugs zu kompensieren.

(23) Eine (bislang) fehlende verwaltungsgerichtliche Kontrolleröffnung kann – jedenfalls zum Teil, wie sich im Kontext des Abgasskandals zeigt – von Zivilgerichten aufgefangen werden. Dem unionalen Effektivitätsgrundsatz dürfte diese Auffangfunktion auf der gerichtlichen Ebene indes nicht ausreichend Rechnung tragen.

(24) Komplementäre Verbundlösungen, die ordnungsrechtliche Rahmensetzungen sowie privatautonom und privatrechtlich gestaltete Aushandlungsprozesse kombinieren, bedürfen einer effektiven öffentlich-rechtlichen Steuerung, um ihre Verbundfunktionen für den zu erreichenden Schutzzweck wirksam zu entfalten.

(25) Wertungswidersprüche entstünden im Rahmen der sog. Klimaklage, wenn höchstrichterlich dem Ansatz des OLG Hamm recht gegeben würde. Eine verschuldensunabhängige Gefährdungshaftung für weltweite Grundstücksbeeinträchtigungen wäre dysfunktional, weil sie die räumliche Reichweite des privaten und öffentlichen Nachbarrechts unberücksichtigt lässt.

(26) Die zivilgerichtliche Feststellung eines Verstoßes gegen die EG-Fahrzeuggenehmigungsverordnung erzeugt keinen Wertungswiderspruch gegenüber einer behördlicherseits nicht aufgehobenen, materiell rechtswidrigen Typgenehmigung.

IV. Funktionswandel des (Umwelt-)Verwaltungsrechts:
    Verbund- statt Trennungssystem?

(27) Konturen und Grenzen der Teilrechtsordnungen Umweltverwaltungsrecht und Privatrecht lösen sich durch die skizzierten, im Umweltrecht bestehenden Verschränkungen mit ihren Auffang- und Verbundfunktionen nicht auf.

(28) Komplementäre Verbundlösungen setzen die zivilrechtliche Privatautonomie für die Ausgestaltung des öffentlich-rechtlichen Rahmens ein. Im Sinne des Nachhaltigkeitsgrundsatzes werden hierdurch im Umweltrecht ökologische und ökonomische Zielsetzungen miteinander verknüpft. Diese Kombinationen entwickeln einen regime- und systemübergreifenden Verbund.

(29) Ausdehnung und Intensivierung der Einwirkungen des Umweltverwaltungsrechts auf das Vertrags-, Delikts- und Nachbarrecht führen zu einer teilweisen Publifizierung des Privatrechts. Sie entspricht der aktuellen Gemeinwohlorientierung des Zivilrechts, ohne indes eine „Entpriva-

tisierung des Privatrechts" oder gar ein „nachhaltiges Privatrecht" herbeizuführen. Diese Verschränkungen können eine Anstoßfunktion für die Verwaltungsbehörden entfalten, etwa Ermessenausübungen zu überprüfen.

(30) Systemgrenzen der Teilrechtsordnungen werden verletzt, wenn das gesetzgeberisch und judikativ geformte Zusammenwirken von Umweltverwaltungs- und Privatrecht durch zivilgerichtliche Wertungswidersprüche konterkariert wird; selbst wenn dadurch im Hinblick auf den Umweltschutz Regelungslücken beseitigt werden könnten.

(31) Der Auffangfunktion des Privatrechts für das Verwaltungsrecht sollte zukünftig mehr Gewicht verliehen werden, um die rechtsvereinheitlichende Steuerungswirkung von Verschränkungen zu stärken.

(32) Rechtstheoretisch ist angesichts der skizzierten gemeinwohlorientierten Aufladung des Privatrechts die Frage nach Funktionen und Zwecken der Teilrechtsordnungen neu aufgeworfen.

(33) Rechtspolitisch ist das Potential materiell-rechtlicher und prozessualer Verschränkungen zur Stärkung des Umweltrechts noch nicht ausgeschöpft. So könnte eine Verschränkung kollektiver und überindividueller Klagerechte im Verbraucher- und Umweltrecht die Steuerungsleistung des Umweltrechts erhöhen. Als Leitgedanke für eine Effektuierung kann dem Gesetzgeber der Nachhaltigkeitsgrundsatz dienen.

3. Aussprache und Schlussworte

Verschränkungen öffentlich-rechtlicher und privatrechtlicher Regime im Verwaltungsrecht

Christian Waldhoff: Ich habe versucht, die Diskussionsbeiträge in drei Gruppen zu gliedern. Erstens: Übergreifende Grundlagenbemerkungen, zweitens: eine Gruppe, die im Schwerpunkt auf Steuerrecht als Referenzgebiet zielt, und drittens: eine Gruppe, die schwerpunktmäßig auf das Umweltrecht zielt. Ich kündige wiederum Dreierkohorten an. Die erste Dreierkohorte zu den grundlegenden Fragen sind Herr *Schoch*, *Matthias Jestaedt* und *Christian Walter*.

Friedrich Schoch: Verehrte Kolleginnen und Kollegen, gestatten Sie eine Vorbemerkung, eine These und drei Beispiele; das Ganze greift schon etwas vor auf den letzten Block unserer Beratungen. Vorbemerkung: Das Phänomen, das wir heute besprechen, ist – zugespitzt formuliert – uralt. Verschränkungen zwischen Verwaltungsrecht und Zivilrecht kennen wir schon aus dem Polizeirecht. Ich beginne ganz banal mit dem Störerbegriff. Können wir den Störerbegriff handhaben, ohne Zivilrecht mitzudenken? Ein einfaches Beispiel: Der Vermieter kündigt, der Mieter droht obdachlos zu werden, der Vermieter verhält sich im Rahmen der Zivilrechtsordnung, er ist wertungsmäßig also nicht Störer. Probleme hatten in den 1970er Jahren Zivilrechtskollegen: Greift das Verwaltungsrecht nicht in das Vollstreckungsrecht ein? Zweiter Hinweis: Zustandshaftung. In der Zeit vor dem Bundesbodenschutzgesetz hatten wir Probleme mit der Verantwortlichkeit bei Altlasten. Es ging um Verfahren mit Schadensausmaßen in Millionenhöhe. Alle Verfahren, jedenfalls die meisten Verfahren, hatten zivilrechtliche Implikationen, ganz viele Verfahren in Bezug auf das Umwandlungsgesetz, nämlich zu der Frage, ob das Verwaltungsrecht die Frage der Rechtsnachfolge autonom entscheiden kann. Natürlich nicht! Das heißt, die Verschränkung lag auf der Hand. Begriffe wie „Verbundverwaltung" und „Steuerung" gab es damals nicht. Die Probleme haben wir ganz normal bearbeitet. Meine These ist: Einheitliche Lebenssachverhalte rufen nach sachangemessenen Lösungen; dabei ist es zweitrangig, ob der „Instrumentenkasten" im Verwaltungsrecht geöffnet wird oder im Zivilrecht, am besten zusammen im Verbund, also sich ergänzend. Dazu möchte ich auf drei Punkte im Referat von Frau *Schlacke* eingehen. Der erste Punkt betrifft Bereiche, wo der Gesetzgeber nicht agiert oder gesteuert hat, sondern wo wir gefordert sind. Dazu muss ich am Beispiel des Abfallsektors vereinfachen. Im öffentlichen Bereich haben wir Kommunen, im privaten Sektor große Firmen. In Rede stehen Altpapier, Altkleider, Metalle; aus eigener Anschauung kann ich berichten, dass es um Milliardengeschäfte geht und nicht etwa um „Peanuts". Im Kern sagt das Kreislaufwirtschaftsgesetz, dass bei der Entsorgung von Hausmüll die öffentliche Hand in der Vorhand ist, es sei denn, Private können es besser, was nachgewiesen werden muss. Aus dem kommunalen Wirtschaftsrecht kennen wir das Markterkundungsverfahren, hier haben wir dergleichen nicht. Herr *Lege* hat heute früh Fallbeispiele gefordert, dazu nun einer der vielen Fälle: Die Abfallrechtsbehörde erklärt die Kommunen für zuständig, dies wird angefochten, wir haben einen ganz normalen Verwaltungsrechtsstreit. Im Prozess sagt der unterlegene Private: Halt! Die Stadt hat kein Vergabeverfahren durchgeführt! Die Frage muss geklärt werden, wer es besser, umweltgerechter, günstiger usw. kann. Hier sind wir noch nicht so ganz im Zivilrecht, weil man sagen könnte, das Vergaberecht gehöre zwar in die Rechtswegzuständigkeit der ordentlichen Gerichte, aber der Sache nach handele es sich um ein Verwaltungsverfahren. Das zweite Beispiel, das Frau *Schlacke* gebracht hat, betrifft übliche Dreiecksverhältnisse. Es ist ein ganz normales Phänomen, auch jenseits des Umweltrechts, dass wir in Dreiecksverhältnissen gar nicht umhinkönnen, als Verwaltungsrechtler auch in das Zivilrecht zu schauen. Am Beispiel von Betriebs- und Geschäftsgeheimnissen nun zum strukturellen Hintergrund: Nehmen wir an, bei mir als Behördenchef geht ein Antrag von Herrn *Oebbecke* auf Akteneinsicht ein, weil Frau *Schlacke* ihren Betrieb erweitern möchte, was immissionsschutzrechtlich relevant ist. Die Antragsunterlagen enthalten nicht nur Betriebs- und Geschäftsgeheimnisse, sondern auch Urheberrechte, personenbezogene Daten etc. Der Gesetzgeber hat, wie im ersten Beispiel zum Vergaberecht, zur Konfliktlösung nichts genau geregelt; wir müssen wieder auf das Zivilrecht zugreifen. Frau *Schlacke* hat, ganz nonchalant, vorgeschlagen, das neue Geheimnisschutzgesetz heranzuziehen. Auf Folgendes weise ich hin: Die EU-Geheimnisschutz-Richtlinie enthält eine andere Definition als die vom Bundesverfassungsgericht 2006 vorgeschlagene Begriffsbestimmung; der Geheimnisinhaber muss praktische Vorkehrungen zum Geheimnisschutz getroffen haben, damit er überhaupt schutzwürdig ist. Zudem: Nach der Richtlinie ist das Informationsfreiheitsrecht ausdrücklich ausgenommen, gilt also auch im Umweltinformationsrecht nicht. Es stellt sich – und das wäre mein übergreifender Aspekt – die Frage, ob wir in diesem Bereich eine de-facto-Europäisierung haben werden. Das dritte Beispiel, verkürzt, betrifft die Produktverantwortung. Momentan haben wir, Sie haben das ja mitbekommen, große Probleme mit der Bewältigung anfallender Abfallmengen. Es geht darum, wie Abfall vermieden und wie Abfall zurückgenommen werden kann; „Privatrecht pur" zeigt sich hier. Große Handelsketten bieten – nehmen wir wieder das Beispiel Altkleider – an, nicht nur die von ihnen verkauften Produkte zurückzunehmen, sondern auch von anderen Stellen verkaufte Produkte. Hintergrund ist das Milliardengeschäft auf diesem Markt. Freiwillig werden private Erfassungssysteme, an der öffentlichen Hand vorbei, geschaffen, die Abfälle gelangen gar nicht in den öffentlichen Kreislauf. Die Kommunen „laufen Sturm", weil ihnen wertvolle Altkleider, Altschuhe, Altglas usw. verloren gehen. Die Frage ist: Wie geht das? Der Gesetzgeber hat keine Steuerung vorgenommen, die Aufgabe geht Praxis und Wissenschaft an. Schlusssatz: Die Probleme sind nicht neu, sie werden komplexer; wir haben einen zunehmenden Europäisierungsdruck und die Fortentwicklungen können nur bereichsspezifisch gelöst werden, wir können keine allgemeinen Lehren entwickeln. Vielen Dank.

Matthias Jestaedt: Dankeschön. Ich darf zunächst für zwei sehr schöne Referate danken. Ich habe dann aber doch eine ganz grundsätzliche Frage, nämlich, inwiefern uns die Beschreibungskonzepte von „Verschränkungen" und das Reden von „Rechtsregimen" weiterbringt, was es mehr und besser erklärt, als man ohne Rückgriff darauf erklären könnte. Ich würde eigentlich am liebsten augenzwinkernd die Frage an meine österreichischen und schweizerischen Kolleg(inn)en richten, ob Sie nicht bewundernd gesehen haben, wie ihre deutschen Kolleg(inn)en operieren: Denen werfen Sie einen Begriff vor und die entwickeln im Nu ein ganzes Rechtsgebiet daraus. Ich habe indes Zweifel, ob wir unter Rekurs auf die Verschränkungs- und Rechtsregimenomenklatur in puncto rechtswissenschaftlicher Erklärungswert wirklich weiterkommen. Um dies zu verdeutlichen, möchte ich gerne ein paar Fragen aufwerfen. Erstens: Wenn wir von einer eigenständigen „Verschränkungsdogmatik" reden, wenn wir von der „Harmonisierung von Rechtsregimen" reden, wenn wir davon reden, dass Systemgrenzen der Teilrechtsordnungen „verletzt werden" – dann scheinen damit irgendwie rechtlich, und zwar positivrechtlich, relevante Phänomene adressiert zu werden. Ich kann bislang jedoch noch nicht erkennen, dass sich derlei positivrechtliche Erscheinungen nachweisen ließen. Zweitens: Gibt es irgendetwas, was das Reden von „Rechtsregimen" – darauf komme ich gleich noch einmal zurück – oder das Hantieren mit dem Begriff der „Verschränkung" besser als bislang erklärten, oder gelangen wir gar damit zu spezifischen (positiv)rechtlichen Konsequenzen? Auch hier kann ich den Vorzug nicht erkennen. Drittens: Ich denke, dass wir die Diskussion vom heutigen Vormittag fortführen müssen. Heute Vormittag haben wir gesagt, das positive

Recht zwinge uns in manchen Punkten zur Qualifizierung eines rechtlichen Vorganges als privatrechtlich oder als öffentlich-rechtlich. Aber, liebe Kolleginnen und Kollegen, Qualifizierung heißt nicht, dass damit per se unterschiedliche Regime, unterschiedliche Wertungen, unterschiedliche Rechtsfolgen verbunden wären. Da müssen wir, denke ich, aufpassen und dürfen nicht sagen: „*Weil* wir es mit einer Bestimmung des Öffentlichen Rechts zu tun haben, *deswegen* ergeben sich folgende Konsequenzen", sondern müssen aus dem positiven Recht zu allererst heraus begründen, dass die behaupteten Konsequenzen im konkreten Fall an eine als öffentlich-rechtlich zu qualifizierende Norm geknüpft sind. Viertens: Was sind denn überhaupt „Rechtsregime"? Ist das Strafrecht auch ein Rechtsregime? Ist das Umweltrecht im Verhältnis zum Steuerrecht ein Rechtsregime? Ist das Verfassungsrecht ein Rechtsregime? Dieses letztere fiel in den Referaten völlig heraus, blieb außen vor als Rechtsregime. Ist das Unionsrecht ein Rechtsregime? Hier scheinen mir völlig unterschiedliche Dinge als Rechtsregime qualifiziert werden zu können, also mit völlig unterschiedlichen rechtlichen Strukturen, Vorrangregelungen und so weiter. Deswegen ist mir ganz plümerant geworden bei den ganzen Verschränkungen und den ganzen Rechtsregime übergreifenden Elementen. Fünftens: Mich haben die Zugänge beider Referate ein bisschen erinnert an die am Ende völlig fruchtlose Diskussion zu den – nahezu beliebig erfindbaren – Teilverfassungen der 1970er und 1980er Jahre. Ich bezweifle stark, dass uns die Rechtsregime- oder auch die Verschränkungs-Semantik wirklich weiterbringt. Ganz im Gegenteil sehe ich die große Gefahr bei uns deutschen Staatsrechtslehrerinnen und Staatsrechtslehrern, dass sich diese Begriffe, einmal mit hinreichender Prominenz in den Diskurs eingeführt, verselbständigen und zu eigenständigen Dogmatiken erheben und wir auf einmal davon sprechen – ich habe es bereits zitiert –, dass Systemgrenzen der Teilrechtsordnungen „verletzt werden". Sechstens: Aber liegt hier auch – denn darauf kommt es ja an – eine *Rechts*verletzung vor? Können wir es insbesondere als *Rechts*verletzungen qualifizieren, wenn und soweit der Gesetzgeber die Systemgrenzen der angeblichen Teilrechtsordnung „verletzt"? Und nebenbei: Wenn es derselbe Gesetzgeber, derselbe Bundesgesetzgeber oder Landesgesetzgeber ist, der im Privatrecht oder im Verwaltungsrecht tätig ist, verletzt er bei einer Verletzung von Systemgrenzen auch Verfassungsnormen? Verletzt er Unionsrechtsnormen? Kurzum: Brauchen wir eine eigene Kategorie der Systemgrenze mit der Folge einer Systemgrenzverletzung als einer Rechtsverletzung? Bei diesem halbdutzend Rückfragen will ich es erstmal belassen. Dankeschön.

Christian Walter: Ich habe eine Frage, die in eine ganz ähnliche Richtung geht und sich auch an beide Referenten richtet. Ich hatte beim Zuhören den Eindruck, dass Vieles von dem, was unter „Verschränkungen" verhandelt wird, allgemeine Probleme der Bezugnahme von Normen auf andere Normen oder des Verweises von Normen auf andere Normen sind. Ich habe versucht, mich zu erinnern, wie das beim Diebstahl mit der fremden beweglichen Sache war: Würden wir für das Tatbestandsmerkmal „fremd" von einer „Verschränkung" zwischen Strafrecht und Zivilrecht sprechen? Ich fände es, das ist die Frage, die ich stellen will, schön, wenn man noch ein bisschen genauer konkretisieren könnte, was hier eigentlich die Besonderheiten, auch in den jeweils untersuchten Teilrechtsgebieten, gerade für den Verweis aus dem Öffentlichen Recht ins Privatrecht oder umgekehrt aus dem Privatrecht ins Öffentliche Recht gegenüber Bezugnahmen oder Verweisen innerhalb des Privatrechts oder innerhalb des Öffentlichen Rechts oder überhaupt einfach innerhalb der Rechtsordnung sind. Was ist das Spezifikum des Verhältnisses von Privatrecht und Öffentlichem Recht bei der Verschränkung? Danke.

Michael Goldhammer: Ja, herzlichen Dank. Beide Referate haben meines Erachtens in ganz unterschiedlicher Weise Optimismus im Blick auf die Leistungsfähigkeit des Begriffs der Verschränkung zum Ausdruck gebracht – natürlich in Abhängigkeit vom jeweiligen Rechtsgebiet. Nach meinem Eindruck hat Frau *Schlacke* etwas kritischer auf die Gefahren der Dysfunktionalitäten und der Wertungswidersprüche hingewiesen. Das möchte ich absolut unterstützen und würde sogar noch weiter gehen im Blick auf die Frage, wie hoch die Leistungsfähigkeit der Verschränkung ist, und im Ergebnis darauf hinweisen wollen, dass diese Frage des Verhältnisses von Zivilrecht und Öffentlichem Recht, von Verwaltungsrecht und Privatrecht, d.h. die Verhältnisfrage letztlich im Blick auf die Verschränkung unterkomplex zu bleiben droht. Man sollte gleichzeitig eigentlich immer auch nach einer Theorie oder Analytik des Bruchs fragen, des Bruchs zwischen den Rechtsgebieten. Denn natürlich gibt es ganz viele Fälle der Akzessorietät oder auch des Querschnittsbegriffs, aber das ist nicht das ganze Bild, denn die Fälle des Bruchs sind natürlich noch viel häufiger. In sehr vielen Fällen wendet sich das Öffentliche Recht zum Teil explizit und strikt gegen die Akzessorietät. Die betreffenden Rechtsgebiete wurden schon erwähnt. Und zum Teil erfolgt der Bruch eben nur implizit, weil die Zwecke so unterschiedlich sind. Und genau hier haben wir dann doch ein Problem, weil Themen eben nicht dasselbe sind, nur, weil Begriffe dasselbe sagen. Nehmen wir nur den ganzen Bereich des Eigentums – die Eigentumsbegriffe vom Steuerrecht über das Verwaltungsrecht, vor allem das Umweltrecht, bis zu Art. 14 GG unterscheiden sich gravierend, wie sich nicht zuletzt an der Frage des eingerichteten Gewerbebetriebs zeigt. Oder nehmen wir das schon erwähnte Beispiel des Geschäftsgeheimnisses, das ein ganz wunderbares Beispiel ist für die Frage des Verhältnisses der Rechtsgebiete und für die Frage der Leistungsfähigkeit von Verschränkungen. Denn die verwaltungsrechtliche Übernahme des traditionellen, vom Reichsgericht entwickelten Geschäftsgeheimnisbegriffs ist natürlich ganz herrschend und zweifellos auch getragen von einer Rationalität, weil Geschäftsgeheimnis hier nicht etwas völlig anderes heißen kann als da. Es kann nicht total anders sein. Aber muss es deshalb zu hundert Prozent dasselbe sein? Und insofern wurde gerade im Zuge der jüngeren Intensivierung der Informationsfreiheitsgesetzgebung die Leistungsfähigkeit des traditionellen Begriffs als Import aus dem Zivilrecht problematisch, gerade im Blick auf den Zweck der Informationsfreiheitsgesetzgebung, konkret im Blick auf toxische Informationen und Reputationsschäden. Dies lag vor allem am zivilrechtlichen Definitionselement des „Nachteils", das wir mit der neuen, dreigliedrigen Richtliniendefinition nicht mehr haben. Und genau hier sehen wir schon einen Fall des Wertungswiderspruchs. Ich werbe daher nicht dafür, dass wir sozusagen diese Begriffe künstlich trennen, ich werbe aber schon dafür, die Gefahr zu sehen, leichtfertig dieser Verführungen des Begriffsimports zu unterliegen, weil eben ein Begriff wie Eigentum oder Geschäftsgeheimnis hier wie dort zwar prima facie dasselbe zu bedeuten scheint und es kontraintuitiv wäre, wenn wir jeweils andere Bedeutungsinhalte annehmen. Und um diesen Unterschied, also die Frage, warum Eigentum hier etwas anderes heißt als da, dennoch zu ergründen, bräuchten wir eigentlich zur Theorie der Verschränkung noch eine Theorie des Bruchs, eine Theorie des Bruchs zwischen den Rechtsgebieten. Dankeschön.

Matthias Valta: Vielen Dank, auch von meiner Seite, für die schönen Referate. Man kann sich wirklich fragen, wie fruchtbar eine Begriffsdogmatik zum Begriff „Rechtsregime" ist. Allerdings können Rechtsregime als Aufmerksamkeitsfelder dienen, da hier Wertungswidersprüche auftauchen können. Wenn wir an heute Morgen denken: Das Besondere des Öffentlichen Rechtes ist vielleicht der Vorrang des „Wir", der kollektiven vor der privatautonomen Entscheidung. Das kollektive Entscheiden soll einerseits eingegrenzt, andererseits aber auch gegenüber privatautonomem Handeln ermöglicht werden. Wenn wir diese Funktion des Öffentlichen Rechts im Hinterkopf behalten, dann sind solche Verschränkungen Aufmerksamkeitsfelder, bei denen diese Funktion durch Übernahme von privatautonom geprägten, privatrechtlichen Instituten oder Regelungen möglicherweise gefährdet sein könnte. Ich will nur ein paar Beispiele ergänzen. Im Steuerrecht hat man den Vorzug, auch zivilrechtliche Steuerrechtler als Kollegen zu haben, die überzeugend sagen: Bevor ich mit steuerrechtlichen Anti-Missbrauchs-Normen komme, kann ich auch erstmal die zivilrechtlichen

Anti-Missbrauchs-Normen nehmen, also § 138 BGB, § 117 BGB, Scheingeschäft. Letztendlich bildet das Öffentliche Recht, die Abgabenordnung, entsprechende Missbrauchsnormen ab, sodass es im Ergebnis kaum einen Unterschied macht. Aber hier zeigt sich schon eine gewisse Doppelung. Es hat natürlich eine gewisse Eleganz, im Privatrecht schon zu erledigen, was dann im Verwaltungsrecht nicht mehr erledigt werden muss; dies birgt aber auch Gefahren für die Tatbestandsmäßigkeit, für die rechtsstaatlichen Sicherungen. Im Verwaltungsvertragsrecht, natürlich ein alter Hut, aber auch doch durchaus zu erwähnen: § 59 Absatz 1 VwVfG verweist nach überwiegender Auffassung für die Nichtigkeit des öffentlich-rechtlichen Vertrags auch auf § 134 BGB. Gegen den eigentlichen Willen des historischen Gesetzgebers wird auf eine zivilrechtliche Vorschrift verwiesen, die paradoxerweise selbst eigentlich für den umgekehrten Fall gedacht ist, öffentliches Recht ins Zivilrecht zu importieren. Dies ist ein Risiko, andererseits auch eine Chance, durch eine Verschränkung auf das Zivilrecht das Verwaltungsverfahrensgesetz zu „reparieren". Allerdings ist der jetzige kasuistisch geprägte dogmatische Stand auch nicht dauerhaft befriedigend. Umweltrechtlich vielleicht noch das Beispiel der EEG-Umlage, die heute auch schon erwähnt wurde: Aus steuerrechtlicher Sicht ist diese durchaus problematisch. Zwar ist sie eine gesetzliche Preisintervention, hat aber letztendlich doch eine Belastungswirkung ähnlich wie eine Steuer. Der Bundesgerichtshof ist auf zivilrechtlicher Basis relativ schnell darüber weggegangen, wo man aus steuerrechtlicher Sicht, aus finanzverfassungsrechtlicher Sicht, durchaus mehr Probleme hätte sehen können. Andererseits ermöglichen Verschränkungen mit dem Privatrecht manchmal auch mehr Rechte für den Bürger und Einschränkungen staatlicher Befugnisse, die man vielleicht nicht so auf den ersten Blick erwartet hätte. Ich habe jüngst die Arbeit von *Heinen* zur Ausübung von steuerlichen Wahl- und Antragsrechten, wie es sie auch in anderen Teilgebieten, wie dem Sozialrecht, gibt, gelesen. Überzeugend wird dargelegt, dass solche Wahl- und Gestaltungsrechte auch rückwirkend nach den zivilrechtlichen Vorschriften angefochten werden können. Hingegen sagen die Bestandskraftregelungen der Abgabenordnung nach der bisher herrschenden Meinung, dass auch die rückwirkende Anfechtung keine Auswirkung auf die Bestandskraft habe. Überzeugender ist es jedoch, in der Anfechtung ein rückwirkendes Ereignis im Sinne von § 175 Abs. 1 Nr. 2 Abgabenordnung zu sehen, so dass die Bestandskraft entsprechend eingeschränkt ist und eine nachträgliche Korrektur auch möglich sein muss. Hier wäre es am Gesetzgeber, die Antrags- und Wahlrechte vorsichtiger zu formulieren und zeitlich zu begrenzen, mit denen er letztendlich ein privatautonomes Element einführt. Hier sollte er vorsichtiger agieren, weil durch diese Verschränkungen doch ein gewisses Risikopotenzial besteht. Herzlichen Dank.

Simon Kempny: „Gewöhnlich glaubt der Mensch, wenn er nur Worte hört, es müsse sich dabei doch auch was denken lassen." Ich teile die Zweifel, die Bedenken, die *Matthias Jestaedt* soeben geäußert hat, was Begriffe wie „Rechtsregime" angeht, und demzufolge auch, was dann „Verschränkungen" zwischen solchen „Rechtsregimen" eigentlich sein können. Andererseits waren die Themen ja nun den Referenten vorgegeben, und insoweit haben Sie sich in der Hexenküche dieser Begrifflichkeit ganz wacker geschlagen; dafür auch mein nachdrücklicher Dank. Eine Frage hätte ich an Herrn *Drüen* und mehr eine Bemerkung, wenn Sie es mir nachsehen, an Frau *Schlacke*. Herr *Drüen*, Sie sprachen – das ist These 20 – von einem „Folgerichtigkeitsgebot" bei Verschränkungen. Das ist natürlich bei mir ein rotes Tuch, das wissen Sie als Steuerrechtler, aber damit wollen wir die Mehrheit hier nicht langweilen. Die Frage: Haben Verschränkungen (wenn wir den Begriff jetzt mal akzeptieren) Ihres Erachtens Einfluss auf die Frage der anzulegenden verfassungsrechtlichen Maßstäbe? Ein Beispiel: Wir haben derzeit ein beschränktes, wenn Sie so wollen, „durchbrechendes" Anknüpfen an Handelsrecht im Ertragssteuerrecht, wenn es da um die Frage der steuerlichen Bemessungsgrundlage geht, also darum, was der Gewinn ist. Der Gesetzgeber des Einkommensteuergesetzes – das ist derselbe Bundesgesetzgeber wie der des HGB – sagt, im Grunde gehen wir mal vom handelsrechtlichen Ergebnis aus, aber dann kommen Modifikationen, § 5 Abs. 2 und so weiter EStG. Das könnte man brandmarken als nicht folgerichtige Umsetzung dieses Maßgeblichkeitsgrundsatzes, wie das dann gerne im Steuerrecht genannt wird. Was wäre denn, wenn der Gesetzgeber sich nun aufraffte – keine Angst, das wird nie passieren – und ein vollständig eigenständig kodifiziertes Steuerbilanzgesetz schüfe, das in der Sache aber genau dasselbe enthielte wie jetzt dieses Flickwerk in § 5 EStG mit den Verweisungsnormen und mit all dem Ungeschriebenen, was, wie Herr *Drüen* richtig gesagt hat, zusammengestückelte Rechtsprechung ist. Was wäre, wenn das dann alles *ein* Gesetz wäre, äußerlich geschlossen, keine Verschränkungen mehr zu beobachten – ja hätte dann der Gesetzgeber *mehr* Gestaltungsfreiheit? Mich überzeugt das überhaupt nicht. Ich würde behaupten, die verfassungsrechtlichen Maßstäbe sind völlig unabhängig davon, ob sich das, woran wir sie anlegen, als Verschränkung darstellen lässt oder eben auch nicht. Das ist einfaches Recht und das hat sich an die Verfassung zu halten. Punkt. An Frau *Schlacke* die Beobachtung, anknüpfend an das, was Herr *Schoch* eingangs gesagt hat; ich würde das unterstreichen wollen: Die Rechtsprechung von Teilen der Zivilgerichte zum kaufrechtlichen Mangel bei Kfz-Käufen, wenn materiell die Typengenehmigung eigentlich nicht hätte gegeben werden dürfen oder hätte vielleicht auch zurückgenommen werden können, aber – ich würde sagen, das ist politische Korruption – vom Kraftfahrtbundesamt schön belassen wird (wir kennen ja die intellektuelle Spitze des Hauses in Berlin, das da Weisungsbefugnis hat): Ist das nicht eigentlich etwas ganz Altes? Es erinnert mich jedenfalls an die Urgründe des Staatshaftungsrechts in konstitutioneller Zeit. Die armen ordentlichen Gerichte – und andere gab es da ja regelmäßig nicht – sahen sich außer Stande, hoheitliche Verfügungen aufzuheben, und sagten in einschlägigen Fällen dann sinngemäß: „Haben wir gesehen, ist ein Unding, was da passiert ist; also tun wir wenigstens das, was wir immerhin können: Wir geben Geld." Ein Stück weit kommt hier ein Wirkmechanismus zum Tragen, den man kennt, nur mit dem Unterschied: Hier muss jemand anderes zahlen als der Staat, also insoweit dann strukturell nicht das Gleiche, aber doch eine bemerkenswerte Teilparallele, was mich darauf bringt, was *Christoph Engel* heute Morgen sagte. Er meinte: Naja, vielleicht hat diese Zweiheit – dass wir von Zivilrecht einerseits, Öffentlichem Recht andererseits sprechen – doch einen gewissen Sinn; es sind eben unterschiedliche Blickwinkel, die uns jeweils nützliche Informationen geben können. Wir können vielleicht Rationalisierungsgewinne dadurch erzielen, dass wir mehr Akteure haben. Kurzum: Einen Verkehrsminister zu bestechen ist einfacher als zehntausend Zivilrichter. Dankeschön.

Ralf P. Schenke: Ja, auch ich möchte den Referenten für Ihre kenntnisreichen Ausführungen danken. Beide haben natürlich aus dem Vollen schöpfen können, Frau *Schlacke* als ganz ausgewiesene Umweltrechtlerin und Herr *Drüen* als ganz ausgewiesener Steuerrechtler. Ich glaube, wir haben hier alle sehr viel gelernt, jeweils in unterschiedlicher Intensität, je nachdem in welchem Gebiet man selbst eher zu Hause ist. Beide Referenten werden in der Vorbereitung des Referats aber sicherlich nicht nur auf das Umweltrecht und auf das Steuerrecht geschaut haben. Was ich mich gefragt habe und was aus meiner Sicht spannend ist: Gibt es hinsichtlich der Verschränkungen Gemeinsamkeiten zwischen den Rechtsgebieten? Und wenn ja, lassen sich diese dann zu so etwas wie einer allgemeinen Theorie der Verschränkungen verdichten? Das ist hier in der Diskussion ja schon angeklungen. Teilweise wurde gesagt, dass es so etwas gar nicht geben könne und dies unnötig sei. Um diese Frage zu beantworten, wäre es aus meiner Sicht lohnenswert, die Thematik noch einmal rechtsgebietsübergreifend zu behandeln und sich von den einzelnen Referenzgebieten zu lösen. Dazu nur eine kurze Beobachtung: Das Steuerrecht begegnet dem Zivilrecht ganz anders als das Umweltprivatrecht dem öffentlichen Umweltrecht. Das Umweltprivatrecht und das öffentliche Umweltrecht ziehen – in Anführungszeichen – beide an dem gemeinsamen verfassungsrechtlichen Strang des Art. 20a GG und versuchen sich insofern zu ergänzen und zu komplementieren. Das Verhältnis von Steuerrecht und Zivilrecht scheint mir dagegen ein ganz anderes zu sein. Dort gibt es, zumindest auf verfassungsrechtlicher Ebene, keine gemeinsame Klammer. Beide Rechtsgebiete folgen unterschiedlichen Rationalitäten. Speziell im Steuerrecht geht es – so habe ich jedenfalls das Referat von Herrn *Drüen* verstanden – vor allem auch darum, zu vermeiden, dass man miteinander in Konflikt gerät. Beispielsweise sollte sich das Steuerrecht nicht als unerwünschte Rechtsquelle des Gesellschaftsrechts erweisen. Damit sehe ich in der Relation der beiden öffentlich-rechtlichen Rechtsgebiete zum Zivilrecht doch sehr deutliche Unterschiede. Vielen Dank.

Rainer Wernsmann: Ich hätte zwei Fragen an *Klaus-Dieter Drüen*. Die erste Frage betrifft die These 22. Mir scheint es so zu sein, dass die Frage, ob die Übernahme einer Auslegung aus einem anderen Rechtsgebiet sinnvoll ist, nach dem Zweck der Norm beantwortet werden muss. Man muss schauen, welche Zwecke verfolgt das Zivilrecht, welche Zwecke verfolgt das Steuerrecht. Und wenn man eine Rechtsnorm autonom auslegen kann, dann ist das eine Frage der teleologischen Auslegung. Schwieriger wird es meiner Meinung nach, wenn der Gesetzgeber selbst sagt, wir übernehmen den Begriff aus einem anderen Rechtsgebiet. Zu denken ist z.B. an die Maßgeblichkeit der Handelsbilanz für die Steuerbilanz, § 5 Einkommensteuergesetz. Das Handelsbilanzrecht verfolgt ganz andere Zwecke als das Steuerbilanzrecht. Das Handelsbilanzrecht sagt, der Kaufmann darf sich ärmer rechnen, wenn er möchte; es geht um Gläubigerschutz. Das Steuerrecht sollte danach streben, gleich leistungsfähige Steuerpflichtige gleich zu besteuern. Wenn Kaufleute sich ärmer rechnen können wegen Übernahme der Handelsbilanz und Nicht-Bilanzierende diese Möglichkeit nicht haben, ist möglicherweise im äußersten Fall – ich sage nicht, dass es verfassungswidrig ist – aber im äußersten Fall auch die Frage gestellt, ob die unbesehene Übernahme dann möglicherweise sogar wegen Verstoßes gegen Art. 3 GG verfassungswidrig ist. Das scheint mir etwas weiter zu gehen als das, was in These 22 formuliert ist, wo das nur als rechtspolitische Frage aufgeworfen wurde. Es kann vielleicht im äußersten Fall auch zur Verfassungswidrigkeit kommen, wenn diese verschiedenen Zwecke, die in zwei Rechtsgebieten verfolgt werden, nicht aufeinander abgestimmt sind. Die zweite Frage betrifft die These 15 und die Instrumentalisierung des Steuerrechts für Lenkungszwecke. Du hattest in Deinem Vortrag gesagt, der Einsatz des Steuerrechts zu Lenkungszwecken werde verbreitet als Systembruch angesehen. Du hast diese Auffassung nur referiert. Ich hätte Zweifel, das als Systembruch zu qualifizieren, weil ja § 3 Abs. 1 der Abgabenordnung, der nach allgemeiner Auffassung den verfassungsrechtlichen Steuerbegriff zutreffend abbildet, ausdrücklich die Verfolgung von Lenkungszwecken zulässt, indem er sagt, der Zweck der Einnahmeerzielung kann auch Nebenzweck sein. Ich würde deshalb keinen Systembruch und auch keine systemimmanente Widersprüchlichkeit von Fiskal- und Lenkungszweck sehen, wenn das Steuerrecht für den Einsatz von Lenkungszwecken instrumentalisiert wird. Es können in empirischer Hinsicht beide Zwecke sogar gleichzeitig erreicht werden, es kann zu einem höheren Steueraufkommen kommen bei gleichzeitiger Eindämmung des für unerwünscht erachteten Verhaltens. Es kann natürlich sein, wenn der Lenkungszweck sehr stark verfolgt wird, dass das Steueraufkommen zurückgeht, aber auch dann erzielt der Staat noch Einnahmen. Jedenfalls würde ich darin keinen Systembruch sehen und ich denke, auch der verfassungsrechtliche Steuerbegriff geht davon aus. Dazu würde mich Deine Auffassung interessieren, wie Du das siehst. Vielen Dank.

Arnold Marti: Ja, herzlichen Dank auch für diese sehr interessanten und anregenden Vorträge des Nachmittages. Erlauben Sie mir, einige rechtsvergleichende Hinweise zum Schweizer Recht; die Schweizer haben sich ja bisher, soweit ich das in Erinnerung habe, noch gar nicht gemeldet. Der kategoriale Unterschied von Privatrecht und Öffentlichem Recht ist natürlich auch in der Schweiz am verblassen, aber er existiert noch, wie das ja auch in Deutschland der Fall ist, wie wir das jetzt gerade heute Nachmittag wieder gesehen haben. Es gibt ja auch viele gegenseitige Beeinflussungen, *Fleiner* wurde genannt und viele andere könnten erwähnt werden. Nun, bei uns in der Schweiz ist das wie bei Ihnen auch zunächst natürlich für die Zuständigkeitsfrage und die Rechtswegwahl sehr wichtig. Das weiß ich als früherer Vorsitzender eines kleinen kantonalen Obergerichtes, das zugleich auch kantonales Verwaltungsgericht ist. Da könnten Sie sagen, na dann spielt es ja gar keine Rolle. Aber Sie wissen ja, es gibt unterschiedliche Verfahrensordnungen und die Vorinstanzen sind unterschiedlich, aber wir hatten natürlich schon gewisse Steuerungsmöglichkeiten. Das ist aber nicht immer gelungen, siehe das noch zu erwähnende Bundesgerichtsurteil. Dann aber ist diese Unterscheidung in der Schweiz vor allem auch wichtig für die bundesstaatliche Abgrenzung der Gesetzgebungskompetenzen. Diese sind bei uns in der Schweiz in den Artikeln 5 und 6 des Zivilgesetzbuches in den sogenannten Einleitungsartikeln geregelt. Danach ist für das Privatrecht, das ist Art. 5 des ZGB, grundsätzlich allein der Bund zuständig, mit ein paar wenigen Ausnahmen, insbesondere einzelnen Fragen des Nachbarrechts wie Abstandsvorschriften, Zutritts- und Wegerechte. Und beim Öffentlichen Recht ist es so, dass die Kantone solches erlassen können, soweit nicht abschließende Regelungen des Bundeszivilrechts oder des Bundesverwaltungsrechts vorliegen. Zweite Voraussetzung: Es muss für die kantonale Regelung ein schutzwürdiges öffentliches Interesse bestehen. Und drittens, das ist eben interessant: Es darf nicht gegen Sinn und Geist des Bundeszivilrechts verstoßen werden und dieses darf nicht vereitelt oder übermäßig erschwert werden. Daraus ergibt sich natürlich, dass die Abgrenzung wichtig ist. Das Bundesgericht hat, wie dies auch in Deutschland der Fall ist, in seiner Rechtsprechung verschiedene Methoden entwickelt. Hinsichtlich der Abgrenzung der Gesetzgebungszuständigkeiten nach Art. 6 ZGB spielt – wie sich dies schon aus den erwähnten Voraussetzungen ergibt – die Interessentheorie eine sehr wichtige Rollet. Bei der Qualifikation der Verträge umgekehrt geht das Bundesgericht meistens nach der Funktionstheorie vor. Und interessant: In der Schweiz haben wir auch die Figur der Doppelnormen, also Normen, die sowohl auf öffentlich-rechtlichem oder zivilrechtlichem Weg durchgesetzt werden können. Darunter fallen z.B. das bei uns bekannte freie Zutrittsrecht zu Wald und Weide, Art. 699 ZGB, oder eben Abstandsvorschriften im kantonalen Nachbarrecht und im kantonalen Baurecht. Zu den Bereichen, die heute Nachmittag besonders angesprochen wurden: Im Steuerrecht, da war es früher sehr interessant. Bei uns in der Schweiz stehen ja die kantonalen Steuern im Vordergrund, diese waren lange Zeit rein kantonal geregelt. Es kam zu spannenden Fragen: Wann liegt eine Vereitelung des Bundeszivilrechtes vor? Es gibt interessante Bundesgerichtsentscheide aus früherer Zeit. Heute ist das überholt. Seit Ende der 1990er-Jahre besteht ein Steuerharmonisierungsgesetz auf Bundesebene. Die Begriffe und Grundsätze sind eidgenössisch, nicht aber die Tarife, die belassen wir den Kantonen. Und weil wir leider keine Verfassungsgerichtsbarkeit haben, trotz verschiedener Anläufen, die in den letzten Jahren leider gescheitert sind, gibt es für diese früher sehr interessanten Fragen heute keine rechtliche Kontrolle mehr, sondern nur noch die politischen Entscheidungen im Bundesparlament. Und beim Umweltrecht, da ist die Situation ähnlich wie in Deutschland. Ich beschränke mich jetzt auf den Immissionsschutz, der ist einerseits im Nachbarrecht des Zivilrechts und andererseits im Umweltrecht geregelt, aber der Grundsatz der Einheit und Widerspruchsfreiheit der Rechtsordnung setzt sich auch bei uns durch, nämlich das Erfordernis einer Angleichung der Beurteilungsmaßstäbe. Wir haben das ohne Gesetzesänderung gemacht. Es ist auf dem Wege der Praxis passiert, wobei, weil das Kostenrisiko im Zivilrecht viel höher ist als im Öffentlichen Recht, hat faktisch eine Verdrängung des zivilrechtlichen Nachbarrechts stattgefunden. Und vielleicht abschließend noch ganz kurz zum privatrechtlichen Handeln des Staates: Wie werden denn im Zusammenhang mit den privatrechtlichen Verträgen, die das Gemeinwesen abschließt, die öffentlich-rechtlichen Grundsätze durchgesetzt? Da haben zwar die Öffentlichrechtler die Zwei-Stufen-Theorie propagiert, also vorangehender Willensbildungs- bzw. Verwaltungsakt vor dem privatrechtlichen Vertragsschluss. Das Bundesgericht hat diese Theorie nun aber in einem Grundsatzentscheid vom 3. Juli 2019 betreffend die Gemeinde Dällikon stark eingeschränkt. Nur wenn der Vertrag unmittelbar der Erfüllung einer Verwaltungsaufgabe dient oder für den Vertragsschluss spezifische öffentlich-rechtliche Regelwerke bestehen, dann gilt die Zwei-Stufen-Theorie, sonst, z.b. bei der Verpachtung von Liegenschaften des Finanzvermögens, müssen die Zivilgerichte das lösen. Die Zivilgerichte sind also gefordert. Bei Einheitsgerichten ist das kein Problem. Aber bei separaten Zivilgerichten wäre ein gemeinsamer Fachaustausch wohl schon empfehlenswert, um den bestehenden öffentlich-rechtlichen Grundsätzen zum Durchbruch zu verhelfen. Danke.

Thomas Groß: Hinter den Verschränkungen, die uns beide Referate umfangreich vorgeführt haben, steht, insbesondere im Umweltrecht, die alte Steuerungsdiskussion, die Frage nach dem Instrumentenmix. Sie wird, meiner Meinung nach, insbesondere im neuen – also, der Sache nach nicht neuen, aber sich jetzt neu aufstellenden – Gebiet des Klimaschutzrechtes besonders akut, weil sich herausgestellt hat, dass der alte, an marktwirtschaftlichen Mechanismen anknüpfende Mechanismus des Emissionshandels offensichtlich ungeeignet war, jedenfalls so, wie er ausgestaltet worden ist. Jetzt sucht man neue Ansätze, indem im Pariser Abkommen ein globales Ziel festgelegt wurde, das dann national und auch sektorspezifisch quantifiziert wird. Das ist, glaube ich, etwas Neues, was eine Herausforderung auch für die Instrumentendiskussion und auch für das Verhältnis öffentlich-rechtlicher und privatrechtlicher Instrumente herausstellt. Wenn nämlich quantifizierte Ziele vorliegen, besteht dann tatsächlich noch eine weitgehende Gestaltungsfreiheit des Gesetzgebers oder muss man nicht, was Frau *Schlacke* in These 24 schon gesagt hat, aufgrund der Notwendigkeit einer effektiven öffentlich-rechtlichen Steuerung Einschränkungen machen? Denn immer dann, wenn auf marktwirtschaftliche Instrumente gesetzt wird, auf Instrumente, die auf die Eigenrationalität von Marktteilnehmern setzen – auch übrigens auf steuerrechtliche Instrumente, kann der Gesetzgeber ja nie genau vorhersagen, wie sie sich eigentlich auswirken werden, welche quantitativen Wirkungen das jeweils, z.B. auf die Kohlenstoffdioxid-Emissionen, haben wird. Wenn er sich aber selber verpflichtet hat, bestimmte Ziele in bestimmten Zeiträumen zu erreichen, muss man dann nicht entweder einen deutlichen Vorrang des Ordnungsrechtes schaffen, der sich z.B. bei der Reduzierung der Schwefeldioxid-Emissionen bewährt hat, oder muss man nicht zumindest, was ja im neuen Klimaschutzgesetz angedacht ist, eine regelmäßige Überprüfung der Mechanismen durchführen, die dann eine relativ kurzfristig wirkende Reaktion des Gesetzgebers erzeugen könnte, wenn dieser Mechanismus denn funktioniert?

Ulrich Jan Schröder: Ich teile auch die Zweifel, ob aus der Redeweise von dem Verbund der Teilrechtsregime ein dogmatischer Mehrwert folgt und ob darin ein dogmatischer Speicher liegt, der auf eine allgemeine Ordnungsidee schließen lässt, die die Referenzgebiete übersteigt. Das Gebot der Systemgerechtigkeit wird es nicht geben. Das gibt es schon in den einzelnen Rechtsgebieten nicht, also gibt es das auch nicht zwischen dem Öffentlichen Recht und dem Privatrecht. Das Gebot der Widerspruchsfreiheit der Rechtsordnung ist vom Bundesverfassungsgericht sowieso stillschweigend verabschiedet worden, also wird es das auch nicht geben zwischen den beiden Rechtsgebieten. Und zwischen diesen beiden Rechtsgebieten wird es auch keine Folgerichtigkeit geben, soweit nicht, *Rainer Wernsmann* hat es ausgeführt, auf das ganze Rechtsgebiet als solches Bezug genommen wird, was eigentlich eher selten der Fall sein dürfte. Es bleibt also eigentlich eine Sache der teleologischen Auslegung der einzelnen Norm, die punktuell Bezug nimmt auf eine Norm oder einen Begriff des anderen Rechtsgebiets. Diese Auslegung ist allerdings etwas schwieriger geworden – insoweit würde ich das noch fortführen, was *Rainer Wernsmann* gesagt hat –, weil eben das Telos „öffentliches Interesse" sowohl im Privatrecht begegnen kann, als auch der Schutz privater Interessen im Öffentlichen Recht begegnen kann. Insoweit ist teleologische Auslegung schwieriger geworden, und deswegen braucht man vielleicht doch eine eingehendere Betrachtung dieser Schnittstellen und dieser Schnittmengen. Wichtig ist der Verbund der Teilrechtsordnungen natürlich, das hat Herr *Groß* gesagt, für die Gesetzgebung und für die Rechtspolitik. Man hat eben einen Instrumentenmix zur Verfügung. Man kann dieselben Ziele sowohl mit dem Öffentlichen Recht als auch mit dem Privatrecht erreichen – das Wettbewerbsrecht ist dafür vielleicht das beste Beispiel, das Umweltrecht kommt hinzu in der speziellen Konstellation des Abgasskandals. Das Wettbewerbsrecht ist ein solcher Verbund, weil dort wirklich privat-rechtliche Bindungen neben den öffentlich-rechtlichen Bindungen, die behördlich durchsetzbar sind, existieren. Eine Frage, die sich mir stellt, wäre, ob die Gewaltenteilung vielleicht doch eine Weichenstellung ist, die man bei der Entscheidung, ob man öffentliche Interessen öffentlich-rechtlich oder zivilrechtlich durchsetzen darf, beachten muss. Und da sind die Gerichte wieder der maßgebliche Akteur, der entscheiden muss. Spezifisch für den Zivilrechtsstreit ist, dass er durch die Gerichte entschieden wird. Öffentlichrechtliche Bindungen werden zunächst durch die Verwaltung durchgesetzt, können natürlich dann auch – und sollten – durch die Gerichte kontrolliert werden. Aber gibt es denn einen Vorrang, öffentliche Interessen durch Behörden durchzusetzen, oder kann das eben auch durch eine Aufladung des Zivilrechts mit sozialen Bindungen, durch Indienstnahme Privater im Privatrecht dann ganz auf die Zivilgerichte abgeschoben werden? Vielleicht eine etwas hypothetische Frage, weil der Instrumentenmix die pragmatischere Lösung sein dürfte.

Hans Christian Röhl: Meine Frage widmet sich der These 21 Ihres schönen Referats, Frau *Schlacke*, für das ich sehr herzlich danke. Ihnen danke ich ebenfalls, Herr *Drüen*, aber in der Abteilung Umweltrecht spreche ich nur zu diesem Thema. Zu These 21 also. Dort formulieren Sie: Dieses komplementäre Zusammenwirken von Umweltverwaltungs- und Privatrecht vermeidet Wertungswidersprüche, stärkt Rechtseinheitlichkeit – ich kürze ab – und erhöht die Effektivität der verwaltungsbehördlichen Rechtsdurchsetzung. Ich frage, ob nicht etwas mehr differenziert werden könnte. Dazu hätte ich einen ergänzenden Aspekt anzubringen, den ich das Vertrauen in die Verwaltungsentscheidungen nennen möchte. Daran schließt sich die Frage an, ob die Zivilgerichte ein solches Vertrauen überspielen dürfen, wenn sie praktisch dieselbe Frage zu entscheiden haben. Dazu verlassen wir vielleicht das EG-Typgenehmigungsrecht, bei dem es sich im Kern zunächst einmal nicht um Umweltrecht, sondern um Produktrecht handelt. Und im Produktrecht stellt sich die Frage nach dem Vertrauen in Verwaltungsentscheidungen nachhaltig. Nehmen Sie ein weniger aufgeladenes Beispiel, etwa Medizinprodukte; Medizinprodukte, die interessanterweise nicht öffentlich-rechtlich genehmigt werden, sondern privatrechtlich zertifiziert. Ein Hersteller produziert Brustimplantate, diese werden in Frankreich zertifiziert und europaweit in Verkehr gebracht. Halten die Zivilgerichte in Deutschland dieses Produkt für mangelhaft und räumen Wandlungsrechte ein, kann der Hersteller das in Deutschland nicht mehr verkaufen. Sollten in Zukunft wirklich die Zivilgerichte darüber entscheiden können, ob Produkte, die in einem aufwendigen Genehmigungsverfahren oder Zertifizierungssystem akzeptiert worden und damit europaweit verkehrsfähig sind, der Sache nach doch nicht verkauft werden können? Noch deutlicher wird das, wenn wir bei den Medizinprodukten bleiben, für solche, die mit komplizierten Algorithmen arbeiten: Haben die Zivilgerichte die Kompetenz, darüber anstelle der Genehmigungsbehörden bzw. Zertifizierungsstellen zu entscheiden? Oder sollte man nicht doch auf die unionsrechtlich vorgegebenen Zulassungsverfahren und Marktüberwachungssysteme setzen und den Zivilgerichten sagen, ihr müsst euch darauf verlassen, was die Verwaltungsbehörden und das sich an die Zulassung anschließende Marktüberwachungssystem angerichtet haben? Die Frage eines zivilgerichtlichen Zugriffs ist also, meine ich, auch unionsrechtlich aufgeladen. Das Vertrauen in Verwaltungsentscheidungen dürfen Zivilgerichte nicht überspielen, auch wenn sie sich in einer Auffangposition sehen. Die transnationale Wirkung von Verwaltungsentscheidungen müsste in einem Zusammenspiel von privatrechtlichen und öffentlich-rechtlichen Regimen jedenfalls mitberücksichtigt werden. Es sollten also noch einige weitere Kriterien für die Auffanggeeignetheit des jeweils anderen Rechtsregimes angeboten werden. Vielen Dank.

Johannes Saurer: Vielen Dank. Ich möchte mich dem Dank anschließen für beide Referate. Meine Bemerkungen beziehen sich auf das Referat von Frau *Schlacke*. Darin waren für mich zwei Aspekte besonders überzeugend: Zum einen die Erweiterung des Diskurses um das Klimaschutzrecht als Referenzgebiet, zum anderen auch die Entwicklung der Rolle der Gerichte in der Verschränkung von Öffentlichem Recht und Privatrecht. Zu dem ersten Punkt, Klimaschutzrecht als Referenzgebiet. Hierzu hat das Referat die völlige Neuartigkeit der spezifischen Herausforderungen durch die gegebenen Sachgesetzlichkeiten im Bereich des Klimawandels aufgezeigt. Über die Erde hinweg entfalten jeweils lokal entstehende Emissionen, vermittelt über die Atmosphäre, globale Schädigungswirkungen, die wiederum lokal sehr unterschiedlich ausfallen. Hieraus resultiert eine herausforderungsvolle Neuordnungsaufgabe und zwar als Aufgabe für die gesamte Rechtsordnung – für Zivilrecht und Öffentliches Recht. Aus einer spezifisch immissionsschutzrechtlichen Sicht gilt, das ist deutlich geworden, dass unser tradiertes territorial ansetzendes Grundverständnis hier auch neu orientiert werden muss. Das Zweite ist die Rolle der Gerichte. Hier teile ich die Einschätzung, dass in der Verwaltungsgerichtsbarkeit eine rasante Anwendungsintensivierung des Umweltrechts im Bereich der Kfz-bedingten Luftschadstoffe im Gange ist, parallel zur zivilrechtlichen Seite der Problematik. Ähnlich ist jetzt womöglich die Entwicklung im Klimaschutzrecht. Auch in Deutschland werden im Moment verschiedene Gerichte befasst. Es liegen Klagen bei den Verfassungs-, Verwaltungsgerichten, auch bei den Zivilgerichten. Aus Sicht der Individualkläger/innen und Umweltverbände ist es oft auch eine Frage der strategischen Prozessführung. Danke.

Martin Burgi: Ich freue mich sehr darüber, dass beide Referate auch aktuelle Themen zumindest mit aufgegriffen haben. Es ist sonst immer ein Kritikpunkt, dass die Vereinigung sich im Grundsätzlichen verlöre. Etwas Aktuelleres wie den VW-Fall kann man eigentlich nicht behandeln. Es fehlte nur noch ein rechtsvergleichendes Referat. Das hätte nämlich aufzeigen können, dass die Grundproblematik, warum die US-Kunden vollen Schadensersatz bekommen, die deutschen offenbar nicht, genau in unserem Thema begründet liegt: Weil nämlich die US-Rechtslage verwaltungsrechtlich eben eine andere ist als in Deutschland und die Nichtaufhebung nicht an der geistigen Potenz eines Verkehrsministers liegt, sondern an der Anwendung des öffentlich-rechtlichsten aller Grundsätze, nämlich des Grundsatzes der Verhältnismäßigkeit. Es ist eben unverhältnismäßig, eine Genehmigung komplett aufzuheben, wenn man das Problem durch Aufspielen einer Software bewältigen kann. Das ist geradezu ein Musterbeispiel für den Grundsatz der Verhältnismäßigkeit. Aber das ist gar nicht meine Frage. Ich will zunächst zu Frau *Schlacke* sprechen. Ich fand es sehr schön, dass Sie auch die gerichtliche Ebene einbezogen haben. In Ihrer These 33 schlagen Sie eine rechtspolitisch stärkere Verschränkung überindividueller und kollektiver Klagerechte vor. Sie haben das dann, wahrscheinlich auch aus Zeitgründen, nicht näher präzisiert. Mich würde interessieren, was das bedeuten soll. Der Hintergrund ist folgender: Im öffentlichen Umweltrecht gab es ja früher nur Individualrechtsschutz, dann hat man die Verbandsklage eingeführt, mit der Überlegung: Der Individualrechtsschutz stößt an Grenzen, wenn keine Schutznorm da ist, also drohen Vollzugsdefizite. Wenn wir jetzt ins Privat-Umweltrecht gehen, ist das eigentlich nicht der Hintergrund. Denn dort hat jeder Verbraucher, z.B. jeder Autokäufer, in vollem Umfang Zugang zu Individualrechtsschutz. Wir sprechen hier von Bürgern, die zwanzigtausend Euro Schadenersatz geltend machen, deren Fahrzeuge also im Schnitt noch mehr gekostet haben, also das sind eigentlich keine armen Würstchen. Jeder von ihnen könnte seinen Anspruch selbst geltend machen. Warum soll man das im Interesse des Umweltschutzes potenzieren? Vielleicht haben Sie aber auch etwas anderes gemeint. Ich darf überleiten zu Herrn *Drüen*. Nochmals Umweltrecht, aber eigentlich Umwelt- und Steuerrecht. Die Klimapolitik bringt nun wieder Instrumente hervor, die man schon überwunden glaubte, wie eine Verpackungssteuer. Sie sagen in Ihrer These 18, wenn man verschiedene Ansätze verfolgt, also besteuert und durch Verwaltungsrecht handelt, müsse man jeweils die Gesetzgebungskompetenz beachten. Das ist natürlich richtig. Es fehlt ein Satz: Man müsste auch noch einen angeblich bestehenden Grundsatz der Widerspruchsfreiheit der Rechtsordnung beachten. Denn an dem ist ja die Verpackungssteuer seinerzeit gescheitert, die Kompetenz hatten die beiden Gesetzgeber eigentlich. Mich freut es, dass Sie den einen Satz nicht verwendet haben, denn ich glaube, dass ein solcher Grundsatz nicht besteht. Das ist eine ganz wichtige Frage, weil das Feuerwerk an Ideen, das momentan auf der kommunalen und landespolitischen Ebene entfacht wird, sehr schnell wieder zum Erliegen käme, wenn man die verschiedenen Maßnahmen einem solchen Grundsatz unterwerfen würde. Es würde mich daher aus einem so berufenen Munde interessieren, ob es nun einen solchen Grundsatz gibt oder nicht.

Meinhard Schröder: Vielen Dank. Meine Frage geht auch an Frau *Schlacke*, und zwar im Hinblick auf These 21 mit dem Thema der Rechtssicherheit. Ich bin mir nicht sicher, ob die Idee der gegenseitigen Auffangordnungen, oder speziell des Zivilrechts als Auffangordnung, wirklich so der Rechtssicherheit dienlich ist. Wenn ich mir z.b. anschaue, was die Zivilgerichte mit der Aufgabe des Drittschutzkriteriums in § 823 Abs. 2 BGB gemacht haben, dann war es für alle Prozessbeteiligten wohl doch eher überraschend, dass man diesen Weg gegangen ist. Die Intention, warum man das wollte, ist natürlich klar, aber vielleicht ist der Weg über § 826 BGB, den man jetzt zunehmend geht, doch der näherliegende, wenn man findet, dass VW etwas grundsätzlich falsch gemacht hat. Den Drittschutz aufzugeben, ist dagegen etwas, das eigentlich in das gewachsene System so nicht hineinpasst, und ob das Europarecht mit dem Grundsatz des „effet utile" als Argument dafür ausreicht, erscheint mir doch zweifelhaft. Auch im Hinblick auf die Rechtssicherheit würde ich daran anknüpfen, was Herr *Röhl* gesagt hat: Wir haben ja eigentlich schon Institute, die die Kohärenz sicherstellen sollen, z.B. das Institut der Tatbestandswirkung von Verwaltungsakten. Und ich würde sagen: Wenn es eine bestandskräftige Typgenehmigung gibt, dann fällt das unter den Anwendungsfall „Tatbestandswirkung von Verwaltungsakten" und dann kann sich kein Zivilgericht einfach darüber hinwegsetzen. Natürlich, wenn es ein Fall wäre, in dem ein genehmigungsfreies Vorhaben stattfindet, dann würde ich Ihnen zustimmen, dass ein Zivilgericht in einem Privatrechtsstreit völlig unbeeinflusst davon entscheiden kann, ob eine Behörde aufgrund einer Ermessensvorschrift einschreiten könnte und dies vielleicht bewusst nicht getan hat. Aber nicht, wenn, wie hier, eine Genehmigung vorliegt. Dieser Unterschied erscheint mir unter Kohärenzgesichtspunkten vielleicht noch einmal überlegenswert. Dankeschön.

Michael Fehling: Meine Frage zielt auf prinzipielle Möglichkeiten und Grenzen des privaten Haftungsrechts bei der Durchsetzung öffentlichrechtlicher, besonders verwaltungsrechtlicher Rechtspflichten. Das richtet sich vor allem an Frau *Schlacke*, die zu den jetzt schon mehrfach erwähnten Beispielen Dieselskandal und Klimaklagen, wie ich fand, im Detail sehr Erhellendes vorgetragen hat. Aber mir geht es noch einmal um die grundsätzlichere Ebene. Ich habe viel mit Rechtsökonomen zu tun und von ihnen kennen wir die Sichtweise, dass das Haftungsrecht, obwohl das Individuum dort seine eigenen Interessen vertritt, mit den ökonomischen Anreizen zur Haftungsvermeidung letztlich wirkmächtig schon präventiv zur Beachtung des Rechts und damit zum Gemeinwohl beiträgt. Und der neuen Verwaltungsrechtswissenschaft liegt mit der Idee der wechselseitigen Auffangordnungen ein ähnlich optimistischer Ansatz zugrunde, dass nämlich das private Haftungsrecht mit seinen Präventionswirkungen im Steuerungsmix viel bewirken kann. Wenn ich aber jetzt auf Ihre Beispiele, liebe Frau *Schlacke*, schaue, so haben Sie ein zumindest gemischteres Bild gezeichnet. Man kann es aber auch noch deutlich pessimistischer ausdrücken: Wir beobachten beim Dieselskandal und bei der Umsetzung des Pariser Klimaschutzabkommens ein ziemliches Versagen des Verwaltungsrechts und/oder der entsprechenden Akteure. Aus meiner Sicht und im Gegensatz zu *Martin Burgi* lässt sich dies nicht allein mit Verhältnismäßigkeitsüberlegungen entschuldigen oder rechtfertigen, denn Softwarenachrüstung ist eben kaum ein hinreichend geeignetes Mittel, um bei den Dieselfahrzeugen die Einhaltung der Emissionswerte sicherzustellen. Aber auch das Haftungsrecht mit seiner Fixierung auf einen individuellen Schaden und individuelle Verursachung stößt beim Dieselskandal und mehr noch bei den Klimaklagen schnell an Grenzen. Vor diesem Hintergrund zeugt der Rückgriff auf Schadensersatzklagen weniger von einem intelligenten Instrumentenmix, sondern ist eher ein verzweifelter Versuch, nachträglich irgendwie lückenschließend nachzujustieren. Sollten nicht die Beispiele Dieselskandal und Klimaklagen ein Anlass dafür sein, das dortige Zusammenspiel von Öffentlichem Recht und Privatrecht kritischer zu sehen und die Eignung des privaten Haftungsrechts zur Rechtsdurchsetzung jedenfalls nicht zu überschätzen? Und auf einer etwas höheren Abstraktionsebene könnte man dann nochmals fragen: Ist dieser kritische Befund eine Besonderheit des Umweltrechts, wo der individuelle Schadens- und Kausalitätsnachweis ganz besondere Probleme stellt? Gelingt das Zusammenspiel von Verwaltungsrecht und Haftungsrecht in anderen Rechtsbereichen vielleicht besser? So besitzt beispielsweise im Kartellrecht die private Rechtsdurchsetzung mittels Schadensersatzrecht wohl eine weit größere Präg- und Durchsetzungskraft. Noch einmal zusammenfassend: Müssen wir aus übergreifender Perspektive die Möglichkeiten des Haftungsrechts zur effektiven Durchsetzung verwaltungsrechtlicher Pflichten prinzipiell skeptischer sehen oder sind das jetzt hier im Umweltrecht mehr oder minder Ausnahmefälle, die einer grundsätzlich optimistischeren Sichtweise nicht im Wege stehen? Vielen Dank.

Friedhelm Hufen: Meine Frage liegt auf der Linie, die Herr *Röhl* und auch Herr *Schröder* schon aufgezeigt haben. Es geht mir um die Verwaltungsrechtsakzessorietät bzw. konkret um die Verwaltungsaktsakzessorietät. Das ist ja eine Urform der Verschränkung von Zivilrecht und Öffentlichem Recht. Wir kennen es aus dem Lebensmittelrecht, wo sich vor allem die Frage stellt, ob bei einer wirksamen Erlaubnis oder einer abgeschlossenen Prüfung durch die Verwaltungsbehörde die Staatsanwaltschaft tätig werden darf oder zivilrechtliche Schadensersatzansprüche entstehen können. Ich meine, diese Frage müsste sich im Verhältnis von Verwaltungs- und Zivilrecht auch ganz generell stellen. Sie haben gesagt, das Zivilgericht sei nicht an das Ermessen der Verwaltung gebunden. Das kann sich aber doch eigentlich nur auf Nachfolgefälle beziehen, denn wir haben ja auch ohne die Tatbestandswirkung nach § 121 VwGO, die Herr *Schröder* angesprochen hat, immerhin den § 43 VwVfG. Da steht explizit drin, ein Verwaltungsakt, auch ein rechtswidriger Verwaltungsakt ist wirksam, solange er nicht aufgehoben wird durch das Verwaltungsgericht oder durch Rücknahme nicht aufgehoben wird. Wir haben ferner in § 49 Abs. 4 VwVfG besondere Ausprägungen des Vertrauensschutzes, die wir alle kennen. Und da frage ich mich: Ist das nicht doch ein Fall, in dem notwendigerweise das zustande kommt, was Sie in These 29 als Publifizierung des Privatrechts bezeichnet haben. Ist es nicht doch so, dass auch die Zivilrechtsrichter sehr intensiv an vorhandene Verwaltungsakte und damit an den Vertrauensschutz gebunden sind und damit auch eine Ermessenbindung stattfindet? Das mag etwas anderes sein bei europarechtlich überlagerten Fällen im Umweltrecht oder bei der Beihilfenkontrolle, wo nach der EuGH-Rechtsprechung der Vertrauensschutz und auch die Wirksamkeit nationaler Verwaltungsakte beiseite gedrängt werden. Ich würde aber gerne von Ihnen hören, ob nicht im nationalen Verwaltungsrecht auch eine gewisse Priorität wirksamer Verwaktungsakte und damit der Verwaltungsaktsakzessorietät besteht.

Rudolf Streinz: Vielen Dank. Ich meine, beide Vorträge haben an Beispielen die praktischen Folgen von diesen Verschränkungen aufgezeigt und damit auch bestätigt, welche große praktische Relevanz das Thema hat. Auf solche Folgen beziehen sich auch meine Fragen an Frau *Schlacke*. Und zwar zur These 25 und dieser sog. Klimaklage: Ich sehe das Problem ebenso und zwar vor allem wegen möglicher Folgen der Wertungswidersprüche. Wenn die vom OLG Hamm angenommene Haftung sich auf den konkreten Beitrag des Verursachers beschränkt – und ich nehme an, dass das auch so ist, wenn das anders wäre, das wäre doch noch etwas problematischer – wie will man dann diesen konkreten Beitrag angesichts weltweiter Verursacher feststellen? Und welche Verursacher werden dann bei der Feststellung einbezogen? Ist das auch der Betreiber eines Kachelofens oder der Halter von Kühen, die tragen ja auch dazu bei, oder ist da ein geschätzter Mindestbeitrag erforderlich, um überhaupt erfasst zu werden? Und wie will man das weltweit erfassen angesichts von Staaten, die da vielleicht nicht allzu stark dazu beitragen. Und zu den Folgen einer Haftung nach deutschem Zivilrecht: Wegen der deutschen Rechtsprechung ist natürlich dann auch die Frage, ob sich Betriebe nicht ab einem bestimmten Ausmaß der Haftung überlegen werden, Standorte zu suchen, an denen dies nicht so gesehen wird. Es ist das Problem eines globalen Problems, ohne globale, ja nicht einmal europäische Lösung. In Deutschland kann wenigstens der Bundesgerichtshof für Einheitlichkeit sorgen, sonst könnte man ja das noch innerhalb des föderalen Systems unterschiedlich ausgestalten. Also das wäre etwas, was mich von der Praxis her interessieren würde. Kurz noch eine Frage zu der These 26, auch das sehe ich so. Meine Frage ist, ob auch über eine Haftung der Behörde und dann wem gegenüber schon nachgedacht wurde. Vielen Dank.

Joachim Lege: Vielen Dank. Ich habe eine kleine Ergänzung, einen kleinen Beispielsfall und nachher noch eine Frage. Zu der Ergänzung: Frau *Schlacke*, Sie haben in einer Nebenbemerkung den Nudge erwähnt, das Anstubsen. Ich komme Ihnen jetzt mit einem weiteren Begriff aus der Kognitionswissenschaft, mit dem Framing, also mit dem Rahmen, in den man ein Thema stellt. Und nun schließe ich an Herrn *Schoch* an: Die Verschränkung von Öffentlichem Recht und Privatrecht haben wir im Verwaltungsrecht ohnehin, und zwar auch auf Verfassungsebene. Mir fehlt die Verfassungsebene sonst häufig gar nicht, aber diesmal fehlt sie mir doch ein bisschen. Art. 14 Abs. 1 S. 2 GG sagt ja: „Inhalt und Schranken des Eigentums werden durch die Gesetze bestimmt", und in der Nassauskiesungsentscheidung heißt es dazu richtig schön: Dabei wirken Öffentliches Recht und Privatrecht „gleichrangig zusammen". Das heißt, wir haben auf dieser Ebene eine Verschränkung beider Rechtsgebiete, die dann natürlich auch auf die Bewertung des einfachen Privatrechts ohne Weiteres durchschlagen kann. Jetzt komme ich zu meinem Beispielsfall. Er betrifft Windkraftanlagen, die in Mecklenburg-Vorpommern errichtet werden. Diese Windkraftanlagen dürfen nur errichtet werden, wenn zuvor eine GmbH gegründet wird, allein für diese Anlage. Von dieser GmbH muss ein bestimmter Anteil, müssen 20 Prozent der GmbH-Anteile an die ortsansässige Bevölkerung und an die Gemeinden verkauft werden. Das ist natürlich etwas, das eigentumsdogmatisch höchst interessant ist. Wo man sich die Frage stellen muss, ob dies eine noch zulässige Inhalts- und Schrankenbestimmung ist, denn es greift sehr weit in die Privatautonomie ein, die so gerne so hochgehalten wird, um die Vorteile der Privatrechtsordnung zu unterstreichen. Vielleicht handelt es sich in diesem Fall sogar um eine Enteignung, aber das will ich jetzt nicht vertiefen, das habe ich schon woanders getan. Meine Frage ist vielmehr, ob dieser Fall nicht zeigt, dass bei einer Verschränkung von Öffentlichem Recht und Privatrecht in einem „Instrumentenmix" immer etwas droht, das ich Ideologiegefahr nennen möchte. Eine Ideologiegefahr, die sich schon bei den Privatisierungen häufig gezeigt hat – Herr *Bauer* hat nachgezeichnet, dass jetzt eine große Rekommunalisierung ehemals privatisierter Aufgaben erfolgt. Kurz und gut – und damit schließe ich sogar ein wenig an den heutigen Vormittag an: Vielleicht müssen wir auch hier ein wenig über den einfachrechtlich-verwaltungsrechtlichen Tellerrand hinausschauen und fragen, ob bei der Wahl von Rechtsregimen gelegentlich Ideologien mittransportiert werden. Vielen Dank.

Sabine Schlacke: Ich möchte mich zunächst für die sehr anregenden und interessanten Diskussionsbeiträge bedanken. Ich werde meine Replik in fünf Aspekte unterteilen. Ich habe acht Minuten, deshalb kann es sein, dass ich auf Einzelfragen und -beiträge nicht eingehen kann. Die fünf Aspekte betreffen erstens Begrifflichkeiten, zweitens Phänomene von Verschränkungen sowie vergleichbare Entwicklungen und im Grunde die Frage „Alter Wein in neuen Schläuchen?", drittens die Rolle der Zivilgerichte, viertens Dysfunktionalitäten, Brüche, Widersprüche, Einheit der Rechtsordnung und fünftens Herausforderungen für die Rechtswissenschaft.

Zu den Begriffen gab es einige Beiträge, die gefragt haben, ob wir mit Verschränkungen eigentlich einen neuen Begriff geprägt haben. Haben wir etwas Neues gelernt? Was ist ein Rechtsregime? Ich habe lange mit mir gerungen, ob ich den Begriff Verschränkungen definiere und habe dann darauf verzichtet, weil im Grunde, ich will da ganz ehrlich sein, ich Verschränkungen als Synonym für Verknüpfungen betrachte, aber mehr auch nicht. Herr *Drüen* hat das eben noch etwas geschärft mit seiner Definition und hat Verschränkungen von Verzahnungen abgegrenzt. Verzahnungen seien noch engere Verschränkungen, so habe ich Sie verstanden, aber Sie können mich gleich korrigieren. Ob das jetzt weiterhilft, da bin ich unsicher. Ich glaube, der Tagung lag die Idee zugrunde, einen Perspektivwechsel der Rechtswissenschaft weg von Abgrenzungen und hin zu Verschränkungen anzuregen; das war letztlich die Idee des Vorstandes, und deshalb gab es dieses Thema. Für die Rechtsregime möchte ich einfach deutlich sagen, dass ich damit Teilrechtsordnungen meine und dass ich darauf verzichtet habe, diesen Begriff politikwissenschaftlich herzuleiten. Auch mit gutem Grund, denn das würde eine Aufladung des Themas bedeuten, die ebenfalls nicht weiterführend ist. Also auch da, verzeihen Sie meine Schlichtheit, nehmen Sie einfach als Synonym für Regime, dass das Öffentliche Recht und das Privatrecht Teile einer Gesamtrechtsordnung sind. Damit haben wir rechtstheoretisch noch nicht viel gewonnen, aber einen Ansatz für unsere Suchrichtung identifiziert – so habe ich i.Ü. auch den Auftrag des Vorstandes verstanden.

Dann gibt es zahlreiche Beiträge – über die ich mich sehr gefreut habe, aber auch nicht sehr verwundert bin – zu der Frage „Haben wir da nicht viele, viele weitere Phänomene zu konstatieren, weitere Verschränkungen in anderen Bereichen, die ich jetzt alle nicht aufgelistet habe?" Selbst für das Umweltrecht hatte ich nicht den Anspruch, eine abschließende Auflistung oder eine abschließende Darstellung geliefert zu haben. Das konnte ich nicht, das wollte ich auch nicht. Aber was uns der vorliegende Befund zeigt, ist, dass wir hier mit alten, vorhandenen Verschränkungen, die nicht so neuartig sind, aber auch mit neuen Verschränkungen zu tun haben, die besonders untersuchungsbedürftig sind. Das wollte ich herausarbeiten, da habe ich sozusagen den Finger in die Wunde gelegt. Rechtswissenschaftlich sollte meines Erachtens hier weiter an den Grundlagen von Verschränkungen geforscht werden. Die Frage, ob wir das nicht begrenzt auf einzelne Rechtsgebiete untersuchen müssen, ist berechtigt und dem kann ich nur zustimmen. Die Probleme und Verschränkungen sind erstmal bereichsspezifisch zu analysieren und zu lösen. Als Frage ist immer wieder aufgeworfen: „Ist das jetzt wirklich etwas Neues?" Vorliegend habe ich Neuartiges insbesondere im Bereich der gerichtlichen Kontrolle aufgezeigt.

Und da wäre ich schon bei Punkt drei: Dass sich die gerichtliche Kontrolle geändert hat, dass das Zivilrecht durch die Zivilgerichte in der Tat gemeinwohlorientiert stärker aufgeladen wird in Bereichen, wo wir das bislang nicht feststellen, habe ich versucht, herauszuarbeiten. Ich habe dieses Phänomen auch mit Zivilrechtlern diskutiert, die dies bestätigten. Wir konstatieren sozusagen eine Rollenverschiebung, die wir bislang noch nicht so klar herausgearbeitet haben. Und das, glaube ich, ist das Neuartige. Das andere ist, dass die Rolle, die die Zivilgerichte einnehmen, Rückwirkungen auf das Öffentliche Recht hat, auf den Verwaltungsvollzug. Darüber bin ich gestolpert und das, meine ich, sollte stärker rechtswissenschaftlich und ggf. auch empirisch untersucht und analysiert werden.

Der vierte Aspekt betraf Dysfunktionalitäten und Brüche sowie die Frage nach der Einheit der Rechtsordnung. Natürlich ist klar, dass wir nicht von einer Einheit der Rechtsordnung in allen Bereichen ausgehen, deshalb habe ich mich auf Wertungswidersprüche konzentriert. Normwidersprüche, die beseitigt werden müssen, habe ich nicht erkennen können. Wertungswidersprüche kann unsere Rechtsordnung ertragen, diese müssen wir nicht zwingend ausräumen. Das bedeutet, dass wir hier ein Risikopotenzial, einen Sprengsatz haben, der vorhanden ist, identifiziert werden muss und dann die Frage aufgeworfen ist, sollen oder müssen Wertungswidersprüche bereinigt werden. Meines Erachtens ist das in erster Linie die Rolle des Gesetzgebers. Wir erhalten durch die Sprengsätze, die ich versucht habe, punktuell aufzuzeigen, keine Gewaltenteilungsprobleme. Allerdings nehmen die Gerichte, insbesondere die Zivilgerichte, eine Rolle wahr, die wir uns bei den Verwaltungsbehörden oder Verwaltungsgerichten wünschen würden. Das ist aber noch kein Gewaltenteilungsproblem. Dass sich das Recht fortentwickelt, ist nichts Neues. Die Beispielsfälle, die hier genannt wurden, wie etwa die Bindung der Zivilgerichte an Verwaltungsakte, die Verwaltungsrechtsakzessorietät, sind Grundsätze, die allerdings nicht umfassend gelten. So wird etwa im Baurecht eine Baugenehmigung erteilt, die das private Baurecht unberührt lässt. Eine Präklusion von Zivilrecht gegenüber Öffentlichem Recht besteht, wenn dieser Ausschluss zivilrechtlicher Ansprüche ausdrücklich angeordnet ist, z.B. in § 14 S. 1 BImSchG. Eine grundsätzliche Akzessorietät des Zivilrechts gegenüber dem Verwaltungsrecht existiert nicht. Ich denke nicht, dass sich vorliegend die Zivilgerichte etwas anmaßen, was sie nicht dürften.

Ich komme zum fünften Aspekt: Was sollte die Rechtswissenschaft weiter tun? Erst einmal, und das habe ich am Ende meines Vortrags versucht, deutlich zu machen, besteht erheblicher, weiterer Forschungsbedarf. Vor allem die Frage nach der Verschränkung von zivilrechtlichen Kollektivklagen und öffentlich-rechtlichen überindividuellen Klagen ist aufgeworfen. Wenn wir solche prozessualen Kontrollinstrumente einsetzen, um Umweltschutz zu bezwecken, dann sollten die Instrumente miteinander harmonisiert werden, etwa durch Harmonisierung der Anerkennungsvoraussetzungen von Verbänden, denen eine Klagebefugnis zugewiesen wird, aber auch durch Harmonisierung der Normen, die zu kontrollieren sind. Es geht immer nur um Rechtsbrüche, die entweder durch Umwelt- oder etwa durch Verbraucherverbände geltend gemacht werden können. Das können sowohl Verbraucher- als auch Umweltverbände; beide Klägergruppen sind in der Lage dazu und der Zugang zu Gericht sollte auch für beide eröffnet werden, sowohl zivilgerichtlich als auch verwaltungsgerichtlich. Was sollten wir rechtswissenschaftlich noch untersuchen? Da möchte ich das aufgreifen, was Herr *Engel* heute Morgen gesagt hat, dass wir uns sozusagen den Zivilrechtswissenschaftlerinnen und -wissenschaftlern zuwenden sollten und das nicht im Kampf, sondern in der Diskussion und im Zusammenwirken, d.h. *intra*disziplinär. Aber wir müssen das Thema der Verschränkungen öffentlich-rechtlicher und zivilrechtlicher Regime auch *inter*disziplinär fortführen. Verwaltungswissenschaften, Soziologie und Politikwissenschaften sind zwingend – ebenso wie die Ökonomie – einzubeziehen, vor allem bei der Bewertung und Entwicklung von Instrumentenmixen und ihren Wirkungen. Vielen Dank.

Klaus-Dieter Drüen: Abschließend möchte auch ich mich für die Anmerkungen und Anregungen sowie für die kritischen Nachfragen bedanken. Das Schlussplädoyer von Frau *Schlacke* teile ich ganz: Verschränkungen laden zum intradisziplinären Dialog der Rechtswissenschaften ein. Zunächst zu der Grundfrage, die Herr *Jestaedt*, Herr *Walter* und andere angesprochen haben, nach der Leistungsfähigkeit des Begriffes der „Verschränkung". Es ist schon schwierig, zu übersetzen, was damit genau gemeint ist. Beim Versuch der Übersetzung in andere Weltsprachen gelangt man zu „Interdependenzen". Insgesamt sollte man diesen Begriff nicht überschätzen. Ich sehe, Herr *Jestaedt*, die Gefahr der Verselbständigung von solchen Begriffen, deswegen habe ich die Verschränkung auch nur als Sammelbegriff für verschiedene Phänomene erachtet, ohne daraus konkrete Rechtsmaßstäbe ableiten zu wollen. Herrn *Walter*, natürlich eröffnet sich unter diesem Begriff der Verschränkung ein neuer Zugang auf herkömmliche Probleme, aber das waren nun mal die Herausforderung und der Reiz der Situation. Herr *Kempny* sprach bei dem Regimebegriff von der Hexenküche, das passt gut in das märchenhafte Marburg und auf diese Hexenküche habe ich mich insoweit eingelassen. Dabei haben Sie vielleicht meine Skepsis beim Regimebegriff herausgehört, den ich nur ganz spärlich verwendet habe, auch aus den Gründen, die Sie genannt haben. Der Regimebegriff ist so weitreichend, dass sowohl Teilrechtsordnungen (davon habe ich gesprochen) als auch einzelne Regelungsbereiche wie das Gemeinnützigkeitsrecht davon umfasst sind. Deswegen sollte man hinsichtlich des rechtlichen Aussagegehalts vorsichtig sein. Ich denke, ich war insoweit nicht zu vorstandshörig.

Zu den Fragen von Herrn *Schenke*, ob man die Gemeinsamkeiten zusammenbinden und daraus gebietsübergreifend eine allgemeine Theorie der Verschränkung ableiten kann: Es gibt gemeinsame Probleme und Fragestellungen, die ich versucht habe zu adressieren und hierfür Maßstäbe zu entfalten. In der Diskussion kam mehrfach zu Recht der Hinweis auf die Teleologie des einzelnen Sachbereiches bei verschränkten Normen. Darum bin ich zögerlich und skeptisch, ob sich wirklich eine bereichsübergreifende Verschränkungsdogmatik entfalten lässt.

Verschiedene Beiträge haben die Steuerungsfunktion des Steuerrechts adressiert. Zunächst zu dem Schweizer Kollegen *Marti*: Wir haben im deutschen Steuerrecht typischerweise die Dominanz von Bundesgesetzen, so dass sich die Abgrenzung zur geschilderten Kantonalgesetzgebung zumindest bei den großen Steuern nicht stellt. Auf Ihre Kompetenzfrage ist zu antworten: Wir haben die aktuellen Probleme z.B. bei der Regulierung von Mieten durch den vorgeschlagenen Mietpreisdeckel, den ich in einem Nebensatz genannt hatte. Grundsätzlich greift die Landesgesetzgebung, aber für das Privatrecht ist auch in Deutschland der Bundesgesetzgeber mit dem BGB zuständig, so dass sich die Frage stellt, ob daneben noch öffentliches Mietpreisrecht überhaupt von den Ländern erlassen werden darf. Die Problematik, die Sie angesprochen haben, besteht in Deutschland auch. Zu der Kompetenzfrage von *Martin Burgi* ist anzumerken, dass es der rigiden Vorgabe des Vorstandes hinsichtlich des Umfanges des Vortrags geschuldet ist, dass zwei Sätze aus der Manuskriptfassung ausgesondert werden mussten: „Die steuerliche Lenkung ist grundsätzlich von der Gesetzgebungskompetenz des Art. 105 GG gedeckt, einer hinzutretenden Sachgesetzgebungskompetenz bedarf es nicht. Allerdings darf die Lenkungsabgabe nicht der Sachgesetzgebung widersprechen." Das stammt sinngemäß aus der in der Frage zitierten Rechtsprechung des Bundesverfassungsgerichts im 98. Band, die ich nach wie vor für richtig halte. Es gibt eine Kompetenzgrenze für den Steuergesetzgeber: Die Primärwertung muss dem Fachrecht entnommen werden und darf durch das Steuerrecht nicht konterkariert werden. Insoweit bin ich für die Frage dankbar, weil ich diesen Punkt noch nachreichen konnte.

Rainer Wernsmann hat unter Hinweis auf den Steuerbegriff betont, dass der Steuergesetzgeber legitimerweise lenken darf, und mich zu meiner Einschätzung gefragt. Ich meine, es ist zu differenzieren. Es gibt Bereiche, wo der lenkungspolitische Ansatz sich mit den Grundprinzipien des jeweiligen Teilsteuerrechts einfach nicht verträgt. Wenn der Gesetzgeber bei der progressiven Einkommensteuer eine Eigenheimförderung einfügt, dann hat das regressive Wirkungen und ist schlichtweg verfehlt. Diese Form der Eigenheimförderung ist zu Recht aufgegeben worden. In anderen Bereichen, ich habe den Systembruch nur zitiert, ist die Lenkung, wie z.B. durch Abschreibungen und Sonderabschreibungen, unschön, liegt aber innerhalb des steuerpolitischen Gestaltungsfreiraumes des Steuergesetzgebers.

Herr *Groß*, Sie haben zu Recht darauf hingewiesen, dass es manche Bereiche gibt, wo das Ziel determiniert ist und der Gesetzgeber ein effektives Mittel einsetzten muss. Das passt zu meiner Überlegung, dass man gewisse Verschränkungen nur auf Zeit einführen darf und eine legislative Beobachtungspflicht sowie eine Evaluation für die Verschränkung einführen muss, um Verschränkungswirkung und -erfolg zu beurteilen. Das war eine wertvolle Ergänzung. Wenn die effektive Zielerreichung vorgegeben ist, darf der Gesetzgeber nicht allein auf das Steuerrecht vertrauen.

Herr *Valta*, ich möchte Ihnen ausdrücklich zustimmen: Wenn das Privatrecht über Normen verfügt, die die Verschränkung schon hindern, bedarf es keiner steuerlichen Entschränkungsnorm mehr und auch keiner Vorbehalte im Steuerrecht. Ihr Beispiel mit dem Scheingeschäft führt nicht zu Verwerfungen. Insoweit stimmen beide Rechtsgebiete überein, § 41 Abs. 2 AO trifft dieselbe Aussage wie § 117 Abs. 1 BGB. Die Frage, die Sie dann noch angesprochen haben, ob die privatrechtliche Anfechtung auch die Steuerrechtslage rückwirkend beeinflusst, hängt von der konkreten Tatbestandsbildung ab. Wenn der Gesetzgeber ein Wahlrecht nicht zeitlich begrenzt, dann wirkt die Anfechtung zurück und das Risiko, das Sie angesprochen haben, ist in einer wenig systematischen Gesetzgebung angelegt. Wenn es einzelne Rechtsnormen gibt, die die Wahlrechtsausübung ausdrücklich einschränken und andere, die keine Limitation vorsehen, dann ist es nachvollziehbar, dass die Rechtsprechung urteilt; wenn die Ausübung nicht gesetzlich eingeschränkt ist, gilt das Wahlrecht solange keine Bestandskraft des jeweiligen Aktes eintritt. Insoweit ist die Judikatur stringent und das Risiko trägt der Gesetzgeber.

Ich komme zur Verschränkung der bilanziellen Maßgeblichkeit und den Fragen nach dem Maßstab, die Herr *Kempny* und *Rainer Wernsmann* gestellt haben. Die verfassungsgerichtliche Entscheidung zu den Jubiläumsrückstellungen hat die Anknüpfung an das Zivilrecht nicht als Grundentscheidung angesehen, deren Durchbrechung besonders zu rechtfertigen wäre. Das ist gerade von zivilrechtlichen Kollegen vielfach kritisiert worden, insoweit möchte ich nicht in die Detaildiskussion einsteigen. Herr *Kempny*, die Folgerichtigkeit ist kein steuerrechtlicher Sonderweg, sie gilt auch z.B. im Wahlrecht und beim Nichtraucherschutz. Dass die Forderung nach Folgerichtigkeit vielleicht im Steuerrecht in manchen Fällen überpointiert wird, da gebe ich Ihnen gerne Recht. *Rainer Wernsmann* hat das gleiche Phänomen angesprochen, aber mit unterschiedlicher Zielrichtung. Dass die Maßgeblichkeit trotz unterschiedlicher Zwecke sich praktisch zu sehr an das Handelsrecht anlehnt, das war auch die Ausgangsthese des Großen Senats des Bundesfinanzhofs aus dem Jahr 1969, mit der damals noch bestehende Wahlrechte eingeschränkt wurden. Ich meine nicht, dass die Maßstäbe sich generell verschieben, aber rechtspolitisch stellt sich die Frage, Herr *Kempny*, Sie haben von Flickwerk gesprochen, sollte rechtspolitisch an einer Verschränkung festgehalten werden, die zu erhöhter Fehleranfälligkeit führt? Das führt zu der grundlegenden Frage, wer eigentlich der normale Anwender ist. Das ist nicht der Privatrechtslehrer oder der Staatsrechtslehrer, sondern das ist ein Verwaltungsbediensteter, der nicht notwendigerweise Jurist ist. Bei über Jahrzehnten gelebten Verschränkungen stellt sich die Frage, ob der Gesetzgeber nicht die Verschränkungserfahrung abschöpfen und für den Normaladressaten ohne die in Verschränkungen angelegte Fehleranfälligkeit regeln sollte. Dabei hat er natürlich auf der Ebene des einfachen Rechts alle Freiheiten, die ihm qua Verfassung zustehen.

Am Ende möchte ich natürlich dem Vorstand danken, dass er mir die Gelegenheit zu diesem Referat gegeben hat und mich auch zur Wahl des Steuerrechts als Referenzgebiet für Verschränkungen ermutigt hat: Herzlichen Dank.

Dritter Beratungsgegenstand:

Wandel des Verhältnisses von Staat und Gesellschaft – Folgen für Grundrechtstheorie und Grundrechtsdogmatik

1. Referat von *Stefan Muckel*, Köln

Inhalt

		Seite
I.	Einführung	246
II.	Grundrechtstheoretische Grundlegung	247
III.	Grundrechtsdogmatisch bedeutsame Veränderungen im Verhältnis von Staat und Gesellschaft	253
	1. Grundrechtsberechtigung im Überschneidungsbereich von Staat und Gesellschaft	253
	a) Grundrechtsberechtigung juristischer Personen des öffentlichen Rechts und staatsnaher Privater	253
	aa) Rechtslogisch und staatstheoretisch verfehlte „Konfusion".	253
	bb) Entscheidend: Die grundrechtstypische Gefährdungslage	256
	b) Neuartige Entitäten mit Potenzialen zur Grundrechtsberechtigung	262
	aa) Emergente Kollektivität in der volatilen Gesellschaft	262
	bb) Technisch generierte Entitäten.	265
	(1) Problemaufriss	265
	(2) Cyborg-Technik	267
	(3) Autonome Roboter mit künstlicher Intelligenz	268
	(4) Biotechnik	271
	2. Grundrechtsverpflichtung: Adressaten der Grundrechte im Überschneidungsbereich von Staat und Gesellschaft	273
	a) Unmittelbare Grundrechtsbindung sozialmächtiger Privater?	273
	b) Verpflichtung Privater zur Achtung grundrechtlicher Schutzgüter nach Maßgabe der Gesetze	277
IV.	Fazit	286

I. Einführung

„Nichts ist so beständig wie der Wandel" soll der antike Philosoph *Heraklit von Ephesos* vor rund 2.500 Jahren gesagt haben. Reflexionen über den Wandel des Rechts, der Gesellschaft und auch des Verhältnisses von beidem zueinander gab es zu allen Zeiten. Der Wandel ist in der Tat nichts Besonderes, auch der Wandel im Verhältnis von Staat und Gesellschaft.[1] Allerdings hat *dieser* Wandel in den letzten Jahren und Jahrzehnten derart Fahrt aufgenommen, dass er einer besonderen Betrachtung wert ist. Es gibt erhebliche Veränderungen im gesellschaftlichen, wirtschaftlichen und politischen Leben.

Die maßgeblichen Vorgänge sind diejenigen, die in soziologischen Diskursen „Metaprozesse" genannt werden. Metaprozesse sind u.a. dadurch gekennzeichnet, dass sich ihnen letztlich niemand entziehen kann.[2] Unter ihrem Einfluss kommt es zum Wandel von Alltag, Kultur und Gesellschaft insgesamt.[3] Die wichtigsten Metaprozesse in jüngerer Zeit werden mit Begriffen umschrieben, die wir alle kennen: Globalisierung (auch: Internationalisierung), Individualisierung als Teil einer Singularisierung[4] und auch Fragmentierung[5] des gesellschaftlichen Lebens, Kommerzialisierung

---

[1] Vgl. *Steffen Augsberg* Gesellschaftlicher Wandel und Demokratie: Die Leistungsfähigkeit der parlamentarischen Demokratie unter Bedingungen komplexer Gesellschaften, in: Hans Michael Heinig/Jörg Philipp Terhechte (Hrsg.) Postnationale Demokratie, Postdemokratie, Neoetatismus, 2013, 27 (37). An der Unterscheidung von Staat und Gesellschaft ist im Grundsatz nach wie vor festzuhalten, vgl. nur *Wolfgang Kahl* Die rechtliche Bedeutung der Unterscheidung von Staat und Gesellschaft, Jura 2002, 721; *Ulrich Karpen* Die Unterscheidung von Staat und Gesellschaft als Bedingung der rechtsstaatlichen Freiheit, JA 1986, 299; anders etwa *Wolfgang Hoffmann-Riem* Enge oder weite Gewährleistungsgehalte der Grundrechte?, in: Michael Bäuerle u.a. (Hrsg.) Haben wir wirklich Recht? Zum Verhältnis von Recht und Wirklichkeit – Beiträge zum Kolloquium anlässlich des 60. Geburtstags von Brun-Otto Bryde, 2004, 53 (61) mit Blick auf den „Gewährleistungsstaat der Gegenwart".

[2] Vgl. die Umschreibung von *Caja Thimm* Digitale Gesellschaft und Öffentlichkeit – neues Bürgerbewusstsein?, in: Stiftung Gesellschaft für Rechtspolitik, Trier/Institut für Rechtspolitik an der Universität Trier (Hrsg.) Bitburger Gespräche. Jahrbuch 2013, 21 (23); näher *Friedrich Krotz* Mediatization as a mover in modernity: social and cultural change in the context of media change, in: Knut Lundby (Hrsg.) Mediatization of Communication, 2014, 131 (135 ff., insbes. 136 f.).

[3] Vgl. *Friedrich Krotz* Mediatisierung: Ein Forschungskonzept, in: Friedrich Krotz/Cathrin Despotovic/Merle-Marie Kruse (Hrsg.) Mediatisierung als Metaprozess. Transformationen, Formen der Entwicklung und die Generierung von Neuem, 2017, 13 (14); zust. etwa *Thimm* Digitale Gesellschaft (Fn. 2), 23.

[4] Vgl. die inzwischen viel diskutierten Gedanken von *Andreas Reckwitz* Die Gesellschaft der Singularitäten, 2019.

[5] In religionsverfassungsrechtlicher Perspektive ist dabei vor allem die fortschreitende Bildung von sog. Parallelgesellschaften zu nennen, vgl. statt vieler *Rudolf Steinberg* Zwi-

und – vielleicht von besonderer Bedeutung – die Mediatisierung[6], die durch die sog. Digitalisierung[7] besonderes Gewicht hat und die durchaus als eine Bündelung sämtlicher Prozesse gesehen werden muss, weil sie in ihren realen Ausformungen nur vor dem Hintergrund der Globalisierung verstanden werden kann, sich zu einem sehr wesentlichen Teil aus kommerziellen Interessen speist und der Individualisierung zusätzliche Schubkraft verleiht.

All das berührt das Verhältnis von Staat und Gesellschaft. Verfassungsrechtlich liegt eine grundrechtliche Betrachtung nahe.[8] Sie betrifft vor allem Grundrechtsberechtigung und Grundrechtsverpflichtung maßgeblicher Akteure. Mit Blick hierauf möchte ich zunächst eine grundrechtstheoretische Grundlegung versuchen (unter II.), um sodann einige – bei weitem nicht alle – grundrechtsdogmatische Problemfelder zu beleuchten (III.).

II. Grundrechtstheoretische Grundlegung

Grundrechtstheoretisch muss zunächst festgehalten werden, dass unser Verständnis von Grundrechten ebenso dem Wandel unterliegt wie das gesellschaftliche Leben – Beruf und Alltag, Wirtschaft und Kultur etc. Das kann gar nicht anders sein bei Grundrechten, die auf einer menschenrechtlichen (ideellen und politischen) Basis als Elemente der Ordnung von Staat und Gesellschaft[9], aber auch als „Bilanz einer gegebenen und *gewordenen* Rechtskultur"[10] charakterisiert worden sind. Die um der menschlichen Freiheit und Sicherheit willen bestehenden Grundrechte haben sich als Verbürgungen von Rechtspositionen, Einrichtungen und Verfassungsprinzipien

---

schen Grundgesetz und Scharia. Der lange Weg des Islam nach Deutschland, 2018, 227 ff. m.w.N.

[6] Dabei steht der Begriff der Mediatisierung für die zunehmende Prägung von Kultur und Gesellschaft durch Medienkommunikation, vgl. *Krotz* in: Mediatisierung als Metaprozess (Fn. 3), 2.

[7] *Utz Schliesky/Christian Hoffmann/Anika D. Luch/Sönke E. Schulz/Kim Corinna Borchers* Schutzpflichten und Drittwirkung im Internet. Das Grundgesetz im digitalen Zeitalter, 2014, 15, sprechen auch von „Virtualisierung". Zum Zusammenhang von Digitalisierung und Mediatisierung vgl. auch BVerfG, NVwZ 2018, 1293 (1298 f. Rn. 79 f.).

[8] Zu verfassungsrechtlichen Problemfeldern im Verhältnis von Staat und Gesellschaft *Christoph Möllers* Staat als Argument, 2. Aufl. 2011, 297 ff., der – beispielhaft – die Unterscheidung von privatem und öffentlichem Recht, die Grundrechtsfähigkeit und die Stellung politischer Parteien als Vermittlungsinstitutionen zwischen gesellschaftlicher und staatlicher Willensbildung untersucht.

[9] Vgl. *Peter Badura* Grundrechte als Ordnung für Staat und Gesellschaft, in: HGR I, 2004, § 20 Rn. 11 m. umfangr. Nachw.

[10] *Peter Lerche* Grundrechtliche Schutzbereiche, Grundrechtsprägung und Grundrechtseingriff, in: HStR V, 2. Aufl. 2000, § 121 Rn. 15 – Hervorhebung nur hier.

erwiesen, „die jeweils von der aktuellen geschichtlichen Lage und dem Schutzbedürfnis gegen spezielle Gefährdungen der Freiheit und Gleichheit […] geprägt werden"[11]. Die damit einhergehende Wandlungsfähigkeit und -notwendigkeit betrifft Funktion[12], Inhalt, aber mitunter auch die juristische Existenz von Grundrechten – man denke nur an die vom BVerfG im Kontext des Persönlichkeitsschutzes entwickelten Gewährleistungen.[13] Zu Recht sind die permanente Rechtserneuerung und die sich selbst perpetuierende Reform als „das Lebensgesetz der Demokratie"[14] bezeichnet worden.

Die wesentliche Frage ist nun aus grundrechtstheoretischer Sicht: Was ist heute angesichts der Metaprozesse, die ich nannte, die angemessene grundsätzliche Vorstellung über die Wirkungsweise der Grundrechte?[15] Eine allgemeingültige Antwort auf die Frage nach der zeitgemäßen Grundrechtstheorie wird sich aber schon deshalb kaum finden, weil wir uns auch jetzt in einem fortwährenden Entwicklungsprozess des Grundrechtsverständnisses befinden, für den man allenfalls den status quo beschreiben könnte. Die liberale Ausgangsidee mit ihrem dichotomischen Verhältnis von Staat und Gesellschaft, das lange Zeit auch organisatorisch verstanden wurde,[16] muss im demokratischen Staat ohnehin relativiert werden.[17] Inzwischen geht es darum, die Freiheit zu schützen, ob sie nun von staatlicher oder gesellschaftlicher Seite bedroht ist.[18] Das heißt aber auch: Die Gefährdung der Freiheit ist der entscheidende Ansatzpunkt, weder die Rechtsform

---

[11] *Badura* in: HGR I (Fn. 9), § 20 Rn. 15.

[12] Vgl. *Badura* in: HGR I (Fn. 9), § 20 Rn. 15, der einen „Funktionswandel" von Grundrechten jedenfalls nicht ausschließt.

[13] Vgl. zum Grundrecht auf informationelle Selbstbestimmung BVerfGE 65, 1; zum Grundrecht auf Gewährleistung der Vertraulichkeit und Integrität informationstechnischer Systeme BVerfGE 120, 274; zu beidem *Friedhelm Hufen* Staatsrecht II. Grundrechte, 7. Aufl. 2018, § 12 Rn. 2 bzw. 3.

[14] *Badura* in: HGR I (Fn. 9), § 20 Rn. 15.

[15] Umschreibung von Grundrechtstheorie nach *Benjamin Rusteberg* Der grundrechtliche Gewährleistungsgehalt, 2009, 126 f., in Anlehnung an *Matthias Jestaedt* Grundrechtsentfaltung im Gesetz. Studien zur Interdependenz von Grundrechtsdogmatik und Rechtsgewinnungstheorie, 1999, 73. Vgl. im Übrigen die wohl schon als klassisch zu bezeichnende Definition von *Ernst-Wolfgang Böckenförde* Grundrechtstheorie und Grundrechtsinterpretation, NJW 1974, 1529: „eine systematisch orientierte Auffassung über den allgemeinen Charakter, die normative Zielrichtung und die inhaltliche Reichweite der Grundrechte"; zust. *Franz Josef Lindner* Theorie der Grundrechtsdogmatik, 2005, 3 f.

[16] Dazu nur *Karpen* Unterscheidung von Staat und Gesellschaft (Fn. 1), 302.

[17] Vgl. bereits *Konrad Hesse* Bemerkungen zur heutigen Problematik und Tragweite der Unterscheidung von Staat und Gesellschaft, DÖV 1975, 437 (438, 442). Anders wohl *Florian Becker* Öffentliches und Privates Recht, NVwZ 2019, 1385 (1390, 1392).

[18] Vgl. *Hesse* Unterscheidung von Staat und Gesellschaft (Fn. 17) 442. Ob es heute noch zu einer „Konfrontation von Staat und Gesellschaft" kommen kann, wie *Jan Philipp Schaefer* Neues vom Strukturwandel der Öffentlichkeit. Gewährleistungsverantwortung nach

dessen, von dem die Gefahr ausgeht, noch dessen, der ihr ausgesetzt ist. Damit relativiert sich zugleich die Bedeutung, die die Zuordnung zu öffentlichem oder privatem Recht nach verbreiteter Lesart in diesem Kontext nach wie vor haben soll.[19]

Der demokratische Staat kann Schutz und Förderung grundrechtlicher Freiheit wie auch die Pflege ihrer gesellschaftlichen Voraussetzungen nur auf der Basis objektiv-rechtlicher Aussagen der Grundrechte bieten. Die Grundrechte als objektive Wertordnung zu verstehen, hat sich – ungeachtet möglicher Einseitigkeiten in der philosophischen Grundlegung[20] – Ende der 50er Jahre als Initialzündung des BVerfG für neue „Dimensionen" erwiesen, von denen die Schutzpflichten als besonders bedeutsam gelten dürfen. Immer wieder sind neue Wirkungsdimensionen der Grundrechte nicht nur, aber auch entwickelt worden, wenn das zentrale grundrechtliche Ziel, die tatsächliche Freiheit der Bürger zu gewährleisten, es erforderte.[21] Das ist – ich weiß es – eine Binsenweisheit. Aber mir scheint, sie stellt die einzige einigermaßen konsensfähige grundrechtstheoretische Leitlinie dar: Die Grundrechte sind entwicklungsfähig. Sie stellen sich nicht gegen den Wandel, sondern vollziehen ihn mit. Stets werden auf neue Fragen angemessene oder jedenfalls diskussionswürdige Antworten gefunden. So überrascht es auch nicht, dass den Grundrechten heute eine „digitale Dimension" beigemessen wird.[22]

---

dem Fraport-Urteil des Bundesverfassungsgerichts, Der Staat 51 (2012), 251 (277), schreibt, wäre gesondert zu untersuchen, erscheint aber fragwürdig.

[19] Vgl. *Ulrich Jan Schröder* Das Verhältnis von öffentlichem Recht und Privatrecht, DVBl. 2019, 1097: Die Unterscheidung von öff. Recht und Privatrecht spiegele die Trennung von Staat und Gesellschaft; *András Jakab/Lando Kirchmair* Tradition und Analogie in der Unterscheidung zwischen öffentlichem Recht und Privatrecht am Beispiel der österreichischen Rechtsordnung, MPLI Research Papers Series No. 2019-11, 1 (13); *Markus Heintzen* Beteiligung Privater an der Wahrnehmung öffentlicher Aufgaben und staatliche Verantwortung, VVDStRL 62 (2003), 220 (237); aus rechtshistorischer Sicht *Dieter Grimm* Zur politischen Funktion der Trennung von öffentlichem und privatem Recht in Deutschland, in: ders. (Hrsg.) Recht und Staat der bürgerlichen Gesellschaft, 1987, 84 (103); daran (u.a.) anknüpfend *Margrit Seckelmann* Kategoriale Unterscheidung von Öffentlichem Recht und Privatrecht?, DVBl. 2019, 1107 m.w.N.

[20] Allenthalben wird dazu auf *Max Scheler* und *Nicolai Hartmann* verwiesen. Es ging aber auch darum, wertrelativistische Verirrungen aus den zurückliegenden Jahrzehnten zu verarbeiten und in Richtung Ausland deutliche Zeichen zu setzen (vgl. *Helmuth Schulze-Fielitz* Das Lüth-Urteil – nach 50 Jahren, Jura 2008, 52 (54 m.w.N.)). Der Fall wies ja auch nicht ganz fernliegende inhaltliche Bezüge zum Nationalsozialismus auf (vgl. die Ausführungen zum Sachverhalt: BVerfGE 7, 198 f.).

[21] Vgl. *Lothar Michael/Martin Morlok* Grundrechte, 2. Aufl. 2010, Rn. 510.

[22] *Utz Schliesky* Digitalisierung – Herausforderung für den demokratischen Verfassungsstaat, NVwZ 2019, 693 (699 m.w.N.).

Die eine allgemeingültige Grundrechtstheorie sehe ich nicht. Ich verhehle aber nicht, dass ich wie viele von uns[23] in dem bekannten Modell *Robert Alexys* eine besonders plausible theoretische Fundierung grundrechtlichen Denkens und Entscheidens sehe. Was sich zudem jenseits theoretischer Lagerbildungen[24] zeigen lässt, ist, dass die Grundrechte den fortwährenden Wandel der gesellschaftlichen Verhältnisse und die freiheitlichen Herausforderungen, die daraus erwachsen, bewältigen können. Der grundrechtliche Schutz passt sich den Erfordernissen an. Das bedeutet heute: Grundrechte sind nach wie vor und im grundrechtstheoretischen Ansatz gegen staatliche Eingriffe gerichtete Abwehrrechte. Aber sie entfalten weitere, im Laufe der Zeit hinzugetretene Charakteristika und Zielrichtungen, die ihre negatorische Seite ergänzen und den grundrechtlichen Schutz erweitern – wie dies in Deutschland seit fast 100 Jahren geschieht.[25] Die den abwehrrechtlichen Charakter der Grundrechte ergänzenden Wirkungselemente[26] scheinen allerdings in jüngerer Zeit an Bedeutung zu gewinnen, die abwehrrechtliche Seite an Bedeutung zu verlieren. Darauf wird vor allem im Zusammenhang mit Übergriffen privater Internetkonzerne in personenbezogene Daten einzelner Nutzer mit mehr oder weniger weit reichender Einwilligung hingewiesen.[27] Dennoch scheint mir die

---

[23] Vgl. nur *Schulze-Fielitz* Lüth-Urteil (Fn. 20), 56: „rechtstheoretisch wohl am plausibelsten"; im Einzelnen *Wolfram Höfling* Offene Grundrechtsinterpretation, 1987; das prominente Modell *Alexys* entfaltet m.E. auch deshalb eine ganz erhebliche Überzeugungskraft, weil *Michael Sachs* in: Klaus Stern (Hrsg.) Das Staatsrecht der Bundesrepublik Deutschland Bd. III/2, 1994, 525 ff., soweit ersichtlich unabhängig von *Alexy* zu sehr ähnlichen Ergebnissen gelangte. Einordnung der Lehre *Alexys* in die Entwicklung der Grundrechte und die grundrechtlichen Diskurse unter dem Grundgesetz bei *Christian Bumke* Die Entwicklung der Grundrechtsdogmatik in der deutschen Staatsrechtslehre unter dem Grundgesetz, AöR 144 (2019), 1 (53 f., 65 f.). Kritische Weiterführung bei *Mathias Hong* Abwägungsfeste Rechte. Von Alexys Prinzipien zum Modell der Grundsatznormen, 2019.

[24] Der „Schule" *Alexys* scheinen gegenwärtig vor allem die Vertreter eines grundrechtlichen Gewährleistungsgehalts (mit seinen verschiedenen Spielarten, dazu insbes. *Rusteberg* Gewährleistungsgehalt (Fn. 15), 98 ff.) gegenüber zu stehen, besonders prononciert wohl *Hoffmann-Riem* in: Verhältnis von Recht und Wirklichkeit (Fn. 1); näher zu seiner Konzeption *Rusteberg* ebd., 93 ff.

[25] Seither wird das ursprünglich rein liberale Grundrechtsdenken durch immer neue Wirkdimensionen der Grundrechte ergänzt, vgl. *Thomas Vesting* Von der liberalen Grundrechtstheorie zum Grundrechtspluralismus – Elemente und Perspektiven einer pluralen Theorie der Grundrechte, in: Christoph Grabenwarter/Stefan Hammer/Alexander Pelzl/Eva Schulev-Steindl/Ewald Wiederin (Hrsg.) Allgemeinheit der Grundrechte und Vielfalt der Gesellschaft, 1994, 9 (12).

[26] Dabei handelt es sich um einen bewusst untechnischen Begriff. Zu Unsicherheiten in der Terminologie vgl. nur *Matthias Ruffert* Vorrang der Verfassung und Eigenständigkeit des Privatrechts, 2001, 62 m.w.N., der insbes. die Begriffe „Grundrechtsfunktionen" und „Grundrechtsdimensionen" anspricht.

[27] Vgl. *Schliesky u.a.* Schutzpflichten und Drittwirkung (Fn. 7), 130, 134, 142.

grundrechtliche Gesamtformation – auch unter Berücksichtigung der flexiblen Grundrechtsfunktionen[28] – hinreichend leistungsfähig, um neue Herausforderungen zu bestehen.[29]

Manches mag dann gleichwohl „unausgewogen"[30] erscheinen. So ist zu Recht darauf hingewiesen worden, dass die Individualisierung längst auch in einem Grundrechtsindividualismus ihren Niederschlag gefunden hat, der auf zahlreichen Feldern unserer Rechtsordnung als ungut empfundene Auswirkungen zeitigt.[31] Es lässt sich in der Tat nicht leugnen, dass das Grundrecht, das in besonderem Maße einem individuellen Interesse Rechnung trägt, nämlich das Grundrecht auf informationelle Selbstbestimmung, besonders „weiträumig geschützt wird"[32]. Dem mit näherer Begründung entgegen zu halten, dass die Grundrechte auch „Phänomene kollektiver Ordnung"[33] sind, ist angemessen und sinnvoll. Aber sie sind es nicht in erster Linie. Und die Ausübung der kollektiven Seite der Grundrechte oder ihre besondere rechtliche Berücksichtigung (in welcher Weise auch immer) ist auch nicht erzwingbar. Als Kirchenrechtler denke ich dabei sofort an das Religionsverfassungsrecht,[34] das höchst individualistische, informell vergemeinschaftete kollektive und auch rechtsförmlich festgefügte, korporative Formen der Grundrechtsausübung – aus Art. 4 Abs. 1 und 2 GG – kennt. Dem Einzelnen, der sich keinem religiösen Verein oder keiner Religionsgemeinschaft anschließen möchte, kann nicht aufgrund seiner übermäßig subjektivistisch anmutender Anschauung der Schutz der Religionsfreiheit abgesprochen werden.[35] Das Anschreiben gegen überzogenen Grund-

---

[28] *Schliesky u.a.* Schutzpflichten und Drittwirkung (Fn. 7), 148.
[29] Vgl. *Schliesky u.a.* Schutzpflichten und Drittwirkung (Fn. 7), 146 ff., die grundrechtliche Defizite nur im Hinblick auf eine über den nationalen Rahmen hinausweisende Funktionsweise des Internets ausmachen.
[30] *Udo Di Fabio* Die Staatsrechtslehre und der Staat, 2003, 68.
[31] Dazu im Einzelnen die Beiträge in dem Werk von *Thomas Vesting/Stefan Korioth/Ino Augsberg* (Hrsg.) Grundrechte als Phänomene kollektiver Ordnung, 2014; vgl. auch *Thomas Vesting* Subjektive Freiheitsrechte in der liberalen Gesellschaft, Die Verwaltung, Beiheft 4 (2001), 21 (39 f.); mit Blick auf Art. 5 Abs. 1 Satz 1 GG: *Regina Dräger* Meinungsfreiheit in der digitalen Welt, KritV 2019, 78 (80 ff.).
[32] *Vesting u.a.* in: Grundrechte als Phänomene kollektiver Ordnung (Fn. 31), 9.
[33] *Vesting u.a.* in: Grundrechte als Phänomene kollektiver Ordnung (Fn. 31).
[34] Vgl. *Stefan Korioth* Religionsfreiheit – individuell, kollektiv, objektiv, institutionell, in: Grundrechte als Phänomene kollektiver Ordnung (Fn. 31), 231, der zu Recht darauf hinweist, dass der rechtliche Schutz religiöser Freiheit „als guter Spiegel, vielleicht sogar als Seismograph, grundrechtstheoretischer und grundrechtsdogmatischer Entwicklungen" taugt.
[35] Auch eine Privatreligion, die aus höchst individuellen Überzeugungen besteht, die sonst niemand teilt, kann eine Religion i.S.d. Grundgesetzes sein, a.A. wohl *Korioth* in: Grundrechte als Phänomene kollektiver Ordnung (Fn. 34), 233 m.w.N.

rechtsindividualismus bleibt ein – aus meiner Sicht: sinnvoller – Appell. Mehr ist allerdings – vorbehaltlich zulässiger gesetzlicher Schrankenbestimmung – gerade aus Gründen der grundrechtlichen Freiheit nicht möglich.[36]

Das schließt im Übrigen auch ein Grundrechtsdenken in „Ausgestaltungsermächtigungen"[37] aus. Das dem sog. Gewährleistungsstaat geschuldete[38] und auch dem Konzept der regulierten Selbstregulierung verpflichtete grundrechtstheoretische Modell versteht sich bekanntlich gerade als auch gegen gesellschaftliche Macht[39] gerichtetes Schutzkonzept zugunsten „Machtschwacher"[40]. Ungeachtet dieser anerkennenswerten Zielvorstellung ist die Ausgestaltung normgeprägter Grundrechte nicht mehr hinreichend deutlich von der Schrankenziehung unterscheidbar und trägt auch eine Tendenz zur umfassenden rechtlichen Ausgestaltung der sozialen Ordnung in sich.[41] Zudem schwächt sie die Individualgrundrechte des Einzelnen[42] und entmachtet den Gesetzgeber.[43] Das Verfassungsrecht aber wird potentiell überfrachtet.[44] Schließlich würden die Flexibilität und Entwicklungsfähigkeit der Grundrechte zumindest verringert.[45] Mir ist bewusst, dass ich mit diesen wenigen Worten dem Denken in grundrechtlichen Gewährleistungsgehalten und Ausgestaltungsmodi nicht annähernd Rechnung tragen kann. Es war mir aber wichtig es zumindest kurz zu beleuchten und klar zu stellen: Mich persönlich hat es nicht überzeugt; ich werde es im Folgenden

---

[36] Vgl. für die Religionsfreiheit *Stefan Muckel* Religiöse Freiheit und staatliche Letztentscheidung. Die verfassungsrechtlichen Garantien religiöser Freiheit unter veränderten gesellschaftlichen Verhältnissen, 1997, 195, pass.

[37] *Hoffmann-Riem* in: Verhältnis von Recht und Wirklichkeit (Fn. 1), 76.

[38] Vgl. die Analyse von *Rusteberg* Gewährleistungsgehalt (Fn. 15), 95.

[39] *Hoffmann-Riem* in: Verhältnis von Recht und Wirklichkeit (Fn. 1), 68.

[40] *Hoffmann-Riem* in: Verhältnis von Recht und Wirklichkeit (Fn. 1), 75.

[41] Vgl. *Rusteberg* Gewährleistungsgehalt (Fn. 15), 96.

[42] Vgl. *Wolfram Höfling* Kopernikanische Wende rückwärts?, in: Stefan Muckel (Hrsg.) Kirche und Religion im sozialen Rechtsstaat. FS Wolfgang Rüfner, 2003, 329 (334 ff.); *Rusteberg* Gewährleistungsgehalt (Fn. 15), 108 f.

[43] Näher *Rusteberg* Gewährleistungsgehalt (Fn. 15), 100 ff.

[44] Vgl. *Rusteberg* Gewährleistungsgehalt (Fn. 15), 101 ff.: „Deduktion kompletter Regelungssysteme aus dem Verfassungsrecht".

[45] Vgl. *Rusteberg* Gewährleistungsgehalt (Fn. 15), 101, der den gegenüber der herkömmlichen Grundrechtsdogmatik „erhöhten Grad verfassungsrechtlicher Determination" herausstellt, ferner ebd., 105, wo er von der Gefahr spricht, dass Regelungen „eingefroren" werden (Anführungszeichen i.O.) und das Modell als „unflexibel" bezeichnet; weitergehende Kritik etwa bei *Wolfgang Kahl* Vom weiten Schutzbereich zum engen Gewährleistungsgehalt. Kritik einer neuen Richtung der deutschen Grundrechtsdogmatik, Der Staat 43 (2005), 167 (184 ff.).

nicht zugrunde legen, wenn auch manche Einzelfrage im Ergebnis gleich beantwortet werden mag.

Grundrechtstheoretisch halte ich die Wandlungs- und Entwicklungsfähigkeit für die über Jahrzehnte herausragende Größe. Sie ermöglicht, dass für neue Fragen neue Antworten gefunden werden können. Das gilt, wie ich im Folgenden versuche zu zeigen, auch für die eingangs angedeuteten Metaprozesse.

III. Grundrechtsdogmatisch bedeutsame Veränderungen im Verhältnis von Staat und Gesellschaft

1. Grundrechtsberechtigung im Überschneidungsbereich von Staat und Gesellschaft

a) Grundrechtsberechtigung juristischer Personen des öffentlichen Rechts und staatsnaher Privater

Grundrechtsdogmatisch möchte ich nun einige Fragen im Überschneidungsbereich von Staat und Gesellschaft etwas näher beleuchten. Anlässlich der „Atomausstiegsentscheidung" des BVerfG[46], die ja u.a. die Grundrechtsberechtigung eines von einem ausländischen Staat beherrschten Unternehmens behandelt, mag es nahe liegen, noch einmal sehr grundsätzlich die Grundrechtsberechtigung juristischer Personen des öffentlichen Rechts und staatsnaher Privater aufzuarbeiten. Das würde aber den Rahmen sprengen. Nur ein paar zugespitzte Gedanken möchte ich formulieren.

aa) Rechtslogisch und staatstheoretisch verfehlte „Konfusion"

Die derzeit h.M. basiert auf dem berühmten „Konfusionsargument", das das BVerfG wohl zum ersten Mal beim Namen genannt hat.[47] Danach könne, wer Teil des Staates sei oder von ihm beherrscht werde, nicht Grundrechtsträger sein, weil er ja schon grundrechtsverpflichtet sei. Diese

---

[46] BVerfGE 143, 246 (312 ff. Rn. 184 ff.), betr. die Krümmel GmbH & Co. oHG, deren Anteile zu 50 % von einem ausländischen Staat gehalten werden, und die Vattenfall Europe Nuclear Energy GmbH, die vollständig von einem ausländischen Staat, dem Königreich Schweden, gehalten werden – im Einzelnen dazu die Angaben in BVerfGE 143, 246 (289 Rn. 101 ff., 312 f. Rn. 184 ff.).

[47] Danach kann der Staat nicht zugleich grundrechtsverpflichtet und grundrechtsberechtigt sein, so die Umschreibung in BVerfGE 143, 246 (315 Rn. 192).

Überlegung geht fehl.[48] *Detlef Merten*[49] hat das erst unlängst sehr prononciert ausgeführt und dabei auch eine langjährige Diskussionsgeschichte aufgezeigt.[50] Es ist rechtstheoretisch, aber auch -praktisch durchaus mög-

---

[48] Vgl. *Karl August Bettermann* Juristische Personen des öffentlichen Rechts als Grundrechtsträger, NJW 1969, 1321 (1323), der das „Konfusionsargument" als „gedankenlos" bezeichnete und, ebd., auch den Begriff geprägt hat; w. Nachw. dazu bei *Detlef Merten* Das konfuse Konfusionsargument. Zu einem dogmatischen Irrtum des Bundesverfassungsgerichts, DÖV 2019, 41 (41 Fn. 2); der von *Bettermann* abgelehnte Gedanke ist freilich viel älter, vgl. *Ernst Forsthoff* Die öffentliche Körperschaft, 1931, 108, der meint, mit Grundrechten für öffentliche Funktionsträger werde der Staat als „oberste Herrschaftsorganisation eines Volkes" (insoweit *Thoma* zitierend) preisgegeben, „denn sie kann nicht Adressatin und Berechtigte eines Grundrechts, wie z.B. des Gleichheitssatzes, sein"; auf diese frühe Formulierung des dem „Konfusionsargument" zugrunde liegenden Gedankens weist bereits *Möllers* Staat als Argument (Fn. 8), 307 Fn. 66, hin; zur Kritik wiederum *Bettermann* ebd., 1323 ff.

[49] *Merten* Konfusionsargument (Fn. 48), 41.

[50] Das „Konfusionsargument" ist im Übrigen in der Rspr. des BVerfG nicht konsequent und stimmig durchgeführt worden. So hat das BVerfG auf privater Seite das „Konfusionsargument" unbeachtet gelassen. Private juristische Personen – wie sozialmächtige Fußballvereine – können nach der Rspr. zumindest in gewisser Hinsicht gleichzeitig Grundrechtsträger und Grundrechtsverpflichtete sein, vgl. BVerfGE 148, 267 (281 Rn. 34–36); dazu auch *Christoph Smets* Die Stadionverbotsentscheidung des BVerfG und die Umwälzung der Grundrechtssicherung auf Private, NVwZ 2019, 34 (37): „Der Private erscheint nun zugleich als Inhaber und Adressat der Grundrechte." Den privaten Akteur der „Stadionverbots-Entscheidung" bindet das Gericht aufgrund seiner besonderen sozialmächtigen Stellung an den Gleichheitssatz aus Art. 3 Abs. 1 GG und betont zugleich sein Hausrecht als Berechtigung aus der Eigentumsgarantie des Art. 14 Abs. 1 GG, BVerfGE 148, 267 (281 Rn. 34–36); dazu auch *Smets* ebd.: „das Konfusionsargument wendet sich [...] mehr und mehr ins Private: Der Private erscheint nun zugleich als Inhaber und Adressat der Grundrechte." Der Ausschluss von gleichzeitiger Berechtigung und Verpflichtung gilt also nach dieser Rechtsprechung nur für den Staat. Da der Staat aber in puncto Rechtsfähigkeit von rechtsfähigen juristischen Personen des Privatrechts nicht zu unterscheiden ist, hat das „Konfusionsargument" nun seine innere Stimmigkeit selbst in der Rechtsprechung, die bisher an ihm festhält, zu einem erheblichen Teil verloren. Aus der Kritik vgl. im Übrigen *Ralf Dreier* Zur Grundrechtssubjektivität juristischer Personen des öffentlichen Rechts, in: Norbert Achterberg (Hrsg.) Öffentliches Recht und Politik, FS Hans Ulrich Scupin, 1973, 81 (86). Zeitweilig konnte der Eindruck entstehen, das BVerfG habe das „Konfusionsargument" aufgegeben, vgl. *Winfried Kluth* Funktionale Selbstverwaltung: verfassungsrechtlicher Status – verfassungsrechtlicher Schutz, 1997, 402. Die Entscheidung zum Atomausstieg widerlegt dies ausdrücklich (BVerfGE 143, 246 (315 Rn. 192)); vgl. aber auch aus der Zeit noch vor dieser Entscheidung *Thorsten Kingreen* Das Verfassungsrecht der Zwischenschicht. Die juristische Person zwischen grundrechtsgeschützter Freiheit und grundrechtsgebundener Macht, JöR 65 (2017), 1 (16): „Das Konfusionsargument hat [...] nach wie vor eine tragende Rolle in der Debatte." Weniger weitgehende Kritik bei *Hinnerk Wißmann* Grundrechtsbindung im Gewährleistungsstaat. Zur Verortung juristischer Personen des Privatrechts im Öffentlichen Recht, JöR 65 (2017), 41 (52), der für den Fall keinen Gegensatz zwischen Grundrechtsberechtigung und Grundrechtsbindung annimmt, dass „private Akteure gesetzlich bestimmte Aufgaben wahrnehmen".

lich, dass ein und dieselbe Norm ein und dieselbe Person berechtigen und verpflichten kann[51].[52] Im hochdifferenzierten Staatsgebilde heutiger Prägung, das nicht nur vielgestaltig ist, sondern eben auch zahllose intermediäre, auch hybride[53] Organisationseinheiten aufweist, die die „Zwischenschicht zwischen Individuum und Staat"[54] bevölkern, kann das allzu schlichte „Konfusions-" oder auch „Identitätsargument" überhaupt nicht mehr überzeugen. Längst erscheint es als geradezu zwangsläufig, dass Hoheitsträger – oder vielleicht besser: gesetzlich legitimierte Träger öffentlicher Interessen unabhängig von ihrer Rechtsform – mit ihren je unterschiedlichen Aufgaben miteinander in Konflikte geraten. Auf der Basis der Identitätsthese sind das lediglich Kompetenzkonflikte.[55] Zu einer solchen Einschätzung gelangt aber nur, wer mit „dem" Staat – wie offenbar das BVerfG – immer noch die Vorstellung eines letztlich einheit-

---

[51] Die Vorschrift des § 433 Abs. 2 BGB, dass der Käufer den Kaufpreis zu zahlen habe, verpflichte ihn in seiner Eigenschaft als Käufer und berechtige ihn als Verkäufer. „Je nach meiner Rolle bin ich aufgrund derselben Norm Gläubiger oder Schuldner", *Bettermann* Juristische Personen des öffentlichen Rechts (Fn. 48), 1323.

[52] Auch der historischen sog. Fiskus-Theorie liegt diese juristische Selbstverständlichkeit zugrunde. Vgl. *Bettermann* Juristische Personen des öffentlichen Rechts (Fn. 48), 1323. Die Fiskus-Theorie entnahm dem spätantiken römischen Recht bekanntlich den Gedanken, dass der Fiskus als fingierter Träger des staatlichen Vermögens verklagt werden konnte, näher dazu *Ernst Forsthoff* Lehrbuch des Verwaltungsrechts, 10. Aufl. 1973, 29, 112 f., jeweils m.w.N.; prägnant *Gerhard Anschütz* Die Verfassungs-Urkunde für den Preußischen Staat vom 31. Januar 1850, 1912, Art. 9 Anm. 12 (173): „Der Staat als Fiskus ist dem Privatrecht unterworfen; [...]". Der Gedanke, dass auch der Staat in verschiedenen Rollen – nämlich als Berechtigter und als Verpflichteter – im Recht steht, ist in der Tat nicht neu. Eine nähere Analyse der rechtshistorischen Entwicklung, wie sie *Detlef Merten* unlängst vorgelegt hat, unterstreicht diese Einschätzung, *Merten* Konfusionsargument (Fn. 48), 41. Dabei zeigt sich, dass das römische Recht zwar das Erlöschen einer Forderung durch Konfusion kennt, also durch die Vereinigung von Gläubiger- und Schuldnerstellung, und dass manche Kodifikation wie das Preußische Allgemeine Landrecht und das österreichische Allgemeine Bürgerliche Gesetzbuch diesen Gedanken aufgreifen. Aber das am 1.1.1900 in Kraft getretene BGB nahm ihn nicht auf. Eine ursprünglich vorgesehene Regelung, der zufolge „das Schuldverhältnis erlischt, wenn Forderung und Verbindlichkeit in derselben Person sich vereinigen" (zit. nach *Merten* ebd., 42) wurde nach der berühmten Kritik *Otto von Gierkes* an dem ersten Entwurf nicht in das Gesetzbuch übernommen (näher *Merten* ebd.). Die zivilrechtliche Literatur ist in der Frage, ob Forderung und Schuld in einer Person zusammenfallen können, gespalten (vgl. die Nachw. bei *Merten* ebd., Fn. 19 f.).

[53] *Kingreen* Verfassungsrecht der Zwischenschicht (Fn. 50), 4; Beispiele für hybride Konstruktionen bei *Andreas Voßkuhle* Beteiligung Privater an der Wahrnehmung öffentlicher Aufgaben und staatliche Verantwortung, VVDStRL 62 (2003), 266 (280 Fn. 42).

[54] Vgl. dazu *Kingreen* Verfassungsrecht der Zwischenschicht (Fn. 50), 3.

[55] Vgl. BVerfG, NVwZ 2019, 642 (643 Rn. 20: Das Handeln des Staates vollziehe sich „aufgrund von Kompetenzen", ebd., 643 Rn. 21: die Berufung auf eine Verletzung von Rechten betreffe „Streitigkeiten über die funktionale Zuständigkeitsordnung").

lichen, wenn auch aus verschiedenen Gliedern bestehenden Rechtskörpers *Hobbes'scher* Prägung verbindet, dessen Bestandteile „lediglich besondere Erscheinungsformen einer einheitlich verstandenen Staatsgewalt"[56] seien[57] – so das BVerfG unlängst mit Blick auf die Vertrauenspersonen eines Bürgerbegehrens.

Ich verzichte auf weitere Worte hierzu. Und ich möchte auch nicht näher darlegen, dass der bloße Staatsbezug eines selbstständigen Rechtsträgers zwar wegen Art. 1 Abs. 3 GG etwas zur Grundrechtsbindung, nicht aber zur Grundrechtsberechtigung aussagt.[58]

bb) Entscheidend: Die grundrechtstypische Gefährdungslage

Wer die hier maßgebliche Bestimmung des Art. 19 Abs. 3 GG über die Grundrechtsberechtigung juristischer Personen mit ihrem Schutzzweck zur Geltungserstreckung der Grundrechte auf Organisationen in den Blick nimmt,[59] sieht: Es geht nicht um den Schutz der „hinter" ihnen stehenden Menschen, die ihnen ein „personales Substrat" vermitteln.[60] Art. 19 Abs. 3 GG unterstellt juristische Personen um ihrer selbst willen und als solche dem Schutz der Grundrechte.[61] Auf die Rechtsform – privat- oder

---

[56] BVerfG, NVwZ 2019, 642 (643 Rn. 21) mit Blick auf „Gemeinden und ihre Organe" und somit nach Einschätzung der entscheidenden 2. Kammer des Zweiten Senats auch die Vertrauenspersonen eines Bürgerbegehrens; dass es sich bei ihnen gerade nicht um einen „Teil der kommunalen Willensbildung" (BVerfG ebd., (643 Rn. 22)), sondern des bürgerschaftlichen Engagements handelt, dürfte auf der Hand liegen. Zum Verständnis juristischer Personen des öffentlichen Rechts als bloße Erscheinungsformen einer einheitlichen Staatsgewalt vgl. auch BVerfGE 143, 246 (313 Rn. 188) – Atomausstieg.

[57] Hellsichtig sah bereits *Karl August Bettermann* im Jahre 1969 die Vorstellung, „die unübersehbare Fülle der juristischen Personen des öffentlichen Rechts und der nicht rechtsfähigen Verwaltungseinheiten" seien lediglich „Organisationsformen" des Staates, letztlich begründet in einer „archaischen Antithese von Mensch und Staat", die ideengeschichtlich und verfassungsrechtlich längst überholt sei, *Bettermann* Juristische Personen des öffentlichen Rechts (Fn. 48), 1325.

[58] Anders die wohl h.M., für die Staat und Staatsgewalt die Gegenbegriffe zur Grundrechtsberechtigung und die Inbegriffe von Grundrechtspflichtigkeit sind, vgl. *Möllers* Staat als Argument (Fn. 8), 297 ff., 333. Für die Frage, was genau zum Staat gehört, komme es auf eine Zurechnung an, vgl. *Möllers* ebd.; ferner *Voßkuhle* Beteiligung Privater (Fn. 53), 293 f.

[59] Vgl. *Dreier* in: Öffentliches Recht und Politik, FS Scupin (Fn. 50), 89 – auch zum Folgenden.

[60] Diese sog. Durchgriffstheorie ist abzulehnen; a.A. *Peter Michael Huber* Natürliche Personen als Grundrechtsträger, in: HGR II, 2006, § 49 Rn. 5 m.w.N.

[61] Näher *Horst Dreier* in: ders. (Hrsg.) Grundgesetz Kommentar I, 3. Aufl. 2013, Art. 19 III Rn. 32 f. m.w.N.; *Kingreen* Verfassungsrecht der Zwischenschicht (Fn. 50), 27; *Markus Ludwigs/Carolin Friedmann* Die Grundrechtsberechtigung staatlich beherrschter Unternehmen und juristischer Personen des öffentlichen Rechts. Kontinuität oder Wandel der verfas-

öffentlich-rechtlich – kommt es nach dem Wortlaut der Norm[62] nicht an[63]. Entscheidend für die Frage der Grundrechtsberechtigung ist die rechtliche Situation, in der die juristische Person selbst dem Staat gegenüber steht. Dem trägt das Kriterium der grundrechtstypischen Gefährdungslage Rechnung. Dieser auch schon nicht mehr jungen Kategorie[64] darf aber nicht –

---

sungsrechtlichen Dogmatik?, NVwZ 2018, 22 (23); im Ergebnis auch *Jochen Rauber* Zur Grundrechtsberechtigung fremdstaatlich beherrschter juristischer Personen. Art. 19 Abs. 3 GG unter dem Einfluss von EMRK, EU-GRCh und allgemeinem Völkerrecht, 2019, 53, 55. Es hat sich bekanntlich mit den Bestimmungen über juristische Personen im Bürgerlichen Gesetzbuch nicht die romanistische, mit dem Namen *Friedrich Carl von Savignys* verbundene Fiktionstheorie durchgesetzt, die die natürliche Person in den Vordergrund stellte, die Realität juristischer Personen aber fingierte (sog. Fiktionstheorie, vgl. dazu *Jürgen Ellenberger* in: Otto Palandt Bürgerliches Gesetzbuch, 75. Aufl. 2016, Einf. v. § 21 Rn. 1). Grundlage des geltenden Rechts ist vielmehr die Theorie der realen Verbandspersönlichkeit geworden, die vor allem von *Otto von Gierke* vertreten wurde (vgl. *Kingreen* Verfassungsrecht der Zwischenschicht (Fn. 50), 3 f.; ferner *Friedrich E. Schnapp* Grundrechtsberechtigung juristischer Personen des öffentlichen Rechts, in: HGR II, 2006, § 52 Rn. 4). Danach ist die juristische Person ein wirklich vorhandenes Wesen mit einem Gesamtwillen, das durch seine Organe handlungsfähig ist (vgl. *Otto Gierke* Das Wesen der menschlichen Verbände. Rektoratsrede vor der Universität Berlin am 15.10.1902, Nachdruck der Ausgabe 1954, 7: „‚juristische Personen' […] sind so gut, wie die einzelnen Menschen, Subjekte von Rechten und Pflichten"). Relativierend *Heinz-Peter Mansel* in: Jauernig BGB, 17. Aufl. 2018, Vorbem. v. § 21 Rn. 2: „Die Theorien sind für die praktische Rechtsanwendung nutzlos, ihr Erklärungswert ist gering." Vgl. auch *Albert Ingold* Grundrechtsschutz sozialer Emergenz. Eine Neukonfiguration juristischer Personalität in Art. 19 Abs. 3 GG angesichts webbasierter Kollektivitätsformen, Der Staat 53 (2014), 193 (219).

[62] Art. 19 Abs. 3 GG bezieht seinem Wortlaut nach juristische Personen schlechthin – privat- wie öffentlich-rechtlich – in den Schutz der Grundrechte ein, wenn sie denn ihrem Wesen nach anwendbar sind. Das dürfte auch dem Verständnis des Verfassungsgebers entsprochen haben. In den Beratungen des Parlamentarischen Rates ist jedenfalls nicht ausgeschlossen worden, dass die Regelung in Art. 19 Abs. 3 GG auch für juristische Personen des öffentlichen Rechts gilt. Es ist zwar streitig diskutiert worden, welche Grundrechte für welche juristischen Personen anwendbar sein sollten. Im Parlamentarischen Rat ist aber gerade nicht zwischen juristischen Personen des Privatrechts und des öffentlichen Rechts unterschieden worden, vgl. *Peter Häberle* (Hrsg.) Entstehungsgeschichte der Artikel des Grundgesetzes. Neuausgabe des Jahrbuchs des öffentlichen Rechts der Gegenwart Bd. 1, JöR 1 (1951/2010), 183; darauf macht bereits *Bettermann* Juristische Personen des öffentlichen Rechts (Fn. 48), 1324 m. Fn. 41 aufmerksam; vgl. auch *R. Dreier* in: Öffentliches Recht und Politik, FS Scupin (Fn. 50), 87 f.; *Ludwigs/Friedmann* Grundrechtsberechtigung (Fn. 61), 23.

[63] Vgl. *R. Dreier* in: Öffentliches Recht und Politik, FS Scupin (Fn. 50), 90 f. A.A. (für eine Differenzierung juristischer Personen nach ihrer Rechtsform) *Markus Ludwigs* Unternehmensbezogene Effizienzanforderungen im Öffentlichen Recht, 2013, 222 f., der insoweit zwar auch auf die grundrechtstypische Gefährdungslage abstellt, dabei aber nicht konsequent bleibt, wenn er nur privatrechtliche Rechtsformen in die Betrachtung einbezieht.

[64] Den Begriff „grundrechtstypische Gefährdungslage" verwendet etwa *Albert v. Mutius* in: Wolfgang Kahl/Christian Waldhoff/Christian Walter (Hrsg.) Bonner Kommentar zum

wie in der Rechtsprechung des BVerfG[65] ein personalistisches Grundverständnis unterlegt werden.[66] Entscheidend muss vielmehr sein, dass der öffentlich-rechtlichen juristischen Person als solcher ein rechtlich zugewiesener Bereich der Selbstbestimmung bzw. -verwaltung zusteht, in den ein anderer staatlicher Akteur aufgrund ihm zustehender Befugnisse eingreifen kann.[67] Dieses, wie auch immer inhaltlich ausgeformte Selbstbestimmungsrecht muss eine übergeordnete, mithin verfassungsrechtliche[68] Grundlage für die Tätigkeit der juristischen Person des öffentlichen Rechts haben.

Das ist etwa bei den auch vom BVerfG herausgestellten Rundfunkanstalten sowie den Universitäten der Fall (Art. 5 Abs. 1 Satz 2 bzw. Abs. 3 GG).[69] Es ist aber auch bei Städten und Gemeinden der Fall, denen nach

---

Grundgesetz, Art. 19 Abs. 3 Rn. 114 (Zweitbearbeitung 1975); andere Begrifflichkeit bei *Bettermann* Juristische Personen des öffentlichen Rechts (Fn. 48), 1323: „Subjektionsverhältnis", 1323 f.: die Grundrechte „können es, soweit die juristische Person des öffentlichen Rechts ihrerseits der öffentlichen Gewalt einer (anderen) juristischen Person unterworfen ist", 1324: „Schutzsituation [...], welche die betreffende Grundrechtsnorm voraussetzt", 1327: „wenn diese Person eben jener Ausübung von Staatsgewalt ausgesetzt ist, der das betreffende Grundrecht Schranken zieht", 1327 f.: „dem Zwang eines Hoheitsträgers nach Art des Bürgers ausgesetzt"; *Friedrich Klein* in: Öffentliches Recht und Politik, FS Scupin (Fn. 50), 165 (168): „Spannungsverhältnis vergleichbar dem zwischen einem Gewaltunterworfenen und dem Staat"; *R. Dreier* in: Öffentliches Recht und Politik, FS Scupin (Fn. 50), 89 f.: „ein dem Individualbereich entsprechender grundrechtsschutzwürdiger Freiheitsbereich", 90: „Gesichtspunkt der grundrechtstypischen Unterworfenheit". In jüngerer Zeit stellt auf die „grundrechtstypische Gefährdungslage" ab: *Rauber* Grundrechtsberechtigung (Fn. 61), 53, 103.

[65] BVerfGE 45, 63 (79); BVerfGE 61, 82 (102); BVerfGE 143, 246 (314 Rn. 188) – Atomausstieg.

[66] Das BVerfG verbindet die Kategorie der „grundrechtstypischen Gefährdungslage" mit dem Blick auf „hinter" der juristischen Person stehende Menschen, vgl. BVerfGE 143, 246 (314 Rn. 188).

[67] Vgl. *R. Dreier* in: Öffentliches Recht und Politik, FS Scupin (Fn. 50), 89 f. Das ist von vornherein nicht der Fall in den Weisungssträngen der jeweiligen Aufsicht (vgl. den Hinweis auf fachweisungsgebundene Auftragsverwaltung bei *R. Dreier* ebd., 90). Insoweit steht der juristischen Person des öffentlichen Rechts aufgrund ihrer Rechtsbindung als Verwaltungsträger (Art. 1 Abs. 3, 20 Abs. 3 GG), aber auch aufgrund der notwendigen demokratischen Legitimation ihrer Entscheidungen in materieller Hinsicht (zur Unterscheidung von personeller und materieller demokratischer Legitimation vgl. *Karl-Peter Sommermann* in: v. Mangoldt/Klein/Starck GG, Bd. II, 7. Aufl. 2018, Art. 20 Rn. 164 ff. bzw. 168 ff. m.w.N.) kein rechtlicher Freiraum für selbstbestimmtes Vorgehen zu.

[68] Damit dürfte dem Gegenargument von *R. Dreier* in: Öffentliches Recht und Politik, FS Scupin (Fn. 50), 92, es fehle an einem Kriterium dafür, wann ein Selbstverwaltungsrecht aus einem Grundrecht abzuleiten oder wie ein Grundrecht zu behandeln sei, die Basis entzogen sein.

[69] Zur Grundrechtsberechtigung sowie -verpflichtung von Hochschulen *Klaus Ferdinand Gärditz* Universitäre Industriekooperation, Informationszugang und Freiheit der Wissenschaft. Eine Fallstudie, WissR Beiheft 25 (2019), 13, pass.

Art. 28 Abs. 2 GG das Recht der Selbstverwaltung zusteht. Wenn etwa das Land im Rahmen überörtlicher Planung auf dem Gebiet einer Gemeinde raumbedeutsame Projekte realisiert, die das Eigentum der Gemeinde beschränken, besteht die grundrechtstypische Gefährdungslage.[70] Gemeinden und Städte können sich in dieser Konfrontation mit staatlichen Stellen auf zivilrechtliche Abwehransprüche, aber – entgegen der derzeit vorherrschenden Sicht – eben auch auf die Eigentumsgarantie des Art. 14 Abs. 1 GG berufen.[71] Namentlich *Michael Sachs* hat darauf aufmerksam gemacht, dass nach Art. 153 Abs. 2 Satz 4 WRV den Kommunen der Schutz der Eigentumsgarantie sogar in verstärkter Form zustand.[72] Das zeigt zumindest, dass Grundrechtsschutz für Städte und Gemeinden unserem Verfassungsdenken nicht fremd ist.[73]

---

[70] Vgl. den Sachverhalt der sog. Sasbach-Entscheidung BVerfGE 61, 82, in der das BVerfG bekanntlich anders entschieden hat; mit Blick auf Enteignungen auch *Ludwigs/ Friedmann* Grundrechtsberechtigung (Fn. 61), 25; dazu ferner *v. Mutius* in: BK GG (Fn. 64), Art. 19 Abs. 3 Rn. 118.

[71] A.A. bekanntlich BVerfGE 61, 82 – Sasbach. Die Gemeinden sind auch Träger der Garantie effektiven Rechtsschutzes aus Art. 19 Abs. 4 GG, was BVerfG, NVwZ 2015, 1524 (1526 Rn. 19), als „nicht geklärt" bezeichnet. Zu betonen ist: Wenn Kommunen sich auf Art. 14 Abs. 1 u. 3 GG berufen können, ist damit nicht die Grundrechtsberechtigung im Hinblick auf andere Grundrechte verbunden. Für alle Grundrechte muss – selbstverständlich – geprüft werden, ob sie „ihrem Wesen nach" anwendbar sind. Daher schließt z.B. *Karl-Nikolaus Peifer* Kommentar zu BGH: Crailsheimer Stadtblatt II, WRP 2019, 325 (326) mit Recht aus, dass Kommunen sich auf die Pressefreiheit aus Art. 5 Abs. 1 GG berufen können.

[72] Nach Art. 153 Abs. 2 Satz 4 WRV durften Enteignungen durch das Reich gegenüber Ländern, Gemeinden und gemeinnützigen Verbänden nur gegen Entschädigung erfolgen. Zu den „gemeinnützigen Verbänden" wurden Körperschaften, Anstalten und Stiftungen gezählt (*Gerhard Anschütz* Die Verfassung des Deutschen Reichs vom 11. August 1919, 14. Aufl. 1933, Art. 153 Anm. 14, 720). Dazu *Michael Sachs* Verfassungsrecht II. Grundrechte, 3. Aufl. 2017, Kap. 6 Rn. 84, der zudem auch auf die Rspr. des BayVerfGH zu Art. 103 BayVerf. hinweist, die ebenfalls zur Grundrechtsfähigkeit für Kommunen im Hinblick auf die Eigentumsgarantie gelangt, vgl. etwa BayVerfGH, NVwZ 1985, 260 (260 f.), der wiederum ausdrücklich das „Argument der Einheit der Staatsgewalt" als unbeachtlich zurückweist und damit dem „Konfusionsargument", wie dargelegt (o. C.I.1.a), den Boden entzieht.

[73] Im Parlamentarischen Rat spielte die Frage, soweit ersichtlich, keine Rolle. Im Rahmen des Eigentumsschutzes wurde über die Grundrechtsträgerschaft offenbar nicht gesprochen. Es gab lediglich einen kurzen Hinweis *v. Mangoldts*, dass noch eine Bestimmung kommen solle, wonach die Grundrechte zum Teil auch auf Körperschaften bezogen werden (vgl. Der Parlamentarische Rat 1948–1949 Akten und Protokolle. Ausschuß für Grundsatzfragen, Band 5/II, 733). Grund für eine fehlende Diskussion über Art. 153 Abs. 2 Satz 4 WRV könnte sein, dass die Möglichkeit einer entschädigungslosen Enteignung, wie auch schon in Art. 17 Abs. 2 HChE, insgesamt ausgeschlossen wurde. Dies wurde durch die CDU-Fraktion vorgeschlagen, der Grundsatzausschuss folgte dem Vorschlag, vgl. Der Parlamentarische Rat Ausschuß für Grundsatzfragen, Bd. 5/II. 735–737; hierzu auch JöR n.F. 1

Weitere Problemfälle kann ich nur andeuten: Der Träger einer staatlich anerkannten privaten Ersatzschule kann sich auf die grundrechtliche Privatschulfreiheit aus Art. 7 Abs. 4 GG auch in den Bereichen seiner Tätigkeit berufen, in denen er mit hoheitlichen Befugnissen beliehen ist, etwa im Prüfungswesen.[74] Religionsgemeinschaften, die Körperschaften des öffentlichen Rechts sind (Art. 140 GG i.V.m. Art. 137 Abs. 5 WRV), üben ungeachtet ihrer gesellschaftlichen Radizierung vereinzelte hoheitliche Befugnisse aus, etwa aufgrund ihres Besteuerungsrechts[75], ihrer Dienst-

---

(1951), 144 (151) sowie *Johannes Dietlein* in: Klaus Stern (Hrsg.) Das Staatsrecht der Bundesrepublik Deutschland, Band IV/1, 2006, § 113 II 3, 2166 f. und *Hans-Jürgen Papier/ Foroud Shirvani* in: Theodor Maunz/Günter Dürig (Hrsg.) Grundgesetz-Kommentar, Art. 14 Rn. 65–68 (87. Lfg. März 2019). Es gab also keinen Anlass mehr, den Kommunen die Eigentumsgarantie in verstärkter Form zuzusprechen. Die Frage nach der Grundrechtsberechtigung juristischer Personen scheint auch durch *v. Mangoldt* aufgeworfen worden zu sein, vgl. Der Parlamentarische Rat ebd., 771; auch JöR n. F. 1 (1951), 176 (180 ff.) sowie *Barbara Remmert* in: Theodor Maunz/Günter Dürig (Hrsg.) Grundgesetz-Kommentar, Art. 19 Abs. 3 Rn. 9 (87. Lfg. März 2019). *v. Mangoldt* wollte die Garantie des Privateigentums in diesem Zusammenhang explizit nennen, am Ende setzte sich allerdings die Fassung des heutigen Art. 19 Abs. 3 GG durch, vgl. *Remmert* ebd., Rn. 13. Auch hierbei wurde jedoch nicht ausdrücklich über die Erstreckung der Grundrechtsträgerschaft auf juristische Personen des öffentlichen Rechts gesprochen. Deshalb sieht *Remmert* umgekehrt auch keine bewusste Entscheidung für eine Erstreckung des Grundrechtsschutzes auf juristische Personen des öffentlichen Rechts, vgl. *Remmert* ebd., Rn. 14. Andererseits wird man gegen eine bewusste Abweichung des Parlamentarischen Rates von der Grundrechtsträgerschaft von Städten und Gemeinden die Einschätzung *Dietleins* anführen können, dass in den Verhandlungen des Parlamentarischen Rates „jedenfalls hinsichtlich der Eigentumsgarantie keine grundlegende Distanzierung von der Verfassungspraxis der Weimarer Republik zum Ausdruck" komme, *Dietlein* ebd., 2167.

[74] Z.B.: Eine mit hoheitlichen Befugnissen beliehene, staatlich anerkannte private Ersatzschule muss in ihrem Tätigkeitsfeld hoheitliche Aufgaben, etwa bei der näheren Gestaltung der Zeugnisse (etwa mit sog. Kopfnoten) erfüllen, die ihrem Grundverständnis widersprechen. Ihr Rechtsträger, z.B. eine Religionsgemeinschaft oder ein privater Verein, ist nur in dem Bereich der staatlichen Beleihung, also insbesondere für das Prüfungswesen, mit einer juristischen Person des öffentlichen Rechts vergleichbar. Aber auch in diesem Bereich ist ihr Grundrechtsschutz – entgegen der h.M. – aufgrund der Privatschulfreiheit in Art. 7 Abs. 4 GG nicht durch ihre (gleichwohl bestehende) Grundrechtsverpflichtung ausgeschlossen. Es handelt sich um einen gesellschaftlichen Verband, der Träger grundrechtlicher Freiheit ist und Grundrechtsschutz beanspruchen kann auch da, wo er aufgrund staatlicher Beleihung hoheitliche Befugnisse wahrnimmt. Vgl. *Markus Ogorek* Der Schutz anerkannter Ersatzschulen durch das Grundrecht der Privatschulfreiheit, DÖV 2010, 341 (346 ff.); anders die h.M., vgl. die Nachw. bei *Ogorek* ebd. Die hier vorgestellte Lösung bedeutet im Übrigen nicht, dass die Privatschule sich von gesetzlichen Vorgaben für das Prüfungswesen u.a. freistellen kann. Ob einzelne Anforderungen des Gesetzes und/oder der Schulbehörden sie in ihrer Privatschulfreiheit verletzen (und ggf. auf dem Verwaltungsrechtsweg angegriffen werden müssen), erweist sich im Rahmen einer vollständigen Grundrechtsprüfung unter Einschluss einer umfassenden Verhältnismäßigkeitsprüfung.

[75] Art. 140 GG i.V.m. Art. 137 Abs. 6 WRV.

herrnfähigkeit[76] und in der Friedhofsverwaltung; dennoch bleiben sie auch im Rahmen dieser Tätigkeiten Grundrechtsträger.[77] Sodann können die körperschaftlich organisierten Sozialversicherungsträger genannt werden, für die sich aus Art. 74 Abs. 1 Nr. 12 und Art. 87 Abs. 2 GG eine grundsätzliche Verankerung der sozialen Selbstverwaltung herleiten lässt.[78] Es sollte daher zumindest geprüft werden dürfen, ob sie sich nicht gegen die Schwächung ihrer Leistungsfähigkeit[79] u.a. durch Aufweichung des Versicherungsgedankens (etwa aufgrund der Ablösung der Leistungsberechtigung von der Beitragspflicht[80]) auf Grundrechte, namentlich Art. 14 Abs. 1 GG, jedenfalls Art. 2 Abs. 1 GG, berufen können.[81] Letztlich befinden sich auch inländische juristische Personen des Privatrechts, die – wie die Vattenfall GmbH – von einem ausländischen Staat beherrscht werden, bei Grundrechtseingriffen in Deutschland in einer grundrechtstypischen Gefährdungslage.[82]

---

[76] Dazu in jüngerer Zeit grundlegend *Matthias Friehe* Dienstherrnfähigkeit. Rechtsschutz vor staatlichen Gerichten in kirchendienstrechtlichen Streitigkeiten nach dem kollisionsrechtlichen Ansatz, 2019, 186 f., pass.

[77] Denn ihnen steht aufgrund ihres verfassungsrechtlich verbürgten Selbstbestimmungsrechts (Art. 140 GG i.V.m. Art. 137 Abs. 3 WRV) ein grundrechtsähnlicher Freiraum zu. Vgl. *v. Mutius* in: BK GG (Fn. 64), Art. 19 Abs. 3 Rn. 121 ff.

[78] *Peter Axer* Etatisierung der sozialen und gemeinsamen Selbstverwaltung?, NVwZ 2011, 601 (607), spricht von einer „Systementscheidung für die Sozialversicherung mittels verselbständigter Verwaltungseinheiten". Vgl. auch *Stefan Muckel/Markus Ogorek/Stephan Rixen* Sozialrecht, 5. Aufl. 2019, § 7 Rn. 14: „Selbstverwaltung in der Sozialversicherung durch Art. 87 Abs. 2 GG mit ihren strukturellen Besonderheiten vorausgesetzt". Anders die h.M., der zufolge dem GG keine Garantie der sozialen Selbstverwaltung zu entnehmen ist, vgl. BVerfGE 39, 302 (314 f.); 113, 167 (201 f.); *Joachim Suerbaum* in: Volker Epping/Christian Hillgruber (Hrsg.) BeckOK GG, 41. Ed. v. 15.5.2019, Art. 87 Rn. 36.

[79] Und die damit einhergehende Substanzbeeinträchtigung.

[80] *Friedhelm Hase* Grundrechtliche Freiheit und soziale Sicherheit, in: Grundrechte als Phänomene kollektiver Ordnung (Fn. 31), 183 (194); ferner *Kingreen* Verfassungsrecht der Zwischenschicht (Fn. 50), 32 ff.; vgl. auch *Christian Rolfs* Versicherungsfremde Leistungen der Sozialversicherung, NZS 1998, 551; zum Problemfeld grundlegend *Hermann Butzer* Fremdlasten in der Sozialversicherung. Zugleich ein Beitrag zu den verfassungsrechtlichen Vorgaben für die Sozialversicherung, 2001.

[81] Das aber geht nur, wenn auch Sozialversicherungsträgern zugestanden wird, dass sie in eine grundrechtstypische Gefährdungslage geraten können. Vgl. *Hase* Grundrechtliche Freiheit (Fn. 80), 195, der zu Recht von „einem im Grunde pseudo-liberalen Dogma" spricht, dem zufolge die Sozialversicherungsträger als „,Grundrechtsverpflichtete' selbst keine Grundrechte geltend machen" dürfen (Anführungszeichen i.O.). Im Einzelnen *Kingreen* Verfassungsrecht der Zwischenschicht (Fn. 50), 33, der z.B. Krankenkassen in einer grundrechtstypischen Gefährdungslage sieht.

[82] Vgl. BVerfGE 143, 246 (315 f. Rn. 194 f.). Die grundrechtstypische Gefährdungslage (vgl. *Rauber* Grundrechtsberechtigung (Fn. 61), 102 f.) besteht hier zwar nicht kraft Verfassungsrechts, aber immerhin kraft Europarechts, dessen Grundfreiheiten grundrechtsähnli-

b) Neuartige Entitäten mit Potenzialen zur Grundrechtsberechtigung

aa) Emergente Kollektivität in der volatilen Gesellschaft

Sodann möchte ich – kurz – die Grundrechtsberechtigung neuartiger Entitäten ansprechen. Der wohl bedeutendste Metaprozess des letzten Jahrzehnts, die sog. Digitalisierung, hat dazu geführt, dass wir uns – auch aus grundrechtlicher Perspektive – mit Phänomen beschäftigen müssen, die es vor Kurzem noch gar nicht gab. Dazu zählt zunächst die vielfach so bezeichnete emergente Kollektivität, die sich nicht nur, aber insbesondere im Netz schwarmartig bildet und bisher keinen eigenständig Grundrechtsschutz genießt.[83] Die damit einhergehende „neue informelle Macht der Vielen"[84] ist mit Inklusionsverlusten von Vereinen, Verbänden, Kirchen, Gewerkschaften und Parteien verbunden,[85] ungeachtet je spezifisch verbandsbezogener Gründe – man denke nur an die katholische Kirche. Die insbesondere von *Udo Di Fabio* eindrucksvoll beschriebene „volatile Gesellschaft"[86] befindet sich in einer Entwicklung zu Entgrenzungen und

---

che Struktur haben; zur grundrechtsähnlichen Struktur der Grundfreiheiten vgl. schon *Roland Bieber/Astrid Epiney/Marcel Haag* Die Europäische Union. Europarecht und Politik, 2008, Rn. 9 ff.; im Zusammenhang mit Schutzpflichten auch *Matthias Ruffert* Grundrechtliche Schutzpflichten: Einfallstor für ein etatistisches Grundrechtsverständnis?, in: Grundrechte als Phänomene kollektiver Ordnung (Fn. 31), 109 (113). Die Niederlassungsfreiheit aus Art. 49 AEUV steht nach Art. 54 Abs. 2 AEUV juristischen Personen auch bei staatlicher Beteiligung zu, vgl. BVerfGE 143, 267 (319 Rn. 201).

[83] Zur Veranschaulichung wird teilweise auf die von Nutzern erstellten, gemeinschaftlich fortlaufend korrigierten und aktualisierten Beiträge in der Internet-Enzyklopädie „Wikipedia" verwiesen und auf „öffentliche Petitionen", so *Ingold* Grundrechtsschutz sozialer Emergenz (Fn. 61), 193 f.

[84] *Jens Kersten* Schwarmdemokratie. Der digitale Wandel des liberalen Verfassungsstaats, 2017, 131; s. auch ebd., 99: „die neue Macht der Vielen".

[85] *Kersten* Schwarmdemokratie (Fn. 84), 131; vgl. auch *Klaus Ferdinand Gärditz* Der digitalisierte Raum des Netzes als emergente Ordnung und die repräsentativ-demokratische Herrschaftsform, Der Staat 54 (2015), 113 (130): „Verlust institutioneller Bündelung"; *Thomas Vesting* Die Veränderung der Öffentlichkeit durch künstliche Intelligenz, in: Sebastian Unger/Antje von Ungern-Sternberg (Hrsg.) Demokratie und künstliche Intelligenz, 2019, 33 (44 f.).

[86] *Udo Di Fabio* Herrschaft und Gesellschaft, 2018, 201 ff., pass.; ferner *ders.* Die Verwandlung der westlichen Demokratien, F.A.Z. v. 22.7.2019, 6, mit folgender Umschreibung: „Die volatile Gesellschaft ist sprunghaft. Sie glaubt alles sofort verfügbar, sie arbeitet mit großen Zeithorizonten und einem meist schlechten Gedächtnis. Sie will Eindeutigkeit, keine Ambivalenz komplexer Sachlagen. Die klassischen Gatekeeper der öffentlichen Meinungsbildung sind längst in der Defensive. Zeitungen bangen um ihr Geschäftsmodell, sie müssen Stammleser mit erwartungskonformen Kommentaren bei Laune halten, der öffentlich-rechtliche Rundfunk empfiehlt sich als notwendige Bildungseinrichtung eines zivilisierten Mainstreams angesichts der ‚Verrücktheiten' fragmentierter Netzgemeinschaften." (Anführungszeichen i.O.).

Ordnungsverlusten, aber auch zu Ordnungsbildungen jenseits normativer Grundentscheidungen. Für diese Entwicklung ist das Internet nicht allein verantwortlich, die digitale Transformation scheint sie aber zu verstärken.[87] Umso mehr muss diskutiert werden, ob neue Formen der Vergemeinschaftung, namentlich die neuen „Netzgemeinschaften"[88], also webbasierte Kollektivitätsformen in der realen Welt wie „Flashmobs", „Facebookpartys"[89] und rein virtuell sich manifestierende Kommunikationsschwärme wie „Shitstorms"[90] grundrechtsdogmatisch eine eigenständige, neue Subjektivität erhalten sollten. Notwendige Bedingung einer solchen neuen Kollektivität, so wird gefordert, sei ihre „Konnektivität", also ihre Vernetzung sowie Vernetzbarkeit.[91] Ihr Wesensmerkmal aber sei ihre soziale Emergenz, „also das Auftauchen neuartiger, kohärenter Eigenschaften höherer Ordnung im Prozess der Selbstorganisation eines komplexen Systems, die sich aufgrund vielfältiger Wechselwirkungen nicht auf individuelle Einzelbeiträge zurückführen lassen."[92]

Für eine Weiterentwicklung der Grundrechtsberechtigung sehe ich aber kein Bedürfnis.[93] Die „Anerkennung eines spezifischen Grundrechtsschutzes unabhängig vom Grad organisatorischer Verfestigung"[94] und eine Erweiterung des „rechtssubjektbasierten Begriffs der juristischen Person aus Art. 19 Abs. 3 GG"[95] wäre ohnehin nur im Wege der Verfassungsänderung möglich. Einen das nahe legenden genuin grundrechtlichen „Mehrwert"[96] emergenter Kollektivität vermag ich nicht zu erkennen. Virtuelle Schwärme bestehen aufgrund ihrer – grundrechtlich geschütz-

---

[87] Vgl. *Di Fabio* Herrschaft und Gesellschaft (Fn. 86), 203.
[88] *Di Fabio* Verwandlung der westlichen Demokratien (Fn. 86).
[89] *Ingold* Grundrechtsschutz sozialer Emergenz (Fn. 61), 194 f.
[90] *Kersten* Schwarmdemokratie (Fn. 84), 96 mit weiteren Beispielen.
[91] *Ingold* Grundrechtsschutz sozialer Emergenz (Fn. 61), 198 f., spricht von einer notwendigen, aber nicht hinreichenden Bedingung, „Konnektivität" halte die webbasierte Kollektivität zusammen.
[92] *Ingold* Grundrechtsschutz sozialer Emergenz (Fn. 61), 204; ähnlich *Kersten* Schwarmdemokratie (Fn. 84), 88, *ders*. ebd., 86, sieht in der Emergenz den „zentralen Funktions- und Strukturbegriff" für den wissenschaftlichen Austausch zwischen Entomologie und Sozialwissenschaften.
[93] A.A. *Ingold* Grundrechtsschutz sozialer Emergenz (Fn. 61), 208, der sich, 217, für „eine konzeptionelle Modifikation des Verständnisses von Kollektivitätsphänomenen im Grundrechtsmodell" ausspricht.
[94] *Ingold* Grundrechtsschutz sozialer Emergenz (Fn. 61), 208.
[95] *Ingold* Grundrechtsschutz sozialer Emergenz (Fn. 61), 207 f.
[96] *Ingold* Grundrechtsschutz sozialer Emergenz (Fn. 61), 208; *Kersten* Schwarmdemokratie (Fn. 84), 101.

ten[97] – Anonymität, der weitgehenden Kostenlosigkeit[98] internetbasierter Kommunikation und der besonders niedrigschwelligen Zugänge zu den einschlägigen Plattformen, die ohne die „Gatekeeper" klassischer Medien auskommen. Ihre Attraktivität basiert zu einem erheblichen Teil gerade auf der fehlenden Formalisierung und organisatorischen Verfestigung der sich zu einer Vielheit zusammenfindenden Einzelnen.[99]

Grundrechtliche Subjektivität sollte nicht funktionalisiert werden, um emergente Kollektivität, bei der es sich nicht nur um kurzfristig auftretende, sondern oftmals auch um kurzlebige Phänomene handelt, in die grundrechtliche Schutzsphäre zu hieven. Das würde die Fragmentierung gesellschaftlicher Kommunikation noch fördern. Zudem würde die Grundrechtsdogmatik zwar tendenziell entindividualisiert,[100] was aber paradoxer Weise aufgrund der flüchtigen Eigenheiten emergenter Kollektive[101] die Individualisierung verstärken und den gesellschaftlichen Nährboden grundrechtlicher Freiheit als solcher schwächen würde. Dem aber sollten wir gerade in Zeiten einer immer deutlicher als volatil zu charakterisierenden Gesellschaft[102] nach Kräften entgegen wirken.[103]

---

[97] *Kersten* Schwarmdemokratie (Fn. 84), 240 f. m.w.N.; *Julian Krüper* Roboter auf der Agora. Verfassungsfragen von Social Bots im digitalen Diskursraum der Moderne, in: Demokratie und künstliche Intelligenz (Fn. 85), 74, jeweils m.w.N.; *Antje von Ungern-Sternberg* Demokratische Meinungsbildung und künstliche Intelligenz, in: Demokratie und künstliche Intelligenz (Fn. 85), 4 (18): „Grundrecht auf Anonymität"; einschränkend *Udo Di Fabio* Grundrechtsgeltung in digitalen Systemen, 2016, 53; *Frank Fechner* Fake News und Hate Speech als Gefahr für die demokratische Willensbildung. Staatliche Gewährleistung kommunikativer Wahrheit?, in: Arnd Uhle (Hrsg.) Information und Einflussnahme, 2018, 157 (176 f.), der sich an § 14 Abs. 2 TMG orientiert.

[98] *Udo Di Fabio* Wie reagiert Demokratie auf den Wandel der Öffentlichkeit?, in: Bitburger Gespräche (Fn. 2), 11 (16).

[99] Vgl. *Gärditz* Der digitalisierte Raum (Fn. 85), 132: „Der freiheitliche Zauber digitaler Vernetzung liegt gerade darin, das elitäre Korsett einer objektivierten Kommunikationsordnung aufzubrechen."

[100] *Gärditz* Der digitalisierte Raum (Fn. 85), 132.

[101] Vielleicht sollte man letztlich gar nicht von „Kollektivität" derjenigen sprechen, die sich im Internet in einer virtuellen Wolke eines Themas annehmen, sondern lediglich von „Konnektivität", der wesentlichen Voraussetzung für die sog. emergente Kollektivität (o. m. Fn. 131), um die Heterogenität, Instabilität, aber auch defizitäre Gemeinschaftlichkeit solcher Phänomene anzudeuten und sie nicht überzubewerten. Zu problematischen Konnotationen, aber auch zu sozialwissenschaftlichen Anforderungen des Begriffs „Kollektiv" vgl. *Fabian Steinhauer* Das Grundrecht der Kunstfreiheit, in: Grundrechte als Phänomene kollektiver Ordnung (Fn. 31), 247 (247, 257, 258 m.w.N.).

[102] Dazu bereits o. mit Fn. 86.

[103] Mit vollem Recht betont *Vesting* in: Demokratie und künstliche Intelligenz (Fn. 85), 46, dass „die Schwärme der sozialen Netzwerke mit ihren permanenten Grenzüberschreitungen eher als ein Teil des Problems denn als ein Beitrag zur Lösung des Aufbaus stabiler

bb) Technisch generierte Entitäten

(1) Problemaufriss

Mit dem Stichwort der Emergenz ist im US-amerikanischen Diskurs der letzten Jahre ein weiteres Problemfeld verbunden,[104] das ich – dem europäischen Verständnis entsprechend[105] – eigenständig aufführen möchte. Es geht auch dabei um völlig neue Akteure im Verhältnis von Staat und Gesellschaft, namentlich im grundrechtlichen Aktionsradius, nämlich um Projekte der Biotechnik, der Cyborg-Technik und der Künstlichen Intelligenz. Bei der *Biotechnik* sprechen wir über Veränderungen der biologischen und körperlichen Struktur des Menschen, vor allem mit den Instrumenten der Gentechnik. Wenn dabei gewonnene Erkenntnisse auch genutzt werden, um Chimären zu erzeugen, deren menschlicher Anteil[106] das Übergewicht hat und möglicherweise sogar auf die Erzeugung künstlicher Menschen hinausläuft, stellt sich unmittelbar die Frage nach dem rechtlichen Status solcher Wesen – es geht wohlgemerkt um künstliche Menschen; der Homunculus ist nun technisch möglich.

Ähnliche Probleme ergeben sich, wenn die Technik sogenannter *Cyborgs* weiter voranschreitet, die aus organischen und nicht-organischen Teilen bestehen.[107] Schließlich haben wir es mit künstlichen Wesen zu tun, die unter dem Sammelbegriff der *Künstlichen Intelligenz* (KI) selbstlernende Software mit mehr oder weniger humanoiden Robotern zusammenführt, so dass sie bisher Menschen vorbehaltene Aufgaben erfüllen können, z.B. im Transportwesen, in der industriellen Produktion, im Gesund-

---

Regeln innerhalb einer postgruppenpluralistischen digitalen Öffentlichkeit" zu sehen sind.

[104] Vgl. dazu *Jan-Erik Schirmer* Von Mäusen, Menschen und Maschinen – Autonome Systeme in der Architektur der Rechtsfähigkeit, JZ 2019, 711 Fn. 2 m. Nachw. zum US-amerikanischen Schrifttum.

[105] Vgl. nur die Entschließung des Europäischen Parlaments v. 16.2.2017 mit Empfehlungen an die Kommission zu zivilrechtlichen Regelungen im Bereich Robotik (2015/2013 [INL] – P8_(2017) 0051); vgl. dazu etwa *Christian Katzenmeier* Rechtsfragen der Digitalisierung des Gesundheitswesens, 2019, 50 Fn. 184; *Hartmut Kreß* Staat und Person. Politische Ethik im Umbruch des modernen Staates, 2018, 260 m. Fn. 1002.

[106] Im Gegensatz zur 1996 geschaffenen Maus mit Knorpel für ein menschliches Ohr auf dem Rücken, dazu *Yuval Noah Harari* Eine kurze Geschichte der Menschheit, 2015, 488 f. mit Bild.

[107] Der Anfang auch dafür ist längst gemacht, z.B. bei mit künstlichen Armen ausgestatteten Unfallopfern, die ihre Prothesen mit Hilfe von Gedanken steuern. Näheres bei *Harari* Geschichte der Menschheit (Fn. 106), 493 ff.

heitswesen, in der Pflege, im Haushalt[108], aber auch auf militärischem Gebiet.[109]

Ich bin mir dabei durchaus des Umstands bewusst, dass wir insoweit über Entwicklungen sprechen, an deren Anfang wir stehen. Ein Blick in einschlägige Veröffentlichungen zeigt aber, dass dieser Anfang sich schon nicht mehr in einem frühen Stadium befindet. Die weitere Entwicklung lässt sich ziemlich klar extrapolieren und wird daher zu Recht schon jetzt intensiv diskutiert.[110]

---

[108] Vgl. insoweit zu einem in Japan entwickelten „Butler-Roboter", der selbstständig aufräumt und andere Hausarbeiten verrichtet: *Martin Kölling* Das größte Einhorn in Japan, NZZ v. 12.9.2019, 13.

[109] Vgl. *Robert van den Hoven van Genderen* Does Future Society Need Legal Personhood for Robots and AI?, in: E. R. Ranschaert et al. (eds.) Artificial Intelligence in Medical Imaging, 257, <https://doi.org/10.1007/978-3-319-94878-2_18> (Stand 5.11.2019). Näher zu den verschiedenen Definitionsansätzen Künstlicher Intelligenz *von Ungern-Sternberg* in: Demokratie und künstliche Intelligenz (Fn. 97), 5 f.; *Mario Martini* Blackbox Algorithmus – Grundfragen einer Regulierung Künstlicher Intelligenz, 2019, 20 Fn. 86. Auch *Krüper* in: Demokratie und künstliche Intelligenz (Fn. 85), 70, deutet das weite Spektrum der KI an, wenn er einerseits den Androiden „Data" aus der Science-Fiction-Serie „Star Trek" anführt, andererseits an der Kurzdefinition von KI „im Sinne selbsttätig lernender Systeme" festhält. Zu Problemen um autonome Waffensysteme *Thomas Burri/Markus Christen* Ethik und völkerrechtliche Aspekte autonomer Waffen- und Sicherheitssysteme, in: Demokratie und künstliche Intelligenz (Fn. 85), 217 ff.

[110] Gegenwärtig geht es vor allem um Such- und Sortieralgorithmen, die von Internet-Suchmaschinen – allen voran Google – und von sozialen Medien – an vorderer Stelle Facebook – verwendet werden, vgl. *von Ungern-Sternberg* in: Demokratie und künstliche Intelligenz (Fn. 97), 9 f.; zu weiteren gegenwärtigen Anwendungsfeldern *Martini* Blackbox Algorithmus (Fn. 109), 22 ff.: Personalisierung des Kundendienstes, Analyse von Bewerbungen, Vorhersagen zu wirtschaftlich relevanten Trends, Spracherkennung, Bildanalyse, Erkennen von Stimmungen u.a. sowie um sog. Social Bots, also Computerprogramme, die sich verhalten sollen wie reale Personen, diese also vortäuschen und damit versuchen, Einfluss auf die Meinungsbildung zu nehmen (*von Ungern-Sternberg* ebd., 12 ff.; im Einzelnen *Krüper* in: Demokratie und künstliche Intelligenz (Fn. 97), 67 ff., 70 ff., jeweils m.w.N.). Insoweit stellen sich zwar auch grundrechtliche Fragen, namentlich solche der Rechtfertigung von Eingriffen, die mit Regulierungsmodellen verbunden sind. Da aber Such- und Sortieralgorithmen wie auch Social Bots nach derzeitigem Entwicklungsstand (noch) nicht als Künstliche Intelligenz eingestuft werden (plastisch *Krüper* ebd., 71: „Kein Bot wird gegenwärtig den für die Feststellung künstlicher Intelligenz maßgeblichen sogenannten Turing-Test bestehen, […]." Zum Turing-Test vgl. *James Boyle* Endowed by Their Creator? The Future of Constitutional Personhood, in: Governance Studies at Brookings March 09, 2011, 1 (10 ff.); *Fabian Reinisch* Künstliche Intelligenz – Haftungsfragen 4.0 und weitere zivilrechtliche Überlegungen zu autonomen Systemen, ÖJZ 2019, 298; *Harari* Geschichte der Menschheit (Fn. 106), 191 f.), also weder mit natürlichen noch juristischen Personen auch nur entfernt vergleichbar sind, sondern bloße Software, sind sie eindeutig nicht Zuordnungssubjekt grundrechtlicher Freiheit, kommen also von vornherein nicht als Träger von Grundrechten in Betracht (*Krüper* ebd., 73).

Für *Biotechnik*, *Cyborg-Technik* und *KI* werden Lösungen angedacht, die unterschiedliche Konzepte verfolgen. Sie betreffen Öffentliches Recht, Privatrecht und Strafrecht. Denn es geht bisher durchaus nicht in erster Linie um Fragen der Grundrechtsfähigkeit neuartiger Entitäten[111], der Bewahrung demokratischer Standards[112] und der Menschenwürdegarantie[113] (im Öffentlichen Recht), sondern zunächst um die Fähigkeit zum Vertragsschluss, um Fragen der Haftung und Gewährleistung (im Privatrecht)[114] und (im Strafrecht) um Schuld und strafrechtliche Verantwortlichkeit[115].

(2) Cyborg-Technik

Für die sog. *Cyborgs* wird entscheidend sein, ob wir von einem Menschen sprechen können. Bei Personen mit z.B. besonderen Armprothesen[116] ist das freilich unproblematisch.[117] Weil High-Tech-Organe den

---

[111] Vgl. etwa *van den Hoven van Genderen* Legal Personhood (Fn. 109), 258.

[112] Vgl. *Boyle* Endowed (Fn. 110) 1, der, ebd., 3, von großen Herausforderungen für das Verfassungsrecht spricht und, ebd., 6, u.a. fordert, „that constitutional law will have to classify artificially created entities that have some but not all of the attributes with human beings". Ferner *Sebastian Unger* Demokratische Herrschaft und künstliche Intelligenz, in: Demokratie und künstliche Intelligenz (Fn. 85), 113 ff. Insbesondere zu Problemen um demokratische Wahlen in Zeiten des Web 2.0 *Uwe Volkmann* Der manipulierbare Wähler und das Ideal der autonomen Wahlentscheidung, in: Demokratie und künstliche Intelligenz (Fn. 85), 51 ff.; zu Problemen um Social Bots in der demokratischen Ordnung *Krüper* in: Demokratie und künstliche Intelligenz (Fn. 97), 80 ff.; mit Blick auf Meinungsfilter in sozialen Medien *Anna Bettina Kaiser/Ines Reiling* Meinungsfilter durch soziale Medien – und das demokratische Ideal der Meinungsvielfalt?, in: Demokratie und künstliche Intelligenz (Fn. 85), 93 ff.

[113] Vgl. nur *Utz Schliesky*, Digitalisierung – Herausforderung für den demokratischen Verfassungsstaat, NVwZ 2019, 693 (699): „Generalangriff auf das Menschsein und die Menschenwürde".

[114] Vgl. *Martini* Blackbox Algorithmus (Fn. 109), 274 ff.; *Claus Müller-Hengstenberg/ Stefan Kirn* Intelligente (Software-)Agenten: Eine neue Herausforderung unseres Rechtssystems?, MMR 2014, 307 ff.; *Reinisch* Künstliche Intelligenz (Fn. 110), 300; *Gunther Teubner* Digitale Rechtssubjekte? Zum privatrechtlichen Status autonomer Softwareagenten, AcP 218 (2018), 155 (157 ff.); *Jan-Erik Schirmer* Rechtsfähige Roboter?, JZ 2016, 660 (663 ff.); *ders.* Architektur der Rechtsfähigkeit (Fn. 104), 711; *Philipp Hacker* Verhaltens- und Wissenszurechnung beim Einsatz von Künstlicher Intelligenz, RW 2018, 243; *Kreß* Staat und Person (Fn. 105), 262.

[115] Vgl. etwa *Monika Simmler/Nora Markwalder* Guilty Robots – Rethinking the Nature of Culpability an Legal Personhood in an Age of Artificial Intelligence, Criminal Law Forum (2019) 30, 1 ff.

[116] Vgl. dazu *Harari* Geschichte der Menschheit (Fn. 106), 494 f.

[117] Aber schon für sog. Cochlea Implantate, die bei stark höreingeschränkten Menschen den Hörnerv mit einem Sound-Prozessor verbinden, wird diskutiert, ob nicht die Grenze zwischen einem medizinischen Gerät und der Optimierung von Menschen überschritten ist (vgl. nur <https://www.mdr.de/wissen/faszination-technik/wenn-mensch-und-technik-ver-

Menschen substanziell, physisch und psychisch verändern können, ist aber unklar, wo die Grenze verläuft. Wir werden in absehbarer Zeit abermals vor der Frage stehen, was den Menschen als solchen ausmacht. Das wird naturwissenschaftlich, ethisch, aber auch politisch diskutiert werden müssen. Verfassungsrechtlich dürften nicht nur die Menschenwürdegarantie (Art. 1 Abs. 1 GG) und das Recht auf Leben sowie körperliche Unversehrtheit (Art. 2 Abs. 2 Satz 1 GG) in Rede stehen, sondern vielleicht sogar an vorderer Stelle der allgemeine Gleichheitssatz (Art. 3 Abs. 1 GG), der mit seinem tatbestandlichen Ausgangspunkt „alle Menschen" nicht nur die Rechtssubjekte benennt, sondern in Verbindung mit der Rechtsfolge grundsätzlicher Gleichbehandlung auch den Maßstab für die Stellung des Menschen in der Rechts- und Sozialordnung.

(3) Autonome Roboter mit künstlicher Intelligenz

Besonders intensiv wird seit einigen Jahren, im ausländischen Schrifttum vielleicht noch mehr als in Deutschland, die rechtliche Statusbestimmung und somit auch die Rechtspersönlichkeit von *Künstlicher Intelligenz* diskutiert[118].[119] Pflegeroboter, selbstfahrende Autos und andere Formen

---

schmelzen-100.html> (Stand 5.11.2019), auch zum Folgenden.). Die Geräte können teilweise noch andere (technische) Signale empfangen als das menschliche Ohr. Manche denken auch schon an einen implantierten Chip, der seinen Träger in den Stand setzt, eine fremde Sprache zu sprechen und zu verstehen oder zumindest das Lernen ganz erheblich erleichtert und beschleunigt.

[118] Die Vorfrage, ob die Frage nach dem Rechtsstatus selbstständiger Entitäten überhaupt hinterfragbar ist (vgl. dazu *Susanne Beck* Über Sinn und Unsinn von Statusfragen – zu Vor- und Nachteilen der Einführung einer elektronischen Person, in: Eric Hilgendorf/ Jan-Philipp Günther (Hrsg.) Robotik und Gesetzgebung, 2013, 243 f., die, 247 ff., die Sinnhaftigkeit von Statusdebatten breit reflektiert), wird hier stillschweigend bejaht.

[119] Für Aufsehen sorgte dabei das Europäische Parlament, das die Notwendigkeit, einen eigenen Rechtsstatus für autonome Roboter zu schaffen, bereits zu Beginn des Jahres 2017 in einer Entschließung herausstellte. Entschließung des Europäischen Parlaments v. 16.2.2017 (Fn. 105), in der es unter Nr. 59 lit. f.) heißt, die Kommission werde aufgefordert, „langfristig einen speziellen rechtlichen Status für Roboter zu schaffen, damit zumindest für die ausgeklügeltsten autonomen Roboter ein Status als elektronische Person festgelegt werden könnte, die für den Ausgleich sämtlicher von ihr verursachten Schäden verantwortlich wäre, sowie möglicherweise die Anwendung einer elektronischen Persönlichkeit auf Fälle, in denen Roboter eigenständige Entscheidungen treffen oder anderweitig auf unabhängige Weise mit Dritten interagieren". Aus der Lit. zur Schaffung einer elektronischen Rechtspersönlichkeit vgl. *Katzenmeier* Rechtsfragen der Digitalisierung (Fn. 105), 50 m. umfangr. Nachw.; *Malte-Christian Gruber* Rechtssubjekte und Teilrechtssubjekte des elektronischen Geschäftsverkehrs, in: Susanne Beck (Hrsg.) Jenseits von Mensch und Maschine. Ethische und rechtliche Fragen zum Umgang mit Robotern, Künstlicher Intelligenz und Cyborgs, 2012, 133 (154 ff.); *Beck* Sinn und Unsinn (Fn. 118), 239 m. Fn. 2, 252 ff. auch zu ablehnenden Stimmen.

von KI werden sehr bald zu unserem Alltag gehören.[120] Die Schaffung und Anerkennung einer elektronischen Person („e-person") für Roboter, die mit Künstlicher Intelligenz ausgestattet sind, liegt nahe,[121] löst aber die Probleme nicht. Denn es geht nicht um die Form der Rechtspersönlichkeit von künstlicher Intelligenz, sondern um ihren materiellen Gehalt und ihre nähere Einbettung in unser System der Rechtsfähigkeit und ggf. Grundrechtsfähigkeit.

In der vornehmlich zivilrechtlichen Literatur wird ein Bedürfnis für einen eigenständigen Rechtsstatus autonomer Roboter durchaus gesehen[122], so dass bereits erste Konzepte für den näheren Inhalt dieses Status vorgestellt worden sind.[123] Die rechtstheoretische Grundlage bildet dabei das Rechtsinstitut der auch dem öffentlichen Recht nicht unbekannten Teilrechtsfähigkeit.[124] Zu betonen ist aber: Teilrechtsfähigkeit für künstliche Entitäten auf privatrechtlicher Ebene führt nicht dazu, dass Robotern Grundrechte zuerkannt werden.[125] Es gibt insoweit keinen

---

[120] Vgl. *Kreß* Staat und Person (Fn. 105), 259, der, 260 Fn. 1003, auch auf den „Segnungsroboter" der evangelischen Kirche in Wittenberg aus Anlass des Reformationsjubiläums 2017 hinweist. Inzwischen scheinen solche Apparaturen aber auch andernorts eingesetzt zu werden.

[121] Dafür etwa *Beck* Sinn und Unsinn (Fn. 118), 255 ff.; *Reinisch* Künstliche Intelligenz (Fn. 110), 301; abl. mit Blick auf das Strafrecht etwa *Simmler/Markwalder* Guilty Robots (Fn. 115), 19 f.; abl. aus ethischer Sicht auch *Kreß* Staat und Person (Fn. 105), 255 ff., insbes. 260 f., mit einem Plädoyer für einen univoken Personbegriff, der aber juristisch nicht tragfähig ist, schon weil er juristische Personen ausschlösse, vgl. zu den juristischen Kategorien nur *Volker Beuthien* Zur Grundlagenungewissheit des deutschen Gesellschaftsrechts, NJW 2005, 855; *Schirmer* Architektur der Rechtsfähigkeit (Fn. 104), 711 f. m.w.N.

[122] Vgl. etwa *Beck* Sinn und Unsinn (Fn. 118), 243.

[123] *Beck* Sinn und Unsinn (Fn. 118), 256: In einem ersten Schritt seien eine Haftungsmasse, ein Mindestmaß an eigenen Rechten (auch prozessual) und die Erfassung in einem besonderen Register erforderlich; für ein öffentliches Register auch *van den Hoven van Genderen* Legal Personhood (Fn. 109), 284, 288.

[124] *Schirmer* Architektur der Rechtsfähigkeit (Fn. 104), 716 ff.; *Gruber* Rechtssubjekte (Fn. 119), 156. Zur Flexibilität dieser Kategorie vgl. bereits *Fritz Fabricius* Relativität der Rechtsfähigkeit, 1963, pass., der, 237, zu Recht darauf hinweist, dass mit der Anerkennung der Teilrechtsfähigkeit die Kategorie der Rechtsfähigkeit „entpersönlicht" wird. Im Ergebnis laufen auch die Überlegungen von *van den Hoven van Genderen* Legal Personhood (Fn. 109), 287 f., auf derlei hinaus (288: „a sui generis legal personhood"). Grundlegende differenzierte Betrachtung der Rechtsfähigkeit im öffentlichen Recht: *Hans J. Wolff* Organschaft und Juristische Person. Untersuchungen zur Rechtstheorie und zum öffentlichen Recht. Erster Band: Juristische Person und Staatsperson, 1933, 202 ff., pass.

[125] Vgl. *van den Hoven van Genderen* Legal Personhood (Fn. 109), 258: "the wrong assumption that the embedding of AI and robotics in our legal system will lead to giving human rights to robots".

Automatismus.[126] Das Grundgesetz steht der Anerkennung von maschinellen Personen zwar nicht entgegen.[127] Aber es ist „schon aus purem Selbsterhaltungstrieb"[128] Zurückhaltung geboten, wenn es darum geht, autonome Systeme mit Rechten auszustatten, die sie konzeptionell auf eine Stufe mit dem Menschen stellen. Dabei ist auch gegenüber Analogien jedweder Art zu warnen.[129] Die Entitäten, die wir gerade dabei sind zu kreieren, werfen zahlreiche neue Fragen auf, für die jeweils eigenständige Antworten gefunden werden müssen. Der Umfang rechtlicher Befähigung autonomer Roboter wird im Einzelnen in genauer Entsprechung zur gesellschaftlichen Notwendigkeit, ggf. mit großen Unterschieden im jeweiligen Kontext, *gesetzlich*[130] bemessen werden müssen.[131]

---

[126] Vgl. *Gruber* Rechtssubjekte (Fn. 119), 157 f., mit Überlegungen zur Anerkennung eines quasi-personalen Eigenwertes und sodann von Grundrechten für KI.

[127] *Jens Kersten* Relative Rechtssubjektivität. Über autonome Automaten und emergente Schwärme, ZfRSoz 37 (2017), 8 (14 f.) unter Verweis auf eine (allerdings als solche nur in Ansätzen formulierte) Gegenmeinung von *Müller-Hengstenberg/Kirn* Intelligente (Software-)Agenten (Fn. 114), 307 f.

[128] *Schirmer* Architektur der Rechtsfähigkeit (Fn. 104), 716 unter Verweis auf *Yuval Noah Harari* Homo Deus. Eine Geschichte von morgen, 2017; vgl. auch *van den Hoven van Genderen* Legal Personhood (Fn. 109), 288 f. Es dürfte in der Tat zu denken geben, wenn Menschen mit z.T. visionären Vorstellungen über die Zukunft der Menschheit wie *Stephen Hawking* und *Elon Musk* Künstliche Intelligenz als das „größte Risiko für die Zivilisation" bezeichnen, zit. n. *van den Hoven van Genderen* Legal (Fn. 109), 259 m. Nachw.

[129] Vgl. *Beck* Sinn und (Fn. 118), 253 u. 257; zum Vorschlag, Art. 19 Abs. 3 GG analog anzuwenden: *Teubner* Digitale Rechtssubjekte (Fn. 114), 161 f., der dem – zu Recht – entgegentritt. Auch Vergleiche zum für Sklaven geltenden Recht im Römischen Reich (vgl. etwa *van den Hoven van Genderen* Legal Personhood (Fn. 109), 262, ferner 279) tragen nicht; denn das Potential eines menschlichen Sklaven ist mit dem von Künstlicher Intelligenz nicht zu vergleichen; das eine unterscheidet sich in nichts von dem der „Herren", das andere ist nicht zuverlässig einzuschätzen.

[130] Vgl. *van den Hoven van Genderen* Legal Personhood (Fn. 109), 286: "the acceptance by the government and parliament to create or adapt a legal framework".

[131] Vgl. *van den Hoven van Genderen* Legal Personhood (Fn. 109), 263 f. u. 272 ("we have to determine its role and status"), der allerdings, 279, einer Rechtspersönlichkeit für KI ("personhood") unter bestimmten Voraussetzungen offen gegenüber steht. Konkrete Beispiele bei *Schirmer* Rechtsfähige Roboter? (Fn. 114), 660: „Curi" – ein Kochroboter, „Obelix" – ein in Freiburg eingesetzter Roboter für Botengänge, Einkäufe und Transporte; ferner *Kersten* Relative Rechtssubjektivität (Fn. 127), 16 mit Blick auf eine vollautomatisch ausgestattete „Wohnungs-Maschine" für pflegebedürftige Menschen (sog. ambient assisted living), die mit Rechtssubjektivität ausgestattet sein solle und angesichts der von Menschen nicht mehr beherrschbaren Datenmengen, die sie zu verarbeiten habe, selbst über das „Grundrecht auf Gewährleistung der Vertraulichkeit und Integrität informationstechnischer Systeme" verfügen solle (Anführungszeichen i.O.); *Kersten* ebd., schließt aber auch nicht aus, dass die Maschine selbst Träger der Grundrechte der Berufs- und Eigentumsfreiheit etwa im Hinblick auf die Wohnung sein könne.

(4) Biotechnik

Das gilt auch für Wesen, die durch neue Verfahren der *Biotechnik* erzeugt werden. Längst geht es nicht mehr nur um Tiere, die menschliche Organe in sich tragen sollen, um der Transplantationsmedizin als biomedizinische Ersatzteillager zu dienen.[132] Zu hunderten sind inzwischen Patente über menschlich-tierische Chimären angemeldet worden.[133] Es geht auch dabei um neuartige Kreaturen.

Ungeachtet dessen, dass die Erzeugung von Chimären und Hybriden quer liegt zur Menschenwürdegarantie des Art. 1 Abs. 1 GG,[134] stehen wir auch hierzulande höchstwahrscheinlich über kurz oder lang vor solchen Phänomen und damit vor der Frage, wie wir diese und ähnliche Wesen verfassungsrechtlich einordnen. Es wird – nicht anders als mit Blick auf Cyborgs und autonome Roboter – eine Kriteriologie entwickelt werden

---

[132] Dazu etwa SZ v. 7.8.2019, 14: „Auf dem Weg zum Mischwesen"; vgl. auch die Meldung auf <www.mdr.de> v. 1.8.2019 „Japans Chimären-Pläne lösen Ethik-Debatte aus": <https://www.mdr.de/nachrichten/politik/gesellschaft/mensch-tier-wesen-klinische-studie-japan-debatte-100.html> (Stand 5.11.2019); Spiegel-online am 31.7.2019: <https://www.spiegel.de/wissenschaft/medizin/japan-was-hinter-dem-experiment-mit-mischwesen-aus-tier-und-mensch-steckt-a-1279825.html> (Stand 5.11.2019); allgemein zu Chimären von Mensch und Tier *Kreß* Staat und Person (Fn. 105), 257 f. m.w.N.

[133] *Boyle* Endowed (Fn. 110), 2, weitere Beispiele: Der Deutsche Ethikrat hat schon in einer Stellungnahme aus dem Jahr 2011 daran erinnert, dass tierische und menschliche Zellen in der Wissenschaft seit Jahrzehnten vermischt werden und die weitere Forschung im Grundsatz als ethisch vertretbar bezeichnet, *Deutscher Ethikrat* (Hrsg.) Mensch-Tier-Mischwesen in der Forschung. Stellungnahme, 2011, 128 ff., 132 f.

[134] Vgl. *Hillgruber* in: BeckOK GG (Fn. 78), Art. 1 Rn. 24 m.w.N.; a.A. wohl *Adalbert Podlech* in: Ekkehart Stein/Hans-Peter Schneider/Erhard Denninger/Wolfgang Hoffmann-Riem (Hrsg.) Kommentar zum Grundgesetz für die Bundesrepublik Deutschland, Art. 1 Rn. 53a; insoweit ist auch die – abzulehnende – Deutung von Art. 1 Abs. 1 GG als objektiv-rechtliche Garantie zum Schutz der menschlichen Gattung zu berücksichtigen, vgl. dazu *Matthias Herdegen* in: Maunz/Dürig (Fn. 73), Art. 1 Abs. 1 Rn. 32 (87. Lfg. März 2019) m. Nachw.; eine nicht religiös geprägte Interpretation der Menschenwürdegarantie wird darauf verzichten, den Menschen konkret zu charakterisieren. Mit Recht überweist *Klaus Stern* Das Staatsrecht der Bundesrepublik Deutschland, Bd. III/1, 1988, 33, diese Frage der Rechts- und Staatsphilosophie sowie anderen Wissenschaften wie der Biologie, (Moral-) Philosophie, Theologie und (philosophischen) Anthropologie; das positive Recht müsse mit dem Menschen rechnen, „wie er in der Wirklichkeit existiert und von dem schwerlich ein unwandelbares Bild gezeichnet werden kann, außerdem, daß es allein ihm gegeben ist, sich selbst zu bestimmen und seine Umwelt zu gestalten." Damit stellt *Stern* allerdings ein durch die Grundrechte durchaus nahe gelegte, auf Selbstbestimmung und Selbstverständnis abhebendes Grundverständnis der Grundrechte in Rechnung; es bleibt die genuin juristische Wertung maßgeblich für die Interpretation der Grundrechte, vgl. dazu auch *Claus Dieter Classen* Staatsrecht II. Grundrechte, 2018, § 4 Rn. 15, § 5 Rn. 4; zur Bedeutung des Selbstverständnisses grundlegend *Höfling* Grundrechtsinterpretation (Fn. 23), 26 ff., pass.; *Martin Morlok* Selbstverständnis als Rechtskriterium, 1993.

müssen, auf deren Grundlage der Gesetzgeber die Rahmenbedingungen dafür schaffen kann, dass rechtliche Kompetenzen, die sich zu einer näher zu umschreibenden Teilrechtsfähigkeit bündeln, verliehen werden können – oder eben nicht. Das wird nicht nur strukturelle Voraussetzungen zu berücksichtigen haben,[135] sondern auch funktional die rechtlich relevante Handlungsfähigkeit in Rechnung stellen müssen.[136] Davon wird dann abhängen, ob insoweit auch Grundrechtsfähigkeit bestehen[137] oder verliehen werden kann.[138] Hierzu wird allerdings auch zu untersuchen sein, ob grundständige rechtliche Vorgaben einer verfassungsgesetzlichen Regelung vorbehalten sind.[139]

---

[135] Vgl. *Boyle* Endowed (Fn. 110), 12 f., unter Verweis darauf, dass das menschliche Genom zu einem überragenden Großteil mit dem vieler Tier- und Pflanzenarten übereinstimmt, so zu 98 % mit dem von Schimpansen und zu 75 % mit dem von Kürbissen.

[136] Dazu im Hinblick auf Grundrechte bereits *Fabricius* Relativität der Rechtsfähigkeit (Fn. 124), 33, zum Zusammenhang zwischen Rechts- und Handlungsfähigkeit im Übrigen *ders.* ebd., 39 ff., 43 ff., pass.

[137] Vorbild könnte eine Regelung wie Art. 19 Abs. 3 GG sein, die darauf abstellt, dass das Grundrecht seinem „Wesen nach" anwendbar ist.

[138] Zu erinnern ist daran, dass biotechnisch erzeugte, mehr oder weniger menschenähnliche Wesen trotz ihrer rein biologischen Substanz keine natürlichen Personen sind und nicht schon als solche über Rechtsfähigkeit verfügen (vgl. *Stern* Staatsrecht III/1 (Fn. 134), 1002, der zu Recht darauf hinweist, dass nur natürliche Personen über „allgemeine uneingeschränkte Rechtsfähigkeit" verfügen). Die natürliche Person ist aber nicht anders als die juristische Person eine Rechtsschöpfung (vgl. *Kersten* Relative Rechtssubjektivität (Fn. 127), 10 unter Verweis auf die grundlegenden Ausführungen von *Kelsen*. Hingewiesen sei aber auch auf *Richard Thoma* Artikel „Staat", in: Ludwig Elster/Adolf Weber/Friedrich Wieser (Hrsg.) Handwörterbuch der Staatswissenschaften, 7. Bd., 1926, 724 (748), der von einer „vulgär-juristischen Unterscheidung zwischen ‚natürlichen' und ‚juristischen' Personen" spricht; die Eigenschaft als Person, d.h. Subjekt von Rechten und Pflichten zu sein, werde in jedem Fall von der Rechtsordnung verliehen; „alle Personen sind juristische Personen"). Vorrechtlich ist hier nur der Mensch, ungeachtet etwaiger Einschränkungen seiner Handlungsfähigkeit. Daran gespiegelt ist klar, dass ein etwaiger Grundrechtsschutz menschenähnlichen Kunstwesen nicht „gewährleistet" wird, sondern – gegebenenfalls – „gewährt".

[139] Vgl. dazu *Christian Waldhoff* Der positive und negative Verfassungsvorbehalt, 2016. Zu denken ist an die Einführung eines Art. 19 Abs. 3a GG, der ähnlich wie Art. 19 Abs. 3 GG darauf abstellt, ob und inwieweit die Grundrechte „ihrem Wesen nach" anwendbar sind, wobei Näheres der Regelung durch den einfachen Gesetzgeber überantwortet werden könnte.

2. Grundrechtsverpflichtung: Adressaten der Grundrechte im Überschneidungsbereich von Staat und Gesellschaft

a) Unmittelbare Grundrechtsbindung sozialmächtiger Privater?

Am anderen Ende des grundrechtlichen Rechtsverhältnisses, also der Grundrechtsverpflichtung, möchte ich mich ebenfalls nicht mit allem näher befassen, was in den letzten Jahren vorgegangen ist. Dazu zähle ich die überfälligen Klarstellungen, die das BVerfG zur Grundrechtsbindung gemischt-wirtschaftlicher Unternehmen in der „Fraport-Entscheidung" ausgesprochen hat,[140] und zur sog. Fiskalgeltung der Grundrechte in der „Freizeitbad-Entscheidung".[141] Das soll hier auf sich beruhen. Lange zuvor hatten maßgebliche Stimmen in der Literatur – völlig zu Recht – betont, dass der Staat auch bei privatrechtlichem Handeln[142] umfassend an die Grundrechte gebunden sein muss.[143] Auch grundrechtliche Probleme aus der Kooperation von Staat und Privaten möchte ich nicht eigenständig behandeln. Sie waren vor Jahr und Tag Bestandteil unserer Beratungen auf der Tagung in St. Gallen.[144]

Geboten erscheint mir aber ein Blick auf neuerliche Überlegungen zu einer Grundrechtsbindung nicht-staatlicher Akteure. Die damit angesprochene „Dritt-, Ausstrahlungs- oder Horizontalwirkung"[145] der Grundrechte wirkte in letzter Zeit ein wenig wie ein heißes Eisen. Man fasst es möglichst nicht an.[146] Die Rede war etwa davon, dass die mittelbare Drittwirkung „nicht mehr à la mode"[147] oder wenig weiterführend sei.[148] Manche von uns ironisierten sogar ihre eigenen Überlegungen mit dem Abstand von

---

[140] BVerfGE 128, 226 (246 f.).
[141] BVerfG, NJW 2016, 3153 (3154 Rn. 27 u. 28).
[142] Also im Bereich des sog. Verwaltungsprivatrechts, bei der Bedarfsdeckung, aber auch im erwerbswirtschaftlichen Sektor.
[143] Bevor die „Freizeitbad-Entscheidung" BVerfG, NJW 2016, 3153 ergangen ist, ist in der Literatur allenthalben mit Recht die Rede von einer umfassenden Fiskalgeltung der Grundrechte *Wolfram Höfling* in: Sachs (Hrsg.) GG, 8. Aufl. 2018, Art. 1 Rn. 106 ff.; *H. Dreier* in: ders. (Hrsg.) (Fn. 61), Art. 1 III Rn. 66 a.E.; *Heinrich de Wall/Roland Wagner* Die sogenannte Drittwirkung der Grundrechte, JA 2011, 734 (735, 738 f.); auch *Stern* Staatsrecht III/1 (Fn. 134), 1396 ff. m. umfangr. Nachw.
[144] Vgl. insbes. *Voßkuhle* Beteiligung Privater (Fn. 53), 293 ff.; zum Problemfeld ferner *Schröder* Das Verhältnis (Fn. 19), 1104 f.
[145] *Christoph Gusy* Grundrechtsbindungen Privater, in: Johannes Masing/Matthias Jestaedt/David Capitant/Armel Le Divellec (Hrsg.) Strukturfragen des Grundrechtsschutzes in Europa, 2015, 93.
[146] So ja wohl auch das BVerfG in der „Bürgschafts-Entscheidung" BVerfG, NJW 1994, 36, wo das Gericht als entscheidend herausstellte, dass der BGH die Privatautonomie verkannt habe (ebd., 38).
[147] *Ralf Poscher* Grundrechte als Abwehrrechte, 2003, 272.
[148] Vgl. etwa *Ruffert* Vorrang der Verfassung (Fn. 26), 28.

einigen Jahren als wenig zufriedenstellend.[149] Dabei hat die Drittwirkung der Grundrechte zumindest als heuristische Kategorie bis heute Bestand,[150] wenn auch oftmals unter anderen Bezeichnungen oder auch – in nicht wenigen Judikaten – ohne jede Umschreibung.[151] Nicht zu Unrecht ist erst unlängst mit Blick auf die Gegenüberstellung von mittelbarer und unmittelbarer Drittwirkung von einer „unendlichen Geschichte"[152] gesprochen worden. Die wohl derzeit h.M. ist schnell zusammengefasst: Grundrechte wirken in Erfüllung von Schutzpflichten auf Privatrechtsverhältnisse ein. Das besorgen vor allem der Gesetzgeber und im Vollzug der Gesetze die Verwaltung und die Gerichtsbarkeit. Wo der Gesetzgeber nicht oder unzureichend gehandelt hat, muss im Einzelfall der Richter die Schutzpflicht im Wege verfassungskonformer Auslegung privatrechtlicher Bestimmungen erfüllen, soweit nicht eine Vorlage des Gesetzes nach Art. 100 Abs. 1 GG geboten ist.[153] Nur für den Teil der Problematik, in dem die Gerichte durch entsprechende Auslegung privatrechtlicher Bestimmungen die Schutzfunktion der Grundrechte zur Geltung bringen, mag man die Drittwirkung der Grundrechte als eigene Kategorie benennen, aber notwendig ist das nicht. Das kann unterkomplex erscheinen, manchen sogar „diffus"[154]. Aber eine

---

[149] *Matthias Ruffert* Common sense statt strikte Dogmatik? Zutreffendes aus Karlsruhe zu Stadionverboten, BDVR-Rundschreiben 2/2018, 18, unter Hinweis auf die „letzte Habilitationsschrift aus dem öffentliches Recht zum Thema ... vor ca. 17 Jahren", in der sich „wenig Zufriedenstellendes findet (173 ff.)"; da *ders.*, ebd., speziell die „Privatrechtswirkung des allgemeinen Gleichheitssatzes" anspricht und sein Werk „Vorrang der Verfassung und Eigenständigkeit des Privatrechts" 2001 erschienen ist und ab 173 den allgemeinen Gleichheitssatz im Privatrechtsverhältnis behandelt, dürfte die Kritik als (sympathische) Selbstkritik unzweifelhaft sein, obwohl ein Nachw. fehlt.

[150] Vgl. *Fabian Michl* Situativ staatsgleiche Grundrechtsbindung privater Akteure, JZ 2018, 910, der von einer „gefestigten, wenn auch in ihrer Metaphorik etwas vagen Drittwirkungsdogmatik" spricht.

[151] Vgl. *Matthias Hettich* Neue Entwicklungen im Versammlungsrecht, VBlBW 2018, 485 (489 m. Fn. 37).

[152] *Bumke* Die Entwicklung der Grundrechtsdogmatik (Fn. 23), 61.

[153] *Wolfram Höfling* Vertragsfreiheit, 1991, 54 f.; vgl. auch *Sachs* Verfassungsrecht II (Fn. 73), Kap. 5 Rn. 42 f.; *Gusy* Grundrechtsbindungen (Fn. 145), 94 ff., 96; dazu auch die Rezeption durch *Olivier Beaud* Kommentar zum Beitrag von Christoph Gusy über die Grundrechtsbindung Privater, ebd., 113 (114); *de Wall/Wagner* Drittwirkung (Fn. 143), 737 f.; *Ruffert* Common sense (Fn. 149), 19; zuvor bereits *Roman Herzog* Allgemeine Staatslehre, 1971, 392.

[154] *Ruffert* Common sense (Fn. 149), 20: „Kontinuität im Diffusen"; vgl. auch *Karl-Heinz Ladeur* Die Drittwirkung der Grundrechte im Privatrecht – „Verfassungsprivatrecht" als Kollisionsrecht, in: Gralf-Peter Calliess/Andreas Fischer-Lescano/Dan Wielsch/Peer Zumbansen (Hrsg.) Soziologische Jurisprudenz. FS Gunter Teubner, 2009, 543 (549): „unklare Konstruktion".

in jeder Hinsicht überzeugende Alternative ist nicht in Sicht, jedenfalls keine, die dabei ist, sich durchzusetzen.[155]

Daher konnte es auch nicht überraschen, dass die Drittwirkung der Grundrechte eine wohl nicht nur terminologische Renaissance in der „Stadionverbots-Entscheidung" des BVerfG erlebte.[156] Bei der Anwendung von Art. 3 Abs. 1 GG als Willkürverbot auf die privatrechtlichen Rechtsbeziehungen zwischen dem betroffenen Fußballfan und dem MSV Duisburg knüpft der Erste Senat an zwei Rechtsprechungslinien an. Zum einen an die schon in der Handelsvertreter-Entscheidung und der Bürgschaftsentscheidung begründete strukturelle Überlegenheit eines Vertragspartners[157], zum anderen greift der Senat aus der „Fraport-Entscheidung" und dem Beschluss zum „Bierdosen-Flashmob für die Freiheit"[158] den Gedanken auf, dass im Wege der mittelbaren Drittwirkung Private im Einzelfall einer vergleichbaren Grundrechtsbindung unterliegen wie der Staat.[159] Allerdings spielen Generalklauseln oder ausfüllungsbedürftige Rechtsbegriffe als Ansatzpunkt für die Grundrechte nun keine Rolle mehr. Maßgeblich ist für das BVerfG, dass in tatsächlicher Hinsicht ein bestimmter Tatbestand geschaffen wird – hier die Durchführung einer für das gesellschaftliche Leben anderer wichtigen Veranstaltung, eines Bundesliga-Fußballspiels.[160]

---

[155] Vgl. etwa *Bumke* Die Entwicklung der Grundrechtsdogmatik (Fn. 23), 59 ff.

[156] BVerfGE 148, 267.

[157] BVerfG, NJW 1990, 1469 (1470): „wirtschaftlich überlegenen Unternehmen", „im allgemeinen schwächere Stellung der Handelsvertreter"; BVerfG, NJW 1994, 36 (38): „strukturelle Unterlegenheit", ebd., 39: „strukturell ungleiche Verhandlungsstärke", „bei so ausgeprägter Unterlegenheit eines Vertragspartners"; BVerfGE 148, 267 (281 Rn. 33): „soziale Mächtigkeit einer Seite", ebd., 284 Rn. 41: „Monopol oder strukturelle Überlegenheit". Zu dieser Rechtsprechungslinie bereits *Ruffert* Common sense (Fn. 149), 19.

[158] BVerfGE 128, 226 (248): „Dies schließt umgekehrt allerdings nicht aus, dass möglicherweise Private – etwa im Wege der mittelbaren Drittwirkung – unbeschadet ihrer eigenen Grundrechte ähnlich oder auch genauso weit durch die Grundrechte in Pflicht genommen werden, insbesondere wenn sie in tatsächlicher Hinsicht in eine vergleichbare Pflichten- oder Garantenstellung hineinwachsen wie traditionell der Staat." BVerfG, NJW 2015, 2485 (2486).

[159] Die Passage findet sich nicht wörtlich in der Stadionverbots-Entscheidung, aber der Gedanke einer möglicherweise (unmittelbaren) Bindung Privater an Grundrechte liegt dem Beschluss zu Grunde, vgl. *Michl* Staatsgleiche Grundrechtsbindung (Fn. 150), 911 f. Es ist im Übrigen schon vor vielen Jahren darauf hingewiesen worden, dass dann, aber auch nur dann etwas anderes gelten kann, wenn die Freiheit der Bürger gegen Missbrauch privater Macht zu schützen ist, vgl. *Rüfner* in: BK GG (Fn. 64), Art. 3 Abs. 1 Rn. 193.

[160] *Hettich* Neue Entwicklungen (Fn. 151), 490, mit dem Hinweis auf die Parallele in der Entscheidung zum „Bierdosen-Flashmob für die Freiheit" (BVerfG, NJW 2015, 2485), in der das Gericht an die „Zurverfügungstellung eines sogenannten öffentlichen Forums" anknüpfe.

Die Bindung des sozialmächtigen privaten Akteurs an den allgemeinen Gleichheitssatz aus Art. 3 Abs. 1 GG (im Sinne eines Willkürverbots)[161] und seine verfahrensrechtliche Verpflichtung zur Aufklärung des Sachverhalts mit vorheriger Anhörung des Betroffenen und zur Begründung der Entscheidung auf dessen Verlangen[162] sind nicht zu Unrecht als „situativ staatsgleiche Bindung eines privaten Akteurs an die Grundrechte"[163] wahrgenommen worden.[164] Nicht wenige sehen das BVerfG auf dem Wege zu einer unmittelbaren Grundrechtsbindung der sozialmächtigen Internet-Konzerne wie Google, Facebook, Twitter etc.[165]

---

[161] BVerfGE 148, 267 (283 Rn. 41, 285 Rn. 45). Ob daneben „auch das allgemeine Persönlichkeitsrecht (Art. 2 Abs. 1 i.V.m. Art. 1 Abs. 1 GG) oder weitere Grundrechte Beachtung beanspruchen können" (BVerfGE 148, 267 (284 Rn. 43)), lässt der Senat unbeantwortet, schließt es aber damit auch nicht aus.

[162] BVerfGE 148, 267 (285 f. Rn. 46).

[163] Vgl. den Titel des Beitrags von *Michl* Staatsgleiche Grundrechtsbindung (Fn. 150).

[164] In der Literatur wird daher ein „stiller Rechtsprechungswandel" konstatiert, *Michl* Staatsgleiche Grundrechtsbindung (Fn. 150), 916, vgl. aber auch ebd., 918 a.E. Der Eindruck einer grundlegenden Änderung der Rechtsprechung muss auch mit Blick auf die doch etwas banale Alltäglichkeit des in Rede stehenden Vorgangs aufkommen. In der vor rund 25 Jahren schon vieldiskutierten Entscheidung des BVerfG zur Unwirksamkeit eines Bürgschaftsvertrags aus grundrechtlichen Gründen ging es noch um einen für die weitere Lebensgestaltung der zahlungsunfähigen Bürgin wesentlichen Vorgang. Der Sachverhalt ist aussagekräftig: Die 21jährige Tochter eines Geschäftsmannes unterschrieb, damit dessen Kreditlinie erhöht wurde, bei der Bank eine Bürgschaftserklärung, aus der sie später in Anspruch genommen wurde. Da sie aber keine berufliche Qualifikation hatte und als Arbeiterin in einer Fischfabrik 1150 DM netto verdiente, zudem alleinerziehend war, hätte sie die Forderung bis zu ihrem Lebensende nicht begleichen können (BVerfG, NJW 1994, 36 (38)). Das BVerfG erklärte aufgrund der besonderen Umstände des Falles unter Rückgriff auf die Einordnung der Grundrechte als „verfassungsrechtliche Grundentscheidungen für alle Bereiche des Rechts" (BVerfG, NJW 1994, 36 (38)) und unter Hinweis auf die Lüth-Entscheidung von 1958 den Bürgschaftsvertrag für nichtig. Auch sprach der Erste Senat des BVerfG schon damals von der „strukturellen Unterlegenheit eines Vertragsteils" (BVerfG, NJW 1994, 36 (38)); so schon zuvor in der Handelsvertreter-Entscheidung: BVerfGE 81, 242 (255). Aber der Senat blieb damals ganz in den Strukturen der mittelbaren Drittwirkung der Grundrechte, die über die zivilrechtlichen Generalklauseln in das Zivilrecht korrigierend eingreifen können (BVerfG, NJW 1994, 36 (39)). In der Tat ist das BVerfG nicht ausdrücklich von seiner traditionellen Rechtsprechung zur Horizontalwirkung der Grundrechte abgerückt. Ob sich die neue Linie einer stärkeren Grundrechtsbindung Privater in bestimmten Situationen „struktureller Überlegenheit" (BVerfGE 148, 267 (284 Rn. 41)) fortsetzt, bleibt freilich abzuwarten.

[165] Aus der Luft gegriffen erscheint diese Einschätzung nicht (zu ihr vgl. die Nachw. bei *Michl* Staatsgleiche Grundrechtsbindung (Fn. 150), 917; manche Autoren fordern auch offen die Grundrechtsbindung sozialer Netzwerke. Je bedeutender ein Netzwerk für die Allgemeinheit sei, desto größer müsse die Grundrechtsbindung sein. Facebook nehme dabei eine Spitzenposition ein, so *Tobias Gostomzyk* Sperren im Netz. Editorial, in: NJW-aktuell 24/2019, 3; vgl. auch *Benjamin Raue* Meinungsfreiheit in sozialen Netzwerken, JZ 2018,

b) Verpflichtung Privater zur Achtung grundrechtlicher Schutzgüter nach Maßgabe der Gesetze

Die gesellschaftliche Bedeutung, die wirtschaftliche Macht und die technische Komplexität, die die Internet-Konzerne kennzeichnet, hat eine neue Qualität.[166] Dennoch ist ihre Macht eine kategorial andere als die staatliche, die im freiheitlichen Verfassungsstaat auf die rechtsstaatliche Ordnung zur Ausübung des Gewaltmonopols[167] hinausläuft. Ungeachtet fehlender fester Trennungslinien zwischen Staat und Gesellschaft[168] besteht die Grund-

---

961; *Quirin Weinzierl* Warum das Bundesverfassungsgericht Fußballstadion sagt und Soziale Plattformen trifft, JuWissBlog Nr. 48/2018 v. 24.5.2018, <https://www.juwiss.de/48-2018/> (Stand 5.11.2019)). Immerhin hat die 2. Kammer des Ersten Senats in ihrem Beschluss zum Facebook-Auftritt der rechtsextremen Kleinstpartei „Der III. Weg" vom Mai 2019 die verfassungsrechtlichen Beziehungen der Betreiber sozialer Netzwerke und sonstiger Dritter als „noch ungeklärt" (BVerfG, NJW 2019, 1935 (1936 Rn. 15 a.E.)) bezeichnet. Unter Hinweis auf die Stadionverbots-Entscheidung hat die Kammer soziale Netzwerke in einem Verhältnis zu ihrer „marktbeherrschenden Stellung", zur „Angewiesenheit auf eben jene Plattform" in einer „spezifischen Konstellation" gesehen, die für „gleichheitsrechtliche Anforderungen für das Verhältnis zwischen Privaten" bedeutsam sein kann (BVerfG ebd.). Es ging um eine fremdenfeindliche Äußerung der Partei „Der III. Weg" auf ihrer Facebook-Seite, die von Facebook als „Hassrede" eingestuft und gelöscht worden war. Die entscheidende Kammer geht ausdrücklich von der ständigen Rechtsprechung des BVerfG zur mittelbaren Drittwirkung aus (BVerfG ebd., u.a. unter Verweis auf die Lüth-Entscheidung BVerfGE 7, 198 (205 f.), und die Entscheidung zur Bürgschaft BVerfGE 89, 214 (229)). In dem vom „III. Weg" angestrengten Verfahren einstweiligen Rechtsschutzes konnte es bei der gängigen Folgenabwägung sein Bewenden haben. Man darf aber auf die von manchen herbeigesehnte Grundsatzentscheidung des BVerfG zu diesen Fragen gespannt sein.

[166] Vgl. etwa *Schliesky u.a.* Schutzpflichten und Drittwirkung (Fn. 7), 116, zur Störung des Machtgleichgewichts zwischen Privatrechtssubjekten. Die Einschätzung von *Alexander Hellgardt* Wer hat Angst vor der unmittelbaren Drittwirkung? Die Konsequenzen der Stadionverbot-Entscheidung des BVerfG für die deutsche Grundrechtsdogmatik, JZ 2018, 901 (909), es sei ein „Allgemeinplatz, dass heutzutage Privatrechtssubjekten eine faktische (das heißt wirtschaftlich vermittelte) Macht zukommen kann, die staatlicher Macht vergleichbar sei", dürfte gleichwohl fehlgehen.

[167] Vgl. *Hellgardt* Wer hat Angst (Fn. 166), 907, der zu Recht die damit verbundene Verantwortung des Staates betont.

[168] In Zeiten eines Staates, der jedenfalls auch „Gewährleistungsstaat" ist (zum Konzept des Gewährleistungsstaates bereits o. Fn. 29; ferner *Hoffmann-Riem* Enge oder weite Gewährleistungsgehalte (Fn. 1), 57 ff.; *Voßkuhle* Beteiligung Privater (Fn. 53), 284 m. umfangr. Nachw.; zur Kritik vgl. *Benjamin Rusteberg* Subjektives Abwehrrecht und objektive Ordnung, in: Grundrechte als Phänomene kollektiver Ordnung (Fn. 31) 87 (91 f.)), ist das umso mehr zu betonen (vgl. *Schaefer* Neues vom Strukturwandel (Fn. 18), 252 f.); insoweit ist zu Recht schon von einer „Vermischung" (vgl. *Dieter Grimm* Regulierte Selbstregulierung in der Tradition des Verfassungsstaats, Die Verwaltung Beiheft 4 (2001), 9 (19): auf ein „Mixtum aus Staat und Gesellschaft" sei die Verfassung nicht eingestellt; zust. *Voßkuhle* Beteiligung Privater (Fn. 53), 292) gesprochen worden. Das ist allerdings

unterscheidung in – wohlgemerkt – funktionaler Hinsicht[169] fort.[170] Auch der Staat, der „Gewährleistungsverantwortung"[171] trägt, geht nicht in der Gesellschaft auf. Die Unterscheidung geht nicht durch Veränderungen in der Aufgabenwahrnehmung verloren,[172] zumal dann wenn sie verfassungsrechtlich vorgezeichnet oder jedenfalls nachempfunden werden.[173] Daran ändert eine angebliche „Public-Forum-Funktion"[174] des Internets nichts. Abgesehen davon, dass dieses Konzept als ein die Grundrechtsbindung auslösender Mechanismus schon deshalb fragwürdig ist, weil es aus tatsächlichen Gegebenheiten unabhängig von normativen Rahmenbedingungen zu rechtlichen Folgerungen führt,[175] erscheint auch die mit einem sol-

---

kein ganz neuer Vorgang, wie die von *Michael Stolleis* Die Entstehung des Interventionsstaates und das öffentliche Recht, ZNR 1989, 129 (139) aufgearbeitete „schrittweise Grenzverwischung zwischen Privatrecht und öffentlichem Recht" zeigt (so *Gunnar Folke Schuppert* Das Konzept der regulierten Selbstregulierung als Bestandteil einer als Regelungswissenschaft verstandenen Rechtswissenschaft, Die Verwaltung, Beiheft 4 (2001), 201 (205); vgl. auch *Wißmann* Grundrechtsbindung im Gewährleistungsstaat (Fn. 50), 44 f., mit der zutr. Analyse, durch die Einbeziehung Privater in die „Gewährleistung" bestimmter Aufgaben werde die Grundunterscheidung staatlicher Vollverantwortung und gesellschaftlicher Freiheit angetastet; vgl. auch *Schaefer* Neues vom Strukturwandel (Fn. 18), 262, der annimmt, dass Staat und Gesellschaft „ihre kategoriale Gegensätzlichkeit verlieren"). Weitere Faktoren sind dabei, diesen Effekt zu verstärken, etwa die Internationalisierung des gesellschaftlichen, wirtschaftlichen und politischen Lebens.

[169] Das betont schon *Herzog* Allgemeine Staatslehre (Fn. 153), 146, im Gegensatz zu einer im demokratischen Staat nicht mehr bestehenden Unterscheidung auch in personeller und körperschaftlicher Hinsicht.

[170] Vgl. *Di Fabio* Grundrechtsgeltung (Fn. 97), 66; zuvor bereits *Voßkuhle* Beteiligung Privater (Fn. 53), 293 f.

[171] Vgl. statt vieler *Schaefer* Neues vom Strukturwandel (Fn. 18), 253; zum Begriff auch *Schuppert* Das Konzept der regulierten Selbstregulierung (Fn. 168), 218 f.

[172] Es erscheint daher problematisch, mit *Wißmann* Grundrechtsbindung im Gewährleistungsstaat (Fn. 50), 51, die Grundrechtsbindung der gesetzlichen Aufgabenbestimmung folgen zu lassen, die auf staatliche Gewährleistung ihrer Erfüllung geordnet sei; damit würden die Unsicherheiten der Bestimmung staatlicher Aufgaben auf die Bestimmung der Grundrechtsbindung erstreckt (soweit nicht tatsächlich, wie es *Wißmann* offenbar vorschwebt, aufgrund gesetzlicher Bestimmung die staatliche Zuordnung einer Aufgabe eindeutig zu klären ist); vgl. auch *Kingreen* Verfassungsrecht der Zwischenschicht (Fn. 50), 15: Die Frage der Grundrechtsfähigkeit könne nicht von dem Zweck abhängig sein, eine öffentliche Aufgabe zu erfüllen.

[173] Vgl. nur Art. 87e Abs. 3, 87f Abs. 2, 90 Abs. 2 S. 2 GG.

[174] *Matthias Cornils* Die Perspektive der Wissenschaft: AVMD-Richtlinie, der 22. Rundfunkänderungsstaatsvertrag und der „Medienstaatsvertrag" – Angemessene Instrumente für die Regulierungsherausforderungen?, ZUM 2019, 89 (93) mit Blick auf die bekannten Ausführungen der „Fraport-Entscheidung" BVerfGE 128, 226 (252 ff.).

[175] Vgl. *Christoph Enders* Anmerkung zu BVerfG, Urt. v. 22.2.2011 – 1 BvR 699/06, BVerfGE 128, 266 – Fraport, JZ 2011, 577 (579); grundlegend *Angelika Siehr* Das Recht am öffentlichen Raum, 2016, die, 56, zu Recht betont, dass die Rechtswissenschaft auf

chen Ansatz verbundene Gewichtung der Netzkommunikation zweifelhaft. Das Internet ist – jedenfalls noch – nicht die „neue Agora".[176] Der allzu schmeichelhafte Vergleich hinkt in mehrfacher Hinsicht.[177] Ich möchte das nicht näher ausführen, es erscheint mir offensichtlich. Neben manch anderem dürfte der Hinweis darauf genügen, dass die deutliche Überzahl der Menschen in Deutschland nach wie vor nicht in sozialen Medien vertreten ist[178].[179]

Global agierende Internet-Konzerne sind also grundrechts*berechtigte* Akteure des gesellschaftlichen Lebens, die nicht zugleich grundrechts*verpflichtet* sind. Allein soziale oder wirtschaftliche Macht – das BVerfG spricht in seinem Beschluss zum „III. Weg" eine mögliche „marktbeherrschende Stellung"[180] von Facebook an – kann nicht ausreichen, um eine grundrechtstypische Gefährdungslage zu begründen. Zu Recht ist aber darauf hingewiesen worden, dass es auf der Basis einer liberalen Deutung der Grundrechte fragwürdig erscheinen muss, „den Ausgleich ‚wirtschaftlichen Ungleichgewichts' zu einem allgemeinen Ziel staatlichen Handelns zu erheben"[181]. Andere Kriterien als soziale oder wirtschaftliche Macht stehen ohnehin nicht zur Verfügung. Das ist auch deshalb problematisch, weil die Bestimmung sozialmächtiger Akteure, die ggf. grundrechtsgebunden sein sollen, ausschließlich richterlicher Wertung überlassen bliebe. Es sollte aber der Gesetzgeber ins Zentrum des Aktionsfeldes gerückt werden. Er ist die zuständige Stelle, um die notwendigen Regelungen zu treffen.[182] Und

---

klare Abgrenzungen angewiesen ist, und, 483 ff., im Einzelnen herausarbeitet, dass es einer (einfach-)rechtlichen Konturierung des Öffentlichen im Hinblick auf den Raum bedarf und insoweit für reale (nicht virtuelle) Räume vor allem staatliche Sachherrschaft voraussetzt, vgl. etwa ebd., 544 f., 678 f.

[176] *Friedrich Schoch* Rezension: Angelika Siehr, Das Recht am öffentlichen Raum, 2016, Der Staat 57 (2018), 477 (478); a.A. *Sönke E. Schulz* Die „Datenautobahn" als Infrastruktur: Gewährleistungs- und Verkehrssicherungspflichten des Staates, in: Hermann Hill/ Utz Schliesky (Hrsg.) Die Vermessung des virtuellen Raums, 2012, 265 (271 ff. m.w.N.) mit Blick auf das Internet als „digitale Agora"; *Schliesky u.a.* Schutzpflichten und Drittwirkung (Fn. 7), 121, 123.

[177] Vgl. die prägenden Elemente der klassischen attischen Agora bei *Krüper* in: Demokratie und künstliche Intelligenz (Fn. 97), 68; *Siehr*, Das Recht am öffentlichen Raum (Fn. 175), 13 ff.

[178] *Krüper* in: Demokratie und künstliche Intelligenz (Fn. 97), 69.

[179] Außerdem sollte das Internet ungeachtet seiner großen Vorzüge nicht idealisiert werden; zu einem Blick auch auf die Schattenseiten *Fechner* Fake News (Fn. 97), 157 f.

[180] BVerfG, NJW 2019, 1935 (1936 Rn. 15); dazu *Michael Sachs* Grundrechte: Bindung Privater an Anforderungen des allgemeinen Gleichheitssatzes, JuS 2019, 1037.

[181] *Ladeur* Drittwirkung (Fn. 154), 556 f.

[182] Vgl. *Voßkuhle* Beteiligung Privater (Fn. 53), 296; mit Blick auf Kommunikation im Internet *Nima Mafi-Gudarzi* Desinformation: Herausforderung für die wehrhafte Demokra-

er ist dazu auch berufen, denn ohne funktionierenden Rechtsrahmen gibt es keine Aussicht auf Achtung der Grundrechte.[183]

Es mag sich für den Gesetzgeber als schwierig erweisen, wirksame und zugleich rechtlich angemessene Regulierungsmechanismen zu entwickeln und durchzusetzen. Mit dem „Gesetz zur Verbesserung der Rechtsdurchsetzung in sozialen Netzwerken" vom 1.9.2017, dem Netzwerkdurchsetzungsgesetz, ist das noch nicht gelungen.[184] Aber der staatstheoretische und zugleich grundrechtliche Ausgangspunkt bleibt doch der, dass der Gesetzgeber sich seiner Rechtssetzungshoheit nicht begibt. Das Letztentscheidungsrecht über die Grenzen der Grundrechtsausübung muss einer staatli-

---

tie, ZRP 2019, 65 (68), der als ultima ratio auch auf die Möglichkeit besonderer neu zu schaffender Straftatbestände verweist.

[183] Vgl. den noch deutlich weiter gefassten Ansatz von *Di Fabio* Herrschaft und Gesellschaft (Fn. 86), 233: ohne funktionierende Rechtsstaaten keine Aussicht auf Achtung der Menschenrechte.

[184] Einen Alternativvorschlag unterbreiten *Dirk Heckmann/Anne Paschke* Persönlichkeitsschutz im Internet, DRiZ 2018, 144 (145 ff.); grundlegende Kritik auch bei *Smets* Stadionverbotsentscheidung (Fn. 50), 37, der sich gegen die Inanspruchnahme Privater zur Verfolgung von Rechtsbrüchen im Internet wendet; so auch *Fechner* Fake News (Fn. 97), 197, der auch weitreichende Bedenken gegen die Verfassungsmäßigkeit des NetzDG entfaltet (ebd., 180 ff.); von der Verfassungswidrigkeit des NetzDG gehen auch andere Autoren aus, vgl. statt aller *Hubertus Gersdorf* Hate Speech in sozialen Netzwerken. Verfassungswidrigkeit des NetzDG-Entwurfs und grundrechtliche Einordnung der Anbieter sozialer Netzwerke, MMR 2017, 439. Im Einzelnen wird darüber hinaus kritisiert: 1) nicht hinreichende Vorkehrungen für effektiven Schutz vor „Hate Speech" etc., 2) Anreize zum „Overblocking" (vgl. *Sebastian Müller-Franken* Netzwerkdurchsetzungsgesetz: Selbstbehauptung des Rechts oder erster Schritt in die selbstregulierte Vorzensur? – Verfassungsrechtliche Fragen, AfP 2018, 1 (7 f.) kritisiert vor allem das „Overblocking", dass nach § 3 Abs. 2 Nr. 3 lit. a NetzDG keine Verpflichtung des sozialen Netzwerks zur Anhörung besteht, und das NetzDG insgesamt einen zu hohen „Kollateralschaden für die Meinungsfreiheit" (ebd., 13) bewirke; ferner *Heribert Prantl* Gift, Galle, Hass, SZ v. 22./23.6.2019, 6; *Bernhard Schlink* Der Preis der Enge, F.A.Z. v. 1.8.2019, 8: „Facebook lässt Beiträge löschen, die gegen kein Gesetz verstoßen, und lässt Beiträge nicht löschen, die gegen Gesetze verstoßen; das ist ein Skandal, der das Internet als wenn nicht rechtsfreien, dann rechtsarmen Raum erkennen lässt, dessen Willkür sich aber gerade nicht gegen bestimmte Meinungen und deren Äußerung richtet."), 3) nicht hinreichende Auskunftspflicht (keine Aussage zu den Inhalten der Auskunft an Strafverfolgungsbehörden nach § 5 Abs. 2 NetzDG) und daher 4) keine effektive Strafverfolgung (vgl. *Prantl* ebd., 5) mangelnde Objektivität der Streitentscheidung (*Prantl* ebd.). Detailkritik des Gesetzes auch in rechtspolitischer und praktischer Hinsicht bei *Fechner* Fake News (Fn. 97), 157 ff. m. umfangr. Nachw.; weitgehende Antikritik bei *Kristina Bautze* Verantwortung im Netz – Anmerkungen zum Netzwerkdurchsetzungsgesetz, KJ 2019, 203 (205 ff.). Zu Überlegungen in der Politik zu einer Verbesserung des NetzDG *Max Hoppenstedt* Löschen und Bestrafen. Ministerin: Social-Media-Konzerne sollen illegale Posts Ermittlungsbehörden melden, SZ v. 1.10.2019, 5; zur Initiative „Justiz und Medien – konsequent gegen Hass" in Bayern: F.A.Z. v. 23.10.2019, 13.

chen Stelle vorbehalten bleiben.[185] Effektiver Rechtsschutz[186], der freilich auch über supra- und international konsentierte Vollstreckungsmechanismen verfügen muss, ist möglich. Der Einwand, das Netz sei vom Recht nicht erreichbar oder es scheitere am Internet, ist widerlegt.[187] Das zeigten schon vor Jahren Judikate wie die „Autocomplete-Entscheidung" des BGH aus dem Jahre 2013[188], die Google-Entscheidung des EuGH von 2014 (zum sog. „Recht auf Vergessenwerden")[189] und die „Safe-Harbor-Entscheidung" des EuGH aus 2015 zur Übermittlung personenbezogener Daten an Drittstaaten[190].[191] Aus jüngerer Zeit können ergänzt werden z.B. die Entscheidung des EuGH vom Sommer diesen Jahres zu den datenschutzrechtlichen Anforderungen an sog. Social Plugins, namentlich den „Gefällt mir"- bzw. „Like"-Button von Facebook,[192] und das Urteil des BVerwG vor genau

---

[185] Das können z.B. eigene Internet-Gerichte sein als neue Fachgerichtsbarkeit (dafür *Prantl* Gift, Galle, Hass (Fn. 184)) oder Spezialabteilungen bei den bislang nicht selten überforderten Amtsgerichten (dazu *Marlene Grunert/Timo Steppat* Im Namen des Volkes, F.A.Z. v. 27.7.2019, 3), ggf. ausgestattet mit einem besonderen Verfahren einstweiligen Rechtsschutzes, das auch über ein Rechtsdurchsetzungsportal im Internet zugänglich sein kann (anschaulich dazu *Ralf Köbler* Fake News, Hassbotschaft und Co. – ein zivilprozessualer Gegenvorschlag zum NetzDG. Überlegungen zur Schaffung eines neuen elektronischen Verfahrens einstweiligen Rechtsschutzes, AfP 2017, 282). Denkbar ist auch, den Landesmedienanstalten die Überprüfung der Rechtswidrigkeit von Äußerungen im Netz zu übertragen (näher *Gersdorf* Hate Speech (Fn. 184), 447). Ein – verfassungsrechtlich ebenfalls zulässiges – System regulierter Selbstregulierung müsste von den Betreibern sozialer Netzwerke organisatorisch, sachlich und personell unabhängig sein (*Gersdorf* ebd.).
[186] Vgl. nur den bestechend einfachen prozessualen Vorschlag von *Köbler* Fake News (Fn. 185), 283 f., zu einem „Rechtsdurchsetzungsportal" auf der Basis elektronisch zu beantragender einstweiliger Verfügungen.
[187] Vgl. *Di Fabio* Grundrechtsgeltung (Fn. 97), 18, 23, 88 ff., auch zum Folgenden.
[188] BGH, NJW 2013, 2348 mit zust. Bespr. v. *Georgios Gounalakis* Rechtliche Grenzen der Autocomplete-Funktion von Google, NJW 2013, 2321; vgl. auch *Karl-Nikolaus Peifer/ Carina Yvonne Becker* Anmerkung, GRUR 2013, 754.
[189] EuGH, NJW 2014, 2257; zust. Bespr. v. *Nobert Nolte* Das Recht auf Vergessenwerden – mehr als nur ein Hype?, NJW 2014, 2238, m.w.N. auch zur Kritik. Vgl. inzwischen Art. 17 EU-DSGVO.
[190] EuGH, NJW 2015, 3151; zust. Bespr. v. *Markus Ogorek* Übermittlung personenbezogener Daten in Drittländer – „Safe Harbor", JA 2016, 315; zur weiteren Entwicklung und dem Streit um das dem „Safe Harbor"-Verfahren nachfolgende System „Privacy Shield" zum internationalen Datenaustausch vgl. *Philipp Kempermann* Stopp für den Datenverkehr, F.A.Z. v. 24.7.2019, 16. Zu medienrechtlichen Reformvorhaben auf europäischer Ebene *Cornils* Perspektive der Wissenschaft (Fn. 174), 91 f.
[191] Vgl. *Di Fabio* Grundrechtsgeltung (Fn. 97), 20 ff. („Safe Harbor"), 83 ff. (zur „Google-Entscheidung" des EuGH), 86 f. („Autocomplete").
[192] EuGH, NJW 2019, 2755. In einer Besprechung wird die Entscheidung bereits als „Meilenstein" in der Auseinandersetzung um Datenschutz bei Social Plugins bezeichnet *Jan Spittka/Reto Mantz* Datenschutzrechtliche Anforderungen an den Einsatz von Social Plugins, NJW 2019, 2742.

einem Monat zur Verpflichtung von Facebook durch eine Landesdatenschutzbehörde, eine „Fanpage" abzuschalten, weil die von Facebook zur Verfügung gestellte digitale Infrastruktur schwere datenschutzrechtliche Mängel aufwies[193] (nachdem zuvor der EuGH entschieden hatte, dass der Betreiber der Seite für die durch Facebook erfolgende Datenverarbeitung mitverantwortlich sei).[194] Aber das ist nur die Spitze eines justiziellen Eisbergs; es gibt zahlreiche weitere Entscheidungen, die zeigen, dass die Justiz im Vollzug nationaler und europäischer Regelungen gegen machtvolle Internet-Unternehmen durchaus nicht machtlos ist.[195] Ich möchte die bestehenden Defizite der Rechtsdurchsetzung[196] im Zusammenhang mit dem Internet nicht klein reden. Aber legislative Einwirkung ist hier nicht nur theoretischer Natur; der Gesetzgeber hat potentiell wirksame Gestaltungsmöglichkeiten, er muss sie aber auch nutzen, dabei flankiert von unions- und völkerrechtlichen Instrumenten.[197] Es ist eine politische, nicht eine justizielle Gestaltungsaufgabe, die Rechte und Pflichten sozialer Medien näher auszuformen.[198]

---

[193] BVerwG, Urt. v. 11.9.2019 – 6 C 15.18.
[194] Pressemitteilung Nr. 62 des BVerwG v. 11.9.2019.
[195] Vgl. aus jüngerer Zeit EuGH, Urt. v. 1.10.2019 – C-673/17: keine Cookie-Speicherung ohne aktive Einwilligung des Internetnutzers; ferner BAG, NJW 2019, 1097: Streikmobilisierung auf Firmenparkplatz eines Standortes von Amazon in Berlin; LG Frankfurt, Beschl. v. 12.8.2019 – 2-06 O 335/19: einstw. Verfügung, mit der dem damaligen italienischen Innenminister Salvini untersagt wurde, auf Twitter das Foto einer Hilfsorganisation zu verwenden; aus dem Strafrecht: BGH, Beschl. v. 6.8.2019 – 1 StR 188/19: Verurteilung des Betreibers einer Internetplattform, über die die Waffe für den Münchner Amoklauf am 22.6.2016 verkauft worden war; vgl. auch den Bericht über den von Google anerkannten Klageanspruch eines bayerischen Wirts („Herzögliches Braustüberl Tegernsee") wegen falscher Angaben zu Wartezeiten in seinem Lokal im Internet: SZ v. 29.8.2019, 22; F.A.Z. v. 29.8.2019, 9: „‚Google ist eingeknickt'".
[196] Vgl. *Schliesky u.a.* Schutzpflichten und Drittwirkung (Fn. 7), 128 f., die u.a. auf „Cybermobbing", Probleme des Datenschutzes, der Sicherheit informationstechnischer Systeme und „Zensur" verweisen (Anführungszeichen i.O.).
[197] Neben einer Überarbeitung des NetzDG kommt derzeit vor allem in Betracht, die im Begriff befindliche Reform des Rundfunkstaatsvertrags mit dem zuletzt am 3.7.2019 im Entwurf vorgelegten Medienstaatsvertrag zu nutzen, um das „Medienrecht der Internetgesellschaft" (*Cornils* Perspektive der Wissenschaft (Fn. 174), 89) angemessen zu gestalten, vgl. *Kaiser/Reiling* Meinungsfilter (Fn. 112), 102 mit Blick auf den „Newsfeed" von Facebook; ferner *von Ungern-Sternberg* in: Demokratie und künstliche Intelligenz (Fn. 97), 29 f., auch mit Blick auf das Telemediengesetz; zu große Einschränkungen durch einen neuen Medienstaatsvertrag befürchtet aus Sicht von Google *Jan Kottmann* Intermediäre im Fokus der Rundfunkregulierung – Stellungnahme zum Entwurf des „Medienstaatsvertrags" aus Sicht der Praxis (Google), ZUM 2019, 119; zur Kritik der Internetwirtschaft an dem Entwurf vgl. ferner F.A.Z. v. 30.8.2019, 15.
[198] Vgl. bereits meine Bewertung von BVerfG, NJW 2019, 1935, in JA 2019, 710 (711).

Die Idee einer unmittelbaren Grundrechtsbindung Privater hat demgegenüber „systemsprengendes Potential"[199]. Wenn das BVerfG von Verfassungs wegen, unmittelbar aus Art. 3 Abs. 1 GG – oder als nächstes vielleicht aus Art. 5 Abs. 1 GG – Pflichten privater Unternehmen generieren sollte, würden dem Privatrechtsgesetzgeber die Hände gebunden.[200] Die Grundrechte schützten dann nicht nur den schwächeren Vertragspartner im privatrechtlichen Verhältnis, sondern zugleich den stärkeren vor gesetzlicher Regulierung seiner Tätigkeit. Dadurch würde der Gestaltungsspielraum des demokratischen Gesetzgebers in einer Weise eingeengt, die auch mit Blick auf die Gewaltenteilung problematisch erscheint. Die Privatrechtsordnung ist auf gesetzliche Ausgestaltung angewiesen – das liegt auf der Hand. Unmittelbare Grundrechtsbindung im Privatrechtsverhältnis führt aber dazu, dass an die Stelle des demokratischen Kompromisses die richterliche Entscheidung tritt.[201] Angesichts der sicher nicht geringer werdenden Bedeutung internetbasierter Kommunikation wäre das eine weitere Kompetenzverschiebung zugunsten eines ohnehin schon als „entgrenzt" beschriebenen Gerichts.[202]

Es besteht aber auch gar kein Grund, um den Versuch zu unternehmen, die dogmatischen[203] wie theoretischen[204] Grundmauern des Verfas-

---

[199] *Hellgardt* Wer hat Angst (Fn. 166), 908.

[200] *Hellgardt* Wer hat Angst (Fn. 166), 908, vgl. auch *Michl* Staatsgleiche Grundrechtsbindung (Fn. 150), 918.

[201] *Michl* Staatsgleiche Grundrechtsbindung (Fn. 150), 918. Dass sich die Drittwirkung von Grundrechten „letztlich als Zuständigkeitsproblem" zwischen Gesetzgeber und Rspr. darstellt, hat bereits *Herzog* Allgemeine Staatslehre (Fn. 153), 392, deutlich herausgearbeitet, der weiter – mit möglicherweise prophetischer Kraft – ausführte, ein starker, aber kontrollierter Staat sei das „kleinere Übel gegenüber einer mit Sicherheit totalitär werdenden Gesellschaft und ihren Machtkonzentrationen" (ebd., 393).

[202] *Matthias Jestaedt/Oliver Lepsius/Christoph Möllers/Christoph Schönberger* (Hrsg.) Das entgrenzte Gericht, 2011, pass.; insbes. *Lepsius* ebd., 159 (214 ff.); *Möllers* ebd., 281 (406 ff.).

[203] Auch das namentlich von *Kingreen* aufgezeigte „Verfassungsrecht der Zwischenschicht" ändert nichts Grundlegendes; die „kategoriale Gegensätzlichkeit von Gesellschaft und Staat" (*Kingreen* Verfassungsrecht der Zwischenschicht (Fn. 50), 39) besteht fort; zu verfassungsrechtlichen Anforderungen an regulierte Selbstregulierung im Gewährleistungsstaat *Eberhard Schmidt-Aßmann* Regulierte Selbstregulierung als Element verwaltungsrechtlicher Systembildung, Die Verwaltung, Beiheft 4 (2001), 253 (265 ff.), der zu Recht zwischen staatsgerichteten und gesellschaftsgerichteten Anforderungen unterscheidet.

[204] Vgl. *Di Fabio* Herrschaft und Gesellschaft (Fn. 86), 213; ferner *Voßkuhle* Beteiligung Privater (Fn. 53), 292, der von einem „Verlust an Direktionskraft" aufgrund der Mechanismen staatlicher Gewährleistung spricht und, 292 f., zu Recht darauf hinweist, dass zahlreiche Bindungen, die das Verfassungsrecht vorsieht, nur gegenüber dem Staat bestehen, so das Erfordernis demokratischer Legitimation, der beamtenrechtliche Funktionsvorbehalt (Art. 33 Abs. 4 GG), die Grundrechte und die rechtsstaatlichen Verfahrensgarantien.

sungsgebäudes zu verschieben oder teilweise einzureißen. Dazu hätte es auch früher schon Anlässe gegeben. Ich darf noch einmal kurz an *Heraklit* erinnern: Wandel ist immer.[205] Für unsere Zwecke passender und konkreter mag 70 Jahre nach dem Inkrafttreten des Grundgesetzes das Zitat eines Juristen aus der Frühzeit des geltenden Verfassungsrechts sein: „Es handelt sich heute im wirtschaftlich-sozialen Bereich nicht mehr allein um eine Auseinandersetzung Individuum – Staat. Das wirtschaftliche und gesellschaftliche Leben unseres Zeitalters ist von den sozialen Gruppen und Zusammenschlüssen durchformt und teilweise beherrscht. Damit [...] aber wird das Individuum sich nicht selten an den Staat mit dem Wunsche nach Schutz vor der übermächtig gewordenen Verbandsgewalt wenden. [...] Vertragsfreiheit, Meinungsfreiheit, [...] können in der Hand großer Organisationen eine tiefe Umwandlung erfahren. Sie werden hier zu [...] einem Mittel sozialer Machtentfaltung."[206] Das sagte *Ulrich Scheuner* auf der Staatsrechtslehrertagung hier in Marburg – im Jahre 1952.[207] Manches davon klingt gleichwohl modern. Unser Problem größerer Veränderungen und Verschiebungen im Verhältnis von Staat und Gesellschaft ist nicht neu. Wir sollten uns hüten, vorschnell grundlegende Änderungen in Betracht zu ziehen. Wie die jedenfalls h.M. in den Jahren als *Scheuner* hier in Marburg referierte und der Zeit danach,[208] sollten wir dagegen die grundlegenden Parameter unseres Grundrechtsdenkens, also auch die allenfalls *mittelbare*

---

[205] Oben Kapitel I.

[206] *Ulrich Scheuner* Die staatliche Intervention im Bereich der Wirtschaft, VVDStRL 11 (1954), 1 (4 f.), der im Übrigen auch die Frage aufwarf, inwieweit die Grundrechte „über den Bereich des öffentlichen Rechts hinaus auch private Rechtsgeschäfte binden" (ebd., 60). Der Vortrag *Scheuners* wird insbesondere in wirtschaftsverfassungsrechtlicher Hinsicht als wegleitend angesehen, vgl. etwa *Di Fabio* Staatsrechtslehre (Fn. 30), 57 f.

[207] Einiges deutet allerdings darauf hin, dass *Scheuner* das Manuskript in den beiden Jahren nach der Tagung verfasst hat, so die allfälligen Nachweise aus den Jahren 1953/54 und der Hinweis auf Büros und Interessenvertretungen „hier in Bonn", *Scheuner* Staatliche Intervention (Fn. 206), 41. *Scheuner* trug noch einmal 1963 bei der Staatsrechtslehrertagung in Saarbrücken vor, VVDStRL 22 (1965), 1, Thema: „Pressefreiheit".

[208] Vgl. nur *Scheuner* Staatliche Intervention (Fn. 206), 46 ff., wo er u.a. die „zwischen" dem Einzelnen und dem Staat stehenden großen Organisationen anspricht (zur „Zwischenschicht" zwischen Staat und Gesellschaft in heutiger Zeit bereits o. C.I.1.a) und i.E. entfaltet, dass ein rein liberales Verständnis der Grundrechte nicht zureiche, aber gleichwohl an den maßgeblichen Grundstrukturen festhält. Vgl. auch *Di Fabio* Staatsrechtslehre (Fn. 30), 55, über die Diskussion in der frühen Bundesrepublik, gesellschaftliche „Mächte" an die Grundrechte zu binden (Anführungszeichen i.O.); zur damals h.M. vgl. nur *Günter Dürig* Grundrechte und Zivilrechtsprechung, in: Maunz (Hrsg.), FS Nawiasky, 1956, 157 (166): „Reserviertheit fast aller Verfassungsrechtler gegenüber den neuen Thesen [...] von der ‚unmittelbaren Bedeutung der Grundrechte der Verfassung auch für den Rechtsverkehr der Bürger untereinander'" (Anführungszeichen i.O.).

Drittwirkung der Grundrechte im Privatrechtsverhältnis, nicht zu einer unmittelbaren Grundrechtsbindung Privater erstarken lassen.

Der Gesetzgeber hat bei der Erfüllung seiner Aufgabe, die unterschiedlichen Interessen sachgerecht abzugleichen, weitreichende Spielräume. Materiell-rechtlich ansetzende Vorschläge für eine funktionsangemessenere Regulierung von Internet-Intermediären[209] liegen ebenso auf dem Tisch wie prozessuale Überlegungen[210] zu einer effektiven und somit auch schnellen Verfolgung des in diesem Verständnis hinreichenden materiellen Rechts. Eines aber muss klar sein: Es geht nicht – wie teilweise in der Frühzeit des Internets noch allzu euphorisch angenommen wurde – nur oder vornehmlich um den Schutz der Meinungsfreiheit sowie die Wahrung des Datenschutzes.[211] Ziel muss eine angemessene, gesetzlich vorgezeichnete Lösung des gesamten Konfliktfeldes unter Einbeziehung namentlich des allgemeinen Persönlichkeitsrechts, insbesondere des Ehrenschutzes[212],

---

[209] Insoweit ist auch der Entwurf des Medienstaatsvertrags v. 3.7.2019 zu nennen, der allerdings umstritten ist, und zwar auch im Hinblick auf die Anwendbarkeit des Vertrags auf soziale Netzwerke u.a., vgl. o. Fn. 197.

[210] Dazu bereits die Nachw. o. Fn. 186. Zusammenstellung möglicher Inhalte und vorgeschlagener Verfahren einer verbesserten Regulierung: Deutscher Bundestag – Wissenschaftliche Dienste, Ausarbeitung WD 10 – 3000-062/18 „Regulierung von Intermediären. Möglichkeiten und Auswirkungen der Regulierung im Hinblick auf Medienvielfalt", 13 ff.

[211] Andere Tendenz wohl bei *Schliesky u.a.* Schutzpflichten und Drittwirkung (Fn. 7), 124.

[212] Vgl. dazu aus jüngerer Zeit statt vieler *Uwe Volkmann* Meinungsfreiheit für alles? Warum der großzügige verfassungsrechtliche Schutz der freien Rede neu justiert werden muss, F.A.Z. v. 14.3.2019, 7; zu beachten ist unter den Bedingungen der Digitalisierung insbes., dass die Kommunikation im Internet etwas begünstigt, was teilweise „Meinungsverklumpung" genannt wird, so *Eduard Kaeser* Wer bestimmt eigentlich, was dumm ist?, NZZ v. 14.9.2019, 18, der ausführt, dass im Internet „nicht der zwanglose Zwang des besseren Arguments" herrsche, „sondern der zwanglose Zwang der gleichen Meinung"; eine wesentliche Neuerung der digitalen Kommunikation ist auch, dass Äußerungen nicht mehr wie das nur gesprochene Wort „Schall und Rauch" sind, sondern in der Regel leicht und lange reproduzierbar bleiben. „Denn im Netz verschwindet nichts." So *Georg Mascolo/ Ronen Steinke* Gefährliche Rede, SZ v. 27.9.2019, 11; zahlreiche Äußerungen im zeitlichen Umfeld dieses Beitrags beziehen sich auf die von *Mascolo/Steinke* ebd. zu Recht als „abstrus" bezeichnete Entscheidung des LG Berlin v. 19.9.2019 – 27 AR 17/19, juris, in der das LG Äußerungen wie „Gehirn-amputiert", „Stück Scheisse", „Pädophilen-Trulla" und „Geisteskranke" von der Meinungsfreiheit geschützt sieht; das gelte „haarscharf an der Grenze des von der Antragstellerin noch hinnehmbaren" auch für die Bezeichnung „Drecks Fotze" (ebd., Rn. 38). Die Entscheidung, die Äußerungen über die Politikerin der GRÜNEN *Renate Künast* betrifft, ist – zu Recht – auf weitgehendes Unverständnis gestoßen und hat eine breite öffentliche Diskussion ausgelöst, vgl. nur *Jochen Bittner* Zum Schämen. Das Landgericht Berlin verwechselt übelste Beleidigungen mit sachbezogener Kritik. Die Justiz kann, ja muss die Freiheit besser schützen, DIE ZEIT v. 26.9.2019, 1; *Wolfgang Janisch* Mehr als grenzwertig. Was die Richter im Fall Künast unter Meinungsfreiheit verstehen,

sein. Der demokratisch unmittelbar legitimierte Gesetzgeber ist, ich wiederhole mich, die dazu berufene Instanz.

IV. Fazit

Die Freiheit des Einzelnen zu schützen ist nach wie vor eine schwierige Aufgabe, deren Lösung sich mitunter zwischen einer übermäßigen Reglementierung, auch Konstitutionalisierung der Privatrechtsordnung einerseits und unausgewogener Liberalisierung andererseits bewegt. Gerade bei neuartigen Problemfeldern besteht die Gefahr einer in der einen oder anderen Weise unausgewogenen rechtlichen Formung. Der Gesetzgeber kann aber nachbessern, solange nicht die Spielräume dazu durch verfassungsrechtliche oder verfassungsgerichtliche Grenzziehungen minimiert werden. Die Grundrechte haben sich in den letzten 70 Jahren als entwicklungsfähig erwiesen. Ungeachtet mancher Korrektur in Einzelfragen müssen auch jetzt die Grundmauern des inzwischen weit ausgebauten Gebäudes grundrechtlicher Inhalte und Funktionen nicht verschoben werden.

SZ v. 21./22.9.2019, 6; *Reinhard Müller* Alle Schleusen offen?, F.A.Z. v. 20.9.2019, 1. Zuvor bereits mit Blick auf zahlreiche praktische Fälle *Christian Schertz* Der Verlust der Privatsphäre in der modernen Mediengesellschaft – Ist das Individuum noch geschützt?, in: Bitburger Gespräche (Fn. 2), 39 ff.

Leitsätze des 1. Referenten über:

Wandel des Verhältnisses von Staat und Gesellschaft – Folgen für Grundrechtstheorie und Grundrechtsdogmatik

I. Einführung

(1) Das Verhältnis von Staat und Gesellschaft hat sich in den letzten Jahren und Jahrzehnten vor allem aufgrund sog. Metaprozesse wesentlich geändert. Dazu zählen vor allem: Globalisierung, Individualisierung, Kommerzialisierung, Mediatisierung, die durch die sog. Digitalisierung besonderes Gewicht hat.

II. Grundrechtstheoretische Grundlegung

(2) Eine allgemeingültige Antwort auf die Frage nach der zeitgemäßen Grundrechtstheorie wird sich schon deshalb kaum finden, weil das Grundrechtsverständnis sich in einem fortwährenden Entwicklungsprozess befindet, für den allenfalls der status quo beschrieben werden könnte.
(3) Die liberale Ausgangsidee mit ihrem dichotomischen Verhältnis von Staat und Gesellschaft muss im demokratischen Staat relativiert werden. Inzwischen geht es darum, die Freiheit zu schützen, ob sie nun von staatlicher oder gesellschaftlicher Seite bedroht ist.
(4) Die Grundrechte sind entwicklungsfähig. Sie stellen sich nicht gegen den Wandel, sondern vollziehen ihn mit. Stets werden auf neue Fragen angemessene oder jedenfalls diskussionswürdige Antworten gefunden werden können.
(5) Grundrechte auch als „Phänomene kollektiver Ordnung" zu denken, ist angemessen und sinnvoll. Aber die Ausübung der kollektiven Seite der Grundrechte oder ihre besondere rechtliche Berücksichtigung (in welcher Weise auch immer) ist nicht erzwingbar.

III. Grundrechtsdogmatisch bedeutsame Veränderungen im Verhältnis von Staat und Gesellschaft

1. Grundrechtsberechtigung im Überschneidungsbereich von Staat und Gesellschaft

(6) Grundrechtsberechtigung juristischer Personen ist nicht aufgrund des „Konfusionsarguments" ausgeschlossen. Es ist rechtstheoretisch, aber auch -praktisch durchaus möglich, dass ein und dieselbe Norm ein und dieselbe Person berechtigen und verpflichten kann.

(7) Juristische Personen des öffentlichen Rechts können sich auf Grundrechte berufen, wenn und soweit sie sich in einer grundrechtstypischen Gefährdungslage befinden. Dafür kommt es nicht auf die „hinter" der juristischen Person stehenden natürlichen Personen an, sondern darauf, dass der öffentlich-rechtlichen juristischen Person als solcher ein verfassungsrechtlich zugewiesener Bereich der Selbstbestimmung bzw. -verwaltung zusteht, in den ein anderer staatlicher Akteur aufgrund ihm zustehender Befugnisse eingreifen kann. Das kann neben Rundfunkanstalten und Universitäten bei Gemeinden und Städten der Fall sein, bei Trägern staatlich anerkannter privater Ersatzschulen als Beliehene im Prüfungswesen, bei Religionsgemeinschaften, die als Körperschaften des öffentlichen Rechts hoheitliche Befugnisse ausüben sowie bei körperschaftlich organisierten Sozialversicherungsträgern.

(8) Emergente Kollektivität in der realen wie in der virtuellen Welt ist nicht grundrechtsberechtigt.

(9) Technisch generierten Entitäten, namentlich Cyborgs, autonomen Robotern mit künstlicher Intelligenz und biotechnisch erzeugten Chimären und Hybriden kann nach Maßgabe einer noch zu erarbeitenden Kriteriologie auf gesetzlicher Grundlage Teilrechtsfähigkeit verliehen werden, damit sie am Rechtsverkehr teilnehmen können. Auf dieser Basis kann sich dann die Frage einer Teil-Grundrechtsfähigkeit ergeben, deren Beantwortung eine verfassungsgesetzliche Regelung erfordert.

2. Grundrechtsverpflichtung: Adressaten der Grundrechte im Überschneidungsbereich von Staat und Gesellschaft

(10) Die Grundrechte gelten im Privatrechtsverhältnis nach Maßgabe der sog. mittelbaren Drittwirkung, die sich grundsätzlich in der Erfüllung grundrechtlicher Schutzpflichten äußert. Für die mittelbare Drittwirkung der Grundrechte in der jüngeren Rechtsprechung des BVerfG spielen Generalklauseln oder ausfüllungsbedürftige Rechtsbegriffe als Ansatzpunkt für die Grundrechte allerdings keine Rolle mehr. Maßgeblich ist für das

BVerfG, dass in tatsächlicher Hinsicht ein bestimmter Tatbestand geschaffen wird, etwa die Durchführung einer für das gesellschaftliche Leben anderer bedeutsamen Veranstaltung, z.B. eines Bundesliga-Fußballspiels.

(11) Die wirtschaftliche Macht der großen sog. Internet-Konzerne hat eine neue Qualität. Dennoch ist ihre Macht eine kategorial andere als die staatliche, die im freiheitlichen Verfassungsstaat auf die rechtsstaatliche Ordnung zur Ausübung des Gewaltmonopols hinausläuft. Daran ändert eine angebliche „Public-Forum-Funktion" des Internets nichts. Das Internet ist – jedenfalls noch – nicht die „neue Agora". Global agierende Internet-Konzerne sind grundrechtsberechtigte Akteure des gesellschaftlichen Lebens, die nicht zugleich grundrechtsverpflichtet sind.

(12) Allein soziale oder wirtschaftliche Macht, namentlich eine mögliche „marktbeherrschende Stellung" von Facebook oder Google, kann nicht ausreichen, um eine grundrechtstypische Gefährdungslage zu begründen, die zu einer unmittelbaren Grundrechtsbindung der Unternehmen führen könnte.

(13) Der Gesetzgeber ist berufen, die notwendigen Regelungen zu treffen. Dazu zählt auch eine Verbesserung des Netzwerkdurchsetzungsgesetzes vom 1.9.2017.

(14) Effektiver Rechtsschutz, der freilich auch über supra- und international konsentierte Vollstreckungsmechanismen verfügen muss, ist möglich. Der Einwand, das Recht erreiche das Netz nicht oder scheitere am Internet, ist durch die Rechtsprechung der letzten Jahre widerlegt worden.

(15) Der Gesetzgeber hat bei der Erfüllung seiner Aufgabe, die unterschiedlichen Interessen sachgerecht abzugleichen, weitreichende Spielräume. Materiell-rechtlich ansetzende Vorschläge für eine funktionsangemessenere Regulierung von Internet-Intermediären liegen ebenso auf dem Tisch wie prozessuale Überlegungen zu einer effektiven und somit auch schnellen Verfolgung des in diesem Verständnis hinreichenden materiellen Rechts.

(16) Die Grundrechte haben sich in den letzten 70 Jahren als entwicklungsfähig erwiesen. Ungeachtet mancher Korrektur in Einzelfragen müssen auch jetzt die Grundmauern des inzwischen weit ausgebauten Gebäudes grundrechtlicher Inhalte und Funktionen nicht verschoben werden.

Dritter Beratungsgegenstand:

Wandel des Verhältnisses von Staat und Gesellschaft – Folgen für Grundrechtstheorie und Grundrechtsdogmatik

2. Referat von *Sophie Schönberger*, Düsseldorf

Inhalt

		Seite
I.	Einleitung: Grundrechtskonflikte als gesellschaftspolitische Grundsatzkonflikte	291
II.	Soziale Beziehungen zwischen Kommerzialisierung und Musealisierung	294
	1. Soziale Beziehungen als Kern gesellschaftlicher Ordnung	294
	2. Kommerzialisierung: soziale Beziehungen als Gegenstand wirtschaftlichen Austauschs	296
	3. Musealisierung	300
	4. Soziale Beziehungen jenseits von Körperlichkeit und Räumlichkeit: die digitale Welt	303
III.	Soziale Beziehungen als Grundlage für Staat und Gesellschaft	305
IV.	Reaktion von Recht und Rechtswissenschaft	306
V.	Ausblick: Die Rolle der Grundrechte für die Konstitution sozialer Gemeinschaft	311

I. Einleitung: Grundrechtskonflikte als gesellschaftspolitische Grundsatzkonflikte

Grundrechtsfragen sind grundlegende gesellschaftliche Wertungsfragen. An ihnen spiegeln sich schon seit vielen Jahrzehnten all die gesellschaftspolitischen Konflikte wider, die im politischen Raum verhandelt werden. Das gilt in besonderem Maße für diejenigen Grundrechtskonflikte, die am Ende durch das Bundesverfassungsgericht entschieden und im besten Fall gelöst werden. An seiner Judikatur lässt sich immer auch eine Geschichte gesellschaftspolitischer Kontroversen der Bundesrepublik nacherzählen, die etwa von der Gleichstellung zwischen den Geschlechtern[1] über die betriebliche Mitbestimmung von Arbeitnehmern,[2] die Zulässigkeit von Schwangerschaftsabbrüchen,[3] die Präsenz christlicher und muslimischer Symbole in Schulen[4] und die eingetragene Lebenspartnerschaft[5] bis hin zum geschichtspolitischen Umgang mit neo-nationalsozialistischer Propaganda[6] reichen. Welche Frage auch immer die bundesdeutsche Gesellschaft über die Jahre umgetrieben hat – mit hoher Wahrscheinlichkeit ist sie früher oder später von den Karlsruher Richtern am Maßstab der Grundrechte und gleichzeitig doch nicht im politisch luftleeren Raum entschieden worden.

Gerade aufgrund dieser engen Verwebung von Grundrechtsfragen mit gesellschaftspolitischen Grundsatzdebatten muss der Status von Grundrechtstheorie und Grundrechtsdogmatik aus einer wissenschaftstheoretischen Perspektive latent prekär erscheinen. Insbesondere die Grundrechtsdogmatik leidet insofern an dem jeder Rechtsdogmatik zugrundeliegenden rechtstheoretischen Problem, dass rechtsdogmatische Aussagen immer auch eine rechtspolitische Bedeutung und Funktion haben.[7] Aufgrund ihres Gegenstands ist allerdings gerade die Grundrechtsdogmatik in besonderem Maße dem Risiko ausgesetzt, in den überkommenen Traditionslinien der deutschen Staatsrechtslehre schlicht die eigene ideologische Position mit der Autorität des rechtswissenschaftlich gedeuteten Rechts untermauern zu wollen. Nichts anderes gilt für die Grundrechtstheorie. Versteht man sie als „systematisch orientierte Auffassung über den allgemeinen Charakter, die normative Zielrichtung und die inhaltliche Reichweite der Grundrechte",[8] so bietet sie gerade die Grundlage dafür, aus grundlegenden ideologischen Wertungen heraus mit Verbindlichkeitsanspruch ausgestattete Aussagen über den Inhalt von Grundrechten zu treffen.[9] Zu diesen theoretischen Problemen im Hinblick auf ihren wissenschaftlichen Status tritt zudem ein praktisches Wirksamkeitsproblem, da sich die Rechtsprechung in der Anwendung der Grundrechte in weiten Teilen nur sehr lose an eigenen oder

---

[1] Grundlegend insofern etwa BVerfGE 10, 59 (elterliche Gewalt).
[2] BVerfGE 50, 290.
[3] BVerfGE 39, 1; 88, 203.
[4] BVerfGE 93, 1 (Kruzifix); 108, 282 (Kopftuch I); 138, 296 (Kopftuch II).
[5] BVerfGE 105, 313.
[6] BVerfGE 124, 300 (Wunsiedel).
[7] Dazu nur grundlegend *Alf Ross* On Law and Justice, 1959, 383.
[8] Grundlegend *Ernst-Wolfgang Böckenförde* Grundrechtstheorie und Grundrechtsinterpretation, in: ders. Staat, Gesellschaft, Freiheit, 1976, 221 (221 f.).
[9] Als Beispiel hierfür kann wiederum der für die Staatsrechtslehre überaus bedeutsame *Ernst-Wolfgang Böckenförde* dienen: In seinem grundlegenden Beitrag zur Grundrechtstheorie (Fn. 8) weist er explizit auf verschiedene Vorverständnisse in der Grundrechtslehre hin, nur um dann zum Ergebnis zu kommen, dass sein (nicht als solches offengelegtes) Vorverständnis dasjenige der Verfassung sei.

von der Wissenschaft entwickelten dogmatischen und theoretischen Strukturen orientiert.

Umso interessanter ist es daher aus wissenschaftlicher Sicht, den Blick einmal in die umgekehrte Richtung zu wenden und wahrzunehmen, in welch intensiver Weise Grundrechtskonflikte vor Gericht, insbesondere vor dem Bundesverfassungsgericht, Aufschluss über den Stand gesellschaftspolitischer Herausforderungen und Debatten geben, also darüber, was eine Gesellschaft im Inneren umtreibt. Dieser Blick lohnt sich auch und gerade für den Gegenstand dieses Referats.

Der Vorstand hat als Thema das Problem der Veränderung des Verhältnisses von Staat und Gesellschaft benannt und damit einen Assoziationsraum eröffnet, der insbesondere jüngere Entscheidungen des Bundesverfassungsgerichts zur Demonstrationsfreiheit umfasst: zum einen zur Demonstrationsfreiheit in formell privatisierten Flughafengebäuden, die sogenannte Fraport-Entscheidung,[10] zum anderen die Demonstrationsfreiheit auf materiell privatisierten öffentlichen Plätzen, die Entscheidung zum sogenannten Bierdosen-Flashmob,[11] sowie schließlich die Entscheidung zu Stadionverboten in Fußballstadien des Deutschen Fußballbundes[12]. Auf dogmatischer Ebene sind damit in erster Linie Fragen der Grundrechtsbindung von Privaten angesprochen, die jüngst wieder verstärkt in den Fokus verfassungsrechtlicher Aufmerksamkeit gerückt sind. Vor allem aber verweist dieses Themenfeld auf sehr grundsätzliche gesellschaftliche Phänomene und die um sie geführten gesellschaftspolitischen Debatten. Anders als das Thema vielleicht suggeriert, handelt es sich dabei allerdings, so die hier vertretene These, tatsächlich nicht in erster Linie um Veränderungen im Verhältnis von Staat und Gesellschaft.[13] Vielmehr spiegeln sich hier sehr

---

[10] BVerfGE 128, 226 (Fraport).
[11] BVerfG, NJW 2015, 2485 (Bierdosen-Flashmob).
[12] BVerfG, NJW 2018, 1667 (Stadionverbot).
[13] Die Unterscheidung zwischen Staat und Gesellschaft ist zwar einerseits als Differenzierung im modernen Verfassungsstaat unerlässlich. Ihre analytische Kraft ist gleichwohl überaus begrenzt. Das liegt nicht zuletzt daran, dass in der umfangreichen Diskussion in der Rechtswissenschaft über diese Differenzierung selten verdeutlicht wird, ob es sich in der jeweiligen Argumentation bei der Unterscheidung um eine normative oder eine empirisch-analytische handeln soll. Bezeichnend ist in diesem Sinne etwa die Formulierung bei *Ernst-Wolfgang Böckenförde* Die verfassungstheoretische Unterscheidung von Staat und Gesellschaft als Bedingung individueller Freiheit, 1973, 28, wonach die Unterscheidung von Staat und Gesellschaft zu einer relativen Verselbständigung der notwendigen politischen Entscheidungsfunktion gegenüber gesellschaftlicher Unmittelbarkeit führe und bewirke, dass gesellschaftliche Macht sich nicht unmittelbar in politische Macht umsetze. Dabei bleibt völlig unklar, wie eine solche begriffliche bzw. analytische Unterscheidung derartige reale gesellschaftliche Effekte bewirken soll. Treffend formulierte insofern *Konrad Hesse* Bemerkungen zur heutigen Problematik und Tragweite der Unterscheidung von

grundlegende Veränderungen und Verschiebungen innerhalb der Gesellschaft selbst wider, in denen es zu einem gewissen Grad um ihren Kernbestand geht: das „Soziale" überhaupt, und zwar in Form von alltäglichen, schwach organisierten sozialen Beziehungen.

Ausgangspunkt der folgenden Überlegungen soll zunächst die Analyse dieses gesellschaftlichen Phänomens sein, das ich in den Kategorien teilweise gegensätzlicher Bewegungen von Kommerzialisierung und Musealisierung sozialer Beziehungen beschreiben möchte. In einem zweiten Schritt werde ich sodann die gesellschaftliche Bedeutung dieser Entwicklungen analysieren und dabei insbesondere der Frage nachgehen, welche Rückwirkungen diese primär gesellschaftlichen Entwicklungen auf den staatlichen Bereich haben. Auf dieser Basis werde ich dann in einem letzten Schritt auf analytischer Ebene der Frage nachgehen, wie Recht und Rechtswissenschaft auf diese Entwicklungen zu reagieren versuchen.

II. Soziale Beziehungen zwischen Kommerzialisierung und Musealisierung

1. Soziale Beziehungen als Kern gesellschaftlicher Ordnung

Soziale Beziehungen bilden den Kern jeder gesellschaftlichen Ordnung. Erst durch die soziale Interaktion knüpft das Individuum an seine Außenwelt an, lässt soziales Miteinander entstehen und konstituiert damit auf sehr elementarer Ebene etwas, das man in anspruchsvollen Modellen „Gesellschaft" nennen kann.

Historisch gesehen haben sich solche sozialen Beziehungen vor allen Dingen unter Anwesenden entwickelt; Gesellschaft wurde überhaupt in erster Linie als Anwesenheitsgesellschaft gedacht und gelebt.[14] Zwar mögen sich mittlerweile die technischen und vor allem medialen Grundbedingungen der Gesellschaft in vielerlei Hinsicht radikal von einer solchen Anwesenheitsgesellschaft weg entwickelt haben. Doch auch in Zeiten

---

Staat und Gesellschaft, DÖV 1975, 437 (439), dass man unter der Flagge der Unterscheidung von Staat und Gesellschaft vieles segeln lassen könne, weshalb nicht nur die Identität, sondern auch die Unterscheidung von Staat und Gesellschaft nicht frei von Gefahren sei.

[14] Vgl. etwa grundlegend für die Entwicklung in der frühen Neuzeit *Rudolf Schlögl* Anwesende und Abwesende, 2014; zuvor schon *ders.* Kommunikation und Vergesellschaftung unter Anwesenden, Geschichte und Gesellschaft 34 (2008), 155; *ders.* Vergesellschaftung unter Anwesenden. Zur kommunikativen Form des Politischen in der vormodernen Stadt, in: ders. (Hrsg.) Interaktion und Herrschaft. Die Politik der frühneuzeitlichen Stadt, 2004, 9; für das Spätmittelalter vgl. exemplarisch *Gabriela Signori* Der Stellvertreter, Zeitschrift der Savigny-Stiftung für Rechtsgeschichte. Germanistische Abteilung, Bd. 132 (2015), 1.

von Digitalisierung und Virtualisierung sozialer Lebenswelten bleibt die soziale Interaktion unter Anwesenden nach wie vor essentiell für die soziale Gemeinschaftsbildung.[15] Als besonders maßgeblich für diese sozialen Beziehungen erweisen sich, gerade dort, wo es sich um schwach organisierte, alltägliche soziale Beziehungen handelt, zwei zentrale Faktoren: zum einen der physische Raum als elementarste örtliche Infrastruktur, zum anderen die Körperlichkeit der Individuen, ihre physische Präsenz, in der sie den Raum einnehmen und in ihm auf eine Weise interagieren, die soziale Beziehungen entstehen lässt. Beide Aspekte finden zusammen in dem vom französischen Ethnologen *Marc Augé* entwickelten Konzept des anthropologischen Orts, den er idealtypisch neben das übermoderne Phänomen des Nicht-Ortes stellt. In seiner Verwendung des Begriffs bezeichnet der anthropologische Ort einen physischen räumlichen Bereich, der sich durch drei Wesensmerkmale auszeichnet: Er ist identitätsstiftend, relational im Sinne von beziehungsstiftend sowie historisch.[16] Seiner räumlich physischen Existenz entsprechen jeweils eine Gesamtheit von Möglichkeiten, Vorschriften und Verboten, deren Inhalt sowohl räumlich als auch sozial konnotiert ist.[17] Es geht mithin um Orte, die durch überkommene gemeinsame soziale Regeln geprägt und über sie mit Sinn aufgeladen sind.

Dieses Konzept des anthropologischen Ortes findet sich etwa idealtypisch wieder in klassischen Vorstellungen des urbanen Marktplatzes. Wie zentral gerade dieser beispielgebende Ort dabei auch für unsere rechtlichen Bilder ist, zeigt sein vielfältiges Auftauchen in den unterschiedlichsten Zusammenhängen, die von den Grundlagen der attischen Demokratie[18] bis hin zur rechtlichen Privilegierung im Gewerberecht[19] reichen. Gleichzeitig können sich die entsprechenden Orte auch wandeln und mit neuen sozialen Regeln und neuer Bedeutung aufgeladen werden. Eindrucksvoll zeigt sich dies etwa an einem aktuellen Beispiel aus Frankreich. Die massiven politischen Proteste der „gilets jaunes", der sogenannten Gelbwesten, die seit Herbst 2018 die französische Republik erschüttern, haben etwa gerade als Gegenmodell zur klassischen französischen Stadttopographie aus Kirche, Rathaus und Marktplatz[20] einen geradezu emblematischen Nicht-Ort in den räumlichen Mittelpunkt ihres Widerstands gestellt: den Kreisverkehr. Eigentlich Symbol der Mobilitätsgesellschaft, wird er in paradoxer Weise

---

[15] Vgl. etwa nur prägnant *Ludger Pries* Die Transnationalisierung der sozialen Welt, 2007, 28.
[16] *Marc Augé* Nicht-Orte, 3. Aufl. 2012, 59 f.
[17] *Augé* Nicht-Orte (Fn. 16), 59.
[18] Vgl. etwa nur *Christoph Schönberger* Vom Verschwinden der Anwesenheit in der Demokratie, JZ 2016, 486 (486).
[19] Vgl. nur §§ 64 ff. GewO.
[20] Vgl. dazu nur *Augé* Nicht-Orte (Fn. 16), 70.

zum Sinnbild des Widerstands umgedeutet, als eigentlich prototypisch lebloser Ort nun umfassend mit Leben, sozialer Interaktion, politischer Inszenierung und neuen sozialen Regeln gefüllt.[21]

Diese anthropologischen Orte stellen in vielerlei Hinsicht den räumlichen Nukleus sozialer Beziehungen bereit. Durch ihre Einbettung in Tradition und soziale Regelhaftigkeit ermöglichen sie alltägliche soziale Interaktionen ohne gefestigte Beziehungsstrukturen und bilden damit eine Grundlage für Gemeinschaftsbildung jenseits verfestigter Organisation. Trotz ihrer Verankerung in der Geschichte sind sie dabei als lebende Orte immer auch kontinuierlichen Wandlungsprozessen unterworfen, entwickeln sich also mit derselben Dynamik wie die Gesellschaft insgesamt. Zwei maßgebliche Wandlungsprozesse, die sich dabei in jüngerer Zeit zunehmend beobachten lassen und auch den Hintergrund der skizzierten Entwicklung der Grundrechtsrechtsprechung bilden, sind dabei zum einen die Kommerzialisierung, zum anderen die Musealisierung dieser anthropologischen Orte. Sie haben unmittelbare Auswirkungen auf die sich an diesen Orten bildenden sozialen Beziehungen und beeinflussen damit auch zentrale Parameter der Gemeinschaftsbildung.

2. *Kommerzialisierung: soziale Beziehungen als Gegenstand wirtschaftlichen Austauschs*

Dass wirtschaftliche Interaktionen soziale Beziehungen hervorrufen und prägen, ist zunächst alles andere als ein neues Phänomen. Wie gerade das Beispiel des Marktplatzes zeigt, sind soziale Beziehungen und anthropologische Orte immer schon stark von solchen Zusammenhängen geprägt. Neben familiären Strukturen dürfte der wirtschaftliche Austausch sogar eine der zentralen Arenen für soziale Beziehungen sein und zwar auch maßgeblich auf alltäglicher, wenig organisierter Ebene. Wenn hier trotzdem die verstärkte Kommerzialisierung als neuere Entwicklung ausgemacht wird, liegt dem daher nicht die simple Beobachtung zugrunde, dass wirtschaftliche Beziehungen einen wesentlichen Teil allgemeiner Sozialbeziehungen bilden. Vielmehr geht es um einen Prozess, der hier in einem relativ weiten Sinne zunächst als verstärkte Anlehnung sozialer Beziehungen an das Wirtschaftssystem beschrieben werden soll. Bemerkenswert ist daran, in welchem Ausmaß in jüngerer Zeit nicht mehr nur der wirtschaftliche Austausch Anknüpfungspunkt für soziale Beziehungen ist, sondern vielmehr die sozialen Beziehungen selbst in den Fokus der wirtschaftlichen Aufmerksamkeit rücken und teilweise selbst zum Gegenstand wirtschaftli-

---

[21] Siehe dazu etwa nur *Luc Gwiazdzinski* Le rond-point totem, média et place publique d'une France en jaune, Multitudes n°74, février 2019.

cher Austauschbeziehungen gemacht werden. Es geht in diesem Sinne dann nicht mehr um die ökonomische Dimension sozialer Beziehungen, sondern eben um die Kommerzialisierung dieser Beziehungen selbst.

Beispiele für diese Entwicklung lassen sich mittlerweile deutlich in dem vom Bundesverfassungsgericht verhandelten Fallmaterial finden. In der Fraport-Entscheidung etwa, in der es um die Frage der Demonstrationsfreiheit im Empfangsbereich des formal privatisierten Frankfurter Flughafens ging,[22] war die sogenannte Landseite des Flughafens, ein sozialer Raum, der im Sinne *Augés* geradezu den Prototyp eines Nicht-Ortes darstellt, über Jahre hinweg als Kommerzort neu konzipiert worden. Dabei konnte zwar nicht auf überkommene Sozialstrukturen zurückgegriffen werden, weil der Flughafen insofern weniger als sozialer Ort denn als funktionaler Ort der Vereinzelung wirkt. Gleichzeitig standen aber die zwei zentralen Bestandteile jedes sozialen Ortes bereit und wurden durch die Neukonzeption nun kommerziell genutzt: der physische Raum und die durch den Transportzweck erforderliche körperliche Anwesenheit einer überaus pluralen Gruppe von Menschen. Beide Ressourcen werden durch die Konzeption eines umfassenden Geschäfts- und Gastronomiebereichs im Flughafen erschlossen, um Möglichkeiten des Absatzes zu schaffen, ohne dass es dafür besonderer vorausliegender sozialer Verflechtungen bedarf. Ganz im Gegenteil: Die sozialen Beziehungen, die durch die Neukonzeption des Ortes entstehen, sind von vornherein Konsumbeziehungen. Sie sind darauf ausgelegt, nur einen kleinen, vor allen Dingen auch konfliktfreien Auszug menschlicher Interaktion entstehen zu lassen. Gerade das Fehlen der klassischen anthropologischen Komponenten, des Identitätsstiftenden, des Relationalen und des Historischen, ermöglicht in gewisser Weise sogar erst die Besetzung als kommerzialisierten Raum.[23]

---

[22] BVerfGE 128, 226.
[23] Die Reduktion dieses sozialen Miteinanders hat auch das Bundesverfassungsgericht beunruhigt, weshalb es in seinem spezifischen Entscheidungszusammenhang darauf hinwies, dass der Wunsch, „eine ‚Wohlfühlatmosphäre' in einer reinen Welt des Konsums zu schaffen," jedenfalls kein legitimer Zweck sei, um andere, vor allem politische Formen der sozialen Interaktion auszuschließen: BVerfGE 128, 226 (266). Diese besondere Situation, in der Räume der Verkehrsinfrastruktur zu Konsumorten weiterentwickelt werden, ist im Übrigen weder auf den von Karlsruhe entschiedenen Fall noch auf den Bereich von Flughäfen beschränkt. Vgl. zur entsprechenden Entwicklung, gerade auch in Bezug auf Bahnhöfe, etwa nur *Juliane Korn* Transiträume als Orte des Konsums, Diss. Berlin 2006, 60 ff.; *Peter Brummund* Bahnhofsbuchhandel, 2005, 13 ff.; *Matthias Achen/Kurt Klein* Retail Trade in Transit Areas: Introduction to a New Field of Research, Die Erde 133 (2002), 19. Spezifisch zur Entwicklung von Flughäfen s. *Ogenyi Omar/Anthony Kent* International airport influences on impulsive shopping: trait and normative approach, International Journal of Retail & Distribution Management 29 (2001), 226; *Paul Freathy/Frank O'Connell* The role

Eine ähnliche Form der Kommerzialisierung, die gleichwohl deutlich stärker an vorhandene soziale Strukturen anknüpft und diese wirtschaftlich nutzbar macht, zeichnet die Entscheidung des Bundesverfassungsgerichts zum sogenannten Bierdosen-Flashmob nach.[24] Ähnlich wie in der Fraport-Entscheidung war die Grundkonstellation des Konflikts auch hier der Ausschluss einer Versammlung von einer dem Konsum gewidmeten privatisierten Fläche, konkret einem Platz vor einem Einkaufszentrum, der im Eigentum des privaten Betreibers stand. Anders als im Fall des Flughafens wurde hier allerdings nicht die Konsumfunktion auf einer ursprünglich reinen Verkehrsfunktion aufgebaut.[25] Vielmehr wurde der Platz, der an die Passauer Fußgängerzone anschließt und von Arztpraxen, Cafés, Geschäften, einem Supermarkt und einem Kino umrandet ist, bewusst als Konsumort geschaffen. Gleichzeitig wurde dabei, anders als beim Flughafen, ein klassisches anthropologisches Raumkonzept, nämlich der Marktplatz, jedenfalls adaptiert – allerdings zum rein privaten kommerziellen Nutzen.[26] Diese besondere Konstellation reiht sich damit ein in eine längere Entwicklung, in der vor allen Dingen Einkaufszentren nach amerikanischem Vorbild in deutschen Innenstädten versucht haben, das klassische Konzept des Marktplatzes bzw. der Fußgängerzone für sich nutzbar zu machen – auch wenn gerade diese Formen der Konsumkultur seit einigen Jahren ihrerseits nicht zuletzt durch den Online-Handel zunehmend in eine Krise geraten.[27]

---

of the buying function in airport retailing, International Journal of Retail & Distribution Management 26 (1998), 247.

[24] BVerfG, NJW 2015, 2485.

[25] Zu diesem Konzept, den Konsum an die Verkehrsfunktion anzuknüpfen, s. etwa nur *Gary Davies* Bringing stores to shoppers – not shoppers to stores, International Journal of Retail & Distribution Management 23 (1995), 18.

[26] Vgl. zu dieser Entwicklung etwa nur *Martin Klamt* Öffentliche Räume, in: Frank Eckardt (Hrsg.) Handbuch Stadtsoziologie, 2012, 775; *Klaus Selle* Öffentliche Räume in der europäischen Stadt – Verfall und Ende oder Wandel und Belebung, in: Walter Siebel (Hrsg.) Die europäische Stadt, 2004, 131.

[27] Zum sozialen Phänomen der Einkaufszentren allgemein s. etwa nur die Beiträge bei *Jan Wehrheim* (Hrsg.) Shopping Malls. Interdisziplinäre Betrachtungen eines neuen Raumtyps, 2007; sowie *Elmar Kulke/Jürgen Rauh* Das Shopping Center Phänomen: Aktuelle Entwicklungen und Wirkungen, in: dies. (Hrsg.) Das Shopping Center Phänomen, 2014, 7; *Alexander Sedlmaier* From Department Store to Shopping Mall: New Research in the Transnational History of Large-scale Retail, Jahrbuch für Wirtschaftsgeschichte / Economic History Yearbook 46 (2005), 9; *Olivier Gaudin* Is the Shopping Mall a Normative Apparatus? Investigating the Impact of Shopping on the Perception of Urban Public Space, in: Elmar Kossel/Brigitte Sölch (Hrsg.) Platz-Architekturen, 2018, 311. Zum Niedergang der Einkaufszentren s. etwa nur *Daniela Ferreira/Daniel Paiva* The death and life of shopping malls: an empirical investigation on the dead malls in Greater Lisbon, The International Review of Retail, Distribution and Consumer Research 27 (2017), 317; *Ellen Dunham-Jones/June Williamson* Dead and Dying Shopping Malls, Re-Inhabited, Architectural

Schließlich zeigt der vom Bundesverfassungsgericht zuletzt entschiedene Fall des Stadionverbots für einen auffällig gewordenen Fußballfan, dass von dieser Entwicklung der Kommerzialisierung nicht allein klassische Bereiche des Wirtschaftslebens wie Handel und Gastronomie erfasst sind. Gerade mit dem Sport, insbesondere in Gestalt des Profifußballs, hat sich vielmehr ein Bereich kommerzialisiert, der ursprünglich allein im Bereich der sozialen Freizeitgestaltung verankert war und lange Zeit durch klassische ehrenamtliche Vereinsarbeit geprägt wurde, mittlerweile jedoch zu einem Geschäft mit Milliardenumsätzen geworden ist.[28]

Die gesellschaftlichen Konflikte, die durch diese Entwicklung entstehen und sich reformuliert als rechtliche Konflikte vor dem Bundesverfassungsgericht widerspiegeln, lassen sich zusammenfassend als Teilhabekonflikte beschreiben. Wenn um den Zugang zu einer Flughafenhalle oder einem privatisierten öffentlichen Platz zum Zwecke einer Demonstration gestritten wird, dann geht es im Kern genauso um die Teilhabe an räumlich verankerten sozialen Beziehungen wie dies beim Streit um den Zugang zu einem Fußballspiel der Fall ist.[29] Die Grundrechte und mit ihnen das Bundesverfassungsgericht geraten auf diese Weise in die Rolle einer Vermittlungsinstanz für die Frage, inwiefern kommerzialisierte öffentliche

---

Design 87 (2017), 84 ff.; *Vanessa Parlette/Deborah Cowen* Dead Malls: Suburban Activism, Local Spaces, Global Logistics, International Journal of Urban and Regional Research 35 (2011), 794 ff.

[28] Wesentlicher Auslöser für die Kommerzialisierung war dabei die Einführung der dualen Rundfunkordnung, die eine Vermarktung von Übertragungsrechten im privaten Rundfunk grundsätzlich ermöglichte, vgl. *Thorsten Schauerte* Die Entwicklung des Verhältnisses zwischen Sport und Medien, in: ders./Jürgen Schwier (Hrsg.) Die Ökonomie des Sports in den Medien, 2004, 84 (84 ff.); *Henk Erik Meier* Kommerzialisierung und Marktkonstitution. Zur politischen Konstruktion des Sportrechtsmarkts, Medien & Kommunikationswissenschaft 2004, 583. Allein die Fußballbundesliga hat ihren Umsatz zwischen 2010 und 2019 auf 3,81 Milliarden Euro fast verdoppelt, s. <https://www.manager-magazin.de/unternehmen/artikel/dfl-tv-rechte-werden-2020-neu-vergeben-umsatz-in-bundesliga-verdoppelt-a-1253007.html> (Stand: 1.10.2019). Im Bundesland Bremen hat die kommerzielle Natur der Bundesligaspiele in Verbindung mit den erheblichen Kosten für den Einsatz von Polizeikräften bei sogenannten Hochrisiko-Spielen dazu geführt, dass der Veranstalter sich mittlerweile grundsätzlich an den Polizeikosten beteiligen muss. Zur grundsätzlichen Rechtmäßigkeit einer solchen Regelung s. BVerwG, Urt. v. 29.3.2019, Az. 9 C 4.18.

[29] *Christoph Smets* Die Stadionverbotsentscheidung des BVerfG und die Umwälzung der Grundrechtssicherung auf Private, NVwZ 2019, 34 (35), argumentiert demgegenüber, dass es sich bei der letztgenannten Entscheidung im Schwerpunkt um die Frage des Zugangs zu einer Veranstaltung im Unterschied zu einem von der Öffentlichkeit frei frequentierbaren Ort handelt. So richtig diese Unterscheidung auf der Oberfläche ist, so sehr verkennt sie doch bei genauerer Betrachtung, dass es in den Konstellationen von Fraport und Bierdosen-Flashmob gerade nicht um einen beliebigen physischen Raum geht, sondern die Besonderheit des Zugangswunsches erst durch die in diesen Räumen stattfindenden sozialen Beziehungen entsteht.

Räume im Grundsatz jedem Einzelnen offenstehen müssen bzw. unter welchen Umständen der Betreiber bestimmte Personen oder bestimmte Formen sozialer Beziehungen ausschließen darf. Verhandelt wird dabei vor allem die Frage, inwiefern ein Ausschluss sozialer Beziehungen gerade jenseits des Konsums möglich ist, inwieweit also soziale Räume derart kommerzialisiert werden dürfen, dass eine andere, nicht konsumorientierte soziale Nutzung vollständig verhindert werden darf.

3. Musealisierung

Dieser Entwicklung der Kommerzialisierung steht die Musealisierung sozialer Beziehungen gegenüber, die teilweise als gegenläufige Entwicklung zur Kommerzialisierung begriffen werden kann, tatsächlich aber auf komplexere Weise mit ihr verschränkt ist. In der Sache wird hiermit eine besondere Form der Vergangenheitsbezogenheit bezeichnet, durch welche die musealisierten Objekte oder Praktiken und damit auch die mit ihnen verbundenen Orte einem Bedeutungswandel unterzogen werden. Sie verlieren ihre Verankerung im sozialen Alltag, ihren primären Sozialzusammenhang und damit auch ihre ursprüngliche Symbolbedeutung.[30] Stattdessen werden sie als Erinnerungs- und Bedeutungsträger neu kodiert. Musealisierung stellt sich so in gewisser Weise als ein „Aus-der-Welt-Bringen" dar,[31] indem Objekte oder auch kulturelle Praktiken ihrer ‚weltlichen', d.h. im ursprünglichen sozialen Kontext stehenden, Funktion beraubt werden.[32]

Dabei bezieht sich das Konzept der Musealisierung ursprünglich auf den kulturellen Bereich und hier zunächst im Wesentlichen auf materielle Objekte. In diesem Sinne diagnostizierte *Hermann Lübbe* schon vor 30 Jahren, dass die Musealisierung unserer kulturellen Umwelt ein historisch beispielloses Ausmaß erreicht habe.[33] Tatsächlich lässt sich der Befund aber mit demselben Autor noch allgemeiner formulieren: Es habe noch niemals eine Zivilisationsepoche gegeben, so *Lübbe,* die so sehr vergangenheitsbezogen gewesen wäre wie unsere eigene oder anders ausgedrückt: Keine

---

[30] Vgl. *Heiner Treinen* Ansätze zu einer Soziologie des Museumswesens, in: Günter Albrecht/Hans-Jürgen Daheim/Fritz Sack (Hrsg.) Soziologie. René König zum 65. Geburtstag, 1973, 336 (339 ff.); *Wolfgang Zacharias* Zeitphänomen Musealisierung, in: ders. (Hrsg.) Zeitphänomen Musealisierung, 1990, 9 (11 f.); *Jean-Louis Déotte* Wie die Geschichte der Musealisierung anheim fällt, in: Jörn Rüsen/Wolfgang Ernst/Heinrich Theodor Grüter (Hrsg.) Geschichte sehen, 1988, 100 (100 f.); *Ludger Schwarte* Einleitung: Ausstellungswert und Musealisierung, Paragrana 26 (2017), 9 (10).

[31] *Bazon Brock* Musealisierung – eine Form der experimentellen Geschichtsschreibung, in: Zeitphänomen Musealisierung (Fn. 30), 51 (54).

[32] *Sophie Lenski* Öffentliches Kulturrecht, 2013, 4.

[33] *Hermann Lübbe* Die Aufdringlichkeit der Geschichte, 1989, 13.

Zivilisationsepoche zuvor habe solche Anstrengungen intellektueller, auch materieller Art unternommen wie unsere gegenwärtige Epoche, Vergangenes gegenwärtig zu halten.[34]

Die Bedeutung dieser Entwicklung für wenig organisierte soziale Beziehungen im öffentlichen Raum ist nicht in gleicher Weise evident wie diejenige der Kommerzialisierung, und doch nicht weniger existent. Sie lässt sich derzeit vor allen Dingen beobachten als zunehmende Umwandlung von klassischen Innenstadtbereichen, also Prototypen des anthropologischen Ortes, in Bühnen für eine sehr spezifische Form der Eventisierung. In extremer Weise zeigt sich dies etwa im Bereich des sogenannten „overtourism", d.h. der starken touristischen Übernutzung vor allem historischer Innenstädte, bei der die Anzahl touristischer Besucher zur Einwohnerzahl derart außer Verhältnis gerät, dass die Stadtnutzung für die alltäglichen Zwecke des Wohnens und Arbeitens zunehmend schwierig und beschwerlich wird.[35] Von Tagestouristen hinterlassene Müllberge, lautstarke nächtliche Feiern im Freien, steigende Mieten aufgrund der Verdrängung durch Ferienapartments, aber auch die Missachtung anderer alltäglicher sozialer Regeln durch die Besucher, wie z.B. die angemessene Kleidung in Restaurants oder Kirchen, sind nur einige der wahrgenommenen Probleme, die auf dieser Ebene entstehen. Städte wie Venedig und Barcelona sind zu geradezu emblematischen Orten geworden, an denen sich die ganze soziale Sprengkraft dieser Entwicklung zeigt. In besonders eklatanter Weise betroffen ist aber etwa auch das oberösterreichische Städtchen Hallstatt, das bei einer Einwohnerzahl von unter 800 Personen jährlich einen Besucherzustrom von fast einer Million, vor allem chinesischer Touristen verzeichnet.[36]

Dabei beruht das Phänomen allerdings gerade darauf, dass die touristische Attraktivität an die ursprüngliche alltägliche Stadtnutzung anknüpft. Gerade das Zusammenspiel aus räumlicher Gestaltung und sozialer Nutzung ist es, das die betroffenen Reiseziele als so beliebt erscheinen lässt. Genau dadurch tritt aber wiederum ein Effekt der Musealisierung ein: Die gewöhnliche soziale Stadtnutzung wird zur touristischen Kulisse umfunktioniert, die Alltäglichkeit des sozialen Raums zum besonderen Erinnerungs- und Bedeutungsort umkodiert.

---

[34] *Hermann Lübbe* Der Fortschritt von gestern. Über Musealisierung als Modernisierung, in: Ulrich Borsdorf/Heinrich Theodor Grütter/Jörn Rüsen (Hrsg.) Die Aneignung der Vergangenheit, 2004, 13 (13).
[35] Zum Phänomen vgl. etwa nur den Überblick bei *Claudio Milano* Overtourism, malestar social y turismofobia. Un debate controvertido, Revista de Turismo y Patrimonio Cultural 16 (2018), 551.
[36] *Eva Dignös* „Bustickets für Hallstatt", Süddeutsche Zeitung v. 18./19.4.2019, 37.

Anders als für den Bereich der Kommerzialisierung liegen die gesellschaftlichen Konflikte, die hierdurch entstehen, allerdings nicht in erster Linie in Fragen der (verwehrten) Teilhabe begründet. Maßgeblich sind vielmehr zum einen die Einhaltung bestimmter sozialer Regeln – nämlich derjenigen Regeln, die mit der alltäglichen Nutzung korrespondieren – und zum anderen gerade umgekehrt zu den Fragen der Teilhabe die mögliche Begrenzung bestimmter musealisierender Nutzungsformen. Auch diese Konflikte werden dabei zunehmend jedenfalls auch mit den Mitteln des Rechts bearbeitet. So hat etwa die Gemeinde Venedig Anfang des Jahres 2019 beschlossen, ein kommunales Eintrittsgeld für die historische Altstadt zu erheben, dessen Höhe nach dem jeweiligen Besucherandrang gestaffelt werden kann.[37] Neben den zusätzlichen Einnahmen für den kommunalen Haushalt soll die Regelung auch eine gewisse Lenkungsfunktion erzeugen. In Hallstatt hat die Gemeinde Anfang des Jahres 2019 ein neues Verkehrskonzept beschlossen, das insbesondere eine Reduzierung der die Gemeinde anfahrenden Reisebusse bezweckt und eine Mindestverweildauer für diese Busse etabliert.[38] In abgeschwächter Form finden sich ähnliche rechtliche Versuche auch in Deutschland, wie etwa die Bemühungen zeigen, in Freiburg ein Alkoholverbot auf öffentlich zugänglichen Flächen in der Innenstadt und in Konstanz am Ufer des Bodensees ein Verbot von Glasflaschen zum Konsum vor Ort durchzusetzen. Beide auf das Polizeirecht gestützten Maßnahmen wurden allerdings im Ergebnis von den Gerichten als rechtswidrig eingestuft und aufgehoben, weil keine hinreichende Gefahr erkennbar war, die ein entsprechendes Einschreiten gerechtfertigt hätte.[39] Der Schutz vor Eventisierung und Musealisierung ist insofern bisher im polizeirechtlichen Kanon der Schutzgüter nicht enthalten. Vielmehr setzt sich hier die grundrechtliche Freiheit bei der Nutzung des öffentlichen Raums konsequent durch und wirkt insofern, anders als in Bezug auf die Kommerzialisierung, eher zulasten als zugunsten des an den anthropologischen Ort angelehnten status quo ante.

---

[37] Regolamento per l'istituzione e la disciplina del contributo di accesso, con qualsiasi vettore, alla città antica del comune di Venezia e alle altre isole minore della laguna v. 26.2.2019, zuletzt geändert am 28.3.2019.

[38] Verkehrskonzept Hallstatt 2018, Beschluss des Gemeinderats v. 28.2.2019.

[39] VGH Mannheim, NVwZ-RR 2010, 55; VGH Mannheim, DÖV 2012, 817; vgl. auch OVG Bautzen, SächsVBl 2017, 278; OVG Magdeburg, DVP 2011, 211, sowie VerfGH Sachsen-Anhalt, DVBl 2015, 38; insgesamt zu dieser Debatte vgl. nur *Wolfgang Hecker* Zur neuen Debatte über Alkoholkonsumverbote im öffentlichen Raum, NVwZ 2009, 1016 (1016 ff.); *Kurt Faßbender* Alkoholverbote durch Polizeiverordnungen: per se rechtswidrig?, NVwZ 2009, 563 (563 ff.); *Timo Hebeler/Björn Schäfer* Die rechtliche Zulässigkeit von Alkoholverboten im öffentlichen Raum, DVBl 2009, 1424 (1424 ff.); *Schieder* Anforderungen an Alkoholverbotsverordnungen, BayVBl. 2015, 439 (439 ff.).

4. Soziale Beziehungen jenseits von Körperlichkeit und Räumlichkeit: die digitale Welt

An diese Entwicklung, die sich auf Fragen konfligierender Nutzung im physischen Raum bezieht, schließt sich eine zweite gesellschaftliche Veränderungsebene an: die soziale Interaktion im digitalen Raum und die mit ihr verbundenen sozialen Konflikte. Die damit zusammenhängenden Phänomene greifen einerseits wesentliche Tendenzen auf, die sich für den physischen Raum beobachten lassen, stehen gleichzeitig aber auch quer zu ihnen, weil gerade die zwei als grundlegend beschriebenen Kategorien von Körperlichkeit und Räumlichkeit für diese Form des sozialen Austausches fehlen.[40]

Insbesondere durch die Kommunikation in sogenannten sozialen Netzwerken sind Formen sozialer Interaktion entstanden, die mit den beschriebenen Phänomenen im physischen Raum zwar ihre Flüchtigkeit und geringe Organisationskraft teilen, sich im Übrigen aber zentral von ihnen unterscheiden.[41] Dadurch, dass die soziale Beziehung vollständig auf Text- und Bildkommunikation reduziert wird, verschwinden sowohl Körperlichkeit als auch Räumlichkeit als Faktoren, die die Interaktion bestimmen könnten. Das Verhalten wird nicht mehr durch das räumliche Setting vorbestimmt. Es ist vielmehr, da es nunmehr ortsunabhängig ist, nicht mehr zu einem Ort passend oder unpassend, sondern sozial erwünscht oder unerwünscht. Verhaltensdeterminierende Umwelten verlieren damit jede Bedeutung.[42] Im Ergebnis werden die sozialen Beziehungen daher auf relativ einfache, stark individualisierte Strukturen beschränkt.[43] Eine anthropolo-

---

[40] Über diesen kategorialen Unterschied wird mitunter begrifflich etwas hinweggetäuscht, wenn mit dem Terminus des „Cyberspace" ausdrücklich eine Raummetapher in den Diskurs eingeführt wird. Vgl. dazu etwa *Daniela Ahrens* Internet, Nicht-Orte und die Mikrophysik des Ortes, in: Alexandra Budke/Detlef Kanwischer/Andreas Pott (Hrsg.) Internetgeographien, 2004, 163; *Cornelia Becker* Raum-Metaphern als Brücke zwischen Internetwahrnehmung und Internetkommunikation, ebd., 109; *Stefan Münker* Philosophie nach dem „Medial Turn", 2009, 99 f.; *Markus Schroer* Raumgrenzen in Bewegung Zur Interpenetration realer und virtueller Räume, in: Christiane Funken/Martina Löw (Hrsg.) Raum – Zeit – Medialität, 2003, 217 (222 f.).

[41] *Andreas Hepp* Netzwerke der Medien, 2004, 125 ff., beschreibt diese Entwicklung, die er auf die Globalisierung zurückführt, mit den Konzepten der physischen und kommunikativen Deterritorialisierung, die gegenseitig aufeinander verweisen.

[42] *Antje Flade* Third Places, 2017, 104.

[43] Hier zeigt sich wiederum ein deutlicher Unterschied zum physischen Raum. Aufgrund der fehlenden räumlichen Verankerung der virtuellen Kommunikation spielen hier zufällige, nicht selbst gewählte soziale Begegnungen eine deutlich geringere Rolle. Vielmehr ist die Kommunikation und Interaktion hier von vornherein deutlich stärker darauf ausgelegt, dass die Wahl des Gegenübers für Begegnung und Interaktion in gewissem Umfang bewusst erfolgt und nicht von der zufälligen zeitgleichen Nutzung desselben Raums

gische Komponente der sozialen Interaktion fehlt im Wesentlichen, insbesondere im Hinblick darauf, dass konsentierte soziale Regeln nicht existieren. Die soziale Erwünschtheit oder Unerwünschtheit des Verhaltens wird daher immer erst im Einzelfall herausgebildet und durchgesetzt.

Bei allen Unterschieden dieser Form von Interaktion zu den zuvor beschriebenen Phänomenen im physischen Raum, lässt sich doch auch eine Parallele herausarbeiten. Denn die Möglichkeiten der räumlich und körperlich nicht gebundenen Kommunikation im virtuellen Raum treiben in gewisser Weise die beschriebenen Entwicklungen der Kommerzialisierung und Musealisierung sozialer Beziehungen ins Extreme.[44] Die Besonderheit besteht hier insofern darin, dass die sozialen Netzwerke überhaupt erst den Rahmen schaffen, in dem sich eine sehr spezielle Form sozialer Beziehungen entwickeln kann, um dann genau aus diesen sozialen Beziehungen ein kommerziell verwertbares Gut zu machen.[45] Das kommerzielle Modell zeichnet sich also dadurch aus, dass hier der soziale Raum nicht lediglich dazu genutzt wird, um eine konsumanregende Atmosphäre zu generieren. Vielmehr wird durch die Kreation der neuen, virtuellen sozialen Beziehungen überhaupt erst der Rohstoff geschaffen, der den Kern des Geschäftsmodells ausmacht: die personenbezogenen Daten. Der kommerzielle Effekt ist für den Nutzer daher gerade nicht auf den ersten Blick erkennbar, da die eigentliche Dienstleistung – die Bereitstellung des virtuellen sozialen Raums – unentgeltlich erfolgt und auch nicht unmittelbar mit kommerziellen Dienstleistungen verknüpft wird. Gleichzeitig ist es für dieses Modell essentiell, dass soziale Beziehungen entstehen, die in dem bereitgestellten virtuellen Raum personenbezogene Daten erzeugen. Nur darauf basiert überhaupt der wirtschaftliche Nutzen für den Betreiber.

Die besondere Problematik, die im Rahmen dieser relativ neuen Form sozialer Beziehungen entsteht, ist hier nicht in erster Linie eine solche von Zugang und Teilhabe, da die Nutzung des virtuellen Raums mangels einer physisch knappen Ressource in aller Regel gerade keinem Knappheitsphä-

---

abhängt. Im Hinblick auf die Selektion der Kommunikationspartner wird deshalb auch häufig die Existenz von sogenannten Filterblasen in den sozialen Medien kritisiert, vgl. dazu den Überblick inklusive der ambivalenten empirischen Quellenlage *Albert Ingold* Digitalisierung demokratischer Öffentlichkeiten, Der Staat 56 (2017), 491 (508 ff.).

[44] Zum Aspekt der Kommerzialisierung in den sogenannten Neuen Medien s. auch BVerfG, JZ 2018, 1038 (1043).

[45] Demgegenüber hat *Michael H. Goldhaber* Die Aufmerksamkeitsökonomie und das Netz. Über das knappe Gut der Informationsgesellschaft, in: Tilman Baumgärtel (Hrsg.) Texte zur Theorie des Internets, 2017, 181 ff., schon früh die These entwickelt, dass im digitalen Raum die Aufmerksamkeitsökonomie die klassische marktwirtschaftliche Geldökonomie bald ablösen werde, was wiederum Rückwirkungen auf die klassische Ökonomie im Offline-Bereich haben werde. Tatsächlich hat sich die Entwicklung eher in die andere Richtung vollzogen.

nomen unterliegt.⁴⁶ Vielmehr entstehen gesellschaftliche Konfliktsituationen hier primär dadurch, dass durch die fehlende räumliche und soziale Einbettung der Kommunikation die sozialen Regeln des physischen Raums nur sehr unvollständig Anwendung finden.⁴⁷ Erst in einem zweiten Schritt schließen daran auch Teilhabekonflikte an, wenn nämlich die Betreiber sozialer Netzwerke unerwünschte Äußerungen in ihrem virtuellen Raum löschen oder sogar für einzelne Akteure ganz den Zugang sperren.

Bei allen Unterschieden im Einzelfall zeigt sich doch damit für den virtuellen Raum im Hinblick auf die entstehenden gesellschaftlichen Konflikte eine Parallele zu den mit der Musealisierung verbundenen Problemen im physischen Raum: Durch die Loslösung der sozialen Interaktionen aus ihrem anthropologisch eingeübten Kontext wird die Einhaltung der in anderen Zusammenhängen konsentierten sozialen Regeln als zunehmend prekär erlebt. Die Kehrseite der größeren Flexibilisierung und Individualisierung der sozialen Beziehungen im virtuellen Raum ist insofern ein Verlust sozialer Regelgeleitetheit, der zunehmend Rufe nach einer Kompensation durch rechtliche Mechanismen laut werden lässt.

III. Soziale Beziehungen als Grundlage für Staat und Gesellschaft

Kommen wir zurück zur Ausgangsfrage danach, in welcher Weise Grundrechtskonflikte vor dem Bundesverfassungsgericht Aufschluss über den Stand gesellschaftspolitischer Herausforderungen und Debatten geben. Die gesellschaftliche Geschichte, die durch die gerade aufgezeigten grundrechtlichen Entwicklungen erzählt wird, ist im Ergebnis in erster Linie eine Geschichte über den zunehmenden Konflikt um die Nutzung des physi-

---

⁴⁶ Wenn etwa *Gabriella Piras* Virtuelles Hausrecht?, 2016, 48 f., argumentiert, dass der materielle Speicherplatz von Webpräsenzen eine faktische Begrenzung der Ressourcen darstelle, die mit der Situation im physischen Raum vergleichbar sei, so marginalisiert diese Ansicht zum einen die völlig anderen Größenordnungen, denen diese unterschiedlichen Knappheitsphänomene unterliegen. Zum anderen verkennt sie auch, dass Serverkapazitäten im Grundsatz erweiterbar sind, während der physische Raum streng begrenzt ist. Wie hier: *André Schmidt* Virtuelles Hausrecht und Webrobots, 2001, 180 ff.

⁴⁷ Dieser Effekt wird wiederum dadurch verstärkt, dass Kommunikationsgemeinschaften in den sozialen Medien sehr häufig nicht völlig fluide und zufällig sind, wie dies bei alltäglichen Begegnungen im physischen Raum oft der Fall ist, sondern sich in loser Form, z.B. anhand von gemeinsamen Interessen, als lose Gruppierungen organisieren. Innerhalb dieser Gruppen vollziehen sich dann häufig, wie *Cass Sunstein* Infotopia, 2009, 92 ff., darlegt, in Bezug auf die kollektive Meinungsbildung deutliche Polarisierungsprozesse, die dazu führen, dass sich inhaltliche Positionen und Fronten verhärten. Es liegt nahe, dass sich ein entsprechender Effekt auch für die Herausbildung der sozialen Regeln über den Umgang miteinander beobachten lässt.

schen bzw. virtuellen Raums für einfache, niedrigschwellige soziale Begegnungen. Dabei stehen einerseits konkrete Konflikte der Ressourcennutzung im Vordergrund, bei denen es um die Frage von Zugang und Ausschluss geht, andererseits die Durchsetzung ungeschriebener sozialer Regeln oder, umgekehrt, der mögliche Ausschluss von der Ressourcennutzung bei Nichteinhaltung dieser Regeln.

Vor allem die Entscheidung zum Stadionverbot ist in dieser Entwicklung deshalb besonders interessant, weil sie die Fragestellung der Teilhabe erstmals anhand eines rein sozialen Bezugs ohne Verortung im politischen Grundrecht der Versammlungsfreiheit verhandelt und damit die Grundrechte erstmals für die Frage der Teilhabe an nicht politisch aufgeladenen, einfachen sozialen Beziehungen in Stellung bringt. Damit verweist die Entscheidung auf eine Debatte, die auf internationaler Ebene bereits seit einiger Zeit geführt und explizit auch rechtlich rekonstruiert wird: die Diskussion um die Sicherung der Teilhabe am kulturellen und sozialen Leben. Bereits seit Längerem existieren für diesen Bereich entsprechende völkerrechtliche Normierungsversuche,[48] die allerdings in ihrem Normgehalt eher vage und im Übrigen in ihren Ursprüngen stark von der Idee kultureller Minderheitenrechte geprägt sind. Sie bilden aber gleichwohl die Grundlage für einen vorsichtigen, auch über diesen Bereich der Minderheitenrechte hinausgehenden Diskurs, der sich in Deutschland etwa durch Ratifizierung der UNESCO-Konvention zur Erhaltung des Immateriellen Kulturerbes niedergeschlagen hat.[49] Auf nationaler Ebene finden sich vergleichbare Ideen im sozialen Bereich, namentlich in Bezug auf die Frage, inwiefern das aus der Menschenwürde abgeleitete Recht auf Existenzminimum auch einen Anspruch auf Mittel für die Aufrechterhaltung eines sozialen Existenzminimums beinhaltet.[50] Das Bundesverfassungsgericht hat einen solchen Anspruch auf die Möglichkeit zur Pflege zwischenmenschlicher Beziehungen und zu einem Mindestmaß an Teilhabe am gesellschaftlichen,

---

[48] Vgl. etwa nur die Darstellung bei *Stephen A. Hansen* The Right To Take Part in Cultural Life: Towards Defining Minimum Core of the Obligations Related to Article 15 (1) (a) of the International Covenant on Economic, Social and Cultural Rights, in: Audrey Chapman/Sage Russell (Hrsg.) Core Obligations: Building a Framework for Economic, Social and Cultural Rights, 2002, 279; *Marcella Ferri* The Recognition of the Right to Cultural Identity under (and beyond) international Human Rights Law, The Journal of Law, Social Justice & Global Development 22 (2018), 1; *Céline Romainville* Defining the Right to Participate in Cultural Life as a Human Right, Netherlands Quaterly of Human Rights 33 (2015), 405; *Friedrich Germelmann* Kulturelles Erbe als Menschenrecht?, DÖV 2015, 853.
[49] Vgl. dazu umfassend *Sophie Lenski* Batik in Bethlehem, 2014.
[50] Auf diese Parallele verweist auch *Smets* Stadionverbotsentscheidung (Fn. 29), 36.

kulturellen und politischen Leben unmittelbar aus der Verfassung abgeleitet, da der Mensch als Person notwendig in sozialen Bezügen existiere.[51]

Aus dieser bisherigen Behandlung vor allem im Bereich des Kultur- und Sozialrechts lässt sich allerdings nicht schließen, dass es hier der Sache nach um ein Randphänomen ginge. Ganz im Gegenteil: Was hier verhandelt wird, sind Grundfragen sozialer Gemeinschaft. Und wie auch immer man das für dieses Referat titelgebende schwierige Verhältnis von Staat und Gesellschaft im Einzelnen in Bezug setzen mag: Grundfragen sozialer Gemeinschaft sind elementarste Fragen staatlicher Gemeinschaft, da die soziale Gemeinschaft notwendigerweise das Fundament staatlicher Ordnung als spezifischer sozialer Gemeinschaft bildet. Alltägliche, lose soziale Beziehungen bilden insofern die Grundlage dafür, dass jenseits sozialer Nähebeziehungen Gemeinschaft entsteht und erlebbar wird. Genau diese Gemeinschaft setzen wir aber voraus, wenn wir sie als politisch organisierbares und zu organisierendes Gemeinwesen begreifen.

IV. Reaktion von Recht und Rechtswissenschaft

Vor diesem Hintergrund stellt sich die Frage, wie Recht und Rechtswissenschaft auch jenseits der genannten Entscheidungen des Bundesverfassungsgerichts mit diesen Entwicklungen im Bereich einfacher sozialer Beziehungen umgehen. Im körperlichen Raum, wo es vor allen Dingen um Fragen der Teilhabe und ergänzend auch um die Einhaltung sozialer Regeln geht, sind die Antworten im positiven einfachen Recht bisher überaus schwach ausgeprägt. Maßgeblich für Fragen der Teilhabe ist hier bis heute fast ausschließlich das öffentliche Sachenrecht, das den öffentlichen Raum und dessen Nutzung jedenfalls in seiner höchst dinglichen Dimension reguliert. Dieses Rechtsgebiet zeichnet sich aber zum einen gerade dadurch aus, dass die Gewährung subjektiver Rechte hier die absolute Ausnahme bildet.[52] Schon aus diesem Grund können Fragen der Teilhabe, wenn überhaupt, dann nur äußerst unzulänglich rechtlich verhandelt werden. Zum anderen ist das öffentliche Sachenrecht bis heute jenseits der Kodifizierung im Bereich des Straßenrechts nur überaus rudimentär ausgestaltet, so dass von einer geschlossenen Rechtsmaterie, die umfassend entsprechende gesellschaftliche Entwicklungen bearbeiten könnte, von vornherein keine

---

[51] BVerfGE 125, 175 (223); unter Verweis auf BVerfGE 80, 367 (374); 109, 279 (319).
[52] S. etwa schon grundlegend *Klaus Stern* Die öffentliche Sache, VVDStRL 21 (1964), 183 (183 ff.); allgemein dazu etwa *Hans-Jürgen Papier* Recht der öffentlichen Sachen, 3. Aufl. 1998, 110 ff.

Rede sein kann.[53] Gleiches gilt für das sogenannte Recht der öffentlichen Einrichtungen, das zwar in jüngerer Zeit immer wieder in Stellung gebracht wird, um Teilhabekonflikte im von der öffentlichen Hand betriebenen virtuellen Raum zu beschreiben,[54] tatsächlich aber jenseits der expliziten Normierung im Kommunalrecht weder hinreichend unterscheidungsstarke Abgrenzungen des Phänomens noch klare dogmatische Konturen der rechtlichen Behandlung bereitstellt[55] und deshalb auch als dogmatische Kategorie für den physischen Raum im Ergebnis nicht weiterführt.

---

[53] Wie die Praxis zeigt, kann insofern schon die Frage nach der kommunikativen Nutzung einer öffentlichen Grünanlage in Abgrenzung zur Nutzung eines öffentlichen Platzes die Rechtsprechung in Bedrängnis bringen, vgl. OLG Hamm, NVwZ 2010, 1319 (1319 ff.); dazu *Sophie Lenski* Der öffentliche Raum als kommunale Einrichtung, JuS 2012, 984. Auch eine Konstruktion über das Kommunalrecht, genauer: über das Recht der kommunalen Einrichtungen, ist bisher kaum gelungen. Zwar hat das Bundesverwaltungsgericht in einer Einzelentscheidung Grenzen der Privatisierung eines Weihnachtsmarkts aufgezeigt, gerade weil es sich bei dessen Veranstaltung um eine Aufgabe besonderer sozialer, kultureller und traditioneller Prägung handelt, BVerwG, NVwZ 2009, 1305 (1307). Grundlage dieser Entscheidung war allerdings – trotz der revisionsrechtlich notwendigen Verankerung in der bundesrechtlichen Garantie kommunaler Selbstverwaltung aus Art. 28 Abs. 2 GG – letztlich die entsprechende Regelung der Gemeindeordnung über die Bereitstellung kommunaler Einrichtungen. Um unter diesen Begriff zu fallen, bedarf es aber gerade einer bestimmten organisatorischen Verfestigung, so dass gerade die loseren sozialen Beziehungen hierunter rechtlich in der Regel gerade nicht gefasst werden. Auch die Entscheidung des Bundesverwaltungsgerichts, BVerwGE 159, 337, zur freien Nutzung des Nordseestrands bzw. zu den Grenzen der Kommerzialisierung des Strandbetriebs bietet hier keine dogmatische Orientierung. Das Gericht rekonstruiert hier die Frage der Nutzung des Strands nicht als Teilhabe- bzw. Zugangsrecht, sondern sieht einen grundrechtsunmittelbaren Anspruch auf Zugang zum Strand in Art. 2 Abs. 1 GG i.V.m. § 59 BNatSchG verankert, dessen Einschränkung im vorliegenden Fall nicht in zulässiger Weise erfolgt sei. Warum das Gericht hier allerdings auf die allgemeine Handlungsfreiheit zurückgreift und nicht lediglich auf die einfachgesetzliche Normierung des Zugangsanspruchs abstellt, wird dogmatisch nicht recht klar, vgl. auch *Boas Kümper* Großflächige Kommerzialisierung des Strandzugangs zwischen Kommunalrecht, Naturschutzrecht und allgemeiner Handlungsfreiheit – zum Wangerland-Urteil des Bundesverwaltungsgerichts, DVBl. 2018, 686 (690 ff.).

[54] Vgl. grundlegend nur *Albert Ingold* Behördliche Internetportale im Lichte des Allgemeinen Verwaltungsrechts: Zur Renaissance des Rechts der öffentlichen Einrichtungen, Die Verwaltung 48 (2015), 525, m.w.N. Aus der Rechtsprechung zuletzt etwa VG Mainz, MMR 2018, 556; VG München, MMR 2018, 418; jeweils unter Verweis auf BVerwGE 151, 228 ff., das in Bezug auf eine Online-Datenbank von einer „öffentlichen Einrichtung im untechnischen Sinne" spricht.

[55] Dies zeigt sich schon an der gängigen, aber im Ergebnis denkbar wenig aussagekräftigen Definition der öffentlichen Einrichtung als „Leistungsapparaturen höchst unterschiedlicher Struktur und Zweckbestimmungen, denen letztlich nur die Funktion gemeinsam ist, nämlich die Voraussetzung für die Daseinsfürsorge und Daseinsvorsorge der Bevölkerung zu schaffen und zu gewährleisten," so grundlegend *Fritz Ossenbühl* Rechtliche Probleme der Zulassung zu öffentlichen Stadthallen, DVBl. 1973, 289 (289).

Geht es demgegenüber nicht um Fragen der Teilhabe an Ressourcen des physischen Raums, sondern um Einhaltung und Durchsetzung von sozialen Regeln an genau diesem Ort, befindet sich das Recht ohnehin von vornherein in einer etwas widersprüchlichen Situation, weil die sozialen Regeln gerade strukturell darauf angelegt sind, jenseits klassischer rechtlicher Mechanismen Befolgung zu generieren. Nicht zuletzt auch vor diesem Hintergrund sind die bisherigen Versuche zu beurteilen, entsprechende Regeln, etwa über den Alkoholkonsum im öffentlichen Raum, mit den Mitteln des Polizeirechts durchzusetzen, die bisher weitgehend an den Gerichten gescheitert sind. Der Versuch, die Vorschriften und Verbote, die den anthropologischen Raum kennzeichnen, auf die Ebene des Rechts zu transferieren, stellt sich vor diesem Hintergrund als weitgehend erfolglos dar.

Betrachtet man schließlich nicht das einfache Recht, sondern die Ebene der Verfassungsrechtsprechung und Verfassungsrechtslehre, so lässt sich beobachten, dass sich die dargestellte Problematik hier, wenn überhaupt, bisher nur relativ verkürzt widergespiegelt hat. Gerade die Grundfragen staatlicher Gemeinschaft werden in der Debatte bis heute meist weitgehend auf den politischen Bereich der Gemeinschaftsbildung fokussiert und als bedroht oder verletzlich erlebt. Besonders deutlich wird dies in den letzten Jahren vor allen Dingen an der langsam aufkommenden Diskussion über die Wirkung von Grundrechten innerhalb der sozialen Medien, die innerhalb der Rechtswissenschaft bisher fast ausschließlich unter diesem Aspekt der spezifisch politisch-demokratischen Bedeutung der Grundrechte geführt wird,[56] obwohl die originär politische Kommunikation in diesem Bereich nur einen äußerst kleinen Teil der in den Netzwerken verbreiteten Inhalte ausmachen dürfte.[57] Durch diese Engführung wird jedoch ein wesentlicher Teil der Gemeinschaftsbildung ausgeblendet, der gerade auch für die staatliche Gemeinschaft von nicht zu unterschätzender Bedeutung ist.

Dieser Entwicklung in der verfassungsrechtswissenschaftlichen Diskussion entspricht eine grundrechtsdogmatische Wende, die das Bundesverfassungsgericht vor 20 Jahren für die hier besonders relevante Versammlungs-

---

[56] Vgl. etwa nur *Jakob Schemmel* Soziale Netzwerke in der Demokratie des Grundgesetzes, Der Staat 57 (2018), 501, (501 ff.); *Klaus Ferdinand Gärditz* Der digitalisierte Raum des Netzes als emergente Ordnung und die repräsentativ-demokratische Herrschaftsform, Der Staat 54 (2015), 113; *Albert Ingold* Digitalisierung demokratischer Öffentlichkeiten, Der Staat 56 (2017), 491; *Claudio Franzius* Das Internet und die Grundrechte, JZ 2016, 650; *Utz Schliesky* Digitalisierung – Herausforderung für den demokratischen Verfassungsstaat, NVwZ 2019, 693; *Hans-Jürgen Papier* Rechtsstaatlichkeit und Grundrechtsschutz in der digitalen Gesellschaft, NJW 2017, 3025.

[57] Vgl. etwa nur für das Beispiel Facebook *Thorsten Faas/Benjamin C. Sack* Politische Kommunikation in Zeiten von Social Media, 2016, 26 ff.

freiheit vorgenommen hat. Mit seiner Entscheidung zur Loveparade schloss es seinerzeit nämlich ausdrücklich den Bereich der nicht-politischen Kommunikation aus dem Schutzbereich dieses Grundrechts aus[58] – und damit auch gerade den hier betrachteten Bereich der auf Begegnung basierenden, nicht organisierten alltäglichen sozialen Beziehungen. Gerade diese sozialen Beziehungen, die in ihrer elementaren Einfachheit die Grundlage sozialer und damit auch staatlicher Gemeinschaft bilden, unterliegen damit aufgrund ihres fehlenden politischen Bezugs keinerlei spezifischem grundrechtlichen Schutz jenseits des Auffanggrundrechts der allgemeinen Handlungsfreiheit.

In dieser Tradition der Fokussierung auf den politischen Bereich stehen auch die jüngeren hier behandelten Entscheidungen des Bundesverfassungsgerichts. Denn sowohl bei der Fraport-Entscheidung als auch bei derjenigen zum Bierdosen-Flashmob steht wiederum fast ausschließlich die politische Dimension der in Bezug auf den konkreten Anlass verhandelten sozialen Beziehungen im Vordergrund, die dann konsequenterweise auch allein am „politischen" Grundrecht der Versammlungsfreiheit gemessen wird. Die rein auf den sozialen Austausch angelegte Konstellation, die der Entscheidung zum Stadionverbot zugrunde liegt, hat demgegenüber deutliche Mühe, einen klaren grundrechtlichen Prüfungsmaßstab zu finden. Hinzu kommt, dass hier ein Rückgriff auf die allgemeine Handlungsfreiheit als dogmatische Lösung nicht in Betracht kommt, da diese Konstruktion über das sogenannte Auffanggrundrecht nur gegenüber staatlichen Maßnahmen greifen können, die sich grundsätzlich für jede beim Bürger eintretende Freiheitsverkürzung grundrechtlich rechtfertigen müssen. Beim zu behandelnden Stadionverbot ging es jedoch um die Maßnahme eines Privaten, den eine solche Rechtfertigungspflicht gegenüber anderen Privaten gerade nicht trifft und auch bei noch so weitem Verständnis der mittelbaren Drittwirkung der Grundrechte nicht treffen kann. Vor diesem Hintergrund erscheint die dogmatische Lösung des Falls über den allgemeinen Gleichheitssatz des Art. 3 Abs. 1 GG als Anzeichen einer gewissen Hilflosigkeit im Umgang mit dem sozialen Phänomen, das nun verfassungsrechtlich gewendet werden soll.[59] Ein grundrechtsdogmatisches Konzept ist jedenfalls an dieser Stelle nicht erkennbar.

---

[58] Grundlegend BVerfG, NJW 2001, 2459.
[59] Hingegen verteidigt *Amélie Heldt* Ausstrahlungswirkung des allgemeinen Gleichheitssatzes in das Zivilrecht, NVwZ 2018, 813 (816), die dogmatische Konstruktion gerade mit dem Argument, dass es bei der eingelegten Verfassungsbeschwerde dem Beschwerdeführer gerade nicht um den Zugang zum Fußballspiel, sondern um die Ungleichbehandlung gegenüber alldenjenigen ginge, die das Fußballspiel besuchen dürfen. Diese Auffassung scheint jedoch tatsächlich eher vom Ergebnis des Bundesverfassungsgerichts als von der Interessenlage des Beschwerdeführers auszugehen.

Richtet man den Blick nun weg vom physischen, hin zum digitalen Raum, so ist zunächst bemerkenswert, dass der Gesetzgeber hier jedenfalls rudimentär eingeschritten ist, um die Fragen der Einhaltung und Durchsetzung sozialer Regeln zu bearbeiten, als er im Herbst 2017 das Netzwerkdurchsetzungsgesetz erlassen hat. Durch dieses Gesetz werden die Netzwerkbetreiber verpflichtet ein Regime zu schaffen, durch das bestimmte strafbare Inhalte in ihren sozialen Netzwerken gelöscht werden. Auf diese Weise werden staatliche Regeln in gewisser Weise zu sozialen Regeln umdefiniert, wenn ihre Ächtung zurück in den gesellschaftlichen Bereich verwiesen wird. Gleichzeitig aktualisiert sich dadurch die Frage nach den Grenzen der Regeldurchsetzung zwischen Nutzern und Netzwerk, die dann wiederum zunehmend in das Verfassungsrecht verweist: Die entsprechenden Konflikte werden von den Zivilgerichten nämlich in jüngerer Zeit vor allem als Fragen der mittelbaren Drittwirkung von Grundrechten bearbeitet.[60] Die Behandlung in Verfassungsrechtsprechung und Verfassungsrechtslehre steht dabei im Wesentlichen noch ganz am Anfang. Erst vor Kurzem hat das Bundesverfassungsgericht im Rahmen einer einstweiligen Anordnung betont, dass die einfachrechtlichen genau wie die verfassungsrechtlichen Fragen in diesem Bereich im Wesentlichen ungeklärt sind.[61] Aus wissenschaftlicher Sicht kann dieser Befund nur geteilt werden.

V. Ausblick: Die Rolle der Grundrechte für die Konstitution sozialer Gemeinschaft

Auch wenn sich also momentan viele Debatten um die Frage der mittelbaren oder unmittelbaren Drittwirkung der Grundrechte drehen, wenn es um die beschriebene Form sozialer Beziehungen geht, so verstellt doch dieser Fokus den Blick auf den eigentlich zu behandelnden gesellschaftlichen Konflikt. Vielmehr wird in hergebrachten dogmatischen Bahnen an den sozial relevanten Fragen vorbeidiskutiert. Wenn nämlich grundsätzlich anerkannt ist, dass die Grundrechte über die zivilrechtlichen Generalklauseln jedenfalls mittelbar auch im Zivilrechtsverhältnis wirken, also eine umfassende Werteordnung bilden, die die einfache Rechtsordnung überformt, dann ist der Streit um dogmatische Einordnungen von mittelbarer

---
[60] Vgl. etwa nur OLG Oldenburg, Urt. v. 1.7.2019, Az. 13 W 16/19; LG Bremen, Urt. v. 20.6.2019, Az. 7 O 1618/18; OLG Karlsruhe, CR 2019, 448; OLG Stuttgart, Urt. v. 23.1.2019, Az. 4 U 214/18; OLG München, ZUM-RD 2019, 213 ff.; OLG München, ZUM-RD 2019, 216 ff.; OLG München, NJW 2018, 3119 ff.; OLG München, NJW 2018, 3115 ff.; OLG Köln, ZUM 2019, 265 ff.; OLG Dresden, NJW 2018, 3111 ff.
[61] BVerfG, Beschluss v. 22.5.2019, Az. 1 BvQ 42/19.

und unmittelbarer Drittwirkung vor allen Dingen eine Frage der Kompetenzverteilung zwischen Rechtsprechung und Gesetzgebung.[62] Es geht dann im Kern darum, wie konkret die im einfachen Recht verankerten Vorgaben ausgestaltet sein müssen, um die Grundrechte innerhalb dieser gesetzlichen Vorschriften zur Geltung bringen zu können. Das Bundesverfassungsgericht hat diese Frage in den letzten Jahren relativ weit zugunsten der eigenen (grundrechtlichen) Gestaltungsmacht auch jenseits gesetzgeberischer Vorentscheidungen ausgedehnt. Man kann diese Form der Entscheidungsermächtigung unter dem dogmatischen Stichwort der Drittwirkung rekonstruieren und diskutieren. Im Ergebnis bleibt sie aber vor allen Dingen eine Frage institutioneller Kompetenzverteilung zur Gesellschaftsgestaltung.

Über das Phänomen der sich wandelnden einfachen, alltäglichen sozialen Beziehungen sagt diese Frage dann aber genauso wenig aus wie über die rechtliche Behandlung der gesellschaftlichen Veränderung. Tatsächlich wird unter dem unpassenden Mantel der mittelbaren bzw. unmittelbaren Drittwirkung nämlich in höchst unvollständiger Weise eine ganz andere Frage verhandelt: die Frage nämlich, inwiefern die Grundrechte einen Beitrag dazu leisten können bzw. sollen, soziale Gemeinschaft zu konstruieren. In den Entscheidungen zu Fraport und zum Bierdosen-Flashmob, vielleicht sogar noch mehr in derjenigen zum Stadionverbot, geht es also am Ende vor allem um die sehr grundlegende Frage, ob das Verfassungsrecht auch ohne entsprechende gesetzgeberische Entscheidung und möglicherweise sogar im Widerspruch zu ihr soziale Begegnungs- und Interaktionsräume schützen kann. In gewisser Weise ist es naheliegend, die Frage normativ in den Grundrechten zu verorten, weil nur sie die Möglichkeit bieten, als subjektive verfassungsmäßige Rechte durchgesetzt und damit justiziabel gemacht zu werden. Der Sache nach geht es aber um weitaus größere Fragen, nämlich um die Grundlagen der sozialen Gemeinschaft, die die Grundlage staatlicher Gemeinschaft bilden.

Wollte man diese Dimension der Gemeinschaftsbildung in den Grundrechten erfassen und zumindest in gewissem Rahmen einklagbar machen, bedürfte es dazu allerdings anderer Mechanismen als einer Ausweitung der grundrechtlichen Drittwirkung. Vielmehr müsste eine völlig neue Grundrechtsfunktion entwickelt werden, die in gewisser Weise das Unmögliche versucht, nämlich die Voraussetzungen des Verfassungsstaats mit seinen eigenen Mitteln zu sichern. Entsprechende verfassungsrechtliche Figuren müssten in diesem Fall aber schon weitaus früher ansetzen als bei den gegenwärtigen Diskussionen um den reinen Zugang zu bestehenden priva-

---

[62] Ähnlich *Ernst-Wolfgang Böckenförde* Grundrechte als Grundsatznormen. Zur gegenwärtigen Lage der Grundrechtsdogmatik, Der Staat 29 (1990), 1 (25); vgl. kritisch zu der Überhöhung der Unterscheidung auch *Thorsten Kingreen* Das Verfassungsrecht der Zwischenschicht, JöR 65 (2017), 1 (8).

tisierten Räumen und insbesondere alte Debatten um die Privatisierung des öffentlichen Raums wieder neu aufgreifen.

Die eigentlich zu verhandelnde Frage wäre dann diejenige, inwiefern anthropologische Orte, d.h. Orte, die einen Teil der Grundlage jeder Gemeinschaft bilden, tatsächlich durch das Verfassungsrecht abgesichert werden können, obwohl das Recht sie nicht generieren kann. Gerade die skizzierten Entwicklungen der Kommerzialisierung und Musealisierung stellen dabei maßgebliche Faktoren dar, die die gemeinschaftsbildende Funktion anthropologischer Orte in Frage stellen und deshalb in einem solchen Schutzszenario von besonderer Bedeutung wären. Hinzu treten die neuen Formen der Interaktion im Bereich des virtuellen Raums, in dem sich die Parameter der sozialen Begegnungen deutlich verschieben, gleichzeitig aber Parallelen zum physischen Raum, auch bezogen auf die Entwicklungen der Musealisierung und Kommerzialisierung, klar erkennbar sind.

Erste Voraussetzung für eine solche Analyse wäre aber, dass auf der Ebene des Verfassungsrechts tatsächlich über die alltägliche soziale Seite zwischenmenschlicher Begegnungen jenseits des engeren politischen Bereichs und deren Bedeutung für die Gemeinschaftsbildung gesprochen wird und die in dieser Hinsicht zunehmend aufbrechenden gesellschaftlichen Konflikte wahrgenommen werden. Auf dogmatischer Ebene müsste dies deutlich mehr beinhalten als eine Rekonstruktion über den allgemeinen Gleichheitssatz aus Art. 3 Abs. 1 GG wie in der Stadionverbotsentscheidung des Bundesverfassungsgerichts und deutlich über Fragen mittelbarer Drittwirkung hinausgehen. Dies kann jedoch nur gelingen, wenn sowohl in der Praxis als auch in der diese unterstützenden Wissenschaft der Blick geweitet wird und über den eingeübten Dualismus von Staat und Gesellschaft hinausgeht. Eine stärkere Beobachtung rein gesellschaftlicher Entwicklungen, die der staatlichen Gemeinschaft vorausliegen, auch und gerade durch die Rechtswissenschaft, ist in diesem Sinne nötiger denn je.

Leitsätze der 2. Referentin über:

Wandel des Verhältnisses von Staat und Gesellschaft – Folgen für Grundrechtstheorie und Grundrechtsdogmatik

I. *Einleitung: Grundrechtskonflikte als gesellschaftspolitische Grundsatzkonflikte*

(1) Grundrechtsfragen sind grundlegende gesellschaftliche Wertungsfragen. An ihnen spiegeln sich schon seit vielen Jahrzehnten all die gesellschaftspolitischen Konflikte wider, die im politischen Raum verhandelt werden.

(2) Aus diesem Grund ist es aus wissenschaftlicher Sicht aufschlussreich, den juristischen Blick zu wenden und wahrzunehmen, in welch intensiver Weise Grundrechtskonflikte vor Gericht Aufschluss über den Stand gesellschaftspolitischer Herausforderungen und Debatten geben.

(3) Mit der Veränderung des Verhältnisses von Staat und Gesellschaft sind auf grundrechtsdogmatischer Ebene zunächst in erster Linie Fragen der Grundrechtsbindung von Privaten angesprochen, die jüngst wieder verstärkt in den Fokus verfassungsrechtlicher Aufmerksamkeit gerückt sind. Vor allem aber verweist das Themenfeld auf sehr grundsätzliche gesellschaftliche Phänomene. Dabei handelt es sich allerdings nicht in erster Linie um Veränderungen im Verhältnis von Staat und Gesellschaft, sondern um sehr grundlegende Verschiebungen innerhalb der Gesellschaft selbst, in denen es um ihren Kernbestand geht: das „Soziale" überhaupt, und zwar in Form von alltäglichen, schwach organisierten sozialen Beziehungen.

II. *Soziale Beziehungen zwischen Kommerzialisierung und Musealisierung*

1. *Soziale Beziehungen als Kern gesellschaftlicher Ordnung*

(4) Soziale Beziehungen bilden den Kern jeder gesellschaftlichen Ordnung. Auch in Zeiten von Digitalisierung und Virtualisierung sozialer Lebenswelten bleibt dabei die soziale Interaktion unter Anwesenden essentiell für die soziale Gemeinschaftsbildung.

(5) Als besonders maßgeblich für diese sozialen Beziehungen erweisen sich zwei zentrale Faktoren: der physische Raum und die Körperlichkeit der Individuen. Beide Aspekte finden zusammen im Konzept des anthropologischen Orts. Er bezeichnet einen physischen räumlichen Bereich, der identitätsstiftend, relational im Sinne von beziehungsstiftend sowie historisch ist. Er ist in jüngerer Zeit durch zwei maßgebliche Wandlungsprozesse geprägt: zum einen die Kommerzialisierung, zum anderen die Musealisierung.

2. *Kommerzialisierung: soziale Beziehungen als Gegenstand wirtschaftlichen Austauschs*

(6) Bei der Kommerzialisierung geht es zunächst um einen Prozess verstärkter Anlehnung sozialer Beziehungen an das Wirtschaftssystem. In jüngerer Zeit rücken dabei verstärkt die sozialen Beziehungen selbst in den Fokus der wirtschaftlichen Aufmerksamkeit und werden teilweise zum Gegenstand wirtschaftlicher Austauschbeziehungen gemacht.

(7) Die gesellschaftlichen Konflikte, die durch diese Entwicklung entstehen und sich als rechtliche Konflikte vor dem Bundesverfassungsgericht widerspiegeln, lassen sich zusammenfassend als Teilhabekonflikte in Bezug auf räumlich verankerte soziale Beziehungen beschreiben. Verhandelt wird dabei vor allem die Frage, inwieweit soziale Räume derart kommerzialisiert werden dürfen, dass eine andere, nicht konsumorientierte soziale Nutzung vollständig verhindert wird.

3. *Musealisierung*

(8) Dieser Entwicklung steht die Musealisierung sozialer Beziehungen gegenüber. Damit wird eine besondere Form der Vergangenheitsbezogenheit bezeichnet, durch welche die musealisierten Objekte oder Praktiken und damit auch die mit ihnen verbundenen Orte einem Bedeutungswandel unterzogen werden. Sie verlieren ihre Verankerung im sozialen Alltag und werden als Erinnerungs- und Bedeutungsträger neu kodiert.

(9) Die gesellschaftlichen Konflikte, die hierdurch entstehen, betreffen zum einen die Einhaltung bestimmter sozialer Regeln, zum anderen die mögliche Begrenzung bestimmter musealisierender Nutzungsformen.

4. *Soziale Beziehungen jenseits von Körperlichkeit und Räumlichkeit: die digitale Welt*

(10) Neben der Ebene der Veränderungen im physischen Raum stehen als zweite gesellschaftliche Veränderungsebene die soziale Interaktion im

digitalen Raum und die mit ihr verbundenen sozialen Konflikte. Die damit zusammenhängenden Phänomene greifen einerseits wesentliche Tendenzen auf, die sich für den physischen Raum beobachten lassen, stehen gleichzeitig aber auch quer zu ihr, weil gerade die zwei als grundlegend beschriebenen Kategorien von Körperlichkeit und Räumlichkeit für diese Form des sozialen Austausches fehlen.

(11) Die Möglichkeiten der räumlich und körperlich nicht gebundenen Kommunikation im virtuellen Raum treiben in gewisser Weise die Entwicklungen der Kommerzialisierung und Musealisierung sozialer Beziehungen ins Extreme. Die Besonderheit besteht hier darin, dass die sozialen Netzwerke überhaupt erst den Rahmen schaffen, in dem sich eine sehr spezielle Form sozialer Beziehungen entwickeln kann, um dann genau aus diesen sozialen Beziehungen ein kommerziell verwertbares Gut zu machen.

(12) Gesellschaftliche Konfliktsituationen entstehen hier primär dadurch, dass durch die fehlende räumliche und soziale Einbettung der Kommunikation die sozialen Regeln des physischen Raums nur sehr unvollständig Anwendung finden.

(13) Damit zeigt sich eine Parallele zu den mit der Musealisierung verbundenen Problemen im physischen Raum: Durch die Loslösung der sozialen Interaktionen aus ihrem anthropologisch eingeübten Kontext wird die Einhaltung der in anderen Zusammenhängen konsentierten sozialen Regeln als zunehmend prekär erlebt.

III. Soziale Beziehungen als Grundlage für Staat und Gesellschaft

(14) Die gesellschaftliche Geschichte, die durch die aufgezeigten grundrechtlichen Entwicklungen erzählt wird, ist in erster Linie eine Geschichte über den zunehmenden Konflikt um die Nutzung des physischen bzw. virtuellen Raums für einfache, niedrigschwellige soziale Begegnungen.

(15) Was hier verhandelt wird, sind Grundfragen sozialer Gemeinschaft und damit elementarste Fragen staatlicher Gemeinschaft, da die soziale Gemeinschaft notwendigerweise das Fundament staatlicher Ordnung als spezifischer sozialer Gemeinschaft bildet. Alltägliche, lose soziale Beziehungen bilden insofern die Grundlage dafür, dass jenseits sozialer Nähebeziehungen Gemeinschaft entsteht und erlebbar wird. Genau diese Gemeinschaft setzen wir voraus, wenn wir sie als politisch organisierbares und zu organisierendes Gemeinwesen begreifen.

IV. Reaktion von Recht und Rechtswissenschaft

(16) Die Antworten, die das positive einfache Recht auf die Fragen der Teilhabe und ergänzend auch der Einhaltung sozialer Regeln im körperlichen Raum gibt, sind bisher überaus schwach ausgeprägt. Maßgeblich für Fragen der Teilhabe sind fast ausschließlich das öffentliche Sachenrecht sowie das Recht der öffentlichen Einrichtungen. Keiner dieser beiden Bereiche stellt jedoch eine geschlossene Rechtsmaterie dar, die umfassend entsprechende gesellschaftliche Entwicklungen bearbeiten könnte.

(17) Bezüglich der Einhaltung und Durchsetzung von sozialen Regeln im physischen Raum befindet sich das Recht in einer widersprüchlichen Situation, weil die sozialen Regeln gerade strukturell darauf angelegt sind, jenseits klassischer rechtlicher Mechanismen Befolgung zu generieren. Der Versuch, die Vorschriften und Verbote, die den anthropologischen Raum kennzeichnen, auf die Ebene des Rechts zu transferieren, stellt sich bisher als weitgehend erfolglos dar.

(18) Auf der Ebene der Verfassungsrechtsprechung und Verfassungsrechtslehre lässt sich beobachten, dass sich die dargestellte Problematik hier bisher im Wesentlichen nur verkürzt auf den politischen Bereich der Gemeinschaftsbildung widergespiegelt hat. Dies führt in Konstellationen wie der Entscheidung zum Stadionverbot dazu, dass die dogmatische Behandlung des sozialen Phänomens etwas hilflos wirkt.

(19) Im digitalen Raum werden in Bezug auf die hier behandelten rechtlichen Konflikte originäre Teilhabefragen in aller Regel nicht virulent. Im Fokus stehen Fragen der Einhaltung und Durchsetzung sozialer Regeln in einem Kontext, in dem keine akzeptierten sozialen Regeln gewachsen sind und die Übertragung der Regeln aus der Offline-Welt nicht selbstverständlich ist. Hier ist der Gesetzgeber vor allem durch Erlass des Netzwerkdurchsetzungsgesetzes zumindest im beschränkten Umfang mit den Mitteln des Rechts eingeschritten, wobei er rudimentäre staatliche Regeln in gewisser Weise zu sozialen Regeln umdefiniert hat.

V. Ausblick: Die Rolle der Grundrechte für die Konstitution sozialer Gemeinschaft

(20) Die gegenwärtige Fokussierung der rechtswissenschaftlichen Debatte auf Fragen von mittelbarer und unmittelbarer Drittwirkung verstellt den Blick auf den eigentlich zu behandelnden Konflikt: die Frage nämlich, inwiefern die Grundrechte einen Beitrag dazu leisten können bzw. sollen, soziale Gemeinschaft zu konstruieren.

(21) Wollte man diese Dimension der Gemeinschaftsbildung in den Grundrechten erfassen, bedürfte es anderer Mechanismen als einer Ausweitung der grundrechtlichen Drittwirkung. Vielmehr müsste eine völlig neue Grundrechtsfunktion entwickelt werden, die in gewisser Weise das Unmögliche versucht, nämlich die Voraussetzungen des Verfassungsstaats mit seinen eigenen Mitteln zu sichern.

(22) Die eigentlich zu verhandelnde Frage wäre dann diejenige, inwiefern anthropologische Orte als Grundlage der Gemeinschaftsbildung tatsächlich durch das Verfassungsrecht abgesichert werden können, obwohl das Recht sie nicht generieren kann.

(23) Erste Voraussetzung für eine solche Analyse wäre, dass auf der Ebene des Verfassungsrechts über die alltägliche soziale Seite zwischenmenschlicher Begegnungen jenseits des engeren politischen Bereichs und deren Bedeutung für die Gemeinschaftsbildung gesprochen wird und die in dieser Hinsicht zunehmend aufbrechenden gesellschaftlichen Konflikte wahrgenommen werden.

(24) Dies kann nur gelingen, wenn sowohl in der Praxis als auch in der diese unterstützenden Wissenschaft der Blick geweitet wird und über den eingeübten Dualismus von Staat und Gesellschaft hinausgeht. Eine stärkere Beobachtung rein gesellschaftlicher Entwicklungen, die der staatlichen Gemeinschaft vorausliegen, auch und gerade durch die Rechtswissenschaft ist in diesem Sinne nötiger denn je.

3. Aussprache und Schlussworte

Wandel des Verhältnisses von Staat und Gesellschaft – Folgen für Grundrechtstheorie und Grundrechtsdogmatik

Ute Sacksofsky: Es ist vielleicht gar nicht nötig, nach der vorbildlichen Zeitdisziplin gestern darauf hinzuweisen, aber ich würde Sie auch heute bitten, die Zeitgrenzen einzuhalten. Die Anzahl der Wortmeldungen ist groß, und ich finde es wichtig, dass alle – wenn auch etwas kürzer als möglicherweise gewünscht – sprechen können. Da die Beiträge die gesamte Breite des Themas behandeln, gibt es diesmal nur drei Blöcke: 1. übergeordnete Grundsatzfragen, 2. Grundrechtsbindung Privater und 3. spezifische Einzelfragen; der Übergang der letzten beiden Blöcke ist gleitend. Wir beginnen mit den übergreifenden und grundrechtstheoretischen Fragen.

Uwe Volkmann: Zunächst, wie immer, ein Lob an die Referenten. Ich finde, beide Referate haben sich prima ergänzt, gerade in ihrer unterschiedlichen Zielrichtung. Aus beiden habe ich viel gelernt. Und was man auch von beiden sagen kann: Keiner von ihnen hat das Thema verfehlt. Das war aber auch gar nicht möglich, denn schon im Titel tauchen so viele Begriffe auf – Staat, Gesellschaft, Verhältnis, Wandel, Grundrechtstheorie, Grundrechtsdogmatik –, dass man gar nicht danebenliegen konnte. In diesem Feld möchte ich die Aufmerksamkeit aber auf eine weitere Frage lenken, nämlich die Frage nach der Grundrechtstheorie, oder besser gesagt, nach der richtigen Grundrechtstheorie und den Verbindungen der Grundrechtstheorie zur Dogmatik. Hier waren beide Referate im Ergebnis etwas zurückhaltend, beispielhaft in dieser allgemeinen Aussage von Herrn *Muckel*: „Es gibt keine allgemein gültige Antwort auf die Frage nach der zeitgemäßen Grundrechtstheorie." Beide Referate haben uns andererseits aber Bausteine geliefert, die doch sehr deutlich auf eine solche Theorie hindeuten können. Ich zähle nur einige auf: Menschenrechtliche Basis, hat Herr *Muckel* gesagt, fundiert vielleicht in einem übergreifenden Prinzip der Menschenwürde. Verfassung als Bilanz einer Rechtskultur, als entwicklungsoffene Ordnung, wie sie möglicherweise im Konzept der Optimierungsgebote von *Robert Alexy* angedeutet ist. Spiegel gesellschaftlicher Konflikte und Fundierung sozialer Gemeinschaft, sagt *Sophie Schönberger*. Da kommt dann doch eigentlich schon relativ viel zusammen, was man als Basis einer zeitgemäßen Grundrechtstheorie nehmen könnte. Und das kommt wiederum auf eine sehr unbestimmte, offene Weise zum Ausdruck in dieser alten Formel von der objektiven Wertordnung. Das ist ein Begriff, den man heute nicht mehr gerne hört. Ich kam gestern an einer Diskussion der Kollegen *Eifert* und *Kingreen* vorbei, die über diesen Begriff stritten und mich in ihren Kreis hineinzogen, weil sie offensichtlich der Auffassung waren, dass ich einer der ganz wenigen sei, der diesen alten Zopf heute noch verteidigte. Ich hänge aber gar nicht an diesem Begriff, man kann das Ganze von mir aus auch anders nennen. Nur: Das, was in diesem Begriff zum Ausdruck gebracht ist, verschwindet nicht dadurch, dass man es nicht benennt. Und es ist schon ziemlich vieles in diesem Begriff enthalten, was ich als mögliche Elemente einer Grundrechtstheorie hier angeführt habe. Ich selbst würde es vorziehen, vielleicht von einer Gerechtigkeitstheorie der Grundrechte zu sprechen: die Grundrechte als umfassendes Gerechtigkeitsprogramm für Staat und Gesellschaft, das auf den Grundprinzipien individueller Freiheit und Gleichheit oder – mit *Dworkin* gesprochen – einem universalen Recht auf gleiche Beachtung und Respekt basiert. Wenn man einen solchen Begriff von Grundrechtstheorie entwickelt hat, dann kommt man von hier aus auch vielleicht auf Verbindungen zur Grundrechtsdogmatik, die dann auch bei der Beantwortung der aufgeworfenen Fragen weiterhelfen. Denn wie soll man solche Fragen wie die nach der Grundrechtsfähigkeit juristischer Personen des Öffentlichen Rechts und von Cyborgs oder nach der Erstreckung der Grundrechtsbindung in private Rechtsbeziehungen anders beantworten? Aus dem Text? Der Text sagt uns nicht viel dazu. Aus dem Willen des Verfassungsgebers? Aber die Grundrechte haben sich von dem, was sich der Verfassungsgeber 1949 dazu gedacht hat, weit entfernt. Aus früheren Aussagen des Bundesverfassungsgerichts? Aber woher kommen dann diese früheren Aussagen?

Markus Kotzur: Vielen Dank. Die beiden sehr inspirierenden Referate haben, trotz einer konzeptionell gänzlich unterschiedlichen Anlage, meiner Meinung nach eine gemeinsame Grundmelodie angestimmt: nämlich die Melodie der Entwicklungsfähigkeit der Grundrechte, die Wandel mit vollziehen. Damit stellt sich für mich die Frage, ob die Grundrechte eher diejenigen sind, die den Wandel nachvollziehen, ihn aufgreifen und rezipieren oder die selbst den Wandel bewirken wollen. Wahrscheinlich liegt die Antwort, so paradox es klingen mag, in der Mitte: Sie sind „sowohl als auch". Sie sind „bewegte Beweger". Mir schien, dass im Referat von Herrn *Muckel* eher die Seite des Bewegtseins, nämlich die Frage, wie Grundrechte Wandel rezipieren und dogmatisch verarbeiten, akzentuiert wurde, und dass Frau *Schönberger* stärker die bewegende Seite angesprochen hat, nämlich Gestaltung von Wandel durch Grundrechte, gesellschaftliche Veränderung durch Grundrechte. Sie haben auf die umstrittene Formel von *Ernst Wolfgang Böckenförde* angespielt, dass der Staat von Voraussetzungen lebe, die er selbst nicht schaffen könne, und die Grundrechte mit dem Fragezeichen versehen, ob sie nicht doch gemeinschaftsbildend wirken können. Damit verbindet sich für mich eine Frage an beide Referenten: Sollten Grundrechte Veränderungen rezipieren oder proaktiv Wandel bewirken? Können sie Letzteres? Das ist ja eine sehr spannende Frage, ob durch Individualrechte, also durch einen bewussten Akzent auf der Individualisierung, so etwas wie Gemeinschaft entstehen kann. Es wäre hier sicher nicht minder spannend, vergleichend zu arbeiten und die internationalen Grundrechtsgarantien miteinzubeziehen, was in einem fünfundfünfzig-minütigen Referat gänzlich unmöglich ist, aber uns in Zukunft noch viel Stoff und vielfältige Themen zum Nachdenken bescheren wird. Vielen Dank.

Hinnerk Wißmann: Herzlichen Dank. Ich würde gern eine Frage stellen zur Reichweite der vorgestellten Konzepte. Zu *Sophie Schönberger* stellt sich für mich die Frage: Gilt die Idee des anthropologischen Orts eigentlich nur für bestimmte, hier auch schon näher entfaltete Kommunikationsgrundrechte oder ist das letztlich ein allgemeiner Ansatz, der allgemeine Grundrechtstheorie sein soll? Die Kontrollfrage, die sich mir aufgedrängt hat, die auch, glaube ich, nochmal normativ beantwortet werden sollte, ist: Warum muss es grundrechtsdogmatisch den Dritten interessieren, dass er Teil eines Geschehens des anthropologischen Ortes ist? Woher kommt da ein neuer grundrechtsbindender Anteil in dieser kultursoziologischen Beobachtung des anthropologischen Ortes? Das möchte ich noch ergänzen mit der Nebenbemerkung, dass immer wieder gesagt werden muss: Der Verfassungsbürger fällt nicht mit 18 Jahren vom Himmel. Ganz so neu ist die Frage nicht, wie wir Grundrechtsvoraussetzungen ertüchtigen können und wie Möglichkeiten der Grundrechtsnutzung vom Staat im Bereich der Voraussetzungen geschaffen werden können. Sprich: Staatliche Erziehung, das Zusammenwirken von gesellschaftlicher Freiheit, gesellschaftlichen Grundrechten und gleichzeitig gesellschaftlichen Anforderungen ist eine Aufgabe, die wir auch jetzt schon beackern und bearbeiten, wenn auch oft unter der Wahrnehmungsschwelle der deutschen Staatsrechtswissenschaft. Damit bin ich bei Herrn *Muckel*, der ja das Thema Schule als ein Referenzgebiet durchaus angesprochen hat. Meine Beobachtung ist, Sie sind sehr großzügig bei der Grundrechtsberechtigung und sehr skeptisch und sehr zurückhaltend bei der Ausweitung der Grundrechtsbindung, insoweit ein Antagonist zu *Sophie Schönberger*. Ich wollte fragen, ob man tatsächlich zu so grundsätzlichen Entgegensetzungen kommen muss oder ob es nicht Bereiche gibt, in denen man etwas elastischer reagieren kann? Da spreche ich vor allem vom „Dritten Sektor", also der Frage, ob es nicht doch um Formen von Grundrechtsbindung gehen kann und auch gehen muss: Nämlich dort, wo wir öffentliche, nämlich gesetzlich definierte Aufgaben haben, wo der Staat Teilhabe gesetzlich zusichert, wo er die Finanzierung der Aufgaben durch Steuern, Abgaben oder Beiträge sicherstellt – und wo er gleichzeitig aber private Akteure mit der Erfüllung dieser Aufgaben beauftragt? Ist das nicht ein naheliegendes Referenzfeld für die Frage neuer Formen von Grundrechtsbindung? Denn wer sich in diese Aufgabe hineinbegibt, der muss eben auch wissen, dass er mehr ist als nur der Inhaber privater Freiheit. Für ihn könnte eben doch beides gelten: Er hat grundrechtliche Freiheit und zugleich grundrechtliche Bindung. Vielen Dank.

Jörn Axel Kämmerer: Ich fühle mich am Ende dieses ersten, allgemeinen Fragenblocks ganz passend eingeordnet, weil ich zwar allgemein beginnen möchte, aber zum Schluss doch noch zu konkreteren Fragen übergehen möchte. Die allgemeine Bemerkung enthält eine Rückblende zu gestern und zum allgemeinen Thema der Grundrechtsbindung und Grundrechtsberechtigung. Strahlen diese eigentlich auf das Verhältnis zwischen Öffentlichem Recht und Privatrecht aus? Ich glaube, dass da ein Zusammenhang besteht. Knüpft man, wie das Bundesverfassungsgericht für die grundrechtstypische Gefährdungslage, einfach an die dahinterstehende Person und das personale Substrat an, dann wird die Frage, ob eine juristische Person öffentlich-rechtlich oder privatrechtlich konstituiert ist, weitgehend bedeutungslos. Anders bei einer funktionalen Betrachtung, wo die handlungsbestimmenden Normen und damit ihre öffentlich-rechtliche oder privatrechtliche Natur etwas stärker im Fokus stehen. Beide Referate haben direkt oder implizit dargelegt, dass das Konfusionsargument nicht das letzte Wort sein kann – was ich sehr begrüße. Denn es ist von einem starken Rigorismus geprägt, der die Lebenswirklichkeit und im Grunde auch die Entwicklungen im Unionsrecht, die das Bundesverfassungsrecht an anderer Stelle, bei der Anwendungserweiterung des Art. 19 Abs. 3 GG, wieder sehr stark berücksichtigt, weitgehend ausblendet. Die Frage, ob das Bundesverfassungsgericht sich durch seine dogmatische Verengung nicht unter Zugzwang gesetzt hat, vor allem dadurch, dass es hier ja Durchbrechungen zulässt – die Vattenfall-Entscheidung ist angeklungen –, steht im Raum. Es könnte also durchaus sein, dass sich in der Entwicklung der Dogmatik, die in den Referaten aufgezeigt worden ist, auch so etwas wie eine Flucht nach vorn abzeichnet. Frau *Schönberger* hat festgestellt – was ich durchaus unterstreichen würde –, dass deren Ziel noch sehr im Ungewissen liegt. Beide Referate unterscheiden sich in den Folgerungen aber sehr: Frau *Schönberger* plädiert für eine grundlegende Neuausrichtung, Herr *Muckel* ist eher zurückhaltend, zumindest bei privaten Akteuren. Ich möchte schließen mit einer Frage, die sich vor allem auf die Thesen 11 und 12 von Herrn *Muckel* bezieht. Sie plädieren für eine Ausweitung der Grundrechtsberechtigung in einem Bereich intermediärer Akteure, die vor allem der staatlichen Seite nahestehen, sind aber sehr zurückhaltend bei der Grundrechtsbindung von Internetunternehmen. Sind Sie nicht wieder relativ nah am Konfusionsargument, wenn es heißt, dass, wer Privatperson ist und die Grundrechte nicht in einer bestimmten Weise gefährden kann, auch nicht an die Grundrechte gebunden sein kann? Sie argumentieren zwar mit der grundrechtstypischen Gefährdungslage; die ist aber doch in erster Linie die des Gefährdeten und nicht die des potenziellen Gefährders. Ich wäre Ihnen für Erläuterungen dazu dankbar. Ein Argument für eine Erstreckung der Grundrechtsbindung auf nichtstaatliche Personen könnte man übrigens dem Unionsrecht entnehmen, das intermediäre Akteure durchaus zumindest an die Grundfreiheiten großzügiger bindet. Müsste sich dann das Verfassungsrecht nicht ebenfalls an den Grundfreiheiten orientieren?

Ute Sacksofsky: Nun der Block zur Grundrechtsbindung Privater.

Friedrich Schoch: Zwei Vorbemerkungen und eine These. Meine erste Vorbemerkung bezieht sich auf These 3 von Frau *Schönberger*, wo sie schreibt, es handele sich nicht in erster Linie um Veränderungen im Verhältnis von Staat und Gesellschaft. Mein Einwand lautet: Die zu beobachtende Entwicklung wird massiv vom Bundesverfassungsgericht vorangetrieben; das Gericht, „Spitze" der rechtsprechenden Gewalt, ist Teil der Staatlichkeit. Wir haben es also mit Veränderungsprozessen zu tun, die aus der Staatlichkeit heraus eingeschoben werden. Zweite Vorbemerkung: Grundrechte haben schon immer, gleichsam als Normalfall, soziale Räume geprägt, sozial gestaltend gewirkt. Beispiele sind Art. 9 Abs. 3 GG und Art. 6 Abs. 1, Abs. 2 GG (Ehe und Familie), denken Sie ferner an die Kommunikationsgrundrechte und an die Kunstfreiheit. Grundrechtliche Prägungen der Gesellschaft halte ich schlicht und einfach für den Normalfall. Meine These ist: Das Bundesverfassungsgericht ist mittels der beiden letzten von Ihnen genannten Entscheidungen, Bierdosen-Flashmob-Entscheidung und Stadionverbot-Entscheidung, dabei, nicht die soziale Ordnung zu gestalten, sondern eine „gute Ordnung" zu implementieren. Die Bierdosen-Flashmob-Entscheidung kann man lesen als eine Aneinanderreihung von Thesen und Behauptungen sowie die Umsetzung von ganz bestimmten Vorverständnissen über die „gute Ordnung". Etwas zugespitzt kann gesagt werden, das Gericht hat Probleme mit der Akzeptanz gewillkürt ausgeübter Freiheit; danach kann ich in dem betroffenen Bereich eben ein Platzverbot aussprechen. Mir geht es hier um eine Strukturanalyse und nicht etwa darum, ob ich das gut oder schlecht finde; man muss klar sehen, was hier vor sich geht. Geradezu für „Sprengstoff" halte ich – mein anderer Punkt – die Entscheidung zum Stadionverbot. Über den Hebel des Art. 3 Abs. 1 GG können Sie Rechtfertigungslasten für jede Freiheitsbetätigung einführen. Die Frage ist, wie wir dies begrenzen. Das Ganze ist vom Gericht versehen mit Anhörungsgeboten und Begründungslasten; das kannten wir bisher aus dem Verwaltungsverfahren. Schon im Bereich der Gesetzgebung scheuen wir uns, damit zu hantieren. Für privates Verhalten heißt das, wir müssen uns über die Folgen jener Rechtsprechung im Klaren sein. Mein letzter Punkt: Das Ganze kann man lesen – auch dies als Strukturanalyse – als „Antikommerzialisierungsrechtsprechung". Doch sind Konsumtempel, ist der Konsum für Viele nicht längst eine Art Ersatzreligion? Wir haben das Phänomen gesehen bei der Rechtsprechung zum Sonn- und Feiertagsschutz. Es gibt in diesem Zusammenhang empirische Untersuchungen zu der Frage, was die Leute eigentlich wollen, völlig egal, ob wir das für gut oder schlecht befinden. Das heißt, hier wird ein ganz bestimmter Grundrechtsgebrauch, den wir mit dem Kurzbegriff „Kommerz" bezeichnen, vom Bundesverfassungsgericht für so nicht mehr hinnehmbar gehalten, und dem Ganzen wird ein Riegel vorgeschoben. Was ich insgesamt beobachte, ist unter dem Aspekt der Gewaltenteilung eine massive Verschiebung; die „gute Ordnung" stiftet das Bundesverfassungsgericht und nicht der an sich berufene Gesetzgeber.

Oliver Lepsius: Wenn wir über Wandel und Dynamik sprechen, dann sprechen wir über die Notwendigkeit von Differenzierungen. Wandel und Dynamiken kommen in erster Linie im Recht zustande, indem wir differenzieren und nicht, indem wir generalisieren. Denn Generalisierung ist immer mit grundstürzenden Veränderungen verbunden, das wäre kein Wandel. Die Frage, die sich mir dann angesichts der beiden vorzüglichen Referate stellt, ist, wie wir als Juristen Differenzierungen sinnvoll begründen können. Denn das ist die Voraussetzung für das, was dann als Wandel auch abgebildet und bewältigt werden soll. Für dieses Anliegen fand ich das Modell von Frau *Schönberger* ausgezeichnet geeignet. Auch wenn das jetzt noch ein Rohdiamant war, sind hier viele Differenzierungsmöglichkeiten angelegt, die es im Einzelnen natürlich zu entfalten gilt, ohne, dass der Rest unserer dogmatischen Gewissheit erschüttert würde. Wir müssten keine Abstriche machen, in dem, was uns vertraut ist und zugleich gewinnen wir Differenzierungsräume, um Neues dann auch sachadäquat umsetzen zu können. Die Ort-Konzeption bremst die Generalisierungstendenzen, die der Dogmatik sonst eigen sind. Wenn wir raumbezogen Dogmatik entwickeln, dann ist eine Sperre vorhanden, die uns vor den Übergeneralisierungen schützt, die sonst typischerweise das Problem deutscher Juristen sind, die systemverliebt immer das Heil im Allgemeinen des Allgemeinen suchen.

Das führt mich jetzt umgekehrt zur Frage, die sich an Herrn *Muckel* richtet. Ihr Referat fand ich in der Grundkonzeption auch ausgezeichnet, nur, meine Frage ist: Wo bleiben in Ihrem Ansatz die Möglichkeiten von Differenzierungen? Ich habe Ihr Referat als strukturell differenzierungsfeindlich empfunden. Wenn es um Art. 19 Abs. 3 GG geht, dann nivellieren Sie, obwohl im Art. 19 Abs. 3 GG ein Abstandsgebot des Schutzes zu natürlichen Personen angelegt ist. Und wir ja auch irgendwie begründen müssten, welche juristischen Personen wir vielleicht stärker schützen als andere. Was heißt schon juristische Person? Da gibt es ganz unterschiedliche. Da gibt es die Ein-Mann-GmbH und die Global-Player-AG, die haben auch juristisch nichts miteinander zu tun, außer der gekünstelten Bezeichnung, juristische Personen zu sein. Tendenziell plädieren Sie auch eher für den objektiv rechtlichen Grundrechtsschutz und sind skeptisch gegenüber einer Überindividualisierung. Naja, Einzelne mit ihren partikularen Grundrechtssphären haben doch typischerweise die Differenzierung in Gang gesetzt, indem sie geklagt haben. Das individuelle Grundrechtsverständnis ist doch gerade der Hebel, um dann eine Dynamik über Differenzierungen auszulösen. Gleichheit, eine weitere Differenzierungsebene, ist auch nicht so richtig bei Ihnen der Punkt. Am Ende vertrauen Sie auf den Gesetzgeber, und das ist natürlich unter den drei Gewalten diejenige Gewalt, die für die Differenzierung am wenigsten prädestiniert ist. Insofern wäre meine Frage: Wo ermöglichen Sie Spielräume für die Differenzierung?

Markus Ogorek: Vielen Dank. Auch ich möchte mich bei den beiden Referenten ganz herzlich bedanken. Ich glaube, der besondere Mehrwert der Referate liegt in ihrem gelungenen Zusammenspiel. Wenn ich das brennpunktartig einmal verkürzen darf, dann hat Herr *Muckel* uns ein affirmatives „Weiter so!" zugerufen, ein Festhalten an der mittelbaren Drittwirkung. Während Frau *Schönberger* dafür plädiert, neue Grundrechtsfunktionen ins Leben zu rufen. Meine Frage richtet sich vor diesem Hintergrund in erster Linie an Herrn *Muckel*, an dieses „Weiter so!", an das Festhalten, an den Rekurs auf die mittelbare Drittwirkung. Mittelbare Drittwirkung kann auch bedeuten, Herr *Muckel*, das haben Sie auch ausgeführt und haben dabei Bezug genommen auf die Fraport-Entscheidung des Bundesverfassungsgerichts, dass im Einzelfall diese mittelbare Drittwirkung sich verdichtet in ihrer Wirkung zu einer Bindung von Privaten, die einer unmittelbaren Drittwirkung gleichkommen kann. Ich frage mich: Überlasten wir damit nicht die unbestimmten Rechtsbegriffe und Generalklauseln des einfachen Rechts, die als Einfallstor für die mittelbare Drittwirkung dienen, und wäre es nicht ehrlicher, methodenehrlicher sozusagen, wenn schon die mittelbare Drittwirkung genauso wirken kann wie eine unmittelbare Drittwirkung, dann auch dogmatisch den Pfad der unmittelbaren Drittwirkung zu beschreiten? Dies gilt umso mehr, als die mittelbare Drittwirkung weniger Schutz bietet als die unmittelbare. Für mich zeigt sich das insbesondere dann, wenn wir uns in Erinnerung rufen, dass manche Damen und Herren sagen, diese Rechtsfigur der mittelbaren Drittwirkungen, die ist überhaupt kein eigenständiges Institut, dahinter verbirgt sich eigentlich die Schutzpflichtfunktion der Grundrechte. Diese Schutzpflichtfunktion ist aus meiner Sicht im Vergleich zur Abwehrfunktion schwächer. Das Abwehrrecht, der status negativus, der ist immer sehr konkret. Denn es geht doch in der Sache um einen Unterlassungsanspruch. Noli me tangere! Bleib weg, Staat! Während es bei der Schutzpflichtfunktion um einen Anspruch geht auf staatliche Intervention. Hinsichtlich der Art und Weise dieser Intervention steht dem Gesetzgeber, auch aus Gewaltenteilungsgründen, ein Spielraum, eine Einschätzungsprärogative, Ermessen zu. Vor diesem Hintergrund frage ich mich, und das ist auch die Frage, die ich an Herrn *Muckel* richten möchte: Ist Ihre Konstruktion, mit der ich sehr viel Sympathie habe, denn ich finde, man soll Überkommenes, Althergebrachtes und Bewährtes nicht ohne Not über den Haufen werfen, aber, läuft ihre Konstruktion der mittelbaren Drittwirkung nicht letzten Endes wegen der gesetzgeberischen Spielräume auf Schutzlücken hinaus? Dies gilt umso mehr, als die Problematik der „Privatisierung des öffentlichen Raumes", des tatsächlichen öffentlichen Raumes und des virtuellen öffentlichen Raumes, uns auch in Zukunft noch begleiten wird und wir hier erst am Anfang einer Entwicklung stehen, wenn ich mir beispielsweise die US-amerikanischen Company Towns vor Augen halte, Städte also, die im Eigentum großer Unternehmen und Konzerne stehen. Meine Frage, lieber Herr *Muckel*: Führt Ihr Modell zu einer Schwächung der Freiheit?

Andreas Paulus: Wir haben heute in der Tat zwei sehr anregende Referate gehört, die natürlich auch für die Rechtsprechung von Interesse sind. Wir sind damit in den praktischen Fragen der Ebene angekommen. Ich möchte allerdings wie gerade *Oliver Lepsius* davor warnen, Einzelfallentscheidungen zu weit auszulegen. In diesem Zusammenhang möchte ich auf einige Einzelfallaspekte hinweisen. Zunächst formal: Die Flashmob-Entscheidung ist kein Senatsbeschluss oder, wie wir gestern gehört haben, gar ein Urteil, sondern die einstweilige Anordnung einer Kammer. Eine einstweilige Anordnung regelt einen Fall eben nur einstweilen bis zur endgültigen Entscheidung. Zu der ist es nicht mehr gekommen. Aber ein solcher Beschluss ist sicherlich kein geeignetes Mittel zur Weiterentwicklung dogmatischer Grundentscheidungen des Senats. Zur Stadionverbot-Entscheidung: Ich darf hier auf den Sachverhalt hinweisen. Es geht hier um einen Dauerkarteninhaber, dem von seinem Vertragspartner für das gesamte Bundesgebiet für zwei Jahre die Dauerkarte entzogen wurde. Dabei geht es um einen Fall einseitiger privater Rechtsetzung. Dass eine solche Fallgestaltung geradezu einlädt zur mittelbaren Drittwirkung der Grundrechte, einschließlich des Gleichheitssatzes, weil die fragliche Regelung einseitig von der einen Partei gesetzt worden ist, sollte eigentlich auf der Hand liegen. Die Dogmatik, die der Senat hier angewendet hat, setzt auf an einer Entscheidung des Bundesgerichtshofs und bestätigt diese. Auch hier ist Ausgangspunkt also eine zivilrechtliche Entscheidung des höchsten deutschen Zivilgerichts. Dessen Begründung hat das Bundesverfassungsgericht dogmatisch angereichert. Zudem möchte ich darauf hinweisen, dass die dortige mittelbare Drittwirkung in der Tat vielleicht nicht der Weisheit letzter Schluss ist, insofern sind Ihre dogmatischen Anregungen sehr wichtig und richtig. Aber zwei Einschränkungen: Die Erste ist, dass der Deutsche Fußball-Bund ein Monopol für das Liveerlebnis Fußball hat. Die Anerkennung von Grundrechten ihm gegenüber läuft auf eine Art Teilkonstitutionalisierung der Daseinsvorsorge-Rechtsprechung hinaus. Zusätzlich muss die private Maßnahme grundrechtswesentlich sein, was hier mit dem Recht auf soziale Teilhabe verknüpft ist. Also auch hier eine sehr spezielle Konstellation. Umso wichtiger ist es, dass Sie die dogmatischen Begründungen liefern, die dann vielleicht in die künftige Rechtsprechung Eingang finden können. Noch zwei weitere kurze Punkte: Herr *Muckel*, Sie haben vertreten, dass die Anwendung von EU-Recht eine gesetzliche Grundlage liefere. Aber die Entscheidungen des Europäischen Gerichtshofs, auf die Sie sich berufen haben, sind grundrechtsgeleitet und unterscheiden auch nicht zwischen direkter und mittelbarer Drittwirkung, weil gerade die Grundrechte zur Einschränkung des Unionsgesetzgebers herhalten mussten, der nämlich einseitig nur den Datenschutz und nicht das Interesse der Öffentlichkeit an der Meinungsäußerung und Meinungsvielfalt in Betracht gezogen hatte. Die europäischen Gerichte machen das grundsätzlich nicht anders als das Bundesverfassungsgericht. Ein Warten auf den Gesetzgeber ist fast immer richtig. Ich würde aber nicht sagen, dass Grundrechtsprechung ohne gesetzliche Grundlage den Gesetzgeber notwendigerweise einschränkt, wenn er es anders machen will. In diesem Fall bereitet er dann die Grundlage für eine neue, durch die Grundrechte mit angeleitete Auslegung. Solange er das nicht getan hat, müssen wir aber irgendwie entscheiden. Hier auf eine Regelung des Internets durch den Gesetzgeber oder eigentlich die Gesetzgeber zu warten, ist schwierig. Das ist europäisches Recht. Das Internet ist sogar ein weltweites Phänomen. Dass wir Grundrechte nicht in Stellung bringen sollen, bevor der weltweite Gesetzgeber, den es in dieser Form ja gar nicht gibt, entschieden hat, das läuft dann schon auf ein ziemlich langes Warten hinaus. So viel Zeit haben die jeweilig Betroffenen nicht. Letzter Punkt: Die Ausweitung von Grund- und Menschenrechten durch ihre Zuerkennung an gesellschaftliche Einheiten oder gar die öffentliche Hand ist im Einzelfall durchaus anerkannt. Das macht auch das Bundesverfassungsgericht bekanntlich in vielen Fällen so, insbesondere in Bezug auf die Universitäten. Aber wollen wir wirklich die Grundrechte generell auf korporatistische staatliche Einrichtungen erweitern? Führt das nicht zu mehr Einbruch der Verfassungsgerichtsrechtsprechung in die Gesetzgebung als jetzt schon? Sind die Kommunen nicht ausreichend durch die Garantie der kommunalen Selbstverwaltung geschützt, die auch im Grundgesetz steht? Das sind meine Fragen und ich freue mich auf die weiteren Anmerkungen. Vielen Dank.

Andrea Edenharter: Vielen Dank. Ich hätte eine Anmerkung zum Thema Grundrechtsverpflichtung, insbesondere zum Referat von Ihnen, Herr *Muckel*, nämlich zu These 12. Da schreiben Sie: „Allein soziale oder wirtschaftliche Macht, namentlich eine mögliche marktbeherrschende Stellung von Facebook oder Google, kann nicht ausreichen, um eine grundrechtstypische Gefährdungslage zu begründen, die zu einer unmittelbaren Grundrechtsbindung der Unternehmen führen könnte." Aber da frage ich mich: Ist das nicht zu sehr vom nationalen Recht hergedacht? Der EuGH postuliert in seinen Entscheidungen in den Rechtssachen Egenberger und IR genau eine solch unmittelbare Drittwirkung zu Lasten Privater, nämlich in diesem Fall von Art. 21 der Grundrechtecharta und er ist auch dabei, das im Fall anderer Unionsgrundrechte zu bestätigen. Da stellt sich für mich die Frage, ob das nationale Recht sich derartigen Tendenzen langfristig wird widersetzen können.

Ulrich Jan Schröder: Wie legitimiert man die Drittwirkung? Schutzpflichten scheinen mir auf halbem Wege stehen zu bleiben. Der andere Ansatz wäre die objektive Werteordnung, Lüth-Urteil. Heute vielleicht veraltet, letzter Protagonist ist Herr *Volkmann*, und ich würde mich vielleicht Herrn *Volkmann* anschließen wollen. Die Frage ist nur, was versteht man unter objektiver Wertordnung? Ist das eine Einbruchstelle auch für das Naturrecht? Ist das eine große Projektionsfläche für alles, was man der Verfassung hinter der Verfassung unterlegt? Oder ist es vielleicht weniger? Ich will in Erinnerung rufen, dass das Lüth-Urteil ja eigentlich als ein Fanal wider die Naturrechtsrenaissance verstanden worden ist und vom Bundesverfassungsgericht auch als Gegenentwurf zu der vom Bundesgerichtshof kultivierten Naturrechtsrenaissance in Stellung gebracht worden ist. Insofern wäre also eher ein einschränkendes Verständnis der objektiven Wertordnung am Platz und damit eine Art Willkürverbot, jedenfalls wenn es um die Drittwirkung des Gleichheitssatzes geht. Das würde dem entsprechen, was Herr *Paulus* ausgeführt hat zur Reichweite der Drittwirkung, jedenfalls was den Gleichheitssatz angeht. Eine andere Tradition oder ein anderer Ansatz wäre das, was Herr *Isensee*, wenn ich das recht verstehe, im Handbuch des Staatsrechts mit „etatistischer Konvergenztheorie" bezeichnet hat: All das, was ein Privater einem anderen Privaten privatrechtsförmig antun kann, ist letztlich staatlich gebilligt. Wenn man das bis auf die Grundrechte zurückführt, wären die Grundrechte Erlaubnisnormen. Dann wäre Art. 8 GG so etwas wie die Erlaubnisnorm, auf dem Grund und Boden eines anderen Eigentümers eine Versammlung abzuhalten. Das ist nun ein gänzlich anderes Verständnis grundrechtlicher Drittwirkung als das der objektiven Wertordnung, eher ein etatistisches. Eine dritte Ableitungsgrundlage, mit der man sich eigentlich auch beschäftigen sollte, wäre, ob nicht das Demokratieprinzip – und das wäre vielleicht der weiterreichende Ansatz, der in die Kerbe schlagen würde, die Frau *Schönberger* aufgezeigt hat –, ob nicht das Demokratieprinzip geeignet ist, als Grundlage für Drittwirkungen herzuhalten, besonders was die Gleichheit angeht. Da hätte man auch wieder einen Begründungsstrang zum Versammlungsrecht, das politisch genutzt wird und damit für die Demokratie relevant ist. Zur Meinungsfreiheit hätte man das Lüth-Urteil, welches gerade auch die Bedeutung der Meinungsfreiheit für die Demokratie hervorhebt. *Ekkehart Stein* hat das ja sehr breit ausgebaut. Das ist allerdings etwas ganz Großartiges, Großdimensioniertes, mit dem sich viele wahrscheinlich nicht anfreunden würden. Das letzte, was ich sagen möchte, ist, dass wir Drittwirkung haben im Europarecht. Die Grundfreiheiten, erst nur gegen Intermediäre in Stellung gebracht, dann, siehe die Angonese-Entscheidung, auch gegen jeden Arbeitgeber. Die Grundrechte – wie sie in der Grundrechtecharta stehen – haben wahrscheinlich sowieso weitläufig Drittwirkung. Das Sekundärrecht der EU darf auch unabhängig davon, ob die konkretisierten Grundfreiheiten und Grundrechte Drittwirkung entfalten, Drittwirkung anordnen. Die Frage ist doch, wie positioniert sich die deutsche Grundrechtsdogmatik dazu, dass europäische Grundrechte ganz stark und breit Drittwirkung anordnen – aufgrund deutscher gesetzlicher Delegation übrigens. Dankeschön.

Andreas Dietz: Vielen Dank für die Worterteilung. Danke, Herrn *Muckel* und Frau *Schönberger*, für die Referate. Herr *Muckel*, Sie haben den großen, eher theoretischen Überbau dargestellt und einen Bogen geschlagen. Frau *Schönberger*, Sie haben in die Breite und Tiefe differenziert. Ich möchte einen Einzelpunkt ansprechen, der auch in unserer Gerichtspraxis, insbesondere im Straßen- und Wegerecht, ein Problem darstellt. Nämlich die Frage, wie schützen wir den grundrechtsverpflichteten Privaten vor einem Missbrauch des geltend gemachten Grundrechts durch den anderen privaten Anspruchssteller? Ich will das an folgendem Beispiel deutlich machen: Wir haben sowohl in der Fraport-Entscheidung, als auch in der Einkaufspassage, als auch im Stadion grundsätzlich Bereiche, die Privaten gehören. Die sind in unterschiedlichem Maße vielleicht der Öffentlichkeit zugänglich gemacht. Im Straßen- und Wegerecht kennen wir die öffentlich-rechtliche Verkehrsfläche, zum Beispiel die Fußgängerzone. Die Straße der Kommune ist dem öffentlichen Verkehr gewidmet, sie ist dem öffentlichen Verkehr zugänglich gemacht und sie dient mittlerweile auch so etwas wie dem kommunikativen Gemeingebrauch. Nun wurde dies weiterentwickelt zur Verwirklichung der Grundrechte. Auf der anderen Seite haben wir den privaten Grundrechtseigentümer, der einen Privatweg hat, zum Beispiel zu seiner Eigentumswohnanlage und den er grundsätzlich nur privaten und von ihm ausgewählten Personen öffnet, nämlich den Anwohnern und den Besuchern. Dazwischen gibt es noch den tatsächlichen öffentlichen Weg, wenn zum Beispiel eine Passage zwischen zwei öffentlichen Verkehrsflächen Privatgrund ist, aber dem öffentlichen Verkehr von Privaten eröffnet ist, dann kann dort öffentlicher Verkehr stattfinden, aber nur im Rahmen der Widmung und der Private kann ihn mit gerichtlicher Erlaubnis auch später wieder zurücknehmen und sagen: Ich sperre die Fläche, warum auch immer. Diese Differenzierung bitte ich im Auge zu behalten, wenn ich jetzt folgendes Problem aufwerfen möchte: Wie schützen wir den grundrechtsverpflichteten Privaten davor, dass derjenige, der in der Einkaufspassage die Dosen aufmacht, nicht auch noch ein paar Bierflaschen nimmt, die Bierflaschen herumwirft, Passanten belästigt, eventuell sogar angreift und auf diese Weise sein Grundrecht missbraucht und gleichzeitig dafür sorgt, dass der Grundrechtsverpflichtete seine Grundrechte auf Erwerb aus Art. 12 GG und auf Eigentum aus Art. 14 GG nicht mehr in dem ihm zustehenden Maße wahrnehmen kann? Ich möchte mich den Vorrednern anschließen. Meines Erachtens kann diese Grundrechtsverpflichtung Privater nur die absolute Ausnahme sein. Erstens: Wenn qualitativ ein hochwertiges Grundrecht von kollektiver Bedeutung, Thema Demokratieprinzip, kollektive Meinungsbildung, im Raum steht. Zweitens: Wenn der Einzelne existenziell darauf angewiesen ist, dieses Grundrecht auch dort wahrzunehmen. Bei der Fraport-Entscheidung mag es sein, dass die Demonstration gegen eine Abschiebung am Flughafen mehr Öffentlichkeitswirkung hat als in der Fußgängerzone derselben Stadt. Aber bitteschön, was hat der Alkoholmissbrauch in der Passage oder dergleichen damit zu tun? Mein Gedanke ist, wenn wir diese Trias der drei Begriffe ernst nehmen, dann können wir den Einzelnen schützen. Im Umkehrschluss: Wie kann der Private Missbrauch tatsächlich vorbeugen? Eigentlich nur durch ein generalpräventives Verbot. Denn der Private hat keine Polizei zur Hand, anders als die öffentliche Hand, um seine Rechte durchzusetzen. Lassen Sie mal einen Hausmeister oder einen Sicherheitsdienst erst gegen irgendwelche Randalierer oder Störer vorgehen. Warum soll, bitteschön, ein Fußballfan nicht ein oder zwei Jahre auf Stadionanwesenheit verzichten, wenn es ihm nicht um Fußball geht, sondern um Gewalttätigkeit? Das hat überhaupt nichts mit Grundrechten zu tun.

Christian Bickenbach: Herr *Muckel*, ich denke, dass wir doch etwas stärker über die unmittelbare Grundrechtsbindung von Privaten nachdenken sollten. Die Fallgruppen sind eigentlich fast alle schon genannt worden, Stichwort Forum-Funktion oder Monopole. Ich denke da auch an Sportorganisationen, z.B. an den Leichtathletikweltverband oder an das IOC. Das müssen dann nicht die deutschen Grundrechte sein, aber wenn wir so eine Organisation haben wie das IOC, das ein Monopol hat, und die Grundrechte der Sportler anschauen, die Berufsfreiheit, das allgemeines Persönlichkeitsrecht, dann liegt eine grundrechtstypische Gefährdungslage vor. Auch die Fallgruppe Wegfall des Grundrechtsadressaten ist zu nennen, Art. 10 GG, das Fernmeldegeheimnis. Adressaten sind mittlerweile vollprivatisierte Unternehmen oder Unternehmen, die nicht mehr durch die öffentliche Hand beherrscht werden. Herr *Kämmerer* und Herr *Schröder* haben bereits die unmittelbare Bindung intermediärer Gewalten an die Grundfreiheiten erwähnt. Eine unmittelbare Grundrechtsbindung wäre somit nichts grundstürzend Neues. These 12 ist schon mehrfach angesprochen worden, die grundrechtstypische Gefährdungslage. Bei der Grundrechtsträgerschaft haben Sie das sehr stark gemacht, aus meiner Sicht bei der Grundrechtsbindung, bei der Grundrechtsadressatenschaft, aber eher nicht. Ein Fall: Facebook blockiert das Bild eines kleinen nackten Mädchens auf einer seiner Seiten. Jetzt können wir denken: Wunderbar, Kampf gegen Kinderpornografie. Aber erstens, es war die Seite einer Zeitung, in diesem Fall einer norwegischen Zeitung, und zweitens war das nicht irgendein kleines nacktes Mädchen, sondern es war das Napalm-Mädchen-Foto aus dem Vietnamkrieg. Wir kennen es alle. Das hatte Facebook zunächst blockiert, untechnisch: zensiert. Grundrechtstypische Gefährdungslage? Ich denke, ja. Gleiches gilt für Kunstwerke, gleiche Lage. Deshalb müsste man aus meiner Sicht doch stärker über eine unmittelbare Grundrechtsbindung nachdenken. Letzter Punkt: Ich hatte Sie so verstanden, dass Sie eher aus funktionalen Erwägungen skeptisch sind. Herr *Paulus* hatte den Gestaltungsspielraum des Gesetzgebers angesprochen. Bei der Schutzpflichtenfunktion ist dann eher der Gesetzgeber in der Vorhand, so dass nicht unbedingt die Gerichte das zu entscheiden haben. Aber am Ende landet es wieder bei den Gerichten. Das Netzwerkdurchsetzungsgesetz liegt meines Wissens jetzt beim Bundesverfassungsgericht, insofern haben wir dann auch wieder gerichtliche Entscheidungen. Vielen Dank.

Andreas Kulick: Vielen Dank an die Referentin und den Referenten für Ihre sehr interessanten Referate. Ich habe drei kurze Punkte. Zwei zur

Grundrechtsbindung Privater und einen ganz kurzen Punkt zur Grundrechtsberechtigung juristischer Personen. Der erste Punkt zur Grundrechtsbindung Privater: Ich möchte einen Schritt zurücktreten und diese aus der analytischen Perspektive betrachten. Es wurde viel gesprochen von, ich will das mal etwas provokant formulieren, einer Tendenz zur Verstaatlichung privater Beziehungen, Stichwort Netzwerkdurchsetzungsgesetz. *Sophie Schönberger* hat überdies von einer Umdeutung staatlicher in gesellschaftliche Regeln gesprochen und natürlich ist der Stadionverbot-Beschluss erwähnt worden und dabei die Anknüpfung an die Grundsätze des Verwaltungsverfahrensrechts. Ich möchte erinnern, dass, wenn man von staatsgleicher Grundrechtsbindung Privater spricht, muss man natürlich immer bedenken, dass Private auch grundrechtsberechtigt sind. Insofern eine staatsgleiche Grundrechtsbindung zu propagieren, ich denke, darüber sollte man noch einmal gut nachdenken. Denn, es kann letztlich immer nur um ein reflexives Verhältnis gehen. Bejaht man, dass Private untereinander sowohl grundrechtsberechtigt als auch verpflichtet sein sollen, dann geht das nur gegenseitig in beide Richtungen. Daraus folgt natürlich, das ist eine grundsätzliche Erkenntnis, wir kennen das von *Robert Alexy*: Grundrechte sind erstmal nur prima facie-Positionen und zu einer Verpflichtung kommt man nur, wenn man in einem Abwägungsverhältnis zu dem Ergebnis gelangt, dass ein grundrechtlicher Anspruch besteht – und der kann eben bestehen oder nicht bestehen. Zweite kurze Bemerkung zur Grundrechtsverpflichtung Privater: Herr *Muckel*, Sie hatten die Perspektive der Gewaltenteilung angesprochen. Hier möchte ich nur ganz kurz daran erinnern, dass auch nach der vorherrschenden Auffassung, wenn man an die Tendenz des Bundesverfassungsgerichts zur Maßstabsbildung denkt, eine Tendenz zur Verallgemeinerung von Einzelfallentscheidungen besteht. Auch hier besteht durchaus auch eine erhebliche Gefahr faktischer Normkreation durch die Gerichte. Ganz kurze Bemerkung noch zur Grundrechtsberechtigung juristischer Personen: Ich möchte etwas sagen zur juristischen Person des Privatrechts. Hier möchte ich sehr Ihre Kritik am Bezug auf das Individuum begrüßen, Herr *Muckel*. Ich würde das mal Individualbezug nennen. Er taucht in der Rechtsprechung des Bundesverfassungsgerichts auf hinsichtlich Art. 19 Abs. 3 GG und man kann diese Tendenz auch rechtsvergleichend in anderen Jurisdiktionen beobachten. Diesen Individualbezug halte ich für sehr problematisch, denn es geht hier um juristische Personen als eigenständige Korporationen. Daher möchte ich vorschlagen, an dessen Stelle ein funktionales Verständnis zu setzen, das auf das Wesen der juristischen Person abstellt. Vielen Dank.

Stefanie Schmahl: Vielen Dank. Auch ich danke zunächst für zwei anregende Referate. Herr *Muckel*, Sie haben zur Teilgrundrechtsfähigkeit von technisch generierten Entitäten, namentlich Cyborgs und autonomen Robotern mit künstlicher Intelligenz, kurz Stellung bezogen. Dies geschah allerdings in einem nach meinem Dafürhalten eher eng gezogenen grundrechtsdogmatischen Kontext und auch ohne nähere Erörterung der zu erarbeitenden Kriteriologie. Daher nun einige Fragen meinerseits: Wie wäre denn eine Grundrechtsfähigkeit von Cyborgs auszugestalten? Als Grundrechtsberechtigung analog derjenigen natürlicher Personen oder derjenigen juristischer Personen? Oder als eine dritte Kategorie? Und welche Konsequenzen zeitigte denn eine – auch partielle – Grundrechtsfähigkeit von Cyborgs für grundrechtsgleiche Rechte, vor allem für das Wahlrecht, und welche Folgerungen ergäben sich daraus für die parlamentarische Demokratie? Sollte ein aktives, ein passives oder ein eingeschränktes Wahlrecht für Cyborgs vorgesehen werden? Und änderte ein solches Wahlrecht dann die Repräsentation des Staatsvolkes nach Art. 38 GG? Das würde mich interessieren.

Viola Schmid: Sehr geehrter Herr *Muckel*, ich schließe mich unmittelbar der Vorrednerin an mit folgender Differenzierung: Erstens zum Unterschied zwischen Rechts-, Geschäfts- und Grundrechtsfähigkeit. Zweitens, zu Ihrer These 9, bei der ich mir „rausgepickt" habe: „[…] autonomen Robotern mit künstlicher Intelligenz […] kann nach Maßgabe einer noch zu erarbeitenden Kriteriologie auf gesetzlicher Grundlage Teilrechtsfähigkeit verliehen werden, damit sie am Rechtsverkehr teilnehmen können". Es ist mir ein Bedürfnis, Ihnen für Ihren mutigen wie stringenten Beitrag zu danken; insbesondere deswegen, weil ich Ihnen hier und heute dezidiert widersprechen kann und will. Und zwar menschenwürdemotiviert (Art. 1, Art. 79 Abs. 3, Art. 23 Abs. 1 S. 3 GG). Ihre These habe ich wie folgt verstanden: Das deutsche Grundgesetz enthält derzeit keine „Determinationskraft" (eigene Terminologie) hinsichtlich des „Neins" einer einfachrechtlichen Gestaltungsfreiheit des Gesetzgebers zu Rechts- und Geschäftsfähigkeit dieser Roboter. Sehen Sie mir nach, ich bin eine Frau und auch im Namen meiner weiblichen Vorfahren und meiner familienrechtlichen Dissertation folgend, bin ich was die (Nicht-)Zuerkennung von Rechts- und Geschäftsfähigkeit betrifft, durchaus engagiert. Wie mutig Ihre Auffassung ist und welches Alleinstellungspotential sie derzeit hat, verdeutlichen die bereits gestern angesprochenen Materialien (Deliverables) der „Unabhängigen Hochrangigen Expertengruppe für Künstliche Intelligenz" auf EU-Ebene. Ich darf aus deren – aktuell nur in englischer Sprache verfügbaren – „Policy and Investment Recommendations for Trustworthy AI" aus Juni 2019 zitieren: „We urge policy-makers to refrain from establishing legal personality for AI systems or robots. We believe this to be fundamentally inconsistent with the principle of human agency, accountability and responsibility, and to pose a significant moral hazard." Dieses Alleinstellungspotential wird nicht nur von einer Expertengruppe belegt, die sich dort mit einem „appropriate regulatory framework" befasst. Darüber hinaus lautet auch der terminus technicus der Cutting-Edge-Forschung disziplinübergreifend, ob in Stanford oder in der EU, „human-centered AI". Damit habe ich meine grundsätzliche Kritik hinsichtlich einer Gestaltungsfreiheit des einfachen Gesetzgebers für die Eröffnung des Wettbewerbs von sogenannter „künstlicher Intelligenz" mit meiner Art von Intelligenz – Sie merken, ich zögere von „natürlicher Intelligenz" zu sprechen – verdeutlicht. Nicht einmal die Definitionsfrage, was denn „künstliche Intelligenz" sei, ist derzeit geklärt. Auch die Expertengruppe hat hierzu ein eigenes Deliverable (2019) in Abkehr von der Kommission (2018) verfasst. Des Weiteren, zur noch zu erarbeitenden „Kriteriologie": Wo sollen denn die Kriterien herkommen, wenn nicht aus dem deutschen Primärrecht? Und wie können Sie derzeit a priori ausschließen, dass das Grundgesetz der Zuerkennung von Rechts- und Geschäftsfähigkeit an „autonome Roboter mit künstlicher Intelligenz" entgegensteht? Ich will auch an einer „besseren Welt mit KI" mitarbeiten, aber hier, so und heute nicht. Danke.

Wolfgang Bock: Danke sehr. Beide Referenten haben sich etwas zurückgehalten mit Ausführungen über die Grundrechtstheorie. Dafür sprechen gute Gründe. Aber beide, mir sehr gut gefallenden Referate haben gezeigt, dass die Grundrechtstheorie materiell in ihnen enthalten ist. Ich danke auch an diesem Punkt der Entscheidung des Vorstandes unserer Vereinigung für die Wahl des gestrigen Themas am Vormittag und die Wahl des heutigen Themas, denn beide sind, wie sich zeigt, doch intensiv miteinander verbunden. Das Öffentliche Recht, die Entstehung des ius publicum um 1600, hat als prinzipielle Grundfrage die Konstitution und die rechtliche Kontrolle der Ausübung von Herrschaft. Dagegen hat das Privatrecht die grundsätzlich gleiche Freiheit von Subjekten in einer Gesellschaft als Grundthema. Dass die mit diesen beiden Grundfragen verbundenen Probleme dann in der Grundrechtstheorie aufeinandertreffen, haben Sie beide perfekt gezeigt. Insofern bin ich sehr zufrieden und habe mich darüber gefreut. Meine Frage richtet sich an Sie, Frau *Schönberger*. Sie lautet – neben meinem Lob für die präzise und reflektierte Anwendung von sozialwissenschaftlichen und kulturwissenschaftlichen Kategorien: In einer Entscheidung billigt der Europäische Gerichtshof für Menschenrechte ein gesetzliches Verbot der Gesichtsverschleierung in einem Staat der EU. Das Gericht hat in diesem Zusammenhang sehr eindringliche, sehr vorsichtige, aber auch sehr klare Ausführungen zu der Frage gemacht, wie eine Gesellschaft sich selbst im Bereich der Kommunikation, im Bereich der sozialen Räume begreifen kann. Würden Sie diese Entscheidung auch als einen Beitrag zu der von Ihnen als Rohdiamanten bezeichneten Feldvermessung ansehen? Danke.

Ute Mager: Ich möchte mich zur Grundrechtsträgerschaft staatlicher Einheiten äußern und dabei eine Lanze für das Konfusionsargument brechen. Ein schönes Beispiel ist die Atomausstieg-Entscheidung. Man stelle sich vor, es hätte sich bei den Beschwerdeführern neben den privaten Energieunternehmen um eine Aktiengesellschaft in 100 % Bundeseigentum gehandelt und eben nicht in schwedischem Staatseigentum, wo das Konfusionsargument ja keine Rolle spielt und wo unionsrechtliche Anforderungen die Gleichstellung verlangen. In der Entscheidung stellte das Bundesverfassungsgericht fest, dass die Streichung von Restlaufzeiten mangels Ausgleichszahlungen unverhältnismäßig ist. Es hätte also Ausgleichszahlungen geben müssen. Jetzt stellt sich die Frage, wie sinnvoll es wäre, aus dem Bundeshaushalt Mittel an eine Aktiengesellschaft zu zahlen, die zu 100 % in Bundeseigentum steht. Die Frage mag sich durchaus anders stellen, wenn wir eine substanzielle private Beteiligung haben oder überhaupt eine private Beteiligung. Ich finde jedenfalls, das ist ein schönes Beispiel dafür, dass das Konfusionsargument durchaus leistungsfähig ist. Abgesehen von den anerkannten juristischen Personen des Öffentlichen Rechts als Grundrechtsträgern, sollte man meiner Meinung nach vorsichtig sein mit der Ausdehnung der Grundrechtsträgerschaft von juristischen Personen des Öffentlichen Rechts. Erwähnenswert ist die auch von Herrn *Muckel* angeführte berühmte Sasbach-Entscheidung, in der das Bundesverfassungsgericht so wunderschön gesagt hat: Art. 14 GG schützt nicht Privateigentum, sondern das Eigentum Privater. In dem Fall hat sich die Gemeinde auf ihr zivilrechtliches Eigentum berufen, um die Verwirklichung eines Regionalplans abzuwehren. Insoweit stellt sich die Frage, ob wirklich eine grundrechtstypische Gefährdungslage besteht, denn die Gemeinde muss auf der Grundlage ihres gemeindlichen Selbstverwaltungsrecht im Verfahren der Raumplanung beteiligt werden. Das nennt man Gegenstrom-Prinzip. Ihre Interessen werden im Rahmen dieser regionalplanerischen Abwägung auch umfassend berücksichtigt. Ich schlage als verallgemeinerungsfähigen Gedanken vor: Bevor man bei Trägern öffentlicher Gewalt oder juristischen Personen des Öffentlichen Rechts eine grundrechtstypische Gefährdungslage annimmt, muss man zunächst feststellen, ob es sich wirklich um ein Interesse mit Selbststand handelt, und im Weiteren, inwiefern es Möglichkeiten gibt, dieses Interesse in anderer Weise geltend zu machen. Danke.

Wolfgang Weiß: Ich darf anknüpfen, Herr *Muckel*, an die Frage meiner Vorrednerin. Bei Ihnen spielt in der Teilziffer 7 die grundrechtstypische Gefährdungslage für die Begründung der Grundrechtsberechtigung eine große Rolle, aber ich rüge, dass der Inhalt des Begriffs doch ungeklärt blieb. Was ist damit gemeint? Wenn es um die Ausübung eines individuellen Freiheitsraums gehen soll, dann muss die Frage der Grundrechtsberechtigung daraus folgend doch differenzierter gesehen werden; gerade wenn man etwa juristische Personen des Öffentlichen Rechts der verschiedensten Art einbezieht, so wie Sie es tun. Insbesondere der Einbezug von Gemeinden und Städten pauschal überzeugt mich nicht. Befugnisse, Kompetenzen, verfassungsrechtliche Funktionen in die grundrechtstypische Gefährdungslage mit zu subsumieren, erscheint mir nicht hinreichend begründet und begründbar. Ich denke, eine konkretere Bestimmung dessen, was grundrechtstypische Gefährdungslage meint, könnte hier Anlass sein für differenziertere Betrachtungen. Jetzt eine Frage für Frau *Schönberger*: Ich formuliere sie mal sehr zugespitzt, weil ich Sie herausfordern möchte, etwas konkreter zu werden über die Rolle der Grundrechte, die Ihnen vorschwebt. Mein Vorwurf ist: Investieren Sie nicht zu viel Hoffnung in Grundrechtstheorie? Auf der Ebene des einfachen Gesetzes gibt es ja sehr viel mehr an Bestand von Normen, um mit den Herausforderungen des digitalen Raumes umzugehen. Sie erwähnen das Netzwerkdurchsetzungsgesetz, es gibt aber sehr viel mehr, was Anwendung findet: Datenschutzrecht, Strafrecht, wenn man mal von unsäglichen letzten Entscheidungen absieht, aber auch das Wettbewerbsrecht. All das findet bereits Anwendung auf digitale Erscheinungen, die wir unter dem Begriff „digitaler Raum" zusammenfassen. Das wird angewendet von Behörden und Gerichten; das greift bereits. Die große Diskussion, die wir hier haben, bezieht sich darauf, wie solche Regeln konkret angewendet werden, wie das im Detail aussieht, vor allem auch: Wo muss der Gesetzgeber nachbessern? Das sind zunächst einmal die wichtigen Fragen nach dem Detail der gesetzgeberischen Ausgestaltung. Das steht zunächst einmal im Vordergrund, das ist die zentrale Herausforderung. Die Figur der Grundrechte als Direktive für die kollektive Ordnung ist da meiner Ansicht nach bereits hinreichend flexibel, weil sie gerade die Verantwortung des Gesetzgebers betont. Meine Frage ist daher, was soll da eigentlich konkret Grundrechtstheorie leisten, außer allgemeine Aussagen zu formulieren, die wir aus der Diskussion um den Begriff der mittelbaren Drittwirkung und ihre Bedeutung bereits kennen. Jene verweist ja notwendigerweise auf die Verantwortung des Gesetzgebers. Mir ist nicht klargeworden, was darüber hinausgehend die Rolle der Grundrechte sein kann.

Simon Kempny: Vielen Dank. Da der Großteil meiner Anliegen durch die Beiträge der Herren *Kämmerer* und *Schoch* dankenswerterweise abgeräumt ist, bleibt eine kleine Frage an Frau *Schönberger*. Diese bezieht sich auf These 20. Sie charakterisieren die dogmatische Behandlung des sozialen Phänomens in der Stadionverbot-Entscheidung als „hilflos". Ich würde ergänzen wollen: ja, vielleicht hilflos, dann aber durchaus zupackend oder auch hemdsärmelig. Das mag sicher mit der von Herrn *Paulus* umrissenen Situation des Bundesverfassungsgerichts zusammenhängen: dass es vielleicht gar nicht anders geht, wenn man entscheiden muss. Die Frage an Sie: Hat das nicht zwei Schichten? Die normative Herleitung ist Art. 3 Abs. 1 GG. Was die Aussage angeht, dass Private einem Verbot unbegründeter Ungleichbehandlung unterworfen werden, das ist die materielle Ebene, da kann man mitgehen oder nicht mitgehen. Aber das liegt deutlich näher als diese in Randnummer 46 der Entscheidung dann einfach gefolgerte prozedurale Anforderung der Anhörungspflicht. Ist das nicht eher die Horizontalisierung des Rechtsstaatsprinzips? Verlassen wir hier nicht den grundrechtlichen Bereich? Das, finde ich, liegt deutlich ferner; und es ist keineswegs so zwingend, dass man den einen, prozeduralen Schritt mitgehen muss, wenn man den anderen, materiellen, mitgeht. Danke.

Markus Winkler: Meine Frage richtet sich in erster Linie an Frau *Schönberger*. Sie haben uns ja wirklich eine brillante Tour d'Horizon geliefert, was die Fälle angeht, und die Einschränkung der Nutzbarkeit des öffentlichen Raums durch die Stichworte der Kommerzialisierung und der Musealisierung sehr überzeugend gedeutet. Da lässt sich vielleicht außer den Städten Barcelona und Venedig und dem kleinen Hallstatt in Tirol auch noch ein weiteres Beispiel aus Frankfurt anführen: Außer dem Flughafen gibt es da auch noch die Neue Altstadt; der Name sagt schon, worauf das Konzept hinausläuft. Dennoch möchte ich in die gleiche Richtung wie einige Vorredner fragen, ob man nicht zumindest einen Teil der Tatsachengrundlage, auf der Sie aufgesetzt haben, schon anders abräumen kann als mit einer ganz neuen Grundrechtsfunktion. Es war schon von Schutzpflichten die Rede, auch von Grundrechtsmissbrauch. Ist nicht gerade die Fraport-Entscheidung eher Teil einer ganz anderen Erzählung, nämlich derjenigen der Kompensation von Grundrechtseingriffen durch Leistung? Hier hatten wir es ja mit einer formal privatisierten, aber überwiegend in öffentlicher Hand befindlichen Person des Privatrechts zu tun, deren Grundrechtsbindung nicht so schwer zu begründen ist. Die Frage ist ja eher, ob der tatsächlich öffentliche Raum, der hier nicht einem kommunikativen Verkehr gewidmet war, aus freiheitsrechtlichen Gründen geöffnet werden muss, in diesem Fall aus Gründen der Versammlungsfreiheit eben für eine Versammlung. Da geht's doch letztlich darum, dass eine notwendige Grundlage für die Grundrechtsausübung – Herr *Dietz* hat es angesprochen, diese Versammlung zog ihre spezifische Appellwirkung gerade aus dem Ort „Flughafen" – vereitelt würde, wenn nicht gerade dieser Ort zur Verfügung gestellt würde. Da sehe ich eher eine Linie, deren Ursprung man letztlich in der Entscheidung zur Ersatzschulfinanzierung von 1994 festmachen kann. Dort hat das Bundesverfassungsgericht gesagt, dass der Staat einen Ausgleich schaffen muss, wenn er die tatsächlichen Voraussetzungen der Grundrechtsausübung auf normative Weise so sehr verknappt, dass das Grundrecht kaum noch ausgeübt werden kann; in diesem Fall musste er Geld leisten. Im Fraport-Fall musste er die Fläche eben tatsächlich zur Verfügung stellen. Man könnte noch andere Beispiele in dieser Richtung anfügen, etwa exklusiv staatlich beherrschte Informationen; Stichwort: Informationsanspruch der Medien, Stichwort: Veröffentlichung von Gerichtsentscheidungen.

Dieter Kugelmann: Vielen Dank. Ich habe eine Anmerkung aus der Praxis und dann jeweils eine Frage an Herrn *Muckel* und auch an Frau *Schönberger*. Die Anmerkung betrifft die Rechtsdurchsetzung in Zusammenhang mit sozialen Netzwerken. Als Datenschutzaufsichtsbehörden haben wir da unsere Erfahrungen, und zwar nicht die besten. Die Rechtsdurchsetzung ist ganz schwierig, wenn die Datenverarbeitungen weltweit durchgeführt werden. Irgendwann steht der Server dann eben in irgendeinem Staat, wo man keine Reichweite und keinen Zugriff hat. Die Frage ist also, wie kann ich Grundrechte, Freiheitsrechte, im Netz durchsetzen? Wie können Vollzugsbehörden effektiv agieren? Die europäische Netzwerkverwaltung gibt uns jetzt neue Möglichkeiten im Bereich des Datenschutzes. Aber, und das ist der nächste Punkt, daran schließt sich die Frage an Herrn *Muckel* an, es geht auch über die Stärkung der Nutzer. Rechtsdurchsetzung kann auch über die Stärkung der Rechte derjenigen Wirkung entfalten, die derartige Netzwerke nutzen. Die Rechtsprechung, Sie haben sie referiert, des Europäischen Gerichtshofes etwa zu Facebook-Fanpages sagt, dass Facebook und der Fanpage-Betreiber gemeinsam verantwortlich sind. Das heißt, wir wenden uns dann an die Verantwortlichen mit Sitz in der Bundesrepublik Deutschland, die eben auch datenschutzrechtliche Verantwortung tragen, also eine Aktivierung der Nachfrageseite in der Hoffnung und mit dem Ziel, dass dann diese Verantwortlichen sich wiederum an Facebook wenden, an die großen sozialen Netzwerke, und sagen, wir haben hier Schwierigkeiten, helft uns, sonst können wir unsere Vertragsbeziehungen nicht weiterführen. Das bringt mich zu der Rechtsfrage, die ich anschließen möchte. Sie, Herr *Muckel*, haben bei der Grundrechtsseite die Adressaten der sozialen Netzwerke nicht aktiviert, aber ist es nicht ein Weg, den Gesetzgeber mittels der Schutzpflichten dazu zu bewegen, die Grundrechtsdurchsetzungsfähigkeit der Individuen zu stärken gegenüber den auf einfacher Rechtsbasis bestehenden sozialen Netzwerken, die dann entsprechend Adressat des einfachen Rechts sind, aber des einfachen Rechts, das der Unionsgesetzgeber oder der nationale Gesetzgeber dann eben verstärkt? Auch das ist ein Aspekt des Netzwerkdurchsetzungsgesetzes: Schutzpflicht zur Stärkung des Individualnutzers. Das bringt mich auch zu der Frage an Frau *Schönberger*: Sie haben die Kommerzialisierung sozialer Räume sehr plastisch beschrieben. Diese Kommerzialisierung des Sozialen, aktiviert die nicht umgekehrt die Sozialisierung des Kommerziellen? Also die Notwendigkeit, auch auf dieser Seite kommunikative Freiheitsrechte verstärkt in sozialen Räumen fruchtbar zu machen. Wäre das ein erster Schritt Ihrer neuen Grundrechtsfunktion, die kommunikativen Freiheiten, welche das auch immer im Einzelnen sein mögen, dahingehend zu aktivieren, dass Grundrechtsträger in der Lage sind, ihre Grundrechte effektiv gegenüber denen geltend zu machen, die im Prinzip infrastrukturelle Daseinsvorsorge betreiben, aber eben Private sind? Deshalb die Frage: Kommen wir bei Auslegung da vielleicht schon mal einen Schritt weiter, indem wir die Möglichkeit sozialer Selbstentfaltung verstärken und die Freiheitsrechte reinlesen?

Franz Reimer: Meine Frage richtet sich an *Sophie Schönberger*. Am Ende Deines großartigen Referats hast Du in einem Ausblick die Rolle der Grundrechte für die Konstitution sozialer Gemeinschaft durchdacht. Es hagelt Begriffe wie Gemeinschaftsbildung, soziale Gemeinschaft, staatliche Gemeinschaft. Ich finde das semantisch irritierend. Ich frage mich, und deshalb frage ich es auch Dich, ob es nicht auch in der Sache irritieren muss. Überschätzen wir nicht oder verkehren wir nicht die Grundrechte, wenn wir sie zur Absicherung der Grundlagen von Gemeinschaftsbildung nutzen wollen? Ist es nicht eine Anmaßung von Wissen, die wir damit insbesondere den Verfassungsgerichten zumuten, zu entscheiden, wie viel Diversität eine Gemeinschaft braucht und wie viel Homogenität? Wie viel Raum kreativen Minderheiten zu geben ist, damit Gemeinschaft sich bilden kann oder wie viel Raum ihnen vorzuenthalten ist? Wohlwollend formuliert ist das eine kommunitaristische Grundrechtstheorie, aber ich würde eher sagen, der Unterstrom ist kollektivistisch. Ich will die Frage daraufhin zuspitzen, ob es eine richtige Teleologie für Grundrechte ist, ihnen eine Funktion für die Gemeinschaftsbildung zu geben? Vielen Dank.

Kai von Lewinski: Ich möchte noch zwei unterbelichtete oder fehlende Punkte nachtragen: Das eine schließt an *Franz Reimer* an, ein Phänomen, das in beiden Vorträgen nicht angesprochen worden ist und vielleicht einen ganzen Themenkreis. Das Phänomen, das ich vermisst habe, sind Gruppenrechte als Ergebnis und Ziel von Identitätspolitik. Dies ist sicherlich etwas, das mit dem Wandel im Verhältnis von Staat und Gesellschaft zu tun hat, also der Übersetzung von spezifisch und politisch hinreichend artikulierten Werten und Interessen in Rechte. Solche Gruppenrechte sind dadurch gekennzeichnet, dass die Gruppe, der solche Rechte zugesprochen werden, innerlich nicht verfasst ist, also im rechtlichen Sinne nicht artikulationsfähig ist – sie ist keine juristische Person. Das knüpft an beide Vorträge an. Etwa hat *Sophie Schönberger* in These 3 Bezug genommen auf die

„schwach organisierte soziale Beziehung", die eine Rolle spielt, oder Herr *Muckel* auf die „emergente Kollektivität"; auch künstliche Intelligenz ist ja erwähnt worden. Daran schließt sich – und das ist der zweite Punkt –, wenn wir solche Gruppen und sozialen Beziehungen und Kollektive jenseits der juristischen Person anerkennen – vielleicht noch nicht gleich als Grundrechtssubjekt, aber eben doch als verfassungsrechtlich erheblich, sonst wäre dies ja auch in den beiden Referaten nicht thematisiert worden –, dann die Frage an: Wie können denn solche, im Rahmen der Grundrechte hier diskutierten Phänomene und Positionen effektuiert und durchgesetzt werden? Es geht um die Frage des Rechtsschutzes. Wie kann man und wer soll Rechte von solchen amorphen Entitäten durchsetzen? Brauchen wir so etwas wie eine verfassungsrechtliche Verbandsklage? Oder ist die Antwort eher eine Institutionalisierung, also eine Verkammerung von solchen Gruppeninteressen, die zu Gruppenrechten geworden sind? Oder muss das Wahlrecht, also die Abspiegelung im Parlament, über ein Paritätsgesetz so organisiert werden, wie das für den Rundfunkrat der Fall ist, sodass sich möglichst alles, was Gruppe ist, dort auch wiederfindet? Danke.

Sophie Schönberger: Vielen Dank für die vielen anregenden Diskussionsbeiträge und Fragen. Ich glaube, viele Hinweise, Einwände, Fragestellungen lassen sich beantworten, wenn ich noch einmal skizziere, worum es mir in wissenschaftlicher und methodischer Hinsicht bei meinem Vortrag ging. Ich denke, man kann Rechtswissenschaft aus sehr unterschiedlichen Perspektiven betreiben und ich würde da drei große Gruppen identifizieren:

Die erste Gruppe ist die, in der Rechtswissenschaft letztlich Produzentin von normativen Aussagen im Sinne von Normsätzen ist. In diesem Bereich ist die Rechtswissenschaft sehr nah an der normativen Philosophie, teilt dann aber eben auch ihren prekären wissenschaftlichen Status. Denn im Grunde setzt eine solche wissenschaftliche Herangehensweise voraus, dass ich das Recht als ein quasi natürliches Phänomen beschreibe, also das Sollen als eigene Schicht begreife und die Rechtswissenschaft als Sollens-Wissenschaft dann eben mit normativen Anspruch auflade. Das halte ich aus wissenschaftstheoretischer Hinsicht für problematisch, weil es bisher schlicht nicht gelungen ist, diese normativen Herleitungen wissenschaftlich zu begründen.

Die zweite Art und Weise, wie ich Rechtswissenschaft betreiben kann, ist als qualitativ empirische Wissenschaft zur Ermittlung des geltenden Rechts. Das ist in weiten Teilen das, was man Dogmatik nennt. Wenn ich Recht als soziale Praxis begreife, ist dies dann eine Wissenschaft, die vor allem Prognosen erstellt, wie sich die soziale Praxis in der Zukunft entwickeln wird. Das umfasst insbesondere auch eine Prognose, wie Gerichte in Zukunft entscheiden werden.

Die dritte Art und Weise, Rechtswissenschaft zu betreiben, und das ist das, was ich versucht habe, in meinem Referat zu tun, ist eine qualitativ analytische Wissenschaft, die Aussagen macht über Wirkungsweisen von Recht in der Gesellschaft und über Rückwirkungen gesellschaftlicher Entwicklungen auf das Recht.

Die neue Grundrechtsfunktion, die ich insofern in meinem Ausblick angesprochen habe, ist eine, die in Verdacht ist, auf der für mich wissenschaftlich schwierigen ersten Ebene zu spielen, auf der ich sie allerdings nicht ansiedeln wollte. Mein Ansatz war nicht, vorzubereiten, verbindliche grundrechtstheoretische Aussagen mit normativem Anspruch darüber zu treffen, wie die Grundrechte verbindlich auszulegen sind. In meinem Wissenschaftsverständnis wäre das kein explizit wissenschaftlicher Ansatz. Insofern habe ich keine Gerechtigkeitstheorie der Grundrechte, sondern würde sogar die an dieser Stelle vielleicht gewagte These vertreten, dass es eine solche Gerechtigkeitstheorie der Grundrechte nicht geben kann, sondern, dass Gerechtigkeit vor allem ein ethischer oder ein sozialer Begriff ist, aber keiner, den ich in die Grundrechtstheorie in irgendeiner Form hineinlesen kann.

Insofern ist auch die Frage, ob ich so viel Hoffnung in diese neue Grundrechtsdimension lege – ich freue mich natürlich, wenn ich hoffnungsvoll wirke – so zu beantworten, dass dies nicht mein erstes Anliegen ist. Ich wollte eine Diskussion eröffnen, im besten Fall eine Inspiration liefern, Denkanstöße vermitteln, wie so etwas aussehen könnte. Ich habe aus den Beiträgen den Eindruck, dass mir das in gewisser Weise gelungen ist und das freut mich sehr. Ich möchte aber ganz klar sagen, dass dies meiner Meinung nach die Grenze dogmatischer oder grundrechtstheoretischer Herleitbarkeit ganz klar überschreitet. Das ist nichts, was wir als normative Aussage an dieser Stelle treffen können. Das, was wir als Wissenschaftler machen können, ist es vielmehr, die äußeren Parameter gesellschaftlicher Entwicklungen wahrzunehmen, die Verflechtungen mit dem Recht zu untersuchen und dann eben Modelle zu entwickeln, wie so etwas aussehen könnte, welche Auswirkungen und Schwierigkeiten es hätte, wenn sich die kompetenten Institutionen dazu durchdringen würden, solche Entscheidungen zu treffen. Entscheidungsvorbereitung ist möglich, nicht aber verbindliche Entscheidung durch die Wissenschaft.

In einer solchen Analyse würden sehr viele Aspekte eine Rolle spielen, die hier angesprochen worden sind: Die Frage, wie es mit Schutzpflichten, dem Rechtsstaatsaspekt, dem Demokratieaspekt aussieht. Ich sage ganz klar, man kann intensiv darüber streiten, ob das tatsächlich eine grundrechtliche Funktion sein kann, ob das eine systematisch überzeugende Lösung ist. Mein Punkt war, einmal analytisch festzustellen, dass es eine Entwicklung in der Rechtsprechung des Bundesverfassungsgerichts und teilweise auch in der Literatur gegeben hat, in der die Grundrechte in dieser Form aufgeladen werden, und die Frage, die ich gestellt habe, war dann: Was bedeutet das und wie wirkt es sich aus? Insofern habe ich erstmal versucht, mit meinem Referat diese Aspekte zusammenzubinden und eine stärkere Vorstellung davon zu prägen, dass der originär soziale Bereich in unseren verfassungsrechtlichen, gerade grundrechtlich geprägten Überlegungen bisher relativ unterbelichtet ist, sondern eher unterschwellig eine Rolle spielt. Meine Intention war, diese unterschwelligen Einflüsse an die Oberfläche zu bringen, in Kenntnis aller Schwierigkeiten, die es hat, wenn man diese Aspekte in den Grundrechten verortet. Dass dies getan wird, liegt natürlich auch daran, ich habe es ausgeführt, dass die Grundrechte subjektivierbar sind. Insofern ist die Frage völlig berechtigt, ob das wirklich eine Frage für die Grundrechte ist.

Die Frage, ob mein Gedankengang nicht ein kommunitaristisches oder kollektivistisches Grundrechtsverständnis offenbart, ist hübsch und zugespitzt. Das würde ich allerdings durch den Hinweis relativieren wollen, dass es mir in meiner Analyse ja weniger um ein bestimmtes Verständnis von Gemeinschaftsbildung geht, als um die Bereitstellung der entsprechenden Ressourcen.

Die Frage der Grundrechtsbindung Privater, mit der sich die Diskussion lange beschäftigt hat, ist meiner Meinung nach schließlich eine, die ich aus einer wissenschaftlichen Sicht nicht bestimmt beantworten kann. Das ist in erster Linie etwas, was viel mit politischen und ideologischen Vorverständnissen zu tun hat. Einzelne im Auditorium haben zu Recht herausgehört, dass meine rechtspolitische Ansicht da sicherlich weniger kritisch wäre als die von Herrn *Muckel*. Meiner Meinung nach ist aber das grundsätzliche Problem, mit dem wir hier konfrontiert sind, und das ist auch immer wieder angesprochen worden, die Frage der Verteilung der Kompetenzen oder auch des Willens zur Gesellschaftsgestaltung zwischen Rechtsprechung des Bundesverfassungsgerichts und Gesetzgeber.

Im Moment ist es so, dass sich da vieles in Richtung des Bundesverfassungsgerichts verschiebt, das jedoch immer nur in Einzelfällen entscheiden kann. Die Wissenschaft kann dann eingreifen und versuchen, diese Entwicklung in größere Linien einzuordnen. Der Gesetzgeber zieht sich hingegen in dem von mir bezeichneten Bereich immer weiter zurück. Das sehen wir auch in anderen Bereichen. Das Wahlrecht etwa wäre ein Beispiel aus einem ganz anderen Bereich, in dem wir sehen, dass der Gesetzgeber zu einer Lösung nicht mehr fähig ist. Ohne eine weitere Entscheidung aus Karlsruhe wird sich hier eine dringend notwendige Änderung wohl nicht vollziehen. Eine ähnliche Frage stellt sich hier: Wie will der Gesetzgeber gestalten und was passiert, wenn er nicht gestaltet, obwohl sich in der Gesellschaft Entwicklungen vollziehen, die zum Teil auch als problematisch angesehen werden? Das Bundesverfassungsgericht tritt im Moment in dieser Entwicklung mit den Grundrechten sehr stark als Gestalter auf. Mein Versuch war es, eine Diskussion anzustoßen, in welchen Bahnen das passiert und was das mit den Grundrechten, mit dem Recht aber auch mit der Gesellschaft als Ganzer macht.

Stefan Muckel: Vielen Dank, Frau Vorsitzende. Bei den vielen Wortmeldungen eine Struktur, eine Ordnung zu finden, ist nicht ganz leicht. Ich werde es gleichwohl versuchen. Verbindung zwischen Grundrechtstheorie und Grundrechtsdogmatik – nicht ganz einfach. In meinem Verständnis geht es um die Strukturen, die aus der Theorie gewonnen werden und in die Dogmatik hineinfließen. Die objektive Wertordnung ist ein Begriff, den man natürlich historisch zur Kenntnis nimmt. Man mag es als Gerechtigkeitsprogramm definieren, aber das Entscheidende, nach meinem Verständnis jedenfalls, ist, dass ich eine grundrechtstheoretische, eine abstrakte Vorstellung habe, wozu Grundrechte da sind und daraus versuche, methodologische Strukturen zu generieren, die dann vielleicht in die Grundrechtsdogmatik einfließen können. Ich glaube, das ist ein Prinzip, das jedenfalls im Subtext dem Programm von *Robert Alexy* zugrunde liegt. Die Entwicklungsfähigkeit der Grundrechte ist für mich tatsächlich ein Verständnis bei dem ich etwas skeptisch bin. Ich würde die Grundrechte vielleicht aufgrund der abwehrrechtlichen Ausgangssituation, die ich hier vertreten habe, eher als reaktives Programm verstehen wollen. Die internationale Perspektive, die von mehreren von Ihnen angesprochen worden ist, mussten wir natürlich beide im Hinterkopf haben, gerade bei den Entscheidungen, die Sie angesprochen haben. Aber ich glaube, auch für Frau *Schönberger* sprechen zu dürfen, vertieft haben wir das deshalb nicht, weil es ja heute Nachmittag ganz besonders und eigenständig ein Thema ist. Muss man nicht an mancher Stelle etwas elastischer sein und besteht bei mir nicht eine gewisse Asymmetrie zwischen der Großzügigkeit, was die Grundrechtsberechtigung angeht, auf der einen Seite und der Zurückhaltung auf der Seite der Grundrechtsverpflichtung? Ich habe das nicht so empfunden. Ich sehe mich nicht als zurückhaltend bei der Grundrechtsverpflichtung. Oder sagen wir es so, ich bin auch zurückhaltend bei der Grundrechtsberechtigung. Ich möchte da für sehr vorsichtige Korrekturen plädieren, die damit zusammenhängen, dass nach meiner Einschätzung das Konfusionsargument wirklich allzu formal ist, man könnte sagen formalistisch. Insofern bin ich durchaus zurückhaltend, was eine etwas weniger formale Betrachtung der Grundrechtsberechtigung anbetrifft, ebenso zurückhaltend wie bei einer Ausdehnung der Grundrechtsbindung Privater. Wenn ich vielleicht versuchen darf, es bei den klaren Fällen deutlich werden zu lassen. Bitte verzeihen Sie mir als Religionsverfassungsrechtler, wenn ich hier anfange. Religionsgemeinschaften, die Körperschaften des Öffentlichen Rechts sind, von denen wir aber ganz klar sagen, an einigen Stellen üben sie auch hoheitliche Befugnisse aus, die ihnen von Verfassungs wegen eben schon vom Staat übertragen worden sind, denn aus dem blauen Himmel haben sie sie nicht. Es sind keine genuin hoheitlichen Befugnisse, etwa im Friedhofsrecht oder im Steuerrecht. Dann will mir nicht einleuchten, dass ich in diesem Bereich die Grundrechte völlig ausblenden muss. Mir scheint es so zu sein, dass auch bei der Friedhofsgestaltung oder auch in anderen Fragen, etwa auch bei der Möglichkeit der Dienstherrenfähigkeit, die Grundrechte zumindest eine Rolle spielen können. Dass die Religionsgemeinschaft in diesen Bereichen auch ihr religiöses Grundverständnis zu Grunde legen kann, kann man überhaupt nicht anders sehen. Ich glaube, was die Privatschulfreiheit betrifft, Art. 7 Abs. 4 GG, da wo die Privatschulen mit grundrechtlichen Befugnissen beliehen sind, etwa im Prüfungswesen, gibt es Situationen, bei denen private Ersatzschulen sagen, wir können das nicht mitmachen. Etwa: in sich widersprüchliche und auch teilweise dem Menschenbild der Privatschule widersprechende Kopfnoten. Die formale Meinung würde sagen, in diesem Fall seid ihr staatlich Beliehene und insofern grundrechtsverpflichtet, aber nicht grundrechtsberechtigt – und Schluss. Mir leuchtet das nicht ein, weil ich grundrechtstheoretisch nicht einsehe, dass man nicht beides denken kann. Zu welchem Ergebnis man dann im Einzelfall kommt, muss man sehen. Aber ein pauschales Ergebnis ist es in keinem Fall. Dann sind wir beim Rundfunk, bei der Universität. Das reiht sich ein und die Ergebnisse sind häufig die gleichen wie die der Rechtsprechung. Schwieriger wird es bei den Gemeinden. Auch da würde ich nicht pauschal vorgehen. Ich sehe aber auch da in der Praxis, dass fürchterliche Klimmzüge notwendig sind, wenn eine Gemeinde sich gegen überörtliche Planungen von Infrastrukturprojekten wehrt, die an Zahl und Gewicht zunehmen in unserem enger werdenden Staat. Da müssen dann schon in ein weites Stadium gediehene Selbstverwaltungsangelegenheiten verwirklicht werden, damit die Gemeinde sich über Art. 28 Abs. 2 GG auf eine höherrangige Rechtsposition berufen kann. Das, was die Sasbach-Entscheidung formuliert, ist zitiert worden von Frau *Mager*. Es will mir nicht einleuchten, ich halte das, mit allem Respekt, für Wortklauberei. Natürlich sind wir bei den Sozialversicherungsträgern vielleicht noch auf etwas unsicherem Terrain, aber es ist doch so, dass ihnen jedenfalls vom verfassungsrechtlichen Ansatz her nicht nur von der körperschaftsrechtlichen Struktur, sondern auch durch die Vorschriften im Grundgesetz ein Selbstverwaltungsrecht zugesprochen ist. Das kann ich doch nicht nur dann hochhalten, wenn es mir gerade in den Kram passt, zum Beispiel bei Wahlen, die durchgeführt werden müssen. Ich muss doch dann auch, wenn es um Leistungsverpflichtungen geht, dazu stehen können, dass diese verselbstständigen Rechtsträger auch eigenständige Rechte haben können. Wohlgemerkt: Auch nicht pauschal, es kommt darauf an. Art. 19 Abs. 3 GG stellt ja ausdrücklich darauf ab, dass die Grundrechte ihrem Wesen nach anwendbar sein müssen. Es bedarf also näherer Prüfung. Das ist auch der Grund, weshalb ich zurückhaltend geblieben bin in meinem Vortrag, dort wo es auf die Einzelheiten ankam.

Mehrere von Ihnen haben auf die gesetzlichen Schutzpflichten abgestellt und deutlich gemacht, dass der Gesetzgeber in der Ausführung der Schutzpflichten handeln könnte. Das ist natürlich genau die Idee, die mir vorschwebt. Einige von Ihnen haben die Ansicht geäußert, dass das aber dann möglicherweise lückenhaft geschieht und nicht hinreichend alles ausgeformt werden kann. Nun ja, das ist natürlich richtig und ich kann auch verstehen, dass ein Verfassungsrichter dann das Gefühl hat, er muss da etwas mehr tun in der einen oder anderen Weise. Ich wäre nur dankbar, wenn es bei dem bleibt, was in der Stadionverbot-Entscheidung tatsächlich ausgesprochen worden ist, nämlich die „mittelbare Drittwirkung". Man mag sie vielleicht weiterentwickeln und muss nicht über Generalklauseln oder ausfüllungsbedürftige Rechtsbegriffe gehen, sondern kann an andere Kriterien anknüpfen. Aber es sollte doch nicht so sein, wie es in der Literatur nicht nur von mir, sondern in breitem Maße befürchtet worden ist, dass dann als nächstes die Grundrechtsbindung aller derjenigen kommt, die mit einer Monopolstellung ausgestattet sind oder mit einer besonderen wirtschaftlichen Machtposition. Ich möchte dafür plädieren, dass man hier nicht apodiktische, definitive Lösungen findet in der Rechtsprechung, sondern vielleicht dem Gesetzgeber eine Richtung vorgibt, möglicherweise auch im Wege der nicht ganz so selten verwendeten sogenannten Übergangsrechtsprechung. Das ist das, worauf es mir ankam, dass der Gesetzgeber letztlich seine Spielräume behält. Das betrifft dann auch den an mich gerichteten Vorwurf, ich habe nicht hinreichend differenziert und Art. 19 Abs. 3 GG sei nicht im Stande, dafür die Grundlage zu bilden. Der Gesetzgeber auch nicht, denn der würde – so darf ich Sie vielleicht verstehen – das letztlich nicht hinbekommen. Mit allem Respekt, das halte ich für anmaßend. Denn, gemessen an unserer Kompetenzordnung und den funktionalen Zuweisungen in der Gewaltenteilung ist nun mal der Gesetzgeber derjenige, der dafür da ist, die „gute Ordnung", wie Herr *Schoch* es genannt hat, rechtlich auszuformen. Aus meiner Sicht sind dies nicht die Gerichte. Ich werde nicht allen Wortmeldungen gerecht werden können, gleichwohl danke ich für die anregende Diskussion und dafür, dass ich hier vor Ihnen sprechen durfte. Vielen herzlichen Dank.

Ute Sacksofsky: Vielen Dank an Referentin und Referent sowie an alle Diskussionsteilnehmerinnen und Diskussionsteilnehmer. Ich wünsche eine schöne Mittagspause.

Vierter Beratungsgegenstand:

Die Rolle nicht-staatlicher Akteure bei der Entwicklung und Implementierung des Völker- und Europarechts

1. Referat von *Christoph Ohler*, Jena[*]

Inhalt

		Seite
I.	Einführung	348
	1. Globalisierungsdebatten	348
	2. Politikwissenschaftliche Ansätze	350
	a) Begriff der Akteure	350
	b) Wesentliche Funktionszusammenhänge	352
	3. Erste Schlussfolgerungen	353
	a) Abhängigkeit von rechtlichen und politischen Bedingungen	353
	b) Sachbereichsspezifische Verflechtungen	354
II.	Die Rechtsstellung nicht-staatlicher Akteure im Völkerrecht	355
	1. Abgrenzungen: Staatliche/nicht-staatliche Akteure	355
	2. Menschenrechtliche Maßstäbe	356
	3. Rechtliche Folgen	358
III.	Entstehung und Durchführung von Völkerrecht unter Beteiligung nicht-staatlicher Akteure	359
	1. Die Entstehung von völkerrechtlichen Verträgen und Völkergewohnheitsrecht	360
	2. Partizipationsrechte in Internationalen Organisationen	361
	a) Organschaftliche Partizipationsrechte: ILO	361
	b) Primärrechtliche Konsultationsrechte	362

---

[*] Meinen Kollegen *Ulrich Hufeld, Thomas Kleinlein, Matthias Ruffert* und *Wolfgang Weiß* danke ich für wertvolle Anregungen und Hinweise zu ersten Textentwürfen. Wichtige Unterstützung leisteten meine Mitarbeiterinnen und Mitarbeiter *Rebecca Rohm* sowie *Arne Hettwer, Sven Lehmann, Leonard-Roman Rüddenklau* und *Maria Schmidt*, für die ich ebenfalls sehr dankbar bin.

c) Konsultationsrechte kraft Organisationsentscheidungen   363
        d) Folgen des Konsultativstatus für nicht-
           staatliche Akteure   364
    3. Hybride Formen der Schaffung und Durchführung
       von Völkerrecht..................................   364
    4. Legalität und Legitimität der Beteiligung nicht-
       staatlicher Akteure................................   366
        a) Legalitätsfragen...............................   366
        b) Legitimitätsfragen.............................   367
        c) Weitere Anforderungen.........................   368
IV. Entstehung und Durchführung von Unionsrecht
    unter Beteiligung nicht-staatlicher Akteure   369
    1. Partizipation in der Europäischen Union   369
        a) Grundlagen   369
        b) Umsetzung...................................   371
        c) Grenzen.....................................   372
    2. Hybride Formen der Entstehung und Durchführung
       von Unionsrecht   373
V. Ausblick   375

I. Einführung

1. Globalisierungsdebatten

Die Frage nach der Rolle der Staaten und der Bedeutung des Einzelnen in der internationalen Gemeinschaft gehört zu den nicht abgeschlossenen Ordnungsdebatten der Gegenwart. Sie betrifft die Rezeption der Globalisierung und ihrer Folgen, die das Öffentliche Recht nicht unberührt lassen.[1] Die verbreitete Wahrnehmung lautet: Das Bild, das einst von Staaten und Internationalen Organisationen beherrscht wurde, prägen weitere Teilnehmer, vor allem Behördennetzwerke und nicht-staatliche Akteure.[2] Unter ihrem Einfluss scheinen die Verfahren der Rechtserzeugung ihren Rechts-

---

[1] Beispielhaft *Matthias Ruffert* Die Globalisierung als Herausforderung an das Öffentliche Recht, 2004.

[2] Vgl. *Thomas Kleinlein* Non-state actors from an international constitutionalist perspective, in: Jean d'Aspremont (Hrsg.) Participants in the International Legal System, 2011, 41 ff.; *Mehrdad Payandeh* Internationales Gemeinschaftsrecht, 2009, 28 ff.; *Andreas Paulus* Zusammenspiel der Rechtsquellen aus völkerrechtlicher Perspektive, in: Internationales, nationales und privates Recht: Hybridisierung der Rechtsordnungen?, Berichte der Deutschen Gesellschaft für Internationales Recht, Bd. 46, 2014, 7 ff.

sicherheit versprechenden, förmlichen Charakter zu verlieren.[3] Auch die Vielfalt der Handlungsinstrumente nimmt zu, während ihre Zuordnung zur öffentlichen Gewalt diffuser zu werden scheint.[4]

Die juristische Debatte steht im engen Zusammenhang mit Deutungen der Globalisierung in anderen Sozialwissenschaften.[5] Als Stichworte sind die „Globalgeschichte"[6] oder die „transnationalen Beziehungen"[7] zu nennen. Rechtspluralistisch inspirierte Ansätze,[8] Netzwerkmodelle,[9] Governance-[10] und Stakeholder-Theorien[11] sind ebenfalls Ausdruck einer die Disziplinen übergreifenden Neuorientierung.

Konzentriert man die Untersuchung auf die Rolle nicht-staatlicher Akteure im internationalen Recht, ergeben sich allerdings widersprüchliche Befunde. Vor allem die demokratietheoretischen Erwartungen, die an die Einflussnahme von Nichtregierungsorganisationen geknüpft wurden, lassen sich nur bedingt erfüllen. Auch die Vorstellung einer wachsenden internationalen Zivilgesellschaft[12] ist Ausdruck eines liberalen, westlichen Denkens und bildet kein einheitliches globales Phänomen. Ein Beispiel ist

---

[3] Vgl. *Joost Pauwelyn* Informal International Lawmaking: Framing the Concept and Research Questions, in: ders./Ramses Wessel/Jan Wouters (Hrsg.) Informal International Lawmaking, 2012, 13 ff.; *Wolfgang Weiß* Die Rechtsquellen des Völkerrechts in der Globalisierung: Zu Notwendigkeit und Legitimation neuer Quellenkategorien, AVR 2015, 220 (225 f.).

[4] Zur Hybridisierung vgl. *Paulus* in: Berichte der Deutschen Gesellschaft für Internationales Recht (Fn. 2), 9 f.

[5] Vgl. *Jürgen Habermas* Die postnationale Konstellation, 1998, 91 (96 ff.); ders. Zur Verfassung Europas, 2011, 86 ff.: „Weltbürgergemeinschaft".

[6] Theoretische Analyse bei *Jürgen Osterhammel* Globalisierungen, in: ders. Die Flughöhe der Adler, 2017, 12 ff. Zur juristischen Rezeption siehe *Gunnar Folke Schuppert* Verflochtene Staatlichkeit. Globalisierung als Governance-Geschichte, 2014.

[7] Eine frühe Verwendung des Begriffs „transnational relations" findet sich bei *Robert Keohane/Joseph Nye* Transnational Relations and World Politics, International Organization 25 (1971), 332. Noch älter ist die juristische Begriffsprägung durch *Philip Jessup* Transnational Law, 1956.

[8] Vgl. *Gunther Teubner* Globale Zivilverfassungen, Alternativen zur staatszentrierten Verfassungstheorie, ZaöRV 2003, 1 ff.

[9] Vgl. *Karl-Heinz Ladeur* Ein Recht der Netzwerke für die Weltgesellschaft oder Konstitutionalisierung der Völkergemeinschaft?, AVR 2011, 246 ff.

[10] Statt vieler *Anne-Marie Slaughter* A New World Order, 2014, 216 ff.

[11] *Wolfgang Benedek* Multi-Stakeholerism in the Development of International Law, in: Ulrich Fastenrath/Rudolf Geiger/Daniel-Erasmus Khan/Andreas Paulus/Sabine von Schorlemer/Christoph Vedder (Hrsg.) FS Bruno Simma, 2011, 201 ff.; *Christine Kaufmann* Whose Law is it Anyway? – Taking Multistakeholderism Seriously, in: Giovanni Biaggini/Oliver Diggelmann/Christine Kaufmann (Hrsg.) FS Daniel Thürer, 2015, 376 ff.

[12] Vgl. *Michael Barnett/Kathryn Sikking* From International Relations to Global Society, in: Christian Reus-Smit/Duncan Snidal (Hrsg.) The Oxford Handbook of International Relations, 2010, 62 ff.

der Global Compact, ein von den Vereinten Nationen im Jahr 1999 initiiertes Bündnis von international tätigen Unternehmen, die sich zur Einhaltung von Menschenrechten und nachhaltigen Entwicklungszielen verpflichten.[13] Die Mehrzahl stammt aus Europa und Nordamerika, nicht aber aus Asien oder Afrika.[14] Nicht anders ist die weltweite Lage bei den Nichtregierungsorganisationen, die in autoritären oder diktatorischen Staaten nur eingeschränkt handlungsfähig sind.[15]

Um die Bedeutung nicht-staatlicher Akteure zu erfassen, verfolgt dieser Beitrag einen gemischten Ansatz, der das geltende Völker- und Europarecht unter Berücksichtigung politikwissenschaftlicher Erkenntnisse untersucht. Gerade die Politikwissenschaft hat frühzeitig die Rolle nicht-staatlicher Akteure erkannt und ihre Dynamiken umfangreich analysiert.[16] Demgegenüber liegt die Berechtigung des positivistischen Ansatzes im Versprechen der Rechtssicherheit und Rechtsklarheit. Das geltende Recht ist förmlicher, beruht auf der engeren Kategorie der Völkerrechtssubjekte und stützt sich auf bestimmte Rechtsquellen. Doch leistet es hiermit eine wesentliche Ordnungsfunktion, die ihre Bedeutung gerade in einer unübersichtlich gewordenen Welt gewinnt – ohne seine Entwicklungsoffenheit oder die Bindung an materielle Wertungen auszuschließen.

2. *Politikwissenschaftliche Ansätze*

a) *Begriff der Akteure*

Das positive Völkerrecht nutzt den Begriff der nicht-staatlichen Akteure nur vereinzelt[17] und hält auch keine eigene Definition vor. In der Politik-

---

[13] Siehe *Johanna Braun/Ingo Pies* in: Christian Tietje/Alan Brouder (Hrsg.) Handbook of Transnational Economic Governance Regimes, 2009, 253 ff.

[14] Während aus Frankreich 1.242, aus den USA 574 und aus Deutschland 506 Unternehmen teilnehmen, beteiligen sich aus Japan 339, aus China 299 und aus Russland lediglich 64 Firmen; Angaben nach <https://www.unglobalcompact.org/what-is-gc/participants> (Stand 14.10.2019).

[15] Zur Situation in China vgl. *Joseph Nye* Macht im 21. Jahrhundert, 2011, 261; differenzierte Analyse bei *Timothy Hildebrandt* Social Organizations and the Authoritarian State in China, 2013. Zur Situation ausländischer Nichtregierungsorganisationen vgl. *Petra Kolonko* Agieren in der Grauzone, FAZ, aktualisiert am 28.12.2016, <https://www.faz.net/aktuell/politik/auslaendische-ngos-in-china-unter-polizeiaufsicht-14595294.html> (Stand 14.10.2019).

[16] Als grundlegend gilt die Studie von *Keohane/Nye* Transnational Relations and World Politics (Fn. 7), 329 ff.
Aus der heutigen Literatur siehe *Andreas Nölke* Transnationale Akteure und internationale Politik, in: Frank Sauer/Carlo Masala (Hrsg.) Handbuch Internationale Beziehungen, 2. Aufl. 2017, 779 ff.; *Thomas Risse* Transnational Actors and World Politics, in: Walter Carlsnaes/Thomas Risse/Beth A. Simmons (Hrsg.) Handbook of International Relations, 2. Aufl. 2013, 426 ff.

[17] Vgl. etwa UN-Sicherheitsrat, S/RES/1540 (2004) zur Verhinderung eines möglichen Zugriffs nichtstaatlicher Akteure auf Massenvernichtungswaffen vom 28.4.2004; Art. 1

wissenschaft – wie auch der Soziologie – werden Akteure als Individuen oder Kollektive verstanden, die innerhalb eines institutionellen Kontextes auf die Entscheidungen anderer Beteiligter Einfluss nehmen können.[18] Verbunden damit ist ein weites Steuerungsverständnis, das auch weiche oder indirekte Formen der Einflussnahme erfasst.[19] Der Preis dieser Betrachtungsweise darf freilich nicht außer Acht bleiben. Einer systematischen Erfassung steht vor allem entgegen, dass es sich um inkohärente Phänomene handelt. Denn die Kategorie der nicht-staatlichen Akteure ist aus mehreren Gründen unscharf.[20] Zum einen verläuft die Trennlinie zwischen Staat und Gesellschaft schon innerhalb Europas, aber erst recht auf globaler Ebene höchst unterschiedlich. Zum anderen lässt der Begriff der nicht-staatlichen Akteure gegensätzliche Deutungen zu, da sie keine homogene Gruppe bilden. Nach allgemeinem Verständnis umfassen sie Nichtregierungsorganisationen, transnationale Unternehmen, soziale Bewegungen und Netzwerke.[21] Noch breiter wird das Bild bei Akteuren, die sich gegen staatliche und internationale Ordnungen wenden, wie Aufständische, terroristische Gruppen und andere kriminelle Vereinigungen.[22] Ihre Einbeziehung rechtfertigt sich, soweit sie als Adressaten von Pflichten betrachtet werden.[23]

---

lit. n) der African Union Convention for the Protection and Assistance of Internally Displaced Persons in Africa (Kampala Convention) vom 23.10.2009, International Legal Materials 49 (2010), 86 ff.

[18] Vgl. *Renate Mayntz/Fritz Scharpf* Der Ansatz des akteurzentrierten Institutionalismus, in: dies. (Hrsg.) Gesellschaftliche Selbstregelung und Steuerung, 1995, 39 ff.; *Fritz Scharpf* Interaktionsformen, akteurzentrierter Institutionalismus in der Politikforschung, 2000, 86 ff.; *Uwe Schimank* Theorien gesellschaftlicher Differenzierung, 2. Aufl. 2000, 204 ff.

[19] Vgl. *Christian Walter* Grundlagen und Rahmenbedingungen für die Steuerungskraft des Völkerrechts, ZaöRV 2016, 363 (369 ff.).

[20] Ebenso zur Kategorie der „participants" *Christian Walter* Subjects of International Law, in: Max Planck Encyclopedia of Public International Law, Online-Ausgabe, Stand Mai 2007, Rn. 28. Zu „participants" im Völkerrecht wiederum *Rosalyn Higgins* Problems and Process, 1995, 50 f.

[21] *Klaus Dicke* Erscheinungsformen und Wirkungen von Globalisierung in Struktur und Recht des internationalen Systems auf universaler und regionaler Ebene sowie gegenläufige Renationalisierungstendenzen, in: Berichte der Deutschen Gesellschaft für Völkerrecht, Bd. 39, 2000, 13 (21); *Risse* in: Carlsnaes/Risse/Simmons (Fn. 16), 427.

[22] Ausdrücklich gegen die Einbeziehung The International Law Association, Report of the Seventy-Seventh Conference held in Johannesburg August 2016, 2017, Non-State Actors Part II, 608 (612), Rn. 20.

[23] Zu den völkerrechtlichen Bindungen bewaffneter Gruppen, die effektive Territorialgewalt ausüben, vgl. die ausführliche Analyse bei *Katharine Fortin* The Accountability of Armed Groups under Human Rights Law, 2017.

b) Wesentliche Funktionszusammenhänge

Eine Systematisierung dieser Phänomene ist auch im Hinblick auf die Funktionszusammenhänge möglich, die staatliche und nicht-staatliche Akteure verbinden.[24] Die Politikwissenschaft hebt insofern ihre Rolle als „Agenda-Setter" hervor, also als Akteure, die auf die politische Tagesordnung Einfluss nehmen.[25] So gehen beispielsweise das Verbot von Landminen, die Schaffung des Internationalen Strafgerichtshofs oder die Århus-Konvention maßgeblich auf die Vorarbeit von Nichtregierungsorganisationen zurück.[26] Andere Gruppen nehmen moralische Autorität in Anspruch,[27] wie beispielsweise Kirchen oder Menschenrechtsorganisationen. Zu nennen wäre ferner die Oppositionsfunktion nicht-staatlicher Akteure, wie beispielsweise bei Protesten von Globalisierungsgegnern gegen den G20-Gipfel.[28]

Nicht alle Mechanismen lassen sich in diesem Beitrag erschöpfend behandeln. Grundlegend erscheinen aber folgende Funktionszusammenhänge:

1. Nutzung privaten Expertenwissens. Sie erfolgt in unterschiedlicher Gestalt, sei es durch Heranziehung von sachverständigen Experten im Vorfeld hoheitlicher Rechtsetzungsverfahren,[29] sei es durch Inkorporation privater Normsetzung.[30] Auch im Zuge der Überwachung und Durchsetzung

---

[24] Vgl. die Kategorien bei *Steve Charnovitz* Two Centuries of Participation: NGOs and International Governance, Michigan Journal of International Law 18 (1997), 183 (271 ff.) unter Berufung auf *Myres S. McDougal/Harold D. Lasswell/Michael W. Reisman* The World Constitutive Process of Authoritative Decision Making, Journal of Legal Education 19 (1967), 253 (261): intelligence, promotion, prescription, invocation, application, termination, and appraisal; *Peter Willetts* The Cardoso Report on the UN and Civil Society: Functionalism, Global Corporatism or Global Democray, Journal of Global Governance 12 (2006), 305 (312 ff.): Funktionalismus, Neo-Korporatismus, demokratischer Pluralismus.

[25] *Nye* Macht (Fn. 15), 179, 184; *Risse* in: Carlsnaes/Risse/Simmons (Fn. 16), 436; *Michael Zürn* A Theory of Global Governance, 2018, 211; aus der völkerrechtlichen Literatur *Markus Wagner* Non state actors, in: Max Planck Encyclopedia of Public International Law, Online-Ausgabe, Stand Juli 2013, Rn. 21.

[26] Vgl. *Kenneth Anderson* The Ottawa Convention banning landmines, the role of international non-governmental organizations and the idea of international civil society, EJIL 2000, 91 ff.; *Stefan Hobe* Non-Governmental Organizations, in: Max Planck Encyclopedia of Public International Law, Online-Ausgabe, Stand März 2010, Rn. 14.

[27] *Steve Charnovitz* Nongovernmental Organizations and International Law, AJIL 2006, 348 ff.; *Barbara K. Woodward* International Law Making and Civil Society, in: Catherine Brölmann/Yannik Radi (Hrsg.) Theory and Practice of International Lawmaking, 2016, 286 (302 f.).

[28] Vgl. zur WTO *Peter Van den Bossche* NGO Involvement in the WTO: a Comparative Perspective, JIEL 2008, 717 (719).

[29] Vgl. *José Alvarez* International Organizations as Law-makers, 2005, 612; zur verfassungsrechtlichen Perspektive *Andreas Voßkuhle* Sachverständige Beratung des Staates, in: HStR III, 3. Aufl. 2005, § 43.

[30] Aus nationaler Sicht vgl. *Thomas Möllers/Benjamin Fekonja* Private Rechtsetzung im Schatten des Gesetzes, ZGR 2012, 777 ff.

von internationalen Rechtsregimen, z.B. beim Schutz von Menschenrechten, lassen sich private Experten einsetzen.[31]

2. Partizipation der Zivilgesellschaft. Die Einbindung von sog. Akteuren der Zivilgesellschaft[32] dient der Teilhabe an internationalen Entscheidungsprozessen. Sie erfolgt durch die Teilnahme von akkreditierten Vertretern an staatlichen Regierungskonferenzen,[33] als Beobachter bei Sitzungen von internationalen Fachgremien oder über die Verleihung eines Konsultativstatus bei einer Internationalen Organisation.

3. Betroffenenanhörung. Ihr Spezifikum liegt darin, dass die zuständigen normgebenden Einrichtungen sich im Vorfeld eines Rechtsetzungsvorhabens an die potentiell Betroffenen wenden, um ihre Stellungnahmen zu erfragen. Damit geht die Initiative zur Beteiligung von einem Hoheitsträger aus. Die Reichweite und die Formen der Anhörung sind vielfältig, da weder das Völkerrecht noch das Europarecht[34] spezifische Vorgaben kennen.

4. Private Rechtsdurchsetzung. Ein solcher Zusammenhang entsteht, wenn internationale Normen nicht durch hoheitlich handelnde Stellen, sondern im Wege der privaten Rechtsdurchsetzung umgesetzt werden. Dabei können Private als Kläger vor staatlichen Gerichten nicht nur eigene Rechte erstreiten, sondern auch die objektiven Pflichten des Beklagten geltend machen.[35] Ein Beispiel bildet Art. 9 der Århus-Konvention, der zu einem Türöffner für die Verbandsklage in der Europäischen Union geworden ist.[36]

3. Erste Schlussfolgerungen

a) Abhängigkeit von rechtlichen und politischen Bedingungen

Transnationales Wirken der privaten Akteure ist abhängig von rechtlichen wie politischen Bedingungen. Dazu zählen menschenrechtliche

---

[31] Zum menschenrechtlichen Bereich am Beispiel des Beratenden Menschenrechtsausschusses der UN siehe *Matthias Ruffert/Christian Walter* Institutionalisiertes Völkerrecht, 2. Aufl. 2015, § 12 Rn. 522 ff.

[32] Auf den „schillernden sozialwissenschaftlichen" Begriff der Zivilgesellschaft macht zutreffend *Matthias Ruffert*, in: ders./Christian Calliess (Hrsg.) EUV/AEUV, 5. Aufl. 2016, Art. 11 EUV Rn. 9 aufmerksam.

[33] Aufschlussreich die Analyse der Pariser Friedenskonferenz 1919 bei *Steve Charnovitz* The Emergence of Democratic Participation in Global Governance (Paris, 1919), Indiana Journal of Global Legal Studies 10 (2003), 45 (60 ff.).

[34] Vgl. Art. 11 Abs. 3 EUV.

[35] Vgl. *Tanja Börzel* Participation through Law Enforcement, Comparative Political Studies 39 (2006), 128 ff.

[36] Grundlegend *Angela Schwerdtfeger* Der Deutsche Verwaltungsrechtsschutz unter dem Einfluss der Aarhus-Konvention, 2010; zu den potentiell weitreichenden Folgen *Remo Klinger* Anmerkung zu EuGH, Rs. C-664/15, Protect, NVwZ 2018, 231 ff.

Gewährleistungen, die in den Herkunftsstaaten wie in den Aufnahmestaaten herrschen, und deren Effektivität.[37] Soweit solche günstigen Grundbedingungen gegeben sind, entstehen zudem mehrfache politische Wirkungsräume: im Herkunftsstaat, in unterschiedlichen Aufnahmestaaten und ggf. innerhalb Internationaler Organisationen, denen die beteiligten Staaten angehören.[38]

b) *Sachbereichsspezifische Verflechtungen*

Nicht-staatliche Akteure verdrängen daher in der Realität der internationalen Beziehungen die Staaten nicht. Eher kommt es zu Verflechtungen, bei denen zivilgesellschaftliche Akteure auf staatliche Entscheidungsträger einwirken.[39] Diese Verflechtungen bilden kein homogenes Phänomen.[40] Sie finden in vielfältigen Formen statt, die nur bereichsspezifisch analysiert werden können und von denen nicht zwingend Rückschlüsse auf andere Bereiche zu ziehen sind.[41] So dominieren bspw. in Fragen der inneren und äußeren Sicherheit nach wie vor staatliche Entscheidungsträger. Dagegen bilden die Menschenrechte, der Umweltschutz und sozialpolitische Themen wichtige Felder des zivilgesellschaftlichen Engagements. Hier spielen Internationale Organisationen eine bedeutsame Rolle als Foren, die den politischen Dialog zwischen Staaten und nicht-staatlichen Akteuren ermöglichen.[42] Nicht zu Unrecht lässt sich daher von einem symbiotischen Verhältnis von Internationalen Organisationen und Nichtregierungsorganisationen sprechen.[43] Mitunter ist damit sogar die Erwartung verbunden, dass ihre Einbindung die Arbeit der Internationalen Organisation effektiver machen könne.[44]

---

[37] Zur These, dass die institutionellen Bedingungen ihrer politischen Umwelt die Strukturen der transnationalen Akteure prägen, vgl. *Stephen Krasner* Power politics, institutions, and transnational relations, in: Thomas Risse-Kappen (Hrsg.) Bringing Transnational Relations Back In, 1995, 257 (260 f.); zu eng ist die Auffassung, dass Zentralisierung oder Fragmentierung der beteiligten Länder maßgeblich ist, so *Nölke* in: Sauer/Marsala (Fn. 16), 785.

[38] Zu den verschiedenen Wirkungspfaden vgl. auch *Risse* in: Carlsnaes/Risse/Simmons (Fn. 16), 436.

[39] In diesem Sinne auch *Risse* in: Carlsnaes/Risse/Simmons (Fn. 16), 441 f.; ähnlich, aber mit weitergehenden Schlussfolgerungen zur Rolle von Gemeinschaftswerten *Andreas Paulus* International Community, in: Max Planck Encyclopedia of Public International Law, Online-Ausgabe, Stand März 2013, Rn. 35.

[40] Vgl. *Stephen Krasner* Sovereignty, Organized Hypocrisy, 1999, 223.

[41] Ebenso *Tanja Börzel* Private Actors on the Rise? The Role of Non-State Actors in Compliance with International Institutions, Preprints aus der Max-Planck-Projektgruppe Recht der Gemeinschaftsgüter Bonn 2000/14, 1.

[42] *Risse* in: Carlsnaes/Risse/Simmons (Fn. 16), 435.

[43] *Alvarez* International Organizations (Fn. 29), 610.

[44] Vgl. Cardoso-Bericht: We the peoples: civil society, the United Nations and global

II. Die Rechtsstellung nicht-staatlicher Akteure im Völkerrecht

1. Abgrenzungen: Staatliche/nicht-staatliche Akteure

Für die rechtliche Einordnung stellt sich zunächst die Frage, wie nicht-staatliche Akteure zu definieren sind. Naheliegend ist die negative Abgrenzung zu den Staaten,[45] denen auch föderale Einheiten und Städte[46] zuzuordnen sind. Zu den staatlichen Akteuren in einem weiteren, funktionalen Sinne gehören ferner die Internationalen Organisationen. Zwar ist es denkbar, sie als nicht-staatlich zu deuten, da sie gegenüber den Staaten zu autonomer Willensbildung in der Lage sind.[47] Doch vermag diese Auffassung nicht zu überzeugen. Internationale Organisationen nehmen hoheitliche Aufgaben wahr und gehören daher nicht zur Sphäre der Gesellschaft. Zudem sind sie Geschöpfe eines zwischenstaatlichen Willensbildungsprozesses,[48] der sie funktional näher bei den Staaten stehen lässt. Internationale Organisationen können sich zwar rechtlich wie politisch von ihren Mitgliedern verselbständigen, aber niemals endgültig lösen.[49] Auch internationale Behördennetzwerke unterhalb der Schwelle Internationaler Organisationen[50] gehören schon aus funktionalen Gründen zum staatlichen Sektor.

Mit Schwierigkeiten verbunden sind demgegenüber positive Definitionen nicht-staatlicher Akteure. So differenzieren einige wissenschaftliche Beschreibungen anhand des von einer Organisation verfolgten ideellen oder

---

governance – Report of the Panel of Eminent Persons on United Nations–Civil Society Relations (Cardoso-Report), GA, A/58/817, 11 June 2004, 8.

[45] International Law Association, Non-State Actors (Fn. 22), Rn. 30; *Andrea Bianchi* The Fight for Inclusion: Non-State Actors and International Law, in: Ulrich Fastenrath/Rudolf Geiger/Daniel-Erasmus Khan/Andreas Paulus/Sabine von Schorlemer/Christoph Vedder (Hrsg.) FS Bruno Simma, 2011, 39 ff.; *Cedric Ryngaert* Non-State Actors: Carving out a Space in a States-Centred International Legal System, Netherlands International Law Review 2016, 183.

[46] Umfassend *Helmut Aust* Das Recht der globalen Stadt, 2017.

[47] *Wagner* in: Max Planck Encyclopedia (Fn. 25), Rn. 3. Ebenso *Jürgen Bast* Völker- und unionsrechtliche Anstöße zur Entterritorialisierung des Rechts, VVDStRL 76 (2017), 277 (279 f.); *Ingo Venzke* International Bureaucracies from a Political Science Perspective – Agency, Authority and International Institutional Law, in: Armin von Bogdandy/Rüdiger Wolfrum/Jochen von Bernstorff/Philipp Dann/Matthias Goldmann (Hrsg.) The Exercise of Public Authority by International Institutions, 2009, 67 ff.

[48] Zur Bedeutung dieses Kriteriums *Alvarez* International Organizations (Fn. 29), 6; siehe auch *Henry Schermers/Niels Blokker* International Institutional Law, 6. Aufl. 2018, § 1885.

[49] Zur Kontrolle von ultra-vires Akten siehe zuletzt BVerfGE 146, 216 (252 Rn. 53 ff.).

[50] Zu den verfassungsrechtlichen Implikationen *Christoph Möllers* Transnationale Behördenkooperation, ZaöRV 2005, 351 ff.; *Christian Tietje* Internationalisiertes Verwaltungshandeln, 2001, 653 ff.

wirtschaftlichen Zwecks sowie ihres Tätigkeitsspektrums, um den Akteursbegriff enger zu definieren.[51] Insbesondere sollen nur Vertreter öffentlicher Anliegen in Betracht gezogen werden,[52] was aber die Schwierigkeit nach sich zieht, zwischen der Artikulierung öffentlicher und privater Interessen zu unterscheiden. Eine weitere Trennlinie soll zwischen Nichtregierungsorganisationen, die nicht-gewinnorientierte Ziele verfolgen, und transnationalen Unternehmen verlaufen.[53] Dem entspricht beispielsweise die von den Vereinten Nationen vertretene Definition der Zivilgesellschaft als drittem Sektor neben Staaten und Unternehmen.[54] Andere Stimmen wollen kriminelle Vereinigungen ausblenden, wie beispielsweise terroristische Gruppen oder Piraten.[55] Schließlich sollen Individuen aus dem Kreis der nicht-staatlichen Akteure ausgeschlossen werden.[56]

2. Menschenrechtliche Maßstäbe

Alle diese Definitionen lassen allerdings die menschenrechtliche Dimension außer Betracht und blenden aus, dass private Organisationen auf dem freiwilligen Zusammenschluss von Individuen beruhen. In der menschenrechtlichen Perspektive gibt es auch keinen prinzipiellen Grund, zwischen wirtschaftlichen und nicht-wirtschaftlichen Interessen zu unterscheiden. Die entscheidende Frage lautet vielmehr, welche Akteure menschenrechtlich verpflichtet und welche berechtigt sind.

Aufgrund der Menschenrechtspakte sind Verpflichtungsadressaten die staatlichen Vertragsparteien und die ihnen zurechenbaren Handlungseinheiten. Für Internationale Organisationen und ihre Organe ergibt sich die Bindung demgegenüber aus Völkergewohnheitsrecht oder allgemeinen Rechtsgrundsätzen.[57]

---

[51] Vgl. *Börzel* Private Actors on the Rise (Fn. 41), 6; *Risse* in: Carlsnaes/Risse/Simmons (Fn. 16), 428; International Law Association, Non-State Actors (Fn. 22), Rn. 35 f.

[52] So *Hobe* in: Max Planck Encyclopedia (Fn. 26), Rn. 5.

[53] *Karsten Nowrot* Die Steuerungssubjekte im Internationalen Wirtschaftsrecht, in: Christian Tietje (Hrsg.) Internationales Wirtschaftsrecht, 2009, § 2 Rn. 30; vgl. auch *Anne Peters* Völkerrecht, Allgemeiner Teil, 4. Aufl. 2016, 281 f.

[54] Vgl. Cardoso-Report (Fn. 44), 13.

[55] International Law Association, Non-State Actors (Fn. 22), Rn. 18 f.

[56] International Law Association, Non-State Actors (Fn. 22), Rn. 18 f.

[57] Zur Problematik vgl. *Ruffert/Walter* Institutionalisiertes Völkerrecht (Fn. 31), § 12 Rn. 584 ff. Wie hier die ausführliche Analyse bei *Cornelia Janik* Die Bindung internationaler Organisationen an internationale Menschenrechtsstandards, 2012; ferner *Frédéric Mégret/Florian Hoffmann*: The UN as a Human Rights Violator? Some Reflections on the United Nations Changing Human Rights Responsibilities, Human Rights Quarterly 25 (2003), 314 ff.

Menschenrechtlich berechtigt sind Individuen. Der Schutz von privaten Organisationen, seien es Vereine, Gesellschaften oder nicht-rechtsförmig verbundene Gruppen, wird in den Menschenrechtsverträgen unterschiedlich geregelt. Das Fakultativprotokoll zum Internationalen Pakt über bürgerliche und politische Rechte billigt nur „Einzelpersonen" das Recht zu, sog. Mitteilungen beim Menschenrechtsausschuss einzureichen. Anders ist die Rechtslage aufgrund der EMRK, deren Artikel 34 neben Individuen auch nicht-staatlichen Organisationen und Personengruppen die Beschwerdeberechtigung verleiht.[58] Die Auslegung dieser Begriffe folgt anderen Maßstäben als in Deutschland und verdeutlicht damit, wie unterschiedlich die Trennlinie zwischen Grundrechtsberechtigten und Grundrechtsverpflichteten gezogen werden kann. So spricht das Bundesverfassungsgericht juristischen Personen des Privatrechts, die ganz vom Staat beherrscht werden oder an denen der Staat mehr als 50 % der Anteile hält, die Grundrechtsfähigkeit im Hinblick auf materielle Grundrechte ab.[59]

Demgegenüber unterscheidet der EGMR im Wesentlichen danach, ob eine Organisation Hoheitsgewalt ausübt[60] oder öffentliche Dienstleistungen unter staatlicher Kontrolle erbringt.[61] Ist das der Fall, sind ihre Maßnahmen einem Konventionsstaat zurechenbar und lösen damit seine Bindung nach Art. 1 EMRK aus.[62] Fehlt es dagegen an hoheitlichen Merkmalen, so ist eine Organisation menschenrechtlich berechtigt. Anders als in Deutschland spricht eine wirtschaftliche Tätigkeit für die Eigenschaft als nicht-staatliche Organisation.[63] Sieht man die vom EGMR angewandte Differenzierung in einem größeren Kontext, entspricht sie der im Völkerrecht üblichen Unterscheidung zwischen hoheitlichem und nicht-hoheitlichem Handeln

---

[58] Vgl. *Thomas Kleinlein* Die juristische Person des Privatrechts in der Rechtsprechung des EGMR, JöR 65 (2017), 85 ff.

[59] Vgl. BVerfGE 143, 246 (313 Rn. 188 ff.).

[60] Zur näheren Analyse stellt der EGMR auf verschiedene Einzelkriterien ab, beispielsweise den rechtlichen Status einer Organisation, die damit verbundenen Rechte, die Natur ihrer Tätigkeit, der Kontext, in dem die Tätigkeit ausgeübt wird, und das Maß ihrer Abhängigkeit von politischen Behörden, siehe EGMR, 23.9.2003, Radio France/Frankreich, No. 53984/00, Rn. 26.

[61] EGMR, 23.09.2003, Radio France/Frankreich, No. 53984/00, Rn. 26; 13.12.2007, Islamic Republic of Iran Shipping Lines/Türkei, No. 40998/98, Rn. 79; vgl. auch *Christoph Grabenwarter/Katharina Pabel* Europäische Menschenrechtskonvention, 6. Aufl. 2016, § 13 Rn. 13.

[62] EGMR, 3.4.2012, Kotov/Russland, No. 54522/00, Rn. 95; 8.4.2010, Yershova/Russland, No. 1387/04, Rn. 55, 62.

[63] EGMR, 13.12.2007, Islamic Republic of Iran Shipping Lines/Türkei, No. 40998/98, Rn. 80.

der Staaten, etwa im Bereich der Staatenverantwortlichkeit[64] oder der Staatenimmunität.[65]

3. Rechtliche Folgen

Die menschenrechtliche Betrachtung hilft auch, den Rechtsstatus nichtstaatlicher Akteure klarer zu erfassen. Als Träger von Menschenrechten sind sie nach heute praktisch unbestrittener Meinung partielle Völkerrechtssubjekte. Die Völkerrechtssubjektivität bildet nach wie vor eine der wesentlichen Ordnungskategorien der Völkerrechtspraxis wie der Völkerrechtswissenschaft.[66] Sie ist die *Fähigkeit* einer Person, Träger von völkerrechtlichen Rechten und Pflichten zu sein und diese Rechte auch geltend machen zu können. Die Versuche, zugunsten eines akteurszentrierten Ansatzes auf diese Kategorie zu verzichten, fanden demgegenüber bislang keinen breiten Widerhall.[67] Denn ein Verzicht auf die juristische Kategorie der Völkerrechtssubjekte ginge mit erheblichen Einbußen an Rechtssicherheit einher. Vor allem schwächte er die Ordnungsfunktionen des Völkerrechts, da erst durch die Bestimmung der Rechtssubjekte eine differenzierte Zuordnung von konkreten Rechten und Pflichten möglich wird.

Welchen Personen und Organisationen Völkerrechtssubjektivität zukommt und wie weit dieser Status reicht, ist nicht von vornherein begrenzt, sondern abhängig von völkerrechtlicher Rechtsetzung.[68] Dagegen begründen weder die soziale Wirkmächtigkeit eines Akteurs noch seine besondere Rechtsstellung im innerstaatlichen Recht seine Völkerrechtssubjektivität.[69]

---

[64] Vgl. Yearbook of the International Law Commission, 2001, Volume II Part Two, Articles on State Responsibility, Commentary, Article 5, para 3: *"The fact that an entity can be classified as public or private according to the criteria of a given legal system, the existence of a greater or lesser State participation in its capital, or, more generally, in the ownership of its assets, the fact that it is not subject to executive control – these are not decisive criteria for the purpose of attribution of the entity's conduct to the State. Instead, article 5 [of the Articles] refers to the true common feature, namely that these entities are empowered, if only to a limited extent or in a specific context, to exercise specified elements of governmental authority."*

[65] Vgl. IGH, 3.2.2012, Jurisdictional Immunities of the State (Deutschland/Italien), ICJ Reports 2012, 99, Rn. 60 ff.

[66] Statt vieler *Andreas von Arnauld* Völkerrecht, 4. Aufl. 2019, Rn. 58; *James Crawford* Brownlie's Principles of Public International Law, 8. Aufl. 2012, 115; *Matthias Herdegen* Völkerrecht, 17. Aufl. 2018, § 7 Rn. 1.

[67] Vgl. *Bianchi* in: Fastenrath/Geiger/Khan/Paulus/von Schorlemer/Vedder (Fn. 45), 43 ff.

[68] *Malcolm Shaw* International Law, 7. Aufl. 2014, 192.

[69] *Karsten Nowrot* „Wer Rechte hat, hat auch Pflichten!"? – Zum Zusammenhang zwischen völkerrechtlichen Rechten und Pflichten transnationaler Unternehmen, Beiträge zum Europa- und Völkerrecht, Heft 7, 2012, 16.

Maßgeblich ist vielmehr eine Anerkennungsentscheidung durch Staaten oder Internationale Organisationen.[70]

III. Entstehung und Durchführung von Völkerrecht unter Beteiligung nicht-staatlicher Akteure

Die Beteiligung nicht-staatlicher Akteure bei der Ausübung internationaler Hoheitsgewalt wurde in einem neueren Ansatz als geboten angesehen, um politische Inklusion zu gewährleisten.[71] Die Umsetzung dieses Konzepts ist freilich schwierig. Bereits der Begriff der politischen Inklusion ist in hohem Maße deutungsbedürftig und deutungsfähig.[72] Was Inklusion ist, hängt davon ab, welche Personen nach welchen Kriterien in welche Entscheidungen einbezogen werden und welche verfahrensrechtlichen Ausgestaltungen zum Tragen kommen. Diese Fragen bedürfen zudem einer organisationsrechtlichen Analyse: Sind nicht-staatliche Akteure als Organmitglieder in eine Internationale Organisation eingebunden oder genießen sie einen anderen Status, z.B. als Beobachter einer Regierungskonferenz oder zur Konsultation berechtigte Teilnehmer? Die Unterscheidung ist von erheblicher Tragweite: Werden Vertreter nicht-staatlicher Akteure als Mitglieder in Organe einer Internationalen Organisation berufen, so nehmen sie ein öffentliches Amt wahr, das nur nach Maßgabe des jeweiligen Gründungsvertrags ausgeübt werden darf. Bei der bloßen Akkreditierung als Beobachter oder der Verleihung eines Konsultativstatus treten diese rechtlichen Wirkungen nicht ein. Diese Unterscheidung hat wichtige menschenrechtliche Konsequenzen: Die Organe einer Internationalen Organisation

---

[70] Statt vieler *Shaw* International Law (Fn. 68), 191; *Gerald Staberock* Civil Society, in: Max Planck Encyclopedia of Public International Law, Online-Ausgabe, Stand März 2011, Rn. 7; *Eric Suy* New Players in International Relations, in: Gerard Kreijen (Hrsg.) State, Sovereignty, and International Governance, 2002, 373 und 385; a.A. *Math Noortmann* Non-Governmental Organisations: Recognition, Roles, Rights and Responsibilities, in: ders./August Reinisch/Cedric Ryngaert (Hrsg.) Non-State Actors in International Law, 2015, 205 (211).

[71] *Armin von Bogdandy/Matthias Goldmann/Ingo Venzke* From Public International Law to International Public Law: Translating World Opinion into Public International Authority, EJIL 2017, 115 ff. Siehe zu diesem Ansatz ferner *Armin von Bogdandy/Philipp Dann/Matthias Goldmann* Völkerrecht als öffentliches Recht: Konturen eines rechtlichen Rahmens für Global Governance, Der Staat 2010, 23 ff.

[72] Vgl. *Janneke Nijman* Sovereignty and Personality: A Process of Inclusion, in: Gerard Kreijen (Hrsg.) State, Sovereignty, and International Governance, 2002, 109 (137 ff.), die Inklusion als die Einbeziehung weiterer Völkerrechtssubjekte versteht; im Sinne eines demokratietheoretischen Verständnisses dagegen *Thomas Franck* The Emerging Right to Democratic Governance, AJIL 1992, 46 (59).

sind menschenrechtlich gebunden. Nicht-staatliche Akteure, die als Beobachter oder zu Konsultationszwecken herangezogen werden, üben dagegen keine Hoheitsrechte aus, sondern genießen menschenrechtlichen Schutz. Ihre Partizipation ist auch in diesem Zusammenhang ein Ausdruck der Vereinigungsfreiheit und der Meinungsfreiheit.

1. Die Entstehung von völkerrechtlichen Verträgen und Völkergewohnheitsrecht

Betrachtet man vor diesem Hintergrund zunächst die Entstehung von völkerrechtlichen Verträgen, so zeigt sich, dass die geltenden Regeln eine Beteiligung privater Akteure nicht vorsehen.[73] Nach der Wiener Vertragsrechtskonvention ist ein Vertrag eine in Schriftform geschlossene und vom Völkerrecht bestimmte internationale Übereinkunft zwischen Staaten.[74] Das entspricht der klassischen Vorstellung, dass das Recht zum Abschluss völkerrechtlicher Verträge ein Merkmal staatlicher Souveränität ist.[75] Anerkannt ist zudem, dass auch Internationale Organisationen im Rahmen ihrer Zuständigkeiten völkerrechtliche Verträge vereinbaren können.[76] Dagegen weist das Völkerrecht privaten Akteuren kein Recht zum Abschluss völkerrechtlicher Verträge zu. Zwar wurde im Zusammenhang mit Konzessionsverträgen – sog. „state contracts" – ein solches Recht erwogen.[77] Die hierfür vorgebrachten Argumente setzten sich in der Staatspraxis jedoch nicht durch, schon weil für ihre völkerrechtliche Qualifikation überhaupt kein Bedarf besteht.[78] Aus der Diskussion um „state contracts" lässt sich zudem folgern, dass ein einzelner Staat im Wege einer vertraglichen Vereinbarung einer privaten Partei nicht die Völkerrechtssubjektivität verleihen kann. Hieran zeigt sich, dass der Status und die Rechte nicht-staatlicher Akteure im Völkerrecht auf multilateralen Entscheidungen innerhalb der internati-

---

[73] Vgl. zur Diskussion *Georg Nolte* Faktizität und Subjektivität im Völkerrecht, ZaöRV 2015, 715 (729 f.).

[74] Art. 2 Abs. 1 Buchstabe a) WVRK.

[75] StIGH, 17.8.1923, Case of the S.S. Wimbledon (United Kingdom/Germany), Series A, No. 1, 25.

[76] Für die EU siehe Art. 3 Abs. 2 AEUV.

[77] Dabei handelt es sich typischerweise um Konzessionsvereinbarungen zum Abbau von Rohstoffen zwischen dem Gebietsstaat und einem ausländischen Investor. Hierzu siehe International Arbitral Tribunal (Sole Arbitrator: *René-Jean Dupuy*), Texaco Calasiatic v. Libyan Arab Republic (Merits), International Legal Materials 17 (1978), 1 (17), para. 47.

[78] Solche Verträge unterliegen vielmehr innerstaatlichem Recht, meist demjenigen des Gebietsstaates selbst. Zum ganzen siehe *Anthony Aust* Modern Treaty Law and Practice, 3. Aufl. 2013, 15 f.; *Uwe Kischel* State Contracts, 1992, 233 ff.; a.A. *Alfred Verdross/Bruno Simma* Universelles Völkerrecht, 3. Aufl. 1984, § 4, 1220; *Paulus* in: Berichte der Deutschen Gesellschaft für Internationales Recht (Fn. 2), 18.

onalen Gemeinschaft beruhen. Die Einflussmöglichkeiten nicht-staatlicher Akteure sind daher eher indirekter Art: Sie wirken als Beobachter an internationalen Konferenzen mit oder leisten auf anderen, politischen Kanälen Beiträge zu staatlichen Willensbildungsprozessen.[79]

Nichts anderes gilt für das Völkergewohnheitsrecht, das auf der Grundlage einer zwischenstaatlichen Praxis und der von Staaten getragenen Rechtsüberzeugung entsteht.[80] Die International Law Commission, ein Hilfsorgan der UN-Generalversammlung, hat diese Sicht ausdrücklich bestätigt und privaten Akteuren zwar eine Funktion als wichtige Impulsgeber, nicht aber als rechtsetzende Gewalten zugesprochen. Maßnahmen nicht-staatlicher Akteure gelten daher nicht als internationale Praxis, aus der auf die Geltung von Völkergewohnheitsrecht geschlossen werden könnte.[81] Sie können jedoch staatliche Entscheidungsprozesse auslösen, die wiederum in die Bildung von Völkergewohnheitsrecht münden.[82]

2. Partizipationsrechte in Internationalen Organisationen

Abweichend von dem zuvor Gesagten ist die Rechtslage innerhalb Internationaler Organisationen zu beurteilen. Das Völkerrecht lässt den staatlichen Mitgliedern hier sehr weite Spielräume bei der Ausgestaltung der Zuständigkeiten und Entscheidungsverfahren. Insofern können Partizipationsrechte bestehen, die nicht-staatlichen Akteuren die Mitgliedschaft in den Organen eröffnen. Schwächere Formen der Partizipation vermitteln dagegen die Konsultationsrechte.

a) Organschaftliche Partizipationsrechte: ILO

Organschaftliche Partizipationsrechte finden sich vor allem[83] in der Verfassung der Internationalen Arbeitsorganisation (ILO), die in diesem Jahr ihr 100. Jubiläum begeht.[84] Ihre Entscheidungsmechanismen beruhen auf dem Grundsatz der Dreigliedrigkeit, der die gleichberechtigte Mitwirkung

---

[79] Vgl. *Walter* Grundlagen und Rahmenbedingungen (Fn. 19), 371 f. Weitergehend *Weiß* Die Rechtsquellen des Völkerrechts (Fn. 3), 235 f., der aus der Mitwirkung auf die Völkerrechtssubjektivität schließt.

[80] Zur Rolle Internationaler Organisationen vgl. *Weiß* Die Rechtsquellen des Völkerrechts (Fn. 3), 232 f.

[81] International Law Commission, Sixty-sixth session, Geneva, 5 May – 6 June and 7 July – 8 August 2014, Special Rapporteur: M. Wood, Second report on identification of customary international law, A/CN.4/672, para 45.

[82] *Walter* Grundlagen und Rahmenbedingungen (Fn. 19), 372 f.

[83] Ein weiteres Beispiel sind die Sector Members der ITU, vgl. Art. 3 Abs. 3 ITU Constitution.

[84] Siehe *Thomas Giegerich* Internationale Standards – aus völkerrechtlicher Perspektive,

von Vertretern der Arbeitgeber und Arbeitnehmer sowie der staatlichen Mitglieder innerhalb der Hauptorgane ermöglicht.[85] So entsendet jeder Mitgliedstaat vier Delegierte in die Allgemeine Konferenz, von denen zwei die Regierung und je einer die Arbeitgeber und die Arbeitnehmer vertreten.[86]

Ihre organschaftliche Beteiligung umfasst auch die Normsetzung. Die Konferenz beschließt zu diesem Zweck über Anträge, die entweder in der Form eines internationalen Übereinkommens oder einer Empfehlung angenommen werden können.[87] Für ihre Annahme ist eine Mehrheit von zwei Dritteln der anwesenden Delegierten erforderlich. Diese Konstruktion hat zur Folge, dass das Entscheidungsrecht innerhalb der Konferenz nur im Zusammenwirken der staatlichen Vertreter mit denen der Arbeitgeber und Arbeitnehmer ausgeübt werden kann. Internationale Übereinkommen müssen allerdings den staatlichen Mitgliedern zur Zustimmung nach Maßgabe innerstaatlichen Rechts vorgelegt werden. Das bedeutet, dass die völkerrechtliche Verbindlichkeit eines Übereinkommens für das einzelne staatliche Mitglied nur dann eintritt, wenn es die Ratifikation gegenüber der ILO positiv erklärt hat.[88]

b)   Primärrechtliche Konsultationsrechte

Die meisten Internationalen Organisationen verleihen Nichtregierungsorganisationen keinen Organstatus, sondern gewähren ihnen Konsultationsrechte auf Ebene des Verbands oder eines speziellen Organs. In nur wenigen Fällen sind diese Konsultationsrechte primärrechtlich gewährleistet, so z.B. in Art. V.2 des WTO-Übereinkommens.

Das wichtigste Beispiel bildet jedoch Art. 71 UN-Charta, der Nichtregierungsorganisationen innerhalb des Wirtschafts- und Sozialrats der Vereinten Nationen einen solchen Status einräumt. Auch wenn dieses Organ nur über geringen politischen Einfluss verfügt, hat sich seine Praxis zum wichtigen Vorbild für andere Internationale Organisationen entwickelt. In einer von

---

in: Internationales, nationales und privates Recht: Hybridisierung der Rechtsordnungen?, Berichte der Deutschen Gesellschaft für Internationales Recht, Bd. 46, 2014, 101 (127 ff.).

[85] Hierzu *Georg Nolte/Sergey Lagodinsky* The Role of Non-Governmental Organizations in the International Labour Organization, in: Eyal Benvenisti/Georg Nolte (Hrsg.) The Welfare State, Globalization and International Law, 2004, 321 (327 f.).

[86] Art. 3 Abs. 1 ILO-Verfassung. Zu ihrer Auswahl siehe StIGH, Designation of the Workers' Delegate for the Netherlands at the Third Session of the International Labour Conference, Advisory Opinion, 31.7.1922, Series B, No. 1, 19 ff. Zur Sitzverteilung im Verwaltungsrat, dem zweiten Hauptorgan der ILO, vgl. Art. 7 Abs. 1 ILO-Verfassung.

[87] Art. 19 Abs. 1 und 2 ILO-Verfassung.

[88] *Ruffert/Walter* Institutionalisiertes Völkerrecht (Fn. 31), § 13 Rn. 637. Nach Art. 19 Abs. 5 ILO-Verfassung sind die Mitglieder allerdings verpflichtet, innerhalb eines Jahres das innerstaatliche Verfahren zur Ratifikation einzuleiten.

ihm erlassenen Resolution hat er zunächst das Zulassungsverfahren und die einzelnen Zulassungskriterien geregelt.[89] So muss beispielsweise, wie sich bereits aus Art. 71 UN-Charta ergibt, die Nichtregierungsorganisation innerhalb des Zuständigkeitsbereichs des Wirtschafts- und Sozialrats tätig sein. Ihr Organisationszweck muss mit dem Geist, den Zielen und den Prinzipien der UN-Charta übereinstimmen. Zudem muss sie bestimmte organisatorische Anforderungen erfüllen, zu denen neben einer dauerhaften Organisationsstruktur eine demokratische Binnenverfassung und der Nachweis ihres finanziellen Status gehören. Die Resolution sieht ferner drei abgestufte Formen der Zulassung vor, die in Abhängigkeit vom Tätigkeitsspektrum, der geographischen Reichweite und der gesellschaftlichen Bedeutung der Nichtregierungsorganisation vergeben werden. Generell gilt aber, dass Nichtregierungsorganisationen über den Konsultativstatus in ein Verhältnis wechselseitiger Verfahrensrechte und -pflichten eingebunden werden.[90] Im Einzelnen ist damit das Recht verbunden, über die Tagesordnungen informiert zu werden, als Beobachter an Sitzungen teilzunehmen sowie mündliche und schriftliche Stellungnahmen abzugeben. Die damit verbundenen Einflussmöglichkeiten sind jedoch begrenzt, denn der Konsultativstatus verändert die zwischenstaatliche Form des Entscheidungsverfahrens im Wirtschafts- und Sozialrat nicht.[91]

c) Konsultationsrechte kraft Organisationsentscheidungen

Die meisten Internationalen Organisationen kennen nur sekundärrechtliche Konsultationsrechte,[92] die die Entscheidungszuständigkeiten der Organe nicht verändern.[93] Sie beruhen auf Resolutionen, deren Rechtsgrundlage die Organisationsautonomie der Internationalen Organisation bildet.[94] Inhaltlich regeln sie meist Zugangskriterien, verfahrens-

---

[89] ECOSOC Resolution 1996/31.
[90] Vgl. Nr. 20 ECOSOC Resolution 1996/31.
[91] Vgl. Nr. 18 ECOSOC Resolution 1996/31; siehe auch *Eibe Riedel* The Development of International Law: Alternatives to Treaty-Making? International Organizations and Non-State Actors, in: Rüdiger Wolfrum/Volker Röben (Hrsg.) Developments of International Law in Treaty Making, 2005, 301 (303 ff.).
[92] *Waldemar Hummer* Internationale nichtstaatliche Organisationen im Zeitalter der Globalisierung – Abgrenzungen, Handlungsbefugnisse, Rechtsnatur, in: Berichte der Deutschen Gesellschaft für Völkerrecht, Bd. 39, 2000, 45 (114 f.).
[93] Vgl. Ziffer 5 des WHO Framework of engagement with non-State actors; ebenso für die WTO Pkt. 6 der Guidelines for Arrangements on Relations with Non-Governmental Organizations, WT/L/162, vom 23.07.1996; hierzu *Nowrot* in: Tietje (Fn. 53), § 2 Rn. 32.
[94] Hierzu *Markus Benzing* International Organizations or Institutions, Secondary Law, in: Max Planck Encyclopedia of Public International Law, Online-Ausgabe, Stand März 2007, Rn. 9.

rechtliche Ausgestaltungen und die Verleihung sowie den Entzug eines Konsultativstatus.[95]

d) *Folgen des Konsultativstatus für nicht-staatliche Akteure*

Noch kein Konsens besteht darüber, welche rechtlichen Folgen der Konsultativstatus für die Rechtsstellung von Nichtregierungsorganisationen hat.[96] Die zugrundeliegenden Resolutionen gehören nach heute überwiegender Meinung dem Völkerrecht an.[97] Ungeklärt ist aber, wie ihre rechtliche Außenwirkung entsteht, da sie grundsätzlich nur innerhalb der Internationalen Organisation verbindliche Wirkung entfalten.[98] Rechtliche Außenwirkung haben jedoch die menschenrechtlichen Grundsätze der Gleichbehandlung und des Vertrauensschutzes. Sie lassen sich aktivieren, wenn Organisationsmaßnahmen darauf angelegt sind, mit Wirkung gegenüber Adressaten außerhalb der Organisation durchgeführt zu werden.[99] Vor diesem Hintergrund spricht nichts dagegen, in einem rechtlich geregelten Konsultativstatus auch eine Form der partiellen Völkerrechtssubjektivität zu sehen.[100]

3. *Hybride Formen der Schaffung und Durchführung von Völkerrecht*

Im Völkerrecht lassen sich darüber hinaus verschiedene hybride Formen[101] der Einbindung privater Akteure in zwischenstaatliche Entscheidungsprozesse feststellen. Hierzu zählt zunächst die Verweisung auf private Normsetzung in völkerrechtlichen Verträgen. Eine besondere Rolle spielen technische Normen, die von nationalen Standardisierungsorganisationen oder auf internationaler Ebene von der ISO, der Internationalen Organi-

---

[95] Siehe beispielhaft die International Maritime Organization (IMO): Rules and Guidelines for Consultative Status by Non-Governmental International Organizations with the International Maritime Organization, Stand 4.12.2013, <http://www.imo.org/en/About/Membership/Pages/Default.aspx> (Stand 14.10.2019).

[96] Für den Status der Völkerrechtssubjektivität *Ruffert/Walter* Institutionalisiertes Völkerrecht (Fn. 31), § 1 Rn. 22; *Peter Willetts* Non-Governmental Organizations in World Politics, 2011, 83. Offen gelassen bei *Peters* Völkerrecht (Fn. 53), 285.

[97] Zur Diskussion vgl. *Eckart Klein/Stefanie Schmahl* Die Internationalen und Supranationalen Organisationen, in: Wolfgang Graf Vitzthum/Alexander Proelß (Hrsg.) Völkerrecht, 6. Aufl. 2013, 4. Abschnitt, Rn. 114 ff.

[98] Vgl. *Schermers/Blokker* International Institutional Law (Fn. 48), §§ 1206 ff.

[99] Vgl. zur rechtlichen Einordnung von Leitlinien der Kommission EuGH, 28.6.2005, Dansk Rørindustri A/S, Rs. C-189/02 P u.a., ECLI:EU:C:2005:408, Rn. 209 ff.

[100] Vgl. *Hobe* in: Max Planck Encyclopedia (Fn. 26), Rn. 44; *Ruffert/Walter* Institutionalisiertes Völkerrecht (Fn. 31), § 1 Rn. 22.

[101] Vgl. *Paulus* in: Berichte der Deutschen Gesellschaft für Internationales Recht (Fn. 2), 14 ff.

sation für Standardisierung, einer Nichtregierungsorganisation, festgelegt werden.[102] Solche Normwerke sind erwünscht und werden völkerrechtlich rezipiert,[103] da sie hochspezialisiertes Expertenwissen verkörpern.

Hybride Formen finden sich auch bei Monitoring bzw. Compliance Mechanismen, die der Überwachung von Mitgliedstaaten und der Durchsetzung ihrer völkerrechtlichen Pflichten dienen.[104] Wiederum kommt es aber auf die Frage an, ob die nicht-staatlichen Akteure in ein vertraglich vorgesehenes Organ eingebunden sind oder ob sie lediglich Informations- und Anhörungsrechte genießen. Ein wichtiges Beispiel für das organschaftliche Modell ist das Europäische Übereinkommen zur Verhütung von Folter, auf dessen Grundlage ein Ausschuss unabhängiger Sachverständiger die Behandlung von Personen überwacht, denen die Freiheit entzogen wurde.[105] Auch auf sekundärrechtlicher Ebene können solche Organe geschaffen werden. Als prominente Beispiele sind die Venedig Kommission, die den Europarat zu Fragen rechtsstaatlicher und demokratischer Entwicklungen berät, oder der Compliance-Ausschuss nach Art. 15 der Århus-Konvention zu nennen.[106] Letzterer besteht aus acht Mitgliedern, die von den staatlichen Vertragsparteien und Nichtregierungsorganisationen nominiert und von der Tagung der Vertragsparteien gewählt werden.[107] In der Praxis des Ausschusses bildet die Auseinandersetzung mit privat initiierten Stellungnahmen den Schwerpunkt seiner Tätigkeit.

Ein weiterer Bereich, in dem private Akteure auf hoheitliche Entscheidungen einwirken, betrifft Verfahren vor internationalen Gerichten und Schiedsgerichten. So sieht das Römische Statut des Internationalen Strafgerichtshofs ausdrücklich vor, dass nicht-staatliche Organisationen Auskünfte erteilen und

---

[102] Vgl. *Giegerich* Internationale Standards (Fn. 84), 124 f.

[103] Für den Bereich der WTO vgl. Art. 4 des Übereinkommens über technische Handelshemmnisse; hierzu *Christian Tietje* Übereinkommen über technische Handelshemmnisse, in: Hans-Joachim Prieß/Georg M. Berrisch (Hrsg.) WTO-Handbuch, 2003, B.I.5, Rn. 112 ff. Zur Rolle des Codex Alimentarius Kommission vgl. *Markus Krajewski* Wirtschaftsvölkerrecht, 4. Aufl. 2017, Rn. 372.

[104] Zum Grundmodell vgl. *Schermers/Blokker* International Institutional Law (Fn. 48), §§ 1428 ff. Ferner International Law Association, Committee on Non-State Actors (Fn. 22), Rn. 65 ff.

[105] Europäisches Übereinkommen zur Verhütung von Folter und unmenschlicher oder erniedrigender Behandlung oder Strafe vom 26.11.1987, BGBl. 1989 II, 947.

[106] Übereinkommen über den Zugang zu Informationen, die Öffentlichkeitsbeteiligung an Entscheidungsverfahren und den Zugang zu Gerichten in Umweltangelegenheiten vom 25.6.1998, BGBl. 2006 II, 1251.

[107] Economic Commission for Europe, Meeting of the Parties to the Convention on Access to Information, Public Participation in Decision-Making and Access to Justice in Environmental Matters, Decision I/7, Review of Compliance, 21.–23. Oktober 2002.

Zeugenaussagen abgeben können.¹⁰⁸ Ein anderes rechtliches Instrument sind sog. amicus curiae briefs („Stellungnahmen von Freunden des Gerichts"), die zu einem Verfahren eingereicht werden. Dieses Vorgehen muss aufgrund der jeweiligen Verfahrensordnung zulässig sein.¹⁰⁹ Im Fall von Art. 44 der ICSID-Konvention liegt die Entscheidung im gebundenen Ermessen des Schiedsgerichts, das maßgeblich darauf abstellt, ob eine Zulassung in sachlicher oder rechtlicher Hinsicht zur Entscheidungsfindung beiträgt und nach dem Gegenstand des Verfahrens und der Person des Antragstellers angemessen ist.¹¹⁰ Erfolgt die Zulassung, führt dieser Umstand aber nicht dazu, dass diese dritten Personen die Stellung als Prozesspartei erhalten.

4. Legalität und Legitimität der Beteiligung nicht-staatlicher Akteure

a) Legalitätsfragen

Die beschriebenen Beteiligungsrechte werfen zunächst Legalitätsfragen auf. Sie ergeben sich daraus, dass die Zulassung nicht-staatlicher Akteure zu Internationalen Organisationen höchst unterschiedlich und vielfach nur bruchstückhaft geregelt ist. Schon aus diesem Grund lässt sich auch kein gewohnheitsrechtlicher Anspruch nicht-staatlicher Akteure auf Zulassung zu einer bestimmten Internationalen Organisation bejahen.¹¹¹ Nur soweit die Zulassungsmöglichkeit überhaupt vorgesehen ist, kann ein Anspruch auf gleichheitsgerechte Prüfung eines Zulassungsantrags bestehen. Dieser Anspruch beinhaltet, dass die Zulassung nach objektiven und diskriminierungsfreien Kriterien erfolgt und die Anwendung dieser Kriterien rechtsfehlerfrei ist. Hier, auf der letzten Stufe, zeigt sich eine strukturelle Schwäche aller Internationalen Organisationen, nämlich das Fehlen effektiver Rechtsschutzmöglichkeiten zur Kontrolle von Zulassungsentscheidungen. Eine Überprüfung solcher administrativen Entscheidungen durch unabhängige gerichtliche Instanzen ist durchweg nicht möglich.¹¹²

---

¹⁰⁸ Art. 15 Abs. 2 Römisches Statut des Internationalen Strafgerichtshofs, BGBl. 2000 II, 1394.

¹⁰⁹ Zur Kontroverse im Rahmen des Dispute Settlement Body der WTO siehe *Van den Bossche* NGO Involvement in the WTO (Fn. 28), 738 ff.

¹¹⁰ Vgl. Rule 37(2) der ICSID Convention Arbitration Rules, Stand 10.4.2006.

¹¹¹ *Peters* Völkerrecht (Fn. 53), 282.

¹¹² Dagegen bestehen für Rechtsstreitigkeiten zwischen Bediensteten und Internationalen Organisationen in Einzelfällen durchaus administrative Tribunale, siehe *Schermers/ Blokker* International Institutional Law (Fn. 48), §§ 642 ff. Zu weiteren Ausnahmen *Kirsten Schmalenbach* International Organizations or Institutions, Legal Remedies against Acts of Organs, in: Max Planck Encyclopedia of Public International Law, Online-Ausgabe, Stand September 2017, Rn. 14 ff.

b) Legitimitätsfragen

Die Teilhabe nicht-staatlicher Akteure wirft zudem Legitimitätsfragen auf. Aus demokratietheoretischer Sicht besteht dann ein Legitimationsbedürfnis, wenn Internationale Organisationen supranationale Hoheitsgewalt ausüben oder jedenfalls durch ihre Entscheidungen die Mitglieder auch ohne deren Zustimmung rechtlich verpflichten können.[113] Eine normative Rückbindung an das Demokratieprinzip fehlt allerdings in den Gründungsverträgen der meisten Internationalen Organisationen. Zwingende Anforderungen können sich aber aus dem Verfassungsrecht der staatlichen Mitglieder ergeben. In Deutschland erfordern Art. 59 Abs. 2 und Art. 24 Abs. 1 GG die parlamentarische Zustimmung zu derartigen völkerrechtlichen Verträgen. Das Zustimmungsgesetz vermittelt, jedenfalls bezogen auf das staatliche Mitglied, auch die gebotene demokratische Legitimation der Internationalen Organisation. Soweit diese berechtigt ist, verbindliches Sekundärrecht zu erlassen, muss allerdings das Integrationsprogramm im Gründungsvertrag hinreichend bestimmbar angelegt sein.[114] Das bedeutet, dass verbindliche Entscheidungen der Organe auf den Gründungsvertrag und damit die Zustimmung der Mitglieder zurückzuführen sein müssen. In den Fällen, in denen der Gründungsvertrag die Entscheidung nicht trägt, bedarf es der neuerlichen Zustimmung, innerstaatlich in Gestalt eines Parlamentsgesetzes.

Nach verfassungsrechtlichen Maßstäben sind auch die verschiedenen Formen der Partizipation nicht-staatlicher Akteure zu beurteilen. Hierbei muss zunächst sichergestellt sein, dass die Organe einer Internationalen Organisation die rechtliche und politische Letztverantwortung genießen. Eine Fremdbestimmung der Organe durch nicht-staatliche Akteure würde dagegen den Legitimationszusammenhang auflösen. Diese Frage kann auch Gegenstand der verfassungsgerichtlichen Überprüfung eines Zustimmungsgesetzes sein.[115] Die völkerrechtliche Praxis bestätigt diesen Befund, wenn etwa die UN oder die WTO betonen, dass die Beteiligung nicht-staatlicher Akteure weder den zwischenstaatlichen Charakter der Organisation noch

---

[113] Vgl. *Markus Krajewski* International Organizations or Institutions, Democratic Legitimacy, in: Max Planck Encyclopedia of Public International Law, Online-Ausgabe, Stand März 2019, Rn. 11; *Antje von Ungern-Sternberg* Demokratie und Völkerrecht, Zur demokratischen Legitimation nationaler und internationaler Rechtserzeugung, Habilitationsschrift 2015, unveröffentlichtes Manuskript, 256 ff.

[114] Grundlegend BVerfGE 58, 1 (35 ff.) – Eurocontrol.

[115] Zum Problem der Entscheidungen autonomer Vertragsgremien siehe *Wolfgang Weiß* Kann Freihandel Demokratie und Rechtsstaat gefährden? Zu den (unions-)verfassungsrechtlichen Anforderungen der parlamentarischen Begleitung von Regelsetzung durch Vertragsgremien, in: Hans Herbert von Arnim (Hrsg.) Erosion von Demokratie und Rechtsstaat?, 2018, 21 (36 ff.).

die Entscheidungszuständigkeiten ihrer Organe verändern darf.[116] Soweit Vertreter von Nichtregierungsorganisationen als Mitglieder in ein Organ berufen werden, ist das verfassungsrechtlich unbedenklich, solange ein hinreichender staatlicher Einfluss auf die Zusammensetzung und die Entscheidungen der Organe nicht verlorengeht.

Dagegen ist die Beteiligung nicht-staatlicher Akteure nicht geeignet, allein aus sich heraus die demokratische Legitimation von Internationalen Organisationen herzustellen.[117] Zwar ist zu berücksichtigen, dass ihre Beteiligung die Transparenz der Entscheidungsprozesse steigern und die Akzeptanz von Entscheidungen bei den Betroffenen fördern kann. Auch ermöglicht sie es, sachverständiges Wissen einzuspeisen und damit die Qualität von Entscheidungen zu verbessern. Gegen das partizipatorische Legitimationsmodell spricht aber, zumal wenn es als tragende Begründung herangezogen wird, dass nicht-staatliche Akteure durchweg nur einen Ausschnitt der Gesellschaft repräsentieren. Selbst wenn sie einen altruistischen Anspruch erheben, vertreten sie in aller Regel nur Partikularinteressen.[118] Viele andere Interessen sind dagegen nicht organisiert oder artikulieren sich nicht auf der Ebene einer internationalen Öffentlichkeit. Die damit verbundene inhaltliche Engführung, die viele nicht-staatliche Akteure kennzeichnet, ist zwar bei einer menschenrechtlichen Betrachtung unproblematisch.[119] Auf der Ebene der Internationalen Organisation darf sie aber nicht auf die Wahrnehmung des Mandats durch die Organe durchschlagen.

c) *Weitere Anforderungen*

Daraus lassen sich weitere Anforderungen formulieren. Internationale Organisationen unterliegen zunächst einer politischen Neutralitätspflicht,[120] deren Rechtsgrundlage in ihrem Mandat zu suchen ist. Die Mandate dienen öffentlichen Gemeinwohlzielen und gerade nicht der Verfolgung privater Partikularinteressen. Damit wäre es nicht vereinbar, wenn eine Internatio-

---

[116] Siehe oben Fn. 91 und 93 sowie *Schermers/Blokker* International Institutional Law (Fn. 48), § 197A.

[117] Positiver dagegen *Armin von Bogdandy* The European Lesson for International Democracy: The Significance of Articles 9–12 EU Treaty for International Organizations, EJIL 2012, 315 (331 ff.); *Paulus* in: Berichte der Deutschen Gesellschaft für Internationales Recht (Fn. 2), 29. Wie hier *Nolte/Lagodinsky* in: Benvenisti/Nolte (Fn. 85), 325. Kritische Würdigung auch bei *Jan Klabbers* An Introduction to International Institutional Law, 2. Aufl. 2009, 312.

[118] Vgl. *Charnovitz* Nongovernmental Organizations (Fn. 27), 365 f.; *Peters* Völkerrecht (Fn. 53), 285.

[119] A.A. *Peters* Völkerrecht (Fn. 53), 285, die nach Wegen zur Verbesserung der Legitimation von NGOs fragt.

[120] *Schermers/Blokker* International Institutional Law (Fn. 48), § 197A.

nale Organisation einseitig zugunsten einzelner Akteure Partei ergreift.[121] Um der Gefahr von Einseitigkeiten vorzubeugen, kommt ein Ausgleich in erster Linie durch die Zulassung und Anhörung von Vertretern gegenläufiger politischer oder fachlicher Positionen in Betracht. Die Durchsetzung dieser Pflichten hängt allerdings vom jeweiligen organisationsrechtlichen Kontext ab, der nur in wenigen Fällen eine gerichtliche Kontrolle vorsieht. Auch Transparenzregeln, insbesondere Register der zugelassenen Organisationen und Personen, ermöglichen zumindest eine mittelbare Kontrolle.

Schließlich stößt die Partizipation nicht-staatlicher Akteure an Grenzen, die durch die Funktionsfähigkeit der Organe und die Effektivität ihrer Entscheidungsverfahren gezogen sind.[122] Beschlussorgane benötigen Spielräume für interne Reflexion und vertraulichen Meinungsaustausch, um gerade in schwierigen Fragen zu Entscheidungen gelangen zu können.[123] Insoweit besteht auch ein rechtliches Gegengewicht zu den Bedürfnissen nach Partizipation und Transparenz.

IV. Entstehung und Durchführung von Unionsrecht unter Beteiligung nicht-staatlicher Akteure

1. Partizipation in der Europäischen Union

a) Grundlagen

In der Europäischen Union unterscheidet sich die Rechtslage von derjenigen im Völkerrecht unter mehreren Gesichtspunkten. Das Unionsrecht gewährleistet die Unionsbürgerschaft als grundlegenden Rechtsstatus des Einzelnen[124] und bindet die Ausübung von Hoheitsgewalt an den Grundsatz der repräsentativen Demokratie. Die maßgebliche politische Beteiligung der Bürger erfolgt daher über die Wahlen zum Europäischen Parlament. Darüber hinaus behandeln die Verträge das Verhältnis zur Zivilgesellschaft als demokratisches Grundanliegen.[125] Speziell die Kommission ist verpflichtet, umfangreiche Anhörungen durchzuführen, um die Kohärenz und Transparenz des Handelns der Union zu gewährleisten.[126]

---

[121] Speziell für die Europäische Union besteht die Pflicht zu einer guten Verwaltung, die ausdrücklich mit dem Gebot der Unparteilichkeit einhergeht, vgl. Art. 41 GrCh.
[122] Vgl. Nr. 19 ECOSOC Resolution 1996/31.
[123] Vgl. EuG, 12.3.2019, de Masi und Varoufakis/EZB, Rs. T-798/17, ECLI:EU:T:2019:154, Rn. 72.
[124] Hierzu *Peter M. Huber* Unionsbürgerschaft, EuR 2013, 637 ff.
[125] Art. 11 Abs. 1 und 2 EUV.
[126] Art. 11 Abs. 3 EUV. Parallel hierzu sieht Art. 2 des Protokolls über die Anwendung der Grundsätze der Subsidiarität und Verhältnismäßigkeit eine grundsätzliche Pflicht der

Die Vorschriften des Art. 11 EUV ergänzen die Vorgaben zur repräsentativen Demokratie, auf der die Arbeitsweise der Union beruht.[127] Sie verwirklichen Grundsätze, die ihren Bezugspunkt zum Teil in menschenrechtlichen Gewährleistungen wie der Meinungs- und Vereinigungsfreiheit, zum Teil aber auch in rechtsstaatlichen Gesichtspunkten wie der Transparenz und Rechenschaftspflicht von Organen haben.[128] Inhaltlich ermöglichen sie demokratische Partizipation und Deliberation – meist in Bezug auf Sachfragen und im *Vorfeld* der rechtlich verbindlichen Beschlussfassung durch die Organe.[129] Damit verbunden sind Gleichheitsrechte im Sinne politischer Gleichheit aller Unionsbürger[130] wie auch ihrer verfahrensrechtlichen Gleichbehandlung.[131] Die primärrechtlichen Regeln gehen aber nicht so weit, dass sie den einzelnen Unionsbürgern oder Verbänden einen status activus als Mitgestalter politischer Entscheidungen im Verhältnis zu den Organen gewähren. Denn Art. 11 EUV ist, mit Ausnahme der Vorschriften zur Bürgerinitiative, nicht als subjektiv-rechtliches Partizipationsrecht ausgestaltet.[132] Das folgt aus dem Wortlaut, der auf Verpflichtungen der Organe abhebt, ihnen aber nicht vorschreibt, welche Partizipationsmöglichkeiten sie im Einzelfall zu gewähren haben.[133] Die Vorschrift enthält zudem, wiederum mit Ausnahme der Bürgerinitiative, keine Ermächtigung an den Unionsgesetzgeber, eine nähere Ausgestaltung durch Erlass von Sekundärrecht vorzunehmen.

Kommission vor, umfangreiche Anhörungen durchzuführen, bevor sie einen Gesetzgebungsakt vorschlägt. Weitere Vorgaben folgen aus der Interinstitutionellen Vereinbarung über bessere Rechtsetzung aus dem Jahr 2016. Sie verpflichtet die Kommission, dem Europäischen Parlament und dem Rat bei jedem Vorschlag für einen Rechtsakt über Umfang und Ergebnisse der von ihr durchgeführten Konsultation der Öffentlichkeit und der Interessenträger zu berichten. Siehe Ziffer 25 der Interinstitutionellen Vereinbarung zwischen dem Europäischen Parlament, dem Rat der Europäischen Union und der Europäischen Kommission über bessere Rechtsetzung, 13.4.2016, ABl. 2016 L 123, 1.

[127] *Peter M. Huber* in: Rudolf Streinz (Hrsg.) EUV/AEUV, 3. Aufl. 2018, Art. 11 EUV Rn. 3; *Ruffert* in: ders./Calliess (Fn. 32), Art. 11 EUV Rn. 1.

[128] Insofern besteht auch ein Bezug zu den Regeln über den Zugang der Öffentlichkeit zu Dokumenten der Organe gemäß Art. 15 Abs. 3 UAbs. 1 AEUV sowie VO (EG) Nr. 1049/2001; vgl. hierzu EuGH, 4.9.2018, ClientEarth, Rs. C-57/16 P, ECLI:EU:C:2018:660, Rn. 92 ff.

[129] Vgl. EuGH, 4.9.2018, ClientEarth, Rs. C-57/16 P, ECLI:EU:C:2018:660, Rn. 108.

[130] Siehe Art. 9 S. 1 EUV.

[131] Vgl. *Huber* in: Streinz (Fn. 127), Art. 11 EUV Rn. 11.

[132] *Anne Dankowski* Expertengruppen in der europäischen Rechtsetzung, 2019, 288 f.; *Martin Nettesheim* in: Eberhard Grabitz/Meinhard Hilf/Martin Nettesheim (Hrsg.) Das Recht der Europäischen Union, 2019, Art. 11 EUV Rn. 11 (2015); *Ruffert* in: ders./Calliess (Fn. 32), Art. 11 EUV Rn. 8.

[133] EuGH, 4.9.2018, ClientEarth, Rs. C-57/16 P, ECLI:EU:C:2018:660, Rn. 107.

b) Umsetzung

Allerdings müssen die Organe im Rahmen ihrer Organisationsgewalt die Partizipation real möglich machen und daher entsprechende Verfahrensregeln erlassen.[134] Unter dem Aspekt der Zuständigkeitsverteilung ist die Europäische Kommission die wichtigste Anlaufstelle für Konsultationsprozesse, da sie über das Initiativmonopol für die europäische Gesetzgebung verfügt.[135] Sie veröffentlichte 2002 eine Mitteilung, in der sie allgemeine Grundsätze und Mindeststandards für Konsultationen beschreibt.[136] Nüchtern heißt es darin: „Umfassende Anhörungen sind kein neues Phänomen. Die Kommission konsultiert traditionsgemäß externe Interessengruppen bei der Gestaltung ihrer Politik. Für sie gehört die externe Konsultation zur Entwicklung nahezu aller Politikbereiche."[137] In der Mitteilung verdeutlicht die Kommission auch, warum sie bewusst keine rechtsverbindliche Regelung anstrebt. Zum einen will sie klar zwischen dem politischen Raum der Konsultation und dem sich anschließenden formellen und verbindlichen Beschlussfassungsprozess entsprechend der Verträge unterscheiden. Zum anderen will sie eine Situation vermeiden, in der ein Vorschlag der Kommission vor dem Gerichtshof mit der Behauptung angefochten werden kann, eine Konsultation einer betroffenen Partei sei nicht erfolgt.[138] Gestärkt wird diese Linie auch durch die Rechtsprechung, wonach die Anhörungspflicht der Kommission nach Art. 11 Abs. 2 EUV nicht bedeutet, dass die Kommission auf etwaige Anmerkungen, die sie erhält, in jedem Einzelfall inhaltlich eingehen müsste.[139]

Spezielle, wiederum rein interne Regelungen gelten, wenn Dienststellen der Kommission auf eigene Initiative hin Experten für bestimmte Fachprobleme konsultieren.[140] Für Expertengruppen, die mehrfach tagen und

---

[134] Entsprechend hat das Europäische Parlament im Rahmen seiner Geschäftsordnung punktuelle Vorgaben zur „strukturierten Konsultation der europäischen Zivilgesellschaft zu wichtigen Themen" getroffen; siehe Art. 25 Abs. 15; Art. 27 Abs. 5 sowie Art. 34 Abs. 1 GeschO EP. Keine Regelungen enthalten dagegen die Geschäftsordnungen des Europäischen Rates und des Rates.

[135] *Rainer Eising* Institutionen und Interessengruppen in der Europäischen Union: eine neoinstitutionelle Perspektive, ZG 2014, 219 (221 f.); *Huber* in: Streinz (Fn. 127), Art. 11 EUV Rn. 26; *Nettesheim* in: Grabitz/Hilf/Nettesheim (Fn. 132), Art. 11 EUV Rn. 14.

[136] Mitteilung der Kommission, Hin zu einer verstärkten Kultur der Konsultation und des Dialogs – Allgemeine Grundsätze und Mindeststandards für die Konsultation betroffener Parteien durch die Kommission, KOM(2002)704 endg.

[137] KOM(2002)704 endg. (Fn. 136), 3.

[138] KOM(2002)704 endg. (Fn. 136), 9 f.

[139] EuGH, 4.9.2018, ClientEarth, Rs. C-57/16 P, ECLI:EU:C:2018:660, Rn. 107.

[140] Mitteilung der Kommission über die Einholung und Nutzung von Expertenwissen durch die Kommission: Grundsätze und Leitlinien: „Eine bessere Wissensgrundlage für eine bessere Politik", KOM(2002)713 endg.

insofern festere institutionelle Strukturen aufweisen, legt ein – wiederum nur intern wirkender – Beschluss aus dem Jahr 2016 ihre Einsetzung und Arbeitsweise fest.[141]

c) Grenzen

Das Unionsrecht gibt für diese Partizipationsformen verfassungsrechtliche Grenzen vor, die dem Schutz des demokratischen Legitimationszusammenhangs dienen. Im Hinblick auf Expertengruppen hat der EuGH ausdrücklich betont, dass die Kommission an ihre Empfehlungen nicht gebunden ist.[142] Denn die Mitglieder der Expertengruppen sind zwar fachlich, nicht aber demokratisch legitimiert. Eine fachliche Legitimation reicht aber nicht aus, um die Ausübung von Hoheitsgewalt zu rechtfertigen.[143] Ceteris paribus gilt die gleiche Feststellung, d.h. die fehlende Bindungswirkung, für Verbände und Vertreter der Zivilgesellschaft, die ihre Anliegen bei den Unionsorganen geltend machen. Verstärkt wird diese Schranke durch den Grundsatz des institutionellen Gleichgewichts.[144] Er lässt zwar zu, dass private Akteure in hoheitliche Entscheidungsverfahren der Organe einbezogen werden, jedoch nur unter der Voraussetzung, dass entweder die Organe die politische Letztverantwortung behalten oder dass sich die Delegation lediglich auf untergeordnete oder technische Fragen beschränkt. Ausdrücklich verpflichtet zudem Art. 17 Abs. 1 und 3 EUV die Kommission, in völliger Unabhängigkeit und ausschließlich im allgemeinen Interesse der Union zu handeln.

Die praktischen Probleme liegen indes auf der Hand, wenn im Einzelfall den Organen die fachlichen und zeitlichen Ressourcen fehlen, Empfehlungen von Expertengruppen zu prüfen und ggf. eine eigenständige Bewertung entgegenzusetzen.[145] Auch der Umfang der Einflussnahme, der im konkreten Fall von Nichtregierungsorganisationen ausgeht, lässt sich nicht immer bestimmen. Transparenzregeln, die die Kommission freiwillig

---

[141] Beschluss der Kommission vom 30.5.2016 zur Festlegung horizontaler Bestimmungen über die Einsetzung und Arbeitsweise von Expertengruppen der Kommission, C(2016) 3301 endg. Zur rechtlichen Einordnung siehe *Dankowski* Expertengruppen (Fn. 132), 120 ff. Zur Einbindung von Experten in Agenturen der Union siehe z.B. die Ausschüsse für Risikobeurteilung und sozioökonomische Analyse der Europäischen Chemikalienagentur nach Art. 85 VO (EU) Nr. 1907/2006, ABl. 2006 L 396, 1.

[142] EuGH, 25.10.2005, Deutschland und Dänemark/Rat, verb. Rs. C-465/02 und 466/02, ECLI:EU:C:2005:636, Rn. 104.

[143] EuG, 11.9.2002, Pfizer Animal Health/Rat, Rs. 13/99, ECLI:EU:T:2002:209, Rn. 201.

[144] EuGH, 13.6.1958, Meroni/Hohe Behörde, Rs. 9/56, Slg. 1956, 11 (44).

[145] Kritisch daher *Dankowski* Expertengruppen (Fn. 132), 359 ff.

anwendet,[146] ermöglichen zwar eine öffentliche Kontrolle, beseitigen aber das Grundproblem nicht. Solche Spannungen sind indes in gewissen Grenzen hinzunehmen. Sie müssen vor allem bei Gesetzgebungsakten der Union durch die Förmlichkeit und Öffentlichkeit des Gesetzgebungsverfahrens ausgeglichen werden. Im Hinblick auf den Grundsatz der repräsentativen Demokratie ist dabei maßgeblich, ob Parlament und Rat die Inhalte des Gesetzgebungsvorschlags in ihren Willen aufnehmen. Diese Willensbetätigung umfasst grundsätzlich auch die Elemente, die auf die Einflussnahme externer Experten oder von Interessengruppen zurückgehen. Zu erwägen wäre freilich, dass die Kommission in ihren Gesetzgebungsvorschlägen künftig ausdrücklich aufführt, welche Personen neben den Bediensteten der Kommission an der Ausarbeitung des Vorschlags mitgewirkt haben.[147] Das würde nicht nur die Transparenz erhöhen, sondern auch die Willensbetätigung durch Parlament und Rat stärken.

2. *Hybride Formen der Entstehung und Durchführung von Unionsrecht*

Weitere hybride Formen der Entstehung und Durchführung von Unionsrecht lassen sich in vielfältiger Weise belegen.[148] Der Unionsgesetzgeber kann private Standards durch Inkorporation in das Sekundärrecht überführen, wie es im Bereich der internationalen Rechnungslegung der Fall ist.[149] Auch die Nutzung von Selbstregulierungsmechanismen der Wirtschaft ist in diesem Zusammenhang ein anerkanntes Instrument.[150] Bei der Durchführung von Unionsrecht kommt es zur – meist nicht freiwilligen[151] – Indienstnahme privater Akteure.[152]

---

[146] Vgl. Beschluss der Kommission vom 24.11.2014 über die Veröffentlichung von Informationen über Treffen zwischen Kommissionsmitgliedern und Organisationen oder selbstständigen Einzelpersonen (2014/839/EU, Euratom), ABl. 2014 L 343, 22; vgl. zudem *Eising* Institutionen und Interessengruppen (Fn. 135), 225 f.

[147] Ebenso *Dankowski* Expertengruppen (Fn. 132), 420.

[148] Bereits auf primärrechtlicher Ebene genießen die Sozialpartner besondere Rechte, die es ihnen erlauben, Vereinbarungen abzuschließen, die durch einen Beschluss des Rates unionsweite Geltung erlangen, Art. 155 Abs. 2 AEUV.

[149] Vgl. Art. 3 VO (EG) Nr. 1606/2002 betreffend die Anwendung internationaler Rechnungslegungsstandards, ABl. 2002 L 243, 1.

[150] Siehe z.B. Art. 17 VO (EG) Nr. 2368/2002 zur Umsetzung des Zertifikationssystems des Kimberley-Prozesses für den internationalen Handel mit Rohdiamanten, ABl. 2002 L 358, 28; allgemein hierzu *Eising* Institutionen und Interessengruppen (Fn. 135), 232 f.

[151] Am Beispiel des Umsatzsteuerrechts siehe *Ulrich Hufeld* Betreiberhaftung im Internethandel, DStZ 2018, 755 ff.; allgemein *Jannis Lennartz* Verfassungsrechtliche Grenzen der Indienstnahme Privater, DÖV 2019, 434 ff.

[152] Das betrifft beispielsweise das Einfrieren von Vermögensgegenständen aufgrund von Sanktionsmaßnahmen, siehe Art. 2 VO (EG) Nr. 2580/2001 über spezifische, gegen

Im Bereich der dritten Gewalt hat der Gerichtshof durch seine Rechtsprechung zur unmittelbaren Anwendung von Unionsrecht den Bürger als Sachwalter von Gemeinschaftsbelangen aktiviert.[153] Zur privaten Rechtsdurchsetzung gehören auch Schadensersatzklagen nach nationalem Recht, beispielsweise wegen Zuwiderhandlungen gegen wettbewerbsrechtliche Bestimmungen der Union.[154] Solche Mechanismen spielen praktisch eine große Rolle, da die Kommission nicht über die erforderlichen Informationen und Kapazitäten verfügt, alle unionsrechtlichen Vorgaben selbst durchzusetzen. Aus diesem Grund können weitgehende prozessuale Rechte für private Akteure („private enforcement") den öffentlich-rechtlichen Vollzug ergänzen. Problematisch wird diese Entwicklung allerdings dann, wenn die gerichtliche Rechtsdurchsetzung sich vollständig vom Schutz subjektiver Rechte ablöst, wie unter Art. 9 Abs. 3 der Århus-Konvention.[155] Nach dieser Vorschrift können „Mitglieder der Öffentlichkeit" sich nicht nur gegen behördliches, sondern auch gegen privates Handeln und Unterlassen wenden. Die Legitimation für die Rolle als öffentliche Ankläger[156] ergibt sich auch hier nicht aus einer Selbstermächtigung privater Akteure.[157] Sie beruht vielmehr auf einer Anerkennung durch den Gesetzgeber, der den Kreis der Berechtigten nach objektiven und sachbezogenen Kriterien begrenzen und ihre Befugnisse definieren muss, um private Willkür zu unterbinden.[158]

V. Ausblick

Zu Beginn des Referats stand der Hinweis auf widersprüchliche Befunde. Mit dem Hinweis auf einen weiteren Widerspruch soll dieser Beitrag schließen. Die beschriebenen internationalen Phänomene unterschei-

---

bestimmte Personen und Organisationen gerichtete restriktive Maßnahmen zur Bekämpfung des Terrorismus, ABl. 2001 L 344, 70.

[153] Grundlegend *Johannes Masing* Die Mobilisierung des Bürgers für die Durchsetzung des Rechts, 1997.

[154] Vgl. RL 2014/104/EU, ABl. 2014 L 349, 1.

[155] Aus der Rechtsprechung EuGH, 20.12.2017, Protect, Rs. C-664/15, ECLI:EU:C: 2017:987, Rn. 43 ff. mit kritischer Besprechung durch *Matthias Ruffert* Umweltrechtsschutz ohne methodische Grundlage? Zur neueren Rechtsprechung des EuGH und ihren Folgen für Deutschland, DVBl. 2019, 1033 ff.

[156] Zur möglichen Reichweite des „citizen enforcement" siehe United Nations Economic Commission for Europe, Aarhus Convention Implementation Guide, 2. Aufl. 2014, 198 f.

[157] Zu diesem Gesichtspunkt vgl. *Paulus* in: Berichte der Deutschen Gesellschaft für Internationales Recht (Fn. 2), 29.

[158] Zur fehlenden Umsetzung in Deutschland siehe BVerwG, 5.9.2013, 7 C 21/12, juris, Rn. 30 ff. Zur fehlenden unmittelbaren Anwendbarkeit im Unionsrecht EuGH, 13.1.2015, Rs. C-401/12 P, Rat/Vereniging Milieudefensie, ECLI:EU:2015:4, Rn. 55.

den sich nicht grundsätzlich von der Rolle privater Akteure im innerstaatlichen Raum. Gerade beim Umgang mit Interessengruppen besteht kein Anlass, die rechtlichen Niederungen des Verwaltungsinnenrechts in der Europäischen Union und in Internationalen Organisationen zu beklagen. Diese Stellen haben, anders als etwa die Bundesregierung und andere Verfassungsorgane des Bundes, ausführliche Regelungen geschaffen. Für den Einfluss nicht-staatlicher Akteure auf die Entscheidungsprozesse des Bundes steht demgegenüber eine vergleichbare Regelung noch aus.

Leitsätze des 1. Referenten über:

Die Rolle nicht-staatlicher Akteure bei der Entwicklung und Implementierung des Völker- und Europarechts

I. Einführung

1. Globalisierungsdebatten

(1) Die Frage nach der Rolle der Staaten und der Bedeutung des Einzelnen in der internationalen Gemeinschaft gehört zu den nicht abgeschlossenen Ordnungsdebatten der Gegenwart.

2. Politikwissenschaftliche Ansätze

(2) In der Politikwissenschaft werden Akteure als Individuen oder Kollektive verstanden, die innerhalb eines institutionellen Kontextes auf die Entscheidungen anderer Beteiligter Einfluss nehmen können. Verbunden damit ist ein weites Steuerungsverständnis, das auch weiche oder indirekte Formen der Einflussnahme erfasst.

(3) Folgende Funktionszusammenhänge zwischen staatlichen und nichtstaatlichen Akteuren erscheinen als wesentlich: 1. Nutzung privaten Expertenwissens; 2. Partizipation der Zivilgesellschaft; 3. Betroffenenanhörung; 4. Private Rechtsdurchsetzung.

3. Erste Schlussfolgerungen

(4) Transnationales Wirken der privaten Akteure ist abhängig von rechtlichen wie politischen Bedingungen. Dazu zählen menschenrechtliche Gewährleistungen und deren Effektivität.

(5) Nicht-staatliche Akteure verdrängen in der Realität der internationalen Beziehungen die Staaten nicht. Eher kommt es zu – bereichsspezifischen – Verflechtungen, bei denen nicht-staatliche Akteure auf staatliche Entscheidungsträger einwirken.

II. Die Rechtsstellung nicht-staatlicher Akteure im Völkerrecht

1. Abgrenzungen: Staatliche/nicht-staatliche Akteure

(6) Die Kategorie der nicht-staatlichen Akteure beruht auf einer negativen Abgrenzung zu den Staaten, denen auch föderale Einheiten und Städte zuzuordnen sind. Zu den staatlichen Akteuren in einem weiteren, funktionalen Sinne gehören die Internationalen Organisationen und Behördennetzwerke.

2. Menschenrechtliche Maßstäbe

(7) Bisherige, positive Definitionsversuche lassen die menschenrechtliche Dimension außer Betracht. In der menschenrechtlichen Perspektive gibt es keinen prinzipiellen Grund, zwischen wirtschaftlichen und nichtwirtschaftlichen Interessen zu unterscheiden. Die entscheidende Frage lautet vielmehr, welche Akteure menschenrechtlich verpflichtet und welche berechtigt sind.

(8) Der EGMR unterscheidet im Wesentlichen danach, ob eine Organisation Hoheitsgewalt ausübt oder öffentliche Dienstleistungen unter staatlicher Kontrolle erbringt. Die Differenzierung entspricht der im Völkerrecht üblichen Unterscheidung zwischen hoheitlichem und nicht-hoheitlichem Handeln der Staaten.

3. Rechtliche Folgen

(9) Als Träger von Menschenrechten sind nicht-staatliche Akteure nach heute praktisch unbestrittener Meinung partielle Völkerrechtssubjekte.

(10) Welchen Personen und Organisationen Völkerrechtssubjektivität zukommt und wie weit dieser Status reicht, ist nicht von vornherein begrenzt, sondern abhängig von multilateraler völkerrechtlicher Rechtsetzung.

III. Entstehung und Durchführung von Völkerrecht unter Beteiligung nicht-staatlicher Akteure

(11) Die politische Inklusion nicht-staatlicher Akteure hängt davon ab, welche Personen nach welchen Kriterien in welche Entscheidungen einbezogen werden und welche verfahrensrechtlichen Ausgestaltungen zum Tragen kommen.

(12) Eine wesentliche Unterscheidung besteht darin, ob nicht-staatliche Akteure als Organmitglieder in eine Internationale Organisation eingebunden werden oder einen anderen Status, z.B. als Beobachter oder zur Konsultation berechtigte Teilnehmer, genießen.

(13) Diese Unterscheidung hat zudem menschenrechtliche Konsequenzen: Die Organe einer Internationalen Organisation sind menschenrechtlich gebunden. Beobachter oder zu Konsultationszwecken herangezogene Akteure üben dagegen keine Hoheitsrechte aus, sondern genießen menschenrechtlichen Schutz.

1. Die Entstehung von völkerrechtlichen Verträgen und Völkergewohnheitsrecht

(14) Die geltenden Regeln sehen eine Beteiligung privater Akteure als Vertragsparteien völkerrechtlicher Verträge nicht vor. Die Einflussmöglichkeiten nicht-staatlicher Akteure sind indirekter Art, indem sie auf politischen Kanälen Beiträge zu staatlichen Willensbildungsprozesse leisten. Gleiches trifft für die Entstehung von Völkergewohnheitsrecht zu.

2. Partizipationsrechte in Internationalen Organisationen

(15) Das Völkerrecht lässt den staatlichen Mitgliedern einer Internationalen Organisation weite Spielräume bei der Ausgestaltung der Zuständigkeiten und Entscheidungsverfahren. Insofern können Partizipationsrechte geschaffen werden, die nicht-staatlichen Akteuren die Mitgliedschaft in den Organen eröffnen, wie es in der ILO der Fall ist. Schwächere Formen der Partizipation vermitteln dagegen die Konsultationsrechte.

(16) Konsultationsrechte sind nur in wenigen Fällen primärrechtlich gewährleistet und beruhen überwiegend auf internen Organisationsmaßnahmen in Gestalt von Resolutionen. In einem rechtlich geregelten Konsultativstatus ist eine Form der partiellen Völkerrechtssubjektivität zu sehen.

3. Hybride Formen der Schaffung und Durchführung von Völkerrecht

(17) Zu den weiteren Formen der Einbindung privater Akteure in zwischenstaatliche Entscheidungsprozesse zählt die Verweisung auf private Normsetzung in völkerrechtlichen Verträgen.

(18) Hybride Formen finden sich auch bei Monitoring bzw. Compliance Mechanismen, die der Überwachung von Mitgliedstaaten und der Durchsetzung ihrer völkerrechtlichen Pflichten dienen.

(19) Abhängig von der jeweiligen Verfahrensordnung eines internationalen Gerichts können nicht-staatliche Akteure in gerichtlichen Verfah-

ren Auskünfte erteilen, Zeugenaussagen abgeben oder sog. amicus curiae briefs einreichen.

4. Legalität und Legitimität der Beteiligung nicht-staatlicher Akteure

(20) Internationale Organisationen kennen meist keine Rechtsschutzmöglichkeiten für nicht-staatliche Akteure zur Kontrolle von Zulassungsentscheidungen.

(21) Aus demokratietheoretischer Sicht besteht dann ein Legitimationsbedürfnis, wenn Internationale Organisationen supranationale Hoheitsgewalt ausüben oder jedenfalls durch ihre Entscheidungen die Mitglieder auch ohne deren Zustimmung rechtlich verpflichten können.

(22) Eine normative Rückbindung an das Demokratieprinzip fehlt in den Gründungsverträgen der meisten Internationalen Organisationen. Zwingende Anforderungen können sich aber aus dem Verfassungsrecht der staatlichen Mitglieder ergeben.

(23) Im Hinblick auf die Rolle nicht-staatlicher Akteure muss sichergestellt sein, dass die Organe einer Internationalen Organisation die rechtliche und politische Letztverantwortung genießen. Eine Fremdbestimmung der Organe durch nicht-staatliche Akteure würde dagegen den Legitimationszusammenhang auflösen.

(24) Internationale Organisationen unterliegen ferner einer politischen Neutralitätspflicht, deren Rechtsgrundlage in ihrem Mandat selbst zu suchen ist.

(25) Schließlich stößt die Partizipation nicht-staatlicher Akteure an Grenzen, die durch die Funktionsfähigkeit der Organe und die Effektivität ihrer Entscheidungsverfahren gezogen sind.

IV. Entstehung und Durchführung von Unionsrecht unter Beteiligung nicht-staatlicher Akteure

1. Partizipation in der Europäischen Union

(26) Die Regelungen des Art. 11 EUV ergänzen die Vorgaben zur repräsentativen Demokratie, auf der die Arbeitsweise der Union beruht. Sie sind aber nicht als subjektiv-rechtliche Partizipationsrechte ausgestaltet.

(27) Allerdings müssen die Organe im Rahmen ihrer Organisationsgewalt die Partizipation real möglich machen und daher entsprechende Verfahrensregeln erlassen.

(28) Das Unionsrecht gibt für diese Partizipationsformen verfassungsrechtliche Grenzen vor, die dem Schutz des demokratischen Legitimationszusammenhangs dienen.

2. Hybride Formen der Entstehung und Durchführung von Unionsrecht

(29) Hybride Formen der Entstehung und Durchführung von Unionsrecht lassen sich – nicht anders als im Völkerrecht und im innerstaatlichen Recht – in vielfältiger Weise belegen.

(30) Im Bereich der privaten Rechtsdurchsetzung zeigen sich problematische Entwicklungen, soweit Klagerechte sich vollständig vom Schutz subjektiver Rechte ablösen. Die Legitimation für die Rolle als öffentliche Ankläger ergibt sich auch hier nicht aus einer Selbstermächtigung privater Akteure. Sie beruht vielmehr auf einer Anerkennung durch den Gesetzgeber, der den Kreis der Berechtigten nach objektiven und sachbezogenen Kriterien begrenzen und ihre Befugnisse definieren muss, um private Willkür zu unterbinden.

V. Ausblick

(31) Die beschriebenen internationalen Phänomene unterscheiden sich nicht grundsätzlich von der Rolle privater Akteure im innerstaatlichen Raum. Für den Einfluss nicht-staatlicher Akteure auf die Entscheidungsprozesse des Bundes steht allerdings eine den internationalen Standards vergleichbare Regelung noch aus.

Vierter Beratungsgegenstand:

Die Rolle nicht-staatlicher Akteure bei der Entwicklung und Implementierung des Völker- und Europarechts

2. Referat von *Jochen von Bernstorff*, Tübingen

Inhalt

		Seite
I.	Rollen zivilgesellschaftlicher Akteure	384
II.	Das funktionalistische Leitbild: NGOs als Experten und Repräsentanten von Gemeinschaftsinteressen	385
	1. Das Verfahrensregime: Die Einbeziehung internationaler NGOs	386
	2. Legitimität durch Expertise?	387
III.	Das Demokratisierungs-Leitbild	388
	1. Das Verfahrensregime: Die Einbeziehung nationaler NGOs	389
	2. Legitimation durch Deliberation?	390
IV.	Das Leitbild der Betroffenenpartizipation	393
	1. Das Verfahrensregime: Betroffenenorganisationen anstelle von klassischen NGOs	394
	2. Legitimation durch Betroffenenpartizipation?	397
	a) Gegenöffentlichkeiten	397
	b) Menschenrechte	399
V.	Schluss	400

Für *Alfred Fried*, den bekannten deutschen Pazifisten und Gründungsherausgeber der Zeitschrift Friedenswarte, besteht bereits 1908 ein „Netz der Internationalen Organisationen, das sich über die Kulturwelt breitet"[1]. Eine Utopie, so *Fried*, sei Wirklichkeit geworden. Nicht zufällig befinden sich unter den von *Fried* in seiner Monographie „Das internationale Leben der Gegenwart" aufgeführten international tätigen Organisationen hauptsächlich private Vereine, gegründet in westlichen Staaten, neben einer deut-

---

[1] *Alfred H. Fried* Das internationale Leben der Gegenwart, 1908, III.

lich kleineren Anzahl völkerrechtlich gegründeter Organisationen. Letztere sind die ersten sogenannten Staatenvereine oder auch Verwaltungsunionen, für die sich erst später dann die Bezeichnung „Internationale Organisation" einbürgert.

Im Zentrum dieses Referates steht die Interaktion zwischen Internationalen Organisationen und privaten zivilgesellschaftlichen Organisationen, die im Völkerrecht eine lange Tradition hat und sich seit der Jahrtausendwende in einer Umbruchsituation befindet; und zwar weg von der zivilgesellschaftlichen Vertretung von Gemeinschaftsinteressen durch klassische Nichtregierungsorganisationen und hin zum Prinzip der Betroffenenpartizipation. Durch neue Verfahrensordnungen in einer Reihe internationaler Institutionen räumen die klassischen Nichtregierungsorganisationen immer häufiger ihre Stühle zugunsten sogenannter Betroffenenorganisationen.[2] Mit dieser Umstellung sind aus völkerrechtlicher Sicht eine Reihe von Fragen verbunden, denen in diesem Beitrag nachgegangen werden soll: Wie genau werden sogenannte zivilgesellschaftliche Akteure in die Rechtsetzung und Durchsetzung völkerrechtlicher Institutionen eingebunden? Und wie werden diese Beteiligungsformen völkerrechtlich und theoretisch legitimiert?

Drei Leitbilder der zivilgesellschaftlichen Beteiligung im Völkerrecht sollen zu diesem Zweck unterschieden werden. Das erste und älteste ist das funktionalistische Leitbild. Es wird ab den 80er Jahren des 20. Jahrhunderts in das Demokratisierungs-Leitbild weiterentwickelt, nach dem nichtstaatliche Akteure zusätzlich oder sogar primär als Weg zur Demokratisierung von Global Governance-Strukturen angesehen werden. Das dritte und jüngste ist das Leitbild der Betroffenenpartizipation, seinerseits geprägt durch das Konzept der zivilgesellschaftlichen Beteiligung als möglichst direkte Form der Einbindung von Betroffenenorganisationen, welches sich ab den 2000er Jahren immer häufiger im Sekundärrecht Internationaler Organisationen nachweisen lässt. Eine größere Anzahl Internationaler Organisationen, überwiegend aus den Sektoren Menschenrechte, Umwelt, Gesundheit, Landwirtschaft und Ernährung, Entwicklung sowie Peace-Building bindet bereits Betroffenenorganisationen in ihre Arbeit aktiv mit ein.

Mit der Umstellung auf das Prinzip der Betroffenenpartizipation reagieren Internationale Organisationen auf eine schwelende Legitimitätskrise der sogenannten Global Governance und auf einen Glaubwürdigkeitsverlust klassischer Nichtregierungsorganisationen. Wie aufgezeigt werden soll,

---

[2] *Jan Sändig/Jochen von Bernstorff/Andreas Hasenclever* Affectedness in International Institutions: Promises and Pitfalls of Involving the Most Affected, Third World Thematics: A TWQ Journal 3 (2018), 587.

stellt sich die derzeit vielerorts diagnostizierte Krise der Repräsentation in völkerrechtlichen Institutionen anders dar als im demokratisch verfassten Nationalstaat – auch wenn die Symptome ähnlich sind. Die Einbindung von Betroffenenorganisationen reagiert auf diese Krise und sie kann potentiell, trotz diverser Probleme und Schwächen dieses Ansatzes, die Responsivität Internationaler Institutionen erhöhen.

Auf Grundlage dieser Grundthese und der hier vorgeschlagenen Einteilung in drei Leitbilder soll die Frage der zivilgesellschaftlichen Partizipation im Völkerrecht neu vermessen werden. Vorab bedarf es hierfür aber einiger Begriffsklärungen. Unter dem Überbegriff „Zivilgesellschaft" werden im Folgenden Betätigungsräume privater Vereinigungen und Netzwerke verstanden, die bestimmte Interessen, Werte und Ideologien vertreten und in die Öffentlichkeit tragen.[3] Und wenn hier der Rechtsbegriff „Non Governmental Organisation" aus der Charta der Vereinten Nationen (VN), abgekürzt „NGO", übernommen wird, liegen auch die maßgeblichen VN-Kriterien zu Grunde, die eine ideelle und finanzielle Unabhängigkeit von staatlichen Organen, Gemeinwohlorientierung und eine formalisierte Mitglieder- und Organisationsstruktur voraussetzen. „Betroffenenorganisationen" dagegen werden mit dem Sekundärrecht Internationaler Organisationen als solche sozialen Bewegungen und Vereinigungen definiert, die zumindest überwiegend selbst aus „Betroffenen" bestehen; sogenannte „Affected Person's Organisations".

Die Literatur zur internationalen Zivilgesellschaft schwillt in den 1990er Jahren an und explodiert mit Beginn des Millenniums, verbunden mit Konzepten der Konstitutionalisierung und Demokratisierung des Völkerrechts und seiner Institutionen. Seit dieser Zeit ist das zentrale Thema in der völkerrechtlichen Literatur die Legitimitätsfrage. Können NGOs globales Regierungshandeln legitimer machen? Sind sie selbst legitime Akteure? Und wenn ja, unter welchen Voraussetzungen? Auf eine erste sehr optimistische Welle folgt ab den 2010er Jahren eine starke Ernüchterung; Themen wie die Verantwortlichkeit von NGOs und intransparente Finanzquellen treten stärker in den Vordergrund: Der Economist titelt: „Who elected Oxfam?". Bevor die drei Leitbilder eingehend dargelegt werden, bedarf es zunächst eines kurzen phänomenologischen Überblicks über die Rollen, die NGOs im Völkerrecht derzeit einnehmen.[4]

---

[3] *Michael Walzer* Toward a Global Civil Society, 1995, 7.
[4] Zu NGO-Beteiligung im Völkerrecht allgemein *Anna-Karin Lindblom* Non-Governmental Organisations in International Law, 2005; *Anton Vedder* NGO Involvement in International Governance and Policy: Sources of Legitimacy, 2007; zu Legitimitätsfragen und dogmatischen Fragen *Anne Peters* Dual Democracy, in: Jan Klabbers/Anne Peters/Geir Ulfstein (Hrsg.) The Constitutionalization of International Law, 2009, 263; zu allgemeinen demokratischen Fragen *Carolyn Elliott* (Hrsg.) Civil Society and Democracy: A Reader,

I. Rollen zivilgesellschaftlicher Akteure

Was sind nun die Rollen, die NGOs im Völkerrecht übernehmen? NGOs lobbyieren und beraten Staaten, die daraufhin multilaterale Normsetzung initiieren. Oder sie streiten für neue Normsetzung durch Proteste bzw. soziale Mobilisierung über Kampagnen, das sogenannte „Agenda-Setting" oder auch „Norm-Entrepreneurship". Beispiele sind die Genfer Konventionen oder auch das völkerrechtliche Verbot von Landminen und die UN-Behindertenrechtskonvention, die ohne öffentlichkeitswirksame Kampagnen von NGOs, wie dem Internationalen Komitee des Roten Kreuzes (IKRK), nicht zustande gekommen wären. Die Rolle der Rot-Kreuz-Bewegung für die Weiterentwicklung und Implementation humanitärvölkerrechtlicher Normen war beispielsweise so zentral, dass sie über diese Normen eine partielle Völkerrechtssubjektivität für sich beanspruchen kann.[5] Eine allgemeine Völkerrechtssubjektivität zivilgesellschaftlicher Akteure gibt das Völkerrecht dagegen nach seinem derzeitigen Stand nicht her.[6]

Konkret nehmen NGOs dann immer häufiger auch direkt an multilateralen Verhandlungsforen teil, die neue Normen setzen sollen; in der Regel als akkreditierte NGOs ohne Stimmrecht oder auch als Teil nationaler Regierungsdelegationen. Auch bei der Implementierung von Standards spielen sie eine immer größere Rolle; und zwar im Monitoring staatlicher Umsetzung von Völkerrechtsnormen, vor allem im Menschenrechtsbereich und im Tierschutz, oder in Kooperation mit staatlichen Akteuren bzw. Internationalen Organisationen durch Projektarbeit. Ein Beispiel wäre die NGO „Save the Children", die im Auftrag von UNICEF, dem Kinderhilfswerk der VN, Projekte zur Reintegration von Kindersoldaten in Uganda durch-

---

2003; zu Fragen der völkerrechtlichen Verantwortlichkeitsaufteilung zwischen Staaten und nichtstaatlichen Akteuren: *Jean D'Aspremont/André Nollkaemper/Ilias Plakokefalos/Cedric Ryngaert* Sharing Responsibility Between Non-State Actors and States in International Law: Introduction, Netherlands International Law Review 62 (2015), 49; aus politologischer Sicht zur Mitwirkung von NGOs in Internationalen Organisationen *Jonas Tallberg/Thomas Sommerer/Theresa Squatrito/Christer Jönsson* The opening Up of International Organizations: Transnational Access in Global Governance, 2013.

[5] Zur Geschichte des IKRK *Daniel-Erasmus Khan* Das Rote Kreuz. Geschichte einer humanitären Weltbewegung, 2013; zur Völkerrechtssubjektivität des IKRK: *Andreas von Arnauld* Völkerrecht, 4. Aufl. 2019, Rn. 63; zur Mitwirkung der Staaten im IKRK *Sandesh Sivakumaran* Beyond States and Non-State Actors: The Role of State-Empowered Entities in the Making and Shaping of International Law, Columbia Journal of Transnational Law 55 (2017), 343.

[6] Zum Staat als einzigem allgemeinen Völkerrechtssubjekt *Wolfgang Graf Vitzthum/Alexander Proelß* (Hrsg.) Völkerrecht, 7. Aufl. 2016, 22.

führt. Hinzu kommt die Beratungsfunktion von NGOs bei der rechtlichen Durchsetzung internationaler Standards durch sogenannte strategische Prozessführung bzw. amicus curiae-Eingaben, d.h. über die Unterstützung privater Einzelbeschwerden vor staatlichen Gerichten und internationalen Beschwerdeinstanzen.

Im Folgenden werden die Beteiligungsregime für zivilgesellschaftliche Akteure und die damit verbundenen wissenschaftlichen Diskurse in den drei Leitbildern erfasst. Die drei Leitbilder – das ist für das Verständnis derselben wichtig – schließen sich trotz ihres chronologischen Auftretens nicht automatisch gegenseitig aus. Alle drei Leitbilder sind heute weiter präsent in den internationalen Beziehungen. Der Beitrag fokussiert hierbei auf die Rolle zivilgesellschaftlicher Akteure auf der Rechtsetzungsebene.

II. Das funktionalistische Leitbild: NGOs als Experten und Repräsentanten von Gemeinschaftsinteressen

Nach diesem historisch ersten Leitbild effektivieren NGOs die Arbeit Internationaler Organisationen, indem sie deren Ziele, d.h. gemeinsame Interessen der Staaten, fördern.[7] Sie werden dadurch zu einem wichtigen Partner Internationaler Organisationen. Sie tun dies über die Bereitstellung von Expertise und über ihre Einflussmöglichkeiten auf die Mitgliedstaaten. *Friedrich Naumann* spricht schon 1907 von einem in den letzten Jahrzehnten entstandenen „Gehirn der Menschheit", welches alle Nationen verbinde und eine Gleichzeitigkeit der Erfahrungswelten hergestellt habe.[8] Bereits auf den Haager Konferenzen 1899 und 1907 und in der Völkerbundzeit versuchen eine Vielzahl zivilgesellschaftlicher Organisationen auf die internationalen Verhandlungen der Staatenvertreter zu humanitären und Abrüstungsfragen im Sinne der Ziele der Institutionen Einfluss zu nehmen. Auch die Satzung der VN aus dem Jahr 1945 und das erste Verfahrensregime der Weltorganisation für NGO-Beteiligung sind stark vom funktionalistischen Leitbild geprägt.

---

[7] Siehe auch *Steve Charnovitz* Two Centuries of Participation: NGOs and International Governance, Michigan Journal of International Law 18 (1997), 183 (248, 279); *Jonas Tallberg/Thomas Sommerer/Theresa Squatrito/Christer Jönsson* Explaining the Transnational Design of International Organizations, International Organization 68 (2014), 741 (758) sprechen von „rational functionalism".

[8] *Friedrich Naumann* Das Gehirn der Menschheit, Süddeutsche Monatshefte 4 (1907), 759, zitiert in *Fried* Das internationale Leben (Fn. 1), 28.

1. Das Verfahrensregime: Die Einbeziehung internationaler NGOs

Bei der Gründung der VN werden zivilgesellschaftliche Organisationen unter dem Begriff der „Non Governmental Organisations" in der VN-Charta namentlich erwähnt. Die Bezeichnung NGO wird zum Rechtsbegriff. Der VN Wirtschafts- und Sozialrat (ECOSOC) wird als eines der Hauptorgane der VN in Art. 71 VN-Charta ermächtigt, „geeignete Abmachungen zwecks Konsultation mit nichtstaatlichen Organisationen (zu) treffen, die sich mit Angelegenheiten seiner Zuständigkeit befassen". Es geht hier nach 1945 zunächst vorrangig um Konsultationen mit internationalen NGOs, nationale NGOs bilden eine genehmigungsbedürftige Ausnahme.[9] Die internationalen NGOs sollen zudem ganz im Sinne des funktionalistischen Leitbilds nach der einschlägigen Resolution danach ausgewählt werden, ob sie spezifische Expertise und Beratung bereitstellen können, die für den ECOSOC von Bedeutung ist.[10] Nichtregierungsorganisationen mit dem allgemeinen Konsultativstatus können z.b. schriftliche Stellungnahmen einreichen, auf Einladung der zuständigen VN-Organe in Sitzungen Erklärungen zu speziellen Fragen abgeben und zusätzliche Tagesordnungspunkte vorschlagen.[11] Sie können aber in den Organen der VN nicht mitentscheiden, sie haben in allen klassischen Internationalen Organisationen auf der Rechtsetzungsebene formal nur ein verschieden ausgestaltetes Teilnahme- und Äußerungsrecht in den Hauptorganen inne.

---

[9] In der einschlägigen ersten ECOSOC-Resolution wurde die Beteiligung nationaler NGOs noch explizit als genehmigungsbedürftige Ausnahme bezeichnet, da diese sich als nationale Institution im Regelfall über ihre Regierung vertreten lassen sollten; Grundausrichtung durch ECOSOC Resolution E/43/Rev.2, 21.6.1946, I. Rn. 8; die Anzahl der bei den VN akkreditierten nationalen NGOs war bis in die 1970er Jahre gering, 1947 waren es 5, rund um die 1970er Jahre immer noch weniger als 10, siehe dazu *Peter Willetts* Non-Governmental Organizations in World Politics: The Construction of Global Governance, 2010, 13.

[10] ECOSOC Resolution (Fn. 9), III. Rn. 3: "Decisions on arrangements for consultation should be guided by the principle that consultative arrangements are to be made, on the hand for the purpose of enabling the Council or one of its bodies to secure expert information or advice from organizations having special competence on the subjects for which consultative arrangements are made, and, on the other hand, to enable organizations which represent important elements of public opinion, to express their views"; so auch in ECOSOC Resolution 288 (X), 27.2.1950, Rn. 14; Bestätigung durch ECOSOC Resolution 1296 (XIV), 23.5.1968, Rn. 14.

[11] Es wird ein genereller, ein spezieller und ein sogenannter Auffangstatus (Rosterstatus) eingeführt, Kriterium ist die Nützlichkeit der Expertise der NGO für die VN; die konkreten Beteiligungsrechte der Nichtregierungsorganisationen im Rahmen des ECOSOC richten sich nach der Einstufung einer NGO in diese drei Kategorien: ECOSOC, Resolution 1996/31, 25.7.1996, Rn. 21–26; hierzu *Stephan Hobe* in: Bruno Simma u.a. (Hrsg.) The Charter of the United Nations. A Commentary, 3. Aufl. 2012, Art. 71 Rn. 20–32.

2. Legitimität durch Expertise?

Wie steht es aber unter diesem ersten Leitbild um die Legitimitätsfrage? Nach dem funktionalistischen Leitbild ist NGO-Beteiligung legitim, weil diese die Politiken und Rechtsnormen durch Einbringen ihrer Expertise verbessert. Trotz fehlender formaler Mitentscheidungsrechte ist der tatsächliche Einfluss privater Akteure auf die Rechtsetzung in vielen Bereichen faktisch so hoch, dass die Legitimationsfrage nicht zu Unrecht seit den 90er Jahren in der Literatur das schlechthin beherrschende Thema ist. Es handelt sich bei der Legitimationsfrage um eine Kernkompetenz des Öffentlichen Rechts. Als Öffentlichrechtler und Öffentlichrechtlerinnen eines demokratisch verfassten Gemeinwesens kommen wir nicht umhin, uns mit den genauen Modalitäten der Ausübung internationaler öffentlicher Gewalt (International Public Authority) und den dabei beteiligten Akteuren auseinanderzusetzen; auch oder gerade wenn öffentliche Gewalt supranational oder international ausgeübt wird.[12]

Die deutsche Sprache erlaubt es dabei, zwischen demokratischer Legitimation einerseits und Legitimität andererseits zu unterscheiden. Wenn mit einer etablierten staatsrechtlichen Tradition Legitimation als Rückbindung von Regierungshandeln an Akte kollektiver Selbstbestimmung freier und gleicher Bürger verstanden wird, so bleibt für alle anderen Funktionen zivilgesellschaftlicher Beteiligung an Hoheitsausübung nur der Begriff der Legitimität. Also mehr Legitimität – nicht Legitimation – durch die über NGO-Beteiligung verbesserten Ergebnisse internationaler Institutionen? *Fritz Scharpf* unterscheidet in diesem Zusammenhang bekanntlich zwischen Legitimitätserzeugung durch Verfahren (Input) und Legitimitätserzeugung durch verbesserte Ergebnisse (Output).[13] In der Sache ist die These von der Output-Legitimität jedoch angreifbar. Denn gerade im internationalen Bereich erscheint es mehr als zweifelhaft, ob aufgrund der Pluralität konfligierender Interessen und Bewertungsmaßstäbe bei praktisch

---

[12] Grundlegend zu International Public Authority *Armin von Bogdandy* u.a. (Hrsg.) The Exercise of Public Authority by International Institutions: Advancing International Institutional Law, 2009.

[13] *Fritz Scharpf* hat für die europäische Ebene in den 90er Jahren den Begriff der Output-Legitimität geprägt, nachdem die Qualität der Ergebnisse von supranationalem Regierungshandeln zur Legitimation kollektiv-verbindlicher Entscheidungen beitragen kann *Fritz W. Scharpf* Governing in Europe: Effective and Democratic?, 1999; insbesondere mit Blick auf die Architektur der europäischen Wirtschafts- und Währungsunion dazu auch: *Martin Nettesheim* It's About Legitimacy: Stärkung der EU-Governance in der europäischen Währungsunion, in: Hanno Kube/Ekkehart Reimer (Hrsg.) Europäisches Finanzrecht: Stand – Methoden – Perspektiven, 2017, 37 (48–55).

allen politischen Entscheidungsprozessen auf globaler Ebene ein rechtswissenschaftliches Urteil über die Qualität des „output" bzw. der Ergebnisse supranationaler oder globaler Regulierung überhaupt getroffen werden kann.[14] Da dies letztendlich nicht der Fall ist, kann mit der Einbringung von zivilgesellschaftlicher Expertise allein zumindest kein intersubjektiv geteiltes Legitimitätsurteil verbunden sein.

Der zweite Legitimitätspfeiler in diesem Leitbild ist der Einsatz der NGOs für gemeinsame Interessen der Staatengemeinschaft. Aber auch eine Identifikation privater Akteure mit abstrakten Zielen eines Politik- und Rechtsbereiches führt nicht zur legitimen Inanspruchnahme eines privilegierten Status in der Rechtsetzung und Durchsetzung. Nicht selten konfligieren darüber hinaus auch völkerrechtlich verankerte „Gemeinschaftsinteressen" untereinander, wie z.B. die Menschenrechte mit dem Investorenschutz oder Umwelt- und Klimaschutz mit dem Freihandel. Alles sind aber klassische völkervertragsrechtlich geförderte „Gemeinschaftsinteressen". Es mag also im Einzelfall sein, dass NGO-Beteiligung die Qualität und Durchsetzungskraft von Entscheidungen und Politiken Internationaler Organisationen erhöht und rechtlich verankerte Gemeinschaftsinteressen fördert, es fehlt uns aber zumindest ohne Zuhilfenahme von Nachbarwissenschaften ein intersubjektiver Bewertungsmaßstab für solche vermeintlichen Legitimitätsquellen.

III. Das Demokratisierungs-Leitbild

Das zweite Leitbild konstruiert zivilgesellschaftliche Beteiligung in den internationalen Beziehungen als einen Beitrag zu einer Demokratisierung Internationaler Organisationen. Es entsteht nicht zufällig in den 90er Jahren des 20. Jahrhunderts, getragen von der sogenannten ökonomischen und techno-kulturellen Globalisierung, die in den 80er Jahren des 20. Jahrhunderts einsetzt,[15] sowie von einer explosionsartigen Zunahme von neuen nationalen NGOs im selben Zeitraum. Schrittmacher für die intensivierte Beteiligung jetzt auch nationaler NGOs waren die großen Weltgipfelkonferenzen der VN, wie z.B. die Umweltkonferenz 1992 in Rio, die Welt-

---

[14] Zur rechtswissenschaftlichen Kritik *Christoph Möllers* Gewaltengliederung: Legitimation und Dogmatik im nationalen und internationalen Rechtsvergleich, 2005, 37 f.

[15] Zur Debatte über Globalisierung und Demokratie *Armin von Bogdandy* Globalization and Europe: How to Square Democracy, Globalization, and International Law, EJIL 15 (2004), 885.

menschenrechtskonferenz 1993 in Wien und der Weltsozialgipfel 1995 in Kopenhagen, jeweils unter Teilnahme von bis zu 5000 akkreditierten NGOs. Der schwedische Politologe *Jonas Tallberg* hat in einer groß angelegten empirischen Studie zu über 400 NGOs dargelegt, in welchem Umfang sich Internationale Organisationen in dieser Zeit gegenüber zivilgesellschaftlichen Organisationen geöffnet haben.[16] Die neue NGO-Landschaft zeigt auch deutlich antagonistischere Züge auf als früher. NGOs beziehen jetzt häufiger auch kritisch Stellung zu internationalen Institutionen, wie z.B. zu der 1994 gegründeten Welthandelsorganisation.

1. Das Verfahrensregime: Die Einbeziehung nationaler NGOs

Zunächst aber auch hier zum Verfahrensregime. Die neue Diversität zivilgesellschaftlicher Akteure spiegelt sich in den 1996 neu gefassten Kriterien des ECOSOC für die Akkreditierung von NGOs unter Art. 71 VN-Charta. In der Präambel der Resolution wird jetzt explizit auf die Gründung einer großen Anzahl von nationalen und subregionalen NGOs verwiesen. Die frühere Fokussierung auf internationale NGOs wird zugunsten nationaler NGOs jetzt explizit aufgegeben.[17] Zwar versuchen Mitgliedstaaten wie z.B. China weiter über das VN-NGO-Kommittee regierungskritische nationale NGOs aus den VN fernzuhalten, können aber nicht verhindern, dass hunderte nationale NGOs in den 90er Jahren in den VN neu akkreditiert werden. Es ist die Zeit der sogenannten „Global Governance", in der neue transnationale Regulierungsnetzwerke und gerade auch die Einbeziehung privater Akteure in Selbstregulierungsmechanismen konzeptionell hohe Wellen schlagen.[18] Die VN und ihre Sonderorganisationen öffnen sich auch genau in dieser Phase gegenüber den großen Industrieverbänden.[19]

---

[16] Zur Öffnung der Internationalen Organisationen für NGO-Beteiligung *Tallberg/Sommerer/Squatrito/Jönsson* The Opening Up (Fn. 4).

[17] ECOSOC Resolution 1996/31, 25.7.1996, Rn. 4.

[18] Zur Entwicklung dieses Theoriestrangs *Gunnar Folke Schuppert* Governance in der Demokratietheorie, in: Oliver W. Lembcke/Claudia Ritzi/Gary S. Schaal (Hrsg.) Zeitgenössische Demokratietheorie, Bd. 2. Empirische Demokratietheorien, 151; kritisch zur entformalisierten Global Governance *Hauke Brunkhorst* There Will Be Blood. Konstitutionalisierung ohne Demokratie?, in: Hauke Brunkhorst (Hrsg.) Demokratie in der Weltgesellschaft, 2009, 99.

[19] Zu einer kritischen Analyse des oft verschleierten Einflusses privatwirtschaftlicher Akteure *Melissa Durkee* Astroturf Activism, Stanford Law Review 69 (2017), 201; *Melissa Durkee* Industry Lobbying and "Interest Blind" Access Norms at International Organizations, American Journal of International Law Unbound 111 (2017), 119.

2. Legitimation durch Deliberation?

Im zweiten Leitbild geraten demokratische Potenziale zivilgesellschaftlicher Partizipationsformen ins Blickfeld der Forschung.[20] Nach der Terminologie von *Fritz Scharpf* geht es also jetzt um die klassische „Input-Legitimation"[21], d.h. um die Rückbindung von Entscheidungen an in demokratischen Verfahren legitimierte Organe. Wie aber sind Rechtsetzungsverfahren in internationalen Institutionen konkret organisiert? Die Entscheidungskompetenz über neue Normtexte und Standards liegt letzten Endes auf der Rechtsetzungsebene bei den Plenarorganen Internationaler Organisationen, in denen mitgliedstaatliche Vertreter sitzen, die allein stimmberechtigt sind. Bei den dort beschlossenen Konventionsentwürfen müssen am Ende die Mitgliedstaaten Normtexte noch einzeln ratifizieren, bei unverbindlichen Standards dagegen, dem sogenannten *soft-law*, reicht bereits die Annahme durch das Plenarorgan, um zumindest eine politische Wirkung zu entfalten. Akkreditierte NGOs können aber auch ohne formales Stimmrecht durch geschicktes Lobbying und wirkungsvolle Beiträge im Plenum zum Teil erheblichen Einfluss auf solche Normtexte nehmen.

An welchem legitimatorischen Standard messen wir aber nun diese Normsetzungsprozesse? Auf der Ebene internationaler Rechtsetzung stellt sich das Problem der demokratischen Legitimation naturgemäß anders als auf nationaler Ebene. Zum einen gibt es auf globaler Ebene keinen Art. 20 GG und kein Prinzip der Volkssouveränität. Stattdessen geht im Grundsatz z.B. in den VN erst einmal alle VN-Gewalt von den Mitgliedstaaten aus. Internationale Institutionen verlangen dabei i.d.R. weder, dass die mitgliedstaatlichen Vertreter demokratisch gewählt sind, noch, dass die Internationale Organisation selbst demokratisch rückgebunden handelt. In den VN kann ohnehin nur etwa die Hälfte der Mitgliedstaaten als nach unseren Maßstäben demokratisch verfasst gelten.[22] Eine Rückführung von Entscheidungen Internationaler Organisationen auf kollektive Selbstbestimmungsakte von Freien und Gleichen i.S. einer international gestreckten Böckenfördschen Legitimations-

---

[20] *Caroline E. Schwitter Marsiaj* The Role of International NGOs in the Global Governance of Human Rights: Challenging the Democratic Deficit, 2004, 270–272; *Felix William Stoecker* NGOs und die UNO: Die Einbindung von Nichtregierungsorganisationen (NGOs) in die Strukturen der Vereinten Nationen, 2000, 99–121; bezogen auf die EU mit einer Vision partizipativer Demokratie *Joshua Cohen/Charles F. Sabel* Directly-Deliberative Polyarchy, European Law Journal 3 (1997), 313.

[21] *Fritz W. Scharpf* Regieren in Europa: Effektiv und demokratisch?, 1999, 16 ff.

[22] Angaben nach Freedom House Index, *Freedom House* Freedom in the World 2019 – Democracy in Retreat, 3 <https://freedomhouse.org/sites/default/files/Feb2019_FH_FITW_2019_Report_ForWeb-compressed.pdf > (Stand 25.10.2019).

kette ist damit nur bei den demokratischen Mitgliedstaaten möglich.[23] Sind Mehrheitsentscheidungen in den jeweiligen Organen erlaubt, können demokratische Regierungsvertreter zudem auch überstimmt werden.[24]

Bekanntlich verlangt auch das Grundgesetz für eine Mitwirkung Deutschlands in internationalen Institutionen über Art. 24 GG und Art. 59 GG keine eigenständigen demokratischen Strukturen auf internationaler Ebene. Art. 23 GG bildet insofern eine Ausnahme für die europäischen Institutionen.[25] Insbesondere bei nicht verbindlichen Standards – also dem sogenannten *soft law* – entfällt zudem das nationale Ratifikationserfordernis, welches sonst zumindest zu einer ex-post Beteiligung nationaler Parlamenten führt. Des Weiteren ist das internationale Institutionensystem sektoral und regional fragmentiert; wir haben es nach *Saskia Sassen* mit jurisdiktionellen Assemblages zu tun, d.h. getrennten und sich zum Teil überlappenden Jurisdiktionsansprüchen von Institutionen auf unterschiedlichen Ebenen; ohne ein globales, mit der Interessenaggregation beauftragtes Parlament.[26] In einem fragmentierten internationalisierten System fehlt eine solche Instanz ganz konkret auch deswegen, weil westliche Staaten seit den 80er Jahren alle VN-Institutionen, die, wie z.B. der ECOSOC, eine solche Rolle hätten spielen können, faktisch aufgegeben haben. Hinzu kommt die traditionell geringe Rückbindung und Kontrolle auch in demokratischen Staaten zwischen exekutivisch dominierter auswärtiger Gewalt einerseits

---

[23] Demgegenüber sichert im demokratisch verfassten Gemeinwesen unter dem Grundgesetz Art. 80 Abs. 1 S. 4 GG auch die ununterbrochene Legitimationskette für Fälle der Weiter-übertragung von Verordnungsmacht ab. Siehe dazu und auch zu sog. „Kettendelegationen" *Barbara Remmert* in: Theodor Maunz/Günter Dürig (Begründer), 87. Aufl. 2019, Art. 80.

[24] Hinzu kommt das demokratietheoretische Problem, dass Mitgliedstaaten mit wenigen Einwohnern (Malta) in Plenarorganen nach dem „one state one vote"-Prinzip dasselbe Stimmgewicht haben wie Staaten mit einer um ein Vielfaches größeren Einwohnerzahl (China); vgl. hierzu für das Wirtschaftsvölkerrecht *Markus Krajewski* Zur Demokratisierung von Global Economic Governance, in: Hauke Brunkhorst (Hrsg.) Demokratie in der Weltgesellschaft, 2009, 213 (225); *Keith Griffin* Trade Liberalization and Global Governance: Some Observations, in: Jane D'Arista/Keith Griffin/Lisa Jorden Democratizing Global Economic Governance: A PERI Symposium, Working Paper Series Number 26.

[25] Vgl. zur Funktion von Art. 23 GG *Christian Seiler* Der souveräne Verfassungsstaat zwischen demokratischer Rückbindung und überstaatlicher Einbindung, 2005, 352–354; zur „Integrationsverantwortung" als Konzept nach dem Lissabon-Urteil des BVerfG *Martin Nettesheim* „Integrationsverantwortung" – Verfassungsrechtliche Verklammerung politischer Räume, in: Matthias Pechstein (Hrsg.) Integrationsverantwortung, 2012, 9.

[26] *Saskia Sassen* Territory, Authority, Rights. From Medieval to Global Assemblages, 2006, 401–423; *Jürgen Bast* Das Demokratiedefizit fragmentierter Internationalisierung, in: Hauke Brunkhorst (Hrsg.) Demokratie in der Weltgesellschaft, 2009, 185; *Jürgen Bast* Völker- und unionsrechtliche Anstöße zur Entterritorialisierung des Rechts, VVDStRL 76 (2017), 278 (306 ff.) spricht von einem „Ensemble sektoraler Mehrebenensysteme".

und Parlamenten und der nationalen Öffentlichkeit andererseits.[27] Wir müssen demnach von einem strukturellen Demokratiedefizit des Völkerrechts und seiner Institutionen ausgehen, welches auch von demokratischen Staaten bewusst in Kauf genommen wird, um international organisiert kooperieren zu können.

Inwiefern aber kann zivilgesellschaftliche Partizipation in Internationalen Organisationen hier Abhilfe schaffen? Der vermeintliche demokratische Beitrag von NGOs wird in der Literatur unter Rückgriff auf deliberative Demokratiemodelle konstruiert. Nach dem vielzitierten Ansatz von *Cohen* und *Sabel* sollen konsensorientierte Verhandlungsprozesse zwischen internationalen Beamten, Regierungsvertretern und NGOs internationale Normsetzung zu quasi-demokratischen Entscheidungsverfahren aufwerten.[28] Hier muss dann häufig die *Habermas'sche* Diskurstheorie als Stichwortgeber herhalten, der selber allerdings nie von vollwertigen demokratischen Prozessen in Internationalen Organisationen gesprochen hat.[29] Internationale Deliberation zwischen privaten und öffentlichen Experten kann aber weder die Rückbindung an ein Wahlvolk, noch das Fehlen einer

---

[27] *Ulrich Fastenrath* Kompetenzverteilung im Bereich der auswärtigen Gewalt, 1986, 76 ff.; *Rüdiger Wolfrum* Kontrolle der auswärtigen Gewalt, VVDStRL 56 (1997), 38; *Stefan Kadelbach/Ute Guntermann* Vertragsgewalt und Parlamentsvorbehalt. Die Mitwirkungsrechte des Bundestages bei sogenannten Parallelabkommen und die völkerrechtlichen Konsequenzen ihrer Verletzung, AöR 126 (2001), 563 (567); kritisch auch zur geringen demokratischen Legitimation der deutschen Außenpolitik *Gertrude Lübbe-Wolf* Die Internationalisierung der Politik und der Machtverlust der Parlamente, in: Hauke Brunkhorst (Hrsg.) Demokratie in der Weltgesellschaft, 2009, 125 (139).

[28] Theoretische Modelle demokratischer Politik und Rechtsgestaltung jenseits des Nationalstaates arbeiten überwiegend mit Konzepten „deliberativer" Demokratie durch zivilgesellschaftliche Partizipation an internationalen und supranationalen Rechtsetzungsaktivitäten. Der verständigungsorientierte Deliberationsprozess zwischen NGOs, Regierungen und Experten für Internationale Organisationen soll nach diesen Theoriemodellen den Entscheidungsträgern Ideen liefern, wechselseitige Perspektivenübernahmen bewirken und Entscheidungen rationalisieren, grundlegend *Cohen/Sabel* Polyarchy (Fn. 20); *Michael C. Dorf/Charles F. Sabel* A Constitution of Democratic Experimentalism, Columbia Law Review 98 (1998), 267 (267–273); *Rainer Schmalz-Bruns* Deliberativer Supranationalismus. Demokratisches Regieren jenseits des Nationalstaats, Zeitschrift für Internationale Beziehungen 6 (1999), 185; *Christian Joerges* ‚Deliberative Supranationalism' – Two Defences, European Law Journal 8 (2002), 133.

[29] Nach den Verfechtern dieses Modells transnationaler Demokratie wird so technokratische Herrschaft durch den „zwanglosen Zwang des besseren Arguments" in internationalen Institutionen ersetzt. Die Debatte nahm Ende der 90er Jahre ihren Ausgang im Europarecht, kritisch hierzu *Joseph Weiler* Prologue: Amsterdam and the Quest for Constitutional Democracy, in: Patrick Twomey/David O'Keeffe (Hrsg.) Legal Issues of the Amsterdam Treaty, 1999, 1; Verhalten positiv für den Bereich der Finanzmarktregulierung *Anne van Aaken* Democracy in Times of Transnational Administrative Law: The Case of Financial Markets, in: Hauke Brunkhorst (Hrsg.) Demokratie in der Weltgesellschaft, 2009, 195.

demokratischen Opposition ersetzen.³⁰ Hinzu kommt das Fehlen einer globalen Öffentlichkeit, die es höchstens punktuell und situativ gibt. Es gibt also in dem jetzigen internationalen Institutionenensemble mit oder ohne NGO-Partizipation keine vollwertigen demokratischen Entscheidungsprozesse. Daran würde auch eine interne Demokratisierung von beteiligten NGOs nichts ändern; darauf hat *Ernst-Wolfgang Böckenförde* für nationale Interessenverbände immer wieder hingewiesen.³¹

Dennoch können aber gerade nationale NGOs eine wertvolle Verbindung zwischen nationalen Öffentlichkeiten und Parlamenten einerseits und dem auswärtigen Regierungshandeln andererseits herstellen. NGOs verbessern potentiell, wenn sie aus Konferenzsälen in Genf oder New York an nationale Medien zurückmelden, wie die deutschen Regierungsvertreter sich in internationalen Institutionen positioniert haben, die demokratische Kontrolle der nationalen auswärtigen Gewalt.³² Sie leisten damit einen Beitrag zu einer besser informierten nationalen Öffentlichkeit und aktivieren parlamentarische Kontrollprozesse zu Hause.

IV. Das Leitbild der Betroffenenpartizipation

Zentral für das dritte Leitbild ist die möglichst direkte Einbindung von besonders betroffenen Personengruppen in internationale Rechtsetzungsprozesse. Als Modell institutionalisierter zivilgesellschaftlicher Beteiligung in Internationalen Organisationen trifft man das Leitbild der Betroffenenpartizipation erst ab Anfang der 2000er Jahre an; und zwar als Reaktion auf eine Ernüchterung und immer lautere Kritik sowohl an Global Governance-Strukturen als auch an klassischen NGOs. Diese Bewegung, weg von der

---

[30] *William E. Scheuermann* Liberal Democracy and the Social Acceleration of Time, 2004; *Alexander Somek* Demokratie als Verwaltung: Wider die deliberativ halbierte Demokratie, in: Hauke Brunkhorst (Hrsg.) Demokratie in der Weltgesellschaft, 2009, 323.

[31] *Ernst-Wolfgang Böckenförde* Staat, Verfassung, Demokratie, 1991, 404; vielleicht in noch grundlegenderer Weise stellt sich bei der Regulierung und Ausgestaltung des Verhältnisses zwischen säkularem Staat und Religionsgemeinschaften die Frage, auf welcher Basis sich staatliche Förderung überhaupt legitimieren lässt und ob diese an Anforderungen und Differenzierungen geknüpft werden darf. Hierzu umfassend, auch in Auseinandersetzung mit Böckenförde *Michael Droege* Staatsleistungen an Religionsgemeinschaften im säkularen Kultur- und Sozialstaat, 2004, 261 f., 366 ff.; zu speziellen Accountability-Mechanismen für NGOs einschließlich der Offenlegung von Finanzquellen von NGOs *Jens Steffek/ Kristina Hahn* (Hrsg.) Evaluating Transnational NGOs: Legitimacy, Accountability, Representation, 2010.

[32] *Jochen von Bernstorff* Zivilgesellschaftliche Partizipation in Internationalen Organisationen: Form globaler Demokratie oder Baustein westlicher Expertenherrschaft?, in: Hauke Brunkhorst (Hrsg.) Demokratie in der Weltgesellschaft, 277 (296–299).

Repräsentation von Gemeinschaftsinteressen und hin zur Einbindung von Betroffenenorganisationen, lässt sich in einer Reihe internationaler Institutionen anhand neuer Regeln über die zivilgesellschaftliche Partizipation nachweisen.[33] Die im zweiten Leitbild analysierte vertikale Bewegung von den privilegierten internationalen NGOs zur Zulassung neuer nationaler NGOs wird hier auf die lokale Ebene hin verlängert.

1. Das Verfahrensregime: Betroffenenorganisationen anstelle von klassischen NGOs

Klassische NGO-Vertreter werden in vielen internationalen Institutionen zunehmend durch Betroffenenrepräsentanten ersetzt. Statt Oxfam, Greenpeace oder Friends of the Earth spricht in der VN-Welternährungsorganisation, der FAO, ein Kleinbauer aus Peru als Betroffener und Mitglied von Via Campesina, eines transnationalen Betroffenennetzwerks. Im sogenannten „Civil Society Mechanism" des Ausschusses zur Welternährungssicherheit der FAO z.B. haben Betroffenenorganisationen internationale NGOs weitgehend verdrängt. Im höchsten Entscheidungsgremium des Global Fund to Fight Aids verhandeln Aids-Kranke als Betroffenenvertreter mit und das Vertragsorgan der UN-Behindertenrechtskonvention privilegiert „disabled person's organizations" explizit gegenüber sogenannter „third party representation". „Disabled person's organisations" müssen für den

---

[33] Als eine nicht abschließende Liste Internationaler Organisationen, die Betroffenenorganisationen mit einbinden: Intergovernmental Working Group on a UN declaration on rights of peasants, Working Group on Indigenous Populations (WGIP)/ Expert Mechanism on the Rights of Indigenous Peoples (EMRIP), Committee on World Food Security (CFS), The Joint United Nations Programme on HIV/AIDS (UNAIDS), Committee on the Rights of Persons with Disabilities (CRPD), United Nations Permanent Forum on Indigenous Issues (UNPFII), United Nations Environment Programme, Global Fund, Committee on the Rights of the Child (CRC), Climate Investment Fund, Subcommittee of the Strategic Climate Fund for the Pilot Program for Climate Resilience (CIF-PPCR), International Drug Purchase Facility-UNITAID (UNITAID), Committee on Enforced Disappearances (CED), United Nations Collaborative Programme on Reducing Emissions from Deforestation and Forest Degradation in Developing Countries (UNREDD Programme), Forest Carbon Partnership Facility (FCPF), Ad Hoc Open-ended Working Group on Article 8(j) and Related Provisions of the Convention on Biological Diversity (WG8j), World Bank's consultation process for reformed Environmental and Social Framework (WB, ESF consultation), The Arctic Council (1996), United Nations Forum on Forest (UNFF), Global Environment Facility (GEF), Global Agriculture and Food Security Program (GAFSP), WB Inspection Panel; zu den konkreten Beteiligungsarrangements in unterschiedlichen zivilgesellschaftlichen Mechanismen *Markus Hasl* Shifting the Paradigm: A Typology of Affected Persons' Participation in International Institutions, in: *Jan Sändig/Jochen von Bernstorff/Andreas Hasenclever* Affectedness in International Institutions: Promises and Pitfalls of Involving the Most Affected, Third World Thematics: A TWQ Journal 3 (2018), 591, 593.

VN-Ausschuss mehrheitlich aus Menschen mit Behinderung bestehen und dürfen auch nur von Menschen mit Behinderung geführt werden.

Auch im Bereich des humanitären Völkerrechts entstehen derzeit neue Betroffenenorganisationen wie z.B. die sogenannten Weißhelme, die als betroffene syrische Bürger mit internationaler Unterstützung humanitäre Hilfe für die zivilen Opfer des Bürgerkriegs organisieren. In vielen internationalen Institutionen ist Betroffenenpartizipation zu einem Schlüsselkonzept geworden, welches sich von der Weltbank bis zur UN-Peace-Building Commission heute viele Institutionen auf die Fahnen schreiben.[34] Warum aber wird existentielle Selbst-Betroffenheit zu einem wirkmächtigen Kriterium im Bereich zivilgesellschaftlicher Partizipation? Zunächst einmal erscheint dieser Trend kontraintuitiv, denn die Betroffenenorganisationen setzen sich nicht für universale Ziele oder das globale Gemeinwohl ein, sondern explizit für Partikularinteressen. Ihr Auftreten ist zudem rebellischer und weniger geschliffen als das der hochprofessionell agierenden internationalen NGOs. Häufig haben diese Aktivistinnen und Aktivisten einen Hintergrund in Grassroots-Bewegungen, d.h. lokalen und nationalen Protestbewegungen.

Zwei Ursachen für diese Entwicklung drängen sich auf: erstens eine Legitimationskrise internationaler Institutionen, zu deren Behebung die klassischen NGOs nicht mehr überzeugend beitragen können. Viele soziale Bewegungen, gerade aus dem globalen Süden, fühlen sich zudem durch die großen internationalen NGOs nicht mehr angemessen vertreten. Es scheint auch ein Signum der Postmoderne zu sein, dass das „Sprechen für Andere" überall unter Paternalismus- und Hegemonieverdacht geraten ist. Wir erleben in diesem philosophischen Sinne derzeit eine vielerorts wahrgenommene Krise der Repräsentation. Da Repräsentation von gebündelten Interessen aber insbesondere auf internationaler Ebene unumgänglich ist, muss sie – so das Argument – so direkt wie möglich sein. Betroffene müssen gemäß diesem Leitbild also selbst sprechen können.

---

[34] Wegweisend für diesen Trend war in vielerlei Hinsicht die Indigenenbewegung die sich als Betroffenenvertreter in fast allen globalen Umwelt- und Entwicklungsforen in den 2000er Jahren privilegierte Mitspracherechte erstritten hatte, vgl. *Andreas Hasenclever/ Henrike Narr* The Dark Side of the Affectedness-Paradigm: Lessons from the Indigenous Peoples' Movement at the United Nations, Third World Thematics: A TWQ Journal 3 (2018), 684; ausführlich zur Unterscheidung zwischen NGOs die für Indigene sprechen und sogenannten „Indigenous Peoples' Organisations" *Enzamaria Tramontana* Civil Society Participation in International Decision Making: Recent Developments And Future Perspectives in the Indigenous Rights Arena, The International Journal of Human Rights 16 (2012), 173; zur Betroffenenpartizipation bei Weltbankprojekten *Philipp Dann/Michael Riegner* The World Bank's Environmental and Social Safeguards and the Evolution of Global Order, Leiden Journal of International Law 32 (2019), 537.

Der hier unweigerlich stattfindende Repräsentationsvorgang ist gewollt, d.h. Betroffene sprechen zwar über sich, aber gleichzeitig in solchen Foren immer auch explizit oder implizit für alle anderen ebenfalls existentiell Betroffenen. Der Repräsentationsakt tritt aber performativ durch die Selbstbetroffenheit der sprechenden Person in den Hintergrund. Im Vordergrund steht das möglichst authentische Zeugnis von eigenen Diskriminierungs-, Gewalt- oder Verelendungserfahrungen, die stellvertretend für alle Betroffenen geschildert werden. Der sozialkonstruktive Charakter der Betroffenenpartizipation darf dabei nicht übersehen werden. Indem Betroffene sich zusammenfinden und ihre Forderungen artikulieren, auf der Straße oder in Konferenzsälen, konstituieren sie sich zugleich selbst als eine Betroffenengemeinschaft. Der selbstkonstituierende Mechanismus ist bekannt[35] – nur heißt es jetzt nicht mehr „Wir sind das Volk", sondern „Wir sind 1,2 Milliarden Kleinbauern" oder „Wir sind 600 Millionen Menschen mit Behinderung".

Hier spiegelt sich auf globaler Ebene, was der französische Demokratietheoretiker *Pierre Rosanvallon* für den postmodernen Nationalstaat festgestellt hat: Das Volk sei heute nur noch eine Litanei von „Minoritäten" und „Situationen".[36] Hinzu kommt aus aktivistischer Sicht *Mancur Olsons* berühmte organisationssoziologische Erkenntnis, dass fokussierte Spezialinteressen sich leichter und schlagkräftiger organisieren lassen als abstraktere Allgemeininteressen.[37] Auch die auf mediale Effekte angelegte Kampagnenlogik einer transnational operierenden Zivilgesellschaft braucht das authentische und konkrete Zeugnis direkt Betroffener, um normative Botschaften wirkungsvoll transportieren zu können. Es ist insofern auch nicht überraschend, dass vielfältige Verbindungen bestehen zwischen den großen internationalen NGOs und Betroffenenorganisationen.[38]

---

[35] *Judith Butler* „Wir, das Volk!": Überlegungen zur Versammlungsfreiheit, in: Alain Badiou u.a. (Hrsg.) Was ist ein Volk?, 2017, 41–43.
[36] *Pierre Rosanvallon* Democratic Legitimacy: Impartiality, Reflexivity, Proximity, 2011, 4.
[37] *Mancur Olson* The Logic of Collective Action: Public Goods and the Theory of Groups, 2003.
[38] Klassische NGOs agieren als Faszilitatoren im Hintergrund und finanzieren bestimmte Aktivitäten von Betroffenenorganisationen, siehe auch *Anette Schramm/Jan Sändig* Affectedness Alliances: Affected People at the Centre of Transnational Advocacy, Third World Thematics: A TWQ Journal 3 (2018), 664; und natürlich steht hinter dem Kleinbauern aus Peru, der in der FAO das Wort ergreift, mit Via Campesina eine transnational agierende Betroffenenorganisation die selbst in puncto Professionalität und Ressourcen den klassischen internationalen NGOs in nichts nachsteht. Diese Kooperation spiegelt sich dann auch in den Beteiligungsmodellen der Internationalen Organisationen, siehe dazu *Hasl* in: Affectedness (Fn. 33), 626.

Man würde es sich aber zu leichtmachen, wenn man die Umstellung auf die Betroffenenpartizipation als eine rein instrumentelle Inszenierung ansehen würde: Betroffenenpartizipation als eine lediglich theatralische Verstärkung des Wirkens klassischer NGOs im Hintergrund; eine solche Schlussfolgerung ließe außer Acht, dass durch die neuen Verfahrensregime in internationalen Institutionen bei Verhandlungen über Normtexte am Ende tatsächlich andere Personen mit anderen Erfahrungswelten und politischen Projekten mit am Tisch sitzen. Aber wird das Handeln Internationaler Organisationen durch Formen der Betroffenenpartizipation tatsächlich legitimer? Für eine Bejahung der Frage finden sich schlagkräftige Argumente, trotz aller offensichtlichen Angriffsflächen, die auch dieses Leitbild bietet.

2. *Legitimation durch Betroffenenpartizipation?*

Zunächst einmal gelten die oben aufgegriffenen Grenzen von deliberativ erzeugter Legitimität durch NGO-Beteiligung für die Mitwirkung von Betroffenenorganisationen *mutatis mutandis*. Man sollte auch hier nicht von einer eigenständigen demokratischen Legitimation sprechen. Ihre besondere Legitimitätsbehauptung stützen Betroffenenorganisationen auf ihre enge Verbindung bzw. ihre Identität mit einer Gruppe von ebenfalls existenziell betroffenen Menschen, d.h. durch personelle Überlappungen mit einer Art „themenbezogenen Schicksalsgemeinschaft". Diese von gesellschaftlichen und ökonomischen Strukturen aus ihrer Sicht negativ betroffene Gruppe versucht sich in internationalen Institutionen Gehör zu verschaffen. Hieraus lassen sich zwei legitimitätstheoretische Argumente herleiten: zum einen aus Theorien zum Begriff der Öffentlichkeit und zum anderen aus den Menschenrechten.

a) Gegenöffentlichkeiten

Als Reaktion auf das republikanisch-bürgerliche Öffentlichkeitsverständnis von *Habermas* hatten sich schon in den 90er Jahren postmoderne Ansätze herausgebildet die dafür plädierten, Öffentlichkeit im Plural zu denken und Teil- und Gegen-Öffentlichkeiten mit in den Blick zu nehmen.[39] Ein angemessenes demokratietheoretisches Verständnis von Öffent-

---

[39] Als Begründung führte z.B. *Nancy Fraser* an, dass das einheitliche Verständnis einer republikanischen Öffentlichkeit von *Habermas* soziale Ungleichheiten und Exklusionen zu wenig berücksichtige. *Habermas* übersehe, dass es unterschiedliche diskursive Zugangschancen zu öffentlichen Debatten gäbe. Im Ergebnis stütze die bürgerliche Öffentlichkeit häufig hegemoniale Diskursformationen ab, anstatt sie aufzubrechen und in Frage zu stellen, *Nancy Fraser* Rethinking the Public Sphere: A Contribution to the Critique of Actually Existing Democracy, in: Craig Calhoun (Hrsg.) Habermas and the Public Sphere, 1992,

lichkeit müsse neben dem Wert klassischer zivilgesellschaftlicher Vereinigungen auch den Wert und die historische Bedeutung von „subalternen Gegenöffentlichkeiten" mitberücksichtigen. Indem Betroffene, so das Argument, bestimmte Themen aus ihren Erfahrungswelten in internationale Institutionen tragen, erweitern sie hiermit den globalen öffentlichen Raum. Nehmen wir das Beispiel der transnational vernetzten Kleinbauernbewegung: Durch einen von westlich dominierten Institutionen in den 90er Jahren geschaffenen globalen Markt für Agrarland befindet sich heute in einer Reihe von afrikanischen Staaten über die Hälfte der eigenen Böden unter der Kontrolle einer Handvoll ausländischer Investoren. Als Reaktion setzt sich Via Campesina als transnationale Kleinbauernvereinigung verständlicherweise in der FAO für einen globalen Standard gegen „Landgrabbing" mit klaren Hektarobergrenzen ein.[40] In der FAO sprechen dann während der Staatenverhandlungen auch vertriebene Kleinbauern. Dieser Standard kann nach Verabschiedung durch die VN dann gegebenenfalls ausländischen Investoren und der eigenen Regierung entgegengehalten werden.[41] In gewisser Weise handelt es sich bei der Betroffenenpartizipation damit um einen Kampf um erweiterte globale, nationale und lokale Öffentlichkeiten, verstanden als das Ringen um Gehör und Sichtbarkeit in häufig vermachteten und expertokratisch dominierten Diskursräumen. Aus diesem Kampf entsteht keine globale Demokratie, aber im besten Fall mehr Multiperspektivität und Responsivität sektoral globalisierter Institutionen.[42]

b) *Menschenrechte*

Gibt es aber auch ein menschenrechtliches Argument, das für die Legitimität der Betroffenenpartizipation streitet? Immer dann, wenn die konstruierte „Betroffenheit" mit Menschenrechtsverletzungen einhergeht, liegt

---

109; vgl. auch *Josh Brem-Wilson* Legitimating Global Governance: Publicisation, Affectedness, and the Committee on World Food Security, Third World Thematics: A TWQ Journal 3 (2018), 605.

[40] Hierzu *Jochen von Bernstorff* "Community Interests" and the Role of International Law in the Creation of a Global Market for Agricultural Land, in: Eyal Benvenisti/Georg Nolte (Hrsg.) Community Interests Across International Law, 2018, 278.

[41] Gerade nationale und lokale soziale Bewegungen können zudem als kommunikative Mittler zwischen Internationalen Organisationen und den nationalen Öffentlichkeiten und Parlamenten fungieren, die ihrerseits auf staatliche Organe einwirken können; für klassische NGOs bezeichnet als „Bumerangeffekt" bei *Margaret Keck/Kathryn Sikkink* Activists Beyond Borders: Advocacy Networks in International Politics, 1998.

[42] Zum strukturellen Demokratiedefizit internationaler Institutionen und dem Bedarf nach mehr Multiperspektivität *Bast* in: Weltgesellschaft (Fn. 26), 185; zur problematischen Responsivität gegenüber Betroffenen *Richard B. Stewart* Remedying Disregard in Global Regulatory Governance: Accountability, Participation, and Responsiveness, The American Journal of International Law 108 (2014), 211.

ein solcher Schluss zumindest nahe. Und natürlich ist der aktuelle Trend hin zur Betroffenenpartizipation nicht vorstellbar ohne die Menschenrechtsrevolution der letzten 40 Jahre. Die normative Schubkraft des Konzepts der Betroffenenpartizipation kommt aus dem Menschenrechtsdiskurs und verwandten Konzepten wie dem der Vulnerabilität, der Exklusion und der Marginalisierung.[43] Wenn ein früheres Opfer fremdnütziger medizinischer Experimente an behinderten Kindern bei den Verhandlungen zur VN-Behindertenrechtskonvention im Namen einer Betroffenenorganisation selbst im Plenum das Wort ergreift und vor dem eigenen Erfahrungshorizont gegen eine vorgeschlagene Relativierung des Folterverbots in der neuen Konvention Stellung bezieht, dann ist der Konnex zwischen Betroffenheit und Menschenrechtsverletzung natürlich sehr eng.[44]

Jedoch begründen bei nüchterner Betrachtung eigene bzw. geteilte menschenrechtliche Verletzungserfahrungen allein demokratietheoretisch keine privilegierte Position von Betroffenengruppen bei der Rechtsetzung durch internationale Institutionen.[45] Gleichwohl, wenn Betroffene Opfer struktureller Menschenrechtsverletzungen sind und zugleich von aktiver Teilhabe an politischen Prozessen auf nationaler oder internationaler Ebene ausgeschlossen sind, erscheint eine Inklusion in relevante Rechtsetzungsprozesse auf internationaler Ebene als kompensatorische Maßnahme sinnvoll, auch wenn sich, wie gesagt, die Partizipation Betroffener in internationalen Institutionen derzeit noch nicht zu einem allgemeinen menschenrechtlichen Beteiligungsanspruch verdichten lässt.[46]

---

[43] *Stewart* Remedying Disregard (Fn. 42), 211 greift diese Konzepte auf und begründet mit ihrer Hilfe prinzipienhaft, wann die Nichtbeachtung betroffener Interessen jedenfalls ungerechtfertigt ist („problem of disregard").

[44] Zur Entstehung der Konvention *Jochen von Bernstorff* Menschenrechte und Betroffenenrepräsentation: Entstehung und Inhalt eines UN-Antidiskriminierungsübereinkommens über die Rechte von behinderten Menschen, ZaöRV 67 (2007), 1041.

[45] Auch weltbürgerliche Kommunikationsgrundrechte können zwar die Teilnahme an öffentlichen Debatten rechtlich garantieren, privilegierte Mitwirkungsrechte in globalen Rechtsetzungsprozessen gewähren Meinungs- und Versammlungsfreiheit jedoch nicht. Für die Betroffenengruppen selbst stellt sich hier das klassische Einbindungs- bzw. Ko-optationsparadox, d.h. fundamentaler Protest von außerhalb gegen die Institution wird durch die Einbindung schwieriger, gleichzeitig verspricht die Partizipation aber stärkeren Einfluss auf Rechtsetzung und Durchsetzung, vgl. *Bhupinder Chimni* The Limits of the All Affected Principle: Attending to Deep Structures, Third World Thematics: A TWQ Journal 3 (2018), 807.

[46] Die Frage, ob das allgemeine Völkerrecht ein Recht auf Beteiligung von NGOs in internationalen Institutionen kennt, ist nach wie vor umstritten, gegen Akkreditierungsverfahren *Math Noortmann* Who Really Needs Article 71? A Critical Approach to the Relationship between the NGOs and the UN, in: Wybo P. Heere (Hrsg.) From Government to Governance: The Growing Impact of Non-State Actors on the International and European Legal System. 2003 Hague Joint Conference on Contemporary Issues of International Law,

V. Schluss

Die drei gezeichneten und aktuell weiter präsenten Leitbilder von der klassischen Gemeinschaftsinteressen-NGO bis hin zur Betroffenenorganisation lassen sich zusammengefasst als eine doppelte Bewegung beschreiben: zum einen die Bewegung universaler Interessenartikulation hin zu einer partikularen und direkteren Interessenartikulation von Betroffenen bzw. ihren Repräsentanten. Zum anderen auch organisatorisch eine Bewegung internationaler NGOs über eine starke Zunahme nationaler NGOs in den 80er und 90er Jahren bis hin zu lokal organisierten und transnational vernetzten Betroffenengruppen. Wie ich eingangs dargelegt habe, sind die demokratischen Legitimationsressourcen internationaler Institutionen im Vergleich zum demokratisch verfassten Nationalstaat bereits strukturell begrenzt. Gleichzeitig brauchen wir aber mehr institutionalisierte Kooperation, insbesondere zu den Überlebensfragen der Menschheit, wie z.B. der Proliferation von Nuklearwaffen, dem Klimawandel mit seinen dramatischen Auswirkungen, dem massiven Artensterben und zu Armuts- und Entwicklungsfragen.[47] Die Gefahr, dass Internationale Organisationen, die von Expertennetzwerken getragen werden, sich dabei gegenüber nationalen Öffentlichkeiten und auch gegenüber den lokalen Auswirkungen ihres Handelns isolieren, ist nicht von der Hand zu weisen. Die Beteiligung von Betroffenenorganisationen an internationaler Rechts- und Standardsetzung hat in diesem Kontext ein korrigierendes Potential. Sie kann die Responsivität Internationaler Organisationen für die Möglichkeiten und Folgen internationaler Recht- und Standardsetzung erhöhen; nicht mehr aber auch nicht weniger.

2004, 113; *Anne Peters* z.B. leitet aus einer erfolgreichen Akkreditierung basale Mitwirkungsrechte in der jeweiligen Organisation aus Völkergewohnheitsrecht ab, *Anne Peters* Membership in the Global Constitutional Community, in: Jan Klabbers/Anne Peters/Geir Ulfstein, The Constitutionalization of International Law, 2009, 153 (224–227).

[47] Zu den aktuellen Bestrebungen, auch im internationalen Klimaschutzrecht die Einbindung nichtstaatlicher Akteure auszuweiten *Johannes Saurer* Verfahrensregeln im internationalen Klimaschutzrecht, Natur und Recht 41 (2019), 145 (151).

Leitsätze des 2. Referenten über:

Die Rolle nicht-staatlicher Akteure bei der Entwicklung und Implementierung des Völker- und Europarechts

Einleitung

(1) Die zivilgesellschaftliche Partizipation in Internationalen Organisationen befindet sich seit Beginn der 2000er Jahre in einer Umbruchsituation; und zwar weg von der zivilgesellschaftlichen Vertretung von Gemeinschaftsinteressen durch klassische Nichtregierungsorganisationen (NGOs) und hin zum Prinzip der Betroffenenpartizipation.

(2) Wissenschaftliche Debatten um die zivilgesellschaftliche Beteiligung im Völkerrecht lassen sich in drei verschiedenen Leitbildern zusammenfassen: erstens das funktionalistische Leitbild, zweitens das Demokratisierungs-Leitbild und drittens das jüngste Leitbild der Betroffenenpartizipation. Trotz ihres chronologischen Auftretens schließen sich die drei Leitbilder nicht gegenseitig aus und sind aktuell weiter präsent in den Debatten um die zivilgesellschaftliche Partizipation im Völkerrecht.

I. *Rollen zivilgesellschaftlicher Akteure im Völkerrecht*

(3) NGOs lobbyieren und beraten Staaten, die daraufhin multilaterale Normsetzung initiieren. Sie streiten für neue Normsetzung durch Proteste bzw. soziale Mobilisierung über medien-basierte Kampagnen. Auch bei der Implementierung von Standards spielen NGOs eine immer größere Rolle. Hinzu kommt die Beratungsfunktion von NGOs bei der gerichtlichen Durchsetzung von Standards durch sog. strategische Prozessführung bzw. amicus curiae-Eingaben.

II. Das Funktionalistische Leitbild: NGOs als Experten und Repräsentanten von Gemeinschaftsinteressen

(4) Nach diesem historisch ersten Leitbild effektivieren NGOs die Arbeit von Internationalen Organisationen, indem sie deren Ziele, d.h. gemeinsame Interessen der Staaten, fördern. Sie tun dies über die Bereitstellung von Expertise und über ihre Einflussmöglichkeiten auf die Mitgliedstaaten.

1. Das Verfahrensregime: Die Einbeziehung internationaler NGOs

(5) Das ursprüngliche Verfahrensregime für Konsultativbeziehungen der Vereinten Nationen mit der Zivilgesellschaft zielt auf die Einbindung großer internationaler NGOs ab, die in den Organen der Vereinten Nationen die benötigte Expertise bereitstellen können.

2. Legitimität durch Expertise?

(6) Nach dem funktionalistischen Leitbild ist die NGO-Beteiligung legitim, weil NGOs die Politiken und Rechtsnormen in den internationalen Beziehungen durch Einbringen ihrer Expertise verbessern.

(7) Wenn der Legitimationsbegriff für eine Rückbindung von Regierungshandeln an kollektive Selbstbestimmung freier und gleicher Bürger reserviert werden soll, dann bleibt für alle anderen Funktionen zivilgesellschaftlicher Beteiligung nur der Begriff der Legitimität.

(8) Die Annahme, dass NGO-Mitwirkung in Internationalen Organisationen legitim sei, weil sie die Ergebnisse von Herrschaftsausübung auf internationaler Ebene verbessert (Output-Legitimität), ist angreifbar. Aufgrund der Pluralität konfligierender Interessens- und Bewertungsmaßstäbe bei praktisch allen politischen Entscheidungsprozessen auf globaler Ebene kann ein rechtswissenschaftliches Urteil über die Qualität des „output" bzw. der Ergebnisse supranationaler oder globaler Regulierung nicht getroffen werden.

III. Das Demokratisierungs-Leitbild

(9) Das zweite Leitbild konstruiert zivilgesellschaftliche Beteiligung in den internationalen Beziehungen als einen Beitrag zu einer Demokratisierung Internationaler Organisationen.

1. Das Verfahrensregime: Die Einbeziehung nationaler NGOs

(10) Das Verfahrensregime der Vereinten Nationen gibt 1996 seinen Fokus auf internationale NGOs auf und öffnet sich für eine große Anzahl neuer nationaler NGOs.

2. Legitimation durch Deliberation?

(11) Auf der Ebene internationaler Rechtsetzung stellt sich das Problem der demokratischen Legitimation anders als auf nationaler Ebene. Es existiert auf globaler Ebene kein Prinzip der Volkssouveränität. Bekanntlich verlangt auch das Grundgesetz für eine Mitwirkung Deutschlands in Internationalen Organisationen über Art. 24 GG und Art. 59 GG keine demokratischen Strukturen auf internationaler Ebene.

(12) Es besteht ein strukturelles Demokratiedefizit in Internationalen Organisationen, welches auch von demokratischen Staaten bewusst in Kauf genommen wird, um international organisiert kooperieren zu können.

(13) Internationale Deliberation zwischen NGOs und öffentlichen Experten in Internationalen Organisationen (deliberative Demokratiemodelle) kann weder die Rückbindung an ein Wahlvolk noch das Fehlen einer demokratischen Opposition ersetzen.

(14) Dennoch können aber gerade nationale NGOs eine wertvolle Verbindung zwischen nationalen Öffentlichkeiten und Parlamenten einerseits und dem auswärtigen Regierungshandeln andererseits herstellen. Sie leisten damit einen Beitrag zu einer besser informierten nationalen Öffentlichkeit und aktiveren parlamentarische Kontrollprozesse in dem jeweiligen Mitgliedstaat.

IV. Das Leitbild der Betroffenenpartizipation

(15) Zentral für das jüngste Leitbild der Betroffenenpartizipation ist die möglichst direkte Einbindung besonders betroffener Personengruppen in internationale Rechtsetzungsprozesse.

1. Das Verfahrensregime: Betroffenenorganisationen anstelle klassischer NGOs

(16) Die Bewegung weg von der Vertretung von Gemeinschaftsinteressen durch klassische NGOs und hin zur Einbindung von Betroffenenorganisationen (Affected Person's Organisations) lässt sich in einer Reihe

internationaler Institutionen anhand neuer Regeln über die zivilgesellschaftliche Partizipation nachweisen.

2. Legitimation durch Betroffenenpartizipation?

(17) Ihre besondere Legitimationsbehauptung stützen Betroffenenorganisationen auf ihre enge Verbindung bzw. ihre Identität mit einer Gruppe ebenfalls existentiell betroffener Menschen, d.h. durch personelle Überlappungen mit einer Art themenbezogenen Schicksalsgemeinschaft.

(18) Neue Formen der Betroffenenpartizipation sind Ausdruck eines Ringens um erweiterte globale, nationale und lokale Öffentlichkeiten (sog. „Gegenöffentlichkeiten"). Aus diesem Kampf entsteht keine globale Demokratie, aber im besten Fall mehr Multiperspektivität und Responsivität sektoral globalisierter Institutionen.

(19) Die normative Schubkraft des Konzepts der Betroffenenpartizipation kommt aus dem Menschenrechtsdiskurs und verwandten Konzepten wie Vulnerabilität, Exklusion und Marginalisierung, auch wenn sich die Partizipation Betroffener in Internationalen Organisationen derzeit noch nicht zu einem allgemeinen menschenrechtlichen Beteiligungsanspruch verdichten lässt.

V. Schluss

(20) Die demokratischen Legitimationsressourcen Internationaler Organisationen sind im Vergleich zum demokratisch verfassten Nationalstaat bereits strukturell begrenzt. Gleichzeitig bedarf es mehr institutionalisierter Kooperation, insbesondere zu den Überlebensfragen der Menschheit, wie z.B. der Proliferation von Nuklearwaffen, dem Klimawandel mit seinen dramatischen Auswirkungen, dem massiven Artensterben und Armuts- und Entwicklungsfragen.

(21) Die Gefahr, dass Internationale Organisationen, die von Expertennetzwerken getragen werden, sich dabei gegenüber nationalen Öffentlichkeiten und den lokalen Auswirkungen ihres Handelns isolieren, ist nicht von der Hand zu weisen. Die Beteiligung von Betroffenenorganisationen an internationaler Rechts- und Standardsetzung hat in diesem Kontext ein korrigierendes Potential.

3. Aussprache und Schlussworte

Die Rolle nicht-staatlicher Akteure bei der Entwicklung und Implementierung des Völker- und Europarechts

Christian Waldhoff: Ich habe die Diskussionsbeiträge in drei thematische Gruppen geordnet, wobei die zweite Gruppe die ganz große Mehrheit bildet. Erstens: übergreifende Fragestellungen, zweitens, da liegt ein Schwerpunkt der Diskussionsbeiträge, Legitimationsfragen, vor allem: Wer ist Betroffener? Und drittens dann Spezialfragen, also Vergleiche zu Internationalen Organisationen, die vielleicht nicht genannt wurden, Abgrenzungen und Ähnliches. Ich werde auch bei dieser Diskussion immer wieder Dreier-Kohorten benennen, damit die Diskussionsteilnehmer sich vorbereiten können. Die erste Kohorte beginnt mit *Markus Kotzur*, dann *Daniel-Erasmus Khan* und *Daniel Thym*.

Markus Kotzur: Meine Damen und Herren, ganz herzlichen Dank für zwei außerordentlich inspirierende Vorträge, die auch haben anklingen lassen, dass es bei der Frage des heutigen Nachmittags um Rechtsdurchsetzung, um Streitigkeiten vor Gerichten, um „litigation" gehen kann, und damit verbindet sich meine Frage: Könnte man nichtstaatliche Akteure, wie Sie sie uns vorgestellt haben, unter Umständen als so eine Art Treuhänder einer „international rule of law", einer „global rule of law" verstehen? Und ich würde gerne die Brücke schlagen zu dem Fall des peruanischen Bauern, den uns Frau *Schlacke* gestern Nachmittag in einem ganz anderen Zusammenhang präsentiert hat: Der peruanische Bauer, der vor deutschen Gerichten klagt, um seine Heimat vor den Beeinträchtigungen durch herabstürzende Wassermassen zu schützen. Dort haben wir dogmatische Fragen, die sehr schwieriger Natur sind, behandelt, und was heute Nachmittag so außerordentlich spannend ist, ist die Geschichte dieses Prozesses: Wie kommt eigentlich ein peruanischer Bauer zu einem deutschen Gericht? Wie kommt er auf die Idee, vor einem deutschen Gericht zu klagen, und warum hat er überhaupt die Möglichkeit? Wer hat ihn dazu sozusagen „empowered"? Und hier kommen internationale nichtstaatliche Akteure ins Spiel, internationale Nichtregierungsorganisationen, engagierte Anwältinnen und Anwälte. Wir sind in Hamburg da besonders nah dran, weil eine

Hamburger Kollegin, Frau *Roda Verheyen*, den Bauern vor Gericht vertritt, und mir eine spannende Geschichte erzählt hat, wie schwierig das war, ihn überhaupt davon zu überzeugen, den Prozess zu wagen. Dass er sich das zumutet, dass er keine Sorge vor den vielleicht doch drohenden finanziellen Risiken hat. Das ist eine unglaubliche Arbeit und damit verbunden ist ein unglaubliches Einflussnehmen von nichtstaatlichen Akteuren. Und da würde mich interessieren: Was halten Sie aus Ihrer insbesondere auch legitimationstheoretischen Sicht von dieser Art strategischer, durch internationale nichtstaatliche Akteure ermöglichten Streitschlichtung vor internationalen Instanzen? Ist das auch eine gewisse Form von Ermöglichung von Betroffenenpartizipation, anderer als der üblicher Weise diskutierten Art? Braucht man, um solche strategischen Streitigkeiten durchzuführen, eine besondere Legitimation, oder sollte das dem zivilgesellschaftlichen freien Spiel der Kräfte, quasi allein dem internationalen politischen Raum überlassen bleiben? Vielen Dank.

Daniel-Erasmus Khan: Zunächst einmal vielen Dank *Christoph* und *Jochen* für diese profunden und perspektivenreichen Vorträge, die kaum Anlass zu Nachfragen bieten. Eine kleine hätte ich allerdings doch an *Christoph Ohler*. Und die bezieht sich konkret auf Deine These 14, die ich, um es vielleicht so auszudrücken, noch für etwas differenzierungsfähiger halte. Das ist ja ein Wort, das hier schon des Öfteren gefallen ist in den letzten zwei Tagen. Du schreibst, dass die geltenden Regelungen vorsehen, dass an der Entstehung von Völkergewohnheitsrecht nur Staaten beteiligt sind. Nur Staaten – das sei eben die Regel. Man kann jetzt schon mal anfangen zu diskutieren, ob der 38 Abs. 1 b IGH-Statut überhaupt von Staaten redet. Da steht nur etwas von allgemein als Recht anerkannter Übung, von staatlicher Übung steht da gar nichts. Aber das lassen wir mal beiseite, die Lehrbücher schreiben das so, und so soll es denn auch sein. Allerdings muss man hier dann wohl doch bemerken, dass in jüngerer Zeit auch in diesem Bereich durchaus eine Kluft zwischen Sollens- und Seinsordnung entstanden ist. Ganz konkret geht es um die Völkergewohnheitsrechtsstudie des IKRK aus dem Jahre 2005. Zunächst einmal hat mir soeben *Daniel Thürer*, langjähriges Mitglied des IKRK, noch einmal auf dem Flur bestätigt, dass er sich selbstverständlich stets als Angehöriger einer nichtstaatlichen Organisation betrachtet hat, eines „non state actor" also. Nun ist diese Völkergewohnheitsrechtsstudie auch nicht nur initiiert und realisiert worden vom Internationalen Komitee vom Roten Kreuz, sondern vor allem auch, insbesondere von amerikanischer Seite (*Bellinger*, *Haynes* und anderen), ganz stark kritisiert worden dafür, dass die dokumentierte Praxis immer wieder auch von „non governmental actors" stamme und vor allem auch vom IKRK selbst. Das haben internationale

(Fach-)Öffentlichkeit und Staaten durchaus zur Kenntnis genommen, es hat sie aber nicht weiter gestört. Die Studie ist in den vergangenen Jahren auch massiv in der „echten" Staatenpraxis rezipiert worden, auch vom US Supreme Court. Und so muss man wohl inzwischen von einer sehr weitgehenden Akzeptanz des vom IKRK „gefundenen" umfangreichen Völkergewohnheitsrechtskatalogs für Kriegszeiten ausgehen. Deswegen würde ich vielleicht anregen oder zu bedenken geben, ob man nicht bei Deiner These 17 hinten unter den hybriden Formen der Entstehung und Durchführung von Völkerrecht doch eine gewisse Tendenz erkennen lassen sollte dahingehend, dass auch die Praxis (zumindest gewisser) nichtstaatlicher Akteure im Völkerrecht inzwischen als ein legitimes Element im Entstehungsprozess von Völkergewohnheitsrecht angesehen wird, oder man insoweit zumindest einen Prozess „in status nascendi" beobachten kann. Diese Studie ist ja nun auch nicht nur, sagen wir mal, ein mehr oder weniger anekdotisches, exotisches Beispiel, sondern in der Tat von durchaus enormer praktischer Bedeutung. Danke.

Daniel Thym: Auch ich darf mich bedanken für zwei spannende Referate. Es ist vielleicht ein Allgemeinplatz, dass das Europarecht und das Völkerrecht in vielerlei Hinsicht prekär bleiben und zwar sowohl bei der Rechtsentwicklung als auch bei der Rechtsdurchsetzung. Daher besitzen nichtstaatliche Akteure bei der Rechtsentwicklung und Rechtsdurchsetzung eine sehr viel größere Rolle als es im innerstaatlichen Rechtsraum der Fall ist. Beide Referenten haben uns dies sehr schön gezeigt. *Christoph Ohler* etwa erwähnte den Global Compact zur Corporate Social Responsibility, der multinationale Unternehmen an die Menschenrechte binden soll, aber nicht rechtlich verbindlich ist und dessen Durchsetzung daher von öffentlichen Diskursen (Naming and Shaming) und dem Verhalten privater Verbraucher abhängt. Es ist ein Allgemeinplatz auch, dass in Brüssel mehr Lobbyorganisationen registriert sind als in Berlin und sie dürften auch deswegen einen größeren relativen Einfluss besitzen, weil die Diskurse in Brüssel weniger an die innerstaatlichen Medien und Diskursräume rückgebunden sind. Du erwähntest auch, *Christoph*, die Amicus Curiae Briefe. Wenn ich mein Hauptarbeitsfeld, das Migrationsrecht, betrachte, dann stelle ich fest, dass beim EGMR etwa die Stellungnahmen von Nichtregierungsorganisationen einen immensen Einfluss haben. Nun kann man diese empirische Beobachtung, dass nichtstaatliche Akteure einen großen Einfluss haben, staatsfixiert beschreiben, indem man hervorhebt, dass letzten Endes doch staatliche Akteure entscheiden. Die Richter wurden von Staaten ernannt und auch der Global Compact über die Corporate Social Responsibility beruht meines Wissens auf einer Resolution der UN-Generalversammlung. Aber die Frage bleibt dennoch, ob man dadurch die faktisch größere Macht der nichtstaatlichen Akteure aus dem Blick verliert und ob es nicht hilfreich wäre, zu versuchen, diese Beobachtung, dass sie einen großen Einfluss haben bei der Rechtsentwicklung und -durchsetzung, irgendwie in Formen der formalisierten Einbindung und auch Legitimation von nichtstaatlichen Akteuren zu gießen, die deren informal größere Macht irgendwie bändigen und sortieren. *Jochen von Bernstorff* hat uns beschrieben, welche Entwicklung es insofern gibt. Nun könnte man die normative Schlussfolgerung einen Schritt weiter treiben, indem man fragt, wie Einbindungsstrukturen aussehen können, damit sie auch in legitimatorischer Hinsicht überzeugen, etwa in Form von Registrierungspflichten, Offenlegungspflichten – woher Gelder kommen – oder auch Genehmigungspflichten – wer vor Gericht Stellung nehmen kann. Das wäre meine Frage, ob man die Problemlage nur über die Rückbindung an Staaten und deren formale Entscheidungsvorrechte lösen muss oder ob man nicht alternativ die Rolle der nichtstaatlichen Akteure auch prozedural stärker überwachen müsste. Danke.

Uwe Volkmann: Auch von mir nochmal ein Kompliment: Toller Nachmittag auch für jemanden, der nicht von Hause aus Völkerrechtler ist und eher völkerrechtlicher Laie. Ich habe deshalb auch nur eine Frage als völkerrechtlicher Laie, aber weil es ja vielleicht der Sinn dieses Formats ist, dass man mal die Laien mit den Experten ins Gespräch bringt, stelle ich sie einfach mal. Beide Referate haben die Beteiligung Privater an der Ausübung öffentlicher Gewalt doch sehr deutlich an einem demokratischen Anforderungsprofil gemessen, bei dem ich mich jeweils gefragt habe: Wo kommt das eigentlich her und warum macht man das? Bei *Christoph Ohler* liest man dazu zunächst, dass aus demokratietheoretischer Sicht ein Legitimationsbedürfnis besteht. Da wäre meine Frage: Warum soll sich das Völkerrecht für Demokratietheorie interessieren oder warum soll das für das Völkerrecht relevant sein? Eine zweite Anbindung erfolgt dann an die nationalen Verfassungen, zwingende Anforderungen könnten sich, hieß es, aus dem Verfassungsrecht der Mitgliedsstaaten ergeben. Dazu hat *Jochen von Bernstorff* gesagt, dass das jedenfalls für das Grundgesetz nicht angenommen werden könne. Hier wäre ich mir mit Blick auf die künftige Rechtsprechung des Bundesverfassungsgerichts nicht so sicher, ob es dabei bleibt: Auch für die Europäische Union hat man ja die entsprechenden Anforderungen schon aufgestellt, bevor sie im Grundgesetz standen. Aber selbst wenn es so wäre, ist natürlich die Frage, wieso das die Internationale Organisation interessieren soll. Ein Austritt aus der WTO ist, glaube ich, keine realistische Option, und warum sollte diese dann auf das Verfassungsrecht des Mitgliedslandes X oder des Mitgliedslandes Y Rücksicht nehmen? Ein interessantes Angebot kommt dazu von *Jochen von Bernstorff* über die drei von ihm angenommenen Leitbilder. Nun ist mir das Denken in Leitbildern nicht prinzipiell unsympathisch, und ich finde es schön, dass man darüber auch im Völkerrecht nachdenkt. Was aber immer prekär ist an solchen Leitbildern, ist natürlich die Frage nach ihrem normativen Status: Was haben die eigentlich für eine normative Relevanz, wo nehmen sie die her? Und da meine ich ein gewisses Ungleichgewicht zwischen den einzelnen Leitbildern festgestellt zu haben: Das letzte Leitbild, die Betroffenenpartizipation, wird in der Sache angebunden an den menschenrechtlichen Diskurs, also an normative Postulate des Völkerrechts. Das hat so vielleicht selbst normative Kraft. Dann könnte man überlegen, ob man das zweite Leitbild, die demokratische Partizipation, ebenfalls darauf stützt. Für das funktionalistische Leitbild, das erste Leitbild, dürfte das aber kaum möglich sein. Das scheint mir eher gewonnen aus einer bestimmten Praxis, von der man dann aber fragen müsste, warum sie ihrerseits normative Kraft entfaltet und warum sie zur Legitimation mit herangezogen wird.

Sigrid Boysen: Danke. Ich würde auch gleich bei den Leitbildern bleiben. Sie verweisen ja jedenfalls alle auf das, was *Alexander Somek* gestern Morgen in seinem Fazit ganz kurz und knapp als die Schwäche der politischen Sphäre im transnationalen Bereich bezeichnet hat. Und *Jochen*, Du hast Dich verhalten optimistisch geäußert, dass Betroffenenpartizipation – *Uwe*, da würde ich Dir Recht geben, das hat wahrscheinlich durch die menschenrechtliche Anbindung den normativsten Gehalt von den drei Leitbildern – in diesem Sinne vielleicht Potenzial hat. Und da wäre meine Frage: Hat Betroffenenpartizipation wirklich das Potenzial dazu, diese Politisierung zu fassen? Auf den ersten Blick klingt das sicherlich vielversprechend, zumal im Hinblick auf das, was wir hier als Oppositionsfunktion der Einbeziehung von NGOs bezeichnet haben, wir erleben also Kontestation, wir haben auf einmal Alternativität und eine große Diskussion. Auf den zweiten Blick könnte man aber vielleicht auch genau das Gegenteil behaupten und sagen, in dem Moment, wo sich eine Gruppe (wie auch immer geartet) als betroffen konstituiert und sich dann etwa bei der ILO meldet und sagt, wir sind jetzt da und wollen unsere Rechte geltend machen, da unterwirft sie sich ja in gewisser Weise einem Verwaltungsprozess und macht damit dann vielleicht genau das Gegenteil von Politisierung, ordnet sich nämlich in diesen Verwaltungsprozess ein. Das wäre meine erste Frage. Die nächste Frage wäre: Wie begegnen wir der für mich sehr augenscheinlichen Gefahr der Verkitschung, also der Gefahr, dass wir am Ende nur noch Einzelpersonen haben und nur solche, die sehr gut medial in Szene gesetzt werden können? Dann stehen für das Klimaproblem also die kleine Schülerin, der peruanische Bauer und so weiter. Wie groß ist vor diesem Hintergrund die Wahrscheinlichkeit, dass wir in fünf Jahren sagen, die Betroffenenpartizipation hat sich als Irrweg erwiesen? Dankeschön.

Claus Dieter Classen: Beide Referate haben von zivilgesellschaftlicher Beteiligung gesprochen. Das ist positiv konnotiert. Herr *Thym* hat schon den Begriff des Lobbyismus eingeführt, was nicht so viel anderes, aber deutlich negativ konnotiert ist. Das heißt, wir haben es mit einem ambivalenten Phänomen zu tun. Herr *Ohler* hat deswegen zu Recht, glaube ich, gefordert, dass in diesem Bereich auch Transparenz herrschen muss. Wichtig sind aber aus meiner Sicht vor allem Abgrenzungen. Herr *von Bernstorff*, Sie haben drei Funktionen benannt und die ersten beiden Funktionen, das funktionalistische Leitbild und das Demokratisierungsleitbild, den NGOs zugeordnet; daneben steht dann das dritte Leitbild, die Betroffenenpartizipation. Bei der Frage der Abgrenzung stehen die NGOs für Gemeinwohlausrichtung und die Betroffenen für ihre Betroffenheit. Will man das gegeneinander abgrenzen, zeigt sich, dass die Definitionen auf unterschiedlichen Ebenen stehen. Gemeinwohlausrichtung knüpft an ein inhaltliches Merkmal an, die Betroffenenpartizipation ist im Kern personal abgegrenzt. Damit können beide Kategorien nicht gegeneinander klar abgegrenzt werden, weil die Definitionen von ganz unterschiedlichen Ansätzen herkommen. Daher habe ich die Frage: Ist es wirklich sachgerecht, so gegeneinander abzugrenzen? Zumal, glaube ich, auch klar ist: Wenn man bei den NGOs von Gemeinwohlausrichtung spricht, muss man diesen Begriff wohl ein bisschen mit Vorsicht genießen. Es geht ja nie um das Wohl der Allgemeinheit insgesamt. Vielmehr verfolgt jede NGO ein bestimmtes partikulares Interesse. Das Beispiel mit dem peruanischen Bauern, der von als NGO zu qualifizierenden Organisationen dazu gebracht wird, in Deutschland ein Gerichtsverfahren durchzuführen, zeigt, dass die Dinge ineinander übergehen. So sehr ich idealtypisch diese Abgrenzungen nachvollziehen kann, frage ich mich, ob hier wirklich ein taugliches Erklärungsmuster vorliegt. Am Ende noch zum Unionsrecht zwei kurze Bemerkungen, weil ich sowieso das Wort habe. Einmal zu Herrn *Ohlers* These 30: Es scheint mir sehr überspitzt formuliert, da von öffentlichem Ankläger zu sprechen und dann von privater Willkür. Es geht zwar um potenzielle Kläger, aber am Ende entscheiden ja doch Gerichte, ob das geltende Recht eingehalten worden ist oder nicht. Deswegen würde ich das etwas entspannter sehen. Und schließlich nur ein wirklich ergänzender Hinweis, da es auch um die Implementierung des Europarechts geht. Hier kann man auch noch erwähnen, dass im Bereich des Arbeitsrechts Europarecht auch über Tarifverträge und damit über die privaten Tarifvertragsparteien implementiert werden kann. Das wäre eine völlig neue Front, aber ich wollte es nur der Vollständigkeit halber erwähnen. Vielen Dank.

Christian Walter: Ich würde gerne eine Anschlussfrage stellen, welche durch die sehr schöne und inspirierende Darstellung der drei Leitbilder von

Legitimation in dem Referat von *Jochen von Bernstorff* ausgelöst wird. Mich hat das sehr überzeugt und ich finde vor allen Dingen den zusätzlichen Input, den das dritte Leitbild liefert, sehr anregend. Nun hast Du aber auch, glaube ich, sehr zutreffend auf die Defizite bei den ersten beiden Leitbildern hingewiesen, nämlich, dass es vor allem in einer sektoral formierten Ordnung mit sektoral agierenden NGOs schwierig ist, einen Ausgleich mit gegenläufigen Interessen herzustellen, wenn nun einmal genau diejenigen, die diese Interessen vertreten, auf diesem Sektor aktiv werden, und dass gegenläufige Interessen vielleicht gar nicht eingespeist werden. Mir scheint nun aber, dass doch auch die Betroffenenpartizipation dieses Problem nicht ausräumen kann, weil die Betroffenen vermutlich genau solche sektorspezifischen Interessen geltend machen werden, und insofern stellt sich doch die gleiche Frage auch bei dem dritten Leitbild: Wie gehen wir mit gegenläufigen Interessen um und wo besteht Raum für einen entsprechenden Interessenausgleich? Hier schließt jetzt meine Anschlussüberlegung und Frage an: Müsste man nicht vielleicht doch nochmal ein bisschen genauer fragen, um was für eine Art von Rechtsakt geht es eigentlich in der betreffenden Internationalen Organisation? Soll nur eine unverbindliche Soft-Law-Empfehlung herauskommen? Soll ein verbindlicher Rechtsakt erlassen werden? Soll vielleicht sogar ein Rechtsakt erlassen werden, der auf unmittelbare Anwendung im innerstaatlichen Recht der Mitgliedsstaaten ausgerichtet ist? Je nach der Antwort auf diese Fragen stellt sich doch die Legitimationsfrage auch nach verfassungsrechtlichen Maßstäben anders. Wenn der Rechtsakt innerstaatlich zur Anwendung kommen soll, dann muss er ja auch den verfassungsrechtlichen Anforderungen genügen. Und müsste man dann nicht sagen: Wenn der Interessensausgleich auf der internationalen Ebene offenbar nicht stattfinden kann, muss dann nicht Raum bleiben, dass ein solcher Interessensausgleich dann eben noch bei der innerstaatlichen Anwendung irgendwie stattfinden kann? Für das Legitimationsbedürfnis und die Legitimationsmöglichkeiten heißt das meines Erachtens, dass man die Folgefrage stellen muss, wie konkret der Akt eigentlich ist, den es zu legitimieren gilt. Ich würde sozusagen den schönen Legitimationsansatz noch etwas ins Konkrete fortdenken wollen und noch einmal nachfragen, ob man dazu noch etwas sagen kann? Dankeschön.

Andreas Kulick: Ja, vielen herzlichen Dank auch von meiner Seite an beide Referenten. Ich möchte vielleicht den Wortbeitrag von Herrn *Khan* nochmal etwas provokanter zuspitzen. Ich habe mich gefragt: Brauchen wir eine Theorie der indirekten Rechtssetzung und -durchsetzung nichtstaatlicher Akteure? Also anders formuliert, kommt man mit dem herkömmlichen Instrumentarium der völkerrechtlichen Rechtsquellenlehre und der Völkerrechtssubjektivität angesichts der Entwicklungen, die teilweise beschrieben worden sind, und ich möchte noch ein paar weitere hinzufügen, noch aus? Ich hatte mir drei Beispiele aufgeschrieben. Das erste Beispiel hat Herr *Khan* schon genannt: Das Komitee des Internationalen Roten Kreuzes und die Rolle bei der faktischen Setzung von Völkergewohnheitsrecht – ist das mit dem herkömmlichen Instrumentarium erfassbar? Zweites Beispiel, das ich nur ganz kurz nenne, was im Vortrag von *Jochen von Bernstorff* auch angeklungen ist, nämlich die Rolle von betroffenen Gruppen, zum Beispiel bei der Behindertenkonvention, und Rechtssetzung in diesem Rahmen. Und ein drittes Beispiel, das ich nennen möchte, ist das internationale Investitionsrecht. Dort handelt es sich zwar um keine unmittelbare Rechtssetzungsbeteiligung, aber wir haben internationale Tribunale, die zu einem Drittel von Investoren besetzt werden und die eine sehr, sehr progressive Auslegung der Investitionsverträge vornehmen. Diese, so kann man das normtheoretisch beschreiben, stellen eine Art Normkreation dar. Überdies wird im Rahmen der Durchsetzung diesen Investoren die Möglichkeit gegeben, die Schiedssprüche zu vollstrecken wie ein nationales Urteil in nahezu allen Staaten oder in einem sehr, sehr großen Anteil der Staaten der internationalen Gemeinschaft. Diese Möglichkeit der Vollstreckung ist auch ein sehr scharfes Instrument. Alles kann man für sich genommen alleine immer mit dem klassischen Instrumentarium beschreiben, aber ist nicht die Kombination vielleicht dann eben doch etwas qualitativ Anderes? Sodass man fragen kann: Wenn wir immer mehr Löcher im Käse haben, wann gibt es angesichts der Anzahl der Löcher keinen Käse mehr? Also wie gesagt, nochmal die Frage: Brauchen wir insoweit eine neue Theorie? Vielen Dank.

Markus Krajewski: Vielen Dank. Auch ich darf mich für zwei sehr erhellende und inspirierende Referate bedanken. Ich habe zwei Fragen. Die erste nimmt ihren Ausgangspunkt in These 6 von *Christoph Ohler*: Es geht um die Gliedstaaten und die regionalen und lokalen Gebietskörperschaften. Du hast diese kategorisch aus dem Begriff der nichtstaatlichen Akteure ausgeschlossen und der staatlichen Sphäre zugeordnet. Das entspricht der geltenden Völkerrechtsdogmatik und auch der Grundrechtsdogmatik des Bundesverfassungsgerichts, über die wir heute Morgen diskutiert haben. Wir haben aber auch gehört und diskutiert, dass man das ja etwas differenzierter sehen kann und vielleicht auch muss. Und ich würde auch sagen: Das Grundgesetz geht jedenfalls auch natürlich etwas differenzierter vor. Daher ist meine Frage: Wenn wir uns anschauen, was tatsächlich auf internationaler und europäischer Eben zu beobachten ist – Stichworte wären z.B. der Ausschuss der Regionen, auch die vielen Lobbyisten, über die *Daniel Thym* gesprochen hat, zu denen man auch die Vertretungen der kommunalen Spitzenverbände in Brüssel zählen kann –, muss man dann nicht doch annehmen, dass Städte und Kommunen Akteure sind, die man dem Staat nicht ohne Weiteres zuordnen kann? Wir sehen auch in den USA, dass Städte schon seit vielen Jahren sich sozusagen offiziell als Städte erklären, die der UN-Anti-Frauendiskriminierungs-Konvention natürlich nicht beitreten können, aber ihr zumindest folgen wollen. Also ich glaube, und es sind ja hier im Raum auch Kollegen, die sich damit sehr intensiv beschäftigen, dass wir, wenn wir uns das Völkerrecht oder die Völkerrechtspraxis, die internationale und europäische Praxis heute anschauen, doch einen etwas differenzierteren Blick auf eben Gliedstaaten und ihre Rolle und Funktion bzw. auch regionale und lokale Gebietskörperschaften werfen müssten. Und damit schlage ich dann vielleicht auch den Bogen zu dem Referat von *Jochen von Bernstorff*, weil nämlich meine Frage wäre: Wenn es gelingt, in welcher Form auch immer, diese jetzt vielleicht noch nicht staatlichen Akteure, aber doch irgendwo anderen Akteure eben als rein private Akteure, mit in einen internationalen Prozess einzubeziehen, würde das nicht ein Stück weit auch diese Demokratisierungs- oder Legitimierungsfunktion der Beteiligung von nichtstaatlichen Akteuren noch einmal erhöhen? Also mit anderen Worten: Wenn nicht nur Amnesty, Greenpeace oder Via Campesina beteiligt sind, sondern auch kommunale Spitzenverbände oder andere Organisationen beteiligt werden, trägt das nicht auch zur Legitimation bei? Ich habe schon gehört, viele wollen zu dem Betroffenenbegriff etwas fragen. Gleichwohl will ich da auch anknüpfen, weil die Beispiele, die Du genannt hast, *Jochen*, mich fragen lassen, wovon sind die Personen, um die es da geht, eigentlich betroffen? Opfer von Menschenrechtsverletzungen oder Menschen mit Behinderungen sind natürlich betroffen von typischerweise staatlichen oder auch privaten Diskriminierungserfahrungen und wenden sich an ein internationales Vertragsregime oder fordern ein internationales Vertragsregime ein, das genau auf diese Verletzungserfahrungen, das auf diese Diskriminierungserfahrungen antworten soll. Wenn dagegen jemand, der Opfer von Land Grabbing in Afrika geworden ist oder der Opfer des Klimawandels ist oder Opfer von Vertreibung in Folge von Staudammprojekten der Weltbank ist, sich an eine Internationale Organisation wendet, wendet sich dieser Betroffene mit einer ganz anderen Intention an die Internationale Organisation. Also wovon ist man betroffen? Und schließlich, das Stichwort ist schon mehrmals gefallen: Sind wir von bestimmten Dingen nicht alle betroffen? Also insofern: Vom Klimawandel sind wir alle betroffen, aber natürlich ist der peruanische Bauer, über den ja schon mehrfach gesprochen wurde, möglicherweise sehr viel intensiver vom Klimawandel betroffen als vielleicht die Weinbauern in Unterfranken. Vielen Dank.

Andreas Dietz: Vielen Dank für die Worterteilung. Gestatten Sie mir einen vielleicht sehr pragmatischen Vorschlag, wie man eventuell an dieses Legitimationsproblem herangehen könnte. Ich möchte einleitend festhalten: NGOs sind nicht der Staat, sie sind Teil der Gesellschaft. Ganz zentral: Sie stehen nicht für die Verwirklichung des Gemeinwohls. Sie vertreten Partikularinteressen egal wie groß die gefasst sind. Und sie sind eben nicht verpflichtet, Gemeinwohl durchzusetzen. Sie sind auch nicht verpflichtet, die Interessen einer schweigenden Mehrheit auszutarieren. Und dies vorausgesetzt, könnte ich mir vorstellen, dass wir im Rahmen unseres demokratischen Legitimationsmodells schlicht auf ein transparentes Verfahren setzen, wie NGOs beteiligt werden. Bei der Normsetzung zum Beispiel in Expertenanhörungen, Hearings, Begutachtungen, wo sie offiziell beteiligt werden von den Parlamenten, die ihrerseits direkt demokratisch legitimiert sind, dann ist das Verfahren transparent. Es ist jedem klar, welche NGO wo wann welches Argument miteingebacht hat. Und wofür sie sachkundig sind, dass lässt sich ja über eine Expertenliste und vielleicht eine öffentliche Anerkennung lösen. Beim Normenvollzug in der Exekutive wird es ja noch schwieriger. Und auch hier würde ich eher davor warnen, sie überhaupt in irgendein Verfahren förmlich einzubinden, es sei denn, die jeweils zum Vollzug berufene staatliche oder kommunale Behörde erwägt eine entsprechende sachkundige Einbindung. Auch ist den Behörden möglich, dass sie zu bestimmten Fachfragen sachkundige Stellungnahmen einholen. Aber ansonsten besteht die Gefahr, dass im Normvollzug die Behörden, wenn sie Rücksicht nehmen müssen auf irgendeine diffuse Beteiligung von NGOs, schlicht ihre Handlungsfähigkeit verlieren. Stellen Sie sich nur vor, bei irgendwelchen Abschiebungsmaßnahmen, bei irgendwelchen Abschiebungsflügen, würden NGOs irgendwelche Interessen geltend machen. Das muss für die Behörde klar sein, wer was wo zu sagen hat oder auch zu schweigen hat, wenn ein Verwaltungsakt bestandskräftig und endgültig vollziehbar ist. Und bei der Frage der Kontrolle des Normenvollzugs bei den Gerichten haben wir im § 86 VwGO die Lösung schlechthin: Die Gerichte holen Stellungnahmen ein. In Asylverfahren holen wir eben nicht nur Auskünfte des Auswärtigen Amts ein, sondern berücksichtigen auch Stellungnahmen z.B. von Amnesty International und der Schweizer Flüchtlingshilfe und wir würdigen diese, wir gewichten diese und wir entscheiden dann. Auf diese Weise könnten wir durch transparente Verfahrensregelungen auf parlamentarischer, behördlicher und gerichtlicher Ebene NGOs bedingt einbeziehen und auf diese Weise die demokratische Legitimation der staatlichen Organe und deren Gemeinwohlbindung sichern. Und ich möchte noch abschließend davor warnen, irgendeine Art von Betroffenheit bereits anstelle einer sonst fehlenden Legitimation zu setzen. Vielen Dank.

Armin von Bogdandy: Ich teile die Ergebnisse und fand die Systematisierungen weiterführend. Aber ich meine, dass die Rolle nichtstaatlicher

Akteure bei der Entwicklung und Implementierung des Völker- und Europarechts weit weniger harmlos ist, als sie in beiden Vorträgen erscheint. Ich nenne ein paar Aspekte und frage, ob Sie auf dieser Grundlage Ihre positive Gesamtwertung dieser Rolle anders akzentuieren. Es geht auf dieser Tagung um das Verhältnis von Öffentlichem Recht und Privatrecht. Gestern Vormittag lautete der Grundtenor, dass die Unterscheidung nicht mehr kategorialer Natur ist, zumindest im nationalen Recht, weil das deutsche Privatrecht durch das Öffentliche Recht und insbesondere durch das Verfassungsrecht gebändigt ist. Zu jener Diskussion lautet meine Anmerkung, dass wir im transnationalen Raum diese Bändigung noch nicht sehen. Dies zeigt sich gut beim jetzigen Thema, wenn wir auf eine besonders wichtige Akteursgruppe schauen, nämlich transnationale wirtschaftliche Unternehmen. Die in den Vorträgen intensiv behandelten Akteure (NGOs, Betroffenenorganisationen etc.) haben eine gebändigte Rolle bei der Rechtsetzung und bei der Implementierung. Sie sitzen gleichsam auf der Hinterbank, dürfen ab und zu etwas sagen und haben dann wieder abzutreten. Das stimmt für diesen Teil der Akteure. Aber das transnationale Privatrecht, gerade auch in der Konkurrenz verschiedener Rechtsordnungen, gebiert einen weiteren Typus von Akteur in Form von mächtigen Unternehmen. Dieses Privatrecht, von manchen als *lex mercatoria* bezeichnet, steht nicht unter einer es bändigenden Verfassung und einem es hegenden nationalen oder internationalen Öffentlichen Recht. So gebiert das transnationale Privatrecht eine Gruppe, die für die Entwicklung und Implementierung des Völker- und Europarechts weit problematischer ist als die NGOs. Das Referat von *Jochen von Bernstorff* nennt ein enormes Land Grabbing in manchen Ländern des Globalen Südens, das Rechte aus dem UN-Sozialpakt massiv betrifft. Bei der Entwicklung des internationalen Seerechts sind die Ölplattformen weitgehend ausgenommen, weil die Konzerne kein Interesse an einer multilateralen Regelung haben. Die Marktmacht multinationaler Bergbauunternehmen drängt lateinamerikanische Länder, die Rechte indigener Völker zu missachten, also nicht zu implementieren. Wenn wir uns die Rolle dieser nichtstaatlichen Akteure bei der Entwicklung und Implementierung des Völker- und Europarechts anschauen, deren Macht gerade auch aus den Gestaltungsmöglichkeiten des transnationalen Privatrechts entspringt, dann hinterfragt dies, so meine ich, die Grundtendenz der beiden Vorträge.

Jörg Luther: Ich war geneigt, in ein ähnliches Horn zu stoßen, aber der Abschied sollte doch etwas versöhnlicher ausfallen. Sicherlich besteht Grund, noch einmal zurückzugehen zu den Anfängen der nichtstaatlichen Akteure. Das nationale Rote Kreuz in Italien wird derzeit gerade privatisiert und scheint zu den Wurzeln der Hilfsgesellschaften für Verwundetenpflege zurückzukehren. Hier gibt es natürlich, auch im internationalen

Rahmen, Kontrollprobleme vor allem zum Umgang mit öffentlichen Geldern. Allgemeiner stellt sich noch die Frage, wie Verwaltungsaufgaben im internationalen Bereich durch Private wahrgenommen werden. Wenn wir in der Geschichte weiter zum Ende des 1. Weltkriegs gehen, dann kommen weitere neue Akteure auf. Man denke nicht nur an die ILO, sondern auch an die Sprachminderheiten, deren Einordnung in die System- und Begriffsarbeiten der Referenten nicht leichtfällt. Hinsichtlich der ILO haben wir eine europäische Fortsetzung und Vertiefung in der europäischen Sozialcharta im Europarat. Dort gibt es auch „collective complaint procedures" für Gewerkschaften und NGOs zum Schutz von besonderen sozialen Rechten durch einen Expertenausschuss. Es gibt zudem ein akademisches Netzwerk, für das wir hoffen, dass sich auch in dieser Vereinigung Partner bereitfinden, eine deutsche Sektion zu gründen. Ist dieses akademische Netzwerk aber, das vom Europarat selbst initiiert wurde, nun nur eine Kooperation von Professoren in ihrer öffentlich-rechtlich geregelten Tätigkeit oder kann eines Tages das Netzwerk sich als NGO akkreditieren lassen und dann selbst auch Beschwerden einlegen? Das sind nicht unerhebliche praktische Probleme. Auf jeden Fall, und damit komme ich zu den Leitbildern, habe ich Schwierigkeiten auch diese teils kooperativen, teils konfliktvermittelnden Modelle in die Leitbilder einzuordnen. Ist das nun funktionelle oder Betroffenenpartizipation oder gar eine Mischung? Vielleicht können Sie uns da weiterhelfen. Auf jeden Fall ist es ein Modell, das vielleicht bisher auch deswegen nicht so bekannt ist, weil Deutschland die revidierte Fassung und das Zusatzprotokoll zur europäischen Sozialcharta als einer der letzten europäischen Staaten nicht ratifiziert hat. Eine letzte Frage, die sich bei der Betroffenenpartizipation stellt, ist schließlich, ob sich nicht auch eine Art internationaler Korporati(vi)smus oder Neokorporativismus entwickeln könnte. Danke.

Jochen von Bernstorff: Vielen Dank für die Fragen und die kritischen Anmerkungen. Ich fange vielleicht gleich mit der Korporatismusfrage an, ob es sich bei Formen der Betroffenenpartizipation in Internationalen Organisationen, wie ich sie beschrieben habe, vielleicht um neokorporatistische Strukturen handelt. Wenn man über Korporatismus spricht, dann denke ich an mindestens zwei Debatten und Traditionslinien. Die eine ist die autokratische, ständestaatliche korporatistische Theorie oder die damit verbundenen Arrangements. Diese passen meines Erachtens hier nicht, weil wir bei den betroffenen Organisationen keine Kongruenz haben mit irgendwelchen historisch gewachsenen hierarchischen Gesellschaftsstrukturen, die typischerweise abgebildet werden in einem korporatistischen Arrangement. Die zweite ist der Neokorporatismus à la *Lehmbruch* und *Schmitter*, 70er und 80er Jahre, und damit die Idee, dass man Sozialpartner, z.B. Gewerkschafts- und Arbeitgeberverbänden, in bestimmte politische Arrangements und die Rechtssetzung mit einbindet. Auch da würde ich sagen, dass es nicht passt auf die Betroffenenorganisationen, weil diese sehr viel fluider sind als der letztendlich über staatliches Recht konstruierte Sozialpartner mit gesetzlichen Privilegien, wie z.B. Tarifabschlüssen usw. Also ich verstehe, dass man an Korporatismus denkt, sehe aber in diesen beiden Varianten so starke Unterschiede, dass ich diese nicht gleichsetzen würde mit den neuen, eher fluideren Formen der Betroffenenpartizipation. Eine konkrete Frage war zu „strategic litigation", also strategischer Prozessführung, bei der Betroffene ihre Rechte häufig mit Hilfe von nationalen und internationalen NGOs durchsetzen, also der peruanische Bauer gegenüber RWE oder gegenüber einem anderen Konzern in Deutschland über deutsches Recht und deutsche oder internationale Gerichte. Ich sehe da legitimatorisch überhaupt keine Probleme, weil das, was häufig kritisch gesehen wird, nämlich Verbandsklagerechte von nationalen oder internationalen NGOs, hier ja gerade nicht vorliegen. Denn wenn ich einen Betroffenen habe, habe ich ja auch einen individuell in seinem Recht potentiell oder vermeintlich Verletzten, ein Individuum, welches dann natürlich vor jedem Gericht, sei es national oder international, seine Rechte durchsetzen kann. Das halte ich für legitimatorisch unproblematisch. Dann die Fragen zu den drei Leitbildern. Was ist der normative Status der Leitbilder? Das ist in der Tat eine wichtige Frage. Mir ging es darum, diese riesige Literaturmenge zu NGOs zu strukturieren. Das war der Hauptansatzpunkt für die drei Leitbilder. Es gibt aber, wie ich aufzuzeigen versucht habe, für das erste Leitbild ganz klare sekundärrechtliche normative Grundlagen. Die ECOSOC-Resolution spricht eben davon, dass es diejenigen NGOs sein sollen, die die relevante Expertise für den ECOSOC bereitstellen. In anderen Internationalen Organisationen ist das ähnlich, d.h. wir haben also sekundärrechtliche und empirische Grundlagen, warum man von diesen Leitbildern sprechen kann. Das gilt auch für das dritte Leitbild, bei dem man in jüngerer Zeit beobachten kann, dass diese sekundärrechtlichen Vorgaben sich immer stärker auch auf sog. Betroffenenorganisationen beziehen. Das zweite Leitbild ist ein bisschen prekär, wenn wir die rechtlichen Grundlagen betrachten. Das ist diese große Debatte aus den 90ern um die Demokratie im Völkerrecht und Demokratie in Internationalen Organisationen, in der die NGOs eine zentrale Rolle spielen, zusammen mit dem Netzwerkparadigma. Allerdings findet sich da im Sekundärrecht Internationaler Organisationen eigentlich nichts oder nur sehr wenig. Es gibt aber viele „policy papers" und es gibt die entsprechenden Aussagen, die ich im Manuskript zitiere, von z.B. Generalsekretären Internationaler Organisationen, die sagen: Ihr seid unser Weg zu einer demokratischen Global Governance. Also Beispiele, in denen NGOs von den Organisationen selbst als demokratieschaffende Institutionen benannt werden. Das ist aber kein hartes Recht bzw. konkretes Sekundärrecht. Also in diesen Verfahrensregimen habe ich keine Norm gefunden, die besagt: Wir beziehen jetzt diese NGOs ein und das macht uns dann zu einer demokratischen Organisation. Denn so konkret waren diese Normen nicht. Soweit zum rechtlichen Status. Dann aber noch zur Frage: Wer sind eigentlich Betroffene? Muss man nicht differenzieren? Gibt es verschiedene Gruppen von Betroffenen? Selbstverständlich gibt es verschiedene Gruppen. Es gibt auch verschieden starke menschenrechtliche Bezüge, aber ich würde auch im Klimaschutz, d.h. bei den Klimaaktivisten, von einem Betroffenenparadigma sprechen. Zum einen sehen wir bei den Klimaverhandlungen für das Parisabkommen z.B., dass die „small island states" eine ganz herausgehobene Rolle haben, und zwar auch prozedural in diesen Verhandlungen. Sie haben deutlich mehr Mitspracherechte und Äußerungsrechte als andere Akteure. Es wird hier explizit auf die Betroffenenkonstellation abgestellt und auch bei der Fridays for Future-Bewegung wird übrigens das Betroffenenparadigma diskursiv verwendet. Es ist ja gerade ein zentraler Punkt, dass es junge Menschen sind, die sagen: „Das ist unsere Zukunft und ihr, die Alten, ihr werdet die Klimakatastrophe nicht mehr erleben; aber wir werden es noch erleben. Wir sind besonders betroffen." Also auch da sehe ich einen Betroffenendiskurs, der eine besondere Legitimation und eine besondere Legitimität aus Sicht derer, die diesen Diskurs führen, mit sich bringt. Dann gab es Fragen oder Hinweise bzw. Rückfragen zur Prozeduralisierung oder Formalisierung, nach denen man jetzt Regeln schaffen sollte, um das Ganze transparenter und auch rechtlich klarer zu machen. Wer darf jetzt sprechen als NGO oder Betroffener? Wer darf wirklich mitreden? Muss man die nicht kontrollieren? Muss man dann nicht genau schauen, wo die einzelne NGO oder die betroffene Organisation ihr Geld herbekommt? Sind die Gruppen wirklich betroffen? Wer kann das messen? Auf der rechtlichen Grundlage, d.h. im Sekundärrecht, ist es so, dass die Internationalen Organisationen überwiegend mit dem sog. Prinzip der Selbstorganisation für den jeweiligen „civil society mechanism" arbeiten, nachdem der „civil society mechanism" sich eine eigene Geschäftsordnung gibt. Das Verfahren muss demokratisch sein, es muss dann intern jeweils abgestimmt werden. Dennoch werden ganz wenige Vorgaben gemacht, außer dass die Normen sagen, dass auch Betroffenenorganisationen dabei sind, neben den NGOs. Das Prinzip der Selbstorganisation wird von der Zivilgesellschaft in der Regel hochgehalten und von den einzelnen Organisationen sehr stark verteidigt. Man könnte sagen, dass sei genau das Gegenteil, d.h. eben keine Formalisierung, keine Kontrolle und keine Mitspracherechte für Staaten darüber, wer drin ist und wer draußen. Anders ist es übrigens bei den Vereinten Nationen. In den Vereinten Nationen haben die Staaten traditionell über das NGO-Committee sehr starkes

Gewicht bei der Auswahl der NGOs, sie können also bestimmte NGOs verhindern, in der Praxis vor allem nationale NGOs. China z.B. hat das bis heute geschafft. In den Vereinten Nationen gibt es eigentlich keine chinakritischen NGOs, weil China ein so starkes Gewicht hat in den Vereinten Nationen, dass es immer Mehrheiten im NGO-Committee organisieren kann, die sagen: „Diese NGO wird nicht zugelassen." Dies entspricht eigentlich nicht den UN-Kriterien und ist auch gleichzeitig die dunkle Seite der Kontrolle und der Formalisierung. Aber in den VN-Sonderorganisationen vor allem geht es natürlich in der Regel um die Anwendung formaler Kriterien, die erfüllt werden müssen. Ich hatte sie schon genannt: Gemeinnützigkeit gehört dazu und andere, die formal erfüllt sein müssen. Aber ansonsten, wie sich dieser jeweilige „civil society mechanism" dann organisiert, wer wann wo sprechen darf, wieviel Anteile dann tatsächlich die Betroffenenorganisationen im Plenum haben gegenüber den NGOs, all dieses beruht überwiegend auf dem Prinzip der Selbstorganisation. NGOs und betroffene Organisationen reagieren relativ empfindlich darauf, wenn die Bürokratie der Internationalen Organisation oder die Staaten hier harte Regeln einzuführen versuchen. Das heißt nicht, dass solche Regeln zwingend schlecht wären; jedoch, wie bereits gesagt, es besteht auch diese dunkle missbräuchliche Seite. Die Gefahr besteht, dass dann eben gerade diejenigen Organisationen, die kritisch sind gegenüber der Organisation und gegenüber wichtigen Mitgliedsstaaten ausgeschlossen werden. Natürlich muss, und das ist eben dann schwierig ohne formales Recht, die Zulassung zu den Organen so offen, transparent und im Blick auf die letztlich vertretenen Organisationen so heterogen wie möglich sein. Das führt mich des Weiteren zur Frage der Interessenaggregation und dem Interessenausgleich, die angesprochen wurde. Findet dann bei der Zusammensetzung der Mechanismen letztlich ein Interessenausgleich statt, insbesondere was das dritte Leitbild betrifft? Wir haben ja in der Praxis praktisch nur sektoral globalisierte internationale Institutionen; aber ist es dann nicht auch so, dass wir auch bei den dort vertretenen Betroffenenorganisationen nur diese ganz speziellen zivilgesellschaftlichen Organisationen vorfinden, und in der Folge der Interessensausgleich mit anderen gesellschaftlichen Interessen eben gerade nicht stattfindet? Das ist wichtig, so denke ich, als eine kritische Anfrage an das Konzept der Betroffenenpartizipation. Allerdings ist es kein zwingendes Gegenargument, wenn man das Ganze kompensatorisch versteht, und so habe ich das ja hier begründet, d.h. wenn man Betroffenenpartizipation als eine Reaktion auf vorherige Ausschlüsse betrachtet. Es gibt also einen expertokratisch dominierten Diskursraum in Internationalen Organisationen und es gibt Ausschlüsse; das betrifft z.B. Menschen mit Behinderung, die sagen: „Es gibt ein weltweites medizinisches Paradigma von Behinderung. Und wir müssen dieses Paradigma aufbrechen. Wir durften aber bisher selber nie mitreden. Wir mussten uns immer das anhören, was die Ärzte gesagt haben zu unserer Konstellation und jetzt wollen wir das aufbrechen." Das heißt also, dass ein vorheriger Ausschluss, ein bestimmter vermachteter Diskurs korrigiert werden soll. Wenn man das so sieht, dann haben wir eine gewisse Interessenaggregation durch die Kompensationsleistung der Betroffenenpartizipation. Dann noch zu der Frage des Ausschlusses von privilegierten Gruppen und der Frage der großen Unternehmen. Ich denke, dass das eine ganz zentrale Frage ist. Ich habe ja gesagt, es gibt die Öffnung Internationaler Organisationen in den 90er Jahren, das ist inzwischen auch empirisch gut erforscht, gegenüber dem „big business". Ich glaube, dass diese Öffnung problematisch ist und denke nicht, dass man „big business"-Repräsentanten in die Internationalen Organisationen irgendwie mit einbauen sollte. Und man sieht auch in vielen Internationalen Organisationen, dass das „business" formal nur einen sehr reduzierten Bereich (wenn überhaupt) in den jeweiligen „civil society mechanism" okkupieren darf. Ich glaube, das ist richtig, weil diese großen Unternehmen, und das zeigt vor allem das internationale Wirtschaftsrecht, das WTO-Recht, sowieso sehr privilegierte informelle Zugänge zu ihren Regierungen haben. Die gesamten WTO-Verhandlungen der Amerikaner wurden vorstrukturiert von den großen Industrieverbänden. Die Abkommen wurden in amerikanischen Kanzleien vorformuliert. Das heißt, es gibt sowieso einen extrem guten informellen Zugang zu Regierungsdelegationen, und zwar häufig zu den starken Regierungsdelegationen. Deshalb sage ich, wieder kompensatorisch gedacht, Betroffenenpartizipation fungiert als Kompensation, als Korrektiv für diese Bereiche, in denen es informelle und sehr machtvolle Positionen schon gibt, die die Global Governance bereits stark prägen. Vielen Dank.

Christoph Ohler: Ich möchte mich zunächst sehr herzlich für die vielen Anregungen und Nachfragen bedanken, die mich zwingen, noch einmal nachzudenken über das, was ich versucht habe zu formulieren. Meine Antwort beschränke ich auf vier Themen. 1. Die Bedeutung nicht-förmlicher Prozesse. 2. Normenkreation und Gegenstromprinzip. 3. Erweiterung prozeduraler Modelle. 4. Die Rolle von Gerichtsverfahren.

1. Welche Rolle spielen nicht-förmliche Prozesse? Juristen sind nicht gewohnt, über nicht-förmliche Prozesse zu sprechen, weil ihnen keine juristischen Regeln zugrunde liegen. Nur aus dem sozialen oder beruflichen Kontext ist ihnen bekannt, dass viele Entscheidungen außerhalb verfahrensrechtlich geregelter Prozesse entstehen. Wir wissen das alle, egal in welchem beruflichen Kontext wir im Einzelnen stehen. Diese nicht-förmlichen Prozesse sind wichtig, und sie sind gerade im politischen Zusammenhang unersetzlich. Das heißt, ich würde niemals von vornherein juris-

tische Anforderungen ausspielen gegenüber der Existenz von Verfahren, die ohne Regeln auskommen. Und warum? Weil Politik auf Meinungsbildungen beruht und weil Meinungsbildungen in einer Vielzahl nicht-förmlicher Verfahren und unter Beteiligung vieler Akteure, staatlicher und nichtstaatlicher, entstehen. Diese Unterscheidung förmlich/nicht-förmlich würde ich nicht aufgeben, und ich denke, es wäre nichts gewonnen, wenn man versuchte, den nicht-förmlichen Bereich künstlich zu verkleinern, indem man den förmlichen Bereich erweitert. Aufgabe der rechtlich geregelten Verfahren (Gerichtsverfahren, Vollzugsverfahren der Verwaltung, aber vor allem Verfahren der Rechtssetzung durch Parlamente) ist es, nicht-förmliche Impulse im Vorfeld aufzufangen, zu verarbeiten und hoffentlich sinnvoll zu kanalisieren und im Ergebnis zu legitimieren. Wo die förmlichen Verfahren insoweit Schwächen aufweisen, müssen sie, das ist keine Frage, beseitigt werden.

2. Normenkreation. Meine Auffassung ist, dass jeglicher Vorgang der Normenschöpfung, egal ob durch Verträge oder durch allgemeines Gesetz, auf einem Gegenstromprinzip beruht. Das ist offenkundig bei der Schaffung von Recht durch Vertrag, sei es privatrechtlicher oder völkerrechtlicher Vertrag, der auf dem Gegenseitigkeitsprinzip beruht. Aber auch dort, wo allgemeines Recht durch Gesetz geschaffen wird, existiert ein Gegenstromprinzip, nämlich dergestalt, dass die normgebende Instanz erklärt und hoffentlich auch faktisch in der Lage ist, die hiermit verbundenen Verpflichtungen zu erfüllen und bei Nicht-Erfüllung zu haften. Das hat Folgen für die Frage, wer bei der Entstehung von völkerrechtlichen Verträgen und Völkergewohnheitsrecht beteiligt werden soll. Typischerweise sind diejenigen, die bei der Entstehung von Verträgen und Völkergewohnheitsrecht beteiligt sind, nämlich Staaten und Internationale Organisationen, in der Lage, nicht nur die damit verbundenen Rechte wahrzunehmen, sondern auch die damit verbundenen Pflichten zu erfüllen und bei Nichterfüllung zu haften. Bei einer Vielzahl von nichtstaatlichen Akteuren sehe ich diese Fähigkeit schlicht als nicht gegeben an. Das Leben des Menschen beginnt mit der Geburt und endet durchschnittlich nach 85 Jahren. Staaten und Internationale Organisationen verfügen demgegenüber nicht nur über eine längere Lebensfähigkeit, sondern auch über ausgefeilte Institutionen und die tieferen fiskalischen Taschen, die sie in die Lage versetzen, diesem Gegenstromprinzip Rechnung zu tragen. Dieser Umstand hat auch Folgen für den Umgang mit der „lex mercatoria". Die Grundlage für die Existenz solchen privaten Rechts ist die Privatautonomie. Die Wirkungen treten ausschließlich zwischen den Beteiligten, privaten Unternehmen, ein. Es besteht in meinen Augen überhaupt keine Notwendigkeit einer Gewährleistung dieses Rechts durch Dritte, in dem Fall Staaten. Im Übrigen kann ich mir eine Anmerkung nicht verkneifen: In meinem Leben vor der Wissen-

schaft war ich Rechtsanwalt in einer Großkanzlei. Keinen einzigen der dort erarbeiteten Verträge habe ich mit der Rechtswahlklausel versehen: „Dieser Vertrag unterliegt der ‚lex mercatoria'." Jeder dieser Verträge unterlag englischem, luxemburgischem oder deutschem Recht. Das war jedenfalls im Bankrecht so, aber ich glaube, es gilt auch für das allgemeine Handels- und Wirtschaftsrecht. Das Interessante ist daher: So sehr dieser Begriff „lex mercatoria" durch das IPR geistert, gesehen habe ich noch nie einen Vertrag mit der Rechtswahlklausel „lex mercatoria".

3. Erweiterung der prozeduralen Modelle. Erweiterungen sind möglich. Wahrscheinlich könnte das in die Richtung gehen, die *Daniel Thym* erwähnt und die *Jochen von Bernstorff* ausführlich diskutiert hat, nämlich der Ausbau der Betroffenenpartizipation. In meinem Vortrag hatte ich das am Anfang kurz gestreift, aber später nicht mehr ausgeführt. Wir haben bislang keine Vorgaben im Europarecht oder Völkerrecht, wie Betroffenenpartizipation verfahrensmäßig umgesetzt werden könnte. Erst recht gibt es bislang überhaupt kein subjektives Recht auf Beteiligung möglicher Betroffener. Wenn man insoweit für einen Moment nur das Verfassungsrecht betrachtet, kommt man zu einem interessanten Befund: Im deutschen Verfassungsrecht gibt es keine Verpflichtung des Gesetzgebers, Betroffene im Gesetzgebungsverfahren zu konsultieren. In der parlamentarischen Praxis ist das aber üblich, und es ist regelmäßig sinnvoll und klug, das zu tun. Der einzige Fall verfassungsrechtlich zwingender Beteiligung von Betroffenen ergibt sich über Art. 28 Abs. 2 GG, den relativ engen Bereich der kommunalen Selbstverwaltung, also bei Eingriffen in die Rechtsstellung von Gemeinden und Landkreisen. Ich habe so etwas einmal aus eigener Nähe erlebt, als Richter am Thüringer Verfassungsgerichtshof. Wenn man sich die Protokolle der Anhörung der Kommunen bei der letzten kommunalen Gebietsreform anschaute, konnte man sich des Eindrucks nicht erwehren, dass es zwar wichtig war, dass alle Beteiligten die Gelegenheit hatten, ihre Meinung zu sagen. Aber irgendwie blieb ein wenig das Gefühl zurück, das könnte so etwas wie eine Pflichtübung gewesen sein. Vielleicht hatte es eine befriedende Funktion, aber die echte Befriedung trat im konkreten Fall erst vor dem Thüringer Verfassungsgerichtshof ein und nicht vor dem Landtag. Wenn wir unterstellen, dass Betroffenenpartizipation sinnvoll und auch befriedend für die Gesellschaft erfolgen kann, und ich halte das für möglich, dann muss man sich aber auch die Frage stellen, wie das verfahrensmäßig sinnvoll aufgefangen werden kann. Dann stellt sich eben die Frage: Wen definieren wir als Betroffenen und in welchem institutionellen Rahmen geben wir ihm die Möglichkeit, sich zu äußern? In einem kleinen Land wie Thüringen war das ganz einfach, da hatten Sie nur 800 Gemeinden und wenige kommunale Spitzenverbände. Irgendwann haben Sie alle Stellungnahmen durch, aber wie machen Sie das, wenn z.B.

der Sicherheitsrat der Vereinten Nationen eine Anhörung zu einer Resolution durchführen müsste? Wie wollen Sie das global bewältigen? Ich spitze das bewusst so zu: Wie sollen mit den begrenzten Ressourcen, die Internationale Organisationen haben – selbst die Europäische Kommission ist eine Behörde mit begrenzten Ressourcen –, umfassende Anhörungen durchgeführt werden? Erst recht stellt sich die Frage, wenn mit der Anhörung die Pflicht verbunden ist, auch jede einzelne Stellungnahme auszuwerten und wirklich zu würdigen. Die Rechtsprechung des Europäischen Gerichtshofs geht in eine völlig andere Richtung. Sie sagt, natürlich können solche Anhörungen stattfinden. Natürlich nimmt die Kommission das zur Kenntnis, aber sie ist nicht verpflichtet, darauf detailliert einzugehen. Das ist eine Rechtsprechung zum Schutze der begrenzten Ressourcen der Kommission, und diesem Umstand entkommt man nicht, auch wenn man Partizipationsrechte in Gestalt von Betroffenenbeteiligung verbessern wollte.

Ich komme zum letzten Punkt 4., der Einwirkung nichtstaatlicher Akteure auf Gerichtsverfahren. *Markus,* „strategic litigation" spielt eine Rolle, aber welche Rolle sie spielt, hängt vom Gerichtsstand und vom anwendbaren Prozessrecht ab. Man entkommt dem nicht. Das heißt, wie wirksam ein solches prozessuales Vorgehen ist, ist allein abhängig von der Frage, ob ich die Filter der Zulässigkeit der Klage überlebe. Ob ich in der Lage bin, Prozesskosten vorab einzuzahlen und so weiter. Also, es gibt nicht die „strategic litigation" an sich, sondern sie ist abhängig von Gerichtsständen und dort anwendbaren Prozessrechten. Insofern folgt jetzt mein letzter Hinweis: Vielleicht muss man meine These 30 in der Tat nicht so heiß kochen, wie ich sie vielleicht formuliert habe, aber ich habe ein wenig Sorge, wenn ich auf Art. 9 Abs. 3 Århus-Konvention blicke. Die Sorge ergibt sich daher, weil weder auf Unionsebene noch auf Ebene nationaler Gesetzgebung zu irgendeinem Zeitpunkt eine systematische Umsetzung stattgefunden hat. Der EuGH hat in einer großen Kammerentscheidung relativ früh festgestellt, dass auch eine unmittelbare Anwendbarkeit von Art. 9 Abs. 3 Århus-Konvention ausscheidet. Das Bundesverwaltungsgericht hat das ebenfalls betont. Und nun haben wir plötzlich im Jahr 2017 Rechtsprechung des EuGH, die, man könnte es so interpretieren, diese Ansätze unterläuft und schwächste Gesichtspunkte nutzt, um in methodisch schwieriger Weise den Art. 9 Abs. 3 Århus-Konvention zu stärken. Ich weiß nicht, wohin das führt, aber es geht zurück auf das Problem, das wir im Laufe der Tagung mehrfach diskutiert haben: was die Rolle von Gerichten und was die Rolle von Gesetzgebern in diesem Zusammenhang ist. Und gerade dann, wenn bewährte prozessuale Konzepte aufgegeben werden, denke ich, dass das Vorrecht zur Lösung der damit verbundenen Fragen beim Gesetzgeber und nicht bei den Gerichten liegen sollte. Vielen Dank.

Verzeichnis der Rednerinnen und Redner

Bast, Jürgen 425
Bauer, Hartmut 108
Bernstorff, Jochen von 381, 416
Bickenbach, Christian 331
Bock, Wolfgang 334
Bogdandy, Armin von 111, 414
Boysen, Sigrid 409
Burgi, Martin 232
Classen, Claus Dieter 410
Dietz, Andreas 329, 413
Drüen, Klaus-Dieter 127, 240
Eberhard, Harald 112
Edenharter, Andrea 328
Ehlers, Dirk 104
Engel, Christoph 105
Fehling, Michael 234
Goldhammer, Michael 221
Grimm, Dieter 101
Groß, Thomas 229
Heitsch, Christian 113
Hufen, Friedhelm 235
Jestaedt, Matthias 219
Kämmerer, Jörn Axel 322
Kempny, Simon 224, 336
Khan, Daniel-Erasmus 406
Kotzur, Markus 105, 320, 405
Krajewski, Markus 412
Krüper, Julian 43, 101, 117
Kugelmann, Dieter 338
Kulick, Andreas 331, 411
Lege, Joachim 106, 237
Lepsius, Oliver 324
Lewinski, Kai von 339
Luther, Joerg 415

Mager, Ute 335
Marti, Arnold 227
Meinel, Florian 109
Möllers, Christoph 107
Muckel, Stefan 245, 319, 343
Ogorek, Markus 325
Ohler, Christoph 347, 420
Paulus, Andreas 326
Reimer, Franz 339
Röhl, Hans-Christian 231
Ruffert, Matthias 114
Saurer, Johannes 232
Schenke, Ralf 225
Schlacke, Sabine 169, 225, 238
Schmahl, Stefanie 332
Schmid, Viola 116, 333
Schoch, Friedrich 217, 323
Schönberger, Christoph 103
Schönberger, Sophie 291, 340
Schröder, Meinhard 333
Schröder, Ulrich Jan 102, 230, 328
Somek, Alexander 7, 121
Streinz, Rudolf 236
Thym, Daniel 407
Valta, Matthias 222
Volkmann, Uwe 319, 408
Waldhoff, Christian 217, 405
Walter, Christian 220, 410
Weiß, Norman 112
Weiß, Wolfgang 335
Wernsmann, Rainer 226
Winkler, Markus 337
Wißmann, Hinnerk 110, 321

Verzeichnis der Mitglieder der Vereinigung der Deutschen Staatsrechtslehrer e.V.

(Stand Dezember 2019; ständige Aktualisierung unter www.staatsrechtslehrer.de)

Vorstand

Vorsitzender
Prof. Dr. Dr. h.c. Karl-Peter *Sommermann*
Deutsche Universität für Verwaltungswissenschaften Speyer
Lehrstuhl für Öffentliches Recht, Staatslehre und Rechtsvergleichung
Freiherr-vom-Stein-Straße 2
67346 Speyer
Tel. (06232) 654 344
Fax (06232) 654 414
E-Mail: sommermann@uni-speyer.de

Stellvertreter
Prof. Dr. Ute *Sacksofsky*
Goethe-Universität Frankfurt am Main
Institut für Öffentliches Recht
Lehrstuhl für Öffentliches Recht und Rechtsvergleichung
Theodor-W.-Adorno-Platz 4 / RuW 08
60629 Frankfurt am Main
Tel. (069) 798 34286
Fax (069) 798 34513
E-Mail: sacksofsky@jur.uni-frankfurt.de

Stellvertreter
Prof. Dr. Christian *Waldhoff*
Humboldt-Universität zu Berlin
Juristische Fakultät
Lehrstuhl für Öffentliches Recht und Finanzrecht
Unter den Linden 6
10099 Berlin
Tel. (030) 2093 3537
Fax (030) 2093 3522
E-Mail: christian.waldhoff@rewi.hu-berlin.de

Mitglieder

Adamovich, Dr. Dr. h.c. mult. Ludwig,
o. Univ.-Prof.,
Präsident des Österreichischen
Verfassungsgerichtshofs a.D.,
Rooseveltplatz 4, A-1090 Wien,
(0043) 66 42 42 75 26;
Österreichische Präsidentschaftskanzlei,
Hofburg, Ballhausplatz, A-1014 Wien,
(0043) 1534 22-300,
Fax (0043) 1534 22-248,
E-Mail: ludwig.adamovich@hofburg.at

Albers, Dr. iur., Dipl. soz. Marion,
Professorin,
Sulzer Straße 21a, 86159 Augsburg;
Universität Hamburg,
Fakultät für Rechtswissenschaften,
Lehrstuhl für Öffentliches Recht,
Informations- und Kommunikationsrecht,
Rechtstheorie,
Rothenbaumchaussee 33,
20148 Hamburg,
(040) 42838-5752,
Fax (040) 42838-2635,
E-Mail: marion.albers@jura.uni-hamburg.de

Alexy, Dr. Dr. h.c. mult. Robert,
o. Professor,
Klausbrooker Weg 122, 24106 Kiel,
(0431) 5497 42;
Universität Kiel, 24098 Kiel,
(0431) 880 3543,
Fax (0431) 880 3745,
E-Mail: alexy@law.uni-kiel.de

Alleweldt, Dr. Ralf, LL.M., Professor,
Alt-Reinickendorf 19 A, 13407 Berlin,
(030) 9143 6466;
Fachhochschule der Polizei des Landes
Brandenburg,
Bernauer Str. 146, 16515 Oranienburg,
(03301) 850 2554,
E-Mail: ralf.alleweldt@fhpolbb.de

Altwicker, Dr. Tilmann, LL.M., Professor,
Universität Zürich,
Institut für Völkerrecht und ausländisches
Verfassungsrecht,
SNF-Förderungsprofessur für Öffentliches
Recht, Völkerrecht, Rechtsphilosophie
und Empirische Rechtsforschung,
Seilergraben 49, CH - 8001 Zürich,
(0041) 44 634 51 13,
E-Mail: tilmann.altwicker@rwi.uzh.ch

Anderheiden, Dr. Michael, Professor,
Eichelgasse 18, 76227 Karlsruhe,
(0721) 470 0817;
Fakultät für Rechts- und
Staatswissenschaften
Andrássy Universität Budapest,
Pollack Tér 3, 1088 Budapest / Ungarn,
(0036) 1 8158 120;
In Deutschland erreichbar unter:
Ruprecht-Karls-Universität Heidelberg,
Juristisches Seminar,
Friedrich-Ebert-Anlage 6–10,
69117 Heidelberg,
(06221) 5474 97,
E-Mail: anderheidenm@jurs.
uni-heidelberg.de

Appel, Dr. Ivo, Professor,
Universität Hamburg,
Fakultät für Rechtswissenschaft
Professur für Öffentliches Recht,
Umweltrecht und Rechtsphilosophie,
Forschungsstelle Umweltrecht,
Rothenbaumchaussee 33, 20148 Hamburg
(040) 42838 3977, Fax: (040) 42838 6280
E-Mail: ivo.appel@jura.uni-hamburg.de

Arnauld, Dr. Andreas von, Professor,
Walther-Schücking-Institut für
Internationales Recht / Walther Schücking
Institute for International Law
Christian-Albrechts-Universität zu Kiel

Westring 400
24118 Kiel
(0431) 880-1733, Fax +49 431 880-1619
E-Mail: arnauld@wsi.uni-kiel.de

Arnim, Dr. Hans Herbert von, o. Professor,
Im Oberkämmerer 26, 67346 Speyer,
(06232) 981 23;
Deutsche Universität für Verwaltungswissenschaften Speyer,
67324 Speyer,
(06232) 654 343,
E-Mail: vonarnim@uni-speyer.de

Arnold, Dr. Rainer, o. Professor,
Plattenweg 7, 93055 Regensburg,
(0941) 7 44 65;
Universität Regensburg,
93053 Regensburg,
(0941) 943-2654/5,
E-Mail: Rainer.Arnold@jura.uni-regensburg.de

Aschke, Dr. Manfred, Professor,
Kantstr. 14, 99425 Weimar,
(03643) 4022 83, Fax (03643) 4022 84;
E-Mail: winckelmann.aschke@t-online.de;
c/o Professur Öffentliches Recht II,
Hein-Heckroth-Str. 5, 35390 Gießen oder
Thüringer Oberverwaltungsgericht
Kaufstr. 2–4, 99423 Weimar,
(03643) 206-269

Augsberg, Dr. Dr. Ino, Professor;
Christian-Albrechts-Universität zu Kiel,
Lehrstuhl für Rechtsphilosophie und
Öffentliches Recht,
Leibnizstraße 6, 24118 Kiel
(0431) 880-5494, Fax 0431 880-3745
E-Mail: augsberg@law.uni-kiel.de

Augsberg, Dr. Steffen, Professor,
Hochallee 19, 20149 Hamburg,
(0178) 8314 000;
Justus-Liebig-Universität,
Professur für Öffentliches Recht,

Hein-Heckroth-Str. 5, 35390 Gießen,
(0641) 99-21090/91, Fax (0641) 99-21099,
E-Mail: Steffen.Augsberg@recht.
uni-giessen.de

Aulehner, Dr. Josef, Privatdozent,
Hans-Böckler-Str. 8, 80995 München,
(089) 123 8402, Fax (089) 1274 9688;
Ludwig-Maximilians-Universität München,
Ref. I A 3 – Rechtsabteilung,
Geschwister-Scholl-Platz 1,
80539 München,
(089) 2180-3730, Fax (089) 2180-2985,
E-Mail: Aulehner@lmu.de

Aust, Prof. Dr. Helmut Philipp,
Freie Universität Berlin,
Fachbereich Rechtswissenschaft,
Professur für Öffentliches Recht und die
Internationalisierung der Rechtsordnung,
Van't-Hoff-Str. 8, 14195 Berlin,
(030) 838-61731
E-Mail: helmut.aust@fu-berlin.de

Axer, Dr. Peter, Professor,
Ruprecht-Karls-Universität Heidelberg,
Lehrstuhl für Sozialrecht in Verbindung
mit dem Öffentlichen Recht,
Friedrich-Ebert-Anlage 6–10,
69117 Heidelberg,
(06221) 54-7768, Fax (06221) 54-7769,
E-Mail: axer@jurs.uni-heidelberg.de

Badura, Dr. Peter, o. Professor,
Am Rothenberg Süd 4,
82431 Kochel am See,
(08851) 5289;
Universität München,
Professor-Huber-Platz 2, 80539 München,
(089) 2180-3576

Bäcker, Dr. Carsten, Univ.-Prof.,
Universität Bayreuth,
Lehrstuhl für Öffentliches Recht IV,
Gebäude RW,
95440 Bayreuth,

(0921) 55-6260, Fax (0921) 55-6262
E-Mail: carsten.baecker@uni-bayreuth.de

Bäcker, Dr. Matthias, LL.M., Professor,
Johannes Gutenberg-Universität Mainz
Lehrstuhl für Öffentliches Recht und
Informationsrecht, insbesondere
Datenschutzrecht
Jakob-Welder-Weg 9, 55128 Mainz
(6131) 39 25759, Fax (6131) 39 28172,
E-Mail: mabaecke@uni-mainz.de

Baer, Dr. Susanne, LL.M., Professorin,
Richterin des Bundesverfassungsgerichts,
Humboldt-Universität zu Berlin,
Juristische Fakultät,
Unter den Linden 6, 10099 Berlin,
(030) 2093 3467, Fax (030) 2093 3431,
E-Mail: sekretariat.baer@rewi.hu-berlin.de

Baldus, Dr. Manfred, Universitätsprofessor,
Roter Stein 8, 99097 Erfurt,
(0361) 554 7054;
Universität Erfurt,
Lehrstuhl für Öffentliches Recht
und Neuere Rechtsgeschichte,
Staatswissenschaftliche Fakultät,
Nordhäuserstr. 63, 99089 Erfurt,
(0361) 737 4711,
E-Mail: manfred.baldus@uni-erfurt.de

Barfuß, Dr. iur. Dr. rer. pol. Walter,
o. Universitätsprofessor,
Tuchlauben 11/31; 1010 Wien;
Präsident des Österreichischen
Normungsinstituts,
Generaldirektor für Wettbewerb a.D.
(Bundeswettbewerbsbehörde),
Heinestraße 38, A-1020 Wien,
(0043) 1/213 00/612,
Fax (0043) 1/213 00/609,
E-Mail: walter.barfuss@as-institute.at

Bartlsperger, Dr. Richard, o. Professor,
Schleifweg 55,
91080 Uttenreuth,

(09131) 599 16, Fax (09131) 5333 04,
E-Mail: Bartlsperger.richard@t-online.de

Bast, Dr. Jürgen, Professor,
Justus-Liebig-Universität Gießen,
Professur für Öffentliches Recht
und Europarecht,
Licher Str. 64, 35394 Gießen,
(0641) 99-21061, Fax (0641) 99-21069,
E-Mail: jurgen.bast@recht.uni-giessen.de

Battis, Dr. Dr. h.c. Ulrich, Professor,
Rechtsanwalt Of Counsel in der Kanzlei
Gleiss Lutz,
Friedrichstr. 71, 10117 Berlin,
(030) 8009 79121,
E-Mail: ulrich.battis@gleisslutz.com,
oder sekretariat.battis@rewi.hu-berlin.de

Bauer, Dr. Hartmut, Professor,
Am Hegereiter 13, 01156 Cossebaude,
(0351) 452 1603;
Universität Potsdam,
Lehrstuhl für Europäisches
und Deutsches Verfassungsrecht,
Verwaltungsrecht, Sozialrecht
und Öffentliches Wirtschaftsrecht,
August-Bebel-Straße 89, 14482 Potsdam,
(0331) 977-3264, Fax (0331) 977-3310,
E-Mail: hbauer@rz.uni-potsdam.de

Baumeister, Dr. Peter, Professor,
Langebrücker Str. 24, 68809 Neulußheim,
(06205) 3978 17;
SRH Hochschule Heidelberg,
Ludwig-Guttmann-Str. 6,
69123 Heidelberg,
(06221) 8822 60, Fax (0 62 21) 8834 82,
E-Mail: peter.baumeister@fh-
heidelberg.de;
Schlatter Rechtsanwälte,
Kurfürsten-Anlage 59,
69115 Heidelberg,
(06221) 9812 17,
Fax (06221) 1824 75,
E-Mail: p.baumeister@kanzlei-schlatter.de

Baumgartner, Dr. Gerhard, Univ. Prof.,
Institut für Rechtswissenschaften,
Alpen-Adria-Universität Klagenfurt,
Universitätsstr. 65–67,
A-9020 Klagenfurt am Wörthersee,
(0043) 463 2700 3311,
Fax (0043) 463 2700 993311,
E-Mail: Gerhard.Baumgartner@aau.at

Bausback, Dr. Winfried, Univ.-Prof. a. D.,
MdL,
Büro: Roßmarkt 34, 63739 Aschaffenburg,
(06021) 4423 20, Fax (06021) 4423 18;
E-Mail: info@winfried-bausback.de

Beaucamp, Dr. Guy, Professor,
Department Public Management,
Fakultät Wirtschaft und Soziales,
Berliner Tor 5, 20099 Hamburg,
(040) 42875 7713
E-Mail: AnkeBeauc@aol.com

Becker, Dr. Florian, LL.M.(Cambridge),
Professor,
Universität Kiel, Olshausenstr. 75,
Gebäude II,
24118 Kiel,
(0431) 880-5378 oder (0431) 880-1504,
Fax (0431) 880-5374,
E-Mail: lehrstuhl.becker@law.uni-kiel.de

Becker, Dr. Joachim, Privatdozent,
Kreuznacher Str. 6, 14197 Berlin,
(030) 822 4012;
Humboldt-Universität zu Berlin,
Juristische Fakultät,
Unter den Linden 6, 10099 Berlin,
(030) 2093 3383,
E-Mail: Joachim.Becker@rewi.hu-berlin.de

Becker, Dr. Jürgen, o. Professor,
Kellerstr. 7, 81667 München;
E-Mail: ksjbecker@gmail.com

Becker, Dr. Ulrich, LL.M. (EHI), Professor,
Pfarrsiedlungsstr. 9, 93161 Sinzing,

(09404) 3478;
Max-Planck-Institut für ausländisches
und internationales Sozialrecht,
Amalienstr. 33, 80799 München,
(089) 386 02-511, Fax (089) 386 02-590,
E-Mail: Becker@mpisoc.mpg.de

Belser, Dr. Eva Maria, Professorin,
Chemin du Riedelet 7,
CH-1723 Marly, (+41)264 3622 36;
Universität Freiburg,
Rechtswissenschaftliche Fakultät,
Lehrstuhl für Staats- und Verwaltungsrecht,
Av. Beauregard 1, CH-1700 Freiburg,
(0041) 26 300 81 47,
E-Mail: evamaria.belser@unifr.ch

Berg, Dr. Wilfried, o. Professor,
Waldsteinring 25, 95448 Bayreuth,
(0921) 990 0814;
Universität Bayreuth, 95440 Bayreuth,
(0921) 5528 76, Fax (0921) 5584 2875
oder 55 2985,
E-Mail: wilfried@cwberg.de

Berger, Dr. Ariane, Priv.-Doz.
Freie Universität Berlin,
Fachbereich Rechtswissenschaft,
Boltzmannstr. 3, 14195 Berlin,
(030) 838 55924,
E-Mail: ariane.berger@fu-berlin.de

Berka, Dr. Walter, o. Universitätsprofessor,
Birkenweg 2, A-5400 Hallein,
(0043) 6245 76758;
E-Mail: Walter.Berka@sbg.ac.at

Bernhardt, Dr. Dr. h.c. Rudolf, o. Professor,
Poststraße 11/1. 69115 Heidelberg
(06221) 7262347;
Max-Planck-Institut für ausländisches
öffentliches Recht und Völkerrecht,
Im Neuenheimer Feld 535,
69120 Heidelberg,
(06221) 4822 53, Fax (06221) 482-603
E-Mail: bernhardt@mpil.de

Bernstorff, Dr. Jochen von, Professor,
Eberhard-Karls-Universität Tübingen,
Juristische Fakultät, Lehrstuhl
für Staatsrecht,
Völkerrecht und Verfassungslehre,
Geschwister-Scholl-Platz, 72074 Tübingen,
E-Mail: vonbernstorff@jura.uni-
tuebingen.de

Bethge, Dr. Herbert, o. Professor,
Am Seidenhof 8, 94034 Passau,
(0851) 416 97, Fax (0851) 490 1897,
E-Mail: H.I.Bethge@t-online.de

Beusch, Dr. Michael, Privatdozent,
Haldenstraße 93a, CH-8055 Zürich,
Bundesverwaltungsgericht,
Kreuzackerstraße 12,
Postfach, CH-9023 St. Gallen,
(0041) 5846 52533
E-Mail: michael.beusch@isistax.com

Bezemek, Dr. Christoph, BA, LL.M. (Yale),
Professor,
Universität Graz
Institut für Öffentliches Recht
und Politikwissenschaft
Universitätsstraße 15, 3D
A-8010 Graz
E-Mail: christoph.bezemek@uni-graz.at

Biaggini, Dr. Giovanni, o. Professor,
Universität Zürich, Lehrstuhl für Staats-,
Verwaltungs- und Europarecht,
Rechtswissenschaftliches Institut,
Freiestrasse 15,
CH-8032 Zürich,
(0041) 44634-3011 oder -3668,
Fax (0041) 44634-4389,
E-Mail: giovanni.biaggini@rwi.uzh.ch

Bickenbach, Dr. Christian, Universitäts-
professor,
Universität Potsdam, Juristische Fakultät,
August-Bebel-Straße 89, 14482 Potsdam,
E-Mail: cbickenb@uni-potsdam.de

Bieber, Dr. Uwe Roland, o. Professor,
Mainzer Str. 135, 53179 Bonn,
(0228) 3571 89; Université de Lausanne,
E-Mail: Roland.Bieber@unil.ch

Binder, Dr. Bruno, Universitätsprofessor,
Wischerstr. 30, A-4040 Linz,
(0043) 732-7177 72-0,
Fax (0043) 732-7177 72-4;
Universität Linz,
Altenbergerstr. 69, A-4020 Linz,
(0043) 7322 4680, Fax (0043) 7322 468 10,
E-Mail: vwrecht@jku.at

Birk, Dr. Dieter, Universitätsprofessor,
Büschingstr. 2, 10249 Berlin,
(030) 253 53 202,
E-Mail: birk@uni-muenster.de

Blanke, Dr. Hermann-Josef, Universitäts-
professor,
Universität Erfurt, Lehrstuhl für
Öffentliches Recht, Völkerrecht
und Europäische Integration,
Nordhäuser Straße 63, 99089 Erfurt,
(0361) 737-4751, (0361) 737-4700 (Sekr.),
Fax (0361) 737-47 09,
E-Mail: LS_Staatsrecht@uni-erfurt.de

Blankenagel, Dr. Alexander, Professor,
Türksteinstraße 10, 14167 Berlin,
(030) 854 9582;
Humboldt-Universität zu Berlin,
Juristische Fakultät,
Unter den Linden 6, 10099 Berlin,
(030) 2093-3381, Fax (0 30) 2093-3345,
E-Mail: blankenagel@rewi.hu-berlin.de

Bock, Dr. Wolfgang, Professor,
Richter am Landgericht
Frankfurt am Main a.D.,
Schalkwiesenweg 44,
60488 Frankfurt am Main,
Privat: (069) 7657 17; (0163) 636 2552,
E-Mail: sekretariat.schoendorf-haubold@
recht.uni-giessen.de

Böhm, Dr. Monika, Professorin,
Philipps-Universität Marburg,
Fachbereich Rechtswissenschaft,
Universitätsstraße 6, 35037 Marburg,
(06421) 28 23132 bzw. (06421) 28 23808,
E-Mail: monika.boehm@jura.uni-marburg.de

Bogdandy, Dr. Armin von, M.A., Professor,
Direktor am Max-Planck-Institut für
ausländisches öffentliches Recht
und Völkerrecht,
Im Neuenheimer Feld 535,
69120 Heidelberg,
(06221) 4826 02,
E-Mail: sekreavb@mpil.de

Bogs, Dr. Harald, o. Professor,
Anton-Bartl-Str. 4, 82327 Tutzing,
(08158) 9065 83

Bohne, Dr. Eberhard, M.A., Professor,
Conrad-Hist-Straße 35, 67346 Speyer,
(06232) 737 04, Fax (06232) 601 0871;
Deutsche Universität für
Verwaltungswissenschaften Speyer,
Freiherr-vom-Stein-Straße 2, 67346 Speyer,
(06232) 654-326, Fax (062 32) 654-416,
E-Mail: bohne@uni-speyer.de

Borowski, Dr. Martin, Professor,
Universität Heidelberg, Institut für
Staatsrecht,
Verfassungslehre und Rechtsphilosophie,
Friedrich-Ebert-Anlage 6–10,
69117 Heidelberg,
(06221) 54-7462,
E-Mail: borowski@jurs.uni-heidelberg.de

Bothe, Dr. Michael, Universitätsprofessor,
Theodor-Heuss-Str. 6, 64625 Bensheim,
(06251) 4345;
E-Mail: bothe-bensheim@t-online.de

Boysen, Dr. Sigrid, Universitätsprofessorin,
Helmut-Schmidt-Universität/Universität
der Bundeswehr Hamburg,
Professur für Öffentliches Recht,
Völker- und Europarecht,
Holstenhofweg 85, 22043 Hamburg,
(040) 6541 2771, Fax (040) 6541 2087,
E-Mail: boysen@hsu-hh.de

Braun Binder, Dr. Nadja, Professorin für
Öffentliches Recht,
Juristische Fakultät der Universität Basel,
Peter Merian-Weg 8, Postfach,
CH-4002 Basel,
(0041) 61 207 24 43,
E-Mail: nadja.braunbinder@unibas.ch

Breitenmoser, Dr. Stephan, Professor,
Ordinarius für Europarecht,
Juristische Fakultät der Universität Basel,
Peter Merian-Weg 8, Postfach,
CH-4002 Basel,
(0041) 61267 2551,
Fax (0041) 61267 2579,
E-Mail: stephan.breitenmoser@unibas.ch

Brenner, Dr. Michael, Professor,
Universität Jena,
Lehrstuhl für Deutsches und Europäisches
Verfassungs- und Verwaltungsrecht,
Carl-Zeiss-Str. 3, 07743 Jena,
(03641) 9422 40 oder -41,
Fax (03641) 9422 42,
E-Mail: prof.brenner@t-online.de

Breuer, Dr. Marten, Professor,
Universität Konstanz, Lehrstuhl für
Öffentliches Recht mit internationaler
Ausrichtung,
Universitätsstr. 10, 78464 Konstanz,
(07531) 88 2416, Fax (07531) 88 3041,
E-Mail: Lehrstuhl.Breuer@uni-konstanz.de

Breuer, Dr. Rüdiger, Professor,
Buschstr. 56, 53113 Bonn,
(0228) 2179 72, Fax (0228) 2248 32;
Köhler & Klett Rechtsanwälte,
Köln,

(0221) 4207-291, Fax (0221) 4207-255,
E-Mail: breuer.ruediger@arcor.de

Brinktrine, Dr. Ralf,
Universitätsprofessor,
Margaretenstr. 31,
97276 Margetshöchheim,
(0931) 3044 5884;
Lehrstuhl für Öffentliches Recht,
deutsches und europäisches Umweltrecht
und Rechtsvergleichung,
Juristische Fakultät, Universität Würzburg,
Domerschulstraße 16, 97070 Würzburg,
(0931) 318-2331,
E-Mail: Ralf.Brinktrine@jura.
uni-wuerzburg.de

Britz, Dr. Gabriele, Professorin,
Richterin des Bundesverfassungsgerichts,
Justus-Liebig-Universität Gießen,
Professur für Öffentliches Recht
und Europarecht,
Hein-Heckroth-Straße 5, 35390 Gießen,
(0641) 992 1070, Fax (0641) 992 1079,
E-Mail: Gabriele.Britz@recht.
uni-giessen.de

Broemel, Dr. Roland, Professor,
Goethe-Universität Frankfurt am Main,
Fachbereich Rechtswissenschaft,
Theodor-W.-Adorno-Platz 3
60629 Frankfurt am Main,
(069) 798-34024,
E-Mail: broemel@jur.uni-frankfurt.de

Bröhmer, Dr. Jürgen, Professor,
4 Hinton Cove, 6170 Wellard, WA,
(0061) 8 9419 5965;
Dean and Professor of Law,
School of Law, Murdoch University,
Murdoch, WA 6150, Australien,
(0061) 89360 6050,
E-Mail: j.brohmer@murdoch.edu.au

Brosius-Gersdorf, Dr. Frauke, LL.M.,
Professorin,

Leibniz Universität Hannover,
Juristische Fakultät
Lehrstuhl für Öffentliches Recht,
insb. Sozialrecht,
Öffentliches Wirtschaftsrecht und
Verwaltungswissenschaft,
Königsworther Platz 1, 30167 Hannover,
(0511) 762-8225/6, Fax (0511) 762-8228,
E-Mail: brosius-gersdorf@jura.
uni-hannover.de

Brühl-Moser, Dr. Denise, Privatdozentin,
EDA Kurier (Taschkent),
Freiburgstr. 130, CH-3003 Bern,
(0041) 998 93182 3685,
E-Mail: d.bruehl-moser@unibas.ch

Brüning, Dr. Christoph, Professor,
Christian-Albrechts-Universität zu Kiel,
Lehrstuhl für Öffentliches Recht
und Verwaltungswissenschaft
Olshausenstr. 75, 24118 Kiel,
(0431) 880-15 05, Fax (0431) 880-4582,
E-Mail: cbruening@law.uni-kiel.de

Brünneck, Dr. Alexander von, Professor,
Blumenhagenstr. 5, 30167 Hannover,
Tel./Fax (0511) 71 6911;
E-Mail: raue@europa-uni.de

Bryde, Dr. Brun-Otto, o. Professor,
Richter des Bundesverfassungsgerichts a. D., Universität Gießen,
Hein-Heckroth-Str. 5, 35390 Gießen,
(0641) 992 1060/61, Fax (0641) 992 1069,
E-Mail: Brun.O.Bryde@recht.
uni-giessen.de

Bull, Dr. Hans Peter, o. Professor,
Falckweg 16, 22605 Hamburg,
(040) 880 5652,
E-Mail: HP-Bull@t-online.de

Bullinger, Dr. Dr. h.c.
(Université de Dijon), Martin,
o. Professor,

Altschlößleweg 4, 79280 Au bei Freiburg,
(0761) 4023 89;
Universität Freiburg,
79085 Freiburg,
(0761) 203 2248 oder -47,
E-Mail: martin.bullinger@jura.
uni-freiburg.de

Bultmann, Dr. Peter Friedrich,
Privatdozent,
Am Pankepark 51, 10115 Berlin,
(030) 4405 6443;
Humboldt-Universität zu Berlin,
Unter den Linden 6, 10099 Berlin,
E-Mail: piet.bultmann@rz.hu-berlin.de

Bumke, Dr. Christian, Professor,
Apostel-Paulus-Str. 19, 10825 Berlin,
(030) 782 6787;
Bucerius Law School,
Jungiusstraße 6, 20355 Hamburg,
(040) 30706-237, Fax (040) 30706-259,
E-Mail: christian.bumke@law-school.de

Bungenberg, Dr. Marc, LL.M. (Lausanne),
Professor,
Pirmasenser Str. 3, 30559 Hannover,
(0511) 219 3413 oder (0177) 434 9722;
Universität Siegen,
Fachbereich Wirtschaftswissenschaften,
Wirtschaftsrecht und Wirtschaftsinformatik,
Lehrstuhl für Öffentliches Recht
und Europarecht,
Hölderlinstr. 3, 57068 Siegen,
(0271) 740 3219, Fax (0271) 740 2477,
E-Mail: marc.bungenberg@gmx.de

Burgi, Dr. Martin, Professor,
Institut für Politik und Öffentliches Recht
der LMU München,
Lehrstuhl für Öffentliches Recht,
Wirtschaftsverwaltungsrecht,
Umwelt- und Sozialrecht,
Prof.-Huber-Platz 2, 80539 München,
(089) 2180-6295,
Fax (089) 2180-3199,

E-Mail: martin.burgi@jura.
uni-muenchen.de

Burkert, Dr. Herbert, Professor,
Uferstr. 31, 50996 Köln-Rodenkirchen,
(02213) 9 7700, Fax (02213) 9 7711;
MCM-HSG, Universität St. Gallen,
Müller-Friedberg-Str. 8,
CH-9000 St. Gallen,
(0041) 71-222 4875,
Fax (0041) 71-222 4875,
E-Mail: herbert.burkert@unisg.ch

Burri, Dr. Thomas, Assistenzprofessor,
LL.M., Assistenzprofessor für Völkerrecht
und Europarecht
Bodanstr. 8, CH-9000 St. Gallen,
E-Mail: Thomas-Burri@unisg.ch

Bußjäger, Dr. Peter, Univ.-Prof.,
Institut für Öffentliches Recht, Staats- und
Verwaltungslehre,
Innrain 52d, A-6020 Innsbruck,
E-Mail: peter.bussjaeger@uibk.ac.at

Butzer, Dr. iur. Hermann, Professor,
Moltkestr. 4, 30989 Gehrden,
(05108) 8782 323;
Leibniz-Universität Hannover,
Lehrstuhl für Öffentliches Recht,
insbesondere Recht der staatlichen
Transfersysteme,
Königsworther Platz 1, 30167 Hannover,
(0511) 7 6281 69, Fax (0511) 762 8203,
E-Mail: butzer@jura.uni-hannover.de

Calliess, Dr. Christian, LL.M. Eur.,
M.A.E.S. (Brügge), Professor,
(0175) 205 75 22;
Freie Universität Berlin,
Lehrstuhl für Öffentliches Recht
und Europarecht,
Van't-Hoff-Str. 8, 14195 Berlin,
(030) 8385 1456,
Fax (0 30) 8385 3012,
E-Mail: europarecht@fu-berlin.de

Cancik, Dr. Pascale, Professorin,
Universität Osnabrück,
Institut für Kommunalrecht
und Verwaltungswissenschaft,
Fachbereich Rechtswissenschaft,
Martinistraße 12, 49078 Osnabrück,
(0541) 969-6044, (0541) 969-6099 (Sekr.),
Fax (0541) 969-6082,
E-Mail: pcancik@uni-osnabrueck.de

Capitant, Dr. Dr. h.c., David, Professor,
44, rue des Ecoles, F-75005 Paris,
(0033) 615 102 596,
E-Mail: dcapitant@gmail.com

Caspar, Dr. Johannes, Privatdozent,
Tronjeweg 16, 22559 Hamburg,
(040) 8196 1195,
Fax (040) 8196 1121;
Universität Hamburg,
Fachbereich Rechtswissenschaft,
Edmund-Siemers-Allee 1, Flügel West,
20146 Hamburg,
(040) 42838-5760, Fax (0 40) 42838-6280,
Der Hamburgische Beauftragte
für Datenschutz
und Informationsfreiheit,
Klosterwall 6 (Block C), 20095 Hamburg,
E-Mail: johannes.caspar@datenschutz.
hamburg.de

Classen, Dr. Claus Dieter, Professor,
Universität Greifswald,
17487 Greifswald,
(03834) 420 21 21 oder 21 24,
Fax (03834) 420 2171,
E-Mail: Classen@uni-greifswald.de

Coelln, Dr. Christian von,
Universitätsprofessor,
Lehrstuhl für Staats- und Verwaltungsrecht
sowie Wissenschaftsrecht und Medienrecht
Universität zu Köln,
Albert-Magnus-Platz, 50923 Köln,
(0221) 470-40 66,
E-Mail: cvcoelln@uni-koeln.de

Collin, Dr. Peter, Privatdozent,
Rykestr. 18, 10405 Berlin,
(030) 4005 6292;
MPI für europäische Rechtsgeschichte,
Hausener Weg 120,
60489 Frankfurt am Main,
(069) 789 78-1 61,
Fax (069) 789 78-1 69,
E-Mail: collin@rg.mpg.de

Cornils, Dr. Matthias, Professor,
Johannes Gutenberg-Universität Mainz,
Fachbereich Rechts- und
Wirtschaftswissenschaften,
Jakob-Welder-Weg 9, 55099 Mainz,
(06131) 39-220 69,
E-Mail: cornils@uni-mainz.de

Cossalter, Dr. Philippe, Professor,
Lehrstuhl für französisches öffentliches
Recht,
Rechtswissenschaftliche Fakultät,
Universität des Saarlandes,
Postfach 15 11 50, 66041 Saarbrücken,
(0681) 302-3446,
E-Mail: cossalter@mx.uni-saarland.de

Cremer, Dr. Hans-Joachim,
Universitätsprofessor,
Steinritzstr. 21, 60437 Frankfurt am Main;
Universität Mannheim, Fakultät für
Rechtswissenschaft,
Schloss, Westflügel, 68131 Mannheim,
(0621) 181-1428, -1429 (Sekr.),
Fax (0621) 181-1430,
E-Mail: Hjcremer@rumms.
uni-mannheim.de

Cremer, Dr. Wolfram, Professor,
Schellstraße 13, 44789 Bochum;
Ruhr-Universität Bochum, Lehrstuhl für
Öffentliches Recht und Europarecht,
GC 8/160, 44780 Bochum,
(0234) 32-22818,
Fax (0234) 32-14 81,
E-Mail: wolfram.cremer@rub.de

Czybulka, Dr. Detlef, Universitätsprofessor,
Bergstraße 24–25, 18107 Elmenhorst,
(0381) 795 3944, Fax (0381) 795 3945;
Universität Rostock,
Lehrstuhl für Staats- und Verwaltungsrecht,
Umweltrecht und Öffentliches
Wirtschaftsrecht,
Universitätsplatz 1, 18051 Rostock,
(0381) 498-8250,
Fax (0381) 498-8252,
E-Mail: detlef.czybulka@uni-rostock.de

Dagtoglou, Dr. Prodromos, Professor,
Hippokratous 33, GR-Athen 144,
(0030) 1322 1190;
dienstl.: (0030) 1362 9065

Damjanovic, Dr. Dragana, Privatdozentin,
Universität Wien
Institut für öffentliches und
europäisches Recht
Welthandelsplatz 1, A-1020 Wien
(0043) 1 31336 4254
E-Mail: dragana.damjanovic@wu.ac.at

Dann, Dr. Philipp, LL.M.,
Sybelstr. 37, 10629 Berlin;
Lehrstuhl für Öffentliches Recht und
Rechtsvergleichung,
Humboldt-Universität zu Berlin
Unter den Linden 6, 10099 Berlin,
(030) 2093 9975,
E-Mail: philipp.dann@rewi.hu-berlin.de

Danwitz, Dr. Dr. h.c. Thomas von,
Professor,
Klinkenbergsweg 1, 53332 Bornheim,
(02227) 9091 04,
Fax (02227) 90 9105;
Richter am Gerichtshof der
Europäischen Union,
L-2925 Luxemburg,
(00352) 4303-2230,
Fax (00352) 4303–2071,
E-Mail: thomas.vondanwitz@curia.
europa.eu

Davy, Dr. Benjamin, Universitätsprofessor,
Korte Geitke 5, 44227 Dortmund,
(0231) 77 9994;
Technische Universität Dortmund,
Fakultät Raumplanung,
Lehrstuhl für Bodenpolitik,
Bodenmanagement und
kommunales Vermessungswesen,
August-Schmidt-Str. 10, 44221 Dortmund,
(0231) 755 2228, Fax (0231) 755 4886,
E-Mail: benjamin.davy@udo.edu

Davy, Dr. Ulrike, Universitätsprofessorin,
Korte Geitke 5, 44227 Dortmund,
(0231) 7799 94 oder 794 9979;
Lehrstuhl für öffentliches Recht,
deutsches und internationales
Sozialrecht und Rechtsvergleichung,
Universität Bielefeld,
Postfach 10 01 31, 33501 Bielefeld,
(0521) 106 4400 oder 6893 (Sekr.),
Fax (0521) 106 8083,
E-Mail: udavy@uni-bielefeld.de

von der Decken, Dr. Kerstin, Professorin,
Christian-Albrechts-Universität zu Kiel,
Walther-Schücking-Institut für
Internationales Recht,
Westring 400, 24118 Kiel,
(0431) 880-2149, Fax (0431) 880-1619,
E-Mail: decken@wsi.uni-kiel.de

De Wall, Dr. Heinrich, Professor,
Schronfeld 108, 91054 Erlangen,
(09131) 97 1545;
Hans-Liermann-Institut für Kirchenrecht
der Friedrich-Alexander-Universität
Erlangen-Nürnberg,
Hindenburgstraße 34, 91054 Erlangen,
(09131) 85-222 42, Fax (09131) 85-240 64,
E-Mail: hli@fau.de

Dederer, Dr. Hans-Georg,
Universitätsprofessor,
Juristische Fakultät Universität Passau,
Innstr. 39, 94032 Passau,

(0851) 509-2340,
E-Mail: Hans-Georg.Dederer@
uni-passau.de

Degenhart, Dr. Christoph,
Universitätsprofessor,
Stormstr. 3, 90491 Nürnberg,
(0911) 59 2462, Fax (0911) 59 2462;
Juristenfakultät, Universität Leipzig,
Burgstr. 27, 04109 Leipzig,
(0341) 97-35191, Fax (0341) 97-35199,
E-Mail: degen@rz.uni-leipzig.de

Delbanco, Dr. Heike, Privatdozentin,
Freier Damm 25 c, 28757 Bremen,
(0421) 243 6381, Fax (0421) 330 4940;
Ärztekammer Bremen,
Schwachhauser Heerstraße 30,
28209 Bremen,
(0421) 3404-200, Fax (0421) 3404-209

Delbrück, Jost, Dr. Dr. rer. pol. h.c.,
LL.D. h.c., Professor em.,
Schoolredder 20, 24161 Altenholz,
(0431) 3239 95;
Universität Kiel, 24098 Kiel,
(0431) 8802 188,
Fax (0431) 8801 619,
E-Mail: jdelbrueck@web.de

Denninger, Dr. Dr. h.c. Erhard,
Professor em.,
Am Wiesenhof 1, 61462 Königstein,
(06173) 789 88;
E-Mail: Denninger@jur.uni-frankfurt.de

Depenheuer, Dr. Otto, Professor,
Joachimstraße 4, 53113 Bonn,
(0228) 9289 4363, Fax (0228) 9289 4364;
Universität zu Köln,
Seminar für Staatsphilosophie
und Rechtspolitik,
Albertus-Magnus-Platz, 50923 Köln,
(0221) 470 2230,
Fax (0221) 470 5010,
E-Mail: Depenheuer@uni-koeln.de

Desens, Dr. Marc, Universitätsprofessor,
Ferdinand-Lassalle-Str. 2, 04109 Leipzig,
(0341) 3558 7365;
Juristenfakultät,
Universität Leipzig, Lehrstuhl für
Öffentliches Recht, insb. Steuerrecht
und Öffentliches Wirtschaftsrecht,
Burgstr. 21, 04109 Leipzig,
(0341) 9735-270, Fax (0341) 9735-279
E-Mail: marc.desens@uni-leipzig.de

Determann, Dr. Lothar, apl. Prof.,
2 Embarcadero Center, #11fl, c/o Baker/
McKenzie, San Francisco, CA 94119,
USA Freie Universität Berlin,
Fachbereich Rechtswissenschaft
Van't-Hoff-Straße 8, 14195 Berlin
E-Mail: lothar.determann@bakernet.com

Detterbeck, Dr. Steffen, o. Professor,
Stettiner Str. 60, 35274 Kirchhain,
(06422) 4531;
E-Mail: detterbeck@jura.uni-marburg.de

Di Fabio, Dr. Dr. Udo, Professor,
Richter des Bundesverfassungs-
gerichts a. D.;
Institut für Öffentliches Recht,
Abt. Staatsrecht,
Rheinische Friedrich Wilhelms-Universität,
Adenauerallee 44, 53113 Bonn,
(0228) 7355-73, Fax (0228) 7379 35,
E-Mail: difabio@uni-bonn.de

Dietlein, Dr. Johannes, Professor,
Heinrich-Heine-Universität,
Lehrstuhl für Öffentliches Recht
und Verwaltungslehre,
Zentrum für Informationsrecht,
Universitätsstr. 1, 40225 Düsseldorf,
(0211) 81-1 1420, Fax (0211) 81-1 1455,
E-Mail: dietlein@uni-duesseldorf.de

Dietz, Dr. Andreas, apl. Prof.,
Vorsitzender Richter,
Bayerisches Verwaltungsgericht Augsburg,

Kornhausgasse 4, 86152 Augsburg,
(0821) 327-04 (Zentrale),
E-Mail: andreas.dietz@vg-a.bayern.de

Diggelmann, Dr. Oliver, Professor,
Alte Landstrasse 49, 8802 Kilchberg,
(0041) 43244 4535;
Institut für Völkerrecht und ausländisches Verfassungsrecht,
Lehrstuhl für Völkerrecht, Europarecht, Öffentliches Recht und Staatsphilosophie,
Rämistrasse 74/36, 8001 Zürich,
(0041) 44 634-2054 oder -2033,
Fax (0041) 44 634-5399,
E-Mail: oliver.diggelmann@rwi.uzh.ch

Dittmann, Dr. Armin, o. Professor,
Karl-Brennenstuhl-Str. 11,
72074 Tübingen,
(07071) 824 56;
E-Mail: aa.dittmann@gmx.de

Dörr, Dr. Dieter, Universitätsprofessor,
Am Stadtwald 6, 66123 Saarbrücken;
(0681) 372700,
E-Mail: ddoerr@uni-mainz.de

Dörr, Dr. Oliver, LL.M. (London),
Professor,
Universität Osnabrück,
Fachbereich Rechtswissenschaft,
European Legal Studies Institute,
49069 Osnabrück,
(0541) 969 6050 oder -6051,
Fax (0541) 969 6049,
E-Mail: odoerr@uos.de

Dreier, Dr. Horst, o. Professor,
Bismarckstr. 13, 21465 Reinbek,
(040) 722 5834;
E-Mail: dreier@mail.uni-wuerzburg.de

Droege, Dr. Michael, Universitätsprofessor,
Lehrstuhl für Öffentliches Recht:
Verwaltungsrecht, Religionsverfassungsrecht und Kirchenrecht, Eberhard Karls

Universität Tübingen,
Geschwister-Scholl-Platz, 72074 Tübingen,
(07071) 29 78125,
E-Mail: michael.droege@uni-tuebingen.de

Drüen, Dr. Klaus-Dieter, Professor,
Ludwig-Maximilians-Universität München,
Lehrstuhl für Deutsches, Europäisches und Internationales Steuerrecht und Öffentliches Recht,
Professor-Huber-Platz 2,
80539 München,
(089) 2180 27 18; Fax: (089) 2180 17 843
E-Mail: klaus-dieter.drueen@jura.uni-muenchen.de

Durner, Dr. jur., Dr. phil. Wolfgang, LL.M. (London), Professor,
Viktoriaplatz 1,
53173 Bonn-Bad Godesberg;
Rheinische Friedrich-Wilhelms-Universität Bonn, Rechts- und Staatswissenschaftliche Fakultät,
Adenauerallee 44, 53113 Bonn,
(0228) 73 9151, Fax (0228) 73 5582,
E-Mail: durner@uni-bonn.de

Eberhard, Dr. Harald,
Universitätsprofessor,
Troststr. 89/16, A-1100 Wien;
Wirtschaftsuniversität Wien, Institut für Österreichisches und Europäisches Öffentliches Recht,
Welthandelsplatz 1/D3, A-1020 Wien,
(0043) 1313 36-4243,
Fax (0043) 1313 36-90 4243
E-Mail: harald.eberhard@wu.ac.at

Eberle, Dr. Carl-Eugen, Professor,
Kapellenstr. 68a, 65193 Wiesbaden,
(06 11) 5204 68;
E-Mail: eberle.ce@t-online.de

Ebsen, Dr. Ingwer, Professor,
Alfred-Mumbächer-Str. 19, 55128 Mainz,
(06131) 3310 20;

FB Rechtswissenschaft,
Universität Frankfurt,
Postfach 11 19 32,
60629 Frankfurt am Main,
(069) 7982 2703,
E-Mail: Ebsen@jur.uni-frankfurt.de

Eckhoff, Dr. Rolf, Professor,
Lehrstuhl für Öffentliches Recht,
insbesondere Finanz- und Steuerrecht,
Universitätsstr. 31, 93040 Regensburg,
(0941) 943 2656 57, Fax (0941) 943 1974,
E-Mail: Rolf.Eckhoff@jura.
uni-regensburg.de

Edenharter, Dr. Andrea
Universitätsprofessorin,
Lehrstuhl für Verwaltungsrecht,
insb. Wirtschaftsverwaltungsrecht sowie
Allgemeine Staatslehre
FernUniversität in Hagen
Universitätsstraße 11, 58097 Hagen
(02331) 987-2341 oder -2419
E-Mail: Andrea.Edenharter@
fernuni-hagen.de

Egli, Dr. Patricia, LL.M. (Yale),
Privatdozentin,
Lehrbeauftragte an der
Universität St. Gallen,
Meienbergstr. 65, CH-8645 Jona,
(0041) 79768 9465,
E-Mail: patricia.egli@unisg.ch

Ehlers, Dr. Dirk, Professor,
Am Mühlenbach 14, 48308 Senden,
(02597) 8415;
Zentrum für öffentliches Wirtschaftsrecht,
Westfälische Wilhelms-Universität
Münster,
Universitätsstr. 14-16, 48143 Münster,
(0251) 83-21906, Fax (0251) 83-28315
E-Mail: ehlersd@uni-muenster.de

Ehrenzeller, Dr. Bernhard, o. Professor,
Kirchlistraße 36a, CH-9010 St. Gallen;

Institut für Rechtswissenschaft und
Rechtspraxis (IRP-HSG),
Bodanstr. 4, CH-9000 St. Gallen,
(0041) 71-224 2440 oder -46,
Fax (0041) 71-224 2441,
E-Mail: Bernhard.Ehrenzeller@unisg.ch

Eifert, Dr. Martin, LL.M. (Berkeley),
Professor,
Amalienpark 8, 13187 Berlin;
Humboldt-Universität zu Berlin,
Lehrstuhl für Öffentliches Recht,
insbesondere Verwaltungsrecht,
Postanschrift: Unter den Linden 6,
10099 Berlin,
Sitz: Gouverneurshaus, Raum 303,
Unten den Linden 11, Berlin-Mitte,
(030) 2093 3620,
Fax (030) 2093 3623,
E-Mail: martin.eifert@rewi.hu-berlin.de

Eisenberger, Iris, Univ.-Prof. Dr.,
Universität für Bodenkultur Wien,
Institut für Rechtswissenschaften,
Feistmantelstraße 4, A-1180 Wien,
(0043) 1 47654 73600,
E-Mail: iris.eisenberger@boku.ac.at

Eisenmenger, Dr. Sven, Professor,
Hochschule in der Akademie der Polizei
Hamburg/University of Applied
Sciences, Forschungsstelle Europäisches
und Deutsches Sicherheitsrecht (FEDS),
Professur für Öffentliches Recht,
Carl-Cohn-Straße 39, Block III,
Raum EG 6,
22297 Hamburg,
(040) 4286 24433
E-Mail: sven.eisenmenger@
polizei-studium.org

Ekardt, Dr. Dr. Felix, LL.M., M.A.,
Professor,
Forschungsstelle Nachhaltigkeit und
Klimapolitik,
Könneritzstraße 41, 04229 Leipzig,

Tel. + Fax: (0341) 49277866;
E-Mail: felix.ekardt@uni-rostock.de

Elicker, Dr. Michael, Professor,
Dunzweiler Straße 6, 66564 Ottweiler,
(06858) 6998 53, Fax (06858) 6998 53;
Universität des Saarlandes,
Lehrstuhl für Staats- und Verwaltungsrecht,
Wirtschafts-, Finanz- u. Steuerrecht,
Rechtswissenschaftliche Fakultät,
Im Stadtwald, 66123 Saarbrücken,
(0681) 302-2104, Fax (0681) 302-4779,
E-Mail: m.elicker@gmx.de

Emmerich-Fritsche, Dr. Angelika,
Privatdozentin,
Hornschuchpromenade 17, 90762 Fürth,
(0911) 7066 60;
E-Mail: info@emmerich-fritsche.de

Enders, Dr. Christoph,
Universitätsprofessor,
Universität Leipzig, Juristenfakultät,
Lehrstuhl für Öffentliches Recht,
Staats- und Verfassungslehre,
Burgstr. 21, 04109 Leipzig,
(0341) 9735 350, Fax (0341) 97 35359,
E-Mail: chenders@rz.uni-leipzig.de

Engel, Dr. Christoph, Professor,
Max-Planck-Institut zur Erforschung von Gemeinschaftsgütern,
Kurt-Schumacher-Straße 10, 53113 Bonn,
(0228) 914 16-10, Fax (0228) 914 16-11,
E-Mail: engel@coll.mpg.de

Engels, Dr. Andreas, Privatdozent,
Peter-von-Fliesteden-Str. 23, 50933 Köln,
E-Mail: a.engels@gmx.de;
Universität zu Köln, Institut für Staatsrecht,
Albertus Magnus Platz, 50923 Köln,
(0221) 470 4359, Fax (0221) 470 5075,
E-Mail: andreas.engels@uni-koeln.de

Englisch, Dr. Joachim, Professor,
Nettelbeckstr. 11, 40477 Düsseldorf,

(0211) 4165 8735,
E-Mail: jo.e@gmx.de;
Westfälische Wilhelms-Universität Münster,
Lehrstuhl für Öffentliches Recht und Steuerrecht,
Universitätsstr. 14-16, 48143 Münster,
(0251) 83 2 2795, Fax (0251) 83 2 8386,
E-Mail: jengl_01@uni-muenster.de

Ennöckl, Dr. Daniel, LL.M.
Universität Wien,
Institut für Staats-und Verwaltungsrecht,
Schottenbastei 10-16, A-1010 Wien,
(0043) 1 4277 35454,
Fax (0043) 1 4277 35459
E-Mail: daniel.ennoeckl@univie.ac.at

Ennuschat, Dr. Jörg, Professor,
Ruhr-Universität Bochum,
Lehrstuhl für Öffentliches Recht,
insbes. Verwaltungsrecht
Universitätsstr. 150, 44801 Bochum
(0234) 3225275, Fax (0234) 3214282
E-Mail: Joerg.Ennuschat@rub.de

Epiney, Dr. Astrid, Professorin,
Avenue du Moléson 18, CH-1700 Fribourg,
(0041) 26 323 4224;
Universität Fribourg i.Ue./CH,
Lehrstuhl für Europa-,
Völker- und Öffentliches Recht,
Av. de Beauregard 11, CH-1700 Fribourg,
(0041) 26 300 8090,
Fax (0041) 26 300 9776,
E-Mail: Astrid.Epiney@unifr.ch

Epping, Dr. Volker, Professor,
Neddernwanne 38, 30989 Gehrden,
(05108) 9126 97;
Leibniz Universität Hannover,
Juristische Fakultät,
Königsworther Platz 1, 30167 Hannover,
(0511) 762 82 48/49,
Fax (0511) 762 82 52,
E-Mail: epping@jura.uni-hannover.de

Erbel, Dr. Günter, Professor,
Bornheimer Straße 106, 53111 Bonn

Erbguth, Dr. Wilfried, Professor,
Friedrich-Franz-Str. 38, 18119 Rostock,
(0381) 548 6709,
E-Mail: wilfried.erbguth@uni-rostock.de

Erichsen, Dr. Hans-Uwe, o. Professor,
Falkenhorst 17, 48155 Münster,
(0251) 313 12;
Kommunalwissenschaftliches Institut,
Universität Münster,
Universitätsstr. 14–16, 48143 Münster,
(0251) 8327 41,
E-Mail: erichse@uni-muenster.de

Ernst, Dr. Christian, Privatdozent,
Barmbeker Straße 163, 22299 Hamburg,
0163 / 5703075,
Bucerius Law School,
Jungiusstr. 6, 20355 Hamburg,
(040) 3 07 06 204, Fax: (040) 3 07 06 195,
E-Mail: christian.ernst@law-school.de

Errass, Dr. Christoph, Professor,
Titularprofessor für öffentliches Recht an
der Universität St. Gallen
Schweizerisches Bundesgericht,
Av. du Tribunal-fédéderal 29, CH-1000
Lausanne 14,
(0041) 21 318 9111,
E-Mail: christoph.errass@unisg.ch

Faber, Dr. Angela, apl. Professorin,
Am Beller Weg 65, 50259 Pulheim
(02234) 64370
Mail: mail@angelafaber.de;
Dezernentin für Schule und Integration
beim Landschaftsverband Rheinland,
Kennedy-Ufer 2, 50679 Köln,
(0221) 809 6219,
E-Mail: angela.faber@lvr.de

Faber, Dr. Heiko, em. Professor;
Universität Hannover,
Bevenser Weg 10, Haus III A,
30625 Hannover,
(0511) 54045069,
E-Mail: faber@jura.uni-hannover.de

Fassbender, Dr. Bardo, LL.M. (Yale), o.
Professor,
Universität St. Gallen, Lehrstuhl für
Völkerrecht, Europarecht
und Öffentliches Recht,
Tigerbergstraße 21, CH-9000 St. Gallen,
(0041) 71 224 2836,
Fax (0041) 71 224 2162
E-Mail: bardo.fassbender@unisg.ch

Faßbender, Dr. Kurt, Professor,
Universität Leipzig, Lehrstuhl für
Öffentliches Recht,
insb. Umwelt- und Planungsrecht,
Burgstraße 21, 04109 Leipzig,
(0341) 9735-131, Fax (0341) 9735-139,
E-Mail: fassbender@uni-leipzig.de

Fastenrath, Dr. Ulrich, Professor,
Liliensteinstraße 4, 01277 Dresden,
(0351) 25 40 536;
E-Mail: Ulrich.Fastenrath@tu-dresden.de

Fechner, Dr. Frank, Professor,
TU Ilmenau, Institut für Rechtswissenschaft,
Postfach 100 565, 98684 Ilmenau,
(03677) 69 4022,
E-Mail: Frank.Fechner@tu-ilmenau.de

Fehling, Dr. Michael, LL.M. (Berkeley),
Professor,
Bucerius Law School, Hochschule für
Rechtswissenschaft,
Jungiusstraße 6, 20355 Hamburg,
Postfach 30 10 30,
(040) 307 06 231, Fax (040) 307 06 235,
E-Mail: michael.fehling@law-school.de

Feik, Dr. Rudolf, ao. Univ.-Prof.,
Hans-Sperl-Straße 7, A-5020 Salzburg,

(0043) 6 76 73 04 33 74;
Universität Salzburg,
Fachbereich Öffentliches Recht,
Kapitelgasse 5–7, A-5020 Salzburg,
(0043) 662 8044 36 03,
Fax (0043) 662 8044 3629,
E-Mail: rudolf.feik@sbg.ac.at

Felix, Dr. Dagmar, Professorin,
Universität Hamburg, Öffentliches Recht
und Sozialrecht,
Fakultät für Rechtswissenschaft,
Rothenbaumchaussee 33, 20148 Hamburg,
(040) 428 38-2665,
Fax (040) 42838-2930,
E-Mail: dagmar.felix@jura.uni-hamburg.de

Fetzer, Dr. Thomas, LL.M., Professor,
Lehrstuhl für öffentliches Recht und
Steuerrecht,
Fakultät für Rechtswissenschaft und
Volkswirtschaftslehre,
Abt. Rechtswissenschaft
Universität Mannheim, 68131 Mannheim;
(0621) 1811 438,
E-Mail: lsfetzer@mail.uni-mannheim.de

Fiedler, Dr. Wilfried, o. Professor,
Am Löbel 2,
66125 Saarbrücken-Dudweiler,
(06897) 7664 01;
Forschungsstelle Internationaler
Kulturgüterschutz,
Universität des Saarlandes, Gebäude 16,
Postfach 15 11 50, 66041 Saarbrücken,
(0681) 302-3200,
Fax (0681) 302-4330,
E-Mail: w.fiedler@mx.uni-saarland.de

Fink, Dr. Udo, Univ. -Professor,
Johannes-Gutenberg-Universität Mainz,
Fachbereich Rechts- und
Wirtschaftswissenschaften,
55099 Mainz,
(06131) 392 2384,
E-Mail: pfink@uni-mainz.de

Finke, Dr. Jasper, PD, LL.M. (Columbia),
Rechtsanwalt
Becker Büttner Held
Magazinstr. 15-16, 10179 Berlin
Tel.: (030) 611 2840 339
E-Mail: jasper.finke@bbh-online.de

Fisahn, Dr. Andreas, Professor,
Grüner Weg 83, 32130 Enger;
Universität Bielefeld, Fakultät für
Rechtswissenschaft,
Postfach 10 01 31, 33501 Bielefeld,
(0521) 106 4384,
E-Mail: andreas.fisahn@uni-bielefeld.de

Fischer, Dr. Kristian, Privatdozent,
Deidesheimer Str. 52, 68309 Mannheim,
(0621) 73 8245;
Lehrstuhl für Öffentliches Recht und
Steuerrecht,
Universität Mannheim, Schloss Westflügel,
68131 Mannheim,
(0621) 181 1435, Fax (0621) 181 1437,
E-Mail: kfischer@jura.uni-mannheim.de

Fischer-Lescano, Dr. Andreas,
LL.M. (EUI, Florenz), Professor,
Hobrechtstr. 48, 12047 Berlin;
Zentrum für Europäische Rechtspolitik
(ZERP),
Universität Bremen, Fachbereich
Rechtswissenschaft,
Universitätsallee GW 1, 28359 Bremen,
(0421) 218 66 222, Fax (0421) 218 66 230,
E-Mail: fischer-lescano@zerp.
uni-bremen.de

Fleiner, Dr. Dr. h.c. Thomas, o. Professor,
rte. Beaumont 9, CH-1700 Fribourg,
(0041) 26-4 24 66 94,
Fax (0041) 26-4 24 66 89;
Institut für Föderalismus,
Universität Fribourg,
Route d' Englisberg 7,
CH-1763 Granges-Paccot,
(0041) 26-3 00 81 25 oder -28,

Fax (0041) 26-3 00 97 24,
E-Mail: Thomas.Fleiner@unifr.ch

Folz, Dr. Hans-Peter, Universitätsprofessor,
Klosterwiesgasse 31, A-8010 Graz;
Institut für Europarecht/Department of
European Law,
Karl-Franzens-Universität Graz,
RESOWI-Zentrum,
Universitätsstr. 15/C 1, A-8010 Graz,
(0043) 316-380 3625,
Fax (0043) 316-380 9470,
E-Mail: hans-peter.folz@uni-graz.at

*Fraenkel-*Haeberle, Dr. Cristina,
apl. Professorin,
Am Rabensteinerweg 2, 67346 Speyer,
Mobil (0162) 3185295;
Programmbereichskoordinatorin,
Deutsches Forschungsinstitut für
öffentliche Verwaltung Speyer,
Freiherr-vom-Stein-Straße 2, 67346 Speyer,
(06232) 654-384, Fax (06232) 654-290,
E-Mail: fraenkel-haeberle@foev-speyer.de

Frank, Dr. Dr. h.c. Götz, Professor,
Cäcilienplatz 4, 26122 Oldenburg,
(04 41) 7 56 89;
Carl von Ossietzky Universität Oldenburg,
Juristisches Seminar,
Öffentliches Wirtschaftsrecht,
26111 Oldenburg,
Paketanschrift: Ammerländer Heerstraße
114–118, 26129 Oldenburg,
(0441) 798-4143, Fax (0441) 798-4151,
E-Mail: Goetz.Frank@uni-oldenburg.de

Frankenberg, Dr. Dr. Günter, Professor,
Buchrainweg 17, 63069 Offenbach;
Institut für Öffentliches Recht,
Goethe-Universität Frankfurt, Rechtswissenschaft,
Theodor-W.-Adorno-Platz 4,
60629 Frankfurt am Main,
(069) 7983 4-270 oder -269,
E-Mail: Frankenberg@jur.uni-frankfurt.de

Franzius, Dr. Claudio, Professor,
Dürerstr. 8, 22607 Hamburg,
(040) 46776382;
Universität Bremen,
Fachbereich Rechtswissenschaft,
Universitätsallee GW 1, 28359 Bremen,
(0421) 218-66100
E-Mail: franzius@uni-bremen.de

Fremuth, Dr. Michael Lysander,
Privatdozent,
Lehrstuhl für Völkerrecht, Europarecht,
europäisches und internationales
Wirtschaftsrecht, Rechtswissenschaftliche
Fakultät, Universität zu Köln,
Albertus-Magnus-Platz, 50923 Köln,
(0221) 470 2666, Fax (0221) 470 4968,
E-Mail: mfremuth@uni-koeln.de

Frenzel, Dr. Eike M., Privatdozent,
Institut für Öffentliches Recht,
Rechtswissenschaftliche Fakultät,
Albert-Ludwigs-Universität Freiburg,
Postfach, 79085 Freiburg i. Br.,
(0761) 203-2252, Fax (0761) 203-2293,
E-Mail: eike.frenzel@jura.uni-freiburg.de

Fromont, Dr. Dr. h.c. mult. Michel,
Professor,
12, Boulevard de Port Royal, F-75005
Paris,
(0033) 1 45 35 73 71,
E-Mail: Fromont.michel@wanadoo.fr

Frotscher, Dr. Werner, Professor,
Habichtstalgasse 32, 35037 Marburg/Lahn,
(06421) 3 29 61;
E-Mail: w.Frotscher@staff.uni-marburg.de

Frowein, Dres. h.c. Jochen Abr.,
o. Professor,
Blumenthalstr. 53, 69120 Heidelberg,
(06221) 4746 82, Fax (06221) 4139 71;
Max-Planck-Institut für ausländisches
öffentliches Recht und Völkerrecht,
Im Neuenheimer Feld 535,

69120 Heidelberg,
(06221) 482-258,
Fax (06221) 482-603,
E-Mail: frowein@mpil.de

Frye, Dr. Bernhard, Richter am
Finanzgericht, Privatdozent,
(0361) 346 21 04;
Thüringer Finanzgericht,
Bahnhofstr. 3 a, 99867 Gotha,
(03621) 432-221, -235,
Fax (03621) 432199,
E-Mail: b.frye@gmx.de

Führ, Dr. Martin, Professor,
Hochschule Darmstadt,
Darmstadt - h_da, fbgw
Sonderforschungsgruppe
Institutionenanalyse – sofia
Haardtring 100 –
Gebäude A 12/Raum 310
D-64295 Darmstadt
(06151) 16 38734
www.suk.h-da.de
www.sofia-darmstadt.de
sne.h-da.de

Funk, Dr. Bernd-Christian,
em. o. Professor,
Franz-Graßler-Gasse 23, A-1230 Wien,
(0033) 1 45 35 73 71,
Fax (0043) 1889 2935;
Institut für Staats- und Verwaltungsrecht,
Universität Wien,
Juridicum, Schottenbastei 10–16,
A-1010 Wien,
E-Mail: bernd-christian.funk@univie.ac.at

Funke, Dr. Andreas, Professor,
Friedrich-Alexander-Universität
Erlangen-Nürnberg,
Lehrstuhl für Öffentliches Recht und
Rechtsphilosophie,
Schillerstraße 1, 91054 Erlangen,
(09131) 85-22238,
E-Mail: andreas.funke@fau.de

Gächter, Dr. Thomas, Professor,
Universität Zürich,
Lehrstuhl für Staats-, Verwaltungs- und
Sozialversicherungsrecht,
Rechtswissenschaftliches Institut
Treichlerstr. 10, CH-8032 Zürich,
(0041) 446 3430 62,
E-Mail: thomas.gaechter@rwi.uzh.ch

Gärditz, Dr. Klaus Ferdinand, Professor,
Kastanienweg 48, 53177 Bonn;
Rheinische Friedrich-Wilhelms-Universität
Bonn,
Institut für Öffentliches Recht,
Adenauerallee 24–42, 53113 Bonn,
(0228) 73-9176,
E-Mail: gaerditz@jura.uni-bonn.de

Galetta, Dr. Diana-Urania, LL.M.,
Professorin,
Università degli Studi di Milano, Facoltà di
Giurisprudenza
Dipartimento di diritto pubblico italiano e
sovranazionale,
Via Festa del Perdono 7, I-20122 Milano,
(0039) 02-503 12590,
Fax (0039) 02-503 12546,
E-Mail: diana.galetta@unimi.it

Gallwas, Dr. Hans-Ullrich,
Universitätsprofessor,
Hans-Leipelt-Str. 16, 80805 München,
(0170) 216 72 08;
Obermaisperg, 84323 Massing,
(08724) 1386,
Universität München,
Professor-Huber-Platz 2, 80539 München,
E-Mail: hu-gallwas@t-online.de

Gamper, Dr. Anna, Univ.-Prof.,
Universität Innsbruck, Institut für Öffentliches Recht, Staats- und Verwaltungslehre,
Innrain 52d, A-6020 Innsbruck,
(0043) 512 507 84024,
Fax (0043) 512 507 84099,
E-Mail: Anna.Gamper@uibk.ac.at

Gassner, Dr. Ulrich M., Mag.rer.publ.,
M.Jur. (Oxon), Professor,
Scharnitzer Weg 9, 86163 Augsburg,
(0821) 632 50,
E-Mail: ugassner@web.de;
Universität Augsburg,
Universitätsstr. 2, 86135 Augsburg,
(0821) 598 45 46, Fax (0821) 598 45 47,
E-Mail: Ulrich.Gassner@jura.
uni-augsburg.de

Geis, Dr. Max-Emanuel, o. Professor,
Valentin-Rathgeber-Str. 1, 96049 Bamberg,
(0951) 5193-305 oder -306,
Fax (0951) 5193-308;
Friedrich-Alexander-Universität Erlangen,
Institut für Staats- und Verwaltungsrecht,
Schillerstr. 1, 91054 Erlangen,
(09131) 852 2818, Fax (09131) 852 6382,
E-Mail: max-emanuel.geis@jura.
uni-erlangen.de

Gellermann, Dr. Martin, apl. Professor,
Schlesierstraße 14, 49492 Westerkappeln,
(05404) 2047, Fax (05404) 9194 75;
Universität Osnabrück, Fachbereich
Rechtswissenschaften,
49069 Osnabrück,
(05404) 9196 95,
E-Mail: M.Gellermann@t-online.de

Germann, Dr. Michael, Professor,
Martin-Luther-Universität Halle-
Wittenberg,
Lehrstuhl für Öffentliches Recht,
Staatskirchenrecht und Kirchenrecht,
Universitätsplatz 5, 06108 Halle,
(0345) 55 232 20, Fax (0345) 55 276 74,
E-Mail: Germann@jura.uni-halle.de

Germelmann, Dr. Claas Friedrich,
LL.M. (Cantab.), Universitätsprofessor,
Leibniz Universität Hannover,
Juristische Fakultät,
Lehrstuhl für Öffentliches Recht,
insbesondere Europarecht,

Königsworther Platz 1, 30167 Hannover,
(0511) 762 8186, Fax (0511) 762 8173,
E-Mail: LS.Germelmann@jura.
uni-hannover.de

Gersdorf, Dr. Hubertus, Professor,
Universität Leipzig, Juristenfakultät
Lehrstuhl für Staats- und Verwaltungs-
sowie Medienrecht,
Burgstraße 21,
04109 Leipzig,
(0341) 97 35 191, Fax (0341) 97 35 199,
E-Mail: hubertus.gersdorf@uni-leipzig.de

Giegerich, Dr. Thomas, Professor, LL.M.
(Virginia), Universitätprofessor
Europa-Institut der Universität des
Saarlandes,
Campus Geb. B 2.1, 66123 Saarbrücken
(0681) 302 3280 (od. -3695 Sekr.),
Fax (0681) 302 4879
E-Mail: giegerich@europainstitut.de

Glaser, Dr. Andreas, Professor,
Lehrstuhl für Staats-, Verwaltungs- und
Europarecht unter besonderer
Berücksichtigung von Demokratiefragen,
Universität Zürich, Rechtswissenschaft-
liches Institut,
Rämistrasse 74/14
CH-8001 Zürich
E-Mail: andreas.glaser@rwi.uzh.ch

Görisch, Dr. Christoph, Prof.,
Von-Weber-Straße 21,
48291 Telgte,
(02504) 9289548;
Fachhochschule für öffentliche Verwaltung
NRW,
Nevinghoff 8/10,
48147 Münster,
E-Mail: christoph.goerisch@fhoev.nrw.de

Goerlich, Dr. Dr. h.c. Helmut, Professor,
Universität Leipzig, Institut für Staats- und
Verwaltungsrecht,

Burgstr. 27, 04109 Leipzig,
(0341) 97 351 71, Fax (0341) 97 351 79,
E-Mail: helmut.goerlich@gmx.de

Goldhammer, Dr. Michael, Privatdozent,
LL.M. (Michigan),
Universität Bayreuth, RW –
Lehrstuhl für Öffentliches
Recht IV, 95440 Bayreuth
(0921) 55 6261, Fax (0921) 55 6262,
E-Mail: goldhamm@umich.edu

Götz, Dr. Volkmar, o. Professor,
Geismarlandstr. 17a, 37083 Göttingen,
(0551) 4 31 19;
E-Mail: europa@uni-goettingen.de

Gornig, Dr. Dr. h.c. mult. Gilbert,
Professor,
Pfarracker 4, 35043 Marburg-Bauerbach,
(06421) 1635 66, Fax (06421) 1637 66;
E-Mail: Gornig@voelkerrecht.com

Grabenwarter, Dr. Dr. Christoph,
Universitätsprofessor,
Institut für Europarecht und Internationales
Recht, Wirtschaftsuniversität Wien,
Welthandelsplatz 1 / Gebäude D3,
A-1020 Wien,
(0043) 1313 36 4423,
Fax (0043) 1313 36 9205;
Mitglied des Verfassungsgerichtshofs,
Verfassungsgerichtshof, Freyung 8,
A-1010 Wien,
(0043) 1531 22 1394,
E-Mail: sekretariat.grabenwarter@wu.ac.at

Gramlich, Dr. Ludwig, Professor,
Justus-Liebig-Str. 38 A, 64839 Münster;
Fakultät für Wirtschaftswissenschaften,
TU Chemnitz-Zwickau,
Postfach 9 64, 09009 Chemnitz,
(0371) 531 4164, -65,
Fax (0371) 531 3961,
E-Mail: l.gramlich@wirtschaft.
tu-chemnitz.de

Graser, Dr. Alexander, Professor,
Brennereistraße 66, 85662 Hohenbrunn,
(08102) 7788 55;
Universität Regensburg, Fakultät für
Rechtswissenschaft,
Lehrstuhl für Öffentliches Recht
und Politik,
Universitätsstraße 31, 93053 Regensburg,
(0941) 943 5760, Fax: (0941) 943 5771,
E-Mail: Alexander.Graser@jura.
uni-regensburg.de

Grawert, Dr. Dr. h.c. Rolf, o. Professor,
Aloysiusstrasse 28, 44795 Bochum,
(0234) 4736 92, Fax (0234) 516 91 36;
Ruhr-Universität Bochum, Juristische
Fakultät,
Universitätsstrasse 150, GC 8/59, 44721
Bochum,
(0234) 3222 5265, Fax (0234) 321 4236,
E-Mail: Rolf.Grawert@ruhr-uni-bochum.de

Grewe, Dr. Dr. h.c. Constance,
Universitätsprofessorin,
55 Bd de la Vilette, BAL 132,
F-75015 Paris;
E-Mail: grewe04@gmail.com

Griebel, Dr. Jörn, Professor,
Universität Siegen, Fakultät III,
Kohlbettstraße 15, 57072 Siegen,
(0271) 740-3219,
Fax (0271) 740-13219,
E-Mail: griebel@recht.uni-siegen.de

Grigoleit, Dr. Klaus Joachim, Universitäts-
professor,
Eisenacher Str. 65, 10823 Berlin;
TU Dortmund, Fakultät Raumplanung,
Fachgebiet Raumplanungs- und
Umweltrecht,
August-Schmidt-Straße 10,
44227 Dortmund,
(0231) 755 32 17,
Fax (0231) 755 34 24,
E-Mail: klaus.grigoleit@tu-dortmund.de

Griller, Dr. Stefan, Universitätsprofessor,
Hungerbergstr. 11–13, A-1190 Wien,
(0043) 132 24 05;
Europainstitut,
Wirtschaftsuniversität Wien,
Althanstr. 39–45, A 1090 Wien,
(0043) 1313 36 41 35 oder 41 36,
Fax (0043) 1313 36 7 58,
E-Mail: Stefan.Griller@wu-wien.ac.at

Grimm, Dr. Dr. h.c. mult., Dieter,
LL.M. (Harvard), o. Professor (em.),
Humboldt-Universität zu Berlin,
Juristische Fakultät,
Unter den Linden 6, 10099 Berlin,
Wissenschaftskolleg zu Berlin,
Wallotstr. 19, 14193 Berlin,
(030) 89001-134
E-Mail: grimm@wiko-berlin.de

Gröpl, Dr. Christoph, Univ.-Professor,
Rechtswissenschaftliche Fakultät,
Universität des Saarlandes,
Campus B4.1, D-66123 Saarbrücken
(0681) 302 3200
E-Mail: lehrstuhl@groepl.uni-saarland.de

Gröschner, Dr. Rolf, o. Professor,
Stormstr. 39, 90491 Nürnberg,
(0911) 591 408,
E-Mail: rolf.groeschner@t-online.de

Groh, Dr. Kathrin, Universitätsprofessorin,
Universität der Bundeswehr München,
85577 Neubiberg,

Gromitsaris, Dr. Athanasios, Privatdozent,
E-Mail: gromitsaris@hotmail.com;
Juristische Fakultät,
Technische Universität Dresden,
01062 Dresden, (0351) 46337364,
E-Mail: katrin.boerner@tu-dresden.de

Grosche, Dr. Nils, Privatdozent,
Aggrippinenstraße 3, 53115 Bonn,
E-Mail: ngrosche@uni-mainz.de

Groß, Dr. Thomas, Professor,
Universität Osnabrück,
European Legal Studies Institute,
Süsterstr. 28, 49069 Osnabrück,
(0541) 969 4500,
E-Mail: thgross@uni-osnabrueck.de
www.gross.jura.uos.de

Grote, Dr. Rainer, LL.M. (Edinburgh),
Privatdozent,
Im Sand 3A, 69115 Heidelberg,
(06221) 1643 46, Fax (06221) 9147 35;
Max-Planck-Institut für ausländisches
öffentliches Recht und Völkerrecht,
Im Neuenheimer Feld 535,
69120 Heidelberg,
(06221) 4822 44, Fax (06221) 4822 88,
E-Mail: rgrote@mpil.de

Grupp, Dr. Klaus, Universitätsprofessor,
Mecklenburgring 31, 66121 Saarbrücken

Grzeszik, Dr. Bernd, LL.M. (Cambridge),
Professor,
Schumannstr. 9, 53113 Bonn,
(0228) 9268869,
Universität Heidelberg,
Institut für Öffentliches Recht,
Verfassungslehre und Rechtsphilosophie,
Friedrich-Ebert-Anlage 6–10,
69117 Heidelberg,
(06221) 547432
E-Mail: Grzeszik@web.de

Guckelberger, Dr. Annette, Professorin,
Lehrstuhl für Öffentliches Recht,
Rechtswissenschaftliche Fakultät,
Universität des Saarlandes,
Postfach 15 11 50, 66041 Saarbrücken,
(0681) 302 5 7401,
E-Mail: a.guckelberger@mx.
uni-saarland.de

Gundel, Dr. Jörg, Professor,
Lehrstuhl für Öffentliches Recht, Völker-
und Europarecht,

Universität Bayreuth, 95440 Bayreuth,
(0921) 55 6250,
E-Mail: joerg.gundel@uni-bayreuth.de

Gurlit, Dr. Elke, Universitätsprofessorin,
Rüdesheimer Straße 18, 65197 Wiesbaden,
(0611) 137 5125 oder (0179) 592 2215;
Fachbereich Rechts- und
Wirtschaftswissenschaft,
Johannes Gutenberg-Universität Mainz,
Jakob-Welder-Weg 9, 55099 Mainz,
(06131) 392 31 14, Fax (06131) 392 4059,
E-Mail: gurlit@uni-mainz.de

Gusy, Dr. Christoph, Professor,
Universität Bielefeld, Fakultät für
Rechtswissenschaft,
Universitätsstr. 25, 33615 Bielefeld,
(0521) 10643 97, Fax (0521) 106 8061,
E-Mail: christoph.gusy@uni-bielefeld.de

Haack, Dr. Stefan, Professor,
Europa-Universität Viadrina,
Juristische Fakultät, Lehrstuhl für
Öffentliches Recht,
insbesondere Staatsrecht,
Große Scharrnstraße 59,
15230 Frankfurt (Oder)
(0335) 5534 2265
E-Mail: haack@europa-uni.de

Häberle, Dr. Dr. h.c. mult. Peter,
o. Professor, Forschungsstelle für
Europäisches Verfassungsrecht,
Universität Bayreuth,
Universitätsstraße 30, Postfach,
95440 Bayreuth,
(0921) 5570 88, Fax (0921) 5570 99,
E-Mail: Peter.Haeberle@uni-bayreuth.de

Häde, Dr. Ulrich, Universitätsprofessor,
Europa-Universität Viadrina, Lehrstuhl für
Öffentliches Recht, insb. Verwaltungsrecht,
Finanzrecht und Währungsrecht,
Postfach 17 86, 15207 Frankfurt/Oder,
Hausanschrift: Große Scharrnstr. 59,

15230 Frankfurt (Oder),
(0335) 5534 2670, Fax (0335) 5534 2525,
E-Mail: haede@europa-uni.de

Haedrich, Dr. Martina, Professorin,
Im Ritzetal 20, 07749 Jena,
(03641) 4485 25,
E-Mail: m.haedrich@recht.uni-jena.de

Hänni, Dr. Peter, o. Professor,
Stadtgraben 6, CH-3280 Murten,
(0041) 26 670 5815;
Universität Freiburg,
Rechtswissenschaftliche Fakultät,
Lehrstuhl für Staats- und Verwaltungsrecht,
Rechtswissenschaftliche Fakultät
Universität Freiburg,
Av. Beauregard 1, CH-1700 Freiburg,
(0041) 26 300 81 47
E-Mail: Peter.Haenni@ifr.ch

Härtel, Dr. Ines, Professorin,
Europa-Universität Viadrina
Frankfurt (Oder),
Juristische Fakultät,
Lehrstuhl für Öffentliches Recht,
Verwaltungs-, Europa-, Umwelt-, Agrar-
und Ernährungswirtschaftsrecht,
Große Scharrnstraße 59,
15230 Frankfurt (Oder),
(0335) 55 34-2227/ -2222, Fax: -2418
E-Mail: Ls-Haertel@europa-uni.de

Hafner, Dr. Felix, Professor,
Hirzbrunnenschanze 67, CH-4058 Basel,
(0041) 61-691 4064;
Universität Basel, Lehrstuhl für
Öffentliches Recht,
Peter Merian-Weg 8, Postfach, 4002 Basel,
(0041) 612 6725 64,
Fax (0041) 612 6707 95,
E-Mail: Felix.Hafner@unibas.ch

Hailbronner, Dr. Kay, o. Professor,
Toggenbühl, CH-8269 Fruthwilen,
(0041) 71-6 6419 46,

Fax (0041) 71-6 6416 26;
Universität Konstanz, Universitätsstr. 10,
78457 Konstanz,
(07531) 88 2247,
E-Mail: Kay.Hailbronner@uni-konstanz.de

Hain, Dr. Karl-E., Professor,
Herrenstr. 10, 57627 Hachenburg,
(02662) 9420 64;
Universität zu Köln,
Institut für Medienrecht und
Kommunikationsrecht,
Lehrstuhl für Öffentliches Recht und
Medienrecht,
Aachener Str. 197–199, 50931 Köln,
(0221) 285 56-112, Fax (0221) 285 56-122,
E-Mail: haink@uni-koeln.de

Haller, Dr. Herbert, Universitätsprofessor,
Felix-Mottl-Str. 48, Haus 2, A-1190 Wien,
(0043) 1368 0568,
ehemals Wirtschaftsuniversität Wien und
Mitglied des österreichischen Verfassungsgerichtshofs
E-Mail: r.haller@verkehrt.info

Haller, Dr. Walter, o. Professor,
Burgstrasse 264, CH-8706 Meilen,
(0041) 449 2310 14;
E-Mail: w-haller@bluewin.ch

Haltern, Dr. Ulrich, LL.M. (Yale),
Universitätsprofessor,
Albert-Ludwigs-Universität Freiburg,
79085 Freiburg,
(0761) 203-2251, Fax (0761) 203-2234,
E-Mail: ioeffr1@jura.uni-freiburg.de

Hammer, Dr. Felix, apl. Professor,
Justitiar und Kanzler der Diözese
Rottenburg-Stuttgart,
Bischöfliches Ordinariat,
Eugen-Bolz-Platz 1, 72108 Rottenburg,
(07472) 1693 61,
Fax (07472) 1698 3361,
E-Mail: kanzler@bo.drs.de

Hammer, Dr. Stefan, Univ.-Doz.,
Anton Frank-Gasse 17, A-1180 Wien,
(0043) 1470 5976;
Universität Wien, Institut für Staats- und
Verwaltungsrecht,
Schottenbastei 10–16, A-1010 Wien,
(0043) 14277-354 65,
Fax (0043) 142 77-354 69,
E-Mail: stefan.hammer@univie.ac.at

Hanschel, Dr. Dirk, Universitätsprofessor
Viktor-Scheffel-Str. 7, 06114 Halle (Saale)
(0151) 17753370
Lehrstuhl für Deutsches, Europäisches und
Internationales Öffentliches Recht
Martin-Luther-Universität Halle-Witten-
berg
Universitätsplatz 3–5, 06108 Halle (Saale)
(0345) 55 23170, Fax (0345) 55 27269
E-Mail: dirk.hanschel@jura.uni-halle.de

Hanschmann, Dr. Felix, Prof.,
Franz-Rücker-Allee 43, 60487 Frankfurt
am Main;
Humboldt-Universität zu Berlin,
Juristische Fakultät,
Lehrstuhl für Öffentliches Recht,
insb. Verfassungsrecht, und
Rechtsphilosophie,
Postanschrift: Unter den Linden 6,
10099 Berlin,
(030) 20 93 35 85, Fax (030) 20 93 35 52
E-Mail: felix.hanschmann@rewi.
hu-berlin.de

Haratsch, Dr. Andreas,
Universitätsprofessor,
Lehrstuhl für Deutsches und Europäisches
Verfassungs- und Verwaltungsrecht sowie
Völkerrecht,
FernUniversität in Hagen,
Universitätsstraße 21, 58084 Hagen,
(02331) 987 2877 oder -4389,
Fax (02331) 987 324,
E-Mail: Andreas.Haratsch@
fernuni-hagen.de

Hartmann, Dr. Bernd J., LL.M.(Virginia),
Universitätsprofessor,
Universität Osnabrück,
Institut für Kommunalrecht und
Verwaltungswissenschaften,
Martinistr. 12, 49078 Osnabrück,
(0541) 969 6099,
E-Mail: ls-hartmann@uni-osnabrueck.de

Hase, Dr. Friedhelm, Professor,
Bandelstraße 10 b, 28359 Bremen,
(0421) 2427 8440;
Universität Bremen,
Fachbereich 6, Rechtswissenschaft,
Universitätsallee, 28359 Bremen,
(0421) 218 66 010,
Fax (0421) 218 66 052,
E-Mail: fhase@uni-bremen.de

Hatje, Dr. Armin, Professor,
Universität Hamburg,
Fakultät für Rechtswissenschaft,
Abteilung Europarecht,
Rothenbaumchaussee 33, 20148 Hamburg,
(040) 428 38 3046,
Fax (040) 428 38 4367,
E-Mail: armin.hatje@jura.uni-hamburg.de

Hauer, Dr. Andreas, Universitätsprofessor
Rechtswissenschaftliche Fakultät,
Universität Linz
Altenberger Straße 69, A-4040 Linz
(0043) 732 2468 1860
E-Mail: andreas.hauer@jku.at

Hebeler, Dr. Timo, Professor,
Universität Trier, Professur für
Öffentliches Recht,
54286 Trier,
(0651) 2012 588,
E-Mail: hebeler@uni-trier.de

Heckel, Dr. iur. Dr. theol. h.c. Martin, o.
Universitätsprofessor,
Lieschingstr. 3, 72076 Tübingen,
(07071) 614 27

Hecker, Dr. Jan, LL.M. (Cambridge),
apl. Professor,
Richter am Bundesverwaltungsgericht,
Hohenheimer Straße 26, 13465 Berlin,
(0176) 2329 2826;
Bundesverwaltungsgericht,
Simsonplatz 1, 04107 Leipzig,
(0341) 2007 2065,
Bundeskanzleramt,
Willy-Brandstraße 1, 10557 Berlin
E-Mail: Jan.Hecker@bk.bund.de

Heckmann, Dr. Dirk, Universitätsprofessor,
stv. Mitglied des Bayerischen Verfassungs-
gerichtshofs,
Schärdinger Straße 11e, 94032 Passau,
(0851) 7538 83, Fax (0851) 490 5820;
Universität Passau, Ordinarius für
Internet- und Sicherheitsrecht,
Innstraße 40, 94032 Passau,
(0851) 509 22 90, Fax (0851) 509 2292,
E-Mail: Heckmann@uni-passau.de

Heinig, Dr. Hans Michael, Professor,
Institut für Öffentliches Recht
Goßlerstr. 11, 37073 Göttingen,

Heintschel von Heinegg, Dr. Wolff,
Professor,
Europa-Universität Viadrina, Frankfurt
(Oder),
Lehrstuhl für Öffentliches Recht,
insb. Völkerrecht, Europarecht und
ausländisches Verfassungsrecht,
August-Bebel-Str. 12,
15234 Frankfurt (Oder),
(0335) 5534 2916,
Fax (0335) 5534 72914
E-Mail: heinegg@europa-uni.de

Heintzen, Dr. Markus, Professor,
Freie Universität Berlin,
Fachbereich Rechtswissenschaft,
Van't-Hoff-Str. 8, 14195 Berlin,
(030) 838 524 79,
E-Mail: Heintzen@zedat.fu-berlin.de

Heißl, Gregor, Priv.-Doz. Dr., E.MA,
Universität Innsbruck, Innrain 52 d,
10. Stock, Zi.-Nr. 41008
A-6020 Innsbruck,
(0043) 512/507/84033,
Fax (0043)512/507/84099
E-Mail: gregor.heissl@uibk.ac.at

Heitsch, Dr. Christian, apl. Professor,
72 Queens Road, Caversham, Reading,
Berks., RG4 8DL, U.K.,
(0044) 1189 4749 13;
Lecturer in Law, Brunel Law School,
Brunel University West London,
Kingston Lane, Uxbridge, Middlesex
UB8 3PH, United Kingdom,
(0044) 1895 2676 50,
E-Mail: christian.heitsch@brunel.ac.uk

Hellermann, Dr. Johannes,
Universitätsprofessor,
Hardenbergstr. 12a, 33615 Bielefeld,
(0521) 1600 38;
Universität Bielefeld, Fakultät für
Rechtswissenschaft,
Universitätsstr. 25, 33615 Bielefeld,
(0521) 106 4422, Fax (0521) 106 6048,
E-Mail: Johannes.Hellermann@
uni-bielefeld.de

Hendler, Dr. Reinhard,
Universitätsprofessor,
Laurentius-Zeller-Str. 12, 54294 Trier,
(0651) 937 2944;
Universität Trier,
Fachbereich Rechtswissenschaft,
Universitätsring 15, 54286 Trier,
(0651) 201 2556 oder 2558,
Fax (0651) 201 3903,
E-Mail: Hendler@uni-trier.de

Hengstschläger, Dr. Johannes, o.
Universitätsprofessor,
Steinfeldgasse 7, A-1190 Wien,
(0043) 132 817 27;
Johannes-Kepler-Universität,

Altenbergerstr. 69, A-4040 Linz,
(0043) 732 2468-4 01,
Fax (0043) 732 246 43,
E-Mail: johannes.hengstschlaeger@jku.at

Hense, Dr. Ansgar, Professor,
Institut für Staatskirchenrecht der Diözesen
Deutschlands,
Adenauerallee 19, 53111 Bonn,
(0228) 103 306,
E-Mail: a.hense@dbk.de

Herbst, Dr. Tobias, Professor,
Marc-Chagall-Str. 94, 40477 Düsseldorf
(0211) 26143906
Privatdozent an der Humboldt-Universität
zu Berlin,
E-Mail: tobias.herbst@rewi.hu-berlin.de

Herdegen, Dr. Matthias, Professor,
Friedrich-Wilhelm-Str. 35, 53113 Bonn;
Rechts- und Staatswissenschaftliche
Fakultät,
Universität Bonn,
Adenauerallee 44, 53113 Bonn,
(0228) 7355 70/-80, Fax (0228) 7379 01,
E-Mail: Herdegen@uni-bonn.de

Hermes, Dr. Georg, Professor,
Goethe-Universität Frankfurt am Main,
Fachbereich Rechtswissenschaft,
Campus Westend,
Theodor-W.-Adorno-Platz 4 (RuW),
60629 Frankfurt am Main,
(069) 798 342 75, Fax (069) 798 345 12,
E-Mail: GHermes@jur.uni-frankfurt.de

Herrmann, Dr. Christoph, LL.M.,
Professor,
Florianstr. 18, 94034 Passau,
(0851) 2155 3389, (0176) 1049 7720;
Universität Passau,
Lehrstuhl für Staats- und Verwaltungsrecht,
Europarecht, Europäisches und
Internationales Wirtschaftsrecht,
Innstraße 39, 94032 Passau,

(0851) 509 2330, Fax (0851) 509 2332,
E-Mail: christoph.herrmann@eui.eu

Herrmann, Dr. Günter, Professor,
Intendant i.R.
Wankweg 13, 87642 Buching/Allgäu,
(08368) 1696; Fax (08368) 1297,
E-Mail: herrmann.medienrecht@t-online.de

Heselhaus, Dr. Sebastian, Professor, M.A.,
Obmatt 29, CH-6043 Adligenswil
(00 41) 41 370 25 00;
Universität Luzern,
Rechtswissenschaftliche Fakultät,
Lehrstuhl für Europarecht,
Völkerrecht, Öffentliches Recht und
Rechtsvergleichung,
Frohburgstrasse 3, Postfach 4466,
CH-6002 Luzern
(0041) 41 229 53 84,
Fax (00 41) 41 229 53 97,
E-Mail: sebastian.heselhaus@unilu.ch

Hestermeyer, Dr. Holger P.,
LL.M. (UC Berkeley), Privatdozent,
Shell Reader in International
Dispute Resolution,
King's College London,
Dickson Poon School of Law,
Strand, London WC2R 2LS, UK,
E-Mail: holger.hestermeyer@kcl.ac.uk

Hettich, Dr. Peter, o. Professor,
Beckenhofstraße 63, CH-8006 Zürich;
Institut für Finanzwissenschaft, Finanzrecht
und Law and Economics (IFF-HSG),
Varnbüelstraße 19, CH-9000 St. Gallen,
(0041) 71 2242940,
Fax (0041) 71 224 2670,
E-Mail: peter.hettich@unisg.ch

Hey, Dr. Johanna, Professorin,
Wiethasestraße 73, 50933 Köln,
(0221) 491 1738, Fax (0221) 491 1734;
Universität zu Köln,
Institut für Steuerrecht,
Albertus-Magnus-Platz, 50923 Köln,
(0221) 470 2271, Fax (0221) 470 5027,
E-Mail: johanna.hey@uni-koeln.de

Heyen, Dr. iur. Lic. phil. Erk Volkmar,
Universitätsprofessor,
Arndtstraße 22, 17489 Greifswald,
(03834) 5027 16;
Ernst Moritz Arndt-Universität,
Domstr. 20, 17489 Greifswald,
E-Mail: lsheyen@uni-greifswald.de

Hidien, Dr. Jürgen W., Professor,
Goebenstr. 33, 48151 Münster,
info+hidien.de

Hilf, Dr. Meinhard, Universitätsprofessor,
Bahnsenallee 71,
21465 Reinbek bei Hamburg,
(040) 7810 7510, Fax (040) 7810 7512;
Bucerius Law School,
Jungiusstraße 6, 20355 Hamburg,
(040) 307 06 158, Fax (040) 307 06 2 46,
E-Mail: meinhard.hilf@law-school.de

Hill, Dr. Hermann, Professor,
Kilianstraße 5, 67373 Dudenhofen;
Deutsche Universität für
Verwaltungswissenschaften Speyer,
Postfach 14 09, 67324 Speyer,
(06232) 654 328,
E-Mail: hill@uni-speyer.de

Hillgruber, Dr. Christian, Professor,
Zingsheimstr. 25, 53359 Rheinbach;
Institut für Öffentliches Recht,
Adenauerallee 24–42, 53113 Bonn,
(0228) 7379 25,
Fax (0228) 7348 69,
E-Mail: lshillgruber@jura.uni-bonn.de

Hindelang, Dr. Steffen, LL.M., Professor,
Fachbereich Rechtswissenschaft,
Süddänische Universität,
Campusvej 55, DK-5230 Odense,
Dänemark,

(0045) 65 50 17 74,
E-Mail: shin@sam.sdu.dk

Hobe, Dr. Dr. h.c. Stephan, LL.M.,
Universitätsprofessor,
Institut für Luftrecht, Weltraumrecht und
Cyberrecht und
Jean-Monnet Lehrstuhl für Völkerrecht,
Europarecht, europäisches
und internationales Wirtschaftsrecht
Albertus-Magnus-Platz, 50923 Köln

Hochhuth, Dr. Martin, Professor,
Kaiser-Joseph-Straße 268, 79098 Freiburg;
Albert-Ludwigs-Universität Freiburg,
Institut für Öffentliches Recht,
Abteilung III, Staatsrecht,
Platz der Alten Synagoge 1,
79085 Freiburg,
(0761) 203 22 43, Fax (0761) 203 22 40,
E-Mail: hochhuth@jura.uni-freiburg.de

Höfling, Dr. Wolfram, M.A., Professor,
Bruchweg 2, 52441 Linnich,
(02462) 3616;
Universität zu Köln, Institut für Staatsrecht,
Albertus-Magnus-Platz, 50923 Köln,
(0221) 470 3395, Fax (0221) 470 5075,
E-Mail: Sekretariat@institut-staatsrecht.de

Hölscheidt, Dr. Sven, Minsterialrat,
apl. Professor,
Deutscher Bundestag, Fachbereich WD 3,
Verfassung und Verwaltung,
Platz der Republik 1, 11011 Berlin,
(030) 227 324 25/323 25,
Fax (030) 227 364 71,
E-Mail: vorzimmer.wd3@bundestag.de

Hösch, Dr. Ulrich, apl. Professor, RA,
Kirchenstraße 72, 81675 München;
GvW Graf von Westphalen Rechtsanwälte
Steuerberater Partnerschaft mbH,
Sophienstraße 26, 80333 München,
(089) 689 077 331, Fax (089) 689 077 100
E-Mail: u.hoesch@gvw.com

Hoffmann-Riem, Dr. Wolfgang, em.
Universitätsprofessor,
Auguststr. 15, 22085 Hamburg,
(040) 642 258 48
E-Mail: whoffmann-riem@gmx.de

Hofmann, PD. Dr. Claudia Maria,
Roter-Brach-Weg 185, 93049 Passau,
Universität Regensburg, Fakultät für
Rechtswissenschaft,
Lehrstuhl für Öffentliches Recht
und Politik (Prof. Graser)
93040 Regensburg
(0941) 943 5762, Fax (0941) 943 5771
E-Mail: claudia.m.hofmann@ur.de

Hofmann, Dr. Ekkehard, Professor,
Koselstr. 51, 60318 Frankfurt am Main,
(069) 174 989 27;
Lehrstuhl für öffentliches Recht,
insbesondere Umweltrecht
Direktor des Instituts für Umwelt- und
Technikrecht (IUTR)
Fachbereich Rechtswissenschaft,
Universität Trier, 54286 Trier,
(0651) 201 2556
E-Mail: hofmann@uni-trier.de

Hofmann, Dr. Dres. h.c. Hasso, Professor
em. der Humboldt-Universität zu Berlin,
Christoph-Mayer-Weg 5, 97082 Würzburg,
(09 1) 873 88
E-Mail: hasso-hofmann@gmx.de

Hofmann, Dr. Dr. Rainer, Universitätsprofessor,
Fachbereich Rechtswissenschaft,
Goethe-Universität Frankfurt am Main,
Theodor-W.-Adorno-Platz 4, 60629 Frankfurt am Main,
(+49) 69-798 34293
E-Mail: R.Hofmann@jur.uni-frankfurt.de

Hohenlohe, Dr. Diana zu, LL.M. (Sydney)
Zeppelinstr. 187, 69121 Heidelberg
Max-Planck-Institut für ausländisches

öffentliches Recht und Völkerrecht
Im Neuenheimer Feld 535,
69120 Heidelberg
E-Mail: dzhohenlohe@gmx.de

Hohmann, Dr. Harald, Privatdozent,
Furthwiese 10, 63654 Büdingen,
(06049) 9529 12, Fax (06049) 9529 13;
Hohmann & Partner Rechtsanwälte,
Schloßgasse 2, 63654 Büdingen,
(06042) 9567 0, Fax (06042) 9567 67,
E-Mail: harald.hohmann@
hohmann-partner.com

Hollerbach, Dr. Dr. h.c. Alexander,
o. Professor,
Rabenkopfstr. 2, App. 420,
79102 Freiburg i.Br.,
(0761) 3685 420

Holoubek, Dr. Michael,
Universitätsprofessor,
Institut für Österreichisches
und Europäisches Öffentliches Recht,
Wirtschaftsuniversität Wien,
Welthandelsplatz 1, A-1020 Wien,
Gebäude D3, 2. OG
(0043) 1313 36 4660,
Fax (0043) 1313 36 713,
E-Mail: michael.holoubek@wu.ac.at

Holznagel, Dr. Bernd, LL.M., Professor,
WWU Münster, Juristische Fakultät, ITM,
Abt. II,
Leonardo-Campus 9, 48149 Münster,
(0251) 83 3 8641, Fax (0251) 83 3 8644,
E-Mail: holznagel@uni-muenster.de

Holzner, Thomas Dr. jur. Dipl. sc. pol.
Univ., Akademischer Oberrat a.Z.
Rechts- und Wirtschaftswissenschaftliche
Fakultät, Lehrstuhl für Öffentliches
Recht II, Universität Bayreuth,
95440 Bayreuth,
(0176) 72 57 20 77
E-Mail: thomas.holzner@uni-bayreuth.de

Hong, Dr. Mathias, Privatdozent
Bachstr. 32, 76185 Karlsruhe,
(0721) 9576161;
E-Mail: mathias.hong@jura.uni-freiburg.de

Horn, Dr. Dr. h.c. Hans-Detlef, Professor,
Philipps-Universität Marburg,
Fachbereich Rechtswissenschaften,
Institut für Öffentliches Recht,
Universitätsstr. 6, 35032 Marburg,
(06421) 282 3810 od. 282 3126,
Fax (06421) 282 3839,
E-Mail: hans-detlef.horn@jura.
uni-marburg.de

Hornung, Dr. Gerrit, LL.M., Prof.
Fachgebiet Öffentliches Recht, IT-Recht
und Umweltrecht
Universität Kassel, FB 07
Kurt-Schumacher-Str. 25, 34117 Kassel
(0561) 804 7923
E-Mail: gerrit.hornung@uni-kassel.de

Huber, Dr. Peter M., o. Professor,
Richter des Bundesverfassungsgerichts,
Josef-Heppner-Str. 2, 82049 Pullach i. I.,
(089) 7442 4662, Fax (089) 7442 4852;
Universität München, Lehrstuhl für
Öffentliches Recht und Staatsphilosophie,
Professor-Huber-Platz 2, 80539 München,
(089) 2180 3576,
Fax (089) 2180 5063,
E-Mail: peter.m.huber@jura.
uni-muenchen.de

Hufeld, Dr. Ulrich, Universitätsprofessor,
Helmut-Schmidt-Universität/Universität
der Bundeswehr Hamburg,
Fakultät für Wirtschafts- und
Sozialwissenschaften,
Professur für Öffentliches Recht
und Steuerrecht,
Holstenhofweg 85, 22043 Hamburg,
(040) 6541 28 59,
Fax (040) 65412087,
E-Mail: Hufeld@hsu-hh.de

Hufen, Dr. Friedhelm, o. Professor,
Fachbereich Rechts- und
Wirtschaftswissenschaften,
Universität Mainz
Backhauskohl 62
55128 Mainz,
(06131) 34444
E-Mail: hufen.friedhelm@t-online.de

Hummel, Dr. David, Privatdozent,
Prager Straße 352, 04289 Leipzig;
Universität Leipzig, Juristenfakultät,
Lehrstuhl für Öffentliches Recht,
insbesondere Steuerrecht
und Öffentliches Wirtschaftsrecht,
Burgstraße 21, 04109 Leipzig,
(0341) 9735 273, Fax (0341) 9735 279,
E-Mail: dhummel@uni-leipzig.de

Huster, Dr. Stefan, Professor,
Ruhr-Universität Bochum,
Lehrstuhl für Öffentliches Recht,
Sozial- und Gesundheitsrecht
und Rechtsphilosophie,
Universitätsstraße 150, 44780 Bochum,
Gebäude GD 2/111,
(0234) 3222 239,
Fax (0234) 3214 271,
E-Mail: stefan.huster@rub.de

Hwang, Dr. Shu-Perng, LL.M. (Columbia),
Forschungsprofessorin,
Institutum Iurisprudentiae,
Academia Sinica,
128 Academia Sinica Road, Sec. 2,
Nankang,
Taipei 11529, Taiwan,
(00886) 2 2652 5423,
E-Mail: sphwang@gate.sinica.edu.tw

Ibler, Dr. Martin, Professor,
Lindauer Straße 3, 78464 Konstanz;
Universität Konstanz,
Fachbereich Rechtswissenschaften,
Postfach D 106, Universitätsstraße 10,
78457 Konstanz,

(07531) 88-24 80/-2 28,
E-Mail: Martin.Ibler@uni-konstanz.de

Iliopoulos-Strangas, Dr. Julia, Professorin,
A.Metaxa 2, GR-10681 Athen,
(0030) 210-3 82 6083 oder -382 3344,
Fax (0030) 2 0-3 80 54 3,
Mobil (0030) 6944 59 5200;
Universität Athen, Juristische Fakultät,
Ippokratous 33 (5. Stock),
GR-10680 Athen, (0030) 210-368 8422,
E-Mail: juliostr@law.uoa.gr

Ingold, Dr. Albert, Universitätsprofessor,
Johannes Gutenberg-Universität Mainz
Fachbereich 03, Rechts- und
Wirtschaftswissenschaften
Lehrstuhl für Öffentliches Recht,
insb. Kommunikationsrecht und Recht
der Neuen Medien
Jakob Welder-Weg 9, 55099 Mainz
(06131) 39 33035189,
E-Mail: aingold@uni-mainz.de

Ipsen, Dr. Jörn, o. Professor,
Präsident des Niedersächsischen
Staatsgerichtshofs a. D.,
Luisenstr. 41, 49565 Bramsche,
(05461) 44 96, Fax (05461) 6 34 62;
Institut für Kommunalrecht und
Verwaltungswissenschaften,
Universität Osnabrück,
49069 Osnabrück,
(0541) 969-6169 oder -6158,
Fax (0541) 9 69-6170,
E-Mail: instkr@uos.de

Ipsen, Dr. Dr. h.c. mult. Knut, o. Professor,
Nevelstr. 59, 44795 Bochum,
(0234) 43 1266;
E-Mail: Knut.Ipsen@web.de

Isensee, Dr. Dres. h.c. Josef, o. Professor,
Meckenheimer Allee 150, 53115 Bonn,
(0228) 6934 69;
E-Mail: isensee-bonn@t-online.de

Ismer, Dr. Roland, Professor,
Werderstr. 11, 86159 Augsburg;
Lehrstuhl für Steuerrecht und Öffentliches
Recht,
Friedrich-Alexander-Universität
Erlangen-Nürnberg,
Lange Gasse 20, 90403 Nürnberg,
(0911) 5302-353, Fax (0911) 5302-165,
E-Mail: Roland.Ismer@wiso.
uni-erlangen.de

Jaag, Dr. Tobias, o. Professor,
Bahnhofstr. 22, Postfach 125,
CH-8024 Zürich,
(0041) 442 1363 63,
Fax (0041) 442 1363 99,
E-Mail: jaag@umbricht.ch

Jachmann-Michel, Dr. Monika,
Universitätsprofessorin,
Vors. Richterin am Bundesfinanzhof,
Honorarprofessorin LMU München
Bundesfinanzhof München,
Ismaninger Straße 109, 81675 München,
(089) 9231-352, Fax 08821 9668462
Monika.jachmann@bfh.bund.de
www.bundesfinanzhof.de

Jaeckel, Dr. Liv, Universitätsprofessorin,
Gescherweg 28, 48161 Münster,
(0251) 39 580 345,
Technische Universität Bergakademie
Freiberg
Associate Professor HHL Lepzig
E-Mail: liv.jaeckel@rewi.tu-freiberg.de

Jahndorf, Dr. Christian, Professor,
Brunnenweg 18, 48153 Münster,
(0251) 761 9683;
Westfälische Wilhelms-Universität,
Institut für Steuerrecht,
Universitätsstr. 14–16, 48143 Münster,
(0251) 832 2795,
Fax (0251) 832 8386,
E-Mail: christian.jahndorf@
schumacher-partner.de

Jakab, András, Prof. Dr.,
Professor für Verfassungs- und
Verwaltungsrecht,
Universität Salzburg, Fachbereich für
Öffentliches Recht,
Völker- und Europarecht;
Kapitelgasse 5–7, A-5020 Salzburg,
(0043) 662 8044 3605
E-Mail: andras jakab@sbg.ac.at

Janko, Dr. Andreas, Univ.-Prof.,
Schwindstraße 4, A-4040 Linz/Auhof;
Institut für Staatsrecht und Politische
Wissenschaften,
Johannes Kepler Universität Linz,
Altenberger Straße 69, A-4040 Linz/Auhof,
(0043) 732 2468 8456,
Fax (0043) 732 2468 8901,
E-Mail: andreas.janko@jku.at
oder Elisabeth.Kamptner@jku.at

Janssen, Dr. Albert, apl. Professor,
Landtagsdirektor i.R.,
Langelinienwall 16, 31134 Hildesheim,
(05121) 1311 12,
E-Mail: a.a.janssen@t-online.de

Janz, Dr. Norbert, apl. Professor,
Landesrechnungshof Brandenburg,
Graf-von-Schwerin-Str. 1, 14469 Potsdam,
(0331) 866 85 35, Fax (0331) 866 85 18,
E-Mail: janz@uni-potsdam.de

Jarass, Dr. Hans D., LL.M. (Harvard),
o. Professor,
Forschung Öffentliches Recht und
Europarecht
Baumhofstr. 37 D, 44799 Bochum
(0234) 772024
ZIR Forschungsinstitut an der Universität
Münster,
Wilmergasse 12–13, 48143 Münster,
(0251) 8329 780

Jestaedt, Dr. Matthias, Professor,
Marchstraße 34, 79211 Denzlingen;

Albert-Ludwigs-Universität,
Rechtswissenschaftliche Fakultät,
79085 Freiburg i. Br.,
(0761) 2039 7800, Fax (0761) 2039 7802
E-Mail: matthias.jestaedt@jura.
uni-freiburg.de

Jochum, Dr. Georg, Professor,
Oberhofstraße 92, 88045 Friedrichshafen,
(01 0) 238 6758;
Zeppelin University, Lehrstuhl für Europarecht & Internationales Recht der Regulierung,
Maybachplatz 5, 88045 Friedrichshafen,
(07541) 6009 1481,
Fax (07541) 6009 1499,
E-Mail: Georg.Jochum@zeppelin-university.de

Jochum, Dr. jur. Heike,
Mag. rer. publ., Professorin,
Buchsweilerstraße 77, 66953 Pirmasens;
Institut für Finanz- und Steuerrecht
an der Universität Osnabrück,
Martinistraße 10, 49080 Osnabrück,
(0541) 969-6168 (Sek.), -6161 (direkt),
Fax (0541) 969-61 67,
E-Mail: Heike.Jochum@gmx.net

Jouanjan, Dr. Olivier, Professor,
32, rue de Vieux Marché aux Poissons,
F-97000 Strasbourg,
(0033) 661 33 2559;
Université Panthéon-Assas,
Centre de droit public comparé,
12 place du Panthéon, F-75005 Paris,
(0033) 388 14 3034;
Albert-Ludwigs-Universität, Rechtswissenschaftliche Fakultät,
Institut für öffentliches Recht (Abt. 2),
Platz der Alten Synagoge,
79085 Freiburg i. Br.,
E-Mail: olivier.jouanjan@u-paris2.fr

Kadelbach, Dr. Stefan, LL.M., Professor,
Goethe-Universität,
Institut für Öffentliches Recht,
Lehrstuhl für Öffentliches Recht,
Europarecht und Völkerrecht,
Theodor-W.-Adorno-Platz 4,
60629 Frankfurt am Main,
(069) 798 34295, Fax (069) 798 34516,
E-Mail: s.kadelbach@jur.uni-frankfurt.de

Kägi-Diener, Dr. Regula, Professorin,
Rechtsanwältin,
Marktgasse 14, CH-9004 St. Gallen,
(0041) 71 223 81 21,
Fax (0041) 71 223 81 28,
E-Mail: switzerland@ewla.org oder
regula.kaegi-diener@ewla.org

Kämmerer, Dr. Jörn Axel, Professor,
Am Kaiserkai 53, 20457 Hamburg,
(040) 48 0922 23;
Bucerius Law School,
Hochschule für Rechtswissenschaft,
Jungiusstraße 6, 20335 Hamburg,
(040) 307 06 190, Fax (040) 3070 6 195,
E-Mail: axel.kaemmerer@law-school.de

Kästner, Dr. Karl-Hermann, o. Professor,
Am Rebberg 18, 78337 Öhningen,
Universität Tübingen, Juristische Fakultät,
Geschwister-Scholl-Platz, 72074 Tübingen
(07071) 297 2971, Fax (07071) 2950 96,
E-Mail: Kaestner@jura.uni-tuebingen.de

Kahl, Dr. Dr. h.c. Arno,
Universitätsprofessor,
Universität Innsbruck,
Institut für Öffentliches Recht,
Staats- und Verwaltungslehre,
Innrain 52d, A-6020 Innsbruck,
(0043) 512/507 84004,
E-Mail: arno.kahl@uibk.ac.at

Kahl, Dr. Wolfgang, M.A., o. Professor,
Universität Heidelberg,
Institut für deutsches und
europäisches Verwaltungsrecht,
Friedrich-Ebert-Anlage 6–10,

69117 Heidelberg,
(06221) 5474 28, Fax (06221) 5477 43,
E-Mail: kahl@jurs.uni-heidelberg.de

Kaiser, Dr. Anna-Bettina,
LL.M. (Cambridge), o. Professorin,
Humboldt-Universität zu Berlin –
Juristische Fakultät
Professur für Öffentliches Recht und
Grundlagen des Rechts
Unter den Linden 6, D-10099 Berlin,
(030) 2093 3579,
Fax: (030) 2093 3430,
E-Mail: kaiser@rewi.hu-berlin.de

Kaltenborn, Dr. Markus, Professor,
Ruhr-Universität Bochum, Juristische
Fakultät
44780 Bochum,
(0234) 32-2 5252 oder -252 63,
E-Mail: markus.kaltenborn@ruhr-uni-bochum.de

Karpen, Dr. Ulrich, Universitätsprofessor,
Ringstr. 181, 22145 Hamburg,
(040) 677 8398,
E-Mail: ulrich.karpen@gmx.de

Kau, Dr. Marcel, LL.M., Privatdozent,
Blarerstraße 8, 78462 Konstanz;
Universität Konstanz,
Fachbereich Rechtswissenschaft D 110,
Universitätsstraße 10, 78457 Konstanz,
(07531) 8836 34,
Fax (07531) 8831 46,
E-Mail: Marcel.Kau@uni-konstanz.de

Kaufhold, Dr. Ann-Katrin,
Universitätsprofessorin
Ludwig-Maximilians-Universität München
Institut für Politik und Öffentliches Recht
Lehrstuhl für Staats- und Verwaltungsrecht
Prof.-Huber-Platz 2, 80539 München
(089) 21892777;
E-Mail: ann-katrin.kaufhold@jura.uni-muenchen.de

Kaufmann, Dr. Christine, Professorin,
Lehrstuhl für Staats- und Verwaltungsrecht,
Völker- und Europarecht,
Universität Zürich, Rämistrasse 74/5,
CH-8001 Zürich,
(0041) 446 34 48 65,
Fax (0041) 446 3443 78,
E-Mail: Lst.kaufmann@rwi.uzh.ch

Kaufmann, Dr. Marcel, Privatdozent,
Rechtsanwalt,
Senefelderstraße 7, 10437 Berlin;
Freshfields Bruckhaus Deringer,
Environment, Planning and Regulatory
(EPR),
Potsdamer Platz 1, 10785 Berlin,
(030) 202 83 857(Sekretariat),
(030) 202 83 600,
Fax (030) 202 83-766,
E-Mail: marcel.kaufmann@freshfields.com

Keller, Dr. Helen, Professorin,
Eigenstraße 16, CH-8008 Zürich,
(0041) 444 22 2320;
Universität Zürich, Rechtswissenschaftliches Seminar,
Rämistraße 74/13, CH-8001 Zürich,
(0041) 446 34 3689,
Fax (0041) 446 34 4339,
E-Mail: helen.keller@rwi.uzh.ch

Kemmler, Dr. Iris, L.MM. (LSE),
Privatdozentin,
Sonnenbühl 22, 70597 Stuttgart
(0711) 2844447,
Eberhard Karls Universität Tübingen
Lehrstuhl für Öffentliches Recht,
Finanz- und Steuerrecht
Prof. Dr. Ferdinand Kirchhof
Geschwister-Scholl Platz, 72074 Tübingen
(07071) 29 74058, Fax: (07071) 23 4358
E-Mail: Iris.kemmler@gmx.de

Kempen, Dr. Bernhard, o. Professor,
Rheinblick 1, 53424 Remagen/Oberwinter,
(02228) 9132 91, Fax (022 28) 9132 93;

Institut für Völkerrecht und ausländisches
öffentliches Recht, Universität zu Köln,
Gottfried-Keller-Straße 2, 50931 Köln,
(0221) 470 2364, Fax (0221) 470 4992,
E-Mail: Bernhard.Kempen@uni-koeln.de

Kempny, Dr. Simon, Universitätsprofessor,
Lehrstuhl für Öffentliches Recht
und Steuerrecht,
Fakultät für Rechtswissenschaft,
Universität Bielefeld
Universitätsstraße 25, 33615 Bielefeld,
(0521) 106 67690,
E-Mail: simon.kempny@uni-bielefeld.de

Kersten, Dr. Jens, Universitätsprofessor,
Juristische Fakultät
Ludwig-Maximilians-Universität München,
Professor-Huber-Platz 2, 80539 München,
(089) 2180 2113,
E-Mail: jens.kersten@jura.
uni-muenchen.de

Khakzadeh-Leiler, Dr. Lamiss,
ao. Univ.-Professorin,
Universität Innsbruck, Institut für
Öffentliches Recht,
Staats- und Verwaltungslehre,
Innrain 52 d, A-6020 Innsbruck,
(0043) 507 84032,
E-Mail: lamiss.khakzadeh@uibk.ac.at

Khan, Dr. Daniel-Erasmus, Professor,
Institut für Öffentliches Recht und
Völkerrecht
Universität der Bundeswehr München,
Werner-Heisenberg-Weg 39,
85579 Neubiberg,
(089) 6004-4690 oder -4262 oder -2048,
Fax (089) 6004 4691,
E-Mail: Khan@unibw.de

Kielmansegg, Dr. Sebastian Graf von,
Professor,
Lehrstuhl für Öffentliches Recht
und Medizinrecht

Christian-Albrechts-Universität zu Kiel,
Olshausenstraße 75, 24118 Kiel
(0431) 880 1668; Fax: (0431) 880 1894;
E-mail: skielmansegg@law.uni-kiel.de

Kilian, Dr. Michael, Professor,
Hohenkogl 62, A-8181 St. Ruprecht/Raab
Juristische Fakultät, Universität Halle-
Wittenberg,
Universitätsplatz 3–5, Juridicum, 06099
Halle (Saale),
(0345) 55 231 70,
Fax (0345) 55 2 7269,
E-Mail: michael.kilian@jura.uni-halle.de

Kingreen, Dr. Thorsten, Professor,
Agnes-Miegel-Weg 10, 93055 Regensburg,
(0941) 70402 41;
Lehrstuhl für Öffentliches Recht,
Sozialrecht und Gesundheitsrecht,
Universität Regensburg,
Universitätsstr. 31, 93053 Regensburg,
(0941) 943 2607 od. 26 8,
Fax (0941) 943 3634,
E-Mail: king@jura.uni-regensburg.de

Kirchhof, Dr. Ferdinand, o. Professor,
Walther-Rathenau-Str.28
72766 Reutlingen
(07121) 490281

Kirchhof, Dr. Gregor,
LL.M., Universitätsprofessor,
Universität Augsburg,
Lehrstuhl für Öffentliches Recht, Finanz-
recht und Steuerrecht,
Universitätsstr. 24, 86159 Augsburg
(0821) 598 4541,
E-Mail: sekretariat.kirchhof@jura.
uni-augsburg.de

Kirchhof, Dr. Dres. h.c. Paul, Professor,
Am Pferchelhang 33/1, 69118 Heidelberg,
(06221) 8014 47;
Universität Heidelberg,
Schillerstr. 4–8, 69115 Heidelberg,

(06221) 54 19356,
E-Mail: paul.kirchhof@paul-kirchhof.de

Kirn, Dr. Michael, o. Professor,
Rummelsburgerstr. 3, 22147 Hamburg,
(040) 647 3843;
Universität der Bundeswehr,
Institut für Öffentliches Recht,
Postfach 70 08 22, 22043 Hamburg,
(040) 6541-2782 oder (040) 6541-2590

Kirste, Dr. Stephan, Professor,
Am Gutleuthofhang 18, 69118 Heidelberg,
(06221) 804503, Fax (06221) 804503;
Universität Salzburg, Rechts- und
Sozialphilosophie, FB Sozial- und Wirtschaftswissenschaften an der Rechtswissenschaftlichen Fakultät,
Churfürststraße 1, A-5010 Salzburg,
(0043-662) 8044-3551,
Fax (0043-662) 8044-74-3551,
Mobil (0043-664) 8289-223,
E-Mail: stephan.kirste@sbg.ac.at

Kischel, Dr. Uwe, LL.M. (Yale),
Attorney-at-law (New York), o. Professor,
Dorfstraße 34, 17121 Düvier,
(0399 98) 315 46;
Ernst-Moritz-Arndt-Universität Greifswald,
Domstr. 20a, 17489 Greifswald,
(03834) 420 2180, Fax (03834) 420 2182,
E-Mail: kischel@uni-greifswald.de

Klatt, Dr. Matthias, Prof.,
Rothenbaumchaussee 33, 20148 Hamburg,
(040) 42838 2380, Fax: 040 42838 8296,
Universitätsprofessur für Rechtsphilosophie, Rechtssoziologie und
Rechtspolitik, Rechtswissenschaftliche
Fakultät, Karl-Franzens-Universität Graz,
Universitätsstraße 15 / C2, A-8010 Graz
E-Mail: matthias.klatt@uni-graz.at

Klaushofer, Dr. Reinhard,
Universitätsprofessor,
Universität Salzburg,

Kapitelgasse 5–7, A-5020 Salzburg,
(0043) 662 8044 3634,
Fax (0043) 662 8044 303,
E-Mail: reinhard.klaushofer@sbg.ac.at

Klein, Dr. iur. Eckart, Universitätsprofessor,
Heideweg 45, 14482 Potsdam,
(0331) 7058 47,
E-Mail: klein@uni-potsdam.de

Klein, Dr. Hans Hugo,
Universitätsprofessor em.,
Richter des Bundesverfassungsgerichts a.D.
Heilbrunnstr. 4, 76327 Pfinztal,
(07240) 7300,
E-Mail: hanshklein@web.de

Klein, Dr. Tonio, Professor,
Kommunale Hochschule für Verwaltung
in Niedersachsen,
Wielandstr. 8, 30169 Hannover,
(0511) 1609 2448,
E-Mail: tonio.klein@nsi-hsvn.de

Kleinlein, Dr. Thomas, Professor,
Lehrstuhl für Öffentliches Recht,
Europarecht und Völkerrecht,
Rechtswissenschaftliche Fakultät,
Friedrich-Schiller-Universität Jena,
Carl-Zeiß-Straße 3, 07737 Jena,
(03641) 942 201,
E-Mail: thomas.kleinlein@uni-jena.de

Klement, Dr. Jan Henrik,
Universitätsprofessor, Universität Mannheim,
Schloss Westflügel, 68131 Mannheim,
(0621) 181 2551
E-Mail: klement@jura.uni-mannheim.de

Kley, Dr. Andreas, Professor,
Stallikerstr. 10a,
CH–8142 Uitikon Waldegg

Kloepfer, Dr. Michael, o. Professor,
Taubertstraße 19, 14193 Berlin,
(030) 825 2490, Fax (030) 825 2690

Kluckert, Dr. Sebastian, Privatdozent,
Bergische Universität Wuppertal,
Professur für Öffentliches Recht,
Gaußstraße 20, 42119 Wuppertal,
(0202) 439 5280, Fax (0202) 439 5289,
E-Mail: kluckert@uni-wuppertal.de

Kluth, Dr. Winfried, Professor,
Eilenburger Straße 12, 06116 Halle (Saale);
Martin-Luther-Universität
Halle-Wittenberg,
Juristische und Wirtschaftswissenschaftliche Fakultät,
Lehrstuhl für Öffentliches Recht,
Universitätsplatz 10a, 06099 Halle (Saale),
(0345) 552 3223, Fax (0345) 552 7293,
E-Mail: winfried.kluth@jura.uni-halle.de

Kment, Dr. Martin, LL.M. (Cambridge),
Professor,
Donaustraße 16, 81679 München;
Lehrstuhl für Öffentliches Recht und
Europarecht, Umweltrecht und
Planungsrecht,
Universität Augsburg,
Universitätsstr. 24, 86159 Augsburg,
(0821) 598 4535, Fax (0821) 598 4537,
E-Mail: martin.kment@jura.
uni-augsburg.de

Knauff, Dr. Matthias, LL.M. Eur.,
Professor,
von-Salza-Str. 10,
97980 Bad Mergentheim,
(07931) 481 0097, (0163) 729 8371;
Friedrich-Schiller-Universität Jena
Rechtswissenschaftliche Fakultät,
Lehrstuhl für Öffentliches Recht,
insbes. Öffentliches Wirtschaftsrecht,
Carl-Zeiß-Str. 3, 07743 Jena,
(03641) 942 221, Fax (03641) 942 222,
E-Mail: matthias.knauff@uni-jena.de

Kneihs, Dr. Benjamin, Univ. Professor,
Niederland 73, A-5091 Unken, Österreich;
Universität Salzburg,
Fachbereich öffentliches Recht,
Kapitelgasse 5–7, A-5020 Salzburg,
(0043) 662 8044 3611,
Fax (0043) 662 8044 303,
E-Mail: benjamin.kneihs@sbg.ac.at

Knemeyer, Dr. Franz-Ludwig, o. Professor,
Unterdürrbacher Str. 353, 97080 Würzburg,
(0931) 961 18;
Universität Würzburg,
Domerschulerstr.16, 97070 Würzburg,
(0931) 31 8 2899,
Fax (0931) 31 23 17,
E-Mail: knemeyer@jura.uni-wuerzburg.de

Koch, Dr. Hans-Joachim, Professor,
Wendlohstr. 80, 22459 Hamburg,
(040) 551 8804, Fax (040) 551 8804;
Universität Hamburg, Fakultät für
Rechtswissenschaft,
Edmund-Siemers-Allee 1, 20146 Hamburg,
(040) 42838-3977 oder -5443,
Fax (040) 42838 6280,
E-Mail: hans-joachim.koch@jura.
uni-hamburg.de

Koch, Dr. Thorsten, Privatdozent,
Emanuel-Geibel-Str. 4,
49143 Bissendorf-Schledehausen,
(05402) 7774;
Institut für Kommunalrecht Universität
Osnabrück,
Martinistr. 12, 49069 Osnabrück,
(0541) 969 6169, Fax (0541) 969 6164,
E-Mail: tkoch@uos.de

Köck, Dr. Wolfgang, Professor,
UFZ-Umweltforschungszentrum
Leipzig-Halle GmbH,
Permoserstraße 15, 04318 Leipzig;
Universität Leipzig, Lehrstuhl für
Umweltrecht,
Postfach 10 09 20, 04009 Leipzig,
(0341) 235 3140,
Fax (0341) 235 2825,
E-Mail: Wolfgang.Koeck@ufz.de

Koenig, Dr. Christian, LL.M. (London),
Universitätsprofessor,
Zentrum für Europäische
Integrationsforschung,
Rheinische Friedrich-Wilhelms-Universität,
Walter-Flex-Str. 3, 53113 Bonn,
(0228) 73-18-91/-92/-95,
Fax (0228) 73-1893,
E-Mail: sekretariat.zeia@uni-bonn.de

König, Dr. Doris, Professorin,
Bundesverfassungsgericht
Schlossbezirk 3, 76131 Karlsruhe
(0721) 9101 338, Fax: (0721) 9101 720
E-Mail: doris.koenig@law-school.de

König, Dr. Dr. Klaus, Universitätsprofessor,
Albrecht-Dürer-Str. 20, 67346 Speyer,
(06232) 29 02 16;
Deutsche Universität für
Verwaltungswissenschaften Speyer,
Postfach 14 09, 67324 Speyer,
(06232) 654-369 oder -350 oder -355,
Fax (06232) 654 306,
E-Mail: k.koenig@uni-speyer.de

Kokott, Dr. Juliane, LL.M. (Am. Un.),
S.J.D. (Harvard),
Universitätsprofessorin, Generalanwältin,
(06221) 4516 17;
Gerichtshof der Europäischen
Gemeinschaften, Th. More 2214,
Bd. Konrad Adenauer, L-2925, Luxemburg,
(00352) 4303 2221,
E-Mail: juliane.kokott@curia.europa.eu

Kolonovits, Dr. Dieter, Mag., M.C.J.,
ao. Universitätsprofessor,
Berggasse 17/41 A-1090 Wien,
(0043) 699 1920 2895;
Präsident,
Verwaltungsgericht Wien,
Muthgasse 62, A-1190 Wien,
(0043) 4000 38501,
Fax (0043) 4000 99 38501,
E-Mail: dieter.kolonovits@vgw.wien.gv.at

Kopetzki, DDr. Christian,
Universitätsprofessor,
Institut für Staats- und Verwaltungsrecht,
Medizienrecht, Universität Wien,
Schottenbastei 10–16, A-1010 Wien,
(0043) 1427 73 5411,
Fax (0043) 1427 73 5419,
E-Mail: christian.kopetzki@univie.ac.at

Korioth, Dr. Stefan, Professor,
Institut für Politik und Öffentliches Recht
der Universität München,
Professor-Huber-Platz 2/III,
80539 München,
(089) 2180 2737, Fax (089) 2180 3990,
E-Mail: Korioth@jura.uni-muenchen.de

Korte, Dr. Stefan, Professor,
Technische Universität Chemnitz,
Lehrstuhl für Öffentliches Recht insb.
Öffentliches Wirtschaftsrecht,
Fachbereich Wirtschaftswissenschaften
Thüringer Weg 7, 09126 Chemnitz,
(0371) 53126460, Fax (0371) 53126469
E-Mail: stefan.korte@wirtschaft.
tu-chemnitz.de

Kotulla, Dr. Michael, M.A., Professor,
Universität Bielefeld,
Fakultät für Rechtswissenschaft,
Postfach 10 01 31, 33501 Bielefeld,
(0521) 106 2500, Fax (0521) 106 8091,
E-Mail: Michael.Kotulla@uni-bielefeld.de

Kotzur, Dr. Markus, LL.M. (Duke Univ.),
o. Professor,
Am Sandtorkai 64 b, 20457 Hamburg,
(040) 4191-9344;
Universität Hamburg, Institut für Internationale Angelegenheiten, Fakultät für
Rechtswissenschaft,
Rothenbaumchaussee 33, 20148 Hamburg,
(040) 42828 4601,
Fax (040) 42838 6262,
E-Mail: markus.kotzur@jura.
uni-hamburg.de

Krajewski, Dr. Markus, Professor,
Friedrich-Alexander-Universität
Erlangen-Nürnberg,
Fachbereich Rechtswissenschaft,
Schillerstr. 1, 91054 Erlangen,
(09131) 85 222 60, Fax (09131) 85 269 50,
E-Mail: markus.krajewski@fau.de

Krause, Dr. Peter, o. Professor,
Weinbergstr. 12, 54317 Korlingen,
(0 65 88) 73 33;
Universität Trier, 54286 Trier,
(0651) 201 2587, Fax (0651) 201 3803,
E-Mail: Krausepe@uni-trier.de

Krausnick, Dr. Daniel, apl. Professor,
Rumfordstr. 25, 80469 München,
(0160) 92967079
Bayrisches Staatsministerium für
Wissenschaft und Kunst,
Jungfernturmstr. 1, 80333 München
(089) 21862394
E-Mail: daniel.krausnick@web.de, daniel.
krausnick@stmwk.bayern.de

Krebs, Dr. Walter, Professor,
Herderallee 13, 44791 Bochum,
(0234) 511288,
E-Mail: krebs.bo@t-online.de

Kremer, Dr. Carsten, M.A., M.Jur.
(Oxford), Privatdozent
Nordendstr. 49, 60318 Frankfurt am Main,
(0174) 5632093;
Goethe-Universität Frankfurt am Main,
Institut für Öffentliches Recht,
Theodor-W.-Adorno-Platz 4,
60629 Frankfurt am Main,
(069) 798 34273,
E-Mail: c.kremer@jur.uni-frankfurt.de

Kreßel, Dr. Eckhard, Professor,
Lenzhalde 42, 73760 Ostfildern,
E-Mail: ekressel@aol.com
Juristische Fakultät der Universität
Würzburg,
Domerschulstr. 16, 97070 Würzburg,
E-Mail: eckhard.kressel@jura.
uni-wuerzburg.de

Kreuter-Kirchhof, Dr. Charlotte, Professor
Kirchgasse 61, 53347 Alfter,
(02222) 9936 22, Fax (02222) 9936 21;
Lehrstuhl für Deutsches und Ausländisches
Öffentliches Recht, Völkerrecht und
Europarecht
Heinrich-Heine-Universität Düsseldorf
Universitätsstrasse 1, 40225 Düsseldorf
(0211) 81 114 35,
Fax: (0211) 81 114 56
E-Mail: kreuter-kirchhof@hhu.de

Krieger, Dr. Heike, Professorin,
Freie Universität Berlin, Fachbereich
Rechtswissenschaft,
Van't-Hoff-Straße 8, 14195 Berlin,
(030) 8385 1453,
E-Mail: hkrieger@zedat.fu-berlin.de

Kriele, Dr. Martin, o. Professor,
An der Winkelheide 15,
14641 Nauen OT Börnike,
(0332) 30205082, Fax: (0332) 30229693;
Universität Köln,
Albertus-Magnus-Platz 1, 50923 Köln,
(0221) 470-2230, Fax (0221) 470-5010

Kröger, Dr. Klaus, Universitätsprofessor,
Hölderlinweg 14, 35396 Gießen,
(0641) 522 40; (0641) 9923 130,
Fax (0641) 9923 059

Kröll, Dr. Thomas, Assoziierter Professor,
Pyrkergasse 37/5, A-1190 Wien;
Institut für Österreichisches und
Europäisches
Öffentliches Recht, Wirtschaftsuniversität
Wien,
Welthandelsplatz 1/D3, A-1020 Wien,
(0043) 1313365441,
Fax (0043) 131336905441,
E-Mail: thomas.kroell@wu.ac.at

Krüper, Dr. Julian, Professor,
Sundernstr. 24, 58452 Witten;
Professur für Öffentliches Recht,
Verfassungstheorie und interdisziplinäre
Rechtsforschung, Juristische Fakultät der
Ruhr-Universität Bochum,
Universitätsstraße 150, 44780 Bochum,
(0234) 32 29942, Fax (0234) 32 14282
E-Mail: julian.krueper@rub.de

Krugmann, Dr. Michael, Privatdozent,
Stellaustieg 3, 22143 Hamburg,
(040) 677 8860,
Fax (040) 677 8860,
E-Mail: dr@michaelkrugmann.de

Krumm, Dr. Marcel, Universitätsprofessor,
Rechtswissenschaftliche Fakultät
Westfälische Wilhems-Universität Münster,
Universitätstraße 14, 48143 Münster
(0251) 83 22795,
E-Mail: marcel.krumm@wwu.de

Kube, Dr. Hanno, LL.M. (Cornell),
Universitätsprofessor,
Institut für Finanz- und Steuerrecht,
Lehrstuhl für Öffentliches Recht unter
besonderer Berücksichtigung des
Finanz- und Steuerrechts,
Ruprecht-Karls-Universität Heidelberg,
Friedrich-Ebert-Anlage 6–10,
69117 Heidelberg,
(06221) 547792,
E-Mail: kube@uni-heidelberg.de

Kucsko-Stadlmayer, Dr. Gabriele,
Universitätsprofessorin,
Rooseveltplatz 4–5, A-1090 Wien,
(0043) 14 08 38 59;
Universität Wien, Institut für Staats- und
Verwaltungsrecht,
Schottenbastei 10–16, A-1010 Wien,
(0043) 1427 7354 18,
Fax (0043) 142 7793 54,
E-Mail: gabriele.kucsko-stadlmayer@
univie.ac.at

Kühling, Dr. Jürgen, LL.M. (Brüssel),
Universitätsprofessor,
Kellerweg 12 b, 93053 Regensburg,
(0941) 705 6079;
Universität Regensburg, Lehrstuhl für
Öffentliches Recht und Immobilienrecht,
Universitätsstr. 31, 93053 Regensburg,
(0941) 943 6060, Fax (0941) 943 6062,
E-Mail: juergen.kuehling@jura.
uni-regensburg.de

Kühne, Dr. Jörg-Detlef, Professor,
Münchhausenstr. 2, 30625 Hannover,
(0511) 55 65 63;
Universität Hannover,
Königsworther Platz 1, 30167 Hannover,
(0511) 7 62 8148, Fax (0511) 7 62 8228,
E-Mail: Kuehne@oera.uni-hannover.de

Küpper, Dr. Herbert, Professor,
Herrnstr. 15, 80539 München;
Institut für Ostrecht,
Landshuter Str. 4, 93047 Regensburg,
(0941) 943 5450, Fax (0941) 943 5465,
E-Mail: Herbert.Kuepper@ostrecht.de

Kugelmann, Dr. Dieter, Professor,
Der Landesbeauftragte für den Datenschutz
und die Informationsfreiheit
Rheinland-Pfalz,
Postfach 30 40, 55020 Mainz
(06131) 2 08 24 49,
Fax (06131) 2 08 24 97,
E-Mail: poststelle@datenschutz.rlp.de

Kulick, Andreas, Privatdozent Dr.,
Universität Tübingen, Juristische Fakultät,
Lehrstuhl Prof. Dr. Martin Nettesheim,
Geschwister-Scholl-Platz, 72074 Tübingen,
(07071) 297 2953,
E-Mail: andreas.kulick@uni-tuebingen.de

Kunig, Dr. Dr. h.c. (Univ. Athen) Dr. h.c.
(Univ. Istanbul) Philip, Professor,
Freie Universität Berlin, Institut für Staats-
lehre,

Boltzmannstraße 3, 14195 Berlin,
(030) 838 530 10, Fax (030) 838 530 11,
E-Mail: Kunig@zedat.fu-berlin.de

Lachmayer, Dr. Konrad, Professor,
Rechtswissenschaftliche Fakultät,
Siegmund Freud Privatuniversität Wien
Freudplatz 3, 1020 Wien
(0043) 1 90 500 70 1685
E-Mail: konrad.lachmayer@jus.sfu.ac.at

Ladeur, Dr. Karl-Heinz, Professor,
Universität Hamburg,
Fakultät für Rechtswissenschaft,
Schlüterstraße 28, 20146 Hamburg,
(040) 428 38 5752, Fax (040) 428 38 2635,
E-Mail: karl-heinz.ladeur@jura.
uni-hamburg.de

Lampert, Dr. Steffen, Professor,
Rolandstraße 7a, 49078 Osnabrück;
Institut für Finanz- und Steuerrecht,
Am Natruper Holz 60a, 49090 Osnabrück,
(0541) 969 6168, Fax (0541) 969 6161,
E-Mail: slampert@uos.de

Lang, Dr. Heinrich, Professor,
Dipl.-Sozialpädagoge,
Steinstraße 13, 17489 Greifswald;
Ernst-Moritz-Arndt Universität Greifswald,
Lehrstuhl für Öffentliches Recht,
Sozial- und Gesundheitsrecht,
Domstraße 20, 17489 Greifswald,
(03834) 420 2174, Fax (03834) 420 2113,
E-Mail: heinrich.lang@uni-greifswald.de

Lange, Dr. Klaus, Universitätsprofessor,
Fachbereich Rechtswissenschaften,
Universität Gießen,
Hein-Heckroth-Straße 5, 35390 Gießen,
(0641) 99 21181, Fax (0641) 992 11 89,
E-Mail: Klaus.Lange@recht.uni-giessen.de

Langenfeld, Dr. Christine, Professorin,
Menckestraße 30, 04155 Leipzig,
(0341) 5611 4940, Fax (0341) 5611 4941,

E-Mail: Dr.Langenfeld@t-online.de;
Juristisches Seminar der Georg-August-
Universität,
Platz der Göttinger Sieben 6,
37073 Göttingen,
(0551) 39 21150, Fax (0551) 39 21151,
E-Mail: enomiko@gwdg.de

Laskowski, Dr. Silke Ruth, Professorin,
Gertigstraße 13, 22303 Hamburg,
(040) 366615, Fax (040) 366615,
Mobil (0179) 2315663;
Universität Kassel, Institut für Wirtschafts-
recht,
FG Öffentliches Recht, Völker- und
Europarecht,
Schwerpunkt Umweltrecht,
Diagonale 12, 34127 Kassel,
(0561) 804 3222, Fax (0561) 804 2827,
E-Mail: Laskowski@uni-kassel.de

Laurer, Dr. Hans René,
a.o. Universitätsprofessor,
Scheffergasse 27a, A-2340 Mödling,
(0043) 263 62 0402;
Wirtschafts-Universität,
Augasse 2–6, A-1190 Wien,
(0043) 1313 36 oder 4669 oder 4158

Lee, Prof. Dr. iur. Chien-Liang,
Institutum Iurisprudentiae, Academia
Sinica,
128 Academia Sinica Rd., Sec. 2, Nankang,
Taipei 11529, Taiwan,
(0086) 2 26525412 oder (0086) 2 87320212
FAX (0086) 2 87320272
E-Mail: chenny@sinica.edu.tw

Leeb, Dr. David, Universitätsprofessor,
Institut für Staatsrecht und Politische
Wissenschaften, Johannes Kepler
Universität Linz,
Altenberger Straße 69, 4040 Linz/Auhof,
Österreich,
(0732 2468 7420, Fax (0732) 2468 7405
E-Mail: david.leeb@jku.at

Lege, Dr. Joachim, o. Professor,
Fischstr. 19, 17489 Greifswald,
(03834) 7739 41;
Rechts- und Staatswissenschaftliche
Fakultät,
Lehrstuhl für Öffentliches Recht,
Verfassungsgeschichte, Rechts- und
Staatsphilosophie,
Ernst-Moritz-Arndt-Universität,
Domstr. 20, 17489 Greifswald,
(03834) 420 2150, Fax (03834) 420 2156,
E-Mail: lege@uni-greifswald.de

Lehner, Dr. Moris, Universitätsprofessor,
Kaiserplatz 7, 80803 München,
(089) 3402 0646;
Ludwig-Maximilians-Universität, Lehrstuhl
für Öffentliches Recht, insbesondere öffentliches Wirtschaftsrecht und Steuerrecht,
Ludwigstr. 28 (Rgb.), 80539 München,
(089) 2180 2718,
Fax (089) 3335 66,
E-Mail: Moris.Lehner@jura.
uni-muenchen.de

Leisner, Dr. mult. Dr. h.c. Walter,
o. Professor,
Pienzenauerstr. 99, 81925 München,
(089) 9894 05, Fax (089) 9829 0997

Leisner, Dr. Walter Georg, apl. Professor,
Halserspitzstraße 13, 81673 München,
(089) 9894 24;
Freie Universität Berlin
Fachbereich Rechtswissenschaft,
Van't Hoff Str. 8, 14195 Berlin
E-Mail: leisner@leisner-legal.de

Leisner-Egensperger, Dr. Anna,
Universitätsprofessorin,
Lehrstuhl für Öffentliches Recht und
Steuerrecht,
Friedrich-Schiller-Universität Jena,
Carl-Zeiss-Straße 3, 07743 Jena,
(0173) 392 41 45
E-Mail: A.Leisner@ uni-jena.de

Leitl-Staudinger, Dr. Barbara,
Universitätsprofessorin,
Hohe Straße 135, A-4040 Linz;
Institut für Fernunterricht in den
Rechtswissenschaften,
Johannes Kepler Universität Linz,
Petrinumstraße 12, A-4040 Linz,
(0043) 732 2468 1900,
Fax (0043) 732 2468 1910,
E-Mail: barbara.leitl-staudinger@jku.at

Lenze, Dr. Anne, Privatdozentin,
Sandstraße 19, 64625 Bensheim,
(06251) 5808 52;
Fachhochschule Darmstadt,
Adelungstraße 51, 64283 Darmstadt,
(06151) 1689 65, Fax (06151) 1689 90,
E-Mail: anne.lenze@t-online.de

Lepsius, Dr. Oliver, LL.M. (Chicago),
Professor,
Veghestr. 20, 48149 Münster
(0251) 83 23610
E-Mail: oliver.lepsius@uni-muenster.de

Lewinski, Dr. Kai von, Professor,
Lehrstuhl für Öffentliches Recht, Medien-
und Informationsrecht, Universität Passau,
Innstraße 40 (Nikolakloster), 94032 Passau,
(0851)509 2221 (Sekr.),
Fax: (0851) 509 2222,
E-Mail: kai.lewinski@uni-passau.de

Lienbacher, Dr. Georg,
Universitätsprofessor,
Obere Donaustr. 43/2/44, A-1020 Wien;
Institut für Österreichisches und Europäisches Öffentliches Recht, Wirtschaftsuniversität Wien,
Welthandelsplatz 1/D3, A-1020 Wien,
(0043) 1313 36 5402,
Fax (0043) 1313 36 9222,
E-Mail: Georg.Lienbacher@wu.ac.at;
Mitglied des Verfassungsgerichtshofs,
Verfassungsgerichtshof, Freyung 8,
A-1010 Wien,

(0043) 1531 22 1037,
E-Mail: g.lienbacher@vfgh.gv.at

Lindner, Dr. Josef Franz, Professor,
Großhaderner Straße 14 b,
81375 München,
(089) 7032 45, Fax (089) 7400 9385,
Lehrstuhl für Öffentliches Recht, Medizinrecht und Rechtsphilosophie, Universität Augsburg, Universitätsstr. 24;
86159 Augsburg,
(0821) 598 4970,
Fax (0821) 598 14 4970
E-Mail: josef.lindner@jura.uni-augsburg.de

Link, Dr. jur. Dres. theol. h.c. Christoph,
em. o. Professor,
Spardorfer Straße 47, D-91054 Erlangen
(09131) 209335,
E-Mail: linkerta@t-online.de

Linke, Dr. Tobias, Privatdozent,
Universität Bonn,
(02241) 9220010,
E-Mail: tobias.linke@jura.uni-bonn.de

Löwer, Dr. Wolfgang, Professor,
Hobsweg 15, 53125 Bonn,
(0228) 2506 92, Fax (0228) 2504 14;
Universität Bonn,
Adenauerallee 24-42, 53113 Bonn,
(0228) 7392 78/7392 80,
Fax (0228) 7339 57,
E-Mail: w.loewer@uni-bonn.de

Lohse, Dr. Eva Julia, Privatdozentin,
Bohlenplatz 7, 91054 Erlangen,
(09131) 9756146,
E-Mail: eva.j.lohse@fau.de

Lorenz, Dr. Dieter, o. Professor,
Bohlstr. 21, 78465 Konstanz,
(07533) 6822;
Universität Konstanz,
Postfach 55 60 D 100, Universitätsstr. 10,
78434 Konstanz,

(07531) 8825 30,
E-Mail: Dieter.Lorenz@uni-konstanz.de

Lorz, Dr. Ralph Alexander,
Hessischer Kultusminister, Apl. Professor,
LL.M. (Harvard), Attorney-at-Law
(New York),
Rheingaustr. 161, 65203 Wiesbaden
(0170) 412 1866;
Hessisches Kultusministerium
Luisenplatz 10, 65185 Wiesbaden
(0611) 368 2000
E-Mail: al.lorz@uni-duesseldorf.de

Luchterhandt, Dr. Otto, Professor,
Im Wendischen Dorfe 28, 21335 Lüneburg,
(04131) 2329 65, Fax (04131) 2329 65;
Universität Hamburg,
Schlüterstr. 28 (Rechtshaus),
20146 Hamburg,
(040) 42838 4562,
E-Mail: ottolucht@arcor.de

Ludwigs, Dr. Markus,
Universitätsprofessor,
Frankenberger Straße 52, 52066 Aachen;
Tiepolostraße 2b, 97070 Würzburg,
(0241) 95719015;
Lehrstuhl für Öffentliches Recht und Europarecht, Universität Würzburg,
Domerschulstraße 16, 97070 Würzburg,
(0931) 31 89979,
E-Mail: ludwigs@jura.uni-wuerzburg.de

Lübbe-Wolff, Dr. Gertrude, Professorin,
(0521) 8826 59;
Universität Bielefeld, Fakultät Rechtswissenschaft,
Universitätsstr. 25, Postfach 100131,
33615 Bielefeld,
(0521) 106 4386, Fax (0521) 106 8085,
E-Mail: Gertrude.Luebbe-Wolff@unibielefeld.de

Lüdemann, Dr. iur. habil. Jörn,
Max-Planck-Institut zur Erforschung von

Gemeinschaftsgütern,
Kurt-Schumacher-Str. 10, 53113 Bonn,
E-Mail: luedemann@coll.mpg.de

Lühmann, Dr. Hans, Privatdozent,
Pannebäcker Str. 7a, 40593 Düsseldorf,
(0211) 239 9534

Luther, Dr. Jörg, Professor
Via Roero di Cortanze 2, I-10124 Torino,
(0039) 011 835 607,
Dipartimento POLIS
Via Cavour 84, I-15100 Alessandria,
(0039) 0131 283 745,
Fax (0039) 0131 283 704
E-Mail: luther@sp.unipmn.it

Mächler, Dr. iur. August, Professor,
Schindellegistrasse 15, CH-8808 Pfäffikon,
(0041) 554 1043 20;
Sicherheitsdepartement des Kt. Schwyz,
Postfach 1200, 6431 Schwyz,
(0041) 418 1920 02,
Fax (0041) 418 1920 19,
E-Mail: august-maechler@swissonline.ch

März, Dr. Wolfgang, Professor,
Lehrstuhl für Öffentliches Recht und
Verfassungsgeschichte,
Universität Rostock,
Ulmenstr. 69 (Haus 3), 18057 Rostock,
(0381) 498 8190, Fax (0381) 498 118 8190,
E-Mail: wolfgang.maerz@uni-rostock.de

Magen, Dr. Stefan, M.A., Professor,
Kallenweg 6, 53129 Bonn,
(0228) 9091 7679;
Ruhr-Universität Bochum, Lehrstuhl für
Öffentliches Recht, Rechtsphilosophie und
Rechtsökonomik,
Universitätsstr. 150, 44780 Bochum,
(0234) 32 22809, Fax (0234) 32 14327
E-Mail: magen@rub.de

Mager, Dr. Ute, Universitätsprofessorin,
Universität Heidelberg, Juristische Fakultät,
Friedrich-Ebert-Anlage 6–10,
69117 Heidelberg,
(06221) 5477 37 oder (0171) 554 0078,
E-Mail: ute.mager@jurs.uni-heidelberg.de

Magiera, Dr. Siegfried,
Universitätsprofessor,
Deutsche Universität für
Verwaltungswissenschaften Speyer,
Freiherr-vom-Stein-Str. 2, 67346 Speyer,
(06232)84898,
E-Mail: s.magiera@uni-speyer.de

Mahlmann, Dr. Matthias, Professor,
Lehrstuhl für Philosophie und Theorie des
Rechts, Rechtssoziologie und Internationa-
les Öffentliches Recht, Universität Zürich,
Treichlerstr. 10, CH-8032 Zürich,
(0041) 44634 1569,
Fax (0041) 44634 4391,
E-Mail: lst.mahlmann@rwi.uzh.ch

Majer, Dr. jur. utr. Diemut,
Rechtsanwältin, Universitätsprofessorin,
Universität Bern;
Welfenstr. 35, 76137 Karlsruhe,
(0721) 8166 50,
Fax (0721) 8176 63,
E-Mail: majer@kanzlei-karlstr62.de

Mangold, Dr. Anna Katharina, Prof., LL.M.
(Cambridge),
Europa-Universität Flensburg
Auf dem Campus 1b
24943 Flensburg
(0461) 805 2766,
Fax (0461) 805 952766
E-Mail: anna-katharina.mangold@uni-
flensburg.de

Mangoldt, Dr. Hans von, Professor,
Goetheweg 1, 72147 Nehren,
(07473) 7908;
Universität Tübingen, Juristische Fakultät,
Geschwister-Scholl-Platz, 72074 Tübingen,
(07071) 297 3302

Mann, Dr. Thomas, Professor,
Lehrstuhl für Öffentliches Recht, insbesondere Verwaltungsrecht, Juristische Fakultät,
Georg-August-Universität Göttingen,
Platz der Göttinger Sieben 6,
37073 Göttingen,
(0551) 39 21160, Fax (0551) 39 21161,
E-Mail: sekretariatmann@jura.
uni-goettingen.de

Manssen, Dr. Gerrit, Universitätsprofessor,
Konrad-Adenauer-Allee 15,
93051 Regensburg,
(0941) 928 45;
Juristische Fakultät, Universität
Regensburg,
93040 Regensburg,
(0941) 943 3255, Fax (0941) 943 3257,
E-Mail: Gerrit.Manssen@jura.
uni-regensburg.de

Mantl, Dr. Dr. h.c. Wolfgang,
em. o. Universitätsprofessor,
Wiener Str. 256/XI/33, A-8051 Graz,
(0043) 316-68 1306;
Institut für Österreichisches, Europäisches
und Vergleichendes Öffentliches Recht,
Politikwissenschaft und Verwaltungslehre,
Karl-Franzens-Universität Graz,
Universitätsstr. 15/K3, A-8010 Graz,
(0043) 316 380 3370,
E-Mail: wolfgang.mantl@uni-graz.at

Marauhn, Dr. Thilo, M.Phil., Professor,
An der Fels 20, 35435 Wettenberg,
(0641) 877 3275, Fax (0641) 877 3275,
E-Mail: thilo.marauhn@recht.
uni-giessen.de;
Professur für Öffentliches Recht,
Völkerrecht
und Europarecht,
Justus-Liebig-Universität Gießen,
Licher Straße 76, 35394 Gießen,
(0641) 992 1150/51,
Fax (0641) 992 1159,
E-Mail: intlaw@recht.uni-giessen.de

Marko, Dr. Joseph, o. Professor,
Kasernstr. 35, A-8010 Graz,
(0043) 316-46 2238;
Institute of Austrian, European and Comparative Public Law and Political Sciences,
University of Graz,
Universitätsstraße 15/B4, A-8010 Graz,
(0043) 316 380 3374,
Fax (0043) 316 380 94 2,
E-Mail: josef.marko@uni-graz.at

Marsch, Dr. Nikolaus, D.I.A.P. (ENA);
Universitätsprofessor,
Universität des Saarlandes
Lehrstuhl für Staats- und Verwaltungsrecht
Campus, Gebäude B4 1, Raum 2.80.2
D-66123 Saarbrücken
(0681) 302-2104 (Sekr.) /
-3104 (Durchwahl)
https://www.uni-saarland.de/lehrstuhl/
marsch

Marti, Dr. Arnold, Titularprofessor
der Universität Zürich,
Fernsichtstraße 5, CH-8200 Schaffhausen,
(0041) 52 624 1810,
E-Mail: a.g.marti@swissonline.ch

Martínez, Dr. José, Universitätsprofessor,
Universität Göttingen, Juristische Fakultät,
Platz der Göttinger Sieben 5,
37073 Göttingen,
(0551) 39 27415, Fax (0551) 39 26080,
E-Mail: jmartin@gwdg.de

Martini, Dr. Mario, Professor,
Lehrstuhl für Verwaltungswissenschaft,
Deutsche Universität für Verwaltungswissenschaften
Speyer, Freiherr-vom-Stein-Straße 2,
67346 Speyer,
(06232) 654 338, Fax (06232) 654 404,
E-Mail: martini@uni-speyer.de

Masing, Dr. Johannes, Professor,
Richter des Bundesverfassungsgerichts,

Schlossbezirk 3, 76131 Karlsruhe;
Albert-Ludwigs-Universität Freiburg,
Platz der Alten Synagoge, 79085 Freiburg,
(0761) 203 2252, Fax (0761) 203 2293,
E-Mail: johannes.masing@jura.
uni-freiburg.de

Mathis, Dr. iur. Klaus, Professor,
MA in Economics,
Ordinarius für Öffentliches Recht, Recht
der nachhaltigen Wirtschaft und
Rechtsphilosophie Universität Luzern,
Rechtswissenschaftliche Fakultät,
Frohburgstraße 3, CH - 6002 Luzern;
(0041) 229 53 80, Fax (0041) 229 53 97,
E-Mail: klaus.mathis@unilu.ch

Matz-Lück, Dr., Nele, Professorin, LL.M.,
Walther-Schücking-Institut für Internati-
onales Recht an der Christian-Albrechts-
Universität zu Kiel,
Westring 400, 24118 Kiel,
(0431) 880 2083,
Fax: (0431) 880 1619,
E-Mail: nmatz@wsi.uni-kiel.de

Maurer, Dr. Hartmut, o. Professor,
Säntisblick 10, 78465 Konstanz,
(07533) 1312;
Universität Konstanz, Fachbereich Rechtswissenschaft, Postfach 118,
78457 Konstanz,
(07531) 8836 57,
Fax (07531) 8831 96,
E-Mail: hartmut.maurer@uni-konstanz.de

Mayer, Dr. Franz, LL.M. (Yale),
Universitätsprofessor,
Universität Bielefeld, Lehrstuhl für
Öffentliches Recht, Europarecht,
Völkerrecht, Rechtsvergleichung und
Rechtspolitik,
Postfach 10 01 31, 33501 Bielefeld,
(0521) 106 4412,
Fax (0521) 106 89016,
E-Mail: franz.mayer@uni-bielefeld.de

Mayer-Tasch, Dr. Peter Cornelius,
Professor,
Am Seeberg 13, 86938 Schondorf,
(08192) 8668;
Geschwister-Scholl-Institut für Politische
Wissenschaft der LMU München,
Oettingenstraße 67, 80538 München,
(089) 288 0399 0, Fax (089) 288 0399 22
E-Mail: mayer-tasch@hfp.mhn.de

Mayrhofer, Dr. Michael,
Assoz. Univ.-Professor,
Schnopfhagenstraße 4/1,
4190 Bad Leonfelden;
Lehrstuhl für Österreichisches und Europä-
isches Öffentliches Recht,
Leitung Abteilung für Technikrecht,
Johannes Kepler Universität Linz, Institut
für Verwaltungsrecht und Verwaltungs-
lehre,
Altenbergerstraße 69, 4040 Linz,
(0732) 2468 1868, Fax: (0732) 2468 1870,
E-Mail: michael.mayrhofer@jku.at

Mehde, Dr. Veith, Mag. rer. publ.,
Professor,
Lehrstuhl für Öffentliches Recht,
insbesondere Verwaltungsrecht,
Leibniz Universität Hannover,
Königsworter Platz 1, 30167 Hannover,
(0511) 762-8206, Sekr.: -8207,
Fax (0511) 762 19106,
E-Mail: mehde@jura.uni-hannover.de

Meinel, Dr. Florian, Universitätsprofessor,
Universität Würzburg, Juristische Fakultät,
Lehrstuhl für Öffentliches Recht und
Rechtsphilosophie,
Domerschulstraße 16, 97070 Würzburg,
(0931) 31 88 122
E-Mail: florian.meinel@uni-wuerzburg.de

Merli, Dr. Franz, Universitätsprofessor,
Universität Wien, Institut für Staats- und
Verwaltungsrecht
Schottenbastei 10–16, A-1010 Wien,

(0043) 1 4277 35421,
E-Mail: franz.merli@univie.ac.at

Merten, Dr. Dr. Detlef, o. Professor,
Von-Dalberg-Str. 8, 67487 St. Martin,
(06323) 1875;
Deutsche Universität für Verwaltungswissenschaften Speyer,
Freiherr-vom-Stein-Str. 2–6, 67346 Speyer,
(06232) 654-349; oder -330,
E-Mail: merten@uni-speyer.de

Meßerschmidt, Dr. Klaus, Privatdozent,
Hynspergstr. 29, 60322 Frankfurt am Main,
(069) 5545 87;
University of Latvia, EuroFaculty,
Raina bulv. 19, LV-1586 Riga/Lettland,
(00371) 782 0278, Fax (00371) 782 0260,
E-Mail: Messerschmidtkl@aol.com

Meyer, Dr. Dr. h. c. Hans, Professor,
Georg-Speyer-Str. 28,
60487 Frankfurt am Main,
(069) 7701 2926, Fax (069) 7 01 2927;
Humboldt-Universität zu Berlin, Juristische Fakultät,
Unter den Linden 6, 10099 Berlin,
(030) 2093-3528 (Sekr.) oder -3347,
Fax (030) 2093-2729,
E-Mail: Hans.Meyer@rewi.hu-berlin.de

Meyer, Dr. Stephan, Professor,
Technische Hochschule Wildau,
Hochschulring 1, 15745 Wildau,
E-Mail: smeyer@th-wildau.de

Meyn, Dr. Karl-Ulrich, Professor,
Leyer Str. 36, 49076 Osnabrück,
(0541) 1 64 82;
Universität Jena, Schillerhaus,
Schillergässchen 2, 07745 Jena,
(03641) 9311 85, Fax (03641) 9311 87,
E-Mail: karl-ulrich.meyn@t-online.de

Michael, Dr. Lothar, Professor,
Professur für Öffentliches Recht,
Universitätsstraße 1, Geb. 24.91,
40225 Düsseldorf,
(0211) 811 1412,
E-Mail: Lothar.Michael@uni-duesseldorf.de

Moeckli, Dr. Daniel, Professor,
Universität Zürich,
Institut für Völkerrecht und ausländisches Verfassungsrecht
Rämistraße 74/50, CH-8001 Zürich,
(0041) 44 634 36 94,
E-Mail: daniel.moeckli@uzh.ch
www.ivr.uzh.ch/de/institutsmitglieder/moeckli.html

Möllers, Dr. Christoph, LL.M., Professor,
Kleiststraße 27, 14163 Berlin;
Humboldt-Universität zu Berlin,
Lehrstuhl für Öffentliches Recht,
insbesondere Verfassungsrecht und Rechtsphilosophie,
Unter den Linden 6, 10099 Berlin,
(030) 2093-35 85, Fax (030) 2093-3552,
E-Mail: sekretariat.moellers@rewi.hu-berlin.de

Möstl, Dr. Markus, Professor,
Rechts- und Wirtschaftswissenschaftliche Fakultät
Universitätsstr. 30, 95440 Bayreuth,
(0921) 55-2866, Fax (0921) 55-2041,
E-Mail: markus.moestl@uni-bayreuth.de

Morgenthaler, Dr. Gerd, Professor,
Universität Siegen, Fakultät III,
Kohlbettstraße 15, 57072 Siegen
(0271) 740 2402,
E-Mail: morgenthaler@recht.wiwi.uni-siegen.de

Morlok, Dr. Martin, Professor,
Poßbergweg 51, 40629 Düsseldorf,
(0211) 2868 68;
Heinrich-Heine-Universität, Juristische Fakultät,

Universitätsstr. 1, Gebäude 24.91,
40225 Düsseldorf,
(0211) 81 10794,
E-Mail: martin.morlok@hhu.de

Morscher, Dr. Siegbert,
em. Universitätsprofessor,
Rechtswissenschaftliche Fakultät,
Universität Innsbruck
Innrain 52d,
A-6020 Innsbruck,
E-Mail: siegbert.morscher@uibk.ac.at

Muckel, Dr. Stefan, Universitätsprofessor,
Universität zu Köln,
Institut für Kirchenrecht,
50923 Köln,
(0221) 470-3777 oder 470-2679,
E-Mail: Kirchenrecht@uni-koeln.de

Mückl, Dr. Dr. Stefan, Professor,
Kanonistische Fakultät
Pontificia Universita della Santa Croce
Via dei Farnesi 83, I-00186 Rom
(0039) 06 68164 670
E-Mail: mueckl@pusc.it

Müller, MMag Dr. Andreas Th., LL.M.
(Yale), Universitätsprofessor,
Institut für Europarecht und Völkerrecht,
Universität Innsbruck,
Innrain 52, 6020 Innsbruck,
(0043) 512 507 81409;
Fax: (0043) 512 507 81599,
E-Mail: andreas.mueller@uibk.ac.at

Müller, Dr. Bernhard, Privatdozent,
Lisseeweg 36/2, A-1210 Wien,
(0043) 676 934 9343;
Dorda Brugger Jordis
Rechtsanwälte GmbH,
Dr.-Karl-Lueger-Ring 10,
A-1010 Wien,
(0043) 1533 4795 57,
Fax (0043) 1533 4795 5057,
E-Mail: bernhard.mueller@dbj.at

Müller, Dr. Dr. h.c. Georg,
o. Professor em.,
Sugenreben 29 C, CH-5018 Erlinsbach,
(0041) 62 844 3873,
E-Mail: georg-mueller@sunrise.ch

Müller, Dr. Dr. h.c. Jörg Paul,
o. Professor em.,
Universität Bern,
Kappelenring 42a,
CH-3032 Hinterkappelen bei Bern,
(0041) 319 01 0570,
E-Mail: jpmueller@bluewin.ch

Müller, Dr. Markus, Professor,
Institut für öffentliches Recht, Universität
Bern, Schanzeneckstraße 1, CH-3001 Bern,
(0041) 31 631 4594,
E-Mail: markus.mueller@oefre.unibe.ch

Müller, Dr. Thomas,
Universitätsprofessor, LL.M.,
Universität Salzburg, Kapitelgasse 5–7,
A-5020 Salzburg,
(0043)662 8044 3623,
Fax (0043)662 8044 303,
E-Mail: thomas.mueller2@sbg.ac.at

Müller-Franken, Dr. Sebastian, Professor,
Professur für Öffentliches Recht,
Philipps-Universität Marburg,
Universitätsstraße 6, 35032 Marburg/Lahn,
(06421) 282 3122, Fax (06421) 282 3840,
E-Mail: mueller-franken@jura.
uni-marburg.de

Müller-Terpitz, Dr. Ralf, Professor,
Lehrstuhl für Öffentliches Recht, Recht
der Wirtschaftsregulierung und Medien,
Fakultät für Rechtswissenschaft und
Volkswirtschaftslehre der Universität
Mannheim,
Schloss Westflügel, 68131 Mannheim,
(0621)181 1857;
Fax: (0621) 181 1860
E-Mail: mueller-terpitz@uni-mannheim.de

Münch, Dr. Dr. h.c. Ingo von, Professor,
Hammerichstr. 2 A,
22605 Hamburg,
(040) 880 99 506, Fax (040) 8234 49

Murswiek, Dr. Dietrich, o. Professor,
Institut für Öffentliches Recht,
Universität Freiburg,
79085 Freiburg, (0761) 203 2241,
E-Mail: murswiek@uni-freiburg.de

Musil, Dr. Andreas, Professor,
Mendelssohn-Bartholdy-Str. 34,
14480 Potsdam,
(0331) 745 3453;
Universität Potsdam, Lehrstuhl für Öffentliches Recht, insbesondere Verwaltungs- und Steuerrecht,
August-Bebel-Str. 89, 14482 Potsdam,
(0331) 977 3233,
E-Mail: musil@uni-potsdam.de

Mußgnug, Dr. Reinhard, o. Professor,
Keplerstr. 40, 69120 Heidelberg,
(06221) 4362 22,
Universität Heidelberg
E-Mail: Reinhard.Mussgnug@urz.
uni-heidelberg.de

Mutius, Dr. Albert von, o. Professor,
Hof „Frankenthaler Moor",
Poseritz-Ausbau Nr. 8,
18574 Poseritz auf Rügen,
(038307) 40599,
Fax (038307) 4 03 49,
Mobil (0176) 2182 0581,
E-Mail: avm.law@gmx.de

Muzak, Dr. Gerhard, Universitätsprofessor,
Theodor-Körner-Gasse 20/8, A-1210 Wien;
Universität Wien, Institut für Staats- und Verwaltungsrecht,
Schottenbastei 10–16,
A-1010 Wien,
(0043) 1 42 77 35423,
E-Mail: gerhard.muzak@univie.ac.at

Nettesheim, Dr. Martin,
Universitätsprofessor,
Juristische Fakultät, Universität Tübingen,
Geschwister-Scholl-Platz 1,
72074 Tübingen,
(07071) 2978101, Fax (07071) 2958 47,
E-Mail: Nettesheim@uni-tuebingen.de

Neumann, Dr. Volker, Professor,
Neckarstaden 10, 69117 Heidelberg,
(06221) 1612 66;
E-Mail: volker.neumann@rewi.hu-berlin.de

Niedobitek, Dr. Matthias,
Universitätsprofessor,
Professur für Europäische Integration mit dem Schwerpunkt Europäische Verwaltung,
Technische Universität Chemnitz,
Thüringer Weg 9, 09126 Chemnitz,
(0371) 531 349 12,
E-Mail: matthias.niedobitek@phil.
tu-chemnitz.de

Nierhaus, Dr. Michael, Professor,
Am Moosberg 1c, 50997 Köln,
(02236) 636 29, Fax (02236) 9637 95,
E-Mail: michael@nierhaus.org

Nolte, Dr. Georg, Professor,
Institut für Völker- und Europarecht,
Humboldt-Universität zu Berlin,
Unter den Linden 6, 10099 Berlin,
(030) 2093 3349, Fax (030) 2093 3384,
E-Mail: georg.nolte@rewi.hu-berlin.de

Nolte, Dr. Jakob, Privatdozent,
Rue des Pavillons 15, CH-1205 Genf,
(0041) 22-3203 427;
Humboldt-Universität zu Berlin,
Juristische Fakultät,
Unter den Linden 6, 10099 Berlin,
(030) 2093 3459, Fax (030) 2093 3345,
E-Mail: jakob.nolte@rewi.hu-berlin.de

Nolte, Dr. Martin, Professor,
Judenpfad 9, 50996 Köln,

(02236) 895 2984,
(0151) 5444 0606 (Mobil);
Deutsche Sporthochschule Köln,
Professur für Sportrecht,
Am Sportpark Müngersdorf 6, 50933 Köln,
(0221) 4982 6088, Fax (0221) 4982 8145,
E-Mail: M.Nolte@dshs-koeln.de

Novak, Dr. Richard, o. Professor,
Thadd. Stammel-Str. 8, A-8020 Graz,
(0043) 316 5 3516;
Universität (0043) 316 380 3371,
E-Mail: richard.novak@uni-graz.at

Nowak, Dr. Carsten, Universitätsprofessor,
Jevenstedter Str. 69g, 22547 Hamburg,
(040) 880 0317;
Lehrstuhl für Öffentliches Recht,
insb. Europarecht,
Europa-Universität Viadrina
Frankfurt (Oder),
Große Scharrnstr. 59,
15230 Frankfurt (Oder),
(0335) 5534-2710, -2711,
Fax (0335) 5534 7 2711,
E-Mail: cnowak@europa-uni.de

Nowrot, Dr. Karsten, LL.M. (Indiana),
Universitätsprofessor,
Universität Hamburg, Von-Melle-Park 9,
20146 Hamburg,
(040) 42838 3207,
E-Mail: Karsten.Nowrot@uni-hamburg.de

Nußberger, Dr. Angelika, Professorin,
Eichenhainallee 15,
51427 Bergisch Gladbach;
Institut für Ostrecht an der Universität zu
Köln,
Klosterstr. 79 d, 50931 Köln,
(0221) 470 5583, Fax (0221) 470 5582,
E-Mail: angelika.nussberger@uni-koeln.de

Oebbecke, Dr. Janbernd,
Universitätsprofessor,
Huberstr. 13a, 48151 Münster,

(0251) 230 5170,
E-Mail: oebbecke@uni-muenster.de

Öhlinger, Dr. Theo,
o. Universitätsprofessor,
Tolstojgasse 5/6, A-1130 Wien,
(0043) 1 877 1260;

Oesch, Dr. Matthias, Professor,
Universität Zürich, Rechtswissenschaftliches Institut, Lehrstuhl für Öffentliches
Recht, Europarecht und Wirtschaftsvölkerrecht,
Rämistraße 74/18, CH-8001 Zürich,
(0041) 44 634 5952,
E-Mail: matthias.oesch@rwi.uzh.ch

Oeter, Dr. Stefan, Professor,
Wulfsdorfer Weg 122, 22359 Hamburg,
(040) 6095 1957;
Universität Hamburg, Institut für
Internationale Angelegenheiten,
Rothenbaumchaussee 33, 20148 Hamburg,
(040) 42838 4565, Fax (040) 42838 6262,
E-Mail: S-Oeter@jura.uni-hamburg.de

Ogorek, Dr. Markus, LL.M. (Berkeley),
Professor,
Brucknerstraße 3, 50931 Köln;
Lehrstuhl für Staats- und Verwaltungsrecht,
öffentliches und privates Wirtschaftsrecht,
EBS Universität für Wirtschaft und Recht,
EBS Law School,
Gustav-Stresemann-Ring 3,
65189 Wiesbaden,
(0611) 7102 2237,
Fax (0611) 7102 10 2237,
E-Mail: markus.ogorek@ebs.edu

Ohler, Dr. Christoph, LL.M., Professor,
Rechtswissenschaftliche Fakultät,
Friedrich-Schiller-Universität Jena,
Carl-Zeiß-Str. 3, 07743 Jena,
(03641) 9422 60,
Fax (03641) 9422 62,
E-Mail: christoph.ohler@recht.uni-jena.de

Ossenbühl, Dr. Fritz, Professor,
Im Wingert 12, 53340 Meckenheim,
(02225) 174 82;
Universität Bonn, 53113 Bonn,
(0228) 7355-72 oder -73

Osterloh, Dr. Lerke, Professorin,
Richterin des
Bundesverfassungsgerichts a. D.,
Dünkelbergsteig 6, 14195 Berlin,
(030) 8200 7552, Fax (030) 8200 7550;
Institut für Öffentliches Recht, Universität
Frankfurt,
Postfach 11 19 32,
60054 Frankfurt am Main,
(069) 79 82 -2711 oder -2 8611,
Fax (069) 79 82 2562,
E-Mail: osterloh@jur.uni-frankfurt.de

Pabel, Dr. Katharina, Professorin,
Johannes Kepler Universität Linz,
Institut für Verwaltungsrecht und
Verwaltungslehre,
Altenberger Straße 69, A-4040 Linz,
(0043) 732/2468-1860,
E-Mail: katharina.pabel@jku.at

Pabst, Dr. Heinz-Joachim, Privatdozent,
Universität zu Köln, Prüfungsamt der
Rechtswissenschaftlichen Fakultät,
Albertus-Magnus-Platz, 50923 Köln,
(0221) 470 5799, Fax (0221) 470 6722,
E-Mail: hpabst@uni-koeln.de

Pache, Dr. Eckhard, Professor,
Hauptstraße 82, 97218 Gerbrunn;
Julius-Maximilians-Universität Würzburg,
Domerschulstraße 16, 97070 Würzburg,
(0931) 31 823 09, Fax (0931) 31 2319,
E-Mail: pache@jura.uni-wuerzburg.de

Palm, Dr. Ulrich, Professor,
Universität Hohenheim, Lehrstuhl für
Öffentliches Recht, Finanz- und Steuerrecht,
Schloss Osthof-Nord, 70559 Stuttgart,

(0711) 459 22791, Fax (0711) 459 23482,
E-Mail: palm@uni-hohenheim.de

Papier, Dr. Dres. h.c. Hans-Jürgen,
em. o. Professor,
Präsident des
Bundesverfassungsgerichts a. D.,
Mitterfeld 5a, 82327 Tutzing;
Institut für Politik und Öffentliches Recht,
Universität München,
Professor-Huber-Platz 2, 80539 München,
(089) 2180 3339,
E-Mail: hans-juergen@prof-papier.de

Paulus, Dr. Andreas, Professor,
Hermann-Föge-Weg 17, 37073 Göttingen;
Institut für Völkerrecht und Europarecht,
Platz der Göttinger Sieben 5,
37073 Göttingen,
(0551) 3947 51, Fax (0551) 3947 67,
E-Mail: apaulus@jura.uni-goettingen.de

Pauly, Dr. Walter, o. Professor,
Lehrstuhl für Öffentliches Recht,
Rechts- und Verfassungsgeschichte,
Rechtsphilosophie,
Universität Jena,
Carl-Zeiss-Str. 3, 07743 Jena,
(03641) 9422 -30 oder -31,
Fax (03641) 9422 32,
E-Mail: W.Pauly@recht.uni-jena.de

Payandeh, Dr. Mehrdad, LL.M. (Yale),
Professor,
Weidenallee 54, 20357 Hamburg;
Bucerius Law School,
Jungiusstr. 6, 20355 Hamburg,
(040) 3 07 06-201, Fax: (040) 3 07 06-235,
E-Mail: mehrdad.payandeh@law-school.de

Pechstein, Dr. Matthias,
Universitätsprofessor,
Lindenallee 40, 14050 Berlin,
(030) 301 9417, Fax (030) 301 9417;
Jean-Monnet-Institut für Öffentliches Recht
und Europarecht,

Europa-Universität Viadrina
Frankfurt (Oder),
Große Scharrnstr. 59,
15230 Frankfurt (Oder),
(0335) 5534 2761, Fax (0335) 5534 2769,
E-Mail: sekretariat-pechstein@europa-uni.de

Peine, Dr. jur. Dr. h.c. Franz-Joseph,
Professor,
Kurpromenade 56, 14089 Berlin-Kladow,
(030) 365 6193, Fax (030) 365 6193,
E-Mail: fjpeineberlin@t-online.de

Pernice, Dr. jur. Dres. h.c. Ingolf,
Universitätsprofessor a.D.,
Laehrstraße 17a, 14165 Berlin,
(030) 847 23 615,
E-Mail: pernice@hu-berlin.de

Perthold-Stoitzner, Dr. Bettina,
Universitätsprofessorin,
Institut für Staats- und Verwaltungsrecht,
Rechtswissenschaftliche Fakultät
der Universität Wien,
Schottenbastei 10–16, A-1010 Wien,
(0043) 1 4277 35425,
E-Mail: bettina.perthold@univie.ac.at

Pestalozza, Dr. Christian Graf von,
Universitätsprofessor (em.),
Freie Universität Berlin, Institut für
Staatslehre,
Staats-und Verwaltungsrecht,
Dienstanschrift: Van't-Hoff-Str. 8, 14195
Berlin (Dahlem), Postanschrift:
Bayernallee 12, 14052 Berlin (Westend),
(030) 3046 -329 oder -8385 3014,
Fax (030) 3081 3104,
E-Mail: c.pestalozza@fu-berlin.de

Peters, Dr. Anne, LL.M., Professorin,
Direktorin am Max-Planck-Institut für aus-
ländisches öffentliches Recht und
Völkerrecht,
Im Neuenheimer Feld 535,
69120 Heidelberg,
(06221) 482 307, Fax (06221) 482 288,
E-Mail: apeters-office@mpil.de

Peters, Dr. Birgit, LL.M., Juniorprofessorin
PD,
Universität Rostock, Juristische Fakultät,
Ulmenstraße 69, 18057 Rostock,
(0151) 400 77 135,
E-Mail: birgit.peters@uni-rostock.de

Petersen, Dr. Niels, Professor
Lehrstuhl für Öffentliches Recht,
Völker- und Europarecht sowie empirische
Rechtsforschung,
Westfälische Wilhelms-Universität Münster
Bispinghof 24/25, 48143 Münster
(0251) 83 21862,
E-Mail: niels.petersen@uni-muenster.de

Peuker, Dr. Enrico, Privatdozent,
Humboldt-Universität zu Berlin, Juristische
Fakultät,
Unter den Linden 6, 10099 Berlin,
(030) 2093 91456, Fax (030) 2093 3449,
E-Mail: enrico.peuker@rewi.hu-berlin.de

Pielow, Dr. Johann-Christian, Professor,
Hugo-Schultz-Straße 43, 44789 Bochum,
(0234) 746 33;
Ruhr-Universität Bochum, Fakultät für
Wirtschaftswissenschaft –
Recht der Wirtschaft –,
Universitätsstr. 150, 44780 Bochum,
(0234) 3225 7234, Fax (0234) 321 4074,
E-Mail: christian.pielow@ruhr-uni-bochum.de

Pieper, Dr. Stefan Ulrich, apl. Professor,
Bundespräsidialamt,
Spreeweg 1, 10557 Berlin,
(030) 2000 21 20, Fax (030) 2000 1 99,
E-Mail: stefan.pieper@bpra.bund.de

Pieroth, Dr. Bodo, Universitätsprofessor,
Gluckweg 19, 48147 Münster,

(0251) 2332 91,
Universität Münster, Universitätsstr. 14–16,
48143 Münster,
(0251) 8321 900,
E-Mail: pieroth@uni-muenster.de

Pietzcker, Dr. Jost, Professor,
Hausdorffstr. 95, 53129 Bonn,
(0228) 2339 54;
E-Mail: Pietzcker@jura.uni-bonn.de

Pirker, Dr. Benedikt, Privatdozent,
Institut für Europarecht,
Universität Freiburg,
Avenue de Beauregard 11,
CH-1700 Fribourg,
(0041)26 300 8362,
Fax (0041)26 300 9776,
E-Mail: benedikt.pirker@unifr.ch

Pirson, Dr. Dr. Dietrich, o. Professor,
Brunnenanger 15, 82418 Seehausen,
(08841) 47868;
Universität München,
Professor-Huber-Platz 2, 80539 München,
(089) 2180 2715,
E-Mail: d.pirson@gmx.de

Pitschas, Dr. Dr. h.c. Rainer,
o. Universitätsprofessor,
Doctor et Professor honoris causa
der EÖTVÖS Lorand Universität Budapest/
Ungarn (ELTE),
Hermann-Jürgens-Str. 8,
76829 Landau-Godramstein,
(06341) 9693 81, Fax (06341) 9693 82,
E-Mail: r.pitschas.landau@t-online.de;
Deutsche Universität für Verwaltungs-
wissenschaften Speyer,
Postfach 1409, 67324 Speyer,
(06232) 654 345, Fax (06232) 654 305,
E-Mail: rpitschas@uni-speyer.de

Pöschl, Dr. Magdalena, Univ.-Prof.,
Institut für Staats-und Verwaltungsrecht,
Schottenbastei 10–16, A-1010 Wien,

(0043)1 4277 354 71,
E-Mail: magdalena.poeschl@univie.ac.at

Polzin, Dr. Monika, Professorin,
Juniorprofessur für Öffentliches Recht mit
einem Schwerpunkt im Völkerrecht,
Universität Augsburg, Juristische Fakultät,
Universitätsstraße 24, 86159 Augsburg,
(0821) 598 4663, Fax: (0821) 598 144663,
E-Mail: monika.polzin@jura.
uni-augsburg.de

Poscher, Dr. Ralf, Universitätsprofessor,
Zasiusstr. 6, 79102 Freiburg,
(0761) 612 4191;
Albert-Ludwigs-Universität Freiburg,
Institut für Staatswissenschaft und Rechts-
philosophie,
Abt. 2: Rechtsphilosophie,
Platz der Alten Synagoge 1,
79085 Freiburg,
(0761) 20397 570; Fax (0761) 20397 571,
E-Mail: rechtsphilosophie@jura.
uni-freiburg.de

Potacs, Dr. Michael, Professor,
Hammerschmidtgasse 5/3/2, A-1190 Wien,
(0043) 1324 6623;
Universität Wien
Institut für Staats- und Verwaltungsrecht,
Abteilung Öffentliches Wirtschaftsrecht,
Schottenbastei 10–16, A-1010 Wien,
(00 43) 1 4277 35452,
E-Mail: michael.potacs@univie.ac.at

Preuß, Dr. Ulrich K., Professor,
Friedbergstraße 47, 14057 Berlin,
(030) 3081 9433;
Hertie School of Governance,
Schlossplatz 1, 10178 Berlin,
(030) 212 3123 10, Fax (030) 212 3129 99,
E-Mail: ukpreuss@hertie-school.org

Proelß, Dr. Alexander, Professor,
Lehrstuhl für Internationales Seerecht und
Umweltrecht,

Völkerrecht und Öffentliches Recht
Fakultät für Rechtswissenschaft, Universität Hamburg
Rothenbaumchaussee 33,
D-20148 Hamburg
Tel: (040) 42838-4545 oder -8828 (Sek.),
Fax: (040) 42838 8855
E-Mail: alexander.proelss@uni-hamburg.de

Pünder, Dr. Hermann, LL.M (Iowa),
Universitätsprofessor,
Bucerius Law School,
Lehrstuhl für Öffentliches Recht
(einschließlich Europarecht),
Verwaltungswissenschaft
und Rechtsvergleichung,
Postfach 30 10 30, 20304 Hamburg,
(040) 30706 260, Fax (0 40) 30706 235,
E-Mail: hermann.puender@law-school.de

Pürgy, Dr. Erich, Hofrat Privatdozent,
Verwaltungsgerichtshof
Judenplatz 11, A-1010 Wien
(0043) 1 53111 101231 und
(0043) 650 9264314
E-Mail: erich.puergy@vwgh.gv.at

Püttner, Dr. Dr. h.c. Günter, o. Professor,
Schwerdstraße 3, 67346 Speyer,
(06232) 71997

Puhl, Dr. Thomas, o. Professor,
In der Aue 26a, 69118 Heidelberg,
(06221) 8036 64, Fax (06221) 8036 69;
Universität Mannheim, Fakultät für
Rechtswissenschaft,
Schloss – Westflügel (W 226),
68131 Mannheim,
(0621) 181-1354 oder -1355,
Fax (0 21) 181 1361,
E-Mail: puhl@staffmail.uni-mannheim.de

Puttler, Dr. Adelheid, LL.M.
(University of Chicago),
diplomée de l'E.N.A.,
Universitätsprofessorin,
Lehrstuhl für Öffentliches Recht, insbesondere Europarecht, Völkerrecht und
Internationales Wirtschaftsrecht, Ruhr-Universität Bochum,
44780 Bochum,
(0234) 322 2820, Fax (0234) 321 4139,
E-Mail: LS-Puttler@Ruhr-Uni-Bochum.de

Ramsauer, Dr. Ulrich, Professor, VRiOVG
a.D., Rechtsanwalt,
ehem. Universität Hamburg,
priv. Wiesenstraße 5, 20255 Hamburg,
dienstl. Görg Rechtsanwälte mbB,
Hamburg
Dammtorstraße 12, 20354 Hamburg
(040) 500 360 480
E-Mail: URamsauer@goerg.de

Randelzhofer, Dr. Albrecht, o. Professor,
Wulffstr. 12, 12165 Berlin,
(030) 7926 085

Raschauer, Dr. Nicolas,
Universitätsprofessor,
Universität Liechtenstein,
Institut für Wirtschaftsrecht,
Lehrstuhl für Bank- und Finanzmarktrecht
Fürst Franz Josef-Straße, 9490 Vaduz, FL
(423) 265 11 11, Fax: (423) 265 11 12
E-Mail: finanzmarktrecht@uni.li

Rasenack, Dr. Christian A.L., LL.M.,
Professor,
Taunusstr. 8, 12309 Berlin,
(030) 745 2543;
TU Berlin, Fakultät VIII, Institut für
Volkswirtschaftslehre und Wirtschaftsrecht,
Straße des 17. Juni 135, 10623 Berlin,
(030) 3142 5874, Fax (030) 745 2543,
E-Mail: christian.rasenack@mailbox.tu-berlin.de

Rauschning, Dr. Dr. h.c. Dietrich,
o. Professor,
Rodetal 1, 37120 Bovenden,
(05594) 93174, Fax (05594) 93175;

Institut für Völkerrecht,
Universität Göttingen,
Platz der Göttinger Sieben 5,
37073 Göttingen,
(0551) 3947 51,
E-Mail: drausch@gwdg.de

Reich, Dr. Johannes, LL.M. (Yale),
Professor,
Universität Zürich, Rechtswissenschaftliche Fakultät, Institut für Völkerrecht und ausländisches Verfassungsrecht, Lehrstuhl für Öffentliches Recht, Umweltrecht und Energierecht,
Rämisstraße 74/8, CH-8001 Zürich,
(0041) 44 634 2795,
E-Mail: johannes.reich@rwi.uzh.ch

Reimer, Dr. Ekkehart, Professor,
Im Brühl 15, 69151 Neckargemünd
(06223) 867 045

Reimer, Dr. Franz, Professor,
Am Kirschenberg 4, 35394 Gießen;
Justus-Liebig-Universität Gießen,
Fachbereich 1 (Rechtswissenschaft),
Hein-Heckroth-Str. 5, 35390 Gießen,
E-Mail: franz.reimer@recht.uni-giessen.de

Reimer, Dr. Philipp, Universitätsprofessor,
Rheinische Friedrich-Wilhelms-Universität Bonn,
Rechts- und Staatswissenschaftliche Fakultät,
Adenauerallee 24–42, 53113 Bonn,
(0228) 73 79 89, Fax: (0228) 73 99 79 89,
E-Mail: philipp.reimer@uni-bonn.de

Reinhardt, Dr. Michael, LL.M. (Cantab.),
Professor,
Universität Trier, 54286 Trier

Remmert, Dr. Barbara,
Universitätsprofessorin,
Eberhard Karls Universität Tübingen,
Lehrstuhl für Öffentliches Recht,

Geschwister-Scholl-Platz, 72074 Tübingen,
E-Mail: remmert@jura.uni-tuebingen.de

Rengeling, Dr. Hans-Werner,
Universitätsprofessor,
Langeworth 143, 48159 Münster,
(0251) 2120 38,
E-Mail: H.-W.Rengeling@t-online.de

Rensmann, Dr. Thilo, LL.M.
(University of Virginia),
Universitätsprofessor,
Universität Augsburg, Juristische Fakultät
Lehrstuhl für Öffentliches Recht,
Völkerrecht und Europarecht
Universitätsstraße 24, 86159 Augsburg
(0821) 598 4571, Fax: (0821) 598 4572
E-Mail: Sekretariat.Rensmann@jura.
uni-augsburg.de

Ress, Dr. iur. Dr. rer. pol. Dr. iur. h.c. mult. Georg,
em. Universitätsprofessor,
Europa-Institut Universität der Saarlandes,
66041 Saarbrücken,
(0681) 302 -2503 oder -4114,
Fax (0681) 302 4369,
Professor an der Jacobs University Bremen,
Richter am EGMR a.D.,
Max-Braun-Straße 3, 66123 Saarbrücken
(0681) 37 2545
E-Mail: ress@mx.uni-saarland.de

Rhinow, Dr. René, o. Professor,
em. Ordinarius für öffentliches Recht an der Universität Basel,
Leisenbergstr. 26, CH-4410 Liestal,
(0041) 61911 9935,
E-Mail: rene.rhinow@gmail.com

Richter, Dr. Dagmar, apl. Professorin
Lehrbeauftragte an der Universität des Saarlandes Europa-Institut, Campus B2.1,
D-66123 Saarbrücken
(0681) 302 3695
E-Mail: dr-drichter@t-online.de

Riedel, Dr. Eibe H., Universitätsprofessor,
Haagwiesenweg 19, 67434 Neustadt,
(06321) 848 19;
E-Mail: eiberiedel@gmail.com

Rinken, Dr. Alfred, Universitätsprofessor,
Treseburger Str. 37, 28205 Bremen,
(0421) 4407 62,
E-Mail: rinken@uni-bremen.de

Rixen, Dr. Stephan, Universitätsprofessor,
Universität Bayreuth, Rechts- und
Wirtschaftswissenschaftliche Fakultät,
Lehrstuhl für Öffentliches Recht,
Sozialwirtschafts- und Gesundheitsrecht,
Universitätsstraße 30, 95447 Bayreuth,
(0921) 55 6010,
Fax (0921) 55 6012,
E-Mail: stephan.rixen@uni-bayreuth.de

Robbers, Dr. Gerhard,
Universitätsprofessor,
Dagobertstr. 17, 54292 Trier,
(0651) 53710;
Universität Trier, Postfach 38 25,
54286 Trier,
(0651) 201 2542,
Fax (0651) 201 3905,
E-Mail: Robbers@uni-trier.de

Röben, Dr. Volker, LL.M., Professor,
Centre for Energy, Petroleum and Mineral
Law and Policy,
Universität Dundee, Perth Road,
Dundee DD1 4HN, Großbritannien,
(0044) 1382 386984,
E-Mail: v.roeben@dundee.ac.uk

Rodi, Dr. Michael, M.A.,
Universitätsprofessor,
Richardstr. 82, 12043 Berlin;
Universität Greifswald,
Lehrstuhl für Öffentliches Recht,
Finanz- und Steuerrecht, 17487 Greifswald,
(03834) 420 21 00,
E-Mail: mrodi@uni-greifswald.de

Röger, Dr. Ralf, Professor,
Fachhochschule des Bundes für öffentliche
Verwaltung, Fachbereich Bundespolizei,
Ratzeburger Landstraße 4, 23562 Lübeck,
(0451) 203 1736, Fax (0451) 203 1709,
E-Mail: roeger@roeger.info

Röhl, Dr. Hans Christian, Professor,
Mainaustraße 207a, 78464 Konstanz,
(07531) 807 1446;
Universität Konstanz, Lehrstuhl für Staats-
und Verwaltungsrecht, Europarecht und
Rechtsvergleichung, Fach D 115,
Universitätsstr. 10, 78457 Konstanz,
(07531) 88 2313, Fax (07531) 88 2563,
E-Mail: hans.christian.roehl@
uni-konstanz.de

Ronellenfitsch, Dr. Michael, o. Professor,
Augusta-Anlage 15, 68165 Mannheim;
Universität Tübingen, Juristische Fakultät,
Geschwister-Scholl-Platz, 72074 Tübingen,
(07071) 972 109, Fax (07071) 297 4905,
E-Mail: m.ronellenfitsch@
datenschutz.hessen.de

Rossen-Stadtfeld, Dr. Helge, Professor,
Marklandstraße 17, 81549 München,
(089) 7442 7929;
Universität der Bundeswehr München,
Fakultät für Wirtschafts- und
Organisationswissenschaften,
Werner-Heisenberg-Weg 39,
85577 Neubiberg,
(089) 6004 4604, Fax (089) 6004 3700,
E-Mail: helge.rossen-stadtfeld@unibw.de

Rossi, Dr. Matthias, Professor,
Universität Augsburg, Juristische Fakultät,
Lehrstuhl für Staats- und Verwaltungsrecht,
Europarecht sowie Gesetzgebungslehre,
Universitätsstr. 2, 86135 Augsburg,
(0821) 598-4545, Sekr. -4546,
Fax (0821) 598 4547,
E-Mail: matthias.rossi@jura.
uni-augsburg.de

Roth, Dr. Wolfgang, LL.M. (Michigan),
apl. Professor,
RAe Redeker Sellner Dahs,
Willy-Brandt-Allee 11, 53113 Bonn,
(0228) 726 25 0,
E-Mail: roth@redeker.de

Rozek, Dr. Jochen, Universitätsprofessor,
Hinrichsenstr. 31, 04105 Leipzig,
0341 35581665;
Lehrstuhl für Staats- und Verwaltungsrecht,
Verfassungsgeschichte und Staats-
kirchenrecht,
Universität Leipzig,
Burgstr. 27, 04109 Leipzig,
(0341) 9735-171, Sekr. -170,
Fax (0341) 9735 179,
E-Mail: rozek@uni-leipzig.de

Ruch, Dr. Alexander, o. Professor em.,
ETH Zürich
Gartenstr. 85, CH-4052 Basel,
(0041) 61 272 3622,
E-Mail: ruch@recht.gess.ethz.ch

Rudolf, Dr. Walter, o. Professor,
Rubensallee 55a, 55127 Mainz,
(06131) 719 42,
E-Mail: inge.rudolf@t-online.de;
FB Rechts- und Wirtschaftswissenschaften,
Universität Mainz, 55099 Mainz,
(06131) 39 22073,
Sekretariat (06131) 39 23041

Rüfner, Dr. Wolfgang, Professor,
Hagebuttenstr. 26, 53340 Meckenheim,
(02225) 7107,
E-Mail: Ruefner@t-online.de;
zugehörig Universität zu Köln

Rühl, Dr. Ulli F. H., Professor,
Hermann-Allmers-Str. 34,
28209 Bremen, (0421) 346 7484;
Universität Bremen, FB 6: Rechtswissen-
schaft, Universitätsallee, GW 1,
Postfach 33 04 40, 28334 Bremen,

(0421) 218 4606,
Sekretariat: (0421) 218 2127,
E-Mail: uruehl@uni-bremen.de

Rütsche, Dr. Bernhard, Professor,
Jubiläumsstr. 87, CH-3005 Bern,
(0041) 313 1115 84,
E-Mail: bernhard.ruetsche@bluewin.ch;
Universität Zürich, Rechtswissenschaft-
liches Institut,
Treichlerstr. 10, CH-8032 Zürich,
(0041) 446 3461 03,
Fax (0041) 446 3415 89,
E-Mail: bernhard.ruetsche@unilu.ch

Ruffert, Dr. Matthias, Professor,
Humboldt-Universität zu Berlin,
Juristische Fakultät,
Lehrstuhl für Öffentliches Recht und
Europarecht,
Unter den Linden 6, 10099 Berlin,
(030) 2093 3773,
Fax: (030) 2093 3449,
E-Mail: matthias.ruffert@rewi.hu-berlin.de

Ruland, Dr. Franz, Professor,
Geschäftsführer des Verbandes Deutscher
Rentenversicherungsträger a. D.,
Honorarprofessor an der Johann Wolfgang
Goethe-Universität Frankfurt,
Strasslacher Straße 1B, 81479 München,
(089) 7277 9792,
E-Mail: Ruland.Franz@t-online.de

Rupp, Dr. Hans Heinrich, o. Professor,
Am Marienpfad 29, 55128 Mainz,
(06131) 345 88

Ruppert, Dr. Stefan, Privatdozent,
Jean-Sauer-Weg 1, 61440 Oberursel;
MPI für europäische Rechtsgeschichte,
Hausener Weg 120,
60489 Frankfurt am Main,
E-Mail: ruppert@rg.mpg.de;
Mobil (0170) 855 4477,
E-Mail: s.ruppert@outlook.de

Ruthig, Dr. Josef, Universitätsprofessor,
Dreiweidenstr. 6, 65195 Wiesbaden;
Johannes-Gutenberg-Universität Mainz,
Fachbereich Rechts- und Wirtschaftswissenschaften, Lehrstuhl für Öffentliches Recht, Europarecht und Rechtsvergleichung,
55099 Mainz,
(06131) 3920 964, Fax (06131) 3924 059,
E-Mail: Ruthig@uni-mainz.de

Rux, Dr. Johannes, apl. Professor,
Sophienstr. 32, 76133 Karlsruhe,
(0721) 383 1247, Fax (0721) 383 1248;
Nomos Verlagsgesellschaft mbH & Co. KG
Programmleitung Wissenschaft –
Juristisches Lektorat
Waldseestr. 3–5, 76530 Baden-Baden,
E-Mail: rux@nomos.de

Sachs, Dr. Michael, Universitätsprofessor,
Dattenfelder Str. 7, 51109 Köln,
(0221) 8446 57, Fax (0221) 8 06 70;
Universität zu Köln, Lehrstuhl für
Staats- und Verwaltungsrecht,
Albertus-Magnus-Platz, Bauteil V, 2.OG,
50923 Köln,
(0221) 470 5803, Fax (0221) 470 5135,
E-Mail: Sachs@uni-koeln.de

Sacksofsky, Dr. Ute, M.P.A. (Harvard),
Professorin,
Goethe-Universität, Fachbereich
Rechtswissenschaft,
Institut für öffentliches Recht,
Theodor-W.-Adorno-Platz 4,
60629 Frankfurt am Main,
(069) 798 34285, Fax (069) 798 34513,
E-Mail: Sacksofsky@jur.uni-frankfurt.de

Sarcevic, Dr. Edin, apl. Professor,
Mozartstr. 9, 04107 Leipzig,
(0179) 60 20 517,
Juristenfakultät Leipzig, Postfach 100 920,
(0341) 973 5210, Fax (0341) 973 5218,
E-Mail: edin@rz.uni-leipzig.de

Sauer, Dr. Heiko, Professor,
Lehrstuhl für deutsches und europäisches
Verfassungs- und Verwaltungsrecht,
Rheinische Friedrich-Wilhelms-Universität
Bonn,
Adenauerallee 24–42, 53113 Bonn,
(0228) 73 62411
E-Mail: sauer@jura.uni-bonn.de

Saurer, Dr. Johannes, LL.M. (Yale),
Professor,
Eberhard Karls Universität Tübingen
Lehrstuhl für Öffentliches Recht,
Geschwister-Scholl-Platz,
72074 Tübingen,
E-Mail: johannes.saurer@uni-tuebingen.de

Saxer, Dr. Urs, Professor,
LL.M. (Columbia),
Höhenstraße 51, CH-8700 Küsnacht
(0041) 79447 60 63;
E-Mail:
urs.saxer@uzh.ch bzw. Saxer@steinlex.ch

Schachtschneider, Dr. Karl Albrecht,
o. Professor,
E-Mail: Kaschachtschneider@web.de

Schaefer, Dr. Jan Philipp, Privatdozent,
Brenntenhau 22, 70565 Stuttgart,
(0711) 2238 520;
Ludwig-Maximilians-Universität München,
Juristische Fakultät, Lehrstuhl für Öffentliches Recht und Staatsphilosophie,
Professor-Huber-Platz 2, 80539 München,
(089) 2180 2746, Fax (089) 2180 5063
E-Mail: schaefer@jura.uni-muenchen.de

Schambeck, Dr. Dr. h.c. mult. Herbert,
em. o. Universitätsprofessor,
Präsident des Bundesrates i.R.,
Hofzeile 21, A-1190 Wien,
(0043) 1 3683494;
Universität Linz,
Altenbergerstraße 69, A-4040 Linz,
(0043) 732 2 4687 400

Schefer, Dr. Markus, Professor,
Gartenstadt 18,
CH-4142 Münchenstein/BL,
(0041) 614 1136 28;
Universität Basel, Juristische Fakultät,
Lehrstuhl für Staats- und Verwaltungsrecht,
Maiengasse 51, CH-4056 Basel,
(0041) 612 6725 13,
E-Mail: markus.schefer@unibas.ch

Schefold, Dr. Dian, Universitätsprofessor,
Mathildenstraße 93, 28203 Bremen,
(0421) 725 76;
E-Mail: schefold@uni-bremen.de

Schenke, Dr. Ralf P., o. Professor,
Spessartstr. 41, 97082 Würzburg,
(0931) 3017 1131;
Julius-Maximilians-Universität Würzburg,
Lehrstuhl für Öffentliches Recht,
Deutsches, Europäisches und
Internationales Steuerrecht,
Domerschulstr. 16, 97070 Würzburg,
(0931) 31 823 60,
Fax (0931) 31 8 6070,
E-Mail: schenke@jura.uni-wuerzburg.de

Schenke, Dr. Wolf-Rüdiger, o. Professor,
Beim Hochwald 30, 68305 Mannheim,
(0621) 7442 00;
Universität Mannheim, 68131 Mannheim,
(0621) 181 1410,
E-Mail: Schenke@jura.uni-mannheim.de

Scherer, Dr. Joachim, LL.M.,
apl. Professor,
Privatweg 9, 64342 Seeheim-Jugenheim,
(06257) 9037 39;
RAe Baker & McKenzie,
Bethmannstr. 50–54,
60311 Frankfurt am Main,
(069) 2990 8189, Fax (069) 2990 8108,
E-Mail: Joachim.Scherer@Bakernet.com

Scherzberg, Dr. Arno, Professor,
Aneustr. 24, 80469 München

Scheuing, Dr. Dieter H., o. Professor,
Finkenstr. 17, 97204 Höchberg,
(0931) 483 31, Fax (0931) 4081 98;
Universität Würzburg, 97070 Würzburg,
E-Mail: Scheuing@jura.uni-wuerzburg.de

Schiedermair, Dr. Hartmut, o. Professor,
Wittelsbacher Str. 7,
53173 Bonn-Bad Godesberg;
Institut für Völkerrecht und ausländisches
öffentliches Recht, Universität Köln,
Gottfried-Keller-Str. 2, 50931 Köln,
(0221) 47023 64

Schiedermair, Dr. Stephanie,
Universitätsprofessorin,
Lehrstuhl für Europarecht, Völkerrecht und
Öffentliches Recht
Burgstraße 21, 04109 Leipzig,
E-Mail: stephanie.schiedermair@
uni-leipzig.de

Schiess Rütimann, Dr. iur. Patricia M.,
Professorin,
M.P.A. Wissenschaftsmanagement,
Titularprofessorin an der Universität
Zürich,
Liechtenstein-Institut,
St. Luziweg 2, LI - 9487 Bendern,
(00423) 373 30 22, Fax (00423) 373 54 22,
E-Mail: patricia.schiess@
liechtenstein-institut.li

Schilling, Dr. Theodor, apl. Professor,
Le Mas des Roses, Fontcaudette,
F-84220 Gordes;
Humboldt-Universität zu Berlin,
10117 Berlin;
(01578) 1948 717, Fax (0033)651 44 04 04,
E-Mail: theodor.schilling@gmail.com

Schindler, Dr. Benjamin, MJur (Oxford),
o. Professor,
Ober Bendlehn 32, CH-9042 Speicher;
Universität St. Gallen, Law School,
Tigerbergstraße 21, CH-9000 St. Gallen,

(0041) 71 22421 63,
Fax (0041) 71 22421 62,
E-Mail: benjamin.schindler@unisg.ch

Schlacke, Dr. Sabine, Professorin,
Querstr. 9, 18107 Elmenhorst,
(0381) 510 6082;
Westfälische Wilhelms-Universität,
Institut für Umwelt- und Planungsrecht,
Universitätsstraße 14/16, 48143 Münster,
(0251) 83-21855 od. -29793,
Fax (0251) 83 29297,
E-Mail: sabine.schlacke@uni-muenster.de

Schladebach, Dr. Marcus, LL.M.,
Privatdozent,
Düstere Straße 24/25, 37073 Göttingen,
E-Mail: schlade@gmx.de;
Institut für Völker- und Europarecht,
Blauer Turm, 13. Etage,
Universität Göttingen,
Platz der Göttinger Sieben 5,
37073 Göttingen,
(0551) 394 762, Fax (0551) 394 620,
E-Mail: marcus.schladebach@jura.
uni-goettingen.de

Schlieffen, Dr. Katharina Gräfin von,
Universitätsprofessorin,
FernUniversität Hagen, Fachbereich
Rechtswissenschaft,
Universitätsstr. 21, 58084 Hagen,
(02331) 987 2878,
Fax (02331) 987 395,
E-Mail: LG.vonSchlieffen@
fernuni-hagen.de

Schliesky, Dr. Utz, apl. Professor,
Direktor des Schleswig-Holsteinischen
Landtages,
Goosdiek 22, 24229 Dänischenhagen;
Schleswig-Holsteinischer Landtag,
Düsternbrooker Weg 70, 24105 Kiel
(0431) 988 1010;
Lorenz-von-Stein-Institut für Verwaltungswissenschaften an der Christian-Albrechts-Universität zu Kiel,
Olshausenstr. 75, 24098 Kiel,
E-Mail: Utz.Schliesky@landtag.ltsh.de

Schlink, Dr. Bernhard, Professor,
Viktoria-Luise-Platz 4, 10777 Berlin;
Institut für Öffentliches Recht und
Völkerrecht,
Humboldt-Universität zu Berlin,
Unter den Linden 6, 10099 Berlin,
(030) 2093-3454 oder -3472,
Fax (030) 2093 3452,
E-Mail: Schlink@rewi.hu-berlin.de

Schmahl, Dr. Stefanie, LL.M., Professorin,
Lehrstuhl für deutsches und ausländisches
öffentliches Recht, Völkerrecht und
Europarecht, Universität Würzburg,
Domerschulstr. 16, 97070 Würzburg,
(0931) 31 8 2324,
Fax (0931) 31 2792,
E-Mail: schmahl@jura.uni-wuerzburg.de

Schmalenbach, Dr. Kirsten, Professorin,
Markus Sittikus-Str. 19/20,
A-5020 Salzburg;
Fachbereich Öffentliches Recht/
Völkerrecht,
Paris-Lodron-Universität Salzburg,
Churfürststraße 1, A-5020 Salzburg,
(0043) 662 8044 3651,
Fax (0043) 662 8044 135,
E-Mail: kirsten.schmalenbach@sbg.ac.at

Schmid, Dr. Gerhard, Professor,
Reservoirstraße 178, CH-4059 Basel,
(0041) 613 31 8425;

Schmid, Dr. Sebastian, LL.M. (UCL),
Universitätsprofessor,
Fachbereich Öffentliches Recht,
Völker- und Europarecht,
Universität Salzburg,
Kapitelgasse 5–7, A-5020 Salzburg,
Fax (0043) 662 8044 303,
E-Mail: sebastian.schmid@sbg.ac.at

Schmid, Dr. Viola, LL.M.,
Universitätsprofessorin,
Kirchenweg 3, 91126 Schwabach,
(09122) 773 82, Fax (09122) 623 45;
Institut für Öffentliches Recht,
Technische Universität Darmstadt,
Hochschulstr. 1, 64289 Darmstadt,
(06151) 1664 64, Fax (06151) 1639 84,
E-Mail: schmid@jus.tu-darmstadt.de

Schmidt, Dr. Reiner, o. Professor,
Bachwiesenstr. 5, 86459 Gessertshausen,
(08238) 4111, Fax (08238) 609 01,
E-Mail: Rein.Schmidt@t-online.de

Schmidt, Dr. Thorsten Ingo,
Universitätsprofessor,
Dahlemer Weg 102b, 14167 Berlin,
(0163) 135 5487;
Lehrstuhl für Öffentliches Recht,
insbesondere Staatsrecht, Verwaltungs- und Kommunalrecht,
Universität Potsdam,
August-Bebel-Str. 89, 14482 Potsdam
(0331) 977 3284

Schmidt, Dr. Walter, Universitätsprofessor,
Brüder-Knauß-Str. 86, 64285 Darmstadt,
(06151) 64710

Schmidt am Busch, Dr. Birgit,
LL.M. (Iowa),
Juristische Fakultät LMU
Ludwigstr. 28, Rgb., 80539 München,
(089) 2180 2082,
E-Mail: Schmidt-am-Busch@jura.
uni-muenchen.de

Schmidt-Aßmann,
Dr. Dr. h.c. mult. Eberhard, o. Professor,
Höhenstr. 30, 69118 Heidelberg,
(06221) 8008 03;
E-Mail: schmidt-assmann@uni-hd.de

Schmidt-De Caluwe, Reimund,
Universitätsprofessor,

Unterer Hardthof 17 B, 35398 Gießen,
(0641) 345 66, Fax (0641) 960 9966;
Juristische Fakultät der Martin-Luther-
Universität Halle-Wittenberg,
Universitätsplatz 3–5, 06099 Halle (Saale),
(0345) 55-231 -38 oder -39,
E-Mail: Schmidtdc@jura.uni-halle.de

Schmidt-Jortzig, Dr. Edzard, o. Professor,
Moltkestraße 88, 24105 Kiel,
(0431) 895 0195, Fax (0431) 8034 71,
E-Mail: esjot@web.de;
Christian-Albrechts-Universität zu Kiel,
Leibnizstraße 6, 24118 Kiel,
(0431) 880 3545,
E-Mail: eschmidt-jortzig@law.uni-kiel.de

Schmidt-Preuß, Dr. Matthias, o. Professor,
E.-T.-A.-Hoffmann-Straße 12, 53113 Bonn,
(0228) 6780 91;
Universität Bonn, Rechts- und Staatswis-
senschaftliche Fakultät,
Adenauerallee 24–42, 53113 Bonn,
(0228) 7365 02, Fax (0228) 7365 07,
E-Mail: schmidt-preuss@jura.uni-bonn.de

Schmidt-Radefeldt, Dr. Roman,
Privatdozent,
Kirchstr. 8, 10557 Berlin,
E-Mail: romansr69@yahoo.de;
Deutscher Bundestag, Wissenschaftliche
Dienste,
Fachbereich WD 2 – Auswärtiges, Vertei-
digung, Völkerrecht, Menschenrechte und
humanitäre Hilfe,
Platz der Republik 1, 11011 Berlin,
(030) 227 38622,
Fax (030) 227 36526,
E-Mail: Roman.Schmidt-Radefeldt@
bundestag.de

Schmitt Glaeser, Dr. Alexander, LL.M.
(Yale), Privatdozent,
Kunigundenstraße 64, 80505 München,
(089) 3854 7931,
E-Mail: a.schmitt-glaeser@aya.yale.edu;

Bayrisches Staatsministerium für Wissenschaft und Kunst
Referat R1 – Hochschulrecht. Hochschulpersonalrecht, Koordinierung hochschulartübergreifender Themen
Salvatorstraße 2, 80333 München
(089) 2186 2379,
E-Mail: alexander.schmitt-glaeser@stmwk.bayern.de

Schmitt-Kammler, Dr. Arnulf,
Universitätsprofessor,
Katzenberg 6, 96049 Bamberg;
Universität zu Köln,
Rechtswissenschaftliche Fakultät,
Albertus-Magnus-Platz,
50923 Köln,
(0221) 470-4066 oder -4067,
E-Mail: schmitt-kammler@gmx.de

Schmitz, Dr. Thomas, Professor,
Faculty of Law, Universitas Gadjah Mada
Jalan Sosio Yustisia No.1
Bulaksumur, Kab. Sleman,
D.I. Yogyakarta 55281, Indonesia
E-Mail: tschmit1@gwdg.de
www.iuspublicum-thomas-schmitz.uni-goettingen.de
www.thomas-schmitz-yogyakarta.id

Schnapp, Dr. Friedrich E., o. Professor,
Efeuweg 22, 44869 Bochum,
(02327) 742 13;
Universität Bochum, 44780 Bochum,
(0234) 32 2 2239, Fax (0234) 32 14271,
E-Mail: friedrich.e.schnapp@rub.de

Schneider, Dr. Christian F., Priv.-Dozent,
Franz-Keim-Gasse 44/13,
A-2345 Brunn am Gebirge;
bpv Hügel Rechtsanwälte OG,
Ares-Tower, Donau-City-Straße 11,
A-1220 Wien,
(0043)1 260 50 204
E-Mail: christian.schneider@bpv-huegel.com

Schneider, Dr. Dr. h.c. Hans-Peter,
em. Professor,
Deutsches Institut für Föderalismusforschung,
Drosselweg 4, 30559 Hannover,
(0511) 5110 50, Fax (0511) 5445 492;
Juristische Fakultät,
Leibniz-Universität Hannover,
(0511) 762 8185,
E-Mail: hps@dif.uni-hannover.de

Schneider, Dr. Jens-Peter, Professor,
Albert-Ludwigs-Universität Freiburg,
Rechtswissenschaftliche Fakultät,
79085 Freiburg,
(0761) 203 97731;
Fax (0761) 203 97542
E-Mail: jp.schneider@jura.uni-freiburg.de

Schneider, Dr. Karsten, Privatdozent,
Akademischer Oberrat a.Z.,
Rheinische Friedrich-Wilhelms-Universität Bonn
Institut für Öffentliches Recht –
Abteilung Europarecht
Adenauerallee 44, 53113 Bonn,
(0228) 9156244,
E-Mail: karsten.schneider@jura.uni-bonn.de

Schoch, Dr. Friedrich, o. Professor,
Kastelbergstr. 19, 79189 Bad Krozingen,
(07633) 9481 04, Fax (07633) 9481 05;
Institut für Öffentliches Recht IV,
Universität Freiburg,
Postfach, 79085 Freiburg,
(0761) 203-2257 oder -2258,
Fax (0761) 203 2297,
E-Mail: oerecht4@jura.uni-freiburg.de

Schöbener, Dr. Burkhard, Professor,
Am Glösberg 27, 97342 Obernbreit,
(09332) 5000 04;
Professur für Öffentliches Recht, Völkerrecht und Europarecht, Universität zu Köln,
Gottfried-Keller-Straße 2, 50931 Köln,

(0221) 470-3834 oder -3875,
E-Mail: burkhard.schoebener@
uni-koeln.de

Schönberger, Dr. Christoph, Professor,
Universität Konstanz, Fachbereich
Rechtswissenschaft,
Postfach D 110, Universitätsstr. 10,
78457 Konstanz,
(07531) 88 3004, Fax (07531) 88 4008,
E-Mail: Christoph.Schoenberger@
uni-konstanz.de

Schönberger, Dr. Sophie, Professorin,
Heinrich-Heine-Universität Düsseldorf
Lehrstuhl für Öffentliches Recht,
Universitätsstraße 1, 40225 Düsseldorf
(0211) 8111465,
E-Mail: sophie.schoenberger@
uni-duesseldorf.de

Schöndorf-Haubold, Dr. Bettina,
Professorin,
Mühltalstr. 16, 69121 Heidelberg;
Justus-Liebig-Universität Gießen,
Professur für Öffentliches Recht,
Hein-Heckroth-Str. 5, 35390 Gießen,
(0641) 99 211 20, Fax: (0641) 99 211 29,
E-Mail: bettina.schoendorf-haubold@recht.
uni-giessen.de

Scholz, Dr. Rupert, o. Professor,
Königsallee 71a, 14193 Berlin;
Of Counsel,
Rechtsanwaltskanzlei Gleiss Lutz,
Friedrichstraße 71, 10117 Berlin,
E-Mail: rupert.scholz@gleisslutz.com
Universität München, Institut für Politik
und Öffentliches Recht,
Ludwigstr. 28/RG, 80539 München,
(089) 2180 2113,
E-Mail: rupert.scholz@jura.
uni-muenchen.de

Schorkopf, Dr. Frank, Professor,
Georg-August-Universität Göttingen,

Juristische Fakultät,
Platz der Göttinger Sieben 5,
37073 Göttingen,
(0551) 39 4610,
E-Mail: fschork@gwdg.de

Schott, Dr. Markus, Privatdozent,
Rütistr. 38, CH-8032 Zürich,
(0041) 44363 1444;
Bär & Karrer AG, Brandschenkestr. 90,
CH-8027 Zürich,
(0041) 58261 5000,
Fax (0041) 58263 5477,
E-Mail: markus.schott@baerkarrer.ch

Schröder, Dr. Meinhard, o. Professor,
Zum Wingert 2, 54318 Mertesdorf,
(0651) 57887;
Universität Trier, 54286 Trier,
(0651) 201 2586,
E-Mail: schroedm@uni-trier.de

Schröder, Dr. Meinhard, Professor,
Universität Passau, Lehrstuhl für
Öffentliches Recht,
Europarecht und Informationstechnologie-
recht,
Innstr. 39-Juridicum, 94032 Passau,
(0851) 509 2380,
Fax: (0851) 509 2382;
E-Mail: meinhard.schroeder@
uni-passau.de

Schröder, Dr. Rainer Johannes,
Privatdozent,
Wormser Str. 65, 01309 Dresden,
(0351) 656 9700;
Technische Universität Dresden, Juristische
Fakultät,
Bergstr. 53, 01069 Dresden,
(0351) 4633 7365,
E-Mail: rschroed@jura.tu-dresden.de

Schröder, Dr. Ulrich Jan, Professor,
Mergelberg 109, 48161 Münster;
(0251) 20 89 832;

Fachhochschule für öffentliche Verwaltung
Nordrhein-Westfalen,
Albert-Hahn-Straße 45, 47269 Duisburg,
E-Mail: ulrichjan.schroeder@fhoev.nrw.de

Schroeder, Dr. Werner, LL.M., Professor,
Universität Innsbruck, Institut für Völkerrecht, Europarecht und Internationale Beziehungen,
Innrain 52, A-6020 Innsbruck,
(0043) 512 507 8320,
Fax (0043) 512 507 2651,
E-Mail: Werner.Schroeder@uibk.ac.at

Schubert, Dr. Mathias, Privatdozent,
Schleswig-Holsteinischer Landtag,
Düsternbrooker Weg 70,
24105 Kiel,
(0431) 988 1109,
E-Mail: schubert.mathias@gmx.net

Schuler-Harms, Dr. Margarete, Professorin,
Heidkoppel 19, 22145 Hamburg,
(040) 678 6061, Fax (040) 678 8373;
Helmut-Schmidt-Universität, Universität der Bundeswehr, Institut für Öffentliches Recht,
Holstenhofweg 85, 22043 Hamburg,
(040) 6541 2782, Fax (040) 6541 2087,
E-Mail: Schuler-Harms@hsu-hh.de

Schulev-Steindl, Dr. MMag. Eva, LL.M. (London), Universitätsprofessorin,
RESOWI-Zentrum,
Universitätstraße 15/D3,
A-8010 Graz,
(0043)316 3806707,
E-Mail: eva.schulev-steindl@uni-graz.at

Schulte, Dr. Martin, Professor,
Neuostra 15, 01219 Dresden,
(0351) 472 2550;
Lehrstuhl für Öffentliches Recht, Umwelt- und Technikrecht, Juristische Fakultät, TU Dresden, von-Gerber-Bau, Bergstr. 53, 01069 Dresden,

(0351) 4633 7362, Fax (0351) 4633 7220,
E-Mail: schulte@jura.tu-dresden.de

Schulz, Dr. Wolfgang, Professor,
Bismarckstr. 4, 20259 Hamburg,
(040) 4040 75;
Hans-Bredow-Institut für Medienforschung,
Heimhuder Str. 21, 20148 Hamburg,
(040) 4502 1711 (Sekr.), -34 (Durchwahl),
Fax (040) 4502 1777,
E-Mail: w.schulz@hans-bredow-institut.de

Schulze-Fielitz, Dr. Helmuth, Professor,
Klara-Löwe-Str. 5, 97082 Würzburg,
(0931) 784 1025,
E-Mail: Schulze-Fielitz@t-online.de

Schuppert, Dr. Gunnar Folke, Professor,
Kaiserdamm 28, 14057 Berlin,
(030) 3061 2168;
Wissenschaftszentrum Berlin für Sozialforschung,
Forschungsprofessur Neue Formen von Governance,
Reichpietschufer 50, 10785 Berlin,
(030) 25491 546 oder -246,
Fax (030) 25491 542,
E-Mail: schuppert@wzb.eu

Schwartmann, Dr. Rolf, Professor,
Brucknerstraße 18, 50931 Köln,
(0221) 400 9094;
Fachhochschule Köln, Fakultät für Wirtschaftswissenschaften,
Claudiusstraße 1, 50678 Köln,
(0221) 8275 3446, Fax (0221) 8275 734 46,
E-Mail: rolf.schwartmann@fh-koeln.de

Schwarz, Dr. Kyrill-A., Professor,
Dönersberg 13, 91550 Dinkelsbühl,
(0177) 831 0768;
Universität Würzburg, Juristische Fakultät,
Professor für Öffentliches Recht,
Domerschulstr. 16, 97070 Würzburg,
(0931) 318 2335,

E-Mail: kyrill-alexander.schwarz@
uni-wuerzburg.de

Schwarze, Dr. Jürgen, Professor,
Universität Freiburg, Institut für
Öffentliches Recht
Abt. I, Platz der Alten Synagoge 1,
79098 Freiburg,
(0761) 203-2238, oder -2251,
Fax (0761) 203 2234,
E-Mail: juergen.schwarze@jura.
uni-freiburg.de

Schwarzer, Mag., Dr. Stephan,
Universitätsdozent,
Rodlergasse 7/10, A-1190 Wien,
(0043) 1 369 1746;
Bundeswirtschaftskammer,
Wiedner Hauptstr. 63, A-1045 Wien,
(0043) 1 50105 4195,
E-Mail: stephan.schwarzer@wko.at

Schweitzer, Dr. Michael, Professor,
Joseph-Haydn-Straße 6A, 94032 Passau,
(0851) 345 33;
Universität Passau, 94032 Passau,
(0851) 509-2395 oder 2396,

Schweizer, Dr. Rainer J., o. Professor,
Kirchgasse 9, CH-9220 Bischofszell,
(0041) 71 223 5624;
Universität St. Gallen,
Tigerbergstr. 21, CH-9000 St. Gallen,
Forschungsgemeinschaft für
Rechtswissenschaften,
(0041) 71 224 2161,
Fax (00 41) 71 224 2162,
E-Mail: Rainer.Schweizer@unisg.ch

Schwerdtfeger, Dr. Angela, Privatdozentin,
Humboldt-Universität zu Berlin –
Juristische Fakultät,
Unter den Linden 6, 10099 Berlin,
(030) 2093 91454,
E-Mail: angela.schwerdtfeger@rewi.hu-
berlin.de

Schwerdtfeger, Dr. Gunther,
Universitätsprofessor,
Hülsebrinkstr. 23, 30974 Wennigsen/
Deister,
(05103) 1311;

Seckelmann, Dr., Margrit, Privatdozentin,
Ringstr. 21, 69115 Heidelberg,
Geschäftsführerin des Deutschen
Forschungsinstituts
für öffentliche Verwaltung,
Freiherr-vom-Stein-Str. 2, 67346 Speyer,
(06232) 654-387,
E-Mail: seckelmann@foev-speyer.de

Seer, Dr. Roman, Universitätsprofessor,
Ruhr-Universität Bochum, Lehrstuhl für
Steuerrecht,
Gebäude GCE.Z/389,
Universitätsstr. 150, 44801 Bochum,
(0234) 322 8269, Fax (0234) 321 4614,
E-Mail: steuerrecht@rub.de

Seewald, Dr. Otfried, o. Professor,
Schärdingerstraße 21 A, 94032 Passau,
(0851) 3 51 45, Fax (0851) 3 51 45,
E-Mail: otfried_seewald@gmx.de;
Universität Passau,
Innstr. 40, Postfach 25 40, 94030 Passau,
(0851) 509 23 -40 oder -41,
Fax (0851) 509 2342,
E-Mail: otfried.seewald@uni-passau.de

Seferovic, Dr. Goran, Privatdozent,
Zürcher Hochschule für Angewandte
Wissenschaften,
School of Management and Law,
Zentrum für Öffentliches Wirtschaftsrecht,
Gertrudstraße 15, CH-8400 Winterthur,
(0041) 58 934 62 29
E-Mail: goran.seferovic@zhaw.ch

Seibert-Fohr, Dr. Anja, Professorin,
Institut für Staatsrecht, Verfassungslehre
und Rechtsphilosophie,
Friedrich-Ebert-Platz 2, 69117 Heidelberg,

(06221) 54 7469,
Fax: (06221) 54 161 7469,
E-Mail: sekretariat.seibert-fohr@jurs.
uni-heidelberg.de

Seiler, Dr. Christian, Professor,
Schwabstr. 36, 72074 Tübingen,
(07071) 549 7780;
Universität Tübingen, Lehrstuhl für
Staats- und Verwaltungsrecht, Finanz- und
Steuerrecht,
Geschwister-Scholl-Platz, 72074 Tübingen,
(07071) 297 2943,
E-Mail: christian.seiler@jura.uni-
tuebingen.de

Selmer, Dr. Peter, Professor,
Akazienweg 9, 22587 Hamburg,
(040) 86 4743;
Universität Hamburg, 20146 Hamburg,
(040) 42838-4574 oder -3026,
Fax (040) 42838 3028,
E-Mail: peter.selmer@jura.uni-hamburg.de

Shirvani, Dr. Foroud, Professor,
Rheinische Friedrich-Wilhelms-
Universität Bonn,
Gottfried-Meulenbergh-Stiftungsprofessur,
Adenauerallee 24–42, 53113 Bonn,
(0228) 7362 416,
E-Mail: shirvani@jura.uni-bonn.de

Sieckmann, Dr. Jan-Reinhard, Professor,
Fachbereich Rechtswissenschaft,
Friedrich-Alexander-Universität Erlangen
Nürnberg,
Schillerstraße 1, 91054 Erlangen,
(09131) 85 24097,
E-Mail: Jan-Reinhard.Sieckmann@jura.
uni-erlangen.de

Siegel, Dr. Thorsten, Professor,
Freie Universität Berlin, Fachbereich
Rechtswissenschaft, Professur für
Öffentliches Recht,
insbesondere Verwaltungsrecht,

Boltzmannstr. 3, 14195 Berlin,
(030) 838 55921, Fax (030) 838 455921,
E-Mail: thorsten.siegel@fu-berlin.de,
Sekretariat: sekretariat.siegel@rewiss.
fu-berlin.de

Siehr, Dr. Angelika, LL.M. (Yale),
Professorin,
Universität Bielefeld, Fakultät für
Rechtswissenschaft,
Postfach 100131, 33501 Bielefeld,
(0521) 106 4430 oder (0521) 106 6899
(Sekretariat),
E-Mail: angelika.siehr@uni-bielefeld.de

Siekmann, Dr. Helmut, Professor,
Johann Wolfgang Goethe-Universität,
Professur für Geld-, Währungs- und
Notenbankrecht,
IMFS im House of Finance,
Theodor-W.-Adorno-Platz 3,
60629 Frankfurt am Main,
(069) 798 34014,
E-Mail: geld-und-waehrung@imfs-
frankfurt.de

Simon, Dr. Sven, Universitätsprofessor
Philipps-Universität Marburg
Lehrstuhl für Völkerrecht und Europarecht
mit öffentlichem Recht
Universitätsstraße 6, 35032 Marburg
(06421) 28 231 31 oder (06421) 28 231 27
(Sekretariat),
Fax (06421) 28 238 53,
E-Mail: sven.simon@uni-marburg.de

Skouris, Dr. Wassilios, Professor,
Nikolaou Manou 18,
GR-54643 Thessaloniki,
(0030) 31 8314 44;
Gerichtshof der Europäischen
Gemeinschaften,
Palais de la Cour de Justice,
L-2925 Luxembourg,
(00352) 4303 2209,
Fax (00352) 4303 2736

Smeddinck, Dr. Ulrich, Privatdozent,
Sommerhuder Str. 35, 22769 Hamburg,
(0174) 248 9990;
Umweltbundesamt,
Wörlitzer Platz 1, FB III, 06844 Dessau,
(0340) 2103-2077,
E-Mail: ulrich.smeddinck@uba.de;
Martin-Luther-Universität
Halle-Wittenberg,
Juristische und Wirtschaftswissenschaftliche Fakultät,
Universitätsplatz 10a, 06108 Halle/Saale,
E-Mail: Ulrich.Smeddinck@jura.
uni-halle.de

Sodan, Dr. Helge, Universitätsprofessor,
Fachbereich Rechtswissenschaft, Lehrstuhl
für Staats- und Verwaltungsrecht,
Öffentliches Wirtschaftsrecht, Sozialrecht,
Freie Universität Berlin,
Van't-Hoff-Str. 8, 14195 Berlin,
(030) 838-53972 oder -73973,
Fax (030) 838-54444;
Präsident des Verfassungsgerichtshofes des
Landes Berlin,
Elßholzstr. 30–33, 10781 Berlin,
(030) 9015 2650, Fax (030) 9015 2666,
E-Mail: sodan@zedat.fu-berlin.de

Söhn, Dr. Hartmut, o. Professor,
Eppanerstr. 9, 94036 Passau,
(0851) 58520,
Universität Passau, Lehrstuhl für Staatsund Verwaltungsrecht insbesondere
Finanz- und Steuerrecht, 94032 Passau,
(0851) 509 2350,
Fax (0851) 509 2352,
E-Mail: hsoehndr@web.de

Somek, Dr. Alexander, Professor,
Mahlerstraße 13/4, A-1010 Wien;
Universität Wien,
Institut für Rechtsphilosophie,
Schenkenstraße 8–10, A-1010 Wien,
(0043) 1-4277-35830,
E-Mail: alexander.somek@univie.ac.at

Sommermann, Dr. Karl-Peter,
Universitätsprofessor,
Lehrstuhl für Öffentliches Recht, Staatslehre und Rechtsvergleichung, Deutsche
Universität für Verwaltungswissenschaften
Speyer,
Postfach 14 09, 67346 Speyer,
(06232) 654 344, Fax (06232) 654 414,
E-Mail: Sommermann@uni-speyer.de

Spannowsky, Dr. Willy,
Universitätsprofessor,
Auf dem Kleehügel 17,
67706 Krickenbach,
(06307) 9939 63, Fax (06307) 9939 49;
Lehrstuhl für Öffentliches Recht,
Postfach 3049, 67653 Kaiserslautern,
(0631) 205 3975, Fax (0631) 205 3977,
E-Mail: oerecht@rhrk.uni-kl.de

Spiecker genannt Döhmann, Dr. Indra,
LL.M. (Georgetown Univ.),
Universitätsprofessorin,
Lehrstuhl für Öffentliches Recht,
Informationsrecht, Umweltrecht,
Verwaltungswissenschaften,
Forschungsstelle Datenschutz,
Goethe-Universität Frankfurt,
Theodor-W.-Adorno-Platz 4,
60629 Frankfurt a.M.,
(069) 798 34268, Fax (069) 798 34510,
E-Mail: spiecker@jur.uni-frankfurt.de

Spilker, Dr. Bettina, Privatdozentin,
Karlstraße 39, 80333 München;
Institut für Steuerrecht,
Westfälische Wilhelms-Universität
Münster, Universitätsstr. 14–16,
48143 Münster,
(0179) 7846 048,
E-Mail: bettina.spilker@uni-muenster.de

Spranger, Dr. Dr. Tade Matthias,
apl. Professor,
Centre for the Law of Life Sciences
Institut für Öffentliches Recht,

Universität Bonn
Adenauerallee 24–42, 53113 Bonn
(0228) 73 9276,
E-Mail: spranger@jura.uni-bonn.de

Starck, Dr. Christian, o. Professor,
em. Professor für öffentliches Recht an der
Georg-August-Universität Göttingen,
Schlegelweg 10, 37075 Göttingen,
(0551) 55454,
E-Mail: cstarck@gwdg.de

Steiger, Dr. Dominik, Univ.-Professor für
Völkerrecht, Europarecht und
Öffentliches Recht,
Chair of Public International Law,
European Law and Public Law,
Technische Universität Dresden
von-Gerber-Bau, 317, Bergstraße 53,
01069 Dresden,
(0351) 463 37417, Fax (0351) 463 37465,
E-Mail: dominik.steiger@tu-dresden.de

Stein, Dr. Katrin, Professorin,
Reinhold-Tiling-Weg 61,
49088 Osnabrück,
(0541) 911 8451;
Hessische Hochschule für Polizei
und Verwaltung,
Schönbergstraße 100, 65199 Wiesbaden,
(06108) 603 516,
E-Mail: katrin.stein@hfpv-hessen.de

Steinbach, Dr. Dr. Armin, Privatdozent,
Ministerialrat,
Bundesministerium für Wirtschaft und
Energie Referatsleiter
„Grundsatzfragen der Wirtschaftspolitik",
Federal Ministry for Economic Affairs and
Energy Head of
Division "Fundamental Issues of Economic
Policy",
Scharnhorststraße 34–37, 10115 Berlin,
(030) 18 615 6640,
Fax (030) 18 615 5470,
E-Mail: armin.steinbach@bmwi.bund.de

Steinberg, Dr. Rudolf,
Universitätsprofessor,
Universitätspräsident a.D.,
Wingertstr. 2 A, 65719 Hofheim;
E-Mail: Rudolf.Steinberg@t-online.de

Steiner, Dr. Udo, o. Professor,
Richter des
Bundesverfassungsgerichts a. D.,
Am Katzenbühl 5, 93055 Regensburg,
(0941) 7009 13, Fax (0941) 7606 19,
E-Mail: udo.steiner@web.de

Stelkens, Dr. Ulrich, Universitätsprofessor,
Webergasse 3a, 67346 Speyer;
Deutsche Universität für Verwaltungs-
wissenschaften Speyer,
Freiherr-vom-Stein-Str. 2, 67346 Speyer,
(06232) 654 365, Fax (06232) 654 245,
E-Mail: stelkens@uni-speyer.de

Stelzer, Dr. Manfred, Universitätsprofessor,
Universität Wien, Schottenbastei 10–16,
A-1010 Wien,
(0043-1) 4277 354 -31 oder -32,
E-Mail: Manfred.Stelzer@univie.ac.at

Stender-Vorwachs, Dr. Jutta,
LL. M. (USA, UVA), apl. Professorin,
Am Ortfelde 99A, 30916 Isernhagen N.B.,
(0511) 72408 07, Fax (0511) 72408 54,
E-Mail: jutta.stender-vorwachs@gmx.de;
Leibniz Universität Hannover, Juristische
Fakultät,
Königsworter Platz 1, 30167 Hannover,
(0511) 762-82 50 oder -82 49,
Fax (0511) 762 8252,
E-Mail: jutta.stender-vorwachs@jura.
uni-hannover.de

Stern, Dr. Dr. h.c. mult. Klaus, o. Professor,
Am Stockberger Busch 10,
51515 Kürten,
(02268) 6167;
Institut für Rundfunkrecht an der Universität zu Köln,

Aachener Straße 197–199, 50931 Köln,
(0221) 94154 65,
E-Mail: klaus.stern@uni-koeln.de

Stettner, Dr. Rupert, Professor,
Alpenstr. 11 a, 85221 Dachau,
(08131) 2789 96, Fax (08131) 2789 98;
Institut für Staatswissenschaften,
Universität der Bundeswehr München,
Werner-Heisenberg-Weg 39,
85579 Neubiberg,
(089) 6004-3864 oder -3702 oder -2043,
Fax (089) 6004-2841,
E-Mail: rs@themistokles.net

Stober, Dr. Dr. h.c. mult. Rolf,
Universitätsprofessor,
Prins-Claus-Str. 50, 48159 Münster,
(0251) 16241 62, Fax (0251) 16241 63;
Fakultät für Wirtschafts- und Sozialwissenschaften, Universität Hamburg,
Department Wirtschaftswissenschaften,
Institut für Recht der Wirtschaft,
Max-Brauer-Allee 60, 22765 Hamburg,
(040) 42838 4621, Fax (040) 42838 6458
E-Mail: rolf-stober@gmx.de

Stock, Dr. Martin, Professor,
Lina-Oetker-Str. 22, 33615 Bielefeld,
(0521) 1219 95;
Fakultät für Rechtswissenschaft,
Universität Bielefeld,
Postfach 10 01 31, 33501 Bielefeld,
(0521) 10643 90, Fax (0521) 10615 4390,
E-Mail: martin.stock@uni-bielefeld.de

Stöger, Dr. Karl, MJur,
Universitätsprofessor,
Rechtswissenschaftliche Fakultät,
Universität Graz
Universitätsstr. 15/C3, A-8010 Graz,
(0043) 0316 380 3384,
E-Mail: karl.stoeger@uni-graz.at

Stoll, Dr. Peter-Tobias, Professor,
E-Mail: ptstoll@web.de;

Institut für Völkerrecht, Abteilung für
Internationales Wirtschaftsrecht,
Universität Göttingen,
Platz der Göttinger Sieben 5,
37073 Göttingen,
(0551) 3946 61,
E-Mail: pt.stoll@jur.uni-goettingen.de

Stolleis, Dr. Dr. h.c. mult. Michael,
Professor em.,
Waldstr. 15, 61476 Kronberg,
(06173) 65651;
E-Mail: stolleis@rg.mpg.de

Stolzlechner, Dr. Harald,
o. Universitätsprofessor,
Gneiser Straße 57, A-5020 Salzburg,
(0043) 662 82 3935;
Universität Salzburg,
(0043) 662 80 4436 01,
E-Mail: Harald.Stolzlechner@sbg.ac.at

Storr, Dr. Stefan, Universitätsprofessor,
Wirtschaftsuniversität Wien
Institut für Österreichisches und
Europäisches Öffentliches Recht,
Welthandelsplatz 1, A-1020 Wien,
Tel.: (0043) 1 31336 4669,
E-Mail: stefan.storr@wu.ac.at

Streinz, Dr. Rudolf, o. Professor,
Waldsteinring 26, 95448 Bayreuth,
(0921) 94730,
E-Mail: rudolf.streinz@gmx.de;
Ludwig-Maximilians-Universität München,
Lehrstuhl für Öffentliches Recht und
Europarecht,
Professor-Huber-Platz 2, 80539 München,
(089) 2180 3335, Fax (089) 2180 2440,
E-Mail: streinz.pers@jura.uni-muenchen.de

Stumpf, Dr. Dr. Christoph, Professor,
Curacon Rechtsanwaltsgesellschaft mbH,
Mattentwiete 1, 20457 Hamburg
E-Mail: christoph.stumpf@
curacon-recht.de

Suerbaum, Dr. Joachim, o. Professor,
In der Uhlenflucht 3, 44795 Bochum,
(0234) 4726 26,
E-Mail: Joachim.Suerbaum@t-online.de;
Universität Würzburg,
Domerschulstraße 16,
97070 Würzburg,
(0931) 31-82897 oder 31-82899,
E-Mail: Suerbaum@jura.uni-wuerzburg.de

Suzuki, Dr. Hidemi, Prof.,
Koishikawa 3-25-11-502, Bunkyo-ku,
Tokio 112-0002, Japan,
Keio University, Institute for Journalism,
Media & Communication Studies,
Mita 2-15-45, Minato-ku, Tokio 108-8345,
Japan,
(0081) 3 5427 1211,
Fax (0081) 3 5427 1211
E-Mail: hidemis@mediacom.keio.ac.jp

Sydow, Dr. Gernot, M.A., Professor,
Auf der Burg 17, 48301 Nottuln
(02502) 2269723;
Westfälische Wilhelms-Universität
Münster,
Rechtswissenschaftliche Fakultät,
Universitätsstr. 14–16, 48143 Münster,
(0251) 83 21750,
E-Mail: Gernot.Sydow@uni-muenster.de

Talmon, D. Phil. (Oxon.) Stefan, LL.M.
(Cantab.), Universitätsprofessor,
Institut für Völkerrecht,
Adenauerallee 24–42, 53113 Bonn
(0228) -7391 72 oder -7339 32 (Sekr.),
Fax (0228) 7391 71,
E-Mail: talmon@jura.uni-bonn.de

Tappe, Dr. Henning, Universitätsprofessor,
Universität Trier, Fachbereich V –
Rechtswissenschaft,
Universitätsring 15, 54296 Trier,
(0651) 201-2576 oder -2577,
Fax: (0651) 201 3816,
E-Mail: tappe@uni-trier.de

Thiel, Dr. iur. Dr. rer. publ. Markus,
Universitätsprofessor,
Deutsche Hochschule der Polizei,
Fachgebiet III.4 – Öffentliches Recht mit
Schwerpunkt Polizeirecht
Zum Roten Berge 18–24, 48165 Münster
(02501) 806 531,
E-Mail: Markus.Thiel@dhpol.de

Thiele, Dr. Alexander, Privatdozent,
Kurze-Geismar-Str. 9, 37073 Göttingen,
(0172) 4025995;
Georg-August-Universität Göttingen,
Institut für Allgemeine Staatslehre und
Politische Wissenschaften,
Nikolausberger Weg 17, 37073 Göttingen,
(0551) 39-4693,
E-Mail: alexander.thiele@jura.
uni-goettingen.de

Thiemann, Dr. Christian, Professor,
Johannes-Gutenberg-Universität
Fachbereich 3 – Rechts- und Wirtschafts-
wissenschaften, Lehrstuhl für Öffentliches
Recht, Europarecht, Finanz- und
Steuerrecht
Jakob-Welder-Weg 9,
55128 Mainz,
(06131) 39 220622725,
E-Mail: Thiemann@uni-mainz.de

Thienel, Dr. Rudolf, Universitätsprofessor,
Präsident des Verwaltungsgerichtshofes,
Judenplatz 11, A-1010 Wien,
(0043) 1 531 11 2 45,
Fax (0043) 1 531 11-140,
E-Mail: rudolf.thienel@univie.ac.at

Thürer, Dr. Dr. h.c. Daniel,
LL.M. (Cambridge),
o. Professor,
Abeggweg 20, CH-8057 Zürich,
(0041) 44 362 65 -47 oder -46,
Fax (0041) 44 362 6546,
E-Mail: thuerer@swissonline.ch;
Stiffler & Partner Rechtsanwälte,

Postfach 1072, CH-8034 Zürich,
E-Mail: daniel.thuerer@stplaw.ch

Thurnherr, Dr. Daniela, LL.M. (Yale),
Professorin,
Juristische Fakultät der Universität Basel,
Peter Merian-Weg 8, Postfach,
CH-4002 Basel,
(0041) 61 267 2566,
E-Mail: daniela.thurnherr@unibas.ch

Thym, Dr. Daniel, LL.M. (London),
Professor,
FB Rechtswissenschaft
Universität Konstanz, Fach 116,
78457 Konstanz,
(07531) 88-2307,
E-Mail: daniel.thym@uni-konstanz.de

Tietje, Dr. Christian, Professor,
Heinrich-Heine-Str. 8, 06114 Halle (Saale),
(0345) 548 3912 oder (0345) 524 8312,
Mobil (0175) 37 36134,
Fax (0345) 517 4048;
Martin-Luther-Universität
Halle-Wittenberg,
Juristische Fakultät, Juridicum,
Universitätsplatz 5, 06108 Halle (Saale),
(0345) 552 3180, Fax (0345) 552 7201,
E-Mail: tietje@jura.uni-halle.de

Tomuschat, Dr. Dr. h.c. mult. Christian,
Universitätsprofessor,
(030) 4054 1486,
E-Mail: chris.tomuschat@gmx.de

Towfigh, Dr. Emanuel V., Professor,
(0228) 97148677, Fax (0228) 97148678
Lehrstuhl für Öffentliches Recht,
Empirische Rechtsforschung und
Rechtsökonomie,
Gustav-Stresemann-Ring 3,
65189 Wiesbaden,
(0611) 7102 2253,
Fax: (0611) 7102 10 2253
E-Mail: emanuel@towfigh.net

Traulsen, Dr. Christian, Professor,
Professur für öffentliches Recht mit
Schwerpunkt Sozialversicherungsrecht,
Hochschule für öffentliche Verwaltung
und Finanzen Ludwigsburg
Reuteallee 36, 71634 Ludwigsburg,
(07141) 140 491
E-Mail: christian.traulsen@
hs-ludwigsburg.de

Trute, Dr. Hans-Heinrich,
Universitätsprofessor,
Gryphiusstraße 7,
22299 Hamburg,
(040) 280027679,
Universität Hamburg, Fakultät für
Rechtswissenschaft,
Schlüterstraße 28, 20146 Hamburg,
(040) 42838-5721 oder -5625,
Fax (040) 42838 2700,
E-Mail: Hans-Heinrich.Trute@jura.
uni-hamburg.de

Tschentscher, Dr. Axel, LL.M., Professor,
Lehrstuhl für Staatsrecht,
Rechtsphilosophie und Verfassungs-
geschichte, Universität Bern,
Institut für öffentliches Recht,
Schanzeneckstraße 1,
CH-3001 Bern,
(0041) 31 631 8899 (direkt),
(0041) 31 63132 36 (Sekretariat),
Fax (0041) 31 631 3883,
E-Mail: axel.tschentscher@oefre.unibe.ch

Uebersax, Dr. Peter, Professor,
Titularprofessor für öffentliches Recht
und öffentliches Prozessrecht,
Chemin des Grands-Champs 19,
CH-1033 Cheseaux,
(0041) 217 312941;
Schweizerisches Bundesgericht,
Av. du Tribunal-fédéral 29,
CH-1000 Lausanne 14,
(0041) 213 18 9111,
E-Mail: peter.uebersax@unibas.ch

Uerpmann-Wittzack, Dr. Robert,
Universitätsprofessor,
Fakultät für Rechtswissenschaft,
Universität Regensburg,
93040 Regensburg,
(0941) 943 2660,
E-Mail: Robert.Uerpmann-Wittzack@ur.de

Uhle, Dr. Arnd, Professor,
Lehrstuhl für Öffentliches Recht,
insbesondere für Staatsrecht,
Allgemeine Staatslehre und
Verfassungstheorie,
Institut für Recht und Politik,
Juristenfakultät, Universität Leipzig,
Burgstraße 21, 04109 Leipzig,
(0341) 9735250, Fax (0341) 9735259,
E-Mail: arnd.uhle@uni-leipzig.de

Ullrich, Dr. Norbert, Professor
Wilhelm-Stefen-Str. 91
47807 Krefeld

Uhlmann, Dr. Felix, LL.M., Professor,
Bruderholzallee, CH-4059 Basel;
Universität Zürich, Rämistrasse 74 / 33,
CH-8001 Zürich,
(0041) 446 34 4224,
Fax (0041) 446 34 4368,
E-Mail: felix.uhlmann@rwi.uzh.ch

Unger, Dr. Sebastian, Professor,
Lehrstuhl für Öffentliches Recht,
Wirtschafts- und Steuerrecht,
Ruhr-Universität Bochum,
Universitätsstraße 150, 44801 Bochum,
(0234) 32 22781, Fax (0234) 32 14887,
E-Mail: sebastian.unger@rub.de

Ungern-Sternberg, Dr. Antje von,
M.A., Univ.-Professor,
Lehrstuhl für Öffentliches Recht,
Universität Trier,
FB V – Rechtswissenschaft, 54286 Trier
(0651) 201 2542, Fax (0651) 201 3905,
E-Mail: vonungern@uni-trier.de

Unruh, Dr. Peter,
apl. Professor,
Hakensoll 8a, 24226 Heikendorf;
Landeskirchenamt der Evangelisch-
Lutherischen Kirche in Norddeutschland,
Dänische Str. 21–35, 24103 Kiel,
E-Mail: peter.unruh@lka.nordkirche.de

Vallender, Dr. Klaus A., Professor,
Unterbach 4, CH-9043 Trogen,
(0041) 71 9427 69;
Law School St. Gallen, IFF,
Varnbüelstrasse 19. 4, CH-9000 St. Gallen,
(0041) 71 224 2519,
Fax (0041) 71 229 2941,
E-Mail: klaus.vallender@unisg.ch

Valta, PD Dr. Matthias,
Balinger Str. 67,
70567 Stuttgart,
(0711) 78789924;
Heinrich-Heine-Universität Düsseldorf,
Universitätsstraße 1, 40225 Düsseldorf,
Gebäude 24.81, Etage/Raum U1.50,
(0211) 81 15868,
Fax (0211) 81 15870,
E-Mail: LS.Valta@hhu.de

Vedder, Dr. Christoph, Professor,
Sollner Str. 33, 81479 München,
(089) 7910 03 83, Fax (089) 7910 0384;
E-Mail: christoph.vedder@jura.
uni-augsburg.de

Vesting, Dr. Dr. h.c. Thomas,
Universitätsprofessor,
Konradstraße 2, 80801 München,
(089) 3887 9545, Fax (089) 3887 9547;
Lehrstuhl für Öffentliches Recht, Recht
und Theorie der Medien,
Johann Wolfgang Goethe-Universität,
Theodor-W.-Adorno-Platz 4, RuW 04,
60629 Frankfurt am Main,
(069) 798 34 274,
Fax (069) 798 763 34273,
E-Mail: T.Vesting@jur.uni-frankfurt.de

Vitzthum, Dr. Dr. h.c. Wolfgang Graf,
o. Professor,
Im Rotbad 19, 72076 Tübingen,
(07071) 638 44, Fax (07071) 9684 89;
Universität Tübingen, Juristische Fakultät,
Geschwister-Scholl-Platz, 72074 Tübingen,
(07071) 297 5266, Fax (07071) 297 5039,
E-Mail: wolfgang-graf.vitzthum@uni-tuebingen.de

Vöneky, Dr. Silja, Professorin,
Am Schmelzofen 20, 79183 Waldkirch,
(07681) 4925 239;
Albert-Ludwigs-Universität Freiburg,
Institut für Öffentliches Recht, Abt. II
Völkerrecht und Rechtsvergleichung,
79085 Freiburg im Breisgau,
(0761) 203 2207, Fax (0761) 203 9193,
E-Mail: voelkerrecht@jura.uni-freiburg.de

Vogel, Dr. Stefan, Titularprofessor,
Zentralstr. 12, CH-8604 Volketswil
(0041) 43355 5229,
E-Mail: stefan_vogel@bluewin.ch

Volkmann, Dr. Uwe, Professor,
Goethe-Universität Frankfurt am Main,
Fachbereich Rechtswissenschaft,
Theodor-W.-Adorno-Platz 4,
60629 Frankfurt am Main,
(069) 798 34270,
E-Mail: volkmann@jura.uni-frankfurt.de

Vosgerau, Dr. Ulrich, Privatdozent,
Bachemer Straße 225, 50935 Köln,
(0221) 4064 058,
E-Mail: ulrich_vosgerau@web.de

Voßkuhle, Dr. Andreas, Professor,
Präsident des Bundesverfassungsgerichts,
Schloßbezirk 3, 76131 Karlsruhe,
(0721) 9101 3 13;
Albert-Ludwigs-Universität Freiburg,
Institut für Staatswissenschaft und Rechtsphilosophie,
Postfach, 79085 Freiburg i. Br.,
(0761) 203 2209, Fax (0761) 203 9193,
E-Mail: staatswissenschaft@jura.
uni-freiburg.de

Waechter, Dr. Kay, Professor,
Ceciliengärten 12, 12159 Berlin;
FB Rechtswissenschaft,
Universität Hannover,
Königsworther Platz 1, 30167 Hannover,
(05 11) 762 8227,
E-Mail: waechter@jura.uni-hannover.de

Wahl, Dr. Rainer, o. Professor,
Hagenmattenstr. 6, 79117 Freiburg,
(0761) 6 59 60;
Universität Freiburg,
Institut für Öffentliches Recht V,
Postfach, 79085 Freiburg,
(0761) 203 8961, Fax (0761) 203 2293,
E-Mail: rainer.wahl@jura.uni-freiburg.de

Waldhoff, Dr. Christian, Professor,
Humboldt-Universität zu Berlin,
Juristische Fakultät Lehrstuhl für
Öffentliches Recht und Finanzrecht,
Unter den Linden 6, 10099 Berlin,
(030) 2093 3537,
E-Mail: christian.waldhoff@rewi.
hu-berlin.de

Waldmann, Dr. Bernhard, Professor,
RA, Lehrstuhl für Staats- und
Verwaltungsrecht,
Rechtswissenschaftliche Fakultät,
Universität Freiburg,
Av. Beauregard 1, CH-1700 Freiburg,
(0041) 26 300 8147,
E-Mail: bernhard.waldmann@unifr.ch

Wallerath, Dr. Maximilian,
Universitätsprofessor,
Gudenauer Weg 86, 53127 Bonn,
(0228) 2832 02,
Rechts- und Staatswissenschaftliche Fakultät der Universität Greifswald
E-Mail: max.wallerath@web.de

Wallrabenstein, Dr. Astrid, Professorin,
Goethe-Universität Frankfurt am Main,
Fachbereich Rechtswissenschaften,
Professur für Öffentliches Recht mit einem
Schwerpunkt im Sozialrecht,
Theodor-W.-Adorno-Platz 4,
60629 Frankfurt am Main,
(069) 798 34 287, Fax (069) 798 34 514
E-Mail: professur-wallrabenstein@jura.
uni-frankfurt.de

Walter, Dr. Christian, Professor,
Ludwig-Maximilians-Universität München,
Institut für Internationales Recht,
Lehrstuhl für Öffentliches Recht und
Völkerrecht,
Prof.-Huber-Platz 2, 80539 München,
(089) 2180 2798, Fax (089) 2180 3841,
E-Mail: cwalter@jura.uni-muenchen.de

Wapler, Dr. Friederike, Professorin,
Lehrstuhl für Rechtsphilosophie und
Öffentliches Recht,
Johannes Gutenberg-Universität Mainz,
Fachbereich Rechts- und Wirtschafts-
wissenschaften
Jakob-Welder-Weg 9, 55128 Mainz,
(06131) 39 25759 oder 39 28172,
E-Mail: lswapler@uni-mainz.de

Weber, Dr. Albrecht, Professor,
Weidenweg 20, 49143 Bissendorf,
(05402) 3907;
Universität Osnabrück, 49069 Osnabrück,
(0541) 9 69 61 38,
E-Mail: aweber@uos.de

Weber, Dr. Karl, o. Universitätsprofessor,
Noldinstr. 14, A-6020 Innsbruck,
(0043) 0664 162 5739;
Universität Innsbruck, Institut für
Öffentliches Recht, Finanzrecht und
Politikwissenschaft,
Innrain 80, A-6020 Innsbruck,
(0043) 512-507 8230,
E-Mail: karl.weber@uibk.ac.at

Weber-Dürler, Dr. Beatrice, o. Professorin,
Ackermannstr. 24, CH-8044 Zürich,
(0041) 44262 0420,
E-Mail: beatrice.weber-duerler@rwi.uzh.ch

Wegener, Dr. Bernhard W., Professor,
Friedrich-Alexander-Universität, Lehrstuhl
für Öffentliches Recht und Europarecht,
Schillerstraße 1, 91054 Erlangen,
(09131) 85 29285, Fax (09131) 85 26439,
E-Mail: europarecht@fau.de

Wehr, Dr. Matthias, Professor,
Alter Kirchweg 24, 28717 Bremen,
(0421) 690 800 25;
Hochschule für Öffentliche Verwaltung
Bremen (HfÖV),
Doventorscontrescarpe 172 C,
28195 Bremen,
(0421) 361 19 617,
E-Mail: matthias.wehr@hfoev.bremen.de

Weiß, Dr. Norman, Privatdozent,
Martin-Luther-Str. 56, 10779 Berlin;
MenschenRechtsZentrum der
Universität Potsdam,
August-Bebel-Str. 89, 14482 Potsdam,
(0331) 977 3450, Fax (0331) 977 3451,
E-Mail: weiss@uni-potsdam.de

Weiß, Dr. Wolfgang, Universitätsprofessor,
Deutsche Universität für Verwaltungs-
wissenschaften Speyer, Lehrstuhl für
Öffentliches Recht, Völker- und
Europarecht,
Freiherr-vom-Stein-Str. 2, 67346 Speyer,
(06232) 654 331,
Fax (06232) 654 123,
E-Mail: weiss@uni-speyer.de

Welti, Dr. Felix, Professor,
Universität Kassel,
FB 01 Humanwissenschaften,
Institut für Sozialwesen,
Arnold-Bode-Str. 10, 34109 Kassel,
E-Mail: welti@uni-kassel.de

Wendel, Dr. Mattias, Professor,
Maitr. en droit (Paris 1),
Lehrstuhl für Öffentliches Recht,
Internationales Recht, Europarecht
und Rechtsvergleichung,
Universität Bielefeld,
Fakultät für Rechtswissenschaft,
Postfach 10 01 31, 33501 Bielefeld,
(0521) 106 67693,
E-Mail: mattias.wendel@uni-bielefeld.de

Wendt, Dr. Rudolf, o. Professor,
Schulstr. 45, 66386 St. Ingbert-Hassel,
(06894) 532 87, Fax (068 94) 532 50;
Lehrstuhl für Staats- und Verwaltungsrecht,
Wirtschafts-, Finanz- und Steuerrecht,
Rechtswissenschaftliche Fakultät,
Universität des Saarlandes,
Postfach 15 11 50, 66041 Saarbrücken,
(0681) 362-2104 oder -3104,
Fax (0681) 302 4779,
E-Mail: r.wendt@mx.uni-saarland.de

Wernsmann, Dr. Rainer, Professor,
Johann-Bergler-Straße 8, 94032 Passau;
Universität Passau, Lehrstuhl für Staats-
und Verwaltungsrecht, insb. Finanz-
und Steuerrecht,
Innstr. 40, 94032 Passau,
(0851) 509 2351,
Fax (0851) 509 2352,
E-Mail: wernsmann@uni-passau.de

Wessely, Dr. Wolfgang, Privatdozent,
Universität Wien, Institut für Staats-
und Verwaltungsrecht,
Schottenbastei 10–16, A-1010 Wien,
(0043)1 9005 11216,
Fax (0043)1 9005 11210,
E-Mail: wolfgang.wessely@univie.ac.at

Wiater, Dr. iur. habil Dr. phil. Patricia,
Juniorprofessorin,
Tenure-Track-Professur für Öffentliches
Recht, insb. Grund-
und Menschenrechtsschutz,
Friedrich-Alexander-Universität
Erlangen-Nürnberg,
Schillerstraße 1, 91054 Erlangen,
E-Mail: patricia.wiater@fau.de

Wiederin, Dr. Ewald, Universitätsprofessor,
Universität Wien, Institut für Staats-
und Verwaltungsrecht,
Schottenbastei 10–16, A-1010 Wien,
(0043)1427 73 5482,
Fax (0043)1427 73 5489,
E-Mail: ewald.wiederin@univie.ac.at

Wieland, Dr. Joachim, LL.M.,
Universitätsprofessor,
Gregor-Mendel-Straße 13, 53115 Bonn,
(0228) 923 993 34, Fax (0228) 329 48 98;
Lehrstuhl für öffentliches Recht,
Finanz- und Steuerrecht,
Deutsche Universität für
Verwaltungswissenschaften Speyer,
Postfach 1409, 67324 Speyer,
(06232) 654 355,
Fax (06232) 654 127,
E-Mail: wieland@uni-speyer.de

Wielinger, Dr. Gerhart, Universitätsdozent,
Bergmanngasse 22, A-8010 Graz,
(0043) 316 31 8714,
dienstl. (0043) 316 70 31 2428,
E-Mail: gerhart.wielinger@uni-graz.at

Wieser, DDr. Bernd, Universitätsprofessor,
Institut für Öffentliches Recht und
Politikwissenschaft,
Karl-Franzens-Universität Graz,
Universitätsstr. 15/C3, A-8010 Graz,
(0043) 316 380-3381 oder -3367,
Fax (0043) 316 380 9450,
E-Mail: bernd.wieser@uni-graz.at

Wildhaber, Dr. Luzius, LL.M., J.S.D.,
Dres. h.c., LL.D. h.c., o. Professor,
Auf der Wacht 21, CH-4104 Oberwil,
(0041) 61401 2521,
E-Mail: luzius.wildhaber@unibas.ch

Will, Dr. iur. Dr. phil. Martin,
M.A., LL.M. (Cambr.), Professor,
EBS Universität für Wirtschaft und Recht,
Lehrstuhl für Staatsrecht, Verwaltungsrecht,
Europarecht, Recht der neuen Technologien
und Rechtsgeschichte,
Gustav-Stresemann-Ring 3,
65189 Wiesbaden,
(0611) 7102 2232,
Fax (0611) 7102 10 2232,
E-Mail: martin.will@ebs.edu

Will, Dr. Rosemarie, Professorin,
Humboldt-Universität zu Berlin,
Juristische Fakultät,
Unter den Linden 6, 10099 Berlin,
(030) 2093 33 00 3682,
Fax (030) 2093 3453,
E-Mail: Rosemarie.Will@rewi.hu-berlin.de

Wimmer, Dr. Norbert,
o. Universitätsprofessor,
Heiliggeiststr. 16, A-6020 Innsbruck,
(0043) 512 58 6144;
Universität Innsbruck, Institut für Öffentliches Recht, Staats- und Verwaltungslehre,
Innrain 80/82, A-6020 Innsbruck,
(0043) 512-82 00 oder -8201,
E-Mail: Veronika.Obojes@uibk.ac.at

Windoffer, Dr. Alexander, Professor,
Universität Potsdam,
Professur für Öffentliches Recht,
insbesondere Besonderes Verwaltungsrecht
und Verwaltungswissenschaften,
August-Bebel-Str. 89,
14482 Potsdam,
(0331) 977 3513,
E-Mail: Alexander.Windoffer@uni-potsdam.de

Windthorst, Dr. Kay, Professor,
Prinzregentenstr. 75, 81675 München,
(01 62) 9 02 00 76;
Professur für Öffentliches Recht,
Universität Bayreuth,

Rechts- und Wirtschaftswissenschaftliche
Fakultät,
Universitätsstr. 30, Gebäude B 9, 95447
Bayreuth,
(0921) 55 3519, Fax (0921) 55 4331,
E-Mail: kwindt@t-online.de

Winkler, Dr. Daniela, Professorin,
Petershauser Str. 36, 78467 Konstanz;
Professur für Verwaltungsrecht,
Universität zu Köln,
Albertus-Magnus-Platz, 50923 Köln,
E-Mail: d.winkler@uni-koeln.de

Winkler, Dr. Dr. h.c. Günther,
Universitätsprofessor,
Reisnerstr. 22, A-1030 Wien,
(0043)1713 4415;
Universität Wien, Juridicum,
Schottenbastei 10–16, A-1010 Wien,
(0043)1 4277 34413,
Mobil (0043) 664 230 6241,
E-Mail: guenther.winkler@univie.ac.at

Winkler, Dr. Markus, apl. Professor;
E-Mail: mwinkl@uni-mainz.de;
Hessisches Kultusministerium,
Luisenplatz 10, 65185 Wiesbaden,
(0611) 368 2517,
E-Mail: markus.winkler@hkm.hessen.de

Winkler, Dr. Roland, a.o. Univ.-Prof.,
Borromäumstraße 10/2, A-5020 Salzburg,
(0043) 662 64 1260 oder
(0043) 6769 0701 71;
Fachbereich Öffentliches Recht,
Universität Salzburg,
Kapitelgasse 5–7, A-5020 Salzburg,
(0043) 66280 44 3624,
Fax (0043) 66280 4436 29,
E-Mail: roland.winkler@sbg.ac.at

Winter, Dr. Dr. h.c. Gerd, Professor,
FB 6: Rechtswissenschaft,
Universität Bremen,
Postfach 33 04 40, 28334 Bremen,

(0421) 218 2840, Fax (0421) 218 3494,
E-Mail: gwinter@uni-bremen.de

Winterhoff, Dr. Christian, Professor,
GvW Graf von Westphalen
Poststraße 9 – Alte Post, 20354 Hamburg,
(040) 359 22264, Fax (040) 359 22-224,
E-Mail: c.winterhoff@gvw.com

Winzeler, Dr. Christoph, LL. M. (Harv.),
Titularprofessor,
St.-Jakobs-Strasse 96, CH-4052 Basel,
E-Mail: capriccio77@bluewin.ch
Universität Fribourg, Institut für
Religionsrecht,
Miséricorde, Büro 4119,
CH-1700 Fribourg,
(0041) 263 0080 23,
Fax (0041) 263 0096 66

Wißmann, Dr. Hinnerk, Professor,
Kommunalwissenschaftliches
Institut (KWI)
Universitätsstraße 14–16, 48143 Münster,
(0251) 83 26311,
E-Mail: kwi@uni-muenster.de

Wittinger, Dr. Michaela, Professorin,
Schauinslandstraße 1, 76199 Karlsruhe,
(0721) 5916 81,
E-Mail: MichaelaWittinger@web.de;
FH des Bundes für öffentliche Verwaltung,
FB Bundeswehrverwaltung, Professur für
Öffentliches Recht (insb. Staats- und
Europarecht),
Seckenheimer Landstraße 10,
68163 Mannheim,
(0621) 4295 4479, Fax (0621) 4295 42222

Wittmann, Dr. Heinz,
a.o. Universitätsprofessor,
Steinböckengasse 4/14,
A-1140 Wien,
(0043) 1914 3175;
Verlag Medien und Recht GmbH,
Danhausergasse 6, A-1040 Wien,

(0043) 1505 2766,
Fax (0043) 1505 2766 15
E-Mail: h.wittmann@medien-recht.com

Wittreck, Dr. Fabian, Professor,
Cheruskerring 51, 48147 Münster,
(0251) 200 6288;
Westfälische Wilhelms-Universität
Münster,
Professur für Öffentliches Recht,
Bispinghof 25/25, 48143 Münster,
(0251) 832 1199, Fax (0251) 832 2403,
E-Mail: fwitt_01@uni-muenster.de

Wolf, Dr. Joachim, Professor,
Von-Velsen-Straße 17, 44625 Herne,
(02323) 4596 25;
Juristische Fakultät,
Ruhr-Universität Bochum,
Umweltrecht,
Verwaltungsrecht und Verwaltungslehre,
Gebäude GC, Universitätsstr. 150,
44789 Bochum,
(0234) 322 5252, Fax (0234) 321 4421,
E-Mail: LS.Wolf@jura.ruhr-uni-bochum.de

Wolff, Dr. Heinrich Amadeus, Professor,
Rudolf-Ditzen-Weg 12, 13156 Berlin,
030-48097948, mobil 0163-9012445,
Fax: 032226859576,
HeinrichWolff@t-online.de;
Universität Bayreuth,
Rechts- und Wirtschaftswissenschaftliche
Fakultät,
Lehrstuhl für Öffentliches Recht,
Recht der Umwelt,
Technik und Information I,
Universitätsstraße 30, 95447 Bayreuth,
Gebäude RW I, Raum 1.0.01.106,
0921-556030 – Sekretariat -6031,
Fax: 0921-556032,
E-Mail: Heinrich.wolff@uni-bayreuth.de

Wolfrum, Dr. Dr. h.c. Rüdiger, o. Professor,
Mühltalstr. 129 b, 69121 Heidelberg,
(06221) 4752 36;

Max-Planck-Institut für ausländisches
öffentliches Recht und Völkerrecht,
Im Neuenheimer Feld 535,
69120 Heidelberg,
(06221) 482 1
E-Mail: wolfrum@mpil.de

Wollenschläger, Dr. Ferdinand, Professor,
Max-Planck-Str. 8, 81675 München,
(089) 470279 73;
Universität Augsburg, Juristische Fakultät,
Lehrstuhl für Öffentliches Recht,
Europarecht
und Öffentliches Wirtschaftsrecht,
Universitätsstr. 24, 86135 Augsburg,
(0821) 598 4551, Fax (0821) 598 4552,
E-Mail: ferdinand.wollenschlaeger@jura.
uni-augsburg.de

Würtenberger, Dr. Thomas, o. Professor,
Beethovenstr. 9, 79100 Freiburg,
(0761) 7 8623;
E-Mail: Thomas.Wuertenberger@jura.
uni-freiburg.de

Wyss, Dr. iur. Martin, Professor,
Stellvertretender Chef Fachbereich II für
Rechtsetzung, Bundesamt für Justiz,
Bundesrain 20, CH-3003 Bern,
(0041) 58 462 75 75,
Fax (0041) 58 462 78 37,
E-Mail: martin.wyss@bj.admin.ch

Zeh, Dr. Wolfgang, Professor,
Ministerialdirektor a.D.,
Marktstr. 10, 72359 Dotternhausen,
E-Mail: zehparl@t-online.de

Zezschwitz, Dr. Friedrich von,
em. Universitätsprofessor,
Petersweiher 47, 35394 Gießen,
(0641) 45152;
Universität Gießen, 35390 Gießen,
(0641) 702 5020

Ziegler, Dr. Andreas R., LL.M., Professor,
Gründenstraße 66, CH-8247 Flurlingen;
Universität Lausanne, Juristische Fakultät,
BFSH 1, CH-1015 Lausanne,
E-Mail: andreas.ziegler@unil.ch

Ziekow, Dr. Jan, Universitätsprofessor,
Gartenstraße 3, 67361 Freisbach,
(06344) 5902, Fax (06344) 59 02;
Deutsche Universität für
Verwaltungswissenschaften Speyer,
Postfach 14 09, 67324 Speyer,
(06232) 654-0,
E-Mail: ziekow@uni-speyer.de

Ziller, Dr. Jacques, Professor,
Università degli Studi di Pavia,
Dipartimento di Economia,
Statistica e Diritto,
Via Strada Nuova 65, I-27100 Pavia,
(0039) 382 98 4437,
Fax (0039) 382 98 4435,
E-Mail: jacques.ziller@unipv.it

Zimmermann, Dr. Andreas,
LL.M (Harvard), Professor,
Universität Potsdam, Lehrstuhl für
Öffentliches Recht, insbesondere
Staatsrecht, Europa- und Völkerrecht
sowie Europäisches Wirtschaftsrecht und
Wirtschaftsvölkerrecht,
August-Bebel-Str. 89, 14482 Potsdam,
(0331) 977 3516, Fax (0331) 977 3224,
E-Mail: andreas.zimmermann@uni-pots-
dam.de

Satzung

(Nach den Beschlüssen vom 21. Oktober 1949, 19. Oktober 1951,
14. Oktober 1954, 10. Oktober 1956, 13. Oktober 1960, 5. Oktober 1962,
1. Oktober 1971, 6. Oktober 1976, 3. Oktober 1979, 6. Oktober 1999,
4. Oktober 2006, 3. Oktober 2007 und 29. September 2010)

§ 1

Die Vereinigung der Deutschen Staatsrechtslehrer stellt sich die Aufgabe:
1. wissenschaftliche und Gesetzgebungsfragen aus dem Gebiet des Öffentlichen Rechts durch Aussprache in Versammlungen der Mitglieder zu klären;
2. auf die ausreichende Berücksichtigung des Öffentlichen Rechts im Hochschulunterricht und bei staatlichen und akademischen Prüfungen hinzuwirken;
3. in wichtigen Fällen zu Fragen des Öffentlichen Rechts durch Eingaben an Regierungen oder Volksvertretungen oder durch schriftliche Kundgebungen Stellung zu nehmen.

§ 2

(1) ¹Der Verein führt den Namen „Vereinigung der Deutschen Staatsrechtslehrer". ²Er soll in das Vereinsregister eingetragen werden; nach der Eintragung führt er den Zusatz „e. V.".

(2) Der Verein hat seinen Sitz in Heidelberg.

(3) Das Geschäftsjahr des Vereins ist das Kalenderjahr.

§ 3

(1) Mitglied der Vereinigung kann werden, wer auf dem Gebiet des Staatsrechts und mindestens eines weiteren öffentlich-rechtlichen Fachs
a. seine Befähigung zu Forschung und Lehre durch hervorragende wissenschaftliche Leistung nachgewiesen hat[1] und

---

[1] Mit der oben abgedruckten, am 1.10.1971 in Regensburg beschlossenen Fassung des § 3 hat die Mitgliederversammlung den folgenden erläuternden Zusatz angenommen: „Eine hervorragende wissenschaftliche Leistung im Sinne dieser Vorschrift ist eine den bisher üblichen Anforderungen an die Habilitation entsprechende Leistung."

b. an einer deutschen oder deutschsprachigen Universität[2] einschließlich der Deutschen Universität für Verwaltungswissenschaften Speyer als Forscher und Lehrer tätig ist oder gewesen ist.

(2) [1]Das Aufnahmeverfahren wird durch schriftlichen Vorschlag von drei Mitgliedern der Vereinigung eingeleitet. [2]Ist der Vorstand einstimmig der Auffassung, dass die Voraussetzungen für den Erwerb der Mitgliedschaft erfüllt sind, so verständigt er in einem Rundschreiben die Mitglieder von seiner Absicht, dem Vorgeschlagenen die Mitgliedschaft anzutragen. [3]Erheben mindestens fünf Mitglieder binnen Monatsfrist gegen die Absicht des Vorstandes Einspruch oder beantragen sie mündliche Erörterung, so beschließt die Mitgliederversammlung über die Aufnahme. [4]Die Mitgliederversammlung beschließt ferner, wenn sich im Vorstand Zweifel erheben, ob die Voraussetzungen der Mitgliedschaft erfüllt sind. [5]Von jeder Neuaufnahme außerhalb einer Mitgliederversammlung sind die Mitglieder zu unterrichten.

§ 4

[1]Abweichend von § 3 kann Mitglied der Vereinigung werden, wer, ohne die Voraussetzungen des § 3 Abs. 1 lit. b) zu erfüllen,

a. eine Professur inne hat, die einer Professur an einer juristischen Fakultät einer deutschen oder deutschsprachigen Universität entspricht,

b. seine Befähigung zu Forschung und Lehre durch hervorragende wissenschaftliche Veröffentlichungen auch in deutscher Sprache zum Öffentlichen Recht Deutschlands, Österreichs oder der Schweiz nachgewiesen und

c. seine Verbundenheit mit der Vereinigung durch mehrmalige Teilnahme als Gast an den Jahrestagungen bekundet hat.

[2]Das Aufnahmeverfahren wird durch schriftlich begründeten Vorschlag von mindestens zehn Mitgliedern der Vereinigung eingeleitet. [3]Für das weitere Verfahren findet § 3 Abs. 2 Sätze 2 bis 5 entsprechende Anwendung.

---

[2] In Berlin hat die Mitgliederversammlung am 3.10.1979 die folgende zusätzliche Erläuterung aufgenommen: „Universität im Sinne dieser Vorschrift ist eine wissenschaftliche Hochschule, die das Habilitationsrecht in den Fächern des Öffentlichen Rechts und die Promotionsbefugnis zum Doctor iuris besitzt und an der Juristen durch einen Lehrkörper herkömmlicher Besetzung ausgebildet werden."

In Berlin hat die Mitgliederversammlung am 29.09.2010 die folgende weitere Erläuterung aufgenommen: „Gleichgestellt sind wissenschaftliche Hochschulen, die das Habilitationsrecht in den Fächern des Öffentlichen Rechts und die Promotionsbefugnis zum Dr. iuris besitzen, wenn an ihnen Staatsrecht und ein weiteres öffentlich-rechtliches Fach von mindestens drei der Vereinigung angehörenden Mitgliedern gelehrt wird."

§ 5

(1) ¹Eine Mitgliederversammlung soll regelmäßig einmal in jedem Jahr an einem vom Vorstand zu bestimmenden Ort stattfinden. ²In dringenden Fällen können außerordentliche Versammlungen einberufen werden. ³Die Mitgliederversammlung wird vom Vorstand unter Einhaltung einer Frist von vier Wochen schriftlich oder in elektronischer Form unter Angabe der Tagesordnung einberufen. ⁴Auf jeder ordentlichen Mitgliederversammlung muss mindestens ein wissenschaftlicher Vortrag mit anschließender Aussprache gehalten werden.

(2) Eine außerordentliche Mitgliederversammlung wird außer in den nach Absatz 1 Satz 2 vorgesehenen Fällen auch dann einberufen, wenn dies von einem Zehntel der Mitglieder beim Vorstand schriftlich unter Angabe des Zwecks und der Gründe beantragt wird.

(3) ¹Verlauf und Beschlüsse der Mitgliederversammlung werden protokolliert. ²Der Protokollführer wird vom Versammlungsleiter bestimmt. ³Das Protokoll ist vom Versammlungsleiter und vom Protokollführer zu unterzeichnen. ⁴Es wird mit dem nächsten nach der Mitgliederversammlung erfolgenden Rundschreiben den Mitgliedern übermittelt.

(4) Für Satzungsänderungen, die Änderung des Vereinszwecks und für die Auflösung des Vereins gelten die gesetzlichen Mehrheitserfordernisse (§§ 33, 41 BGB).

§ 6[3]

(1) ¹Der Vorstand der Vereinigung besteht aus einem Vorsitzenden und zwei Stellvertretern. ²Die Vorstandsmitglieder teilen die Geschäfte untereinander nach eigenem Ermessen. ³Der Vorstand wird von der Mitgliederversammlung auf zwei Jahre gewählt; er bleibt jedoch bis zur Bestellung eines neuen Vorstandes im Amt. ⁴Zur Vorbereitung der Jahrestagung ergänzt sich der Vorstand um ein Mitglied, das kein Stimmrecht hat. ⁵Auch ist Selbstergänzung zulässig, wenn ein Mitglied des Vorstandes in der Zeit zwischen zwei Mitgliederversammlungen ausscheidet. ⁶Auf der nächsten Mitgliederversammlung findet eine Nachwahl für den Rest der Amtszeit des Ausgeschiedenen statt.

(2) ¹Der Verein wird gerichtlich und außergerichtlich durch ein Mitglied des Vorstandes, in der Regel durch den Vorsitzenden, vertreten. ²Innerhalb seines ihm nach Absatz 1 Satz 2 zugewiesenen Aufgabenbereichs ist das jeweilige Vorstandsmitglied alleinvertretungsberechtigt; insbesondere ist in allen finanziellen Angelegenheiten dasjenige Vorstandsmitglied allein-

---

[3] § 6 Abs. 1 in der Fassung des Beschlusses der Mitgliederversammlung in Heidelberg vom 6.10.1999; in Kraft getreten am 1.10.2001.

vertretungsberechtigt, dem der Vorstand nach Absatz 1 Satz 2 die Funktion des Schatzmeisters übertragen hat. ³Das nach Absatz 1 Satz 4 kooptierte Mitglied des Vorstandes ist in allen Angelegenheiten alleinvertretungsberechtigt, die die Vorbereitung und Durchführung der Jahrestagung betreffen. ⁴Ist in den Fällen des Satzes 2 oder 3 das vertretungsberechtigte Vorstandsmitglied verhindert, übernimmt der Vorsitzende die Vertretung, im Falle seiner Verhinderung ist eines der gewählten Vorstandsmitglieder alleinvertretungsberechtigt.

§ 7

Zur Vorbereitung ihrer Beratungen kann die Mitgliederversammlung, in eiligen Fällen auch der Vorstand, besondere Ausschüsse bestellen.

§ 8

¹Über Eingaben in den Fällen des § 1 Ziffer 2 und 3 und über öffentliche Kundgebungen kann nach Vorbereitung durch den Vorstand oder einen Ausschuss im Wege schriftlicher Abstimmung der Mitglieder beschlossen werden. ²Ein solcher Beschluss bedarf der Zustimmung von zwei Dritteln der Mitgliederzahl; die Namen der Zustimmenden müssen unter das Schriftstück gesetzt werden.

§ 9

¹Der Mitgliedsbeitrag wird von der Mitgliederversammlung festgesetzt. ²Der Vorstand kann den Beitrag aus Billigkeitsgründen erlassen.

§ 10

(1) Die Mitgliedschaft endet durch Tod, Austritt aus dem Verein, Streichung von der Mitgliederliste oder Ausschluss aus dem Verein.

(2) ¹Der Austritt erfolgt durch schriftliche Erklärung gegenüber einem Mitglied des Vorstandes. ²Für die Erklärung ist eine Frist nicht einzuhalten. ³Der Austritt wird zum Schluss des Kalenderjahres vollzogen.

(3) ¹Ein Mitglied kann durch Beschluss des Vorstandes von der Mitgliederliste gestrichen werden, wenn es trotz zweimaliger schriftlicher Mahnung mit der Beitragszahlung in Rückstand ist. ²Die Streichung wird erst beschlossen, wenn nach der Absendung der zweiten Mahnung zwei Monate verstrichen sind, in dieser Mahnung die Streichung angedroht wurde und die Beitragsschulden nicht beglichen sind. ³Die Streichung ist dem Mitglied mitzuteilen.

(4) ¹Ein Mitglied kann durch Beschluss des Vorstandes aus dem Verein ausgeschlossen werden, wenn es in grober Weise gegen die Vereinsin-

teressen verstoßen hat. ²Vor der Beschlussfassung ist dem Mitglied unter Einräumung einer angemessenen Frist Gelegenheit zur Stellungnahme zu geben. ³Der Beschluss über den Ausschluss ist schriftlich zu begründen und dem Mitglied zuzusenden. ⁴Gegen den Beschluss des Vorstandes kann das Mitglied innerhalb eines Monats nach Zugang der Entscheidung des Vorstandes die Mitgliederversammlung anrufen. ⁵Die Anrufung der Mitgliederversammlung hat bis zu deren abschließender Entscheidung aufschiebende Wirkung.

§ 11

(1) Im Falle der Auflösung des Vereins sind die Mitglieder des Vorstandes gemeinsam vertretungsberechtigte Liquidatoren, falls die Mitgliederversammlung nichts anderes beschließt.

(2) Das nach Beendigung der Liquidation vorhandene Vermögen fällt an die Deutsche Forschungsgemeinschaft, die es unmittelbar und ausschließlich für Zwecke des Fachkollegiums Rechtswissenschaft zu verwenden hat.